L'INGÉNIEUX HIDALGO

DON QUICHOTTE

DE LA MANCHE

PARIS
IMPRIMERIE DE CH. LAHURE
Rue de Fleurus, 9

SON IMAGINATION SE REMPLIT DE TOUT CE QU'IL AVAIT LU. — T. 1, CH. 1.

L'INGENIEUX HIDALGO
DON QUICHOTTE
DE LA MANCHE

PAR

MIGUEL DE CERVANTÈS SAAVEDRA

TRADUCTION DE LOUIS VIARDOT

AVEC

LES DESSINS DE GUSTAVE DORÉ

GRAVÉS PAR H. PISAN

TOME PREMIER

PARIS

LIBRAIRIE DE L. HACHETTE ET Cⁱᵉ

BOULEVARD SAINT-GERMAIN, Nᵒ 77

M DCCC LXIII

NOTICE

SUR

LA VIE ET LES OUVRAGES

DE CERVANTÈS.

On peut dire, en général, que l'histoire d'un écrivain, comme celle d'un artiste, est bornée aux œuvres qui lui survivent, que ses écrits sont ses actions, et qu'enfin l'homme est tout entier dans l'auteur. Il n'en est pas ainsi de Cervantès. Homme illustre avant d'être illustre écrivain, il fit de grandes choses avant de faire un livre immortel. Son histoire saurait intéresser, même sans le prestige d'un nom glorieux, et sa vie n'est pas moins que ses œuvres pleine de charme et de moralité.

Méconnu jusqu'à sa mort, et longtemps au delà, Cervantès n'a point trouvé de biographes à l'époque où l'attention contemporaine, fixée sur un homme célèbre, recueille d'ordinaire avec un soin religieux les particularités d'une existence glorieuse. Il a fallu tous les efforts d'une admiration posthume, bien lente à s'éveiller, pour reconstruire laborieusement, à l'aide de la tradition non moins que des documents authentiques, et de la conjecture autant que de la certitude, l'édifice incomplet d'une vie longue et remplie. Bien des lacunes restent à combler, bien des doutes à éclaircir; mais ce qu'on sait comme avéré et ce qu'on suppose comme probable suffit maintenant pour nous apprendre quelle fut la destinée de l'un des grands génies dont s'honore l'humanité.

On n'a pu découvrir encore où est le tombeau de Cervantès, et longtemps on ignora où fut son berceau. Huit villes, comme jadis dans la Grèce pour le vieil Homère, se sont disputé l'honneur de l'avoir vu naître : Madrid, Séville, Tolède, Lucena, Esquivias, Alcazar de San-Juan, Consuegra et Alcala de Hénarès. C'est dans cette dernière qu'il naquit; il y fut baptisé, à l'église paroissiale de Sainte-Marie Majeure, le 9 octobre 1547. Sa famille, originaire de Galice, puis établie dans la Castille, sans appartenir à la noblesse titrée, comptait du moins parmi les familles de gentilshommes qu'on appelait *fils de quelque chose* (*hijos de algo*, ou *hidalgos*). Dès le treizième siècle, le nom de Cervantès était honorablement cité dans les annales espagnoles. Il y avait eu des guerriers de ce nom lors des grandes conquêtes de saint Ferdinand, à la prise de Baeza et à celle de Séville. Ils eurent part aux distributions de territoire qui se firent à cette époque, lorsqu'on repeuplait de chrétiens les champs abandonnés par les Mores. D'autres Cervantès se trouvèrent parmi les conquérants du Nouveau Monde, et portèrent dans ces contrées lointaines une branche de la souche principale. Dans les premières années du seizième siècle, Juan de Cervantès était corrégidor d'Osuna. Son fils, Rodrigo de Cervantès, épousa, vers 1540, doña Leonor de Cortinas, dame noble, du bourg de Barajas. De cette union naquirent d'abord deux filles, doña Andrea et doña Luisa; puis deux fils, Rodrigo et Miguel. Celui-ci était le plus jeune enfant de cette famille, pauvre autant qu'honorable.

On a peu de détails sur la jeunesse de Cervantès. Il est probable qu'étant né dans une ville d'université, où venaient étudier les jeunes gens de Madrid, qui n'en est distant que de quatre lieues, il y fit ses premières études. Ce qu'on sait de lui, et par lui-même, c'est qu'il avait dès sa plus tendre enfance un grand goût pour les lettres, et qu'il aimait la lecture au point de *ramasser dans la rue des bribes de papier déchiré*. Son incli-

NOTICE SUR LA VIE

nation pour la poésie et pour le théâtre se déclara devant les tréteaux du fameux Lope de Rueda, ce comédien ambulant, fondateur du théâtre espagnol, qu'il vit jouer, avant l'âge de onze ans, à Ségovie et à Madrid.

Le jeune Miguel, ayant atteint l'adolescence, partit pour Salamanque, où il passa deux années, immatriculé parmi les étudiants de cette université célèbre. On sait qu'il demeurait dans la rue de *los Moros*. Ce fut là qu'il apprit à connaître ces mœurs des étudiants, qu'il a si bien peintes en quelques endroits de ses ouvrages, entre autres dans la seconde partie du *Don Quichotte* et dans deux de ses meilleures nouvelles, le *Licencié Vidriera* et *la Tante supposée* (*la Tia fingida*). Un peu plus tard, on trouve Cervantès à l'école d'un humaniste assez distingué, nommé Juan Lopez de Hoyos. Ce régent de collége fut chargé, par la municipalité de Madrid, de composer les allégories et les devises qui devaient orner, dans l'église de *las Descalzas Reales*, le mausolée de la reine Élisabeth de Valois, troisième femme de Philippe II, lors des magnifiques funérailles qu'on lui fit le 24 octobre 1568. Hoyos se fit aider par quelques-uns de ses meilleurs élèves, et Cervantès est cité au premier rang. Dans la *Relation* que publia cet humaniste, et où sont racontées en détail la maladie, la mort et les obsèques de la reine, il mentionne comme ouvrage de Cervantès, qu'il appelle à plusieurs reprises *son cher et bien-aimé disciple*, la première épitaphe, en forme de sonnet, quatre *redondillas* (quatrains), une *copla castellana* (stance à rimes croisées), enfin une élégie en *tercets*, composée au nom de toute la classe, et adressée au cardinal don Diego de Espinosa, président du conseil de Castille et inquisiteur général.

Ces premiers essais furent applaudis, et ce fut sans doute à la même époque que Cervantès, encouragé par son succès d'école, composa le petit poëme pastoral de *Filena*, quelques sonnets, quelques *romances*, enfin des *rimas* ou poésies mêlées, œuvres dont il fit mention, vers la fin de sa vie, dans son *Voyage au Parnasse* (*Viage al Parnaso*), mais dont il n'est resté que ce souvenir.

C'est alors que venait de se passer, dans le palais de Philippe II, ce drame mystérieux et sanglant dont le double dénoûment fut la mort de l'infant don Carlos et celle de la reine Élisabeth, qui ne lui survécut que deux mois. Le pape Pie V envoya aussitôt un nonce à Madrid, pour offrir au roi d'Espagne ses compliments de condoléance (*el pésame*) et réclamer aussi, à la faveur de cette ambassade d'étiquette, certains droits de l'Église refusés par Philippe dans ses domaines d'Italie. Ce nonce était un prélat romain, nommé Giulio Acquaviva, fils du duc d'Atri, qui reçut le chapeau de cardinal à son retour d'Espagne. Sa mission ne pouvait plaire à Philippe, qui avait impérieusement ordonné que personne, princes ou sujets, ne lui parlât de la mort de son fils, et qui, tout dévot qu'il était, ne céda jamais sur aucun point à la cour de Rome. Aussi le légat du pape ne fit-il qu'un court séjour à Madrid. Il reçut ses passe-ports le 2 décembre 1568, deux mois après son arrivée, avec ordre de retourner immédiatement en Italie, par la route de Valence à Barcelone. Comme Cervantès assure lui-même qu'il servit à Rome le cardinal Acquaviva, en qualité de *camarero* (valet de chambre), il est probable que le nonce romain, auquel le jeune Miguel put être présenté parmi les poëtes du catafalque de la reine, le prit en affection, et que, touché de sa détresse non moins que de ses talents naissants, il consentit à l'admettre dans ce qu'on appelait alors la *famille* d'un grand seigneur, pour ne pas dire sa domesticité. C'était, au reste, un usage fort général; beaucoup de jeunes gentilshommes espagnols se mettaient ainsi, sans croire déroger, au service de la pourpre romaine, soit pour faire à peu de frais le voyage d'Italie, soit pour s'avancer dans l'Église à la faveur de leurs patrons.

Ce fut en accompagnant son nouveau maître, lorsque celui-ci retournait à Rome, que Cervantès traversa, chemin faisant, Valence et Barcelone, dont il fit maintes fois l'éloge dans ses écrits, ainsi que les provinces méridionales de France, qu'il décrivit dans sa *Galatée*; car, à nulle autre époque de sa vie, il n'aurait pu visiter ces pays.

Malgré la douce oisiveté que pouvait lui offrir l'antichambre du prélat romain, et l'occasion plus douce encore de se livrer à ses goûts de poëte, Cervantès ne resta pas longtemps dans la domesticité. Dès l'année suivante, 1569, il s'enrôla parmi les troupes espagnoles qui occupaient une portion de l'Italie. Pour les gentilshommes pauvres, il n'y avait d'autres carrières que l'Église ou les armes; Cervantès préféra les armes : il se fit soldat. Ce mot n'avait pas précisément la même signification qu'aujourd'hui. C'était comme un premier grade militaire, d'où l'on pouvait immédiatement passer à celui d'enseigne (*alferez*), ou même au rang de capitaine. Aussi n'était pas soldat qui voulait; il fallait une sorte d'admission, et l'on disait en Espagne *asentar plaza de soldado*.

Ce moment était bien choisi pour un homme de cœur comme Cervantès. Une grande querelle, qui venait de s'allumer, allait mettre aux prises la chrétienté et l'islamisme. Sélim II, violant les traités, envahit en pleine paix l'île de Chypre, qui appartenait aux Vénitiens. Ceux-ci implorèrent le secours de Pie V, qui fit aussitôt réunir ses galères et celles d'Espagne, sous les ordres de Marc-Antoine Colonna, aux galères de Venise. Cette flotte combinée partit, au commencement de l'été de 1570, pour les mers du Levant, dans le dessein d'arrêter les progrès de l'ennemi commun. Mais la mésintelligence et l'indécision des généraux confédérés firent échouer cette première campagne. Les Turcs prirent Nicosie d'assaut, étendirent leur conquête sur l'île entière, et les escadres chrétiennes, séparées par des tempêtes, furent obligées de regagner les ports d'où elles étaient sorties. Parmi les quarante-neuf galères espagnoles qui s'étaient réunies à celles du pape, sous le commandement supérieur de Jean-André Doria, se trouvaient les vingt galères de l'escadre de Naples, commandées par le marquis de Santa-Cruz. On avait renforcé leurs équipages de cinq mille soldats espagnols, parmi lesquels était comprise la compagnie du brave capitaine Diego de Urbina, détachée du *tercio* (régiment) de Miguel de Moncada. C'est dans cette compagnie que s'était enrôlé Cervantès, qui fit alors la première épreuve de son nouveau métier.

Tandis qu'il hivernait avec la flotte dans le port de Naples, les préparatifs militaires se poussaient vigoureusement chez les trois puissances maritimes du midi de l'Europe, et la diplomatie du temps jetait les bases de l'alliance qui devait un moment les réunir. Enfin, le 20 mai 1571, fut signé le fameux traité *de la Ligue*, entre le pape, le roi d'Espagne et la république de Venise. Dans ce traité même, les trois puissances contractantes nommaient pour généralissime de leurs forces combinées le fils naturel de Charles-Quint, don Juan d'Autriche, qui venait de s'illustrer, dès son début dans les armes, en étouffant la longue révolte des Morisques de Grenade.

Don Juan réunit en toute hâte à Barcelone les vieilles troupes qu'il avait éprouvées dans la guerre des Alpuxarres, entre autres les fameux *tercios* de don Miguel de Moncada et de don Lope de Figueroa; et, mettant sans retard à la voile pour l'Italie, il entra, le 26 juin, dans la rade de Gênes, avec quarante-sept galères. Après qu'on eut distribué les troupes et les équipages sur les divers bâtiments de cette escadre, elle gagna le port de Messine, en Sicile, où se réunissait toute la flotte combinée. Dans cette distribution, l'on avait attribué aux galères italiennes de Jean-André Doria, qui étaient alors au service d'Espagne, deux nouvelles compagnies de vétérans, prises au *tercio* de Moncada, celles d'Urbina et de Rodrigo de Mora. Cervantès suivit son capitaine sur la galère *Marquesa*, que commandait Francesco Santo-Pietro.

La flotte des confédérés, après avoir secouru Corfou, et poursuivi pendant quelque temps la flotte ennemie, la découvrit, le 7 octobre au matin, à l'entrée du golfe de Lépante. L'action s'engagea, un peu après midi, par l'aile de Barbarigo, s'étendit bientôt sur toute la ligne, et se termina, à la chute du jour, par une des victoires les plus sanglantes et les plus meurtrières, mais aussi les plus inutiles, dont fassent mention les annales des temps modernes [1].

Cervantès était alors atteint d'une fièvre intermittente; aux approches du combat, son capitaine et ses camarades l'engagèrent avec instance à se retirer dans l'entre-pont de la galère. Mais le généreux descendant des vainqueurs de Séville, quoique affaibli par la maladie, loin de se rendre à ce timide conseil, supplia son capitaine de lui désigner le poste le plus périlleux. Il fut placé auprès de la chaloupe, parmi douze soldats d'élite. Sa galère, *la Marquesa*, fut une de celles qui se distinguèrent le plus dans l'action : elle aborda la capitane d'Alexandrie, y tua près de cinq cents Turcs, avec leur commandant, et prit l'étendard royal d'Égypte. Au milieu de cette sanglante mêlée, Cervantès reçut trois coups d'arquebuse, deux à la poitrine, et l'autre à la main gauche, qui fut brisée et dont il resta estropié toute sa vie. Justement fier d'avoir pris une si belle part à ce combat mémorable, Cervantès ne regretta jamais la perte de sa main; il répéta souvent qu'il s'applaudissait d'avoir payé de ce prix la gloire de se compter parmi les soldats de Lépante; et, semblable au poëte Eschyle qui se montrait plus fier d'avoir combattu à Marathon, à Salamine, à Platée, que d'avoir écrit le *Prométhée* et l'*Orestie*, il aimait, en témoignage de sa valeur, non qu'il appréciait beaucoup plus que son esprit, à montrer ses blessures, *comme reçues*, disait-il, *dans la plus éclatante occasion qu'aient vue les siècles passés et présents, et qu'espèrent voir les siècles à venir.... et comme des étoiles qui doivent guider les autres au ciel de l'honneur.*

Don Juan aurait voulu, poursuivant sa victoire, emporter les châteaux de Lépante et de Sainte-Maure, et bloquer les Turcs dans les Dardanelles; mais la saison avancée, le manque de vivres, le grand nombre de blessés et de malades, enfin les ordres exprès de son frère Philippe, toujours indécis et jaloux, l'obligèrent à regagner Messine, où il entra le 31 octobre. Les troupes furent distribuées en divers quartiers d'hiver, et le *tercio* de Moncada s'établit dans le midi de la Sicile. Pour Cervantès, à la fois malade et blessé, il ne put quitter Messine, et resta six mois environ dans les hôpitaux de cette place. Don Juan d'Autriche, qui lui avait témoigné un vif intérêt dès le lendemain du combat, lorsqu'il visita les divers corps de l'armée navale, ne l'oublia point dans ce triste asile. On trouve la mention de petits secours pécuniaires qu'il lui fit donner par l'intendance (*pagaduria*) de la flotte, sous la date des 16 et 25 janvier, 9 et 17 mars 1572. Enfin, lorsque Cervantès fut rétabli, un ordre du généralissime, adressé, le 29 avril, aux officiers payeurs (*oficiales de cuenta y razon*), attribua une haute paye de trois écus par mois au soldat Cervantès, qui passa dans une compagnie du *tercio* de Figueroa.

La campagne qui suivit celle de Lépante fut loin de répondre aux grands résultats qu'on en attendait. Pie V, l'âme de la *Ligue*, venait de mourir; les Vénitiens, atteints dans l'intérêt de leur commerce du Levant, s'étaient déjà refroidis; l'Espagne se trouva presque seule engagée contre les Turcs, qui, soutenus par la diversion que faisait la France en leur faveur contre le roi catholique, l'année même de la Saint-Barthélemi, en menaçant la Flandre espagnole, avaient fait de grands préparatifs et menaçaient à leur tour les côtes de Sicile. Cependant Marc-Antoine Colonna mit à la voile le 6 juin pour l'Archipel, avec une partie de la flotte confédérée, entre autres les trente-six galères du marquis de Santa-Cruz, où se trouvait la compagnie du *tercio* de Figueroa dans laquelle était entré Cervantès. Don Juan d'Autriche partit, le 9 août, avec le reste de la flotte; mais les deux escadres passèrent à se chercher vainement une partie de la saison; puis, quand elles furent enfin réunies au mois de septembre, elles perdirent, par la faute des pilotes, l'occasion d'attaquer avec avantage la flotte des Turcs, qui avaient imprudemment divisé leurs forces dans les ports de Navarin et de Modon. Après une vaine tentative d'assaut contre le château de Navarin, don Juan fut obligé de rembarquer ses troupes, et de regagner, au commencement de novembre, le port de Messine. Cervantès raconte longuement, dans l'histoire du *Capitaine captif*, les détails de cette infructueuse campagne de 1572, à laquelle il avait pris part.

Philippe II, cependant, n'abandonnait pas encore ses desseins. Il voulait réunir, pour le printemps de l'année suivante, jusqu'à trois cents galères à Corfou, et frapper la marine ottomane d'un coup dont elle ne pût se relever. Mais les Vénitiens, qui négociaient secrètement avec Sélim par l'intermédiaire de la France, signèrent un traité de paix au mois de mars 1573. Cette défection inattendue rompit la *Ligue*, et fit renoncer à toute entreprise contre la Turquie. Pour occuper les forces rassemblées par l'Espagne, on résolut d'opérer une descente, soit à Alger, soit à Tunis. Philippe et don Juan choisirent également ce dernier parti; mais le roi voulait seulement renverser du trône le Turc Aluch-Aly, pour y replacer le More Muley-Mohammed, et démanteler les forteresses, dont la conservation lui coûtait beaucoup; tandis que le prince son frère, auquel il refusait le titre d'infant d'Espagne, voulait se faire roi de cette contrée, où les Espagnols possédaient, depuis Charles-Quint, le fort de la Golette.

L'expédition fut d'abord heureuse. Après avoir débarqué ses équipages à la Golette, don Juan envoya le marquis de Santa-Cruz, à la tête des compagnies d'élite, prendre possession de Tunis, abandonné par la garnison turque et la population presque entière. Mais Philippe, non moins inquiet des desseins du prince aventurier qu'irrité de sa désobéissance, lui envoya l'ordre de retourner immédiatement en Lombardie. Don Juan partit, laissant de faibles garnisons dans la Golette et le fort, que les Turcs enlevèrent d'assaut à la fin de cette même année.

Cervantès, après être entré à Tunis avec le marquis de Santa-Cruz, dans les rangs de ce fameux *tercio* de Figueroa, *qui faisait*, dit l'historien Van-der-Hamen, *trembler la terre sous ses mousquets*, revint à Palerme avec la flotte. De là il fut embarqué sous les ordres du duc de Sesa, qui essaya vainement de secourir la Golette; puis alla prendre ses quartiers d'hiver en Sardaigne, et fut amené en Italie sur les galères de Marcel Doria. Il obtint alors de don Juan d'Autriche, qui était revenu à Naples au mois de juin 1575, un congé pour retourner en Espagne, dont il était éloigné depuis sept ans.

A la faveur de ces expéditions militaires, Cervantès parcourut toute l'Italie; il visita Florence, Venise, Rome, Naples, Palerme, et le collège de Bologne, fondé pour les Espagnols par le cardinal Albornoz; il apprit la langue italienne, et fit une étude approfondie de cette littérature où s'étaient formés, avant lui, Boscan, Garcilaso, Hurtado de Mendoza; où se formaient de son temps Mesa, Virués, Mira de Amescua, les frères Léonardo de Argensola. Cette étude influa sur ses travaux postérieurs et sur son style en général, où quelques-uns de ses contemporains, descendant de la secte des *antipétrarquistes*, relevèrent un certain nombre d'italianismes fort peu dissimulés.

Cervantès, alors âgé de vingt-huit ans, estropié, affaibli par les fatigues de trois campagnes, et toujours simple soldat, résolut de revoir son pays et sa famille. D'ailleurs, en se rapprochant de la cour, il pouvait espérer quelque juste récompense de ses brillants services. Il obtint de son général plus qu'un simple congé. Don Juan d'Autriche lui donna des lettres pour le roi, son frère, dans lesquelles, faisant l'éloge du blessé de Lépante, il priait instamment Philippe de lui confier le commandement de l'une des compagnies qu'on levait en Espagne pour l'Italie ou la Flandre. Le vice-roi de Sicile, don Carlos d'Aragon, duc de Sesa, recommandait aussi à la bienveillance du roi et des ministres un soldat jusque-là négligé, qui avait captivé, par sa valeur, son esprit, sa conduite exemplaire, l'estime de ses camarades et de ses chefs.

Muni de recommandations si puissantes, qui promettaient une heureuse issue à son voyage, Cervantès s'embarqua à Naples sur la galère espagnole *el Sol* (le Soleil), avec son frère aîné, Rodrigo, soldat comme lui, le général d'artillerie Pero-Diez Carrillo de Quesada, précédent gouverneur de la Golette, et plusieurs autres militaires de distinction qui retournaient également dans leur patrie. Mais d'autres épreuves l'attendaient, et le temps du repos n'était pas venu pour lui. Le 26 septembre 1575, la galère *el Sol* fut enveloppée par une escadre algérienne aux ordres de l'Arnaute (Albanais) Mami, qui avait le titre de Capitan de la mer. Trois bâtiments turcs abordèrent la galère espagnole, entre autres un galion de vingt-deux bancs de rameurs, commandé par Dali-Mami, renégat grec, que l'on appelait le Boiteux. Après un combat aussi opiniâtre qu'inégal, où Cervantès montra sa bravoure accoutumée, la galère, obligée d'amener pavillon, fut conduite en triomphe au port d'Alger, où se fit entre les vainqueurs la répartition des captifs. Cervantès tomba au pouvoir de ce même Dali-Mami qui avait capturé le navire chrétien.

C'était un homme également avare et cruel. Dès qu'il eut pris à Cervantès les lettres adressées au roi par don Juan d'Autriche et le duc de Sesa, il tint son prisonnier pour l'un des gentilshommes d'Espagne les plus nobles et les plus importants. Aussitôt, pour en obtenir une prompte et forte rançon, il le chargea de chaînes, l'enferma étroitement, lui fit souffrir toutes sortes de privations et de tortures. C'est ainsi qu'en usaient les corsaires barbaresques avec les captifs de distinction qui tombaient dans leurs mains. Ils les accablaient de mauvais traitements, au moins dans les commencements de la captivité, soit pour les obliger à renier leur foi, soit pour qu'ils consentissent à payer une forte rançon, et qu'ils pressassent leurs parents, leurs amis, d'envoyer promptement le prix de leur rachat.

Dans cette lutte contre les souffrances de toutes les heures, Cervantès montra un héroïsme plus rare et plus grand sans doute que celui du courage, l'héroïsme de la patience, « cette seconde valeur des hommes, comme dit Solis, et aussi fille du cœur que la première. » Loin de céder, loin de fléchir, Cervantès conçut dès lors le projet, tant de fois hasardé par lui, de recouvrer la liberté à force d'audace et d'industrie. Il voulait aussi la rendre à tous ses compagnons, dont il devint bientôt l'âme et le guide, par la supériorité de son esprit et de son caractère. On a conservé les noms de quelques-uns d'entre eux. C'étaient le capitaine don Francisco de Menesès, les enseignes Rios et Castañeda, le sergent Navarrete, un certain don Beltran del Salto y Castilla et un autre gentilhomme appelé Osorio. Leur premier dessein, au dire du P. Haedo (*Historia de Argel*), fut de se rendre par terre, comme l'avaient fait d'autres captifs, jusqu'à Oran, qui appartenait alors à l'Espagne. Ils réussirent même à sortir d'Alger, sous la conduite d'un More du pays que Cervantès avait gagné. Mais ce More les abandonna dès la seconde journée, et les fugitifs n'eurent d'autre ressource que de revenir chez leurs maîtres recevoir le châtiment de leur tentative d'évasion. Cervantès fut traité comme le chef du complot.

Quelques-uns de ses compagnons, entre autres l'enseigne Gabriel de Castañeda, furent rachetés vers le milieu de l'année 1576. Ce Castañeda se chargea de porter aux parents de Cervantès des lettres où les deux frères captifs peignaient leur déplorable situation. Rodrigo de Cervantès, le père, vendit ou engagea sur-le-champ le petit patrimoine de ses fils, son propre bien, guère plus considérable, et jusqu'aux dots des deux sœurs, qui ne s'étaient point encore mariées, condamnant ainsi toute la famille à la misère. C'étaient, hélas! des efforts inutiles. Quand l'argent des ventes et des emprunts parvint à Cervantès, il voulut entrer en arrangement avec son maître Dali-Mami; mais le renégat estimait trop son captif pour le céder à bon compte. Ses prétentions furent si exorbitantes que Cervantès dut renoncer à l'espoir de payer sa liberté. Il consacra généreusement sa part à la rançon de son frère, lequel, mis à moindre prix, fut racheté dans le mois d'août 1577. En partant, il promit de faire promptement équiper, à Valence ou aux îles Baléares, une frégate armée, qui, venant toucher à un point convenu de la côte d'Afrique, pourrait délivrer son frère et d'autres chrétiens. Il emportait à cet effet des lettres pressantes de plusieurs captifs de haute naissance pour les vice-rois des provinces maritimes.

Ce projet se rattachait à un plan depuis longtemps formé par Cervantès. A trois milles d'Alger, du côté de l'est, se trouvait le jardin, ou maison d'été, du kaïd Hassan, renégat grec. Un de ses esclaves, appelé Juan, et natif de Navarre, avait secrètement creusé dans ce jardin, qu'il était chargé de cultiver, une espèce de cave ou de souterrain. Là, suivant les instructions de Cervantès, et dès la fin de février 1577, s'étaient successivement réfugiés et cachés divers captifs chrétiens. Leur nombre, au départ de Rodrigo pour l'Espagne, s'élevait déjà à quatorze ou quinze. C'était Cervantès qui, sans quitter la maison de son maître, gouvernait cette petite république souterraine, pourvoyant aux besoins et à la sûreté de ses membres. On douterait de ce fait, qui prouve toutes les ressources de son génie inventif, s'il n'était prouvé par une foule de témoignages et de documents. Il avait pour aides principaux dans son entreprise, d'abord Juan le jardinier, qui faisait le guet et ne laissait approcher personne du jardin d'Hassan; puis un autre esclave, appelé *le Doreur* (el Dorador), qui, tout jeune, avait renié sa religion, et plus tard était redevenu chrétien. Celui-ci était chargé d'apporter des vivres à la caverne, dont personne ne sortait que pendant l'obscurité de la nuit. Quand Cervantès crut prochaine l'arrivée de la frégate que devait expédier son frère, il s'enfuit du bagne de Dali-Mami, et le 20 septembre, après avoir pris congé de son ami le docteur Antonio de Sosa, trop malade pour le suivre, il alla s'enfermer lui-même dans le souterrain.

Son calcul était juste. Dans l'intervalle, on avait équipé, à Valence ou à Mayorque, une frégate dont le commandement fut donné à un certain Viana, récemment racheté, homme actif, brave, et connaissant bien les côtes de Berbérie. Cette frégate arriva en vue d'Alger le 28 septembre, et, après avoir gardé la haute mer tout le jour, elle s'approcha de nuit d'un endroit convenu, assez près du jardin pour aviser et recueillir en peu d'instants les captifs. Malheureusement, des pêcheurs qui n'avaient point encore quitté leur barque reconnurent, malgré l'obscurité, la frégate chrétienne. Ils donnèrent l'alarme, et rassemblèrent tant de monde, que Viana fut obligé de regagner la pleine mer. Il essaya, plus tard, de s'approcher une seconde fois du rivage; mais sa tentative eut une issue désastreuse. Les Mores étaient sur leurs gardes; ils surprirent la frégate au débarquement, firent prisonnier tout l'équipage, et déjouèrent ainsi le projet d'évasion.

Jusque-là, Cervantès et ses compagnons avaient supporté patiemment, dans le doux espoir d'une prochaine liberté, les privations, les souffrances, et même les maladies qu'avait engendrées parmi eux un si long séjour dans cette habitation humide et sombre. Bientôt l'espérance même leur manqua. Dès le lendemain de la capture de la frégate, le Doreur, ce renégat réconcilié avec l'Église, en qui Cervantès avait mis toute sa confiance, abjura de nouveau, et alla révéler au dey d'Alger, Hassan-Aga, la retraite des captifs que Viana venait enlever. Le dey, ravi de cette nouvelle, qui lui permettait, suivant l'usage du pays, de s'approprier tous ces chrétiens comme esclaves perdus, envoya le commandant de sa garde avec une trentaine de soldats turcs pour arrêter les fugitifs et le jardinier qui les cachait. Ces soldats, guidés par le délateur, entrèrent à l'improviste et le cimeterre à la main, dans la cave souterraine. Tandis qu'ils garrottaient les chrétiens surpris, Cervantès éleva la voix, et s'écria, avec une noble fierté, qu'aucun de ses malheureux compagnons n'était coupable, que lui seul les avait fait enfuir et les avait cachés, et qu'étant seul l'auteur du complot, il devait seul en subir la peine. Étonnés d'un aveu si généreux, qui attirait sur la tête de Cervantès tout le courroux du cruel Hassan-Aga, les Turcs expédièrent un cavalier à leur maître pour lui rendre compte de ce qui se passait. Le dey ordonna que l'on conduisît tous les captifs dans son bagne particulier, et que leur chef fût amené immédiatement en sa présence. Cervantès, chargé de chaînes, fut conduit, à pied, du souterrain jusqu'au palais d'Hassan, au milieu des outrages de la populace ameutée.

Le dey l'interrogea plusieurs fois ; il employa les plus flatteuses promesses et les plus terribles menaces pour lui faire avouer ses complices. Cervantès, sourd à toute séduction, inaccessible à toute crainte, persista à n'accuser que lui-même. Le dey, fatigué de sa constance, et touché sans doute de sa magnanimité, se contenta de le faire enchaîner au bagne.

Le kaïd Hassan, dans le jardin duquel s'était passée l'aventure, accourut auprès du dey pour demander qu'on fît sévère justice de tous les fugitifs, et, commençant par son esclave, Juan le jardinier, il le pendit de ses propres mains. Le même sort attendait Cervantès et ses compagnons, si l'avarice du dey n'eût fait taire sa cruauté habituelle. D'ailleurs, la plupart des captifs furent réclamés par leurs anciens maîtres, et Cervantès lui-même revint au pouvoir de Dali-Mami. Mais, soit qu'il lui fît ombrage, soit qu'il lui parût homme de haute rançon, le dey le racheta bientôt après moyennant cinq cents écus.

Cet Hassan-Aga, Vénitien d'origine, et dont le vrai nom était Andreta, fut un des plus féroces forbans qui aient ensanglanté la Berbérie de leurs monstrueux forfaits. Ce que raconte le P. Haedo des atrocités qu'il commit pendant son gouvernement surpasse toute croyance et fait frémir d'horreur. Il n'était pas moins redoutable à ses esclaves chrétiens, dont le nombre s'élevait presque à deux mille, qu'à ses sujets musulmans. Cervantès dit à ce propos, dans l'histoire du *Capitaine captif* : « .... Rien ne nous causait autant de tourment que d'être témoins des cruautés inouïes que mon maître exerçait sur les chrétiens. Chaque jour il en faisait pendre quelqu'un. On empalait celui-là ; on coupait l'oreille à celui-ci, et cela pour si peu de chose, ou plutôt tellement sans motif, que les Turcs eux-mêmes reconnaissaient qu'il ne faisait le mal que pour le faire, et parce que son humeur naturelle le portait à être le meurtrier du genre humain. »

Cervantès fut acheté par Hassan-Aga vers la fin de 1577. Malgré la rigueur de sa captivité, malgré le péril imminent qui le menaçait à chaque tentative d'évasion, il ne cessa de mettre en pratique toutes les ressources que lui offraient les circonstances et son adresse. Dans le cours de l'année 1578, il trouva moyen d'expédier un More pour Oran, avec des lettres adressées au général don Martin de Cordova, gouverneur de la place. Mais cet émissaire fut arrêté au moment d'atteindre le but de son voyage, et amené avec ses dépêches au dey d'Alger. Hassan-Aga fit empaler le malheureux messager, et condamna Cervantès, le signataire des lettres, à recevoir deux mille coups de fouet. Quelques amis, qu'il s'était faits dans l'entourage du dey, interposèrent leurs bons offices, et cette fois encore l'impitoyable Hassan lui pardonna : clémence d'autant plus étrange, qu'à la même époque ce barbare faisait périr sous le bâton, en sa présence, trois captifs espagnols qui avaient tenté de fuir par le même chemin, et que les naturels du pays avaient ramenés au bagne.

Tant d'insuccès, tant de désastres répétés, ne purent abattre la résolution de Cervantès, qui rêvait toujours sa délivrance et celle de ses plus chers compagnons. Il fit connaissance, vers le mois de septembre 1579, d'un renégat espagnol, né à Grenade, où il s'appelait le licencié Giron, et qui avait pris, avec le turban, le nom d'Abd-al-Rhamen. Ce renégat montrait du repentir et l'intention de retourner dans sa patrie se réconcilier avec l'Église. Cervantès prépara, d'accord avec lui, un nouveau plan d'évasion. Ils s'adressèrent à deux marchands valenciens, établis à Alger, dont l'un s'appelait Onofre Exarque, et l'autre Baltazar de Torrès. Ceux-ci prêtèrent les mains au complot, et le premier donna jusqu'à quinze cents doublons pour le prix d'une frégate armée, de douze bancs de rameurs, qu'acheta le renégat Abd-al-Rhamen, sous le prétexte d'aller en course. L'équipage était prêt, et plusieurs captifs de distinction, avertis par Cervantès, n'attendaient plus que l'avis du départ. Un misérable les vendit tous : le docteur Juan Blanco de Paz, moine dominicain, alla, comme un autre Judas, pour le vil appât d'une récompense, dénoncer au dey le projet de ses compatriotes.

Hassan-Aga préféra d'abord dissimuler ; il voulait, en saisissant les captifs sur le fait, se les approprier comme gens condamnés à mort. Toutefois, le bruit de cette délation transpira, et les marchands valenciens surent que le dey connaissait la trame dont ils étaient les complices et les instruments. Tremblant pour sa fortune et pour sa vie, Onofre Exarque voulut faire éloigner Cervantès, dont il avait à redouter le témoignage si la torture lui arrachait des aveux. Il lui offrit de le racheter à tout prix, et de l'embarquer immédiatement pour l'Espagne. Mais Cervantès, incapable de fuir quand le péril devait retomber sur ses compagnons, rejeta cette offre, et rassura le marchand, lui jurant que ni les tourments ni la mort ne lui feraient accuser personne.

A cette époque, et prêt à partir sur la frégate du renégat, Cervantès s'était enfui du bagne ; il était caché dans la maison d'un de ses anciens compagnons d'armes, l'enseigne Diego Castellano. Bientôt on publia dans les rues un ordre du dey qui réclamait son esclave Cervantès, et qui menaçait de mort quiconque lui donnerait asile. Toujours généreux, Cervantès délivra son ami d'une telle responsabilité : il alla volontairement se présenter au dey, sous l'intercession d'un renégat de Murcie, nommé Morato Raez Maltrapillo, qui s'était acquis les bonnes grâces d'Hassan-Aga. Celui-ci exigea de Cervantès la déclaration de tous ses complices, et, pour l'intimider davantage, il lui fit attacher les mains derrière le dos et passer une corde au cou, comme s'il n'eût plus fallu que le hisser à la potence. Cervantès garda la même fermeté d'âme; il n'accusa que lui, et n'avoua pour complices que quatre gentilshommes espagnols, qui avaient tout récemment recouvré la liberté. Ses réponses furent si nobles et si ingénieuses, qu'Hassan-Aga se laissa toucher encore. Il se contenta d'exiler le licencié Giron au royaume de Fez, et d'envoyer Cervantès dans un cachot de la prison des Mores, où l'infortuné languit cinq mois entiers, traînant des menottes et des entraves. Tel fut le prix de cette noble action, qui lui valut, suivant l'expression d'un témoin oculaire, l'enseigne Luis de Pedrosa, *renom, honneur et couronne parmi les chrétiens*.

Ces diverses aventures, dont Cervantès disait lui-même « qu'elles resteraient de longues années dans la mémoire des gens du pays, » et dont le P. Haedo dit également « qu'on en pourrait écrire une histoire particulière, » avaient, en effet, donné tant de crédit à leur auteur parmi les chrétiens et les Mores, qu'Hassan-Aga eut l'appréhension de quelque entreprise plus importante et plus générale. Déjà, précédemment, deux braves Espagnols avaient tenté d'opérer un soulèvement dans Alger. Cervantès, soutenu par vingt-cinq mille captifs agglomérés alors dans la capitale de la Régence, pouvait bien concevoir la même pensée. Un de ses récents historiens, Fernandez-Navarrete, la lui prête, et affirme même qu'il aurait pu réussir, sans la malveillance et l'ingratitude qui le trahirent si souvent. Quoi qu'il en soit, Hassan-Aga craignait tellement son courage, son adresse, et l'empire qu'il avait pris sur ses compagnons de captivité, qu'il disait de lui : « Quand je tiens sous bonne garde l'Espagnol estropié, je tiens en sûreté ma capitale, mes esclaves et mes galères. » Et cependant (tant la vraie grandeur a de puissance!) ce méchant homme n'avait pour Cervantès des égards et de la modération. C'est ce que révèle celui-ci, parlant de lui-même, dans le récit du *Capitaine captif* : « …. Un seul s'en tira bien avec lui. C'était un soldat espagnol, nommé *un tel* de Saavedra, lequel fit des choses qui resteront de longues années dans la mémoire des gens de ce pays, et toutes pour recouvrer sa liberté. Cependant jamais Hassan-Aga ne lui donna un coup de bâton, ni ne lui en fit donner, ni ne lui adressa une parole injurieuse; tandis qu'à chacune des nombreuses tentatives que faisait ce captif pour s'enfuir, nous craignions tous qu'il ne fût empalé, et lui-même en eut la peur plus d'une fois. »

Cervantès, enchaîné dans son cachot, n'était guère plus à plaindre que les esclaves appelés libres, dont la condition devenait insupportable. En s'emparant du commerce exclusif des grains et des provisions de toute nature, Hassan-Aga fit naître une telle disette, que les rues de la ville étaient jonchées de cadavres des gens du pays que moissonnaient la faim et les maladies. Les chrétiens, nourris par avarice plus que par compassion, ne recevaient des Turcs, leurs patrons, que le strict nécessaire; et cependant ils étaient sans relâche accablés des plus rudes travaux, car les grands préparatifs que faisait Philippe II contre le Portugal, en annonçant une expédition contre Alger, avaient jeté l'effroi dans la Régence, et l'on y employait jour et nuit les captifs à réparer les fortifications et à radouber la flotte.

Tandis que Cervantès faisait tant d'inutiles efforts pour conquérir sa liberté, ses parents mettaient tout en œuvre, à Madrid, pour le lui rendre par le moyen ordinaire du rachat. Ayant épuisé toutes leurs ressources, en 1577, pour la rançon du frère aîné, ils firent dresser une enquête devant l'un des *alcaldes de corte*, sous la date du 17 mars 1578, dans laquelle plusieurs témoins constatèrent les services honorables de Cervantès dans les campagnes du Levant, et la détresse absolue de sa famille, qui ne pouvait le racheter par ses propres moyens. A cette pièce, qui fut transmise au roi, le duc de Sesa, précédent vice-roi de Sicile, joignit une espèce de certificat, où il recommandait vivement son ancien soldat à la bienveillance du monarque.

La mort du père de Cervantès vint interrompre ces démarches, et livrer la triste famille à de plus pressants soucis. L'année suivante, Philippe II résolut d'envoyer à Alger des commissaires de rachat. Le P. Fray Juan Gil, procureur général de l'ordre de la Sainte-Trinité, et qui portait en outre le titre de *rédempteur pour la couronne de Castille*, fut chargé de cette mission, pour laquelle on lui adjoignit un autre moine du même ordre, appelé Fray Antonio Cabella. Ce fut devant ces religieux que se présentèrent, le 31 juillet 1579, doña Leonor de Cortinas et sa fille doña Andréa de Cervantès, qui venaient leur apporter trois cents ducats pour aider au rachat de Miguel de Cervantès, leur fils et frère. Deux cent cinquante ducats étaient offerts par la pauvre veuve, et cinquante par la pauvre fille.

Les pères rédempteurs se mirent en route, et abordèrent à Alger le 29 mai 1580. Ils commencèrent aussitôt les opérations de leur respectable office. Mais de grandes difficultés retardèrent longtemps le rachat de Cervantès. Le dey son maître demandait mille écus de rançon, pour doubler le prix qu'il lui avait coûté, et menaçait, si la somme ne lui était pas immédiatement remise, d'emmener son esclave à Constantinople. En effet, un firman du Grand Seigneur venait de lui donner un successeur dans le gouvernement de la Régence, et Hassan-Aga, prêt à emporter toutes ses richesses, tenait déjà Cervantès enchaîné sur une de ses galères. Le P. Juan Gil, ému de compassion, et craignant que cet intéressant prisonnier ne perdît à jamais l'occasion de sa délivrance, mit en œuvre tant de prières et d'intercessions qu'il obtint de le racheter moyennant cinq cents écus en or d'Espagne. Pour trouver cette somme, il fallut emprunter à plusieurs marchands européens, et prendre une large part dans le fonds commun des aumônes de rédemption. Enfin, après avoir encore donné neuf doubles de gratification aux officiers de la galère où il allait ramer, Cervantès fut mis à terre, le 19 septembre 1580, à l'instant même où Hassan-Aga mettait à la voile pour Constantinople. Ainsi fut conservé Cervantès à sa patrie et au monde.

Le premier usage qu'il fit de sa liberté, ce fut de repousser, par la voie la plus authentique et la plus éclatante, les calomnies dont il avait été récemment la victime. Son délateur, le moine Juan Blanco de Paz, qui se disait faussement commissaire du saint-office, avait profité de l'étroit emprisonnement de Cervantès pour lui attribuer l'exil du renégat Giron et l'insuccès de leur dernière tentative. Cervantès, une fois libre, supplia le P. Juan Gil de faire établir une enquête. En effet, le notaire apostolique Pedro de Ribera reçut les déclarations de onze gentilshommes espagnols, les plus distingués d'entre les captifs, en réponse à vingt-cinq questions qui leur furent posées. Cette enquête, où se trouvent minutieusement racontés tous les faits relatifs à la captivité de Cervantès, donne en outre d'intéressants détails sur son esprit, son caractère, la pureté de ses mœurs, et ce noble dévouement aux malheureux qui lui gagna tant d'amis. On peut citer, parmi ces dépositions, celle de don Diego de Benavidès. S'étant informé, dit-il, à son arrivée dans Alger, des principaux captifs chrétiens, on lui cita Cervantès au premier rang, parce qu'il était *loyal, noble, vertueux, d'excellent caractère, et chéri des autres gentilshommes*. Ce Benavidès rechercha son amitié, et fut traité si cordialement qu'il trouva auprès de lui *père et mère*. Le moine carmélite Fray Feliciano Enriquez déclare également qu'après avoir reconnu la fausseté d'une accusation calomnieuse portée contre Cervantès, il était devenu son ami, comme tous les autres captifs *auxquels donnait envie sa conduite noble, chrétienne, honnête et vertueuse*. Enfin, l'enseigne Luis de Pedrosa déclare que, de tous les gentilshommes résidant à Alger, *il n'en a vu aucun faire plus de bien que Cervantès aux autres captifs, et montrer plus de point d'honneur; qu'il a surtout une grâce particulière en toute chose, parce qu'il est si spirituel, si prudent, si avisé, que peu de gens approchent de lui*.

Est-il étonnant, quand on se reporte aux étranges événements de sa captivité, que Cervantès en ait conservé toute sa vie la mémoire, qu'il ait pris ses propres aventures pour sujets de drames ou de nouvelles, et qu'il ait fait, dans presque tous ses ouvrages, des allusions qui n'étaient point comprises avant qu'on eût reconstruit l'histoire de sa vie? Il n'oublia pas non plus de quelle manière lui fut rendue la liberté, et sa reconnaissance lui dicta, dans la nouvelle de l'*Espagnole-Anglaise*, un juste éloge des pères de la Rédemption.

Muni de l'enquête dressée devant le notaire Pedro de Ribera, et des certificats particuliers du P. Juan Gil, il mit à la voile vers la fin d'octobre 1580, et jouit enfin, selon son expression, *de l'une des plus grandes joies qu'on puisse goûter dans ce monde, qui est de revenir, après un long esclavage, sain et sauf dans sa patrie.... car sur la terre*, ajoute-t-il ailleurs, *il n'y a pas de bien qui égale celui de recouvrer la liberté perdue*.

La misère le chassa bientôt du sein de sa famille. À l'époque de son retour, Philippe II était encore convalescent à Badajoz, après la mort de sa quatrième femme, Anne d'Autriche. Ce monarque entra, le 5 décembre, dans le Portugal, que le duc d'Albe venait de lui conquérir et de pacifier à sa façon. L'armée espagnole occupait toutefois le pays, tant pour en assurer la soumission que pour préparer celle des îles Açores, où continuaient de lutter les partisans du prieur d'Ocrato. Rodrigo de Cervantès, après son rachat, avait repris du service, probablement dans son ancien corps, le *tercio* du mestre de camp général don Lope de Figueroa. Son frère alla le rejoindre, et cet homme que redoutait le dey d'Alger, quoique enchaîné dans son bagne, reprit de sa main mutilée le mousquet de simple soldat. Cervantès s'embarqua, dans l'été de 1581, sur l'escadre de don Pedro Valdès, chargée de préparer l'attaque des Açores et de protéger le commerce des Indes. Il fit la campagne de l'année suivante, sous les ordres du marquis de Santa-Cruz, et assista au combat naval que gagna cet amiral, le 25 juillet, en vue de l'île Tercière, sur la flotte française qui protégeait les insurgés du Portugal. Le galion *San-Mateo*, que montaient les vétérans de Figueroa, parmi lesquels se trouvait sans doute Cervantès, prit la plus grande part à cette victoire. Enfin, les deux frères firent ensemble la campagne de 1583, et se trouvèrent à la prise de Tercière, qui fut emportée d'assaut. Rodrigo de Cervantès se distingua dans cette affaire, en s'élançant l'un des premiers sur le rivage, et reçut le grade d'enseigne au retour de la flotte.

Malgré l'humilité de sa position militaire, que son mérite seul pouvait relever, à défaut de la fortune, Cervantès se loue de son séjour en Portugal, où, pendant les quartiers d'hiver, il était admis dans les cercles les plus distingués. Il eut alors, d'une dame de Lisbonne, une fille naturelle, nommée doña Isabel de Saavedra, qu'il garda auprès de lui tout le reste de sa vie, même après s'être marié, n'ayant jamais eu d'autre enfant.

Ce fut l'amour qui rendit Cervantès au culte des lettres. Dans un intervalle de ses campagnes, il fit la connaissance d'une demoiselle noble de la petite ville d'Esquivias, en Castille, appelée doña Catalina de Palacios Salazar y Vozmediano. Il s'enflamma pour elle, et trouva moyen, au milieu de la vie agitée d'un soldat, de composer en son honneur le poëme de *Galatée*. Ce poëme, qu'il appelle *églogue*, est une *nouvelle* pastorale tout à fait à la manière de l'époque, dans laquelle il sut, sous des noms imaginaires, raconter ses propres aventures, louer les beaux esprits du temps, et surtout faire agréer à la dame, objet de sa tendresse, un hommage délicat et passionné. On ne saurait douter, d'après l'exemple de Rodrigo de Cota, auteur du premier livre de la *Célestine*, de Jorge de Montemayor, auteur de la *Diane*, et d'après le témoignage formel de Lope de Vega, que Cervantès, caché sous le nom d'Elicio, berger des rives du Tage, n'ait peint ses amours avec Galatée, bergère née sur les bords de ce fleuve. On ne saurait douter non plus que les autres bergers qu'il introduit dans sa fable, Tircis, Damon, Meliso, Siralvo, Lauso, Larsileo, Artidoro, ne soient Francisco de Figueroa, Pedro Lainez, don Diego Hurtado de Mendoza, Luiz Galvez de Montalvo, Luis Barahona de Soto, don Alonzo de Ercilla, Andrés Rey de Articda, tous ses amis, tous écrivains plus ou moins célèbres du temps. La *Galatée*, dont on n'a que la première partie, est remarquable par la pureté du style, la beauté des descriptions, la délicatesse des peintures de l'amour. Mais les bergers de Cervantès sont trop érudits, trop philosophes, trop beaux parleurs, et la fécondité un peu déréglée de son esprit lui fait entasser les épisodes avec trop peu d'ordre et de goût. Ce sont des défauts dont Cervantès s'accuse lui-même dans le prologue de sa pastorale, et qu'il aurait sans doute évités dans la seconde partie, qu'il promit souvent et n'acheva jamais.

La *Galatée*, dédiée à l'abbé de Sainte-Sophie, Ascanio Colonna, fils de Marc-Antoine Colonna, son ancien amiral, fut publiée à la fin de 1584, et, le 14 décembre de la même année, Cervantès, alors âgé de trente-sept ans, épousa l'héroïne de son poëme. Le père de doña Catalina de Palacios Salazar était mort, et la veuve promit, aux fiançailles de sa fille, de lui donner une dot raisonnable en biens meubles et immeubles. Cette promesse fut remplie deux ans après, et dans le contrat de mariage (*carta dotal*), passé le 9 août 1586, devant le notaire Alonzo de Aguilera, Cervantès dota également sa femme de cent ducats, qu'il dit être le dixième de ses biens.

Sorti de l'armée, après tant de brillants services, simple soldat comme il y était entré, et devenu bourgeois d'Esquivias, dont le séjour monotone ne pouvait suffire à l'activité de son esprit, Cervantès, obligé d'ailleurs d'augmenter par son travail un revenu trop modique, revint aux premiers rêves, aux premières occupations de sa jeunesse. La proximité de Madrid lui permettait d'y faire de fréquents voyages, et presque d'y résider. Ce fut alors qu'il fit ou renouvela connaissance avec plusieurs écrivains de cette époque, entre autres, Juan Rufo, Lopez Maldonado, et surtout Vicente Espinel, l'auteur du roman de *Marcos de Obregon*, que Lesage a si bien mis à profit dans la composition de *Gil Blas*. Il est même probable que Cervantès fut admis à une espèce d'académie que venait d'ouvrir dans sa maison de Madrid un grand seigneur, qui faisait ainsi, à la cour de Philippe II, ce qu'avait fait l'illustre Fernand Cortès à celle de Charles-Quint. Du moins Cervantès, parlant, dans une de ses nouvelles, des académies italiennes, nomme celle-ci *academia imitatoria* de Madrid.

Pendant les quatre années qui suivirent immédiatement son mariage, de 1584 à 1588, Cervantès, redevenu homme de lettres, en même temps que citadin d'Esquivias, abandonna la poésie pastorale, qui ne rapportait rien, pour s'adonner exclusivement au théâtre, seule carrière lucrative qu'offrissent alors les lettres. C'était pendant son enfance que le théâtre espagnol, échappé de l'Église, et sécularisé, si l'on peut ainsi dire, avait commencé de se montrer en place publique sur les tréteaux de Lope de Rueda, cet Eschyle ambulant, auteur et acteur, humble mais vénérable fondateur de la scène où devaient s'illustrer Lope de Vega, Calderon, Moreto, Tirso de Molina, Solis, où devaient s'inspirer Corneille et Molière. La cour d'Espagne, qui avait toujours voyagé d'une capitale de province à l'autre, se fixa tout à fait à Madrid en 1561, et, vers 1580, on éleva dans cette ville les deux théâtres, encore subsistants, *de la Cruz* et *del Principe*. Alors, quelques esprits supérieurs ne dédaignèrent point de travailler pour la scène, abandonnée jusque-là à des chefs de troupes ambulantes (*autores*) qui composaient eux-mêmes les farces de leur répertoire. Cervantès entra l'un des premiers dans cette carrière nouvelle, où son début fut une comédie en six actes, composée sur ses propres aventures, et portant le titre de *los Tratos de Argel*. Cette pièce fut suivie d'environ vingt autres, parmi lesquelles il cite avec complaisance, avec éloge, la *Numancia*, la *Batalla naval*, la *Gran-Turquesca*, la *Entretenida*, la *Casa de los Zelos*, la *Jerusalem*, la *Amaranta o la del Mayo*, *el Bosque amoroso*, la *Unica y bizarra Arsinda*, et surtout la *Confusa*, qui parut, à l'en croire, admirable sur les théâtres. « J'osai, dit-il, réduire les comédies à trois actes, de cinq qu'elles avaient auparavant. Je fus le premier qui représentai les imaginations et les pensées secrètes de l'âme, en mettant des figures morales sur la scène, au vif et général applaudissement du public. Je composai dans ce temps jusqu'à vingt et trente comédies, qui toutes furent jouées (*que todas se recitaron*), sans qu'on leur adressât des offrandes de concombres ou d'autres projectiles, et coururent leur carrière sans sifflets, cris, ni tapage.... »

Toutes ces pièces, comme une partie de ses autres ouvrages, ne furent longtemps connues que de nom, et l'on en déplorait vivement la perte. On pensait qu'avec une imagination si riche, un esprit si gai, une raison si élevée, un goût si pur; qu'avec sa connaissance des règles du théâtre, qu'il fait en plusieurs endroits du *Don Quichotte* une judicieuse poétique; qu'avec les louanges qu'il se donne avec tant d'ingénuité comme auteur comique, et le singulier talent qu'il a réellement déployé dans ses intermèdes; on pensait, dis-je, que ses grandes compositions étaient autant de chefs-d'œuvre. Malheureusement pour sa renommée dramatique, trois ou quatre d'entre elles furent retrouvées, entre autres la *Numancia*, la *Entretenida* et *los Tratos de Argel*. Ces pièces sont loin de répondre aux regrets qu'elles avaient excités, et la réputation de leur auteur aurait assurément gagné à ce qu'on ne les connût pas par le jugement tout paternel qu'il en porte. C'est un curieux exemple (et non le seul qu'il donnera) de l'impuissance où l'on est, même avec un beau génie, d'être bon juge de soi-même.

Des pièces retrouvées, la meilleure est à coup sûr sa tragédie de *Numancia*. Bien que fort éloignée de la perfection, elle vaut incomparablement mieux que les tragédies de Lupercio de Argensola, auxquelles Cervantès prodigue des éloges qui surprennent sous une plume si peu flatteuse (*Don Quichotte*, première partie, chapitre XLVIII). Dans les sentiments héroïques d'un peuple qui se dévoue à la mort pour conserver sa liberté, dans les touchants épisodes que fait naître, au milieu de cette immense catastrophe, l'enthousiasme de l'amitié, de l'amour, de la tendresse maternelle, se déploie tout le génie de cette âme si fière et si tendre. Mais l'ensemble du drame est défectueux, le plan vague et décousu, les détails incohérents; l'intérêt, trop divisé, se fatigue et s'éteint. A tout prendre, les meilleures productions que Cervantès ait données au théâtre sont ses intermèdes, petites pièces appelées *saïnétès* aujourd'hui, et qu'on jouait alors, non point après la grande pièce, mais dans les entr'actes de ses trois *jornadas*. On a retrouvé neuf intermèdes de Cervantès : *el Juez de los divorcios, el Rufian viudo, la Eleccion de los Alcaldes de Daganzo*, etc., qui sont pour la plupart des modèles de verve bouffonne.

Le pauvre Cervantès ne trouva pas longtemps dans ses succès de théâtre la gloire et le profit qu'il en attendait. Cette source fut bientôt tarie. « Les comédies, comme il le dit lui-même dans son Prologue, ont leur temps et leurs saisons. Alors vint régner sur le théâtre ce prodige de nature, ce grand Lope de Vega, qui s'empara de la monarchie comique (*alzòse con la monarquia comica*), soumit à sa juridiction tous les acteurs, et remplit le monde de ses comédies. » Chassé du théâtre, comme tant d'autres, par la fabuleuse fécondité de Lope de Vega, Cervantès fut contraint de chercher un autre métier, moins de son goût, assurément, moins brillant et moins noble, mais qui pût lui donner du pain. Arrivé à plus de quarante ans, sans patrimoine, sans récompense pour ses vingt années de services et de misères, il avait à supporter le fardeau d'une famille augmentée de ses deux sœurs et de sa fille naturelle. Un conseiller des finances, Antonio de Guevara, fut nommé, au commencement de 1588, munitionnaire des escadres et flottes des Indes, à Séville, avec le droit de s'adjoindre quatre commissaires pour l'aider dans le détail de ses fonctions ; il s'agissait de terminer l'équipement de cette grande *Armada*, de cette *flotte invincible* que détruisirent les Anglais et les tempêtes. Guevara offrit une de ces places à Cervantès, qui partit pour l'Andalousie avec toute sa famille, sauf son frère Rodrigo, encore au service dans les armées de Flandre.

Voilà donc l'auteur de *Galatée*, le poëte dramatique vingt fois applaudi, devenu commis aux vivres ! Ce n'était pas tout ; il demanda au roi, par une requête datée de mai 1590, quelque emploi de payeur dans la Nouvelle-Grenade, ou de corrégidor dans une petite ville du Goëtemala ; il voulait enfin passer en Amérique, qu'il appelle lui-même *refuge ordinaire des désespérés d'Espagne*. Heureusement que sa requête s'arrêta et se perdit dans les cartons du conseil des Indes.

Le séjour de Cervantès à Séville fut de longue durée. Sauf quelques excursions dans l'Andalousie et un seul voyage à Madrid, il y resta au moins dix années consécutives. Après avoir été commis du munitionnaire (*proveedor*) Guevara jusqu'en 1591, il le fut encore deux années de son successeur, Pedro de Isunza ; puis, quand cet emploi subalterne vint à lui manquer par la suppression de la place principale, il se fit agent d'affaires, et vécut plusieurs années de commissions que lui confièrent des municipalités, des corporations et de riches particuliers, entre autres don Hernando de Toledo, seigneur de Cigalès, dont il administra les biens, et qui devint son ami.

Au milieu d'occupations si peu dignes de lui, Cervantès cependant *n'avait pas dit aux muses le dernier adieu* ; il leur conservait un culte secret, et entretenait soigneusement le feu sacré de son génie. La maison du célèbre peintre Francisco Pacheco, maître et beau-père du grand Vélazquez, s'ouvrait alors à tous les genres de mérite ; l'atelier de ce peintre, qui cultivait aussi la poésie, était, au dire de don Rodrigo Caro, l'*académie ordinaire de tous les beaux esprits de Séville*. Cervantès comptait parmi les plus assidus visiteurs, et son portrait figura dans cette précieuse galerie de plus de cent personnages distingués qu'avait tracés et réunis le pinceau du maître. Il se lia d'amitié, dans cette académie, avec l'illustre poëte lyrique Fernando de Herrera, que ses compatriotes ont surnommé *le divin*, mais dont ils ont presque laissé périr la mémoire, puisqu'on ne connaît ni la date de sa naissance, ni celle de sa mort, ni aucune particularité de sa vie, et dont les œuvres, ou plutôt celles qui restent, furent trouvées par fragments dans les portefeuilles de ses amis. Cervantès, qui fit un sonnet sur la mort d'Herrera, était également l'ami d'un poëte, Juan de Jauregui, l'élégant traducteur de l'*Aminta* du Tasse, dont la copie, égalant l'original, a le rare privilége d'être aussi comptée parmi les œuvres classiques. Le peintre Pacheco cultivait la poésie ; le poëte Jauregui cultivait la peinture, et fit également le portrait de son ami Cervantès.

Ce fut pendant son séjour à Séville que Cervantès écrivit la plupart de ses *Nouvelles*, dont le recueil, successivement grossi, ne parut que beaucoup plus tard, entre les deux parties du *Don Quichotte*. Ainsi, les aventures de deux célèbres voleurs, qui furent arrêtés à Séville en 1569, et dont l'histoire y était encore populaire, lui fournirent la matière de *Rinconete y Cortadillo*. Le sac de Cadix, où débarqua, le 1ᵉʳ juillet 1596, la flotte anglaise commandée par l'amiral Howard et le comte d'Essex, lui suggéra l'idée de l'*Espagnole-Anglaise* (la *Española Inglesa*). Il écrivit également à Séville *le Curieux malavisé* (el *Curioso impertinente*), qu'il inséra dans la première partie du *Don Quichotte*; *le Jaloux Estrémadurien* (el *Zeloso Estremeño*), et *la Tante supposée* (la *Tia fingida*), souvenir de son séjour à Salamanque, dont longtemps le titre seul fut connu, et qu'on a retrouvée dernièrement en manuscrit.

Jusqu'à Cervantès, et depuis les guerres de Charles-Quint, qui leur ouvrirent la connaissance de la littérature italienne, les Espagnols s'étaient bornés à traduire les contes licencieux du *Décaméron* et des imitateurs de Boccace. Cervantès put dire dans son Prologue : « Et je me donne pour le premier qui ait écrit des nouvelles en espagnol ; car celles en grand nombre qui circulent imprimées dans notre langue sont toutes empruntées aux langues étrangères. Celles-ci sont à moi, non imitées ni volées ; mon esprit les engendra, ma plume les mit au jour.... » Il les nomma *Nouvelles exemplaires* (*Novelas ejemplares*), pour les distinguer des contes italiens, et parce qu'il n'en est aucune, comme il le dit lui-même, dont on ne puisse tirer quelque utile exemple. Elles sont en outre divisées en *sérieuses* (*serias*) et *badines* (*jocosas*). On en compte sept de la première espèce et huit de la seconde.

M. de Florian, qui veut bien trouver les *Nouvelles* de Cervantès *agréables*, lui a fait l'honneur d'en *arranger* deux en français, celle qu'il nomme *Léocadie* (*la Fuerza de la Sangre*) et le *Dialogue des chiens*. Il les a traitées précisément comme la *Galatée* et le *Don Quichotte*; et c'est vraiment une pitié que de voir les œuvres d'un si grand génie audacieusement maniées, écourtées et mutilées par un si petit bel esprit. Comment retrouver, dans les dix pages prétentieuses et décolorées de *Léocadie*, le récit nerveux et pathétique de *la Force du sang*? Comment retrouver, dans la plate conversation de *Scipion* et de *Bergance*, vrais roquets de boudoir, ces fines railleries des ridicules humains, et ces leçons de haute moralité qu'échangent entre eux les deux gardiens de l'hôpital de la Résurrection? Les *Nouvelles* sont, après le *Don Quichotte*, le plus beau titre de Cervantès à l'immortalité. Là se révèlent aussi, sous mille formes variées, la fécondité de son imagination, la bonté de son cœur aimant, la verve de son esprit railleur sans causticité, les ressources d'un style qui à tous les sujets, enfin toutes ces qualités diverses qui brillent au même degré dans la touchante histoire de la tendre *Cornelia*, et dans cet admirable tableau de mœurs infâmes qu'on appelle *Rinconete y Cortadillo*.

A la mort de Philippe II, arrivée le 13 septembre 1598, on éleva dans la cathédrale de Séville un magnifique catafalque, le *plus merveilleux monument tumulaire*, dit un chroniqueur de la cérémonie, *qu'yeux humains eussent eu le bonheur de voir*. Ce fut à cette occasion que Cervantès composa ce fameux sonnet burlesque, où il se moque avec tant de grâce de la forfanterie des Andalous, les Gascons de l'Espagne, et qu'il appelle (dans le *Voyage au Parnasse*) *l'honneur principal de ses écrits*[2]. La date de ce sonnet sert à fixer le terme de son séjour à Séville, qu'il quitta bientôt après pour n'y plus revenir. Voici à quelle occasion :

Cervantès, qui ressemble par tant de traits à Camoëns, éprouva la plus cruelle des infortunes dont fut abreuvé ce grand homme, lorsque, accusé de malversation dans sa charge de munitionnaire des vivres à Macao, il fut jeté en prison et traduit devant le tribunal des comptes. Comme le chantre des *Lusiades*, Cervantès, resté pauvre, prouva facilement son innocence. Vers la fin de 1594, lorsqu'il établissait, à Séville, les comptes de son commissariat, et faisait rentrer avec peine quelques recouvrements arriérés, Cervantès envoya successivement des fonds à la *Contaduria-Mayor* de Madrid en lettres de change tirées de Séville. Une de ces sommes, provenant de la perception du district de Velez-Malaga, et montant à 7400 réaux, fut remise par lui en espèces à un négociant de Séville, nommé Simon Freire de Lima, qui se chargea de la verser à la trésorerie de Madrid. Cervantès fit alors le voyage de la capitale, et n'y trouvant pas son dépositaire, il lui réclama la somme avancée; mais dans l'intervalle Freire avait fait faillite, et s'était enfui d'Espagne. Cervantès retourna aussitôt à Séville, où il trouva tous les biens de son débiteur saisis par d'autres créanciers. Il adressa requête au roi, et un décret du 7 août 1595 ordonna au docteur Bernardo de Olmedilla, juge *de los grados* à Séville, de prendre par privilège, sur les biens de Freire, la somme que lui avait remise Cervantès. Ce juge en opéra effectivement la rentrée, et adressa cette somme au trésorier général don Pedro Mesia de Tobar, par une lettre de change tirée le 22 novembre 1596.

Le tribunal de la *Contaduria* mettait alors la plus grande sévérité dans l'apurement des comptes de tous les employés du trésor, dont les caisses s'étaient entièrement épuisées par la conquête du Portugal et de Tercère, par les campagnes de Flandre, la destruction de la flotte *invincible*, et les essais ruineux qu'on avait laissé faire à plusieurs de ces charlatans financiers appelés alors *arbitristas*. Le percepteur principal, dont Cervantès n'avait été que l'agent, fut mandé à Madrid pour rendre ses comptes. Il représenta que tous les documents sur lesquels il pouvait les établir étaient à Séville entre les mains de Cervantès. Une cédule royale, du 6 septembre 1597, ordonna, sans autre forme de procès, au juge Gaspar de Vallejo, de faire arrêter celui-ci, et de l'envoyer sous escorte à la prison de la capitale, où il serait à la disposition du tribunal des comptes. Cervantès, en effet, fut immédiatement mis en prison; mais ayant offert des garanties pour le payement de 2641 réaux (environ 670 francs), à quoi se réduisait le déficit dont il était accusé, il fut relâché en vertu d'une seconde cédule datée du 1er décembre de la même année, sous la condition qu'il se présenterait à la *Contaduria* dans le terme de trente jours, et payerait le solde de ses comptes.

On ne sait comment se termina cette première poursuite dirigée contre Cervantès; mais, quelques années après, il fut inquiété de nouveau pour la même misérable somme de 2641 réaux. Le percepteur de Baza, Gaspar Osorio de Tejada, présenta dans ses comptes, à la fin de 1602, un récépissé de Cervantès constatant que cette somme lui avait été remise lorsqu'il était commissionné, en 1594, pour le recouvrement des rentes arriérées de cette ville et de son district. Consultés sur ce point, les membres de la *Contaduria-Mayor* adressèrent un rapport, daté de Valladolid le 24 janvier 1603, où ils rendaient compte de l'arrestation de Cervantès en 1597, à propos de la même somme, et de son élargissement sous caution, ajoutant que, depuis lors, il n'avait point paru devant le tribunal. Ce fut à cette occasion que Cervantès se rendit avec toute sa famille à Valladolid, où, depuis deux ans, Philippe III avait porté la cour. On a effectivement retrouvé la preuve que, le 8 février 1603, sa sœur doña Andrea s'occupait à réparer l'équipage et la garde-robe d'un certain don Pedro de Toledo Osorio,

NOTICE SUR LA VIE

marquis de Villafranca, qui revenait de l'expédition d'Alger. Il y a dans ces comptes de ménage, qui prouvent la détresse de sa famille, plusieurs notes et mémoires écrits de la main de Cervantès. Il régla ses affaires avec le tribunal des comptes, soit en justifiant d'un payement antérieur, soit en s'acquittant à cette époque; car les poursuites cessèrent, et il passa paisiblement le reste de sa vie auprès de ce tribunal qui l'avait si durement traité. L'honneur de Cervantès exigeait ces minutieux détails; mais s'il fallait prouver, d'ailleurs, que sa probité fut à l'abri de tout soupçon, il suffirait de rappeler qu'il mentionne lui-même avec une gaieté spirituelle ses emprisonnements nombreux. C'eût été, certes, trop d'effronterie, s'ils avaient eu pour cause quelque vilaine action, et ses ennemis, ses envieux, ses détracteurs de tous genres, qui lui reprochèrent jusqu'à sa main brisée, ne se fussent pas fait faute de le blesser dans un endroit bien autrement sensible que l'amour-propre de l'écrivain.

Les renseignements recueillis sur la vie de Cervantès présentent ici une grande lacune. On ne sait rien de lui avec certitude, depuis 1598, lorsqu'il écrivait à Séville le sonnet sur le tombeau de Philippe II, jusqu'en 1603, lorsqu'il eut rejoint la cour à Valladolid. C'est pourtant dans cet intervalle de cinq années qu'il conçut, commença et termina presque la première partie du *Don Quichotte*. Plusieurs probabilités se réunissent pour faire supposer qu'il quitta Séville, avec sa famille, vers 1599, et qu'il vint se fixer dans quelque bourgade de la Manche, province où il avait des parents et où il exerça plusieurs commissions. La promptitude avec laquelle il se présenta au tribunal des comptes, à Valladolid, en 1603, ne permet pas de douter qu'il n'habitât alors un pays plus rapproché de cette ville que l'Andalousie; et la connaissance parfaite qu'il montre, dans son roman, des localités et des mœurs de la Manche, prouve également qu'il y fit un long séjour. Il est probable qu'il avait fixé sa résidence au bourg d'Argamasilla de Alba, et qu'en y plaçant la patrie de son gentilhomme en démence, il eut la pensée de ridiculiser les hobereaux de ce village, qui, précisément à cette époque, eurent entre eux, pour certains droits de prééminence, des querelles si scandaleuses et des procès si obstinés, qu'au dire des chroniqueurs du temps, la population du pays en diminua beaucoup.

Quand on voit Cervantès annoncer, dans son prologue du *Don Quichotte*, que le fils de son intelligence, *ce fils sec, maigre, jauni, fantasque.... s'est engendré dans une prison, où toute incommodité a son siége, où tout bruit sinistre fait sa demeure*, on se demande avec curiosité à quel sujet, à quelle époque, en quel pays, lui fut donné ce triste loisir d'esprit et de corps, d'où sortit l'une des plus belles œuvres de l'esprit humain. L'opinion commune, hors de l'Espagne, a longtemps été qu'il conçut et commença son ouvrage dans les caveaux du saint-office. Il faut, selon le mot de Voltaire, être bien maladroit pour calomnier l'inquisition. Au milieu de toutes ses disgrâces, Cervantès eut du moins le bonheur de n'avoir rien à démêler avec ce tribunal bien autrement terrible que celui des comptes. On a fait, sur son emprisonnement dans la Manche, mille conjectures encore incertaines. Quelques-uns croient que cette avanie lui arriva au village du Toboso, à propos d'une parole piquante qu'il avait dite à une femme, dont les parents offensés se vengèrent ainsi. Mais l'on admet presque généralement que ce furent les habitants du bourg d'Argamasilla de Alba qui jetèrent Cervantès en prison, révoltés contre lui, soit parce qu'il leur réclamait des dîmes arriérées pour le grand prieuré de San-Juan, soit parce qu'il enlevait à leurs irrigations les eaux de la Guadiana, pour y préparer des salpêtres. Il est certain qu'on montre encore aujourd'hui dans ce bourg une antique maison, appelée *casa de Medrano*, où la tradition immémoriale du pays place la prison de Cervantès. Il est également certain que le pauvre commissaire des dîmes ou des poudres y languit fort longtemps, et dans un état si misérable, qu'il fut obligé de recourir à son oncle, don Juan Barnabé de Saavedra, bourgeois d'Alcazar de San-Juan, pour lui demander sa protection et ses secours. On conserve le souvenir d'une lettre écrite de Cervantès à cet oncle, et qui commence par ces mots : « De longs jours et de courtes nuits (des insomnies) me fatiguent dans cette prison, ou pour mieux dire, caverne.... » C'est en mémoire de ces mauvais traitements qu'il commença le *Don Quichotte* par ces mots de bien douce vengeance : « Dans un endroit de la Manche, *dont je ne veux pas me rappeler le nom....* »

Revenu, après treize ans d'absence, à ce qu'on appelait *la cour (la corte)*, c'est-à-dire à la résidence du monarque, Cervantès se trouva comme en pays étranger. Un autre prince et d'autres favoris gouvernaient l'État; ses anciens amis étaient morts ou dispersés. Si le soldat de Lépante, si l'auteur de *Galatée* et de *Numance* n'avait trouvé ni justice ni protection quand ses titres étaient récents, que pouvait-il espérer du successeur de Philippe II, après quinze années d'oubli ! Néanmoins, pressé par la situation de sa famille, Cervantès fit une dernière tentative. Il se présenta à l'audience du duc de Lerme, *Atlas du poids de cette monarchie*, comme il l'appelle, c'est-à-dire, tout-puissant dispensateur des grâces. L'orgueilleux favori le reçut avec dédain, et Cervantès, blessé jusqu'au fond de son âme fière et sensible, renonça pour jamais au rôle de solliciteur. Depuis lors, partageant sa vie entre quelques agences d'affaires et le travail de sa plume, il vécut avec résignation, dans la retraite et la médiocrité, du produit de ses veilles et des secours qu'y ajoutèrent ses deux protecteurs, le comte de Lemos et l'archevêque de Tolède.

La situation pénible où se trouvait Cervantès, pauvre et dédaigné, lui fit hâter la publication du *Don Quichotte*, ou du moins de la première partie, qui était déjà très-avancée. Il obtint le privilége du roi, pour l'impression de son livre, à la date du 26 septembre 1604. Mais il fallait trouver un Mécène qui en acceptât la dédicace, et le prît à l'ombre de son nom. Obéir à cet usage était une sorte de nécessité pour Cervantès, obscur et pauvre, et pour un livre de la nature du sien. Si ce livre, dont le titre pouvait tromper, était pris pour un simple roman de chevalerie, il tombait aux mains de gens qui, n'y trouvant pas ce qu'ils y cherchaient, n'y auraient pas trouvé davantage la délicate satire de leur goût dépravé. Au contraire, s'il était sur-le-champ reconnu et compris, trop de fines et hardies critiques s'y mêlaient, sous mille allusions, à la critique principale, pour qu'une haute protection ne lui fût pas nécessaire. Le patronage d'un grand seigneur défendait le livre contre ce double écueil. Cervantès fit choix de don Alonzo Lopez de Zuñiga y Sotomayor, septième duc de Béjar, l'un de ces désœuvrés de noble sang qui daignaient dispenser aux lettres et aux arts le sourire d'encouragement de leur ignorance titrée. On raconte que le duc, en apprenant que l'objet du *Don Quichotte* était une raillerie, crut sa dignité compromise, et refusa la dédicace. Cervantès, feignant de céder à sa répugnance, lui demanda seulement la faveur d'en lire un chapitre devant lui. Mais tels furent la surprise et le plaisir que causa cette lecture sur l'auditoire, que, de chapitre en chapitre, on alla jusqu'à la fin du livre. L'auteur fut comblé d'éloges, et le duc, cédant à la prière générale, se laissa de la sorte immortaliser. On raconte également qu'un religieux, directeur du duc de Béjar, et qui gouvernait sa maison comme sa conscience, choqué du succès de Cervantès, censura le livre et l'auteur avec une égale amertume, et reprocha vivement au duc le bon accueil qu'il leur faisait. Ce moine morose avait sans doute un grand empire sur son pénitent, car le duc oublia Cervantès, qui, de son côté, ne lui dédia plus rien. Il se vengea même à sa manière, en peignant la scène et les personnages dans la seconde partie du *Don Quichotte*.

La première partie fut publiée au commencement de 1605. Il faut, avant de passer outre et de continuer ce récit, dire quel était, quant à l'objet spécial du livre, l'état des choses à son apparition.

L'époque où l'on suppose que fleurit la chevalerie errante, et où l'on place les aventures des paladins, membres de cet institut imaginaire, est comprise entre l'extinction de la civilisation antique et la renaissance de la civilisation moderne. C'est cette époque de ténèbres et de barbarie où la force était le droit, où la justice se rendait sur l'épreuve du duel, où l'anarchie féodale désolait incessamment la terre, où la puissance religieuse, appelée au secours de l'autorité civile, ne trouvait que la *trêve de Dieu* pour donner aux nations quelques jours de paix. Certes, à une telle époque, il eût été beau de se dévouer à la défense des malheureux, à la protection des opprimés. Un guerrier de haut parage, qui, la lance à la main, et couvert de son armure, s'en serait allé par le monde, cherchant les occasions d'exercer à ce noble métier la générosité de son cœur et la valeur de son bras, eût été un être bienfaisant, glorieux, qui devait attirer sur ses pas la reconnaissance et l'admiration. Quand il aurait détruit quelques-uns des bandits qui désolaient les grands chemins, ou chassé de leur repaire ces autres brigands à écussons, qui, de leurs châteaux bâtis à la cime des rochers, fondaient, comme un aigle de son aire, sur la proie facile qu'offraient des passants désarmés; quand il aurait délivré des captifs de leurs chaînes, arraché un innocent au supplice, puni un meurtrier, renversé un usurpateur du trône; quand il aurait, enfin, renouvelé, dans ce premier âge des sociétés modernes, les travaux des Hercule, des Thésée, des demi-dieux d'un précédent monde aussi dans l'enfance : alors son nom, répété de bouche en bouche, se serait conservé dans la mémoire des hommes, avec tous les ornements d'une histoire traditionnelle. D'une autre part, les femmes, dont les mœurs publiques ne défendaient pas encore la faiblesse, auraient été le principal objet de la généreuse protection du chevalier errant; la galanterie, le nouvel amour inconnu de l'antiquité, auquel le christianisme a donné naissance en mêlant aux plaisirs sensuels le respect et la foi d'une espèce de culte religieux, aurait réuni ses doux passe-temps aux sanglantes aventures du justicier bardé de fer, dont la vie se serait ainsi partagée entre la guerre et l'amour.

Il y avait assurément dans ce sujet, convenablement traité, la matière, non d'un livre, mais d'une littérature entière. Il était facile de rattacher à l'histoire des chevaliers errants celle des coutumes de l'époque, la description des tournois et des fêtes, la justice galante des cours d'amour, les chants des troubadours et les danses des jongleurs, les pèlerinages religieux ou guerriers à la terre sainte, et l'Orient s'ouvrait avec toutes ses merveilles à l'imagination du romancier. Ce ne fut point là que se dirigèrent, ou du moins que s'arrêtèrent les auteurs des livres de chevalerie. Sans respect pour la vérité, ni même pour la vraisemblance, ils entassèrent à plaisir les fautes les plus grossières en histoire, en géographie, en physique, et même les plus dangereuses erreurs en morale; ils ne surent trouver que coups de lance et coups d'épée, batailles perpétuelles, exploits incroyables, aventures cousues bout à bout, sans plan, sans connexion, sans intelligence; ils mêlèrent la tendresse à la férocité, et le vice à la superstition; ils appelèrent à leur aide les géants, les monstres, les enchanteurs, et ne songèrent enfin qu'à se surpasser l'un l'autre par l'exagération de l'impossible et du merveilleux.

Cependant, et par leurs défauts mêmes, ces sortes de livres ne pouvaient manquer de plaire. A l'époque où ils parurent, quelques érudits commençaient bien, il est vrai, à retrouver l'antiquité parmi ses ruines; mais la multitude ignorante et désœuvrée était encore sans aliment pour remplir le vide de son esprit et de ses loisirs : elle se jeta sur cette proie avec avidité. D'ailleurs, depuis les croisades, un goût général d'expéditions aventureuses avait merveilleusement préparé la voie aux romans de chevalerie, et, s'ils eurent en Espagne un succès plus populaire et plus durable que partout ailleurs, c'est qu'en Espagne plus qu'ailleurs s'était enraciné ce goût de la vie chevaleresque. Aux huit siècles de guerres incessantes contre les Arabes et les Mores, avaient succédé la découverte et les conquêtes du Nouveau Monde, puis les guerres d'Italie, de Flandre et d'Afrique. Comment s'étonner que l'on se fût pris de passion pour les livres de chevalerie, dans un pays où leurs exemples avaient été sérieusement mis en pratique? Don Quichotte n'était pas le premier fou de son espèce, et l'imaginaire héros de la Manche avait eu des précurseurs vivants, des modèles en chair et en os, en corps et en esprit. Qu'on ouvre les *Hommes illustres de Castille* d'Hernando del Pulgar, on y verra citer avec éloge la fameuse extravagance de don Suéro de Quiñones, fils du grand bailli des Asturies, lequel, étant convenu d'une rançon de trois cents lances brisées pour se racheter des chaînes de sa dame, défendit pendant trente jours le passage de l'Orbigo, comme Rodomont le pont de Montpellier. Le même chroniqueur, sans quitter le règne de Jean II (de 1407 à 1454), cite une foule de guerriers, de lui personnellement connus, tels que Gonzalo de Guzman, Juan de Merlo, Gutierre Quejada, Juan de Polanco, Pero Vazquez de Sayavedra, Diego Varela, qui s'en allèrent, non-seulement visiter leurs voisins, les Mores de Grenade, mais parcourir, en vrais chevaliers errants, les pays étrangers, la France, l'Allemagne, l'Italie, offrant à quiconque acceptait leur défi de rompre une lance en l'honneur des dames².

Le goût immodéré des romans de chevalerie porta bientôt ses fruits. Les jeunes gens éloignées de l'étude de l'histoire, qui n'offrait pas assez d'aliment à leur curiosité déréglée, prirent modèle, dans le langage et dans les actions, sur les livres de leur choix. Obéissance aux caprices des femmes, amours adultères, faux point d'honneur, sanglantes vengeances des plus petites injures, luxe effréné, mépris de tout ordre social, tout cela fut mis en pratique, et les livres de chevalerie devinrent ainsi non moins funestes aux bonnes mœurs qu'au bon goût.

Ces conséquences fatales excitèrent d'abord le zèle des moralistes. Luis Vivès, Alexo Venegas, Diego Gracian, Melchor Cano, Fray Luis de Granada, Malon de Chaide, Arias-Montano, et d'autres écrivains sensés ou pieux, élevèrent à l'envi les cris de leur indignation contre les maux qu'enfantait la lecture de ces livres. Les lois vinrent ensuite à leur aide. Un décret de Charles-Quint, rendu en 1543, donna l'ordre aux vice-roi et aux audiences du Nouveau Monde de ne laisser ni imprimer, ni vendre, ni lire aucun roman de chevalerie à aucun Espagnol ou Indien. En 1555, les cortés de Valladolid réclamèrent, dans une pétition très-énergique, la même prohibition pour la Péninsule, demandant de plus qu'on recueillît et qu'on brûlât tous ceux qui existaient. La reine Jeanne promit une loi, qui ne fut point rendue⁴.

Mais ni les déclamations des rhéteurs et des moralistes, ni les anathèmes des législateurs, ne purent arrêter la contagion. Tous ces remèdes furent impuissants contre le goût du merveilleux, contre ce goût dont le raisonnement, la science, la philosophie ne peuvent complétement nous faire triompher. On continuait à faire et à lire des romans de chevalerie. Des princes, des grands, des prélats en acceptaient la dédicace. Une sainte Thérèse, très-affectionnée, dans sa jeunesse, à cette lecture, composait un roman chevaleresque avant d'écrire *le Château intérieur* et ses autres ouvrages mystiques. Un Charles-Quint dévorait en cachette le *Don Belianis de Grèce*, l'une des plus monstrueuses productions de cette littérature en démence, pendant qu'il rendait contre elle des décrets de proscription; et lorsque sa sœur, la reine de Hongrie, voulut fêter son retour en Flandre, elle ne trouva rien de mieux à lui offrir, dans les fameuses fêtes de Bins (1549), que la représentation vivante des aventures d'un livre de chevalerie, dans laquelle prirent des rôles tous les seigneurs de la cour, y compris l'austère Philippe II. Ce goût avait pénétré jusque dans les cloîtres; on y lisait, on y composait des romans. Un moine franciscain, appelé Fray Gabriel de Mata, fit imprimer, non pas au treizième siècle, mais en 1589, un poëme chevaleresque dont le héros était le glorieux saint François, le patron de son ordre, et qui avait pour titre le *Chevalier d'Assise* (el Caballero Asisio). Sur le frontispice était gravé le portrait du saint, à cheval et armé de toutes pièces, à la manière des images qui décoraient les Amadis et les Esplandian. Son cheval était caparaçonné et orné de magnifiques panaches. Il portait sur le cimier du casque une croix avec des clous et la couronne d'épines; sur son écu, l'image des cinq plaies, et sur le guidon de la lance, celle de la Foi tenant la croix et le calice, avec cette légende : *En esta no faltaré*, qu'on pourrait traduire ainsi, à l'aide du vieux français : *En celle-ci point ne faudrai*. Ce livre singulier était dédié au connétable de Castille.

Voilà quel était l'état des choses quand Cervantès, emprisonné dans son village de la Manche, conçut le projet de renverser de fond en comble la littérature chevaleresque. C'était au milieu de sa vogue, de ses succès, de son triomphe, qu'il résolut, lui, pauvre, obscur, sans nom, sans protecteur, n'ayant d'autres ressources que son esprit et sa plume, de s'attaquer à cette hydre qui bravait la raison et les lois. Mais il prit une arme bien plus efficace pour servir le bon sens que les arguments, les sermons et les prohibitions législatives : le ridicule. Son succès fut complet. Les moralistes et les législateurs qui s'étaient précédemment élevés contre les livres de chevalerie purent dire de Cervantès, comme Buffon de J. J. Rousseau, à propos des mères nourrices : « Nous avions tous conseillé la même chose; lui seul l'a ordonnée, et s'est fait obéir. » Un gentilhomme de la cour de Philippe III, don Juan de Silva y Toledo, seigneur de Cañada-Hermosa, avait publié, en 1602, *la Chronique du prince don Policisne de Boecia*. Ce livre, l'un des plus extravagants de son espèce, fut le dernier roman de chevalerie que vit naître l'Espagne. Depuis l'apparition du *Don Quichotte*, non-seulement aucun roman nouveau ne fut publié, mais on cessa presque absolument de réimprimer les anciens, qui, devenus très-rares, ne sont plus que des curiosités bibliographiques. Il y en a plusieurs dont il ne reste que le souvenir, et beaucoup d'autres, sans doute, dont les noms mêmes ont péri. Enfin le succès du *Don Quichotte* fut tel, en ce sens, que des esprits sévères lui ont reproché d'avoir, par l'énergie du remède, causé le mal contraire, et n'ont pas craint d'affirmer que l'ironie de cette satire, dépassant son but, avait atteint et affaibli les maximes jusque-là respectées du vieux *point d'honneur* castillan.

Après avoir expliqué l'objet primitif du *Don Quichotte*, il est temps de revenir à l'histoire du livre et de son auteur. Suivant une tradition généralement admise, et qui ne manque pas d'une certaine vraisemblance, la première partie fut reçue d'abord avec l'indifférence la plus complète. Comme le devait craindre Cervantès, elle fut lue des gens qui ne pouvaient l'entendre, et dédaignée de ceux qui l'auraient comprise. Alors il imagina de faire courir, sous le titre du *Buscapié* (nom de ces petites fusées ou serpenteaux qu'on jette en avant pour éclairer sa marche), un pamphlet anonyme dans lequel, faisant une apparente critique de son livre, il en exposait le véritable but, et laissait même entendre que, tout imaginaires qu'ils fussent, ses personnages et leurs actions pouvaient avoir quelque rapport avec les hommes et les choses du temps. Cette petite ruse eut un plein succès. Excités par les demi-révélations du *Buscapié*, les gens d'esprit lurent le livre, et dès lors Cervantès vit promptement changer l'indifférence du public en insatiable curiosité. La première partie du *Don Quichotte* fut réimprimée quatre fois en Espagne dans la même année 1605, et presque immédiatement répandue à l'étranger, par d'autres éditions faites en France, en Italie, en Portugal et en Flandre.

L'éclatant succès de son livre devait avoir pour Cervantès un résultat plus certain que celui de le tirer de l'obscurité et de la misère : c'était de lui susciter des envieux et des ennemis. Je ne parle pas seulement de ces basses vanités que tout mérite offusque, et que toute gloire indigne ; il y avait, dans le *Don Quichotte*, assez de satires littéraires, assez de traits décochés contre les auteurs et les admirateurs des livres et des pièces du temps, pour mettre en rumeur tout le peuple lettré. Comme de coutume, les grandes réputations reçurent, sans se fâcher, les coups qui les atteignaient, et Lope de Vega, le plus maltraité peut-être, ne montra nulle rancune contre l'écrivain nouveau venu qui osait verser quelques gouttes d'absinthe dans ce nectar nommé louange dont tout le monde l'enivrait. Sa renommée et ses richesses lui permettaient d'être généreux. Il eut même la courtoisie d'avouer que Cervantès ne manquait *ni de grâces ni de style*. Mais il n'en fut pas de même des auteurs de seconde volée qui avaient à défendre leur mince bagage de réputation et de bénéfice. Ce fut un déchaînement contre le pauvre Cervantès, un concert de censures publiques et de diatribes secrètes. L'un, du haut de son érudition pédantesque, le traitait d'*esprit de frère lai (ingenio lego)*, privé de culture et de science ; l'autre, croyant bien l'injurier, l'appelait *Quichottiste* ; celui-ci le dénigrait dans de petits pamphlets, les journaux du temps ; celui-là lui adressait, sous enveloppe, bien méchant, que Cervantès, pour se venger, prenait soin de publier lui-même. Parmi les hommes de quelque valeur qui se montrèrent les plus ardents à lui faire la guerre, il faut citer le poëte don Luis de Gongora, fondateur de la secte des *cultos*, aussi envieux par caractère que frondeur par tournure d'esprit ; le docteur Cristoval Suarez de Figueroa, autre écrivain railleur et jaloux, et jusqu'à cet étourdi d'Esteban Villegas, qui donnait le titre de *Délices* à ses poésies datées du collége, et se faisait modestement représenter, sur le frontispice, comme un soleil levant qui fait pâlir les étoiles, ajoutant à cet emblème, trop obscur peut-être, une devise qui levait tous les doutes : *Sicut sol matutinus me surgente, quid iste ?* Cervantès, qui n'avait pas plus de fiel que de vanité, dut rire de ces attaques d'amours-propres en révolte contre sa gloire naissante ; mais ce qui dut blesser son cœur aimant, ce fut l'abandon de quelques amis, de ceux au moins qui le sont à la condition qu'on ne les dépassera jamais leur niveau, et qui ne pardonnent point à leurs amis le crime de s'élever au-dessus d'eux. J'ai regret de citer dans ce nombre Vicente Espinel, romancier, poëte et musicien, qui fit *Marcos de Obregon*, qui inventa la strophe appelée *espinela* avant de se nommer *décime*, et qui mit la cinquième corde à la guitare. Au reste, Cervantès eût été trop privilégié s'il n'avait éprouvé ces déboires qui mêlent leur amertume à la douceur de tout succès. Il m'a suffi de les indiquer une fois pour toutes, et, comme de toute chose inévitable, je puis me dispenser d'en faire mention dorénavant.

L'époque de la publication du *Don Quichotte* est celle de la naissance de Philippe IV, qui eut lieu à Valladolid le 8 avril 1605. L'année précédente, avait été envoyé en Angleterre le connétable de Castille, don Juan Fernandez de Velazco, pour négocier la paix. Jacques Ier, en échange de cette déférence, fit partir l'amiral Charles Howard, comte de Nottingham, pour présenter le traité de paix à la ratification du roi d'Espagne, et le complimenter sur la naissance de son fils. Howard, débarqué à la Corogne avec six cents Anglais, entra à Valladolid le 25 mai 1605. Il y fut traité avec toute la magnificence que pouvait déployer la cour d'Espagne. Parmi les solemnités religieuses, les courses de taureaux, les bals masqués, les parades militaires, les joutes où le roi lui-même courut la bague, et toutes les fêtes qui furent prodiguées à l'amiral, on cite un dîner que lui donna le connétable de Castille, où l'on servit jusqu'à douze cents plats de viande et de poisson, sans compter le dessert et les mets qui ne purent trouver place. Le duc de Lerme fit écrire une *Relation* de ces cérémonies, qui fut imprimée à Valladolid cette même année. On croit que Cervantès en est l'auteur ; du moins, un sonnet épigrammatique de Gongora, témoin oculaire, semble en donner la preuve[a].

Ce fut à la suite de ces réjouissances qu'un événement funeste vint troubler la famille de Cervantès et le conduire pour la troisième fois en prison. Un chevalier de Saint-Jacques, appelé don Gaspar de Ezpeleta, voulant passer, pendant la nuit du 27 juin 1605, sur un pont de bois de la rivière Esgueva, en fut empêché par un inconnu. La querelle s'engagea, et les deux champions ayant mis l'épée à la main, don Gaspar fut percé de plusieurs coups. Appelant du secours, il se réfugia, tout sanglant, dans l'une des maisons voisines. L'un des deux appartements du premier étage de cette maison était occupé par doña Luisa de Montoya, veuve du chroniqueur Esteban de Garibay, avec ses deux fils, et l'autre par Cervantès avec sa famille. Aux cris du blessé, Cervantès accourut avec un des fils de sa voisine. Ils trouvèrent don Gaspar étendu sous le porche, son épée dans une main et son bouclier dans l'autre, et le portèrent chez la veuve de Garibay, où il expira le surlendemain. Une enquête fut aussitôt commencée par l'*alcalde de casa y corte* Cristobal de Villaroel. On reçut les dépositions de Cervantès, de sa femme doña Catalina de Palacios Salazar, de sa fille naturelle doña Isabel de Saavedra, âgée de vingt ans, de sa sœur doña Andrea de Cervantès, veuve, ayant une fille de vingt-huit ans, appelée doña Constanza de Ovando, d'une religieuse, doña Magdalena de Sotomayor, qui se donne également pour sœur de Cervantès, de sa servante Maria de Cevallos, et enfin de deux amis qui se trouvaient dans sa maison, le seigneur de Cigalès et un Portugais nommé Simon Mendez. Supposant, à tort ou à raison, que don Gaspar de Ezpeleta avait été tué dans une intrigue d'amour avec la fille ou la nièce de Cervantès, le juge fit arrêter ces dames, ainsi que Cervantès lui-même et sa sœur, la veuve Ovando. Ce ne fut qu'au bout de dix jours, après des interrogatoires et des auditions de témoins, et même en fournissant caution, que les quatre prévenus furent relâchés. Les dépositions auxquelles donna lieu ce désagréable incident prouvent qu'à cette époque, et pour soutenir ce fardeau de cinq femmes, dont il était l'unique soutien, Cervantès s'occupait encore d'agences, et mêlait à la culture des lettres, la sotte mais un peu moins stérile occupation des affaires.

Il est à croire que Cervantès suivit la cour à Madrid, en 1606, et qu'il se fixa dorénavant dans cette capitale, où il était près de ses parents à Alcala, près des parents de sa femme à Esquivias, et bien placé tout à la fois pour ses travaux littéraires et ses agences de négoce. On est parvenu à constater qu'au mois de juin 1609 il demeurait dans la rue de la *Magdalena*; un peu après, derrière le collége de Notre-Dame de Lorette; en juin 1610, dans la rue *del Leon*, n° 9; en 1614, dans la rue de *Las Huertas*; ensuite dans la rue du *Duc d'Albe*, au coin de San-Isidoro, d'où on lui donna congé; enfin, en 1616, dans la rue *del Leon*, n° 20, au coin de celle de *Francos*, où il mourut.

Depuis son retour à Madrid, Cervantès, touchant à la vieillesse, sans fortune et chargé d'une nombreuse famille, rencontrant la même ingratitude pour ses talents que pour ses services, dans un temps où, si les dédicaces rapportaient des pensions, les livres ne rapportaient rien, négligé de ses amis et déchiré de ses rivaux, parvenu enfin, par sa longue expérience du monde, à cette perte de toute illusion que les Espagnols nomment *desengaño*, Cervantès se voua complétement à la retraite. Il vécut en philosophe, sans murmurer, sans se plaindre, non dans cette *médiocrité d'or* qu'Horace souhaite aux disciples des muses, mais dans la détresse, dans la pauvreté. Il rencontra pourtant deux protecteurs, don Bernardo de Sandoval y Rojas, archevêque de Tolède, et un grand seigneur éclairé, don Pedro Fernandez de Castro, comte de Lemos, auteur de la comédie intitulée *la Casa confusa*, lequel emmena, en 1610, une petite cour littéraire dans sa vice-royauté de Naples, et n'oublia pas, de si haut et de si loin, le vieux soldat mutilé qui n'avait pu le suivre.

Une chose vraiment inexplicable, et qui fait, du reste, autant d'honneur à l'âme indépendante de Cervantès que de honte aux ministres des faveurs royales, c'est l'oubli où fut laissé cet homme illustre, tandis qu'une foule d'obscurs beaux esprits touchaient les pensions qu'ils avaient mendiées en prose et en vers. On raconte qu'un jour Philippe III, étant au balcon de son palais, aperçut un étudiant qui se promenait, un livre à la main, sur les bords du Manzanarès. L'homme au manteau noir s'arrêtait à toute minute, gesticulait, se frappait le front avec le poing et laissait échapper de longs éclats de rire. Philippe observait de loin sa pantomime : « On cet étudiant est fou, s'écria-t-il, ou il lit *Don Quichotte*. » Des courtisans coururent aussitôt vérifier si la pénétration royale avait deviné juste, et revinrent annoncer à Philippe qu'en effet c'était bien le *Don Quichotte* que lisait l'étudiant en délire; mais aucun d'eux ne s'avisa de rappeler au prince l'abandon où vivait l'auteur de ce livre si populaire et si goûté.

Une autre anecdote, un peu postérieure, mais qu'il convient de placer ici, fera mieux connaître encore l'estime dont jouissait Cervantès, en même temps que la détresse où il était réduit. Je laisse parler celui qui a recueilli cette anecdote, le licencié Francisco Marquez de Torrès, chapelain de l'archevêque de Tolède, qui fut chargé de faire la *censure* de la seconde partie du *Don Quichotte*. « Je certifie en vérité, dit-il, que, le 25 février de cette même année 1615, l'illustrissime seigneur cardinal-archevêque, mon seigneur, ayant été rendre visite à l'ambassadeur de France.... plusieurs gentilshommes français, de ceux qui avaient accompagné l'ambassadeur, aussi courtois qu'éclairés et amis des belles-lettres, s'approchèrent de moi et d'autres chapelains du cardinal, mon seigneur, désireux de savoir quels livres d'imagination avaient alors la vogue. Je citai par hasard celui-ci (le *Don Quichotte*), dont je fais l'examen. A peine eurent-ils entendu le nom de Miguel de Cervantès qu'ils commencèrent à chuchoter entre eux, et vantèrent hautement l'estime qu'on faisait, en France et dans les royaumes limitrophes, de ses divers ouvrages, la *Galatée*, que l'un d'eux savait presque par cœur, la première partie du *Don Quichotte* et les *Nouvelles*. Leurs éloges furent si grands, que je m'offris à les mener voir l'auteur de ces œuvres, offre qu'ils reçurent avec mille démonstrations de vif désir. Ils me questionnèrent très en détail sur son âge, sa profession, sa qualité et sa fortune. Je fus obligé de répondre qu'il était vieux, soldat, gentilhomme et pauvre; à cela l'un d'eux répliqua ces paroles formelles : « Eh quoi! l'Espagne n'a pas fait riche un tel homme! On ne le nourrit pas aux frais du trésor public! » Alors un de ces gentilshommes, relevant cette pensée, reprit avec beaucoup de finesse : « Si c'est la nécessité qui l'oblige à écrire, Dieu veuille qu'il n'ait jamais l'abondance, afin que, par ses œuvres, lui restant pauvre, il fasse riche le monde entier ! »

La première édition du *Don Quichotte*, celle de 1605, avait été faite loin des yeux de l'auteur, et sur un manuscrit de sa main, c'est-à-dire fort difficile à déchiffrer. Aussi fourmillait-elle de fautes. Un des premiers soins de Cervantès, fixé à Madrid, fut de publier une seconde édition de son livre, qu'il revit et corrigea soigneusement. Cette seconde édition, de 1608, bien préférable à la précédente, a servi de modèle à toutes celles qui l'ont suivie.

Quatre ans plus tard, en 1612, Cervantès publia les douze *Nouvelles*, qui forment, avec les deux intercalées dans le *Don Quichotte*, et celle qu'on a retrouvée depuis, le recueil des quinze *Nouvelles* qu'il avait successivement composées depuis son séjour à Séville. J'en ai parlé précédemment, à cette époque de sa vie. Ce livre, qu'on qualifiait, dans le privilége, de « très-honnête passe-temps, où se montre la hauteur et la fécondité de la langue castillane, » fut reçu, en Espagne et à l'étranger, avec autant de faveur que le *Don Quichotte*. Lope de Vega l'imita de deux façons, en composant à son tour des nouvelles, très-inférieures à celles de Cervantès, et en mettant sur la scène des sujets traités par celui-ci. D'autres grands auteurs dramatiques puisèrent à la même source ; entre autres le moine Fray Gabriel Tellez, connu sous le nom de Tirso de Molina, qui appelait Cervantès le *Boccace espagnol*, don Agustin Moreto, don Diego de Figueroa, et don Antonio Solis.

Après les *Nouvelles*, Cervantès publia, en 1614, son poëme intitulé *Voyage au Parnasse (Viage al Parnaso)*, et le petit dialogue en prose qu'il y joignit ensuite sous le nom de *Adjunta al Parnaso*. Dans le poëme, fait à l'imitation de celui de Cesare Caporali, de Pérouse, il louait les bons écrivains de son temps, et déchirait sans pitié ces adeptes de la nouvelle école, qui faisaient périr sous de ridicules et délirantes innovations la belle langue du *siècle d'or*. Dans le dialogue, il se plaignait des comédiens, qui ne voulaient jouer ni ses anciennes pièces, ni celles qu'il avait composées depuis. Pour tirer quelque parti de ses travaux dramatiques, Cervantès résolut de faire imprimer son théâtre. Il s'adressa au libraire Villaroel, l'un des plus accrédités de Madrid, qui répondit ingénument : « Un auteur de renom, que j'ai consulté, m'a dit qu'on pouvait beaucoup attendre de votre prose, mais de vos vers absolument rien. » L'arrêt était juste, quoiqu'un peu sévère, et dut être bien sensible à Cervantès, qui *rima malgré Minerve*, et qui tenait comme un enfant à sa renommée de poëte. Villaroel imprima cependant, au mois de septembre 1615, huit comédies et autant d'intermèdes, avec une dédicace au comte de Lemos, et un prologue, non-seulement très-spirituel, mais très-intéressant pour l'histoire de la scène espagnole. Lope de Vega régnait seul alors, et le rival qui devait le détrôner, Calderon, n'avait pas encore débuté dans la carrière. Le public reçut avec indifférence les pièces choisies de Cervantès, et les comédiens ne daignèrent pas en représenter une seule. Le public et les comédiens furent ingrats peut-être, mais non pas injustes. Comment les blâmer d'avoir laissé dans l'oubli des comédies dont Blas de Nasarre ne trouvait rien de mieux à dire, en les réimprimant un siècle plus tard, sinon que Cervantès les avait faites exprès mauvaises (*artificiosamente malas*), pour se moquer des pièces extravagantes auxquelles s'attachait la vogue ?

On publia, dans cette même année 1615, un autre opuscule de Cervantès, qui se rattache à une circonstance intéressante. L'Espagne conservait encore la coutume des *joutes poétiques (justas poeticas)*, aussi à la mode sous le roi Jean II que les joutes guerrières, et qui se sont conservées, dans le midi de la France, sous le nom de *Jeux floraux*. Paul V ayant canonisé, en 1614, la fameuse sainte Thérèse de Jésus, le triomphe de cette héroïne des cloîtres fut donné pour sujet du concours, dont Lope de Vega était l'un des juges. Il fallait chanter les *extases de la sainte*, dans la forme de l'ode appelée *cancion castellana*, et sur le mètre de la première églogue de Garsilaso de la Vega, *El dulce lamentar de los pastores*. Tous les écrivains de quelque renom prirent part au concours, et Cervantès, devenu poëte lyrique à soixante-sept ans, envoya aussi son ode, qui, sans avoir le prix, fut du moins imprimée, parmi les meilleures, dans la *Relation* des fêtes que célébra l'Espagne entière à la gloire de son illustre fille.

Ce fut encore la même année 1615 qui vit paraître la seconde partie du *Don Quichotte*.

Elle était très-avancée, et Cervantès, qui l'avait annoncée dans le prologue de ses *Nouvelles*, y travaillait assidûment, lorsque, au milieu de l'année 1614, une continuation de la première partie parut à Tarragone comme l'œuvre du licencié Alonzo Fernandez de Avellaneda, natif de Tordesillas. C'était un nom supposé sous lequel s'était caché cet insolent plagiaire, qui, du vivant de l'auteur primitif, lui dérobait le titre et le sujet de son livre. Il n'a pas été possible de découvrir quel était son nom véritable ; seulement on croit être certain, d'après les recherches de Mayans, du P. Murillo et de Pellicer, que c'était un Aragonais, moine de l'ordre des prédicateurs, et l'un des auteurs de comédies dont Cervantès s'était moqué si gracieusement dans la première partie du *Don Quichotte*. Semblable aux voleurs de grands chemins, qui injurient les gens qu'ils détroussent, le prétendu Avellaneda commençait son livre en accablant Cervantès des plus grossières injures. Il l'appelait manchot, vieux, bourru, envieux, calomniateur ; il lui reprochait ses disgrâces, son emprisonnement, sa pauvreté ; il l'accusait enfin d'être sans talent, sans esprit, et se vantait de le priver du débit de sa seconde partie. Quand ce livre tomba entre les mains de Cervantès, quand il vit tant d'outrages en tête d'une œuvre insipide, pédantesque et obscène, piqué d'une telle insolence, il prépara une vengeance digne de lui : il se hâta d'achever son livre (tellement que les derniers chapitres portent quelques traces de cette précipitation). Mais il voulut que rien ne manquât à la comparaison des deux ouvrages. En adressant ses comédies au comte de Lemos, à l'entrée de l'année 1615, il lui disait : « Don Quichotte a les éperons chaussés pour aller baiser les pieds de Votre Excellence. Je crois qu'il arrivera un peu maussade, parce qu'à Tarragone on l'a égaré et maltraité; toutefois il a fait constater par enquête que ce n'est pas lui qui est contenu dans cette histoire, mais un autre supposé, qui voulut être lui, et ne put y parvenir. » Cervantès fit mieux encore : dans le texte même du *Don Quichotte* (prologue, et chap. LIX, LXX, LXXII, LXXIV), il répondit aux grossières insultes de son plagiaire, sans daigner toutefois en prononcer le vrai nom, par les railleries les plus fines, les plus délicates et les plus attiques, se montrant aussi supérieur par la noblesse et la dignité de sa conduite que par l'accablante perfection de son ouvrage. Mais, pour ôter aux Avellaneda futurs toute envie de nouvelles profanations, il conduisit cette fois son héros jusqu'au lit de mort; il reçut son testament, sa confession, et son dernier soupir; il l'enterra, fit son épitaphe, et put s'écrier ensuite, dans un juste et sublime orgueil : « Ici Cid Hamed Ben-Engéli a déposé sa plume; mais il l'a attachée si haut, que personne désormais ne s'avisera de la reprendre. » J'ai regret, j'ai honte d'avoir à dire que cette plate et misérable continuation du prétendu licencié de Tordesillas fut traduite en français par l'auteur du *Gil Blas*, par Lesage, et que la plupart des lecteurs de notre pays l'ont confondue, jusqu'à ces derniers temps, avec l'œuvre de Cervantès.

Il faut encore s'arrêter ici pour examiner le *Don Quichotte*, non plus dans ses antécédents et son origine, mais en lui-même; pour considérer enfin sous son principal aspect ce livre immortel, œuvre capitale de son auteur et de son pays.

Montesquieu fait dire à Rica (*Lettres persanes*, n° 78) : « Les Espagnols n'ont qu'un bon livre, celui qui a montré le ridicule de tous les autres. » C'est là une de ces charmantes railleries qui plaisent par leur exagération même, et que nos voisins ont eu grand tort de prendre au sérieux. S'est-on fâché en France parce que Rica dit, en terminant la même lettre : « A Paris il y a une maison où l'on met les fous.... Sans doute que les Français, extrêmement décriés chez leurs voisins, enferment quelques fous dans une maison, pour persuader que ceux qui sont dehors ne le sont pas? » Les deux railleries se valent, j'imagine. Toutefois, la définition que donne Montesquieu du *Don Quichotte* pèche aussi bien par l'éloge de ce livre que par la réprobation de tous les autres. S'il n'avait d'autre mérite que de parodier les romans de chevalerie, il ne leur eût pas longtemps survécu. Son œuvre faite, on eût, après les vaincus, enterré le vainqueur. *Vicit, vixit*. Est-ce la critique des Amadis, des Esplandian, des Platir et des Kyrié-Éléison, que nous y cherchons maintenant? Sans doute Cervantès compta, parmi ses mérites, celui d'avoir ruiné de fond en comble cette extravagante et dangereuse littérature. Son livre, en ce sens, est une œuvre morale, qui réunit au plus haut degré les deux vertus de la comédie véritable, corriger en amusant. Néanmoins le *Don Quichotte* est bien autre chose qu'une satire des vieux romans, et je vais essayer d'indiquer les transformations que ce sujet a subies dans la pensée de son auteur.

Je crois bien qu'en commençant son livre, Cervantès n'eut d'autre objet en vue que d'attaquer avec les armes du ridicule toute la littérature chevaleresque. C'est ce qu'il dit formellement dans son Prologue. D'ailleurs, il suffit d'observer les négligences étranges, les contradictions, les étourderies, dont fourmille la première partie du *Don Quichotte*, pour trouver dans ce défaut (si toutefois c'en est un) la preuve manifeste qu'il le commença dans un moment d'humeur, dans une boutade, sans plan arrêté d'avance, laissant courir sa plume au gré de son imagination, se trouvant romancier de nature, comme la Fontaine était *fablier*, n'attachant enfin aucune importance préméditée à son œuvre, dont il ne semble pas avoir jamais compris toute la grandeur. Don Quichotte n'est d'abord qu'un fou, un fou complet, un fou à lier, et surtout à bâtonner, car le pauvre gentilhomme reçoit plus de coups des bêtes et des gens que n'en pourrait supporter l'échine même de Rossinante. Sancho Panza n'est aussi qu'un gros lourdaud de paysan, donnant en plein, par intérêt et par simplicité, dans les travers de son maître. Mais cela dure peu. Cervantès pourrait-il rester longtemps entre la folie et la bêtise? Il s'affectionne d'ailleurs à ses héros, à ceux qu'il appelle les *enfants de son intelligence*; bientôt il leur prête son jugement, son esprit, faisant entre eux une part égale et bien réglée. Au maître, il donne la raison élevée et étendue que peuvent enfanter dans un esprit sain l'étude et la réflexion; au valet, l'instinct borné, mais sûr, le bon sens inné, la droiture naturelle, quand l'intérêt ne la trouble pas, que tout homme peut recevoir en naissant, et que la commune expérience suffit à cultiver. Don Quichotte n'a plus qu'une case du cerveau malade; sa monomanie est celle d'un homme de bien que révolte l'injustice, qu'exalte la vertu. Il rêve encore à se faire le consolateur de l'affligé, le champion du faible, l'effroi du superbe et du pervers. Sur tout le reste, il raisonne à merveille, il disserte avec éloquence; il est *plus fait*, comme lui dit Sancho, *pour être prédicateur que chevalier errant*. De son côté, Sancho a dépouillé le vieil homme; il est fin quoique grossier, il est malin quoique naïf. Comme don Quichotte n'a plus qu'un grain de folie, lui n'a plus qu'un grain de crédulité, que justifient d'ailleurs l'intelligence supérieure de son maître et l'attachement qu'il lui porte.

Alors commence un spectacle admirable. On voit ces deux hommes, devenus inséparables comme l'âme et le corps, s'expliquant, se complétant l'un par l'autre; réunis pour un but à la fois noble et insensé; faisant des actions folles et parlant avec sagesse; exposés à la risée des gens quand ce n'est pas à leur brutalité, et mettant en lumière les vices et les sottises de ceux qui les raillent ou les maltraitent; excitant d'abord la moquerie du lecteur, puis sa pitié, puis sa sympathie la plus vive; sachant l'attendrir presque autant que l'égayer, lui donnant à la fois l'amusement et la leçon, et formant enfin, par le contraste perpétuel de l'un avec l'autre, et de tous deux avec le reste du monde, l'immuable fond d'un drame immense et toujours nouveau.

C'est surtout dans la seconde partie du *Don Quichotte* que se montre bien à découvert la nouvelle pensée de son auteur, mûri par l'âge et l'expérience du monde. Il n'y est question de chevalerie errante que justement assez pour continuer la première partie, pour que le même plan général les réunisse et les embrasse. Mais ce n'est plus une simple parodie des romans chevaleresques; c'est un livre de philosophie pratique, un recueil de maximes, ou plutôt de paraboles, une douce et judicieuse critique de l'humanité tout entière. Ce nouveau personnage introduit dans la familiarité du héros de la Manche, le bachelier Samson Carrasco, n'est-il pas l'incrédulité sceptique qui se raille de toute chose, sans respect? Et, pour donner un autre exemple, qui n'a pensé, en lisant pour la première fois cette seconde partie, que Sancho, revêtu du gouvernement de l'île Barataria, allait lui apprêter à rire? qui n'a cru que ce monarque improvisé ferait plus de folies sur son lit de justice que don Quichotte dans sa pénitence de la Sierra-Moréna? On s'était trompé, et le génie de Cervantès pensait beaucoup plus loin que le divertissement du lecteur, sans l'oublier pourtant. Il voulait prouver que cette science si vantée du gouvernement des hommes n'est pas le secret d'une famille ou d'une caste, qu'elle est accessible à tous, et qu'il faut, pour la bien exercer, d'autres qualités plus précieuses que la connaissance des lois et l'étude de la politique : le bon sens et de bonnes intentions. Sans sortir de son caractère, sans dépasser la sphère de son esprit, Sancho Panza juge et règne comme Salomon.

La seconde partie du *Don Quichotte* ne parut que dix années après la première, et Cervantès, en publiant celle-ci, ne pensait pas à lui donner une suite. C'était la mode alors de ne point achever les ouvrages d'imagination. L'on finissait un livre, comme Arioste les chants de son poëme, au milieu des aventures les plus compliquées, dans le plus intéressant de l'action. Le *Lazarille de Tormès* et le *Diable Boiteux* n'ont pas de dénoûment; la *Galatée* pas davantage. Chez nous même, *Gil Blas* fut fait en trois fragments. Enfin, ce n'est pas la continuation d'Avellaneda qui décida Cervantès à composer la sienne, puisque celle-ci était presque terminée quand l'autre parut. Le *Don Quichotte*, s'il n'eût été qu'une satire littéraire, devait rester inachevé. C'est avec le projet évident que je lui attribue que Cervantès reprit et continua ce sujet. Voilà pourquoi les deux moitiés de l'ouvrage offrent une exception unique dans les annales de la littérature : une seconde partie, faite après coup, qui non-seulement égale, mais surpasse la première. C'est que l'exécution n'est pas inférieure, et que l'idée mère est plus grande et plus féconde; c'est que l'ouvrage s'adresse ainsi à tous les pays, à tous les temps; c'est qu'il parle à l'humanité dans sa langue universelle, et qu'enfin il est peut-être, de tous les livres, celui qui élève à sa plus haute expression cette qualité rare et précieuse par-dessus toutes celles dont fut doué l'esprit humain, le sens commun, qui l'est si peu; le bon sens, si bon, en effet, que rien n'est meilleur.

J'ai voulu seulement donner une explication, en quelque sorte historique, du livre de Cervantès; car, à quoi bon en faire l'éloge? qui ne l'a lu? qui ne le sait par cœur? qui n'a dit avec Walter Scott, le plus grand admirateur de Cervantès, comme son plus digne rival, que c'est un des chefs-d'œuvre de l'esprit humain? Y a-t-il un conte plus populaire, une histoire qui sache mieux plaire à tous les âges, à tous les goûts, à tous les caractères, à toutes les conditions? N'a-t-on pas toujours devant les yeux ce don Quichotte, long, mince et grave; ce Sancho, gros, court et plaisant; et la gouvernante de celui-là, et la femme de celui-ci, et le curé, et le barbier maître Nicolas, et la servante Maritornes, et le bachelier Carrasco, que sais-je? et tous les personnages de cette histoire, y compris Rossinante et le Grison, autre paire d'inséparables amis? Peut-on avoir oublié comment ce livre est conçu, comment il est exécuté? Peut-on n'avoir pas admiré la parfaite unité du plan, et la prodigieuse diversité des détails? Cette imagination si féconde, si prodigue, qu'elle rassasie la curiosité du plus insatiable lecteur? L'art infini avec lequel se succèdent et s'enlacent les épisodes, qu'anime un intérêt toujours varié, toujours croissant, et que l'on quitte pourtant sans regret pour le plaisir plus vif encore de se retrouver tête à tête avec les deux héros? Leur assortiment et leur contraste à la fois, les sentences du maître, les saillies du valet, une gravité jamais lourde, un badinage jamais futile, une alliance intime et naturelle entre le burlesque et le sublime, le rire et l'émotion, l'amusement et la moralité? Peut-on enfin n'avoir pas senti les charmes et les beautés de ce langage magnifique, harmonieux, facile, prenant toutes les nuances et tous les tons; de ce style où sont tous les styles, depuis le plus familier comique jusqu'à la plus majestueuse éloquence, et qui a fait dire du livre qu'il était « divinement écrit dans une langue divine? »

Hélas! cette dernière satisfaction n'appartient complétement qu'à ceux qui ont le bonheur de le lire dans l'original. Ils sont rares en deçà des Pyrénées. Nous ne sommes plus au temps où l'espagnol se parlait à Paris, à Bruxelles, à Munich, à Vienne, à Milan, à Naples, où il était la langue des cours, de la politique et du bon ton; le français l'a détrôné. En revanche, il est facile à chacun de s'imaginer qu'il lit le *Don Quichotte*, le trouvant transporté dans son propre idiome. Si aucun livre ne compte autant de lecteurs que celui-là, aucun non plus ne compte autant de traducteurs. Il en a trouvé en Hollande, en Danemark, en Suède, en Russie. Ce sont, en Allemagne, des écrivains comme Tieck et Soltau, qui ont fait passer dans la langue du pays l'œuvre de Cervantès. Elle a eu dix traducteurs en Angleterre : Shelton, Gayton, Ward, Jarvis, Smollett, Ozell, Motteux, Wilmont, Durfey, J. Philips, outre un commentateur intelligent, comme le docteur John Bowle; et peut-être autant en Italie, depuis Franciosini jusqu'au traducteur anonyme de 1815, pour qui Novelli dessina des gravures. En France, le nombre en est plus grand encore, si l'on réunit toutes les versions qui parurent, depuis les premières ébauches de César Oudin et de Rosset, contemporains du livre, jusqu'aux deux traductions publiées dans le présent siècle. Celle que donna Filleau de Saint-Martin, vers le milieu du siècle dernier, est, sinon la meilleure, du moins la plus répandue. Dans une introduction qu'y ajouta M. Auger, en 1819, il faisait remarquer que le nombre des éditions de cette seule traduction, publiées en France, s'élevait déjà (le croira-t-on?) à cinquante et une. Depuis, on en a publié une cinquante-deuxième édition. Ce succès, qui n'a peut-être pas d'autre exemple, prouve avec éclat le mérite immense de l'œuvre originale, et la curiosité toujours nouvelle, toujours croissante, qu'elle entretient de génération en génération. Il faut, en effet, que le *Don Quichotte* soit doué d'un principe de vie bien puissant, ou plutôt qu'il porte le sceau de l'immortalité, pour avoir si glorieusement résisté aux mutilations forcées de ses traducteurs. Ce livre fut écrit avec trop d'esprit et d'adresse pour avoir été compris de tout le monde : il fallait dépayser jusqu'aux limiers du saint-office. De là ces adroits propos à double entente, ces fines allusions, ces délicates ironies, voiles ingénieux qu'employait Cervantès pour déguiser, sous l'œil de l'inquisition, des pensées trop hardies, trop moqueuses, trop profondes pour qu'elles se montrassent à front découvert. Il fallait déjà, il y a deux cent cinquante ans, lire le *Don Quichotte* comme l'épitaphe du licencié Pedro Garcias, et faire comme l'étudiant du prologue de *Gil Blas*, lever la pierre du tombeau pour savoir quelle âme s'y trouvait enterrée. Maintenant surtout que les allusions contemporaines nous échappent, le sens devient plus difficile à saisir. Les mots seuls se montrent, l'idée se cache, et les Espagnols eux-mêmes n'entendent plus tout leur livre. Il faut une clef; or, cette clef ne se trouve que dans les commentaires tout récents de Bowle, de Pellicer, de l'académie espagnole, de Fernandez Navarrete, de Los Rios, de Arrieta, de Clémencin. Nul traducteur n'avait encore pu profiter de leurs annotations pour comprendre Cervantès et le faire comprendre. Un tel secours était nécessaire, indispensable. C'est, d'une part, avec l'aide de ces précieux travaux, et, de l'autre, avec la conscience des fautes et des imperfections de mes devanciers, que j'ose à mon tour lutter contre un *si rude jouteur*, et, joignant pour la première fois le commentaire au texte, rendre à l'auteur du *Don Quichotte* l'hommage auquel se préparait dès longtemps mon admiration passionnée.

Travaillant, à soixante ans passés, avec toute l'ardeur et toute la verve d'un jeune homme, Cervantès menait de front plusieurs écrits de longue haleine. Dans cette dédicace si noble et si digne qu'il adressait, au mois d'octobre 1615, avec la seconde partie du *Don Quichotte*, à son protecteur le comte de Lemos, il lui annonçait l'envoi prochain de son autre roman *Persilès et Sigismonde* (*Los Trabajos de Persilès y Sigismunda*). Il avait également promis, en d'autres occasions, la seconde partie de la *Galatée* et deux ouvrages nouveaux dont on ignore l'espèce, le *Bernardo* et *les Semaines du Jardin* (*Las Semanas del Jardin*). De ces trois derniers il n'est pas resté même un fragment. Quant au *Persilès*, il fut publié par sa veuve, en 1617. Chose étrange! Dans l'instant même où Cervantès tuait le roman chevaleresque sous les traits de sa raillerie, et de la même plume qui lançait ces traits meurtriers, il écrivait un roman presque aussi extravagant que ceux qui avaient brouillé la cervelle de son hidalgo. Il faisait à la fois la censure et l'apologie, imitant ceux qu'il blâmait, et tombant tout le premier dans le péché qu'il frappait d'anathème. Chose non moins étrange! C'est à cette œuvre informe qu'il réservait ses éloges et sa prédilection : semblable à ces pères auxquels une tendresse aveugle fait préférer le fruit maladif de leur vieillesse à ses robustes aînés. Parlant du *Don Quichotte* avec modestie, presque avec embarras, il annonçait pompeusement au monde la merveille du *Persilès*. C'était Corneille mettant *Nicomède* plus haut que *Cinna*. Ce roman de *Persilès et Sigismonde*, qu'on ne sait à quoi comparer, ni dans quel genre classer, car il réunit tous les genres sans appartenir à aucun, est un tissu d'épisodes entrelacés comme ceux d'une intrigue de Calderon, d'aventures bizarres, de rencontres inouïes, de prodiges invraisemblables, de caractères faux, de sentiments alambiqués. Cervantès, peintre si exact, si judicieux, de la nature physique et morale, a bien fait d'en reléguer la scène aux régions hyperboréennes, car c'est un monde imaginaire, sans nul rapport avec celui qu'il avait sous les yeux. Du reste, à la lecture de cette débauche d'un grand esprit, où se trouverait aisément la matière de vingt drames et de cent contes, on ne peut trop admirer cette imagination presque septuagénaire, aussi riche encore, aussi féconde que celle de l'Arioste; on ne peut trop admirer cette plume toujours noble, élégante, hardie, couvrant les absurdités du récit sous la magnifique parure du langage. Le *Persilès* est plus correct et plus châtié que le *Don Quichotte*; c'est, en plusieurs parties, un modèle achevé de la prose espagnole. On pourrait le comparer à un palais tout bâti de marbre et de bois de cèdre, mais sans ordonnance, sans proportions, qui tombe et n'offrant à vrai dire, au lieu d'une œuvre architecturale, qu'un amas de précieux matériaux. Quand on voit le sujet du livre et le nom de l'auteur, la préférence qu'il lui donnait sur tous ses ouvrages, et les immenses qualités qu'il y a si follement dépensées, on est en droit de dire que *Persilès* est une des grandes aberrations de l'esprit humain.

Cervantès ne put jouir ni du succès qu'il se promettait complaisamment de ce dernier ouvrage de sa plume, de ce Benjamin des *enfants de son intelligence*, ni du succès bien autrement durable et légitime de son véritable titre à l'immortalité. Toujours malheureux, il ne lui fut pas même permis de discerner, à travers les éloges de ses contemporains, quelle gloire immense lui réservait la postérité. Lorsqu'il publia, vers la fin de 1615, la seconde partie du *Don Quichotte*, ayant alors soixante-huit ans, il était attaqué sans remède de la maladie qui l'emporta bientôt après. Espérant, à l'entrée de la belle saison, trouver quelque soulagement dans l'air de la campagne, il partit, le 2 avril suivant, pour le bourg d'Esquivias, où demeuraient les parents de sa femme. Mais, au bout de quelques jours, son mal empirant, il fut contraint de revenir à Madrid, accompagné de deux amis qui le soignaient en chemin. Ce fut à ce retour d'Esquivias que lui arriva une petite aventure dont il composa le prologue du *Persilès*, et à laquelle nous devons l'unique relation un peu détaillée qu'on ait conservée de sa maladie.

Les trois amis cheminaient paisiblement sur la route de traverse, quand un étudiant, qui venait derrière eux, monté sur un âne, leur cria de s'arrêter, et se plaignit, en les rejoignant, de ce qu'il n'avait pu les atteindre plus tôt pour jouir de leur compagnie. L'un des bourgeois d'Esquivias répondit que la faute en était au cheval du seigneur Miguel de Cervantès, qui avait le pas très-allongé. Au nom de Cervantès, pour lequel il était passionné sans le connaître, l'étudiant sauta à bas de sa monture, et, lui saisissant la main entre les siennes : « Oui, oui, s'écria-t-il, voilà le manchot sain, le fameux tout, l'écrivain joyeux, et finalement le boute-en-train des muses. » Cervantès, qui se vit si à l'improviste comblé de caresses et d'éloges, répondit avec sa modestie ordinaire, et engagea l'étudiant à remonter sur sa bourrique pour achever à ses côtés le reste de la route. « Nous retînmes un peu la bride, continue Cervantès, et, chemin faisant, on parla de ma maladie. Le bon étudiant m'eut bientôt condamné. « Ce mal, dit-il, est une hydropisie que ne pourra guérir toute l'eau de « l'Océan, quand vous la boiriez goutte à goutte. Que Votre Grâce, seigneur Cervantès, se mette à la ration « pour boire, et n'oublie pas de bien manger; avec cela vous guérirez sans autre médecine. — C'est ce que « bien des gens m'ont déjà dit, répondis-je. Mais je ne puis pas plus m'empêcher de boire à toute mon envie « que si je n'étais pas né pour autre chose. Ma vie va s'éteignant, et au pas des éphémérides de mon pouls, « qui finiront au plus tard leur carrière dimanche prochain, je finirai celle de ma vie. Votre Grâce est arrivée « en un rude moment à faire ma connaissance, puisqu'il ne me reste pas assez de temps pour me montrer re-« connaissant de l'intérêt que vous me témoignez.... » En disant cela, nous arrivâmes au pont Tolède, que je traversai, et l'étudiant s'éloigna pour gagner celui de Ségovie. »

Ce prologue, sans suite et sans liaison, mais où du moins Cervantès montrait encore toute la gaieté de son esprit dans le portrait burlesque de l'étudiant, avant de dire adieu à ses *joyeux amis*, fut le dernier effort de sa plume. Son mal fit d'effrayants progrès; il s'alita, et reçut l'extrême-onction le 18 avril. On annonçait alors le retour prochain du comte de Lemos, qui passait de la vice-royauté de Naples à la présidence du conseil. La dernière pensée de Cervantès fut un sentiment de gratitude, un tendre souvenir à son protecteur. Presque mourant, il dicta la lettre suivante, que je traduis mot pour mot :

« Ces anciens couplets, qui furent célèbres en leur temps, et qui commencent ainsi : *Le pied déjà dans l'étrier*, je voudrais qu'ils ne vinssent pas si à propos dans cette mienne épître. Car, presque avec les mêmes paroles, je puis commencer en disant :

« *Le pied déjà dans l'étrier, avec les angoisses de la mort, grand seigneur, je t'écris celle-ci*....

« Hier on m'a donné l'extrême-onction, et aujourd'hui je vous écris ce billet. Le temps court, l'angoisse s'accroît, l'espérance diminue, avec tout cela je porte la vie sur le désir que j'ai de vivre; et je voudrais y mettre une borne jusqu'à ce que je baise les pieds de Votre Excellence. Peut-être que la joie de vous revoir bien portant en Espagne serait si grande qu'elle me rendrait la vie. Mais, s'il est décrété que je dois la perdre, que la volonté des cieux s'accomplisse. Que du moins Votre Excellence connaisse ce mien désir, et sache qu'elle eut en moi un serviteur si désireux de la servir, qu'il voulut aller même au delà de la mort pour montrer son attachement. Avec tout cela, comme en prophétie, je m'applaudis du retour de Votre Excellence; je me réjouis de vous voir partout montrer au doigt, et me réjouis plus encore de ce que se sont accomplies mes espérances, établies sur la renommée de vos vertus.... »

Cette lettre, qui devrait, au dire de Los Rios, être toujours sous les yeux des grands et des écrivains, pour apprendre aux uns la générosité, aux autres la reconnaissance, prouve au moins quelle parfaite sérénité d'âme Cervantès conserva jusqu'au dernier moment. Atteint bientôt d'une longue défaillance, il expira le samedi 23 avril 1616.

Le docteur John Bowle a fait la remarque piquante que les deux plus beaux génies de cette grande époque, tous deux méconnus de leurs contemporains et vengés tous deux par la postérité, Miguel de Cervantès et William Shakspeare, étaient morts précisément le même jour. On trouve, en effet, dans les biographies de Shakspeare, qu'il décéda le 23 avril 1616. Mais il faut prendre garde que les Anglais n'adoptèrent le calendrier grégorien qu'en 1754, et qu'ils furent jusque-là en retard des Espagnols pour les dates, comme les Russes le sont aujourd'hui du reste de l'Europe. Shakspeare a donc survécu douze jours à Cervantès.

Par son testament, où il nommait pour exécuteurs de ses volontés (*albaceas*) sa femme doña Catalina de Palacios Salazar, et son voisin le licencié Francisco Nuñez, Cervantès avait ordonné qu'on l'enterrât dans un couvent de religieuses trinitaires fondé depuis quatre ans dans la rue *del Humilladero*, et où sa fille, doña Isabel de Saavedra, classée peut-être par la pauvreté de la maison paternelle, avait récemment fait ses vœux. Il est probable que ce dernier désir de Cervantès fut respecté; mais, en 1633, les religieuses *del Humilladero* passèrent à un nouveau couvent de la rue *de Cantaranas*, et l'on ignore ce que devinrent les cendres de Cervantès, dont nul tombeau, nulle pierre, nulle inscription, n'ont pu faire découvrir la place.

XXII NOTICE SUR LA VIE

Une négligence semblable a laissé périr les deux portraits qu'avaient faits de lui Jauregui et Pacheco. Seulement une copie du premier s'est conservée jusqu'à nos jours. Elle est du règne de Philippe IV, la grande époque de la peinture espagnole, et les uns l'attribuent à Alonzo del Arco, les autres à l'école de Vicente Carducho, ou de Eugenio Cajès. Au reste, quel qu'en soit l'auteur, elle répond parfaitement à la peinture que Cervantès a tracée de lui-même dans le prologue de ses *Nouvelles*. Il suppose qu'un de ses amis devait graver son portrait en tête du livre, et qu'on aurait mis au-dessous cette inscription : « Celui que vous voyez ici avec un visage aquilin, les cheveux châtains, le front lisse et découvert, les yeux vifs, le nez courbe, quoique bien proportionné, la barbe d'argent (il n'y a pas vingt ans qu'elle était d'or), les moustaches grandes, la bouche petite, les dents peu nombreuses, car il n'en a que six sur le devant, encore sont-elles mal conditionnées et plus mal rangées, puisqu'elles ne correspondent pas les unes aux autres, le corps entre deux extrêmes, ni grand ni petit, le teint clair, plutôt blanc que brun, un peu chargé des épaules, et non fort léger de pieds ; celui-là est l'auteur de la *Galatée*, du *Don Quichotte de la Manche*…. et d'autres œuvres qui courent les rues, égarées de leur chemin, et peut-être sans le nom de leur maître. On l'appelle communément Miguel de Cervantès Saavedra. » Il parle ensuite de sa main gauche brisée à Lépante, et termine ainsi son portrait : « Enfin, puisque cette occasion m'a manqué, et que je reste en blanc, sans figure, force me sera de me faire valoir par ma langue, laquelle, quoique bègue, ne le sera pas moins pour dire des vérités qui se font bien entendre par signes. »

Voilà tout ce qu'on a pu recueillir sur l'histoire de cet homme illustre, l'un de ceux qui payèrent par le malheur de toute la vie les tardifs honneurs d'une gloire posthume. Né dans une famille honorable, mais pauvre ; recevant d'abord une éducation libérale, puis jeté dans la domesticité par la misère ; page, valet de chambre, enfin soldat ; estropié à la bataille de Lépante ; distingué à la prise de Tunis ; pris par un corsaire barbaresque ; captif cinq années dans les bagnes d'Alger ; racheté par la charité publique, après de vains efforts d'industrie et d'audace ; encore soldat dans le Portugal et les Açores ; épris d'une dame noble et pauvre autant que lui ; ramené un moment aux lettres par l'amour, et bientôt éloigné d'elles par la détresse ; récompensé de ses services et de ses talents par un emploi de commis aux vivres ; accusé de détournement de deniers publics ; jeté en prison par les gens du roi, relâché après preuve d'innocence, puis encore emprisonné par des paysans mutins ; devenu poëte et agent d'affaires ; faisant, pour gagner son pain, du négoce par procuration et des pièces de théâtre ; découvrant, à cinquante ans passés, sa véritable vocation ; ne sachant à quel protecteur faire agréer la dédicace de ses œuvres ; trouvant un public indifférent, qui daigne rire, mais non l'apprécier ni le comprendre, des rivaux jaloux qui le ridiculisent et le diffament, des amis envieux qui le trahissent ; poursuivi par le besoin jusqu'en sa vieillesse ; oublié de la plupart, méconnu de tous, et mourant enfin dans la solitude et la pauvreté : tel fut, durant sa vie, Miguel de Cervantès Saavedra. C'est après deux siècles et demi, qu'on s'avise de chercher son berceau et sa tombe, qu'on pare d'un médaillon de marbre la dernière maison qu'il habita, qu'on lui élève une statue sur la place publique, et qu'effaçant le nom de quelque obscur bienheureux, on grave au coin d'une petite rue de Madrid ce grand nom qui remplit le monde.

Il me reste à dire un mot sur la manière dont j'ai compris ma tâche.

A mes yeux, la traduction d'un livre justement célèbre, d'un de ces ouvrages qui appartiennent moins à une littérature en particulier qu'à l'humanité tout entière, n'est pas seulement une affaire de goût et de style ; c'est une affaire de conscience, et j'oserais presque dire de probité. Je crois que le traducteur a pour devoir strict d'appliquer incessamment ses efforts, non-seulement à rendre le sens dans toute sa vérité, dans toute sa rigueur, mais encore à reproduire l'effet de chaque période, de chaque phrase et presque de chaque mot. Je crois que, tout en respectant les règles et les exigences de sa propre langue, il doit se plier assez aux formes du modèle, dans l'ensemble et dans le détail, pour qu'on sente perpétuellement l'original sous la copie ; qu'il doit parvenir, non point à tracer, comme on l'a dit souvent, la gravure d'un tableau, c'est-à-dire une imitation décolorée, mais à peindre une seconde fois le tableau avec sa couleur générale et ses nuances particulières. Je crois encore que le traducteur doit rejeter comme une pensée coupable, en quelque sorte comme une tentation de vol ou de sacrilège, toute envie de supprimer le moindre fragment du texte, ou d'ajouter la moindre chose de son propre fonds ; il ne doit, suivant le mot de Cervantès, *rien omettre et rien mettre*. Je crois, enfin, que le respect pour son modèle doit être porté si loin qu'il ne se croie pas même permis de corriger une faute, non de celles de goût, dont il n'est pas juge, mais une faute matérielle, une erreur de fait. Qu'il la signale, bien ; mais qu'il la laisse. Les défauts saillants ou les taches légères qui se rencontrent dans une œuvre importante et durable, soit qu'ils proviennent de l'époque, soit qu'ils proviennent de l'écrivain, ont toujours leur sens et leur prix. Ils appartiennent, sous divers points de vue, à l'historien, à l'artiste, au critique littéraire; ils servent de leçon presque autant que les beautés mêmes. Qu'on les respecte donc à l'égal des beautés.

La plus grande difficulté qui se rencontre pour arriver à cette fidèle et complète reproduction de l'original, c'est la différence des idiomes, ou plutôt la différence que les temps, les mœurs, le goût, impriment aux idiomes de deux nations, à deux époques. J'ai dû hasarder quelquefois des tours et des expressions qui peut-être ne sont plus dans l'usage courant. On les appellera des *espagnolicismes;* ce ne serait pas juste. Notre langue du seizième siècle se rapprochait assez de celle de l'Espagne, dont elle était alors tributaire, pour m'offrir des analogies et des ressources que me refuse notre langue émancipée du dix-neuvième. Il faudrait donc seulement m'accuser d'archaïsme. Au fait, je n'ai fait qu'une seule étude préparatoire de style pour traduire Cervantès : j'ai relu Montaigne.

Louis Viardot.

PREMIÈRE PARTIE

PROLOGUE.

Lecteur inoccupé, tu me croiras bien, sans exiger de serment, si je te dis que je voudrais que ce livre, comme enfant de mon intelligence[1], fût le plus beau, le plus élégant et le plus spirituel qui se pût imaginer; mais, hélas! je n'ai pu contrevenir aux lois de la nature, qui veut que chaque être engendre son semblable. Ainsi, que pouvait engendrer un esprit stérile et mal cultivé comme le mien, sinon l'histoire d'un fils sec, maigre, rabougri, fantasque, plein de pensées étranges et que nul autre n'avait conçues, tel enfin qu'il pouvait s'engendrer dans une prison, où toute incommodité a son siége, où tout bruit sinistre fait sa demeure? Le loisir et le repos, la paix du séjour, l'aménité des champs, la sérénité des cieux, le murmure des fontaines, le calme de l'esprit, toutes ces choses concourent à ce que les muses les plus stériles se montrent fécondes, et offrent au monde ravi des fruits merveilleux qui le comblent de satisfaction. Arrive-t-il qu'un père ait un fils laid et sans aucune grâce, l'amour qu'il porte à cet enfant lui met un bandeau sur les yeux pour qu'il ne voie pas ses défauts; au contraire, il les prend pour des saillies, des gentillesses, et les conte à ses amis pour des traits charmants d'esprit et de malice. Mais moi, qui ne suis, quoique j'en paraisse le père véritable, que le père putatif[2] de don Quichotte, je ne veux pas suivre le courant de l'usage, ni te supplier, presque les larmes aux yeux, comme d'autres font, très-cher lecteur, de pardonner ou d'excuser les défauts que tu verras en cet enfant, que je te présente pour le mien. Puisque tu n'es ni son parent ni son ami ; puisque tu as ton âme dans ton corps avec son libre arbitre, autant que le plus huppé ; puisque tu habites ta maison, dont tu es seigneur autant que le roi de ses tributs, et que tu sais bien le commun proverbe : « Sous mon manteau je tue le roi, » toutes choses qui t'exemptent à mon égard d'obligation et de respect, tu peux dire de l'histoire tout ce qui te semblera bon, sans crainte qu'on te punisse pour le mal, sans espoir qu'on te récompense pour le bien qu'il te plaira d'en dire.

Seulement, j'aurais voulu te la donner toute nue, sans l'ornement du prologue, sans l'accompagnement ordinaire de cet innombrable catalogue de sonnets, d'épigrammes, d'éloges, qu'on a l'habitude d'imprimer en tête des livres[3]. Car je dois te dire que, bien que cette histoire m'ait coûté quelque travail à la composer, aucun ne m'a semblé plus grand que celui de faire cette préface que tu es à lire. Bien souvent j'ai pris la plume pour l'écrire, et je l'ai toujours posée, ne sachant ce que j'écrirais. Mais un jour que j'étais indécis, le papier devant moi, la plume sur l'oreille, le coude sur la table et la main sur la joue, pensant à ce que j'allais dire, voilà que tout à coup entre un de mes amis, homme d'intelligence et d'enjouement, lequel, me voyant si sombre et si rêveur, m'en demanda la cause. Comme je ne voulais pas la lui cacher, je lui répondis que je pensais au prologue qu'il fallait écrire pour l'histoire de don Quichotte, et que j'étais si découragé que j'avais résolu de ne pas le faire, et dès lors de ne pas mettre au jour les exploits d'un si noble chevalier.

« Car enfin, lui dis-je, comment voudriez-vous que je ne fusse pas en souci de ce que va dire cet antique législateur qu'on appelle le public, quand il verra qu'au bout de tant d'années où je dormais dans l'oubli, je viens aujourd'hui me montrer au grand jour portant toute la charge de mon âge[4], avec une légende sèche comme du jonc, pauvre d'invention et de style, dépourvue de jeux d'esprit et de toute érudition, sans annotations en marge et sans commentaires à la fin du livre ; tandis que je vois d'autres ouvrages, même fabuleux et profanes, si remplis de sentences d'Aristote, de Platon et de toute la troupe des philosophes, qu'ils font l'admiration des lecteurs, lesquels en tiennent les auteurs pour hommes de grande lecture, érudits et éloquents ? Et qu'est-ce, bon Dieu ! quand ils citent la sainte Écriture ? ne dirait-on pas que ce sont autant de saints Thomas et de docteurs de l'Église, gardant en cela une si ingénieuse bienséance, qu'après avoir dépeint, dans une ligne, un amoureux dépravé, ils font, dans la ligne suivante, un petit sermon chrétien, si joli que c'est une joie de le lire ou de l'entendre ? De tout cela mon livre va manquer ; car je n'ai rien à annoter en marge, rien à commenter à la fin, et je ne sais pas davantage quels auteurs j'y ai suivis, afin de citer leurs noms en tête du livre, comme font tous les autres, par les lettres de l'A B C, en commençant par Aristote et en finissant par Xénophon, ou par Zoïle ou Zeuxis, bien que l'un soit un critique envieux et le second un peintre. Mon livre va manquer encore de sonnets en guise d'introduction, au moins de sonnets dont les auteurs soient des ducs, des comtes, des marquis, des évêques, de grandes dames ou de célèbres poëtes ; bien que, si j'en demandais quelques-uns à deux ou trois amis, gens du métier, je sais qu'ils me les donneraient, et tels que ne les égaleraient point ceux des plus renommés en notre Espagne. Enfin, mon ami et seigneur, poursuivis-je, j'ai résolu que le seigneur don Quichotte restât enseveli dans ses archives de la Manche, jusqu'à ce que le ciel lui envoie quelqu'un qui l'orne de tant de choses dont il est dépourvu ; car je me sens incapable de les lui fournir, à cause de mon insuffisance et de ma chétive érudition, et parce que je suis naturellement paresseux d'aller à la quête d'auteurs qui disent pour moi ce que je sais bien dire sans eux. C'est de là que viennent l'indécision et la rêverie où vous me trouvâtes, cause bien suffisante, comme vous venez de l'entendre, pour m'y tenir plongé. »

Quand mon ami eut écouté cette harangue, il se frappa le front du creux de la main, et, partant d'un grand éclat de rire :

« Par Dieu, frère, s'écria-t-il, vous venez de me tirer d'une erreur où j'étais resté depuis le long temps que je vous connais. Je vous avais toujours tenu pour un homme d'esprit sensé, et sage dans toutes vos actions ; mais je vois à présent que vous êtes aussi loin de cet homme que la terre l'est du ciel. Comment est-il possible que de semblables bagatelles, et de si facile rencontre, aient la force d'interdire et d'absorber un esprit aussi mûr que le vôtre, aussi accoutumé à aborder et à vaincre des difficultés bien autrement grandes ? En vérité, cela ne vient pas d'un manque de talent, mais d'un excès de paresse et d'une absence de réflexion. Voulez-vous éprouver si ce que je dis est vrai ? Eh bien ! soyez attentif, et vous allez voir comment, en un clin d'œil, je dissipe toutes ces difficultés et remédie à tous ces défauts qui vous embarrassent, dites-vous, et vous effrayent au point de vous faire renoncer à mettre au jour l'histoire de votre fameux don Quichotte, miroir et lumière de toute la chevalerie errante.

— Voyons, répliquai-je à son offre ; de quelle manière pensez-vous remplir le vide qui fait mon effroi, et tirer à clair le chaos de ma confusion ? »

Il me répondit :

« A la première chose qui vous chagrine, c'est-à-dire le manque de sonnets, épigrammes et éloges à mettre en tête du livre, voici le remède que je propose : prenez la peine de les faire vous-même ; ensuite vous les pourrez baptiser et nommer comme il vous plaira, leur donnant pour parrains le Preste-Jean des Indes[b] ou l'empereur de Trébizonde, desquels je sais que le bruit a couru qu'ils étaient d'excellents poëtes ; mais quand même ils ne l'eussent pas été, et que des pédants de bacheliers s'aviseraient de mordre sur vous par derrière à propos de cette assertion, n'en faites pas cas pour deux maravédis : car, le mensonge fût-il avéré, on ne vous coupera pas la main qui l'aura écrit.

« Quant à citer en marge les livres et les auteurs où vous auriez pris les sentences et les maximes que vous placerez dans votre histoire[a], vous n'avez qu'à vous arranger de façon qu'il y vienne à propos quelque dicton latin, de ceux que vous saurez par cœur, ou qui ne vous coûteront pas grande peine à trouver. Par exemple, en parlant de liberté et d'esclavage, vous pourriez mettre :

> Non bene pro toto libertas venditur auro,

et citer en marge Horace, ou celui qui l'a dit'. S'il est question du pouvoir de la mort, vous recourrez aussitôt au distique :

> Pallida mors æquo pulsat pede pauperum tabernas
> Regumque turres.

S'il s'agit de l'affection et de l'amour que Dieu commande d'avoir pour son ennemi, entrez aussitôt dans la divine Écriture, ce que vous pouvez faire avec tant soit peu d'attention, et citez pour le moins les paroles de Dieu même : « Ego autem dico « vobis : Diligite inimicos vestros. » Si vous traitez des mauvaises pensées, invoquez l'Évangile : « De corde exeunt cogitationes malæ; » si de l'instabilité des amis, voilà Caton² qui vous prêtera son distique :

> Donec eris felix, multos numerabis amicos;
> Tempora si fuerint nubila, solus eris.

Avec ces bouts de latin, et quelques autres de même étoffe, on vous tiendra du moins pour grammairien, ce qui, à l'heure qu'il est, n'est pas d'un petit honneur ni d'un mince profit.

« Pour ce qui est de mettre des notes et commentaires à la fin du livre, vous pouvez en toute sûreté le faire de cette façon : si vous avez à nommer quelque géant dans votre livre, faites en sorte que ce soit le géant Goliath, et vous avez, sans qu'il vous en coûte rien, une longue annotation toute prête; car vous pourrez dire : « Le géant Golias, ou Goliath, fut un Philistin que le berger David tua d'un grand « coup de fronde dans la vallée de Térébinthe, ainsi qu'il est conté dans le livre « des Rois, au chapitre où vous en trouverez l'histoire. » Après cela, pour vous montrer homme érudit, versé dans les lettres humaines et la cosmographie, arrangez-vous de manière que le fleuve du Tage soit mentionné en quelque passage de votre livre, et vous voilà en possession d'un autre magnifique commentaire. Vous n'avez qu'à mettre : « Le fleuve du Tage fut ainsi appelé du nom d'un ancien roi « des Espagnes; il a sa source en tel endroit, et son embouchure dans l'Océan, où « il se jette, après avoir baigné les murs de la fameuse cité de Lisbonne. Il passe « pour rouler des sables d'or, etc. » Si vous avez à parler de larrons, je vous fournirai l'histoire de Cacus, que je sais par cœur; si de femmes perdues, voilà l'évêque de Mondoñedo³ qui vous prêtera Lamia, Layda et Flora, et la matière d'une note de grand crédit; si de cruelles, Ovide vous fournira Médée; si d'enchanteresses, Homère a Calypso, et Virgile, Circé; si de vaillants capitaines, Jules César se prêtera lui-même dans ses *Commentaires*, et Plutarque vous donnera mille Alexandres. Avez-vous à parler d'amours? pour peu que vous sachiez quatre mots de la langue italienne, vous trouverez dans Leone Hebreo [10] de quoi remplir la mesure toute comble; et s'il vous déplait d'aller à la quête en pays étrangers, vous avez chez vous Fonseca et son *Amour de Dieu*, qui renferme tout ce que vous et le plus ingénieux puissiez désirer en semblable matière. En un mot, vous n'avez qu'à faire en sorte de citer les noms que je viens de dire, ou de mentionner ces histoires dans la vôtre, et laissez-moi le soin d'ajouter des notes marginales et finales : je m'engage, parbleu, à vous remplir les marges du livre et quatre feuilles à la fin.

« Venons, maintenant, à la citation d'auteurs qu'ont les autres livres et dont le vôtre est dépourvu. Le remède est vraiment très-facile, car vous n'avez autre chose à faire que de chercher un ouvrage qui les ait tous cités depuis l'*a* jusqu'au *z* [11], comme vous dites fort bien; et ce même abécédaire, vous le mettrez tout fait dans votre livre. Vit-on clairement le mensonge, à cause du peu d'utilité que ces auteurs pouvaient vous offrir, que vous importe? il se trouvera peut-être encore quelque homme assez simple pour croire que vous les avez tous mis à contribution dans votre histoire ingénue et tout unie. Et, ne fût-il bon qu'à cela, ce long catalogue doit tout d'abord donner au livre quelque autorité. D'ailleurs, qui s'avisera, n'ayant à cela nul intérêt, de vérifier si vous y avez ou non suivi ces auteurs? Mais il y a plus, et, si je ne me trompe, votre livre n'a pas le moindre besoin d'aucune de ces choses que vous dites lui manquer; car enfin, il n'est tout au long qu'une invective contre les livres de chevalerie, dont Aristote n'entendit jamais parler, dont Cicéron n'eut pas la moindre idée, et dont saint Basile n'a pas dit un mot. Et, d'ailleurs, ses fabuleuses et extravagantes inventions ont-elles à démêler quelque chose avec les ponctuelles exigences de la vérité, ou les observations de l'astronomie? Que lui importent les mesures géométriques ou l'observance des règles et arguments de la rhétorique? A-t-il, enfin, à prêcher quelqu'un, en mêlant les choses humaines et divines, ce qui est une sorte de mélange que doit réprouver tout entendement chrétien? L'imitation doit seulement lui servir pour le style, et plus celle-là sera parfaite, plus celui-ci s'approchera de la perfection. Ainsi donc, puisque votre ouvrage n'a d'autre but que de fermer l'accès et de détruire l'autorité qu'ont dans le monde et parmi le vulgaire les livres de chevalerie, qu'est-il besoin que vous alliez mendiant des sentences de philosophes, des conseils de la sainte Écriture, des fictions de poëtes, des oraisons de rhétoriciens et des miracles de bienheureux? Mais tâchez que, tout uniment, et avec des paroles claires, honnêtes, bien disposées, votre période soit sonore et votre récit amusant, que vous peigniez tout ce que votre imagination conçoit, et que vous fassiez comprendre vos pensées sans les obscurcir et les embrouiller. Tâchez aussi qu'en lisant votre histoire, le mélancolique s'excite à rire, que le rieur augmente sa gaieté, que le simple ne se fâche pas, que l'habile admire l'invention, que le grave ne la méprise point, et que le sage se croie tenu de la louer. Surtout, visez continuellement à renverser de fond en comble cette machine mal assurée des livres de chevalerie, réprouvés de tant de gens, et vantés d'un bien plus grand nombre. Si vous en venez à bout, vous n'aurez pas fait une mince besogne. »

J'avais écouté dans un grand silence tout ce que me disait mon ami, et ses propos se gravèrent si bien dans mon esprit, que, sans vouloir leur opposer la moindre dispute, je les tins pour sensés, leur donnai mon approbation, et voulus même en composer ce prologue, dans lequel tu verras, lecteur bénévole, la prudence et l'habileté de mon ami, le bonheur que j'eus de rencontrer en temps si opportun un tel conseiller, enfin le soulagement que tu goûteras toi-même en trouvant dans toute son ingénuité, sans mélange et sans détours, l'histoire du fameux don Quichotte de la Manche, duquel tous les habitants du district de la plaine de Montiel ont l'opinion qu'il fut le plus chaste amoureux et le plus vaillant chevalier que, de longues années, on ait vu dans ces parages. Je ne veux pas trop te vanter le service que je te rends en te faisant connaître un si digne et si notable chevalier; mais je veux que tu me saches gré pourtant de la connaissance que je te ferai faire avec le célèbre Sancho Panza, son écuyer, dans lequel, à mon avis, je te donne rassemblées toutes les grâces du métier qui sont éparses à travers la foule innombrable et vaine des livres de chevalerie. Après cela, que Dieu te donne bonne santé, et qu'il ne m'oublie pas non plus. *Vale*.

LIVRE PREMIER.

CHAPITRE I.

QUI TRAITE DE LA QUALITÉ ET DES OCCUPATIONS DU FAMEUX HIDALGO DON QUICHOTTE
DE LA MANCHE.

Dans une bourgade de la Manche, dont je ne veux pas me rappeler le nom, vivait, il n'y a pas longtemps, un hidalgo, de ceux qui ont lance au râtelier, rondache antique, bidet maigre et lévrier de chasse. Un pot-au-feu, plus souvent de mouton que de bœuf, une vinaigrette presque tous les soirs, des abatis de bétail[1] le samedi, le vendredi des lentilles, et le dimanche quelque pigeonneau outre l'ordinaire, consumaient les trois quarts de son revenu. Le reste se dépensait en un pourpoint de drap fin et des chausses de panne avec leurs pantoufles de même étoffe, pour les jours de fête, et un habit de la meilleure serge du pays, dont il se faisait honneur les jours de la semaine. Il avait chez lui une gouvernante qui passait les quarante ans, une nièce qui n'atteignait pas les vingt, et de plus un garçon de ville et de campagne, qui sellait le bidet aussi bien qu'il maniait la serpette. L'âge de notre hidalgo frisait la cinquantaine; il était de complexion robuste, maigre de corps, sec de visage, fort matineux et grand ami de la chasse. On a dit qu'il avait le surnom de Quixada ou Quesada, car il y a sur ce point quelque divergence entre les auteurs qui en ont écrit, bien que les conjectures les plus vraisemblables fassent entendre qu'il s'appelait Quijana. Mais cela importe peu à notre histoire; il suffit que, dans le récit des faits, on ne s'écarte pas d'un atome de la vérité.

Or, il faut savoir que cet hidalgo, dans les moments où il restait oisif, c'est-à-dire à peu près toute l'année, s'adonnait à lire des livres de chevalerie, avec tant de goût et de plaisir, qu'il en oublia presque entièrement l'exercice de la chasse et même l'administration de son bien. Sa curiosité et son extravagance arrivèrent à ce point qu'il vendit plusieurs arpents de bonnes terres à labourer pour acheter des livres de chevalerie à lire. Aussi en amassa-t-il dans sa maison autant qu'il put s'en procurer. Mais, de tous ces livres, nul ne lui paraissait aussi parfait que ceux composés par le fameux Feliciano de Silva[1]. En effet, l'extrême clarté de sa prose le ravissait, et ses propos si bien entortillés lui semblaient d'or; surtout quand il venait à lire ces lettres de galanterie et de défi, où il trouvait écrit en plus d'un endroit : « La raison de la déraison qu'à ma raison vous faites, affaiblit tellement ma raison, qu'avec raison je me plains de votre beauté; » et de même quand il lisait : « Les hauts cieux qui de votre divinité divinement par le secours des étoiles vous fortifient, et vous font méritante des mérites que mérite votre grandeur. »

Avec ces propos et d'autres semblables, le pauvre gentilhomme perdait le jugement. Il passait les nuits et se donnait la torture pour les comprendre, pour les approfondir, pour leur tirer le sens des entrailles, ce qu'Aristote lui-même n'aurait pu faire, s'il fût ressuscité tout exprès pour cela. Il ne s'accommodait pas autant des blessures que don Bélianis donnait ou recevait, se figurant que, par quelques excellents docteurs qu'il fût pansé, il ne pouvait manquer d'avoir le corps couvert de cicatrices, et le visage de balafres. Mais, néanmoins, il louait dans l'auteur cette façon galante de terminer son livre par la promesse de cette interminable aventure; souvent même il lui vint envie de prendre la plume, et de le finir au pied de la lettre, comme il y est annoncé[2]. Sans doute il l'aurait fait, et s'en serait même tiré à son honneur, si d'autres pensées, plus continuelles et plus grandes, ne l'en eussent détourné. Maintes fois il avait discuté avec le curé du pays, homme docte et gradué à Sigüenza[3], sur la question de savoir lequel avait été meilleur chevalier, de Palmérin d'Angleterre ou d'Amadis de Gaule. Pour maître Nicolas, barbier du même village, il assurait que nul n'approchait du chevalier de Phébus, et que si quelqu'un pouvait lui être comparé, c'était le seul don Galaor, frère d'Amadis de Gaule; car celui-là était propre à tout, sans minauderie, sans grimaces, non point un pleurnicheur comme son frère, et pour le courage, ne lui cédant pas d'un pouce.

Enfin, notre hidalgo s'acharna tellement à sa lecture, que ses nuits se passaient en lisant du soir au matin, et ses jours, du matin au soir. Si bien qu'à force de dormir peu et de lire beaucoup, il se desséch a le cerveau, de manière qu'il vint à perdre l'esprit. Son imagination se remplit de tout ce qu'il avait lu dans les livres, enchantements, querelles, défis, batailles, blessures, galanteries, amours, tempêtes et extravagances impossibles; et il se fourra si bien dans la tête que tout ce magasin d'inventions rêvées était la vérité pure, qu'il n'y eut pour lui nulle autre histoire plus certaine dans le monde. Il disait que le Cid Ruy Diaz avait sans doute été bon chevalier, mais qu'il n'approchait point du chevalier de l'Ardente-Épée, lequel, d'un seul revers, avait coupé par la moitié deux farouches et démesurés géants. Il faisait plus de cas de Bernard del Carpio, parce que, dans la gorge de Roncevaux, il avait mis à mort Roland l'enchanté, s'aidant de l'adresse d'Hercule quand il étouffa Antée, le fils de la Terre, entre ses bras. Il disait grand bien du géant Morgant, qui, bien qu'issu de cette race géante, où tous sont arrogants et discourtois, était lui seul affable et bien élevé. Mais celui qu'il préférait à tous les autres, c'était Renaud de Montauban, surtout quand il le voyait sortir de son château, et détrousser autant de gens qu'il en rencontrait, ou voler, par delà le détroit, cette idole de Mahomet, qui était toute d'or, à ce que dit son histoire[5]. Quant au traître Ganelon[6], pour lui administrer une volée de coups de pied dans les côtes, il aurait volontiers donné sa gouvernante, et même sa nièce par-dessus le marché.

Finalement, ayant perdu l'esprit sans ressource, il vint à donner dans la plus étrange pensée dont jamais fou se fût avisé dans le monde. Il lui parut convenable et nécessaire, aussi bien pour l'éclat de sa gloire que pour le service de son pays, de se faire chevalier errant, de s'en aller par le monde, avec son cheval et ses armes, chercher les aventures, et de pratiquer tout ce qu'il avait lu que pratiquaient les chevaliers errants, redressant toutes sortes de torts, et s'exposant à tant de rencontres, à tant de périls, qu'il acquit, en les surmontant, une éternelle renommée. Il s'imaginait déjà, le pauvre rêveur, voir couronner la valeur de son bras au moins par l'empire de Trébizonde. Ainsi emporté par de si douces pensées et par l'ineffable attrait qu'il y trouvait, il se hâta de mettre son désir en pratique. La première chose qu'il fit fut de nettoyer les pièces d'une armure qui avait appartenu à ses bisaïeux, et qui, moisie et rongée de rouille, gisait depuis des siècles oubliée dans un coin. Il les lava, les frotta, les raccommoda du mieux qu'il put. Mais il s'aperçut qu'il manquait à cette armure une chose importante, et qu'au lieu d'un heaume complet elle n'avait qu'un simple morion. Alors son industrie suppléa à ce défaut : avec du carton, il fit une manière de demi-salade, qui, emboîtée avec le morion, formait une apparence de salade entière. Il est vrai que, pour essayer si elle était forte et à l'épreuve d'estoc et de taille, il tira son épée, et lui porta deux coups du tranchant, dont le premier détruisit en un instant l'ouvrage d'une semaine. Cette facilité de la mettre en pièces ne laissa pas de lui déplaire, et, pour s'assurer contre un tel péril, il se mit à refaire son armet, le garnissant en dedans de légères bandes de fer, de façon qu'il demeurât satisfait de sa solidité; et, sans vouloir faire sur lui de nouvelles expériences, il le tint pour un casque à visière de la plus fine trempe.

Cela fait, il alla visiter sa monture; et, quoique l'animal eût plus de tares que de membres, et plus triste apparence que le cheval de Gonéla, qui *tantum pellis et ossa fuit*[7], il lui sembla que ni le Bucéphale d'Alexandre, ni le Babiéca du Cid, ne lui étaient comparables. Quatre jours se passèrent à ruminer dans sa tête quel nom il lui donnerait : « Car, se disait-il, il n'est pas juste que cheval de si fameux chevalier, et si bon par lui-même, reste sans nom connu. » Aussi essayait-il de lui en accommoder un qui désignât ce qu'il avait été avant d'entrer dans la chevalerie errante, et ce qu'il était alors. La raison voulait d'ailleurs que son maître changeant d'état, il changeât aussi de nom, et qu'il en prît un pompeux et éclatant, tel que l'exigeaient le nouvel ordre et la nouvelle profession qu'il embrassait. Ainsi, après une quantité de noms qu'il composa, effaça, rogna, augmenta, défit et refit dans sa mémoire et son imagination, à la fin il vint à l'appeler *Rossinante*[8], nom, à son idée, majestueux et sonore, qui signifiait ce qu'il avait été et ce qu'il était devenu, la première de toutes les rosses du monde.

Ayant donné à son cheval un nom, et si à sa fantaisie, il voulut s'en donner un à lui-même; et cette pensée lui prit huit autres jours, au bout desquels il décida de s'appeler *don Quichotte*. C'est de là, comme on l'a dit, que les auteurs de cette véridique histoire prirent occasion d'affirmer qu'il devait se nommer Quixada, et non Quesada[9] comme d'autres ont voulu le faire accroire. Se rappelant alors que le valeureux Amadis ne s'était pas contenté de s'appeler Amadis tout court, mais qu'il avait ajouté à son nom celui de sa patrie, pour la rendre fameuse, et s'était appelé Amadis de Gaule, il voulut aussi, en bon chevalier, ajouter au sien le nom de la sienne, et s'appeler *don Quichotte de la Manche*, s'imaginant qu'il désignait clairement par là sa race et sa patrie, et qu'il honorait celle-ci en prenant d'elle son surnom.

Ayant donc nettoyé ses armes, fait du morion une salade, donné un nom à son bidet et à lui-même la confirmation[10], il se persuada qu'il ne lui manquait plus rien, sinon de chercher une dame de qui tomber amoureux, car, pour lui, le chevalier errant sans amour était un arbre sans feuilles et sans fruits, un corps sans âme. Il se disait : « Si, pour la punition de mes péchés, ou plutôt par faveur de ma bonne étoile, je rencontre par là quelque géant, comme il arrive d'ordinaire aux chevaliers errants, que je le renverse du premier choc ou que je le fende par le milieu du corps, qu'enfin je le vainque et le réduise à merci, ne serait-il pas bon d'avoir à qui l'envoyer en présent, pour qu'il entre et se mette à genoux devant ma douce maîtresse, et lui dise d'une voix humble et soumise : « Je suis, madame, le géant Caraculiambro, seigneur de l'île Malindrania, qu'a vaincu en combat singulier le jamais dignement loué chevalier don Quichotte de la Manche, lequel m'a ordonné de me présenter devant Votre Grâce, pour que Votre Grandeur dispose de moi tout à son aise? » Oh! combien se réjouit notre bon chevalier quand il eut fait ce discours, et surtout quand il eut trouvé à qui donner le nom de sa dame ! Ce fut, à ce que l'on croit, une jeune paysanne de bonne mine, qui demeurait dans un village voisin du sien, et dont il avait été quelque temps amoureux, bien que la belle n'en eût jamais rien su, et ne s'en fût pas souciée davantage. Elle s'appelait Aldonza Lorenzo, et ce fut à elle qu'il lui sembla bon d'accorder le titre de dame suzeraine de ses pensées. Lui cherchant alors un nom qui ne s'écartât pas trop du sien, qui sentit et représentât la grande dame et la princesse, il vint à l'appeler *Dulcinée du Toboso*, parce qu'elle était native de ce village : nom harmonieux à son avis, rare et distingué, et non moins expressif que tous ceux qu'il avait donnés à son équipage et à lui-même.

CHAPITRE II.

QUI TRAITE DE LA PREMIÈRE SORTIE QUE FIT DE SON PAYS
L'INGÉNIEUX DON QUICHOTTE.

Ayant donc achevé ses préparatifs, il ne voulut pas attendre davantage pour mettre à exécution son projet. Ce qui le pressait de la sorte, c'était la privation qu'il croyait faire au monde par son retard, tant il espérait venger d'offenses, redresser de torts, réparer d'injustices, corriger d'abus, acquitter de dettes. Ainsi, sans mettre âme qui vive dans la confidence de son intention, et sans que personne le vît, un beau matin, avant le jour, qui était un des plus brûlants du mois de juillet, il s'arma de toutes pièces, monta sur Rossinante, coiffa son espèce de salade, embrassa son écu, saisit sa lance, et, par la fausse porte d'une basse-cour, sortit dans la campagne, ne se sentant pas d'aise de voir avec quelle facilité il avait donné carrière à son noble désir. Mais à peine se vit-il en chemin qu'une pensée terrible l'assaillit, et telle, que peu s'en fallut qu'elle ne lui fît abandonner l'entreprise commencée. Il lui vint à la mémoire qu'il n'était pas armé chevalier; qu'ainsi, d'après les lois de la chevalerie, il ne pouvait ni ne devait entrer en lice avec aucun chevalier; et que, même le fût-il, il devait porter des armes blanches, comme chevalier novice, sans devise sur l'écu, jusqu'à ce qu'il l'eût gagnée par sa valeur. Ces pensées le firent hésiter dans son propos; mais, sa folie l'emportant sur toute raison, il résolut de se faire armer chevalier par le premier qu'il rencontrerait, à l'imitation de beaucoup d'autres qui en agirent ainsi, comme il l'avait lu dans les livres qui l'avaient

EN CHEMINANT AINSI, NOTRE TOUT NEUF AVENTURIER SE PARLAIT A LUI-MÊME. — T. I, CH. II.

mis en cet état. Quant aux armes blanches, il pensait frotter si bien les siennes, à la première occasion, qu'elles devinssent plus blanches qu'une hermine. De cette manière, il se tranquillisa l'esprit, et continua son chemin, qui n'était autre que celui que voulait son cheval, car il croyait qu'en cela consistait l'essence des aventures.

En cheminant ainsi, notre tout neuf aventurier se parlait à lui-même, et disait :

« Qui peut douter que dans les temps à venir, quand se publiera la véridique histoire de mes exploits, le sage qui les écrira, venant à conter cette première sortie que je fais si matin, ne s'exprime de la sorte : « A peine le blond « Phébus avait-il étendu sur la spacieuse face de la terre immense les tresses « dorées de sa belle chevelure; à peine les petits oiseaux nuancés de mille cou- « leurs avaient-ils salué des harpes de leurs langues, dans une douce et mielleuse « harmonie, la venue de l'aurore au teint de rose, qui, laissant la molle couche « de son jaloux mari, se montre aux mortels du haut des balcons de l'horizon « castillan, que le fameux chevalier don Quichotte de la Manche, abandonnant « le duvet oisif, monta sur son fameux cheval Rossinante, et prit sa route à « travers l'antique et célèbre plaine de Montiel. »

En effet, c'était là qu'il cheminait; puis il ajouta :

« Heureux âge et siècle heureux, celui où paraîtront à la clarté du jour mes fameuses prouesses dignes d'être gravées dans le bronze, sculptées en marbre, et peintes sur bois, pour vivre éternellement dans la mémoire des âges futurs! O toi, qui que tu sois, sage enchanteur, destiné à devenir le chroniqueur de cette merveilleuse histoire, je t'en prie, n'oublie pas mon bon Rossinante, éternel compagnon de toutes mes courses et de tous mes voyages. »

Puis, se reprenant, il disait, comme s'il eût été réellement amoureux :

« O princesse Dulcinée, dame de ce cœur captif! une grande injure vous m'avez faite en me donnant congé, en m'imposant, par votre ordre, la rigoureuse contrainte de ne plus paraître en présence de votre beauté. Daignez, ô ma dame, avoir souvenance de ce cœur, votre sujet, qui souffre tant d'angoisses pour l'amour de vous[1]. »

A ces sottises, il en ajoutait cent autres, toutes à la manière de celles que ses livres lui avaient apprises, imitant de son mieux leur langage. Et cependant, il cheminait avec tant de lenteur, et le soleil, qui s'élevait, dardait des rayons si brûlants, que la chaleur aurait suffi pour lui fondre la cervelle s'il en eût conservé quelque peu.

Il marcha presque tout le jour sans qu'il lui arrivât rien qui fût digne d'être conté; et il s'en désespérait, car il aurait voulu rencontrer tout aussitôt quelqu'un avec qui faire l'expérience de la valeur de son robuste bras.

Des auteurs disent que la première aventure qui lui arriva fut celle du Port-Lapice[2]; d'autres, celle des moulins à vent. Mais ce que j'ai pu vérifier à ce sujet, et ce que j'ai trouvé consigné dans les annales de la Manche, c'est qu'il alla devant lui toute cette journée, et qu'au coucher du soleil, son bidet et lui se trouvèrent harassés et morts de faim.

Alors regardant de toutes parts pour voir s'il ne découvrirait pas quelque château, quelque hutte de bergers, où il pût chercher un gîte et un remède à son extrême besoin, il aperçut non loin du chemin où il marchait une hôtellerie[3]; ce fut comme s'il eût vu l'étoile qui le guidait aux portiques, si ce n'est au palais de sa rédemption. Il pressa le pas, si bien qu'il y arriva à la tombée de la nuit. Par hasard, il y avait sur la porte deux jeunes filles, de celles-là qu'on appelle *de joie*, lesquelles s'en allaient à Séville avec quelques muletiers qui s'étaient décidés à faire halte cette nuit dans l'hôtellerie. Et comme tout ce qui arrivait à notre aventurier, tout ce qu'il voyait ou pensait, lui semblait se faire ou venir à la manière de ce qu'il avait lu, dès qu'il vit l'hôtellerie, il s'imagina que c'était un château, avec ses quatre tourelles et ses chapiteaux d'argent bruni, auquel ne manquaient ni le pont-levis, ni les fossés, ni aucun des accessoires que de semblables châteaux ont toujours dans les descriptions. Il s'approcha de l'hôtellerie, qu'il prenait pour un château, et, à quelque distance, il retint la bride à Rossinante, attendant qu'un nain parût entre les créneaux pour donner avec son cor le signal qu'un chevalier arrivait au château. Mais voyant qu'on tardait, et que Rossinante avait hâte d'arriver à l'écurie, il s'approcha de la porte, et vit les deux filles perdues qui s'y trouvaient, lesquelles lui parurent deux belles damoiselles ou deux gracieuses dames qui, devant la porte du château, folâtraient et prenaient leurs ébats.

En ce moment il arriva, par hasard, qu'un porcher, qui rassemblait dans des chaumes un troupeau de cochons (sans pardon ils s'appellent ainsi), souffla dans une corne au son de laquelle ces animaux se réunissent. Aussitôt don Quichotte s'imagina, comme il le désirait, qu'un nain donnait le signal de sa venue. Ainsi donc, transporté de joie, il s'approcha de l'hôtellerie et des dames, lesquelles voyant venir un homme armé de la sorte, avec lance et bouclier, allaient, pleines d'effroi, rentrer dans la maison. Mais don Quichotte comprit à leur fuite la peur qu'elles avaient. Il leva sa visière de carton, et, découvrant son sec et poudreux visage, d'un air aimable et d'une voix posée, il leur dit :

« Que Vos Grâces ne prennent point la fuite, et ne craignent nulle discourtoise offense; car, dans l'ordre de chevalerie que je professe, il n'appartient ni ne convient d'en faire à personne, et surtout à des damoiselles d'aussi haut parage que le démontrent vos présences. »

Les filles le regardaient, et cherchaient de tous leurs yeux son visage sous la mauvaise visière qui le couvrait. Mais quand elles s'entendirent appeler demoiselles, chose tellement hors de leur profession, elles ne purent s'empêcher d'éclater de rire, et ce fut de telle sorte que don Quichotte vint à se fâcher. Il leur dit gravement :

« La politesse sied à la beauté, et le rire qui procède d'une cause légère est une inconvenance; mais je ne vous dis point cela pour vous causer de la peine, ni troubler votre belle humeur, la mienne n'étant autre que de vous servir. »

Ce langage, que ne comprenaient point les dames, et la mauvaise mine de notre chevalier augmentaient en elles le rire, et en lui le courroux, tellement que la chose eût mal tourné, si, dans ce moment même, n'eût paru l'hôtelier, gros homme que son embonpoint rendait pacifique; lequel, voyant cette bizarre figure, accoutrée d'armes si dépareillées, comme étaient la bride, la lance, la rondache et le corselet, fut tout près d'accompagner les demoiselles dans l'effusion de leur joie. Mais cependant, effrayé de ce fantôme armé en guerre, il se ravisa et résolut de lui parler poliment :

« Si Votre Grâce, seigneur chevalier, lui dit-il, vient chercher un gîte, sauf le lit, car il n'y en a pas un seul dans cette hôtellerie, tout le reste s'y trouvera en grande abondance. »

Don Quichotte voyant l'humilité du commandant de la forteresse, puisque tels lui paraissaient l'hôte et l'hôtellerie, lui répondit :

« Pour moi, seigneur châtelain, quoi que ce soit me suffit. *Mes parures, ce sont les armes; mon repos, c'est le combat*, etc.[4]. »

L'hôte pensa que l'étranger l'avait appelé châtelain parce qu'il lui semblait un échappé de Castille[5], quoiqu'il fût Andalous, et de la plage de San-Lucar, aussi voleur que Cacus, aussi goguenard qu'un étudiant ou un page. Il lui répondit donc :

« A ce train-là, *les lits de Votre Grâce sont des rochers durs, et son sommeil est toujours veiller*[6]. S'il en est ainsi, vous pouvez mettre pied à terre, bien assuré de trouver dans cette masure l'occasion et les occasions de ne pas dormir, non de la nuit, mais de l'année entière. »

En disant cela, il fut tenir l'étrier à don Quichotte, lequel descendit de cheval avec beaucoup de peine et d'efforts, comme un homme qui n'avait pas rompu le jeûne de toute la journée.

Il dit aussitôt à l'hôtelier d'avoir grand soin de son cheval, parce que c'était la meilleure bête qui portât selle au monde. L'autre la regarda, et ne la trouva pas si bonne que disait don Quichotte, pas même de moitié. Il l'arrangea pourtant dans l'écurie, et revint voir ce que voulait son hôte, que les demoiselles s'occupaient à désarmer, s'étant déjà réconciliées avec lui. Elles lui avaient bien ôté la cuirasse de poitrine et celle d'épaules; mais jamais elles ne purent venir à bout de lui déboîter le hausse-col, ni de lui ôter l'informe salade que tenaient attachée des rubans verts. Il fallait couper ces rubans, dont on ne pouvait défaire les nœuds; mais don Quichotte ne voulut y consentir en aucune façon, et préféra rester toute cette nuit la salade en tête, ce qui faisait la plus étrange et la plus gracieuse figure qui se pût imaginer; et, pendant cette cérémonie, se persuadant que les coureuses qui le désarmaient étaient de grandes dames du château, il leur dit, avec une grâce parfaite, ces vers d'un vieux *romance* :

« Jamais ne fut chevalier si bien servi des dames que don Quichotte quand « il vint de son village ; les damoiselles prenaient soin de lui, et les princesses « de son rossin, » ou Rossinante, car tel est, Mesdames, le nom de mon cheval, comme don Quichotte de la Manche est le mien ; et, bien que je ne voulusse pas me découvrir jusqu'à ce que m'eussent découvert les exploits faits en votre service et profit, le besoin d'ajuster à l'occasion présente ce vieux *romance* de Lancelot a été cause que vous avez su mon nom avant la juste époque. Mais un temps viendra pour que Vos Seigneuries commandent et que j'obéisse, et pour que la valeur de mon bras témoigne du désir que j'ai de vous servir. »

Les donzelles, qui n'étaient pas faites à de semblables rhétoriques, ne répondaient mot. Elles lui demandèrent s'il voulait manger quelque chose.

« Quoi que ce fût, je m'en accommoderais, répondit don Quichotte; car, si je ne me trompe, toute chose viendrait fort à point. »

Par bonheur, ce jour-là tombait un vendredi, et il n'y avait dans toute l'hôtellerie que des tronçons d'un poisson séché qu'on appelle, selon le pays, morue, merluche ou truitelle. On lui demanda si, par hasard, Sa Grâce mangerait de la truitelle, puisqu'il n'y avait pas d'autre poisson à lui servir.

« Pourvu qu'il y ait plusieurs truitelles, répondit don Quichotte, elles pourront servir de truites, car il m'est égal qu'on me donne huit réaux en monnaie ou bien une pièce de huit réaux. D'ailleurs, il se pourrait qu'il en fût de ces truitelles comme du veau, qui est plus tendre que le bœuf, ou comme du chevreau, qui est plus tendre que le bouc. Mais, quoi que ce soit, apportez-le vite ; car la fatigue et le poids des armes ne se peuvent supporter sans l'assistance de l'estomac. »

On lui dressa la table à la porte de l'hôtellerie, pour qu'il y fût au frais, et l'hôte lui apporta une ration de cette merluche mal détrempée et plus mal assaisonnée, avec du pain aussi noir et moisi que ses armes. C'était à mourir de rire que de le voir manger; car, comme il avait la salade mise et la visière levée, il ne pouvait rien porter à la bouche avec ses mains. Il fallait qu'un autre l'embecquât ; si bien qu'une de ces dames servit à cet office. Quant à lui donner à boire, ce ne fut pas possible, et ce ne l'aurait jamais été si l'hôte ne se fût avisé de percer de part en part un jonc dont il lui mit l'un des bouts dans la bouche, tandis que par l'autre il lui versait du vin. A tout cela, le pauvre chevalier prenait patience, plutôt que de couper les rubans de son morion.

Sur ces entrefaites, un châtreur de porcs vint par hasard à l'hôtellerie, et se mit, en arrivant, à souffler cinq ou six fois dans son sifflet de jonc. Cela suffit pour confirmer don Quichotte dans la pensée qu'il était en quelque fameux château, qu'on lui servait un repas en musique, que la merluche était de la truite, le pain bis du pain blanc, les drôlesses des dames, et l'hôtelier le châtelain du château. Aussi donnait-il pour bien employées sa résolution et sa sortie. Pourtant, ce qui l'inquiétait le plus, c'était de ne pas se voir armé chevalier; car il lui semblait qu'il ne pouvait légitimement s'engager dans aucune aventure sans avoir reçu l'ordre de chevalerie.

CHAPITRE III.

OÙ L'ON RACONTE DE QUELLE GRACIEUSE MANIÈRE DON QUICHOTTE SE FIT ARMER CHEVALIER.

Ainsi tourmenté de cette pensée, il dépêcha son maigre souper d'auberge; puis, dès qu'il l'eut achevé, il appela l'hôte, et, le menant dans l'écurie, dont il ferma la porte, il se mit à genoux devant lui en disant :

« Jamais je ne me lèverai d'où je suis, valeureux chevalier, avant que Votre Courtoisie m'octroie un don que je veux lui demander, lequel tournera à votre gloire et au service du genre humain. »

Quand il vit son hôte à ses pieds, et qu'il entendit de semblables raisons, l'hôtelier le regardait tout surpris, sans savoir que faire ni que dire, et s'opiniâtrait à le relever. Mais il ne put y parvenir, si ce n'est en lui disant qu'il lui octroyait le don demandé.

« Je n'attendais pas moins, seigneur, de votre grande magnificence, répondit don Quichotte; ainsi, je vous le déclare, ce don que je vous demande, et que votre libéralité m'octroie, c'est que demain matin vous m'armiez chevalier. Cette nuit, dans la chapelle de votre château, je passerai la veillée des armes, et demain, ainsi que je l'ai dit, s'accomplira ce que tant je désire, afin de pouvoir, comme il se doit, courir les quatre parties du monde, cherchant les aventures au profit des nécessiteux, selon le devoir de la chevalerie et des chevaliers errants comme moi, qu'à de semblables exploits porte leur inclination. »

L'hôtelier, qui était passablement matois, comme on l'a dit, et qui avait déjà quelque soupçon du jugement fêlé de son hôte, acheva de s'en convaincre quand il lui entendit tenir de tels propos ; mais, pour s'apprêter de quoi rire cette nuit, il résolut de suivre son humeur, et lui répondit qu'il avait parfaitement raison d'avoir ce désir ; qu'une telle résolution était propre et naturelle aux gentilshommes de haute volée, comme il semblait être, et comme l'annonçait sa bonne mine.

« Moi-même, ajouta-t-il, dans les années de ma jeunesse, je me suis adonné à cet honorable exercice ; j'ai parcouru diverses parties du monde, cherchant mes aventures, sans manquer à visiter le faubourg aux Perches de Malaga, les îles de Riaran, le compas de Séville, l'aqueduc de Ségovie, l'oliverie de Valence, les rondes de Grenade, la plage de San-Lucar, le haras de Cordoue, les guinguettes de Tolède¹, et d'autres endroits où j'ai pu exercer aussi bien la vitesse de mes pieds que la subtilité de mes mains, causant une foule de torts, courtisant des veuves, défaisant quelques demoiselles, et trompant beaucoup d'orphelins, finalement me rendant célèbre dans presque tous les tribunaux et cours que possède l'Espagne. A la fin je suis venu me retirer dans ce mien château, où je vis de ma fortune et de celle d'autrui, y recevant tous les chevaliers errants de quelque condition et qualité qu'ils soient, seulement pour la grande affection que je leur porte, et pourvu qu'ils partagent avec moi leurs finances en retour de mes bonnes intentions. »

L'hôtelier lui dit aussi qu'il n'y avait dans son château aucune chapelle où passer la veillée des armes, parce qu'on l'avait abattue pour en bâtir une neuve ; mais qu'il savait qu'en cas de nécessité, on pouvait passer cette veillée partout où bon semblait, et qu'il pourrait fort bien veiller cette nuit dans la cour du château ; que, le matin venu, s'il plaisait à Dieu, on ferait toutes les cérémonies voulues, de manière qu'il se trouvât armé chevalier, et aussi chevalier qu'on pût l'être au monde.

Il lui demanda de plus s'il portait de l'argent. Don Quichotte répondit qu'il n'avait pas une obole, parce qu'il n'avait jamais lu dans les histoires des chevaliers errants qu'aucun d'eux s'en fût muni. A cela l'hôte répliqua qu'il se trompait : car, bien que les histoires n'en fissent pas mention, leurs auteurs n'ayant pas cru nécessaire d'écrire une chose aussi simple et naturelle que celle de porter de l'argent et des chemises blanches, il ne fallait pas croire pour cela que les chevaliers errants n'en portassent point avec eux ; qu'ainsi il tint pour sûr et dûment vérifié que tous ceux dont tant de livres sont pleins et rendent témoignage portaient, à tout événement, la bourse bien garnie, ainsi que des chemises et un petit coffret plein d'onguents pour panser les blessures qu'ils recevaient.

« En effet, ajoutait l'hôte, il ne se trouvait pas toujours dans les plaines et les déserts où se livraient leurs combats, où s'attrapaient leurs blessures, quelqu'un tout à point pour les panser, à moins qu'ils n'eussent pour ami quelque sage enchanteur qui vînt incontinent à leur secours, amenant dans quelque nue, à travers les airs, quelque damoiselle ou nain avec quelque fiole d'une eau de telle vertu, que d'en avaler quelques gouttes les guérissait tout aussitôt de leurs blessures, comme s'ils n'eussent jamais eu le moindre mal; mais, à défaut d'une telle assistance, les anciens chevaliers tinrent pour chose fort bien avisée que leurs écuyers fussent pourvus d'argent et d'autres provisions indispensables, comme de la charpie et des onguents pour les panser; et s'il arrivait, par hasard, que les chevaliers n'eussent point d'écuyer, ce qui se voyait rarement, eux-mêmes portaient tout cela sur la croupe de leurs chevaux, dans une toute petite besace, comme si c'eût été autre chose de plus d'importance; car, à moins de ce cas particulier, cet usage de porter besace ne fut pas très-suivi par les chevaliers errants. »

En conséquence, il lui donnait le conseil, et l'ordre même au besoin, comme à son filleul d'armes, ou devant bientôt l'être, de ne plus se mettre désormais en route sans argent et sans provisions, et qu'il verrait, quand il y penserait le moins, comme il se trouverait bien de sa prévoyance. Don Quichotte lui promit d'accomplir ponctuellement ce qu'il lui conseillait.

Aussitôt tout fut mis en ordre pour qu'il fît la veillée des armes dans une grande basse-cour à côté de l'hôtellerie. Don Quichotte, ramassant toutes les siennes, les plaça sur une auge, à côté d'un puits; ensuite il embrassa son écu, saisit sa lance, et, d'une contenance dégagée, se mit à passer et repasser devant l'abreuvoir. Quand il commença cette promenade, la nuit commençait à tomber. L'hôtelier avait conté à tous ceux qui se trouvaient dans l'hôtellerie la folie de son hôte, sa veillée des armes et la cérémonie qui devait se faire pour l'armer chevalier. Étonnés d'une si bizarre espèce de folie, ils allèrent le regarder de loin. Tantôt il se promenait d'un pas lent et mesuré; tantôt, appuyé sur sa lance, il tenait fixement les yeux sur ses armes, et ne les en ôtait d'une heure entière. La nuit se ferma tout à fait; mais la lune jetait tant de clarté, qu'elle pouvait le disputer à l'astre qui la lui prêtait, de façon que tout ce que faisait le chevalier novice était parfaitement vu de tout le monde.

En ce moment, il prit fantaisie à l'un des muletiers qui s'étaient hébergés dans la maison d'aller donner de l'eau à ses bêtes, et pour cela il fallait enlever de dessus l'auge les armes de don Quichotte; lequel, voyant venir cet homme, lui dit à haute voix :

« O toi, qui que tu sois, téméraire chevalier, qui viens toucher les armes du plus valeureux chevalier errant qui ait jamais ceint l'épée, prends garde à ce que tu fais, et ne les touche point, si tu ne veux laisser ta vie pour prix de ton audace. »

Le muletier n'eut cure de ces propos, et mal lui en prit, car il se fût épargné celle de sa santé; au contraire, empoignant les courroies, il jeta le paquet

IL SE PROMENAIT D'UN PAS LENT ET MESURÉ. — T. I, CH. III.

loin de lui; ce que voyant, don Quichotte tourna les yeux au ciel, et, élevant son âme, à ce qu'il parut, vers sa souveraine Dulcinée, il s'écria :

« Secourez-moi, ma dame, en cette première offense qu'essuie ce cœur, votre vassal; que votre aide et faveur ne me manquent point dans ce premier péril. »

Et tandis qu'il tenait ces propos et d'autres semblables, jetant sa rondache, il leva sa lance à deux mains, et en déchargea un si furieux coup sur la tête du muletier, qu'il le renversa par terre en si piteux état, qu'un second coup lui eût ôté tout besoin d'appeler un chirurgien. Cela fait, il ramassa ses armes, et se remit à marcher de long en large avec autant de calme qu'auparavant.

Peu de temps après, et sans savoir ce qui s'était passé, car le muletier gisait encore sans connaissance, un de ses camarades s'approcha dans la même intention d'abreuver ses mules. Mais, au moment où il enlevait les armes pour débarrasser l'auge, voilà que, sans dire mot et sans demander faveur à personne, don Quichotte jette de nouveau son écu, lève de nouveau sa lance, et, sans la mettre en pièces, en fait plus de trois de la tête du second muletier, car il la lui fend en quatre. Tous les gens de la maison accoururent au bruit, et l'hôtelier parmi eux. En les voyant, don Quichotte embrassa son écu, et, mettant l'épée à la main, il s'écria :

« O dame de beauté, aide et réconfort de mon cœur défaillant, voici le moment de tourner les yeux de ta grandeur sur ce chevalier, ton esclave, que menace une si formidable aventure. »

Ces mots lui rendirent tant d'assurance, que, si tous les muletiers du monde l'eussent assailli, il n'aurait pas reculé d'un pas. Les camarades des blessés, qui les virent en cet état, commencèrent à faire pleuvoir de loin des pierres sur don Quichotte, lequel, du mieux qu'il pouvait, se couvrait avec son écu, et n'osait s'éloigner de l'auge, pour ne point abandonner ses armes. L'hôtelier criait qu'on le laissât tranquille, qu'il leur avait bien dit que c'était un fou, et qu'en qualité de fou il en sortirait quitte, les eût-il tués tous. De son côté, don Quichotte criait plus fort, les appelant traîtres et mécréants, et disant que le seigneur du château était un chevalier félon et malappris, puisqu'il permettait qu'on traitât de cette manière les chevaliers errants.

« Si j'avais reçu, ajoutait-il, l'ordre de chevalerie, je lui ferais bien voir qu'il est un traître; mais de vous, impure et vile canaille, je ne fais aucun cas. Jetez, approchez, venez et attaquez-moi de tout votre pouvoir, et vous verrez quel prix emportera votre folle audace. »

Il disait cela d'un air si résolu et d'un ton si hautain, qu'il glaça d'effroi les assaillants, tellement que, cédant à la peur et aux remontrances de l'hôtelier, ils cessèrent de lui jeter des pierres. Alors don Quichotte laissa emporter les deux blessés, et se remit à la veillée des armes avec le même calme et la même gravité qu'auparavant.

L'hôtelier cessa de trouver bonnes les plaisanteries de son hôte, et, pour y mettre fin, il résolut de lui donner bien vite son malencontreux ordre de chevalerie, avant qu'un autre malheur arrivât. S'approchant donc humblement, il s'excusa de l'insolence qu'avaient montrée ces gens de rien, sans qu'il en eût la moindre connaissance, lesquels, au surplus, étaient assez châtiés de leur audace. Il lui répéta qu'il n'y avait point de chapelle dans ce château; mais que, pour ce qui restait à faire, elle n'était pas non plus indispensable, ajoutant que le point capital pour être armé chevalier consistait dans les deux coups sur la nuque et sur l'épaule, suivant la connaissance qu'il avait du cérémonial de l'ordre, et que cela pouvait se faire au milieu des champs; qu'en ce qui touchait à la veillée des armes, il était bien en règle, puisque deux heures de veillée suffisaient, et qu'il en avait passé plus de quatre.

Don Quichotte crut aisément tout cela; il dit à l'hôtelier qu'il était prêt à lui obéir, et le pria d'achever avec toute la célérité possible.

« Car, ajouta-t-il, si l'on m'attaquait une seconde fois, et que je me visse armé chevalier, je ne laisserais pas âme vivante dans le château, excepté toutefois celle qu'il vous plairait, et que j'épargnerais par amour de vous. »

Peu rassuré d'un tel avis, le châtelain s'en alla querir un livre où il tenait note de la paille et de l'orge qu'il donnait aux muletiers. Bientôt, accompagné d'un petit garçon qui portait un bout de chandelle, et des deux demoiselles en question, il revint où l'attendait don Quichotte, auquel il ordonna de se mettre à genoux; puis, lisant dans son manuel comme s'il eût récité quelque dévote oraison, au milieu de sa lecture, il leva la main, et lui en donna un grand coup sur le chignon; ensuite, de sa propre épée, un autre coup sur l'épaule, toujours marmottant entre ses dents comme s'il eût dit des patenôtres. Cela fait, il commanda à l'une de ces dames de lui ceindre l'épée, ce qu'elle fit avec beaucoup de grâce et de retenue, car il n'en fallait pas une faible dose pour s'empêcher d'éclater de rire à chaque point des cérémonies. Mais les prouesses qu'on avait déjà vu faire au chevalier novice tenaient le rire en respect. En lui ceignant l'épée, la bonne dame lui dit :

« Que Dieu rende Votre Grâce très-heureux chevalier, et lui donne bonne chance dans les combats. »

Don Quichotte lui demanda comment elle s'appelait, afin qu'il sût désormais à qui rester obligé de la faveur qu'elle lui avait faite; car il pensait lui donner part à l'honneur qu'il acquerrait par la valeur de son bras. Elle répondit avec beaucoup d'humilité qu'elle s'appelait la Tolosa, qu'elle était fille d'un ravaudeur de Tolède, qui demeurait dans les échoppes de Sancho-Bienaya, et que, en quelque part qu'elle se trouvât, elle s'empresserait de le servir, et le tiendrait pour son seigneur. Don Quichotte, répliquant, la pria, par amour de lui, de vouloir bien désormais prendre le *don*, et s'appeler doña Tolosa; ce qu'elle promit de faire. L'autre lui chaussa l'éperon, et il eut avec elle presque le même dialogue qu'avec celle qui avait ceint l'épée : quand il lui demanda son nom, elle répondit qu'elle s'appelait la Meunière, et qu'elle était fille d'un honnête meunier d'Antéquéra. A celle-ci don Quichotte demanda de même qu'elle prît le *don* et s'appelât doña Molinera, lui répétant ses offres de service et de faveurs. Ces cérémonies, comme on n'en avait jamais vu, ainsi faites au galop et en toute hâte, don Quichotte brûlait d'impatience de se voir à cheval, et de partir à la quête des aventures; il sella Rossinante au plus vite, l'enfourcha, et, embrassant son hôte, il lui dit des choses si étranges, pour le remercier de la faveur qu'il lui avait faite en l'armant chevalier, qu'il est impossible de réussir à les rapporter fidèlement. Pour le voir au plus tôt hors de sa maison, l'hôtelier lui rendit, quoique en moins de paroles, la monnaie de ses compliments, et, sans lui demander son écot, le laissa partir à la grâce de Dieu.

CHAPITRE IV.

DE CE QUI ARRIVA À NOTRE CHEVALIER QUAND IL QUITTA L'HÔTELLERIE.

L'aube du jour commençait à poindre quand don Quichotte sortit de l'hôtellerie, si content, si glorieux, si plein de ravissement de se voir armé chevalier, que sa joie en faisait tressaillir jusqu'aux sangles de son cheval. Toutefois, venant à se rappeler les conseils de son hôte au sujet des provisions si nécessaires dont il devait être pourvu, entre autres l'argent et les chemises, il résolut de s'en retourner chez lui pour s'y accommoder de tout ce bagage, et encore d'un écuyer, comptant prendre à son service un paysan, son voisin, pauvre et chargé d'enfants, mais très-propre à l'office d'écuyer dans la chevalerie errante. Cette résolution prise, il tourna Rossinante du côté de son village, et celui-ci, comme s'il eût reconnu le chemin de son gîte, se mit à détaler de si bon cœur, qu'il semblait que ses pieds ne touchaient pas à terre.

Don Quichotte n'avait pas fait encore grand trajet, quand il crut s'apercevoir que, de l'épaisseur d'un bois qui se trouvait à sa droite, s'échappaient des cris plaintifs comme d'une personne qui se plaignait. A peine les eut-il entendus qu'il s'écria :

« Grâces soient rendues au ciel pour la faveur qu'il m'accorde, puisqu'il m'envoie si promptement des occasions de remplir les devoirs de mon état et de recueillir le fruit de mes bons desseins. Ces cris, sans doute, sont ceux d'un nécessiteux ou d'une nécessiteuse qui nécessite mon secours et ma protection. »

Aussitôt, tournant bride, il dirigea Rossinante vers l'endroit d'où les cris lui semblaient partir. Il n'avait pas fait vingt pas dans le bois, qu'il vit une jument attachée à un chêne, et, à un autre chêne, également attaché un jeune garçon de quinze

PAR LE SOLEIL QUI NOUS ÉCLAIRE, JE NE SAIS QUI ME RETIENT DE VOUS PASSER MA LAME À TRAVERS LE CORPS.
T. I, CH. IV.

ans au plus, nu de la tête à la ceinture. C'était lui qui jetait ces cris plaintifs, et non sans cause vraiment, car un vigoureux paysan lui administrait une correction à grands coups d'une ceinture de cuir, accompagnant chaque décharge d'une remontrance et d'un conseil.

« La bouche close, lui disait-il, et les yeux éveillés ! »

Le jeune garçon répondait :

« Je ne le ferai plus, mon seigneur ; par la passion de Dieu, je ne le ferai plus, et je promets d'avoir à l'avenir plus grand soin du troupeau. »

En apercevant cette scène, don Quichotte s'écria d'une voix courroucée :

« Discourtois chevalier, il vous sied mal de vous attaquer à qui ne peut se défendre ; montez sur votre cheval, et prenez votre lance (car une lance était aussi appuyée contre l'arbre où la jument se trouvait attachée), et je vous ferai voir qu'il est d'un lâche de faire ce que vous faites à présent. »

Le paysan, voyant tout à coup fondre sur lui ce fantôme couvert d'armes, qui lui brandissait sa lance sur la poitrine, se tint pour mort, et d'un ton patelin répondit :

« Seigneur chevalier, ce garçon que vous me voyez châtier est un mien valet qui me sert à garder un troupeau de brebis dans ces environs ; mais il est si négligent, que chaque jour il en manque quelqu'une ; et parce que je châtie sa paresse, ou peut-être sa friponnerie, il dit que c'est par vilenie, et pour ne pas lui payer les gages que je lui dois. Mais, sur mon Dieu et sur mon âme, il en a menti.

— Menti devant moi, méchant vilain! reprit don Quichotte. Par le soleil qui nous éclaire, je ne sais qui me retient de vous passer ma lance à travers le corps. Payez-le sur-le-champ, et sans réplique ; sinon, je jure Dieu que je vous extermine et vous anéantis sur le coup. Qu'on le détache. »

Le paysan baissa la tête, et, sans répondre mot, détacha son berger, auquel don Quichotte demanda combien lui devait son maître.

« Neuf mois, dit-il, à sept réaux chaque. »

Don Quichotte fit le compte, et, trouvant que la somme montait à soixante-trois réaux, il dit au laboureur de les débourser sur-le-champ, s'il ne voulait mourir. Le vilain répondit, tout tremblant, que, par le mauvais pas où il se trouvait, et, par le serment qu'il avait fait déjà (il n'avait encore rien juré), il affirmait que la somme n'était pas si forte ; qu'il fallait en rabattre et porter en ligne de compte trois paires de souliers qu'il avait fournies à son valet, et un réal pour deux saignées qu'on lui avait faites étant malade.

« Tout cela est bel et bon, répliqua don Quichotte ; mais que les souliers et la saignée restent pour les coups que vous lui avez donnés sans motif. S'il a déchiré le cuir des souliers que vous avez payés, vous avez déchiré celui de son corps ; et si le barbier lui a tiré du sang étant malade, vous lui en avez tiré en bonne santé. Partant, il ne vous doit rien.

— Le malheur est, seigneur chevalier, que je n'ai pas d'argent ici ; mais qu'André s'en retourne à la maison avec moi, et je lui payerai son dû, un réal sur l'autre.

— Que je m'en aille avec lui! s'écria le jeune garçon; ah bien oui, seigneur; Dieu me préserve d'y penser! S'il me tenait seul à seul, il m'écorcherait vif comme un saint Barthélemi.

— Non, non, il n'en fera rien, reprit don Quichotte. Il suffit que je le lui ordonne pour qu'il me garde respect; et, pourvu qu'il me le jure par la loi de la chevalerie qu'il a reçue, je le laisse aller libre, et je réponds du payement.

— Que Votre Grâce, seigneur, prenne garde à ce qu'elle dit, reprit le jeune garçon; mon maître que voici n'est point chevalier, et n'a jamais reçu d'ordre de chevalerie; c'est Juan Haldudo le riche, bourgeois de Quintanar.

— Qu'importe? répondit don Quichotte; il peut y avoir des Haldudo chevaliers; et d'ailleurs chacun est fils de ses œuvres.

— C'est bien vrai, reprit André; mais de quelles œuvres ce maître-là est-il fils, lui qui me refuse mes gages, le prix de ma sueur et de mon travail?

— Je ne refuse pas, André, mon ami, répondit le laboureur; faites-moi le plaisir de venir avec moi, et je jure par tous les ordres de chevalerie qui existent dans le monde de vous payer, comme je l'ai dit, un réal sur l'autre, et même avec les intérêts.

— Des intérêts je vous fais grâce, reprit don Quichotte; payez-le en bons deniers comptants, c'est tout ce que j'exige. Et prenez garde d'accomplir ce que vous venez de jurer; sinon, et par le même serment, je jure de revenir vous chercher et vous châtier; je saurai bien vous découvrir, fussiez-vous mieux caché qu'un lézard de muraille. Et si vous voulez savoir qui vous donne cet ordre, pour être plus sérieusement tenu de l'accomplir, sachez que je suis le valeureux don Quichotte de la Manche, le défaiseur de torts et le réparateur d'iniquités. Maintenant, que Dieu vous bénisse! mais n'oubliez pas ce qui est promis et juré, sous peine de la peine prononcée. »

Disant cela, il piqua des deux à Rossinante, et disparut en un instant.

Le laboureur le suivit des yeux, et quand il vit que don Quichotte avait traversé le bois et ne paraissait plus, il revint à son valet André :

« Or çà, lui dit-il, venez ici, mon fils, je veux vous payer ce que je vous dois, comme ce défaiseur de torts m'en a laissé l'ordre.

— Je le jure bien, reprit André, et Votre Grâce fera sagement d'exécuter l'ordonnance de ce bon chevalier, auquel Dieu donne mille années de vie pour sa vaillance et sa bonne justice, et qui reviendra, par la vie de saint Roch, si vous ne me payez, exécuter ce qu'il a dit.

— Moi aussi, je le jure, reprit le laboureur; mais, par le grand amour que je vous porte, je veux accroître la dette pour accroître le payement. »

Et, le prenant par le bras, il revint l'attacher au même chêne, où il lui donna tant de coups, qu'il le laissa pour mort.

« Appelez maintenant, seigneur André, disait le laboureur, appelez le défaiseur de torts; vous verrez s'il défait celui-ci; quoique je croie pourtant qu'il n'est pas encore complétement fait, car il me prend envie de vous écorcher tout vif, comme vous en aviez peur. »

A la fin, il le détacha, et lui donna permission d'aller chercher son juge pour qu'il exécutât la sentence rendue. André partit tout éploré, jurant qu'il irait chercher le valeureux don Quichotte de la Manche, qu'il lui conterait de point en point ce qui s'était passé, et que son maître le lui payerait au quadruple. Mais avec tout cela, le pauvre garçon s'en alla pleurant, et son maître resta à rire ; et c'est ainsi que le tort fut redressé par le valeureux don Quichotte.

Celui-ci, enchanté de l'aventure, qui lui semblait donner un heureux et magnifique début à ses prouesses de chevalerie, cheminait du côté de son village, disant à mi-voix :

« Tu peux bien te nommer heureuse par-dessus toutes les femmes qui vivent aujourd'hui dans ce monde, ô par-dessus toutes les belles belle Dulcinée du Toboso, puisque le sort t'a fait la faveur d'avoir pour sujet et pour esclave de tes volontés un chevalier aussi vaillant et aussi renommé que l'est et le sera don Quichotte de la Manche, lequel, comme tout le monde le sait, reçut hier l'ordre de chevalerie, et dès aujourd'hui a redressé le plus énorme tort qu'ait inventé l'injustice et commis la cruauté, en ôtant le fouet de la main à cet impitoyable bourreau qui déchirait avec si peu de raison le corps de ce délicat enfant. »

En disant cela, il arrivait à un chemin qui se divisait en quatre, et tout aussitôt lui vint à l'esprit le souvenir des carrefours où les chevaliers errants se mettaient à penser quel chemin ils choisiraient. Et, pour les imiter, il resta un moment immobile ; puis, après avoir bien réfléchi, il lâcha la bride à Rossinante, remettant sa volonté à celle du bidet, lequel suivit sa première idée, qui était de prendre le chemin de son écurie. Après avoir marché environ deux milles, don Quichotte découvrit une grande troupe de gens, que depuis l'on sut être des marchands de Tolède, qui allaient acheter de la soie à Murcie. Ils étaient six, portant leurs parasols, avec quatre valets à cheval et trois garçons de mules à pied. A peine don Quichotte les aperçut-il, qu'il s'imagina faire rencontre d'une nouvelle aventure, et, pour imiter autant qu'il lui semblait possible les passes d'armes qu'il avait lues dans ses livres, il crut trouver tout à propos l'occasion d'en faire une à laquelle il songeait. Ainsi, prenant l'air fier et la contenance assurée, il s'affermit bien sur ses étriers, empoigna sa lance, se couvrit la poitrine de son écu, et, campé au beau milieu du chemin, il attendit l'approche de ces chevaliers errants, puisqu'il les tenait et jugeait pour tels. Dès qu'ils furent arrivés à portée de voir et d'entendre, don Quichotte éleva la voix, et d'un ton arrogant leur cria :

« Que tout le monde s'arrête, si tout le monde ne confesse qu'il n'y a dans le monde entier demoiselle plus belle que l'impératrice de la Manche, la sans pareille Dulcinée du Toboso. »

Les marchands s'arrêtèrent, au bruit de ces paroles, pour considérer l'étrange figure de celui qui les disait, et, par la figure et par les paroles, ils reconnurent aisément la folie du pauvre diable. Mais ils voulurent voir plus au long où pouvait tendre cette confession qu'il leur demandait, et l'un d'eux, qui était quelque peu goguenard et savait fort discrètement railler, lui répondit :

« Seigneur chevalier, nous ne connaissons pas cette belle dame dont vous parlez; faites-nous-la voir, et, si elle est d'une beauté aussi incomparable que vous nous le signifiez, de bon cœur et sans nulle contrainte nous confesserons la vérité que votre bouche demande.

— Si je vous la faisais voir, répliqua don Quichotte, quel beau mérite auriez-vous à confesser une vérité si manifeste? L'important, c'est que, sans la voir, vous le croyiez, confessiez, affirmiez, juriez et souteniez les armes à la main. Sinon, en garde et en bataille, gens orgueilleux et démesurés; que vous veniez un à un, comme l'exige l'ordre de chevalerie, ou bien tous ensemble, comme c'est l'usage et la vile habitude des gens de votre trempe, je vous attends ici, et je vous défie, confiant dans la raison que j'ai de mon côté.

— Seigneur chevalier, reprit le marchand, je supplie Votre Grâce, au nom de tous tant que nous sommes de princes ici, qu'afin de ne pas charger nos consciences en confessant une chose que nous n'avons jamais vue ni entendue, et qui est en outre si fort au détriment des impératrices et reines de la Castille et de l'Estrémadure, vous vouliez bien nous montrer quelque portrait de cette dame; ne fût-il pas plus gros qu'un grain d'orge, par l'échantillon nous jugerons de la pièce, et tandis que nous garderons l'esprit en repos, Votre Grâce recevra pleine satisfaction. Et je crois même, tant nous sommes déjà portés en sa faveur, que son portrait nous fît-il voir qu'elle est borgne d'un œil, et que l'autre distille du soufre et du vermillon, malgré cela, pour complaire à Votre Grâce, nous dirions à sa louange tout ce qu'il vous plaira.

— Elle ne distille rien, canaille infâme, s'écria don Quichotte enflammé de colère; elle ne distille rien, je le répète, de ce que vous venez de dire, mais bien du musc et de l'ambre; elle n'est ni tordue, ni bossue, mais plus droite qu'un fuseau de Guadarrama. Et vous allez payer le blasphème énorme que vous avez proféré contre une beauté du calibre de celle de ma dame. »

En disant cela, il se précipite, la lance baissée, contre celui qui avait porté la parole, avec tant d'ardeur et de furie, que, si quelque bonne étoile n'eût fait trébucher et tomber Rossinante au milieu de la course, mal en aurait pris à l'audacieux marchand. Rossinante tomba donc, et envoya rouler son maître à dix pas plus loin, lequel s'efforçait de se relever, sans en pouvoir venir à bout, tant le chargeaient et l'embarrassaient la lance, l'écu, les éperons, la salade et le poids de sa vieille armure; et, au milieu des incroyables efforts qu'il faisait vainement pour se remettre sur pied, il ne cessait de dire :

« Ne fuyez pas, race de poltrons, race d'esclaves; ne fuyez pas. Prenez garde que ce n'est point par ma faute, mais par celle de mon cheval, que je suis étendu sur la terre. »

Un garçon muletier, de la suite des marchands, qui sans doute n'avait pas l'humeur fort endurante, ne put entendre proférer au pauvre chevalier tombé tant d'arrogances et de bravades, sans avoir envie de lui en donner la réponse sur les côtes. S'approchant de lui, il lui arracha sa lance, en fit trois ou quatre mor-

LE MULETIER AVAIT PRIS GOUT AU JEU. — T. I, CH. IV.

DON QUICHOTTE.

ceaux, et de l'un d'eux se mit à frapper si fort et si dru sur notre don Quichotte, qu'en dépit de ses armes il le moulut comme plâtre. Ses maîtres avaient beau lui crier de ne pas tant frapper, et de le laisser tranquille, le muletier avait pris goût au jeu, et ne voulut quitter la partie qu'après avoir ponté tout le reste de sa colère. Il ramassa les autres éclats de la lance, et acheva de les briser l'un après l'autre sur le corps du misérable abattu, lequel, tandis que cette grêle de coups lui pleuvait sur les épaules, ne cessait d'ouvrir la bouche pour menacer le ciel et la terre et les voleurs de grand chemin qui le traitaient ainsi. Enfin le muletier se fatigua, et les marchands continuèrent leur chemin, emportant de quoi conter pendant tout le voyage sur l'aventure du pauvre fou bâtonné.

Celui-ci, dès qu'il se vit seul, essaya de nouveau de se relever; mais s'il n'avait pu en venir à bout lorsqu'il était sain et bien portant, comment aurait-il mieux réussi étant moulu et presque anéanti? Et pourtant il faisait contre fortune bon cœur, regardant sa disgrâce comme propre et commune aux chevaliers errants, et l'attribuant d'ailleurs tout entière à la faute de son cheval. Mais, quant à se lever, ce n'était pas possible, tant il avait le corps meurtri et disloqué.

CHAPITRE V.

OÙ SE CONTINUE LE RÉCIT DE LA DISGRÂCE DE NOTRE CHEVALIER.

Voyant donc qu'en effet il ne pouvait remuer, don Quichotte prit le parti de recourir à son remède ordinaire, qui était de songer à quelque passage de ses livres; et sa folie lui remit aussitôt en mémoire l'aventure de Baudouin et du marquis de Mantoue, lorsque Charlot abandonna le premier, blessé dans la montagne : histoire sue des enfants, connue des jeunes gens, vantée et même crue des vieillards, et véritable, avec tout cela, comme les miracles de Mahomet. Celle-là donc lui sembla venir tout exprès pour sa situation ; et, donnant les signes de la plus vive douleur, il commença à se rouler par terre, et à dire, d'une voix affaiblie, justement ce que disait, disait-on, le chevalier blessé : « O ma dame, où es-tu, que mon mal te touche si peu? ou tu ne le sais pas, ou tu es fausse et déloyale. » De la même manière, il continua de réciter le romance, et quand il fut aux vers qui disent : « O noble marquis de Mantoue, mon oncle et seigneur par le sang, » le hasard fit passer par là un laboureur de son propre village et demeurant tout près de sa maison, lequel venait de conduire une charge de blé au moulin. Voyant cet homme étendu, il s'approcha, et lui demanda qui il était, et quel mal il ressentait pour se plaindre si tristement. Don Quichotte crut sans doute que c'était son oncle le marquis de Mantoue; aussi ne lui répondit-il pas autre chose que de con-

O MA DAME, OU ES-TU, QUE MON MAL TE TOUCHE SI PEU? — T. I, CH. V.

tinuer son romance, où Baudouin lui rendait compte de sa disgrâce, et des amours du fils de l'empereur avec sa femme, tout cela mot pour mot, comme on le chante dans le romance¹. Le laboureur écoutait tout surpris ces sottises, et lui ayant ôté la visière, que les coups de bâton avaient mise en pièces, il lui essuya le visage, qui était plein de poussière; et dès qu'il l'eut un peu débarbouillé, il le reconnut.

« Eh, bon Dieu! s'écria-t-il, seigneur Quijada (tel devait être son nom quand il était en bon sens, et qu'il ne s'était pas encore transformé, d'hidalgo paisible, en chevalier errant), qui vous a mis en cet état? »

Mais l'autre continuait son romance à toutes les questions qui lui étaient faites. Le pauvre homme, voyant cela, lui ôta du mieux qu'il put le corselet et l'épaulière, pour voir s'il n'avait pas quelque blessure; mais il n'aperçut pas trace de sang. Alors il essaya de le lever de terre, et, non sans grande peine, il le hissa sur son âne, qui lui semblait une plus tranquille monture. Ensuite il ramassa les armes jusqu'aux éclats de la lance, et les mit en paquet sur Rossinante. Puis, prenant celui-ci par la bride, et l'âne par le licou, il s'achemina du côté de son village, tout préoccupé des mille extravagances que débitait don Quichotte. Et don Quichotte ne l'était pas moins, lui qui, brisé et moulu, ne pouvait se tenir sur la bourrique, et poussait de temps en temps des soupirs jusqu'au ciel. Si bien que le laboureur se vit obligé de lui demander encore quel mal il éprouvait. Mais le diable, à ce qu'il paraît, lui rappelait à la mémoire toutes les histoires accommodées à la sienne; car, en cet instant, oubliant tout à coup Baudouin, il se souvint du More Aben-Darraez, quand le gouverneur d'Antéquéra, Rodrigo de Narvaez, le fit prisonnier et l'emmena dans son château fort. De sorte que, le laboureur lui ayant redemandé comment il se trouvait et ce qu'il avait, il lui répondit les mêmes paroles et les mêmes propos que l'Abencerrage captif à Rodrigo de Narvaez, tout comme il en avait lu l'histoire dans la *Diane* de Montemayor, se l'appliquant si bien à propos, que le laboureur se donnait au diable d'entendre un tel fatras d'extravagances. Par là il reconnut que son voisin était décidément fou; et il avait hâte d'arriver au village pour se délivrer du dépit que lui donnait don Quichotte avec son interminable harangue. Mais celui-ci ne l'eut pas achevée, qu'il ajouta :

« Il faut que vous sachiez, don Rodrigo de Narvaez, que cette Xarifa, dont je viens de parler, est maintenant la charmante Dulcinée du Toboso, pour qui j'ai fait, je fais et je ferai les plus fameux exploits de chevalerie qu'on ait vus, qu'on voie et qu'on verra dans le monde.

— Ah! pécheur que je suis! répondit le paysan; mais voyez donc, seigneur, que je ne suis ni Rodrigo de Narvaez, ni le marquis de Mantoue, mais bien Pierre Alonzo, votre voisin; et que Votre Grâce n'est pas davantage Baudouin, ni Aben-Darraez, mais bien l'honnête hidalgo seigneur Quijada.

— Je sais qui je suis, reprit don Quichotte, et je sais qui je puis être, non-seulement ceux que j'ai dit, mais encore les douze pairs de France, et les neuf chevaliers de la Renommée², puisque les exploits qu'ils ont faits, tous ensemble et chacun en particulier, n'approcheront jamais des miens. »

Ce dialogue et d'autres semblables les menèrent jusqu'au pays, où ils arrivèrent à la chute du jour. Mais le laboureur attendit que la nuit fût close, pour qu'on ne vit pas le disloqué gentilhomme si mal monté.

L'heure venue, il entra au village et gagna la maison de don Quichotte, qu'il trouva pleine de trouble et de confusion. Le curé et le barbier du lieu, tous deux grands amis de don Quichotte, s'y étaient réunis, et la gouvernante leur disait, en se lamentant :

« Que vous en semble, seigneur licencié Pero Perez (ainsi s'appelait le curé), et que pensez-vous de la disgrâce de mon seigneur ? Voilà six jours qu'il ne paraît plus, ni lui, ni le bidet, ni la rondache, ni la lance, ni les armes. Ah ! malheureuse que je suis ! je gagerais ma tête, et c'est aussi vrai que je suis née pour mourir, que ces maudits livres de chevalerie, qu'il a ramassés et qu'il lit du matin au soir, lui ont tourné l'esprit. Je me souviens maintenant de lui avoir entendu dire bien des fois, se parlant à lui-même, qu'il voulait se faire chevalier errant, et s'en aller par le monde chercher les aventures. Que Satan et Barabbas emportent tous ces livres, qui ont ainsi gâté le plus délicat entendement qui fût dans toute la Manche ! »

La nièce, de son côté, disait la même chose, et plus encore :

« Sachez, seigneur maître Nicolas, car c'était le nom du barbier, qu'il est souvent arrivé à mon seigneur oncle de passer à lire dans ces abominables livres de malheur deux jours avec leurs nuits, au bout desquels il jetait le livre tout à coup, empoignait son épée, et se mettait à escrimer contre les murailles. Et quand il était rendu de fatigue, il disait qu'il avait tué quatre géants grands comme quatre tours, et la sueur qui lui coulait de lassitude, il disait que c'était le sang des blessures qu'il avait reçues dans la bataille. Puis ensuite il buvait un grand pot d'eau froide, et il se trouvait guéri et reposé, disant que cette eau était un précieux breuvage que lui avait apporté le sage Esquife[3], un grand enchanteur, son ami. Mais c'est à moi qu'en est toute la faute ; à moi, qui ne vous ai pas avisés des extravagances de mon seigneur oncle, pour que vous y portiez remède avant que le mal arrivât jusqu'où il est arrivé, pour que vous brûliez tous ces excommuniés de livres, et il en a beaucoup, qui méritent bien d'être grillés comme autant d'hérétiques.

— Ma foi, j'en dis autant, reprit le curé, et le jour de demain ne se passera pas sans qu'on en fasse un *auto-da-fé* et qu'ils soient condamnés au feu, pour qu'ils ne donnent plus envie à ceux qui les liraient de faire ce qu'a fait mon pauvre ami. »

Tous ces propos, don Quichotte et le laboureur les entendaient hors de la porte, si bien que celui-ci acheva de connaître la maladie de son voisin. Et il se mit à crier à tue-tête :

« Ouvrez, s'il vous plaît, au seigneur Baudouin, et au seigneur marquis de Mantoue, qui vient grièvement blessé, et au seigneur More Aben-Darraez, qu'amène prisonnier le valeureux Rodrigo de Narvaez, gouverneur d'Antéquéra. »

IL S'ACHEMINA DU CÔTÉ DE SON VILLAGE. — T. I, CH. V.

Ils sortirent tous à ces cris, et, reconnaissant aussitôt, les uns leur ami, les autres leur oncle et leur maître, qui n'était pas encore descendu de l'âne, faute de le pouvoir, ils coururent à l'envi l'embrasser. Mais il leur dit :

« Arrêtez-vous tous. Je viens grièvement blessé par la faute de mon cheval; qu'on me porte à mon lit, et qu'on appelle, si c'est possible, la sage Urgande, pour qu'elle vienne panser mes blessures.

— Hein ! s'écria aussitôt la gouvernante, qu'est-ce que j'ai dit ? est-ce que le cœur ne me disait pas bien de quel pied boitait mon maître ? Allons, montez, seigneur, et soyez le bienvenu, et, sans qu'on appelle cette Urgade, nous saurons bien vous panser. Maudits soient-ils, dis-je une autre et cent autres fois, ces livres de chevalerie qui ont mis Sa Grâce en si bel état ! »

On porta bien vite don Quichotte dans son lit; mais quand on examina ses blessures, on n'en trouva aucune. Il leur dit alors :

« Je n'ai que les contusions d'une chute, parce que Rossinante, mon cheval, s'est abattu sous moi tandis que je combattais contre dix géants, les plus démesurés et les plus formidables qui se puissent rencontrer sur la moitié de la terre.

— Bah ! bah ! dit le curé, voici des géants en danse ! Par le saint dont je porte le nom, la nuit ne viendra pas demain que je ne les aie brûlés. »

Ils firent ensuite mille questions à don Quichotte; mais celui-ci ne voulut rien répondre, sinon qu'on lui donnât à manger, et qu'on le laissât dormir, deux choses dont il avait le plus besoin. On lui obéit. Le curé s'informa tout au long, près du paysan, de quelle manière il avait rencontré don Quichotte. L'autre raconta toute l'histoire, sans omettre les extravagances qu'en le trouvant et en le ramenant il lui avait entendu dire. C'était donner au licencié plus de désir encore de faire ce qu'en effet il fit le lendemain, à savoir : d'aller appeler son ami le barbier maître Nicolas, et de s'en venir avec lui à la maison de don Quichotte....

CHAPITRE VI.

DE LA GRANDE ET GRACIEUSE ENQUÊTE QUE FIRENT LE CURÉ ET LE BARBIER
DANS LA BIBLIOTHÈQUE DE NOTRE INGÉNIEUX HIDALGO.

.... Lequel dormait encore. Le curé demanda à la nièce les clefs de la chambre où se trouvaient les livres auteurs du dommage, et de bon cœur elle les lui donna.

Ils entrèrent tous, la gouvernante à leur suite, et ils trouvèrent plus de cent gros volumes fort bien reliés et quantité d'autres petits. Dès que la gouvernante les aperçut, elle sortit de la chambre en grande hâte, et revint bientôt, apportant une écuelle d'eau bénite avec un goupillon.

« Tenez, seigneur licencié, dit-elle, arrosez cette chambre, de peur qu'il n'y ait ici quelque enchanteur, de ceux dont ces livres sont pleins, et qu'il ne nous enchante en punition de la peine que nous voulons leur infliger en les chassant de ce monde. »

Le curé se mit à rire de la simplicité de la gouvernante, et dit au barbier de lui présenter ces livres un à un pour voir de quoi ils traitaient, parce qu'il pouvait s'en rencontrer quelques-uns, dans le nombre, qui ne méritassent pas le supplice du feu.

« Non, non, s'écria la nièce, il n'en faut épargner aucun, car tous ont fait le mal. Il vaut mieux les jeter par la fenêtre dans la cour, en faire une pile, et y mettre le feu, ou bien les emporter dans la basse-cour, et là nous ferons le bûcher, pour que la fumée n'incommode point. »

La gouvernante fut du même avis, tant elles désiraient toutes deux la mort de ces pauvres innocents. Mais le curé ne voulut pas y consentir sans en avoir au moins lu les titres : et le premier ouvrage que maître Nicolas lui remit dans les mains fut les quatre volumes d'*Amadis de Gaule*.

« Il semble, dit le curé, qu'il y ait là-dessous quelque mystère ; car, selon ce que j'ai ouï dire, c'est là le premier livre de chevalerie qu'on ait imprimé en Espagne ; tous les autres ont pris de celui-là naissance et origine. Il me semble donc que, comme fondateur d'une si détestable secte, nous devons sans rémission le condamner au feu.

— Non pas, seigneur, répondit le barbier ; car j'ai ouï dire aussi que c'est le meilleur de tous les livres de cette espèce qu'on ait composés, et, comme unique en son genre, il mérite qu'on lui pardonne.

— C'est également vrai, dit le curé, pour cette raison, nous lui faisons, quant à présent, grâce de la vie[1]. Voyons cet autre qui est à côté de lui.

— Ce sont, répondit le barbier, les *Prouesses d'Esplandian*, *fils légitime d'Amadis de Gaule*[2].

— Pardieu! dit le curé, il ne faut pas tenir compte au fils des mérites du père. Tenez, dame gouvernante, ouvrez la fenêtre et jetez-le à la cour : c'est lui qui commencera la pile du feu de joie que nous allons allumer. »

La gouvernante ne se fit pas prier, et le brave Esplandian s'en alla, en volant, dans la cour, attendre avec résignation le feu qui le menaçait.

« A un autre, dit le curé.

— Celui qui vient après, dit le barbier, c'est *Amadis de Grèce*, et tous ceux du même côté sont, à ce que je crois bien, du même lignage des Amadis[3].

— Eh bien! dit le curé, qu'ils aillent tous à la basse-cour ; car, plutôt que de ne pas brûler la reine Pintiquinestra et le berger Darinel, et ses églogues, et les propos alambiqués de leur auteur, je brûlerais avec eux le père qui m'a mis au monde, s'il apparaissait sous la figure de chevalier errant.

— C'est bien mon avis, dit le barbier.

— Et le mien aussi, reprit la nièce.

— Ainsi donc, dit la gouvernante, passez-les, et qu'ils aillent à la basse-cour. »

On lui donna le paquet, car ils étaient nombreux, et, pour épargner la descente de l'escalier, elle les envoya par la fenêtre du haut en bas.

« Quel est ce gros volume? demanda le curé.

— C'est, répondit le barbier, *Don Olivanté de Laura*.

— L'auteur de ce livre, reprit le curé, est le même qui a composé le *Jardin des fleurs* ; et, en vérité, je ne saurais guère décider lequel des deux livres est le plus véridique, ou plutôt le moins menteur. Mais ce que je sais dire, c'est que celui-là ira à la basse-cour comme un extravagant et un présomptueux[1].

— Le suivant, dit le barbier, est *Florismars d'Hircanie*[2].

— Ah! ah! répliqua le curé, le seigneur Florismars se trouve ici? Par ma foi, qu'il se dépêche de suivre les autres, en dépit de son étrange naissance⁶ et de ses aventures rêvées ; car la sécheresse et la dureté de son style ne méritent pas une autre fin : à la basse-cour, celui-là et cet autre encore, dame gouvernante.

— Très-volontiers, seigneur, » répondit-elle.

Et déjà elle se mettait gaiement en devoir d'exécuter cet ordre.

« Celui-ci est le *Chevalier Platir*⁷, dit le barbier.

— C'est un vieux livre, reprit le curé, mais je n'y trouve rien qui mérite grâce. Qu'il accompagne donc les autres sans réplique. »

Ainsi fut fait.

On ouvrit un autre livre, et l'on vit qu'il avait pour titre le *Chevalier de la Croix*⁸.

« Un nom aussi saint que ce livre le porte, dit le curé, mériterait qu'on fît grâce à son ignorance. Mais il ne faut pas oublier le proverbe : derrière la croix se tient le diable. Qu'il aille au feu! »

Prenant un autre livre :

« Voici, dit le barbier, le *Miroir de Chevalerie*⁹.

— Ah! je connais déjà Sa Seigneurie, dit le curé. On y rencontre le seigneur Renaud de Montauban, avec ses amis et compagnons, tous plus voleurs que Cacus, et les douze pairs de France, et leur véridique historien Turpin. Je suis, par ma foi, d'avis de ne les condamner qu'à un bannissement perpétuel, et cela parce qu'ils ont eu quelque part dans l'invention du fameux Matéo Boyardo, d'où a tissé sa toile le poëte chrétien Ludovic Arioste¹⁰. Quant à ce dernier, si je le rencontre ici, et qu'il parle une autre langue que la sienne, je ne lui porterai nul respect ; mais s'il parle en sa langue, je l'élèverai, par vénération, au-dessus de ma tête.

— Moi, je l'ai en italien, dit le barbier, mais je ne l'entends pas.

— Il ne serait pas bon non plus que vous l'entendissiez, répondit le curé ; et mieux aurait valu que ne l'entendit pas davantage un certain capitaine¹¹, qui ne nous l'aurait pas apporté en Espagne pour le faire castillan, car il lui a bien enlevé de son prix. C'est, au reste, ce que feront tous ceux qui voudront faire passer les ouvrages en vers dans une autre langue ; quelque soin qu'ils mettent, et quelque habileté qu'ils déploient, jamais ils ne les conduiront au point de leur première naissance. Mon avis est que ce livre et tous ceux qu'on trouvera parlant de ces affaires de France soient descendus et déposés dans un puits sec, jusqu'à ce qu'on décide, avec plus de réflexion, ce qu'il faut faire d'eux. J'excepte, toutefois, un certain *Bernard del Carpio*¹², qui doit se trouver par ici, et un autre encore appelé *Roncevaux*¹³, lesquels, s'ils tombent dans mes mains, passeront aussitôt dans celles de la gouvernante, et de là, sans aucune rémission, dans celles du feu. »

De tout cela, le barbier demeura d'accord, et trouva la sentence parfaitement juste, tenant son curé pour si bon chrétien et si amant de la vérité, qu'il n'aurait pas dit autre chose qu'elle pour toutes les richesses du monde. En ouvrant un autre volume, il vit que c'était *Palmerin d'Olive*, et, près de celui-là, s'en trouvait un autre qui s'appelait *Palmerin d'Angleterre*. A cette vue, le licencié s'écria :

« Cette olive, qu'on la broie et qu'on la brûle, et qu'il n'en reste pas même de cendres; mais cette palme d'Angleterre, qu'on la conserve comme chose unique, et qu'on fasse pour elle une cassette aussi précieuse que celle qu'Alexandre trouva dans les dépouilles de Darius, et qu'il destina à renfermer les œuvres du poëte Homère. Ce livre-ci, seigneur compère, est considérable à deux titres : d'abord, parce qu'il est très-bon en lui-même; ensuite, parce qu'il passe pour être l'ouvrage d'un spirituel et savant roi de Portugal. Toutes les aventures du château de Miraguarda sont excellentes et d'un heureux enlacement; les propos sont clairs, sensés, de bon goût, et toujours appropriés au caractère de celui qui parle, avec beaucoup de justesse et d'intelligence [14]. Je dis donc, sauf votre meilleur avis, seigneur maître Nicolas, que ce livre et l'*Amadis de Gaule* soient exemptés du feu, mais que tous les autres, sans plus de demandes et de réponses, périssent à l'instant.

— Non, non, seigneur compère, répliqua le barbier, car celui que je tiens est le fameux *Don Bélianis*.

— Quant à celui-là, reprit le curé, ses deuxième, troisième et quatrième parties auraient besoin d'un peu de rhubarbe pour purger leur trop grande bile; il faudrait en ôter aussi toute cette histoire du château de la Renommée, et quelques autres impertinences de même étoffe [15]. Pour cela, on peut lui donner le délai d'outre-mer [16], et, s'il se corrige ou non, l'on usera envers lui de miséricorde ou de justice. En attendant, gardez-les chez vous, compère, et ne les laissez lire à personne.

— J'y consens, » répondit le barbier.

Et, sans se fatiguer davantage à feuilleter des livres de chevalerie, le curé dit à la gouvernante de prendre tous les grands volumes et de les jeter à la basse-cour.

Il ne parlait ni à sot ni à sourd, mais bien à quelqu'un qui avait plus envie de les brûler que de donner une pièce de toile à faire au tisserand, quelque grande et fine qu'elle pût être. Elle en prit donc sept ou huit d'une seule brassée, et les lança par la fenêtre; mais voulant trop en prendre à la fois, un d'eux était tombé aux pieds du barbier, qui le ramassa par envie de savoir ce que c'était, et lui trouva pour titre *Histoire du fameux chevalier Tirant le Blanc*.

« Bénédiction! dit le curé en jetant un grand cri; vous avez là *Tirant le Blanc*! Donnez-le vite, compère, car je réponds bien d'avoir trouvé en lui un trésor d'allégresse et une mine de divertissements. C'est là que se rencontrent don Kyrie-Eleison de Montalban, un valeureux chevalier, et son frère Thomas de Montalban, et le chevalier de Fonséca, et la bataille que livra au dogue le valeureux Tirant, et les finesses de la demoiselle Plaisir-de-ma-vie, avec les amours et les ruses de la veuve Reposée [17], et Madame l'impératrice amoureuse d'Hippolyte, son écuyer. Je vous le dis en vérité, seigneur compère, pour le style, ce livre est le meilleur du monde. Les chevaliers y mangent, y dorment, y meurent dans leurs lits, y font leurs testaments avant de mourir, et l'on y conte mille autres choses qui manquent à tous les livres de la même espèce. Et pourtant je vous assure que celui qui l'a composé méritait, pour avoir dit tant de sottises sans y être forcé, qu'on l'envoyât ramer aux galères tout le reste de ses jours[18]. Emportez le livre chez vous, et lisez-le, et vous verrez si tout ce que j'en dis n'est pas vrai.

— Vous serez obéi, répondit le barbier; mais que ferons-nous de tous ces petits volumes qui restent?

— Ceux-là, dit le curé, ne doivent pas être des livres de chevalerie, mais de poésie. »

Il en ouvrit un, et vit que c'était la *Diane* de Jorge de Montemayor[19]. Croyant qu'ils étaient tous de la même espèce:

« Ceux-ci, dit-il, ne méritent pas d'être brûlés avec les autres; car ils ne font ni ne feront jamais le mal qu'ont fait ceux de chevalerie. Ce sont des livres d'innocente récréation, sans danger pour le prochain.

— Ah! bon Dieu! monsieur le curé, s'écria la nièce, vous pouvez bien les envoyer rôtir avec le reste; car si mon oncle guérit de la maladie de chevalerie errante, en lisant ceux-là il n'aurait qu'à s'imaginer de se faire berger, et de s'en aller par les prés et les bois, chantant et jouant de la musette; ou bien de se faire poëte, ce qui serait pis encore, car c'est, à ce qu'on dit, une maladie incurable et contagieuse.

— Cette jeune fille a raison, dit le curé, et nous ferons bien d'ôter à notre ami, si facile à broncher, cette occasion de rechute. Puisque nous commençons par la *Diane* de Montemayor, je suis d'avis qu'on ne la brûle point, mais qu'on en ôte tout ce qui traite de la sage Félicie et de l'Onde enchantée, et presque tous les grands vers. Qu'elle reste, j'y consens de bon cœur, avec sa prose et l'honneur d'être le premier de ces sortes de livres.

— Celui qui vient après, dit le barbier, est la *Diane* appelée la *seconde du Salmantin*; puis un autre portant le même titre, mais dont l'auteur est Gil Polo.

— Pour celle du Salmantin[20], répondit le curé, qu'elle aille augmenter le nombre des condamnés de la basse-cour; et qu'on garde celle de Gil Polo[21] comme si elle était d'Apollon lui-même. Mais passons outre, seigneur compère, et dépêchons-nous, car il se fait tard.

— Celui-ci, dit le barbier, qui en ouvrait un autre, renferme les *Dix livres de Fortune d'amour*, composés par Antonio de Lofraso, poëte de Sardaigne[22].

— Par les ordres que j'ai reçus, s'écria le curé, depuis qu'Apollon est Apollon, les muses des muses et les poëtes des poëtes, jamais on n'a composé livre si gracieux et si extravagant. Dans son espèce, c'est le meilleur et l'unique de tous ceux qui ont paru à la clarté du jour, et qui ne l'a pas lu peut se vanter de n'avoir jamais rien lu d'amusant. Amenez ici, compère, car je fais plus de cas de l'avoir trouvé que d'avoir reçu en cadeau une soutane de taffetas de Florence. »

Et il le mit à part avec une grande joie.

« Ceux qui suivent, continua le barbier, sont le *Pasteur d'Ibérie*[23], les *Nymphes de Hénarès*[24], et les *Remèdes à la jalousie*[25].

— Il n'y a rien de mieux à faire, dit le curé, que de les livrer au bras séculier de la gouvernante, et qu'on ne me demande pas le pourquoi, car je n'aurais jamais fini.

— Voici maintenant le *Berger de Philida*[26].

— Ce n'est pas un berger, dit le curé, mais bien un sage et ingénieux courtisan. Qu'on le garde comme une relique.

— Ce grand-là qui vient ensuite, dit le barbier, s'intitule *Trésor de poésies variées*[27].

— Si elles étaient moins nombreuses, reprit le curé, elles n'en vaudraient que mieux. Il faut que ce livre soit sarclé, échardonné et débarrassé de quelques bassesses qui nuisent à ses grandeurs. Qu'on le garde pourtant, parce que son auteur est mon ami, et par respect pour ses autres œuvres, plus relevées et plus héroïques.

— Celui-ci, continua le barbier, est le *Chansonnier de Lopez Maldonado*[28].

— L'auteur de ce livre, répondit le curé, est encore un de mes bons amis. Dans sa bouche, ses vers ravissent ceux qui les entendent, et telle est la suavité de sa voix, que, lorsqu'il les chante, il enchante. Il est un peu long dans les églogues; mais ce qui est bon n'est jamais de trop. Qu'on le mette avec les réservés. Mais quel est le livre qui est tout près?

— C'est la *Galatée* de Miguel de Cervantès, répondit le barbier.

— Il y a bien des années, reprit le curé, que ce Cervantès est de mes amis, et je sais qu'il est plus versé dans la connaissance des infortunes que dans celle de la poésie. Son livre ne manque pas d'heureuse invention; mais il propose et ne conclut rien. Attendons la seconde partie qu'il promet[29]; peut-être qu'en se corrigeant il obtiendra tout à fait la miséricorde qu'on lui refuse aujourd'hui. En attendant, seigneur compère, gardez-le reclus en votre logis.

— Très-volontiers, répondit maître Nicolas. En voici trois autres qui viennent ensemble. Ce sont l'*Araucana* de don Alonzo de Ercilla, l'*Austriada* de Juan Rufo, juré de Cordoue, et le *Monserrate* de Cristoval de Viruès, poëte valencien.

— Tous les trois, dit le curé, sont les meilleurs qu'on ait écrits en vers héroïques dans la langue espagnole, et ils peuvent le disputer aux plus fameux d'Italie. Qu'on les garde comme les plus précieux bijoux de poésie que possède l'Espagne[30]. »

Enfin le curé se lassa de manier tant de livres et voulut que, sans plus d'interrogatoire, on jetât tout le reste au feu. Mais le barbier en tenait déjà un ouvert qui s'appelait *les Larmes d'Angélique*[31].

« Ah! je verserais les miennes, dit le curé, si j'avais fait brûler un tel livre, car son auteur fut un des fameux poëtes, non-seulement de l'Espagne, mais du monde entier, et il a merveilleusement réussi dans la traduction de quelques fables d'Ovide. »

CHAPITRE VII.

DE LA SECONDE SORTIE DE NOTRE BON CHEVALIER DON QUICHOTTE DE LA MANCHE.

On en était là, quand don Quichotte se mit à jeter de grands cris.

« Ici, disait-il, ici, valeureux chevaliers, c'est ici qu'il faut montrer la force de vos bras invincibles, car les gens de la cour emportent tout l'avantage du tournoi. »

Pour accourir à ce tapage, on laissa là l'inventaire des livres qui restaient. Aussi croit-on que, sans être entendus ni confrontés, la *Caroléa*[1] et *Léon d'Espagne*[2] s'en allèrent au feu avec les *Gestes de l'empereur*, composés par don Luis de Avila[3], car sans doute ils se trouvaient dans la bibliothèque; et peut-être, si le curé les eût vus, n'auraient-ils point subi ce rigoureux arrêt.

Quand ils arrivèrent auprès de don Quichotte, il avait quitté son lit, et continuait à la fois ses cris et ses extravagances, frappant de tous côtés, d'estoc et de taille, mais aussi éveillé que s'il n'eût jamais dormi. On le prit à bras-le-corps, et par force on le recoucha. Quand il se fut un peu calmé, il se tourna vers le curé pour lui adresser la parole, et lui dit :

« En vérité, seigneur archevêque Turpin, c'est une grande honte que ceux de nous qui nous appelons les douze Pairs, nous laissions si bonnement remporter la victoire de ce tournoi aux chevaliers de la cour, après que nous autres, les chevaliers errants, en avons enlevé les prix ces trois jours passés[4].

— Faites silence, seigneur compère, répondit le curé ; s'il plaît à Dieu, la chance tournera, et ce qu'on perd aujourd'hui se peut gagner demain ; ne vous occupez, pour le moment, que de votre santé, car il me semble que vous devez être harassé et peut-être blessé grièvement.

— Blessé, non, reprit don Quichotte ; mais moulu et rompu, cela ne fait pas doute : car ce bâtard de Roland m'a roué de coups avec le tronc d'un chêne, et tout cela de pure jalousie, parce qu'il voit que je suis le seul pour tenir tête à ses fanfaronnades. Mais je ne m'appellerais pas Renaud de Montauban, s'il ne me le payait, quand je sortirai de ce lit, en dépit de tous les enchantements qui le protégent. Quant à présent, qu'on me donne à manger ; car c'est ce qui peut me venir de plus à propos, et qu'on laisse à ma charge le soin de ma vengeance. »

On s'empressa d'obéir et de lui apporter à manger ; après quoi ils restèrent, lui, encore une fois endormi, et les autres, émerveillés de sa folie.

Cette même nuit, la gouvernante brûla et calcina autant de livres qu'il s'en trouvait dans la basse-cour et dans toute la maison, et tels d'entre eux souffrirent la peine du feu, qui méritaient d'être conservés dans d'éternelles archives. Mais leur mauvais sort et la paresse de l'examinateur ne permirent point qu'ils en échappassent, et ainsi s'accomplit pour eux le proverbe, que souvent le juste paye pour le pécheur.

Un des remèdes qu'imaginèrent pour le moment le curé et le barbier contre la maladie de leur ami, ce fut qu'on murât la porte du cabinet des livres, afin qu'il ne les trouvât plus quand il se lèverait (espérant qu'en ôtant la cause, l'effet cesserait aussi), et qu'on lui dît qu'un enchanteur les avait emportés, le cabinet et tout ce qu'il y avait dedans ; ce qui fut exécuté avec beaucoup de diligence. Deux jours après, don Quichotte se leva, et la première chose qu'il fit fut d'aller voir ses livres. Mais ne trouvant plus le cabinet où il l'avait laissé, il s'en allait le cherchant à droite et à gauche, revenait sans cesse où il avait coutume de rencontrer la porte, en tâtait la place avec les mains, et, sans mot dire, tournait et retournait les yeux de tous côtés. Enfin, au bout d'un long espace de temps, il demanda à la gouvernante où se trouvait le cabinet des livres. La gouvernante, qui était bien stylée sur ce qu'elle devait répondre, lui dit :

« Quel cabinet ou quel rien du tout cherche Votre Grâce ? Il n'y a plus de cabinet ni de livres dans cette maison, car le diable lui-même a tout emporté.

— Ce n'était pas le diable, reprit la nièce, mais bien un enchanteur qui est venu sur une nuée, la nuit après que Votre Grâce est partie d'ici, et, mettant pied à terre d'un serpent sur lequel il était à cheval, il entra dans le cabinet, et je ne sais ce qu'il y fit, mais au bout d'un instant il sortit en s'envolant par la toiture, et laissa la maison toute pleine de fumée ; et quand nous voulûmes voir ce qu'il

FINALEMENT, IL LUI CONTA, LUI PERSUADA ET LUI PROMIT TANT DE CHOSES, QUE LE PAUVRE HOMME SE DÉCIDA À PARTIR AVEC LUI. — T. I. CH. VII.

laissait de fait, nous ne vîmes plus ni livres, ni chambre. Seulement, nous nous souvenons bien, la gouvernante et moi, qu'au moment de s'envoler, ce méchant vieillard nous cria d'en haut que c'était par une secrète inimitié qu'il portait au maître des livres et du cabinet qu'il faisait dans cette maison le dégât qu'on verrait ensuite. Il ajouta aussi qu'il s'appelait le sage Mugnaton.

— Freston, il a dû dire⁶, reprit don Quichotte.

— Je ne sais, répliqua la gouvernante, s'il s'appelait Freston ou Friton, mais, en tout cas, c'est en *ton* que finit son nom.

— En effet, continua don Quichotte, c'est un savant enchanteur, mon ennemi mortel, qui m'en veut parce qu'il sait, au moyen de son art et de son grimoire, que je dois, dans la suite des temps, me rencontrer en combat singulier avec un chevalier qu'il favorise, et que je dois aussi le vaincre, sans que sa science puisse en empêcher : c'est pour cela qu'il s'efforce de me causer tous les déplaisirs qu'il peut ; mais je l'informe, moi, qu'il ne pourra ni contredire ni éviter ce qu'a ordonné le ciel.

— Qui peut en douter? dit la nièce. Mais, mon seigneur oncle, pourquoi vous mêlez-vous à toutes ces querelles ? Ne vaudrait-il pas mieux rester pacifiquement dans sa maison que d'aller par le monde chercher du meilleur pain que celui de froment, sans considérer que bien des gens vont quérir de la laine qui reviennent tondus?

— O ma nièce! répondit don Quichotte, que vous êtes peu au courant des choses! avant qu'on me tonde, moi, j'aurai rasé et arraché la barbe à tous ceux qui s'imagineraient me toucher à la pointe d'un seul cheveu. »

Toutes deux se turent, ne voulant pas répliquer davantage, car elles virent que la colère lui montait à la tête.

Le fait est qu'il resta quinze jours dans sa maison, très-calme et sans donner le moindre indice qu'il voulût recommencer ses premières escapades; pendant lequel temps il eut de fort gracieux entretiens avec ses deux compères, le curé et le barbier, sur ce qu'il prétendait que la chose dont le monde avait le plus besoin c'était de chevaliers errants, et qu'il fallait y ressusciter la chevalerie errante. Quelquefois le curé le contredisait, quelquefois lui cédait aussi; car, à moins d'employer cet artifice, il eût été impossible d'en avoir raison.

Dans ce temps-là, don Quichotte sollicita secrètement un paysan, son voisin, homme de bien (si toutefois on peut donner ce titre à celui qui est pauvre), mais, comme on dit, de peu de plomb dans la cervelle. Finalement il lui conta, lui persuada et lui promit tant de choses, que le pauvre homme se décida à partir avec lui, et à lui servir d'écuyer. Entre autres choses, don Quichotte lui disait qu'il se disposât à le suivre de bonne volonté, parce qu'il pourrait lui arriver telle aventure qu'en un tour de main il gagnât quelque île, dont il le ferait gouverneur sa vie durant. Séduit par ces promesses et d'autres semblables, Sancho Panza (c'était le nom du paysan) planta là sa femme et ses enfants, et s'enrôla pour écuyer de son voisin. Don Quichotte se mit aussitôt en mesure de chercher de l'argent, et, vendant une chose, engageant l'autre, et gaspillant toutes ses affaires, il ramassa une raisonnable somme. Il se pourvut aussi d'une rondache de fer qu'il emprunta d'un de ses amis, et raccommoda du mieux qu'il put sa mauvaise salade brisée; puis il avisa son écuyer Sancho du jour et de l'heure où il pensait se mettre en route, pour que celui-ci se munit également de ce qu'il jugerait le plus nécessaire. Surtout, il lui recommanda d'emporter un bissac. L'autre promit qu'il n'y manquerait pas, et ajouta qu'il pensait aussi emmener un très-bon âne qu'il avait, parce qu'il ne se sentait pas fort habile sur l'exercice de la marche à pied. A ce propos de l'âne, don Quichotte réfléchit un peu, cherchant à se rappeler si, par hasard, quelque chevalier errant s'était fait suivre d'un écuyer monté comme au moulin. Mais jamais sa mémoire ne put lui en fournir un seul. Cependant il consentit à lui laisser emmener la bête, se proposant de l'accommoder d'une plus honorable monture dès qu'une occasion se présenterait, c'est-à-dire en enlevant le cheval au premier chevalier discourtois qui se trouverait sur son chemin. Il se pourvut aussi de chemises, et des autres choses qu'il put se procurer, suivant le conseil que lui avait donné l'hôtelier, son parrain.

Tout cela fait et accompli, et, ne prenant congé, ni Panza de sa femme et de ses enfants, ni don Quichotte de sa gouvernante et de sa nièce, un beau soir ils sortirent du pays sans être vus de personne, et ils cheminèrent si bien toute la nuit, qu'au point du jour ils se tinrent pour certains de n'être plus attrapés, quand même on se mettrait à leurs trousses. Sancho Panza s'en allait sur son âne, comme un patriarche, avec son bissac, son outre, et, de plus, une grande envie de se voir déjà gouverneur de l'île que son maître lui avait promise. Don Quichotte prit justement la même direction et le même chemin qu'à sa première sortie, c'est-à-dire à travers la plaine de Montiel, où il cheminait avec moins d'incommodité que la fois passée, car il était fort grand matin, et les rayons du soleil, ne frappant que de biais, ne le gênaient point encore. Sancho Panza dit alors à son maître :

« Que Votre Grâce fasse bien attention, seigneur chevalier errant, de ne point oublier ce que vous m'avez promis au sujet d'une île, car, si grande qu'elle soit, je saurai bien la gouverner. »

A quoi répondit don Quichotte :

« Il faut que tu saches, ami Sancho Panza, que ce fut un usage très-suivi par les anciens chevaliers errants de faire leurs écuyers gouverneurs des îles ou royaumes qu'ils gagnaient, et je suis bien décidé à ce qu'une si louable coutume ne se perde point par ma faute. Je pense au contraire y surpasser tous les autres : car maintes fois, et même le plus souvent, ces chevaliers attendaient que leurs écuyers fussent vieux; c'est quand ceux-ci étaient rassasiés de servir et las de passer de mauvais jours et de plus mauvaises nuits, qu'on leur donnait quelque titre de comte ou pour le moins de marquis[6], avec quelque vallée ou quelque province à l'avenant; mais si nous vivons, toi et moi, il peut bien se faire qu'avant six jours je gagne un royaume fait de telle sorte qu'il en dépende quelques autres, ce qui viendrait tout à point pour te couronner roi d'un de ceux-ci. Et que cela ne t'étonne

IL ÉTAIT FORT GRAND MATIN ET LES RAYONS DU SOLEIL NE LES GÊNAIENT PAS ENCORE. — T. I, CH. VII.

pas, car il arrive à ces chevaliers des aventures si étranges, d'une façon si peu vue et si peu prévue, que je pourrais facilement te donner encore plus que je ne te promets.

— A ce train-là, répondit Sancho Panza, si, par un de ces miracles que raconte Votre Grâce, j'allais devenir roi, Juana Gutierrez, ma ménagère, ne deviendrait rien moins que reine, et mes enfants infants.

— Qui en doute? répondit don Quichotte.

— Moi, j'en doute, répliqua Sancho; car j'imagine que, quand même Dieu ferait pleuvoir des royaumes sur la terre, aucun ne s'ajusterait bien à la tête de Mari-Gutierrez. Sachez, seigneur, qu'elle ne vaut pas deux deniers pour être reine. Comtesse lui irait mieux; encore serait-ce avec l'aide de Dieu.

— Eh bien! laisses-en le soin à Dieu, Sancho, répondit don Quichotte; il lui donnera ce qui sera le plus à sa convenance, et ne te rapetisse pas l'esprit au point de venir à te contenter d'être moins que gouverneur de province.

— Non, vraiment, mon seigneur, répondit Sancho, surtout ayant en Votre Grâce un si bon et si puissant maître, qui saura me donner ce qui me convient le mieux, et ce que mes épaules pourront porter. »

CHAPITRE VIII.

DU BEAU SUCCÈS QU'EUT LE VALEUREUX DON QUICHOTTE DANS L'ÉPOUVANTABLE ET INIMAGINABLE AVENTURE DES MOULINS À VENT, AVEC D'AUTRES ÉVÉNEMENTS DIGNES D'HEUREUSE SOUVENANCE.

En ce moment ils découvrirent trente ou quarante moulins à vent qu'il y a dans cette plaine, et, dès que don Quichotte les vit, il dit à son écuyer :

« La fortune conduit nos affaires mieux que ne pourrait y réussir notre désir même. Regarde, ami Sancho ; voilà devant nous au moins trente démesurés géants, auxquels je pense livrer bataille et ôter la vie à tous tant qu'ils sont. Avec leurs dépouilles, nous commencerons à nous enrichir ; car c'est prise de bonne guerre, et c'est grandement servir Dieu que de faire disparaître si mauvaise engeance de la face de la terre.

— Quels géants ? demanda Sancho Panza.

— Ceux que tu vois là-bas, lui répondit son maître, avec leurs grands bras, car il y en a qui les ont de presque deux lieues de long.

— Prenez donc garde, répliqua Sancho ; ce que nous voyons là-bas ne sont pas des géants, mais des moulins à vent, et ce qui paraît leurs bras, ce sont leurs ailes, qui, tournées par le vent, font tourner à leur tour la meule du moulin.

L'AILE EMPORTE APRÈS ELLE LE CHEVAL ET LE CHEVALIER. — T. I, CH. VIII.

— On voit bien, répondit don Quichotte, que tu n'es pas expert en fait d'aventures : ce sont des géants, te dis-je ; si tu as peur, ôte-toi de là, et va te mettre en oraison pendant que je leur livrerai une inégale et terrible bataille. »

En parlant ainsi, il donne de l'éperon à son cheval Rossinante, sans prendre garde aux avis de son écuyer Sancho, qui lui criait qu'à coup sûr c'étaient des moulins à vent et non des géants qu'il allait attaquer. Pour lui, il s'était si bien mis dans la tête que c'étaient des géants, que non-seulement il n'entendait point les cris de son écuyer Sancho, mais qu'il ne parvenait pas, même en approchant tout près, à reconnaître la vérité. Au contraire, et tout en courant, il disait à grands cris :

« Ne fuyez pas, lâches et viles créatures, c'est un seul chevalier qui vous attaque. »

Un peu de vent s'étant alors levé, les grandes ailes commencèrent à se mouvoir ; ce que voyant don Quichotte, il s'écria :

« Quand même vous remueriez plus de bras que le géant Briarée, vous allez me le payer. »

En disant ces mots, il se recommanda du profond de son cœur à sa dame Dulcinée, la priant de le secourir en un tel péril ; puis, bien couvert de son écu, et la lance en arrêt, il se précipite, au plus grand galop de Rossinante, contre le premier moulin qui se trouvait devant lui ; mais, au moment où il perçait l'aile d'un grand coup de lance, le vent la chasse avec tant de furie qu'elle met la lance en pièces, et qu'elle emporte après elle le cheval et le chevalier, qui s'en alla rouler sur la poussière en fort mauvais état.

Sancho Panza accourut à son secours de tout le trot de son âne, et trouva, en arrivant près de lui, qu'il ne pouvait plus remuer, tant le coup et la chute avaient été rudes.

« Miséricorde ! s'écria Sancho, n'avais-je pas bien dit à Votre Grâce qu'elle prît garde à ce qu'elle faisait, que ce n'était pas autre chose que des moulins à vent, et qu'il fallait, pour s'y tromper, en avoir d'autres dans la tête ?

— Paix, paix ! ami Sancho, répondit don Quichotte : les choses de la guerre sont plus que toute autre sujettes à des chances continuelles ; d'autant plus que je pense, et ce doit être la vérité, que ce sage Freston, qui m'a volé les livres et le cabinet, a changé ces géants en moulins pour m'enlever la gloire de les vaincre : tant est grande l'inimitié qu'il me porte ! Mais en fin de compte son art maudit ne prévaudra pas contre la bonté de mon épée.

— Dieu le veuille, comme il le peut, » répondit Sancho Panza.

Et il aida son maître à remonter sur Rossinante, qui avait les épaules à demi déboîtées.

En conversant sur l'aventure, ils suivirent le chemin du Port-Lapice, parce que, disait don Quichotte, comme c'est un lieu de grand passage, on ne pouvait manquer d'y rencontrer toutes sortes d'aventures. Seulement, il s'en allait tout chagrin de ce que sa lance lui manquât, et, faisant part de ce regret à son écuyer, il lui dit :

« Je me souviens d'avoir lu qu'un chevalier espagnol nommé Diego Perez de Vargas, ayant eu son épée brisée dans une bataille, arracha d'un chêne une forte branche, ou peut-être le tronc, et, avec cette arme, fit de tels exploits, et assomma tant de Mores, qu'on lui donna le surnom d'*assommoir*, que lui et ses descendants ajoutèrent depuis au nom de Vargas¹. Je t'ai dit cela, parce que je pense arracher du premier chêne, gris ou vert, que je rencontre, une branche aussi forte que celle-là, avec laquelle j'imagine faire de telles prouesses, que tu te tiennes pour heureux d'en avoir mérité le spectacle et d'être témoin de merveilles qu'on aura peine à croire.

— A la volonté de Dieu, répondit Sancho; je le crois tout comme vous le dites. Mais Votre Grâce ferait bien de se redresser un peu, car il me semble qu'elle se tient quelque peu de travers, et ce doit être l'effet des secousses de sa chute.

— Aussi vrai que tu le dis, reprit don Quichotte; et si je ne me plains pas de la douleur que j'endure, c'est parce qu'il est interdit aux chevaliers errants de se plaindre d'aucune blessure, quand même les entrailles leur sortiraient de la plaie².

— S'il en est ainsi, je n'ai rien à répondre, répliqua Sancho; mais Dieu sait si je ne serais pas ravi de vous entendre plaindre, dès que quelque chose vous ferait mal. Pour moi, je puis dire que je me plaindrais au plus petit bobo, à moins toutefois que cette défense de se plaindre ne s'étende aux écuyers des chevaliers errants. »

Don Quichotte ne put s'empêcher de rire de la simplicité de son écuyer, et lui déclara qu'il pouvait fort bien se plaindre, quand et comme il lui plairait, avec ou sans envie, n'ayant jusque-là rien lu de contraire dans les lois de la chevalerie.

Sancho lui fit remarquer alors qu'il était l'heure du dîner. Don Quichotte répondit qu'il ne se sentait point d'appétit pour le moment, mais que lui pouvait manger tout à sa fantaisie. Avec cette permission, Sancho s'arrangea du mieux qu'il put sur son âne, et, tirant de son bissac des provisions qu'il y avait mises, il s'en allait mangeant et cheminant au petit pas derrière son maître. De temps en temps, il portait l'outre à sa bouche de si bonne grâce, qu'il aurait fait envie au plus galant cabaretier de Malaga. Et tandis qu'il marchait ainsi, avalant un coup sur l'autre, il ne se rappelait aucune des promesses que son maître lui avait faites, et regardait, non comme un rude métier, mais comme un vrai délassement, de s'en aller cherchant des aventures, si périlleuses qu'elles pussent être.

Finalement, ils passèrent cette nuit sous un massif d'arbres, de l'un desquels don Quichotte rompit une branche sèche qui pouvait au besoin lui servir de lance, et y ajusta le fer de celle qui s'était brisée. Don Quichotte ne dormit pas de toute la nuit, pensant à sa dame Dulcinée, pour se conformer à ce qu'il avait lu dans ses livres, que les chevaliers errants passaient bien des nuits sans dormir au milieu des forêts et des déserts, s'entretenant du souvenir de leurs dames. Sancho Panza ne la passa point de même; car, comme il avait l'estomac plein, et non d'eau de chicorée, il n'en fit d'un bout à l'autre qu'un somme. Au matin, il fallut la voix de son maître pour l'éveiller, ce que ne pouvaient faire ni les rayons du soleil, qui lui

MISÉRICORDE! S'ÉCRIA SANCHO. — T. I, CH. VIII.

donnaient en plein sur le visage, ni le chant de mille oiseaux qui saluaient joyeusement la venue du nouveau jour. En se frottant les yeux, Sancho fit une caresse à son outre, et, la trouvant un peu plus maigre que la nuit d'avant, son cœur s'affligea, car il lui sembla qu'ils ne prenaient pas le chemin de remédier sitôt à sa disette. Don Quichotte ne se soucia point non plus de déjeuner, préférant, comme on l'a dit, se repaître de succulents souvenirs.

Ils reprirent le chemin du Port-Lapice, et, vers trois heures de l'après-midi, ils en découvrirent l'entrée :

« C'est ici, dit à cette vue don Quichotte, que nous pouvons, ami Sancho, mettre les mains jusqu'aux coudes dans ce qu'on appelle aventures. Mais prends bien garde que, me visses-tu dans le plus grand péril du monde, tu ne dois pas mettre l'épée à la main pour me défendre, à moins que tu ne t'aperçoives que ceux qui m'attaquent sont de la canaille et des gens de rien, auquel cas tu peux me secourir ; mais si c'étaient des chevaliers, il ne t'est nullement permis ni concédé par les lois de la chevalerie de me porter secours, jusqu'à ce que tu sois toi-même armé chevalier.

— Par ma foi, seigneur, répondit Sancho, Votre Grâce en cela sera bien obéie, d'autant plus que de ma nature je suis pacifique, et fort ennemi de me fourrer dans le tapage et les querelles. Mais, à vrai dire, quand il s'agira de défendre ma personne, je ne tiendrai pas grand compte de ces lois ; car celles de Dieu et des hommes permettent à chacun de se défendre contre quiconque voudrait l'offenser.

— Je ne dis pas le contraire, répondit don Quichotte ; seulement, pour ce qui est de me secourir contre les chevaliers, tiens en bride tes mouvements naturels.

— Je répète que je n'y manquerai pas, répondit Sancho, et que je garderai ce commandement aussi bien que celui de chômer le dimanche. »

En devisant ainsi, ils découvrirent deux moines de l'ordre de Saint-Benoît, à cheval sur deux dromadaires, car les mules qu'ils montaient en avaient la taille, et portant leurs lunettes de voyage et leurs parasols. Derrière eux venait un carrosse entouré de quatre ou cinq hommes à cheval, et suivi de deux garçons de mules à pied. Dans ce carrosse était, comme on le sut depuis, une dame de Biscaye qui allait à Séville, où se trouvait son mari prêt à passer aux Indes avec un emploi considérable. Les moines ne venaient pas avec elle, mais suivaient le même chemin. A peine don Quichotte les eut-il aperçus, qu'il dit à son écuyer :

« Ou je suis bien trompé, ou nous tenons la plus fameuse aventure qui se soit jamais vue. Car ces masses noires qui se montrent là-bas doivent être, et sont, sans nul doute, des enchanteurs qui emmènent dans ce carrosse quelque princesse qu'ils ont enlevée ; il faut que je défasse ce tort à tout risque et de toute ma puissance.

— Ceci, répondit Sancho, m'a l'air d'être pire que les moulins à vent. Prenez garde, seigneur ; ce sont là des moines de Saint-Benoît, et le carrosse doit être à des gens qui voyagent. Prenez garde, je le répète, à ce que vous allez faire, et que le diable ne vous tente pas.

— Je t'ai déjà dit, Sancho, répliqua don Quichotte, que tu ne sais pas grand'-chose en matière d'aventures. Ce que je te dis est la vérité, et tu le verras dans un instant. »

Tout en disant cela, il partit en avant, et alla se placer au milieu du chemin par où venaient les moines ; et dès que ceux-ci furent arrivés assez près pour qu'il crût pouvoir se faire entendre d'eux, il leur cria de toute sa voix :

« Gens de l'autre monde, gens diaboliques, mettez sur-le-champ en liberté les hautes princesses que vous enlevez et gardez violemment dans ce carrosse ; sinon préparez-vous à recevoir prompte mort pour juste châtiment de vos mauvaises œuvres. »

Les moines retinrent la bride et s'arrêtèrent, aussi émerveillés de la figure de don Quichotte que de ses propos, auxquels ils répondirent :

« Seigneur chevalier, nous ne sommes ni diaboliques ni de l'autre monde, mais bien deux religieux de Saint-Benoît, qui suivons notre chemin, et nous ne savons si ce carrosse renferme ou non des princesses enlevées.

— Je ne me paye point de belles paroles, reprit don Quichotte, et je vous connais déjà, déloyale canaille. »

Puis, sans attendre d'autre réponse, il pique Rossinante, et se précipite, la lance basse, contre le premier moine, avec tant de furie et d'intrépidité, que, si le bon père ne se fût laissé tomber de sa mule, il l'aurait envoyé malgré lui par terre, ou grièvement blessé, ou mort peut-être. Le second religieux, voyant traiter ainsi son compagnon, prit ses jambes au cou de sa bonne mule, et enfila la venelle, aussi léger que le vent. Sancho Panza, qui vit l'autre moine par terre, sauta légèrement de sa monture, et, se jetant sur lui, se mit à lui ôter son froc et son capuce. Alors, deux valets qu'avaient les moines accoururent, et lui demandèrent pourquoi il déshabillait leur maître. Sancho leur répondit que ses habits lui appartenaient légitimement, comme dépouilles de la bataille qu'avait gagnée son seigneur don Quichotte. Les valets, qui n'entendaient pas raillerie et ne comprenaient rien à ces histoires de dépouilles et de bataille, voyant que don Quichotte s'était éloigné pour aller parler aux gens du carrosse, tombèrent sur Sancho, le jetèrent à la renverse, et, sans lui laisser poil de barbe au menton, le rouèrent si bien de coups, qu'ils le laissèrent étendu par terre, sans haleine et sans connaissance. Le religieux ne perdit pas un moment pour remonter sur sa mule, tremblant, épouvanté, et le visage tout blême de frayeur. Dès qu'il se vit à cheval, il piqua du côté de son compagnon, qui l'attendait assez loin de là, regardant comment finirait cette alarme ; et tous deux, sans vouloir attendre la fin de toute cette aventure, continuèrent en hâte leur chemin, faisant plus de signes de croix que s'ils eussent en le diable lui-même à leurs trousses.

Pour don Quichotte, il était allé, comme on l'a vu, parler à la dame du carrosse, et il lui disait :

« Votre Beauté, madame, peut désormais faire de sa personne tout ce qui sera le plus de son goût ; car la superbe de vos ravisseurs gît maintenant à terre, abattué par ce bras redoutable. Afin que vous ne soyez pas en peine du nom de votre libérateur, sachez que je m'appelle don Quichotte de la Manche, chevalier errant, et captif de la belle sans pareille doña Dulcinée du Toboso. Et, pour prix du bienfait que vous avez reçu de moi, je ne vous demande qu'une chose : c'est de retourner au Toboso, de vous présenter de ma part devant cette dame, et de lui raconter ce que j'ai fait pour votre liberté. »

Tout ce que disait don Quichotte était entendu par un des écuyers qui accompagnaient la voiture, lequel était Biscayen ; et celui-ci, voyant qu'il ne voulait pas laisser partir la voiture, mais qu'il prétendait, au contraire, la faire retourner au Toboso, s'approcha de don Quichotte, empoigna sa lance, et, dans une langue qui n'était pas plus du castillan que du biscayen, lui parla de la sorte :

« Va, chevalier, que mal ailles-tu ; par le Dieu qui créa moi, si le carrosse ne laisses, aussi bien mort tu es que Biscayen suis-je. »

Don Quichotte le comprit très-bien, et lui répondit avec un merveilleux sang-froid :

« Si tu étais chevalier, aussi bien que tu ne l'es pas, chétive créature, j'aurais déjà châtié ton audace et ton insolence. »

A quoi le Biscayen répliqua :

« Pas chevalier, moi ! je jure à Dieu, tant tu as menti comme chrétien. Si lance jettes et épée tires, à l'eau tu verras comme ton chat vite s'en va. Biscayen par terre, hidalgo par mer, hidalgo par le diable, et menti tu as si autre chose dis.

— C'est ce que nous allons voir, » répondit don Quichotte ; et, jetant sa lance à terre, il tire son épée, embrasse son écu, et s'élance avec fureur sur le Biscayen, résolu à lui ôter la vie.

Le Biscayen, qui le vit ainsi venir, aurait bien désiré sauter en bas de sa mule, mauvaise bête de louage sur laquelle on ne pouvait compter ; mais il n'eut que le temps de tirer son épée, et bien lui prit de se trouver près du carrosse, d'où il saisit un coussin pour s'en faire un bouclier. Aussitôt ils se jetèrent l'un sur l'autre, comme s'ils eussent été de mortels ennemis. Les assistants auraient voulu mettre le holà ; mais ils ne purent en venir à bout, parce que le Biscayen jurait en son mauvais jargon que, si on ne lui laissait achever la bataille, il tuerait lui-même sa maîtresse et tous ceux qui s'y opposeraient. La dame du carrosse, surprise et effrayée de ce qu'elle voyait, fit signe au cocher de se détourner un peu, et, de quelque distance, se mit à regarder la formidable rencontre.

En s'abordant, le Biscayen déchargea un si vigoureux coup de taille sur l'épaule de don Quichotte, que, si l'épée n'eût rencontré la rondache, elle ouvrait en deux notre chevalier jusqu'à la ceinture. Don Quichotte, qui ressentit la pesanteur de ce coup prodigieux, jeta un grand cri, en disant :

« O dame de mon âme, Dulcinée, fleur de beauté, secourez votre chevalier, qui, pour satisfaire à la bonté de votre cœur, se trouve en cette dure extrémité. »

Dire ces mots, serrer son épée, se couvrir de son écu, et assaillir le Biscayen, tout cela fut l'affaire d'un moment ; il s'élança, déterminé à tout aventurer à la chance d'un seul coup. Le Biscayen, le voyant ainsi venir à sa rencontre, jugea de son emportement par sa contenance, et résolut de jouer le même jeu que don Quichotte. Il l'attendait de pied ferme, bien couvert de son coussin, mais sans pouvoir tourner ni bouger sa mule, qui, harassée de fatigue et peu faite à de pareils jeux d'enfants, ne voulait avancer ni reculer d'un pas. Ainsi donc, comme on l'a dit, don Quichotte s'élançait, l'épée haute, contre le prudent Biscayen, dans le dessein de le fendre par la moitié, et le Biscayen l'attendait de même, l'épée en l'air, et abrité sous son coussin. Tous les assistants épouvantés attendaient avec anxiété l'issue des effroyables coups dont ils se menaçaient. La dame du carrosse offrait, avec ses femmes, mille vœux à tous les saints du paradis et mille cierges à toutes les chapelles d'Espagne, pour que Dieu délivrât leur écuyer et elles-mêmes du péril extrême qu'ils couraient. Mais le mal de tout cela, c'est qu'en cet endroit même l'auteur de cette histoire laisse la bataille indécise et pendante, donnant pour excuse qu'il n'a rien trouvé d'écrit sur les exploits de don Quichotte, de plus qu'il n'en a déjà raconté. Il est vrai que le second auteur de cet ouvrage ne voulut pas croire qu'une si curieuse histoire fût ensevelie dans l'oubli, et que les beaux esprits de la Manche se fussent montrés si peu jaloux de sa gloire, qu'ils n'eussent conservé dans leurs archives ou leurs bibliothèques quelques manuscrits qui traitassent de ce fameux chevalier. Ainsi donc, dans cette supposition, il ne désespéra point de rencontrer la fin de cette intéressante histoire, qu'en effet, par la faveur du ciel, il trouva de la manière qui sera rapportée dans la seconde partie.

LIVRE DEUXIÈME[1].

CHAPITRE IX.

OÙ SE CONCLUT ET TERMINE L'ÉPOUVANTABLE BATAILLE QUE SE LIVRÈRENT LE GAILLARD BISCAYEN ET LE VAILLANT MANCHOIS.

Nous avons laissé, dans la première partie de cette histoire, le valeureux Biscayen et le fameux don Quichotte, les épées nues et hautes, prêts à se décharger deux furieux coups de tranchant, tels que, s'ils eussent frappé en plein, ils ne se fussent rien moins que pourfendus de haut en bas, et ouverts en deux comme une grenade; mais justement à cet endroit critique, on a vu cette savoureuse histoire rester en l'air et démembrée, sans que l'auteur nous fît connaître où l'on pourrait en trouver la suite. Cela me causa beaucoup de dépit, car le plaisir d'en avoir lu si peu se changeait en déplaisir, quand je songeais quelle faible chance s'offrait de trouver tout ce qui me semblait manquer d'un conte si délectable. Toutefois il me parut vraiment impossible, et hors de toute bonne coutume, qu'un si bon chevalier eût manqué de quelque sage qui prît à son compte le soin d'écrire ses prouesses inouïes, chose qui n'avait manqué à aucun de ces chevaliers errants desquels les gens disent qu'ils vont à leurs aventures; car chacun d'eux avait toujours à point nommé un ou deux sages, qui non-seulement écrivaient leurs faits et gestes, mais qui enregistraient leurs plus petites et plus enfantines pensées, si cachées qu'elles pussent être². Et vraiment un si bon chevalier ne méritait pas d'être à ce point malheureux, qu'il manquât tout à fait de ce qu'un Platir et d'autres semblables avaient eu de reste. Aussi ne pouvais-je me décider à croire qu'une histoire si piquante fût restée incomplète et estropiée; j'en attribuais la faute à la malignité du temps, qui dévore et consume toutes choses, supposant qu'il la tenait cachée, s'il ne l'avait détruite. D'un autre côté, je me disais :

« Puisque, parmi les livres de notre héros, il s'en est trouvé d'aussi modernes que les *Remèdes à la jalousie* et les *Nymphes de Hénarès*, son histoire ne peut pas être fort ancienne, et, si elle n'a point été écrite, elle doit se retrouver encore dans la mémoire des gens de son village et des pays circonvoisins. »

Cette imagination m'échauffait la tête et me donnait un grand désir de connaître d'un bout à l'autre la vie et les miracles de notre fameux Espagnol don Quichotte de la Manche, lumière et miroir de la chevalerie manchoise, et le premier qui, dans les temps calamiteux de notre âge, ait embrassé la profession des armes errantes; le premier qui se soit mis à la besogne de défaire les torts, de secourir les veuves, de protéger les demoiselles, pauvres filles qui s'en allaient, le fouet à la main, sur leurs palefrois, par monts et par vaux, portant la charge et l'embarras de leur virginité, avec si peu de souci, que si quelque chevalier félon, quelque vilain armé en guerre, ou quelque démesuré géant ne leur faisait violence, il s'est trouvé telle de ces demoiselles, dans les temps passés, qui, au bout de quatre-vingts ans, durant lesquels elle n'avait pas couché une nuit sous toiture de maison, s'en est allée à la sépulture aussi vierge que la mère qui l'avait mise au monde². Je dis donc que, sous ce rapport et sous bien d'autres, notre don Quichotte est digne de perpétuelles et mémorables louanges; et vraiment, on ne doit pas me les refuser à moi-même pour la peine que j'ai prise et la diligence que j'ai faite dans le but de trouver la fin de cette histoire. Cependant je sais bien que si le ciel, le hasard et la fortune ne m'eussent aidé, le monde restait privé du passe-temps exquis que pourra goûter, presque deux heures durant, celui qui mettra quelque attention à la lire. Voici donc de quelle manière j'en fis la découverte :

Me trouvant un jour à Tolède, au marché d'Alcana, je vis un jeune garçon qui venait vendre à un marchand de soieries de vieux cahiers de papier. Comme je me plais beaucoup à lire, et jusqu'aux bribes de papier qu'on jette à la rue, poussé par mon inclination naturelle, je pris un des cahiers que vendait l'enfant, et je vis que les caractères en étaient arabes. Et comme, bien que je les reconnusse, je ne les savais pas lire, je me mis à regarder si je n'apercevais point quelque Morisque espagnolisé qui pût les lire pour moi, et je n'eus pas grande peine à trouver un tel interprète; car si je l'eusse cherché pour une langue plus sainte et plus ancienne, je l'aurais également trouvé. Enfin, le hasard m'en ayant amené un, je lui expliquai mon désir, et lui remis le livre entre les mains. Il l'ouvrit au milieu, et n'eut pas plutôt lu quelques lignes qu'il se mit à rire. Je lui demandai pourquoi il riait :

« C'est, me dit-il, d'une annotation qu'on a mise en marge de ce livre. »

Je le priai de me la faire connaître, et lui, sans cesser de rire :

« Voilà, reprit-il, ce qui se trouve écrit en marge : « Cette Dulcinée du « Toboso, dont il est si souvent fait mention dans la présente histoire, eut, dit-on, « pour saler les porcs, meilleure main qu'aucune autre femme de la Manche. »

Quand j'entendis prononcer le nom de Dulcinée du Toboso, je demeurai surpris et stupéfait, parce qu'aussitôt je m'imaginai que ces paperasses contenaient l'histoire de don Quichotte. Dans cette pensée, je le pressai de lire l'intitulé, et le Morisque, traduisant aussitôt l'arabe en castillan, me dit qu'il était ainsi conçu : *Histoire de don Quichotte de la Manche*, *écrite par Cid Hamed Ben-Engéli*, *historien arabe*. Il ne me fallut pas peu de discrétion pour dissimuler la joie que j'éprouvai quand le titre du livre parvint à mon oreille. L'arrachant des mains du marchand de soie, j'achetai au jeune garçon tous ces vieux cahiers pour un demi-réal; mais s'il eût eu l'esprit de deviner quelle envie j'en avais, il pouvait bien se promettre d'emporter plus de six réaux du marché.

M'éloignant bien vite avec le Morisque, je l'emmenai dans le cloître de la cathédrale, et le priai de me traduire en castillan tous ces cahiers, du moins ceux qui traitaient de don Quichotte, sans rien mettre ni rien omettre, lui offrant d'avance le prix qu'il exigerait. Il se contenta de cinquante livres de raisin sec et de quatre boisseaux de froment, et me promit de les traduire avec autant de promptitude que de fidélité. Mais moi, pour faciliter encore l'affaire, et ne pas me dessaisir d'une si belle trouvaille, j'emmenai le Morisque chez moi, où, dans l'espace d'un peu plus de six semaines, il traduisit toute l'histoire de la manière dont elle est ici rapportée[5].

Dans le premier cahier on voyait, peinte au naturel, la bataille de don Quichotte avec le Biscayen; tous deux dans la posture où l'histoire les avait laissés, les épées hautes, l'un couvert de sa redoutable rondache, l'autre de son coussin. La mule du Biscayen était si frappante qu'on reconnaissait qu'elle était de louage à une portée de mousquet. Le Biscayen avait à ses pieds un écriteau où on lisait : *Don Sancho de Azpeitia*, c'était sans doute son nom; et aux pieds de Rossinante il y en avait un autre qui disait *Don Quichotte*. Rossinante était merveilleusement représenté, si long et si roide, si mince et si maigre, avec une échine si saillante et un corps si étique, qu'il témoignait bien hautement avec quelle justesse et quel à-propos on lui avait donné le nom de Rossinante. Près de lui était Sancho Panza, qui tenait son âne par le licou, et au pied duquel on lisait sur un autre écriteau : *Sancho Zancas*. Ce nom venait sans doute de ce qu'il avait, comme le montrait la peinture, le ventre gros, la taille courte, les jambes grêles et cagneuses. C'est de là que durent lui venir les surnoms de Panza et de Zancas, que l'histoire lui donne indifféremment, tantôt l'un, tantôt l'autre[6].

Il y avait bien encore quelques menus détails à remarquer; mais ils sont de peu d'importance et n'ajoutent rien à la vérité de cette histoire, de laquelle on peut dire que nulle n'est mauvaise, pourvu qu'elle soit véritable. Si l'on pouvait élever quelque objection contre la sincérité de celle-ci, ce serait uniquement que son auteur fut de race arabe, et qu'il est fort commun aux gens de cette nation d'être menteurs. Mais, d'une autre part, ils sont tellement nos ennemis, qu'on pourrait plutôt l'accuser d'être resté en deçà du vrai que d'avoir été au delà. C'est mon opinion : car, lorsqu'il pourrait et devrait s'étendre en louanges sur le compte d'un si bon chevalier, on dirait qu'il les passe exprès sous silence, chose mal faite et plus mal pensée, puisque les historiens doivent être véridiques, ponctuels, jamais passionnés, sans que l'intérêt ni la crainte, la rancune ni l'affection, les fassent écarter du chemin de la vérité, dont la mère est l'histoire, émule du temps, dépôt des actions humaines, témoin du passé, exemple du présent, enseignement de l'avenir. Dans celle-ci, je sais qu'on trouvera tout ce que peut offrir la plus attrayante; et s'il y manque quelque bonne chose, je crois, à part moi, que ce fut plutôt la faute du chien de l'auteur que celle du sujet[7]. Enfin, suivant la traduction, la seconde partie commençait de la sorte :

A voir lever en l'air les tranchantes épées des deux braves et courroucés combattants, à voir leur contenance et leur résolution, on eût dit qu'ils menaçaient le ciel, la terre et l'abîme. Le premier qui déchargea son coup fut le colérique Biscayen, et ce fut avec tant de force et de fureur, que, si l'épée en tombant ne lui eût tourné dans la main, ce seul coup suffisait pour mettre fin au terrible combat et à toutes les aventures de notre chevalier. Mais sa bonne étoile, qui le réservait pour de plus grandes choses, fit tourner l'épée de son ennemi de manière que, bien qu'elle lui frappât en plein sur l'épaule gauche, elle ne lui fit d'autre mal que de lui désarmer tout ce côté-là, lui emportant de compagnie la moitié de la salade et la moitié de l'oreille; et tout cela s'écroula par terre avec un épouvantable fracas. Vive Dieu! qui pourrait à cette heure bonnement raconter de quelle rage fut saisi le cœur de notre Manchois, quand il se vit traiter de la sorte? On ne peut rien dire de plus, sinon qu'il se hissa de nouveau sur ses étriers, et, serrant son épée dans ses deux mains, il la déchargea sur le Biscayen avec une telle furie, en l'attrapant en plein sur le coussin et sur la tête, que, malgré cette bonne défense, et comme si une montagne se fût écroulée sur lui, celui-ci commença à jeter le sang par le nez, par la bouche et par les oreilles, faisant mine de tomber de la mule en bas, ce qui était infaillible s'il ne se fût accroché par les bras à son cou. Mais cependant ses pieds quittèrent les étriers, bientôt après ses bras s'étendirent, et la mule, épouvantée de ce terrible coup, se mettant à courir à travers les champs, en trois ou quatre bonds jeta son cavalier par terre.

Don Quichotte le regardait avec un merveilleux sang-froid : dès qu'il le vit tomber, il sauta de cheval, accourut légèrement, et, lui mettant la pointe de l'épée

DON QUICHOTTE.

entre les deux yeux, il lui cria de se rendre ou qu'il lui couperait la tête. Le Biscayen était trop étourdi pour pouvoir répondre un seul mot; et son affaire était faite, tant la colère aveuglait don Quichotte, si les dames du carrosse, qui jusqu'alors avaient regardé le combat tout éperdues, ne fussent accourues auprès de lui, et ne l'eussent supplié de faire, par faveur insigne, grâce de la vie à leur écuyer. A cela, don Quichotte répondit avec beaucoup de gravité et de hauteur :

« Assurément, mes belles dames, je suis ravi de faire ce que vous me demandez; mais c'est à une condition, et moyennant l'arrangement que voici : que ce chevalier me promette d'aller au village du Toboso, et de se présenter de ma part devant la sans pareille Dulcinée, pour qu'elle dispose de lui tout à sa guise. »

Tremblantes et larmoyantes, ces dames promirent bien vite, sans se faire expliquer ce que demandait don Quichotte, et sans s'informer même de ce qu'était Dulcinée, que leur écuyer ferait ponctuellement tout ce qui lui serait ordonné.

« Eh bien! reprit don Quichotte, sur la foi de cette parole, je consens à lui laisser la vie, bien qu'il ait mérité la mort. »

CHAPITRE X.

DU GRACIEUX ENTRETIEN QU'EURENT DON QUICHOTTE ET SANCHO PANZA, SON ÉCUYER.

Il y avait déjà quelque temps que Sancho Panza s'était relevé, un peu maltraité par les valets des moines, et, spectateur attentif de la bataille que livrait son seigneur don Quichotte, il priait Dieu du fond de son cœur de vouloir bien donner à celui-ci la victoire pour qu'il y gagnât quelque île et l'en fît gouverneur suivant sa promesse formelle. Voyant donc le combat terminé, et son maître prêt à remonter sur Rossinante, il accourut lui tenir l'étrier; mais avant de le laisser monter à cheval, il se mit à genoux devant lui, lui prit la main, la baisa, et lui dit :

« Que Votre Grâce, mon bon seigneur don Quichotte, veuille bien me donner le gouvernement de l'île que vous avez gagnée dans cette formidable bataille; car, si grande qu'elle puisse être, je me sens de force à la savoir gouverner aussi bien que quiconque s'est jamais mêlé de gouverner des îles en ce monde. »

A cela don Quichotte répondit :

« Prenez garde, mon frère Sancho, que cette aventure et celles qui lui ressemblent ne sont pas aventures d'îles, mais de croisières de grandes routes, où l'on ne gagne guère autre chose que s'en aller la tête cassée, ou avec une oreille de moins. Mais prenez patience, et d'autres aventures s'offriront où je pourrai vous faire non-seulement gouverneur, mais quelque chose de mieux encore. »

Sancho se confondit en remercîments, et, après avoir encore une fois baisé la main de don Quichotte et le pan de sa cotte de mailles, il l'aida à monter sur Rossinante, puis il enjamba son âne, et se mit à suivre son maître, lequel, s'éloignant à grands pas, sans prendre congé des dames du carrosse, entra dans un bois qui se trouvait près de là.

Sancho le suivait de tout le trot de sa bête; mais Rossinante cheminait si lestement, que, se voyant en arrière, force lui fut de crier à son maître de l'attendre. Don Quichotte retint la bride à Rossinante, et s'arrêta jusqu'à ce que son traînard d'écuyer l'eût rejoint.

« Il me semble, seigneur, dit ce dernier en arrivant, que nous ferions bien d'aller prendre asile dans quelque église; car ces hommes contre qui vous avez combattu sont restés en si piteux état, qu'on pourrait bien donner vent de l'affaire à la Sainte-Hermandad[1], et nous mettre dedans. Et, par ma foi, s'il en était ainsi, avant de sortir de prison, nous aurions à faire feu des quatre pieds.

— Tais-toi, reprit don Quichotte; où donc as-tu jamais vu ou lu qu'un chevalier errant ait été traduit devant la justice, quelque nombre d'homicides qu'il eût commis?

— Je ne sais rien en fait d'*homéciles*, répondit Sancho, et de ma vie ne l'ai essayé sur personne; mais je sais bien que ceux qui se battent au milieu des champs ont affaire à la Sainte-Hermandad, et c'est de cela que je ne veux pas me mêler.

— Eh bien! ne te mets pas en peine, mon ami, répondit don Quichotte; je te tirerai, s'il le faut, des mains des Philistins, à plus forte raison de celles de la Sainte-Hermandad. Mais, dis-moi, par ta vie! as-tu vu plus vaillant chevalier que moi sur toute la surface de la terre? As-tu lu dans les histoires qu'un autre ait eu plus d'intrépidité dans l'attaque, plus de résolution dans la défense, plus d'adresse à porter les coups, plus de promptitude à culbuter l'ennemi?

— La vérité est, répliqua Sancho, que je n'ai jamais lu d'histoire, car je ne sais ni lire ni écrire; mais ce que j'oserai bien gager, c'est qu'en tous les jours de ma vie, je n'ai pas servi un maître plus hardi que Votre Grâce; et Dieu veuille que ces hardiesses ne se payent pas comme j'ai déjà dit. Mais ce que je prie Votre Grâce de faire à cette heure, c'est de se panser, car elle perd bien du sang par cette oreille. J'ai dans le bissac de la charpie et un peu d'onguent blanc.

— Tout cela serait bien inutile, répondit don Quichotte, si je m'étais souvenu de faire une fiole du baume de Fierabras[2]; il n'en faudrait qu'une goutte pour épargner le temps et les remèdes.

— Quelle fiole et quel baume est-ce là? demanda Sancho.

— C'est un baume, répondit don Quichotte, dont je sais la recette par cœur, avec lequel il ne faut plus avoir peur de la mort, ni craindre de mourir d'aucune blessure. Aussi, quand je l'aurai composé et que je te le donnerai à tenir, tu n'auras rien de mieux à faire, si tu vois que, dans quelque bataille, on m'a fendu

1 — 16

par le milieu du corps, comme il nous arrive mainte et mainte fois, que de ramasser bien proprement la partie du corps qui sera tombée par terre; puis, avant que le sang soit gelé, tu la replaceras avec adresse sur l'autre moitié qui sera restée en selle, mais en prenant soin de les ajuster et de les emboîter bien exactement; ensuite tu me donneras à boire seulement deux gorgées du baume, et tu me verras revenir plus sain et plus frais qu'une pomme de reinette.

— S'il en est ainsi, reprit Sancho, je renonce dès maintenant au gouvernement de l'île promise, et je ne veux pas autre chose pour payement de mes bons et nombreux services, sinon que Votre Grâce me donne la recette de cette merveilleuse liqueur; car je m'imagine qu'en tout pays elle vaudra bien deux réaux l'once, et c'est tout ce qu'il me faut pour passer cette vie en repos et en joie. Mais il reste à savoir si la façon en est bien chère.

— Pour moins de trois réaux, reprit don Quichotte, on en peut faire plus de trois pintes.

— Par la vie du Christ! s'écria Sancho, qu'attend donc Votre Grâce, pour le faire et pour me l'apprendre?

— Paix, paix, ami! répondit don Quichotte; je t'enseignerai, j'espère, de bien plus grands secrets, et te ferai de bien plus grandes faveurs; mais pansons maintenant mon oreille, car elle me fait plus de mal que je ne voudrais. »

Sancho tira du bissac de la charpie et de l'onguent. Mais quand don Quichotte vint à s'apercevoir que sa salade était brisée, peu s'en fallut qu'il ne perdît l'esprit. Portant la main à son épée et levant les yeux au ciel, il s'écria :

« Je fais serment au Créateur de toutes choses, et sur les quatre saints Évangiles, de mener la vie que mena le grand marquis de Mantoue, lorsqu'il jura de venger la mort de son neveu Baudouin, c'est-à-dire de ne pas manger pain sur table, de ne pas folâtrer avec sa femme et de s'abstenir d'autres choses (lesquelles, bien que je ne m'en souvienne pas, je tiens pour comprises dans mon serment), jusqu'à ce que j'aie tiré pleine vengeance de celui qui m'a fait un tel préjudice. »

Sancho, entendant cela, l'interrompit :

« Que Votre Grâce fasse attention, dit-il, seigneur don Quichotte, que si le chevalier vaincu s'est acquitté de l'ordre qu'il a reçu, en allant se présenter devant ma dame Dulcinée du Toboso, il doit être quitte et déchargé, et ne mérite plus d'autre peine qu'il ne commette d'autre délit.

— Tu as parlé comme un oracle et touché le vrai point, répondit don Quichotte; ainsi j'annule mon serment en ce qui touche la vengeance à tirer du coupable; mais je le refais, le répète et le confirme de nouveau, quant à mener la vie que j'ai dite, jusqu'à ce que j'enlève par force, à quelque chevalier, une salade aussi belle et aussi bonne que celle-ci. Et ne t'avise pas de croire, Sancho, que je parle à l'étourdie; car je ne suis pas sans modèle en ce que je fais, et c'est ce qui se passa au pied de la lettre à propos de l'armet de Mambrin, qui coûta si cher à Sacripant[2].

— Croyez-moi, mon seigneur, répliqua Sancho, que Votre Grâce donne au diable de tels serments, qui nuisent à la santé autant qu'ils troublent la conscience. Sinon, dites-moi : nous n'avons, par hasard, qu'à passer plusieurs jours sans rencontrer d'homme armé et coiffé de salade, que ferons-nous dans ce cas? Faudra-t-il accomplir le serment malgré tant d'inconvénients et d'incommodités, comme de dormir tout vêtu, de ne pas coucher en lieu habité, et mille autres pénitences que contenait le serment de ce vieux fou de marquis de Mantoue, que Votre Grâce veut ratifier à présent[4]? Prenez donc garde qu'il ne passe pas d'hommes armés par ces chemins-ci, mais bien des muletiers et des charretiers, qui non-seulement ne portent pas de salades, mais peut-être n'en ont pas entendu seulement le nom en tous les jours de leur vie.

— C'est en cela que tu te trompes, reprit don Quichotte; car nous n'aurons pas cheminé deux heures par ces croisières de routes que nous y verrons plus de gens armés qu'il n'en vint devant la citadelle d'Albraque, à la conquête d'Angélique la Belle[5].

— Paix donc, et ainsi soit-il! répondit Sancho; Dieu permette que tout aille bien, et que le temps vienne de gagner cette île qui me coûte déjà si cher, dussé-je en mourir de joie!

— Je t'ai déjà dit, Sancho, reprit don Quichotte, de ne pas te mettre en souci de cela. Si nous manquons d'îles, voici le royaume de Dinamarque ou celui de Sobradise[6], qui t'iront comme une bague au doigt, d'autant mieux qu'étant en terre ferme, ils doivent te convenir davantage. Mais laissons chaque chose à son temps, et regarde dans ce bissac si tu n'aurais rien à manger, afin d'aller ensuite à la recherche de quelque château où nous puissions loger cette nuit, et faire le baume dont je t'ai parlé; car je jure Dieu que l'oreille me cuit cruellement.

— J'ai bien ici, répondit Sancho, un oignon, un peu de fromage, et je ne sais combien de vieilles croûtes de pain; mais ce ne sont pas des mets à l'usage d'un aussi vaillant chevalier que Votre Grâce.

— Que tu entends mal les choses! répondit don Quichotte. Apprends donc, Sancho, que c'est la gloire des chevaliers errants de ne pas manger d'un mois; et, s'ils mangent, de prendre tout ce qui se trouve sous la main. De cela tu ne ferais aucun doute, si tu avais lu autant d'histoires que moi. Quel qu'en ait été le nombre, je n'y ai pas trouvé la moindre mention que les chevaliers errants mangeassent, si ce n'est par hasard et dans quelques somptueux banquets qu'on leur offrait; mais, le reste du temps, ils vivaient de l'air qui court. Et, bien qu'il faille entendre qu'ils ne pouvaient passer la vie sans manger et sans satisfaire les autres nécessités naturelles, car, en effet, ils étaient hommes comme nous, il faut entendre aussi que, passant la vie presque entière dans les déserts et les forêts, sans cuisinier, bien entendu, leurs repas ordinaires devaient être des mets rustiques, comme ceux que tu m'offres à présent. Ainsi donc, ami Sancho, ne t'afflige pas de ce qui me fait plaisir, et n'essaye pas de rendre le monde neuf, ni d'ôter de ses gonds la chevalerie errante.

— Excusez-moi, reprit Sancho; car, ne sachant ni lire ni écrire, comme je l'ai déjà dit à Votre Grâce, je n'ai pas eu connaissance des règles de la profession chevaleresque; mais, dorénavant, je pourvoirai le bissac de toutes espèces de fruits secs pour Votre Grâce, qui est chevalier; et pour moi, qui ne le suis pas, je le pourvoirai d'autres objets volatiles et plus nourrissants.

— Je ne dis pas, Sancho, répliqua don Quichotte, qu'il soit obligatoire aux chevaliers errants de ne manger autre chose que les fruits dont tu parles; mais que leurs aliments les plus ordinaires devaient être ces fruits et quelques herbes qu'ils trouvaient au milieu des champs, lesquelles herbes ils savaient reconnaître, ce que je sais aussi bien qu'eux.

— C'est une grande vertu, répondit Sancho, que de connaître ces herbes; car, à ce que je vais m'imaginant, nous aurons besoin quelque jour de mettre cette connaissance à profit. »

Et, tirant en même temps du bissac ce qu'il avait dit y porter, ils se mirent à dîner tous deux en paisible et bonne compagnie. Mais désirant trouver un gîte pour la nuit, ils dépêchèrent promptement leur sec et pauvre repas. Ils remontèrent ensuite à cheval, et se donnèrent hâte pour arriver à quelque habitation avant la chute du jour; mais le soleil leur manqua, et avec lui l'espérance d'atteindre ce qu'ils cherchaient, près de quelques huttes de chevriers. Ils se décidèrent donc à y passer la nuit; et autant Sancho s'affligea de n'avoir pas trouvé l'abri d'une maison, autant son maître se réjouit de dormir à la belle étoile, parce qu'il lui semblait, chaque fois qu'il lui arrivait pareille chose, qu'il faisait un nouvel acte de possession, et justifiait d'une nouvelle preuve dans l'ordre de sa chevalerie.

CHAPITRE XI.

DE CE QUI ARRIVA À DON QUICHOTTE AVEC DES CHEVRIERS.

Notre héros reçut des chevriers un bon accueil ; et Sancho, ayant accommodé du mieux qu'il put pour la nuit Rossinante et son âne, flaira et découvrit, au fumet qu'ils répandaient, certains quartiers de chevreau qui bouillaient devant le feu dans une marmite.

Il aurait voulu, à l'instant même, voir s'ils étaient cuits assez à point pour les transvaser de la marmite en son estomac ; mais les chevriers lui en épargnèrent la peine. Ils les tirèrent du feu ; puis, étendant sur la terre quelques peaux de moutons, ils dressèrent en diligence leur table rustique, et convièrent de bon cœur les deux étrangers à partager leurs provisions. Six d'entre eux, qui se trouvaient dans la bergerie, s'accroupirent à l'entour des peaux, après avoir prié don Quichotte, avec de grossières cérémonies, de s'asseoir sur une auge en bois qu'ils avaient renversée pour lui servir de siége.

Don Quichotte s'assit, et Sancho resta debout pour lui servir à boire dans une coupe qui n'était pas de cristal, mais de corne. Son maître, le voyant debout, lui dit :

« Pour que tu voies, Sancho, tout le bien qu'enferme en soi la chevalerie errante, et combien ceux qui en exercent quelque ministère que ce soit sont toujours sur le point d'être honorés et estimés dans le monde, je veux qu'ici, à mon côté, et en compagnie de ces braves gens, tu viennes t'asseoir, et que tu ne fasses qu'un avec moi, qui suis ton maître et seigneur naturel, que tu manges dans mon assiette, que tu boives dans ma coupe; car on peut dire de la chevalerie errante précisément ce qu'on dit de l'amour, qu'elle égalise toutes choses.

— Grand merci! répondit Sancho. Mais je puis dire à Votre Grâce, que, pourvu que j'aie de quoi bien manger, je m'en rassasie, debout et à part moi, aussi bien et mieux qu'assis de pair avec un empereur. Et même, s'il faut dire toute la vérité, je trouve bien plus de goût à ce que je mange dans mon coin, sans contrainte et sans façons, ne fût-ce qu'un oignon sur du pain, qu'aux dindons gras des autres tables où il faut mâcher doucement, boire à petits coups, s'essuyer à toute minute; où l'on ne peut ni tousser, ni éternuer, quand l'envie vous en prend, ni faire autre chose enfin que permettent la solitude et la liberté. Ainsi donc, mon seigneur, ces honneurs que Votre Grâce veut me faire comme membre adhérant de la chevalerie errante, ayez la bonté de les changer en autres choses qui me soient plus à profit et à commodité; car ces honneurs, quoique je les tienne pour bien reçus, j'y renonce pour d'ici à la fin du monde.

— Avec tout cela, reprit don Quichotte, il faut que tu t'assoies, car celui qui s'humilie, Dieu l'élève. »

Et, le prenant par le bras, il le fit asseoir, par force, à côté de lui.

Les chevriers n'entendaient rien à ce jargon d'écuyers et de chevaliers errants, et ne faisaient autre chose que se taire, manger et regarder leurs hôtes, qui, d'aussi bonne grâce que de bon appétit, avalaient des morceaux gros comme le poing.

Quand le service des viandes fut achevé, ils étalèrent sur les nappes de peaux une grande quantité de glands doux, et mirent au milieu un demi-fromage, aussi dur que s'il eût été fait de mortier. Pendant ce temps, la corne ne restait pas oisive; car elle tournait si vite à la ronde, tantôt pleine, tantôt vide, comme les pots d'une roue à chapelet, qu'elle eut bientôt desséché une outre, de deux qui étaient en évidence.

Après que don Quichotte eut pleinement satisfait son estomac, il prit une poignée de glands dans sa main, et, les regardant avec attention, il se mit à parler de la sorte :

« Heureux âge, dit-il, et siècles heureux, ceux auxquels les anciens donnèrent le nom d'âge d'or, non point parce que ce métal, qui s'estime tant dans notre âge de fer, se recueillit sans aucune peine à cette époque fortunée, mais parce qu'alors ceux qui vivaient ignoraient ces deux mots, *tien* et *mien!* En ce saint âge, toutes choses étaient communes. Pour se procurer l'ordinaire soutien de la vie, personne, parmi les hommes, n'avait d'autre peine à prendre que celle

HEUREUX AGE, DIT-IL, ET SIÈCLES HEUREUX, CEUX AUXQUELS LES ANCIENS DONNÈRENT LE NOM D'AGE D'OR. — T. I, CH. XI.

d'étendre la main, et de cueillir sa nourriture aux branches des robustes chênes, qui les conviaient libéralement au festin de leurs fruits doux et mûrs. Les claires fontaines et les fleuves rapides leur offraient en magnifique abondance des eaux limpides et délicieuses. Dans les fentes des rochers, et dans le creux des arbres, les diligentes abeilles établissaient leurs républiques, offrant sans nul intérêt, à la main du premier venu, la fertile moisson de leur doux labeur. Les liéges vigoureux se dépouillaient d'eux-mêmes, et par pure courtoisie, des larges écorces dont on commençait à couvrir les cabanes, élevées sur des poteaux rustiques, et seulement pour se garantir de l'inclémence du ciel. Tout alors était paix, amitié, concorde. Le soc aigu de la pesante charrue n'osait point encore ouvrir et déchirer les pieuses entrailles de notre première mère; car, sans y être forcée, elle offrait, sur tous les points de son sein spacieux et fertile, ce qui pouvait alimenter, satisfaire et réjouir les enfants qu'elle y portait alors[1]. Alors aussi les simples et folâtres bergerettes s'en allaient de vallée en vallée et de colline en colline, la tête nue, les cheveux tressés, sans autres vêtements que ceux qui sont nécessaires pour couvrir pudiquement ce que la pudeur veut et voulut toujours tenir couvert; et leurs atours n'étaient pas de ceux dont on use à présent, où la soie de mille façons martyrisée se rehausse et s'enrichit de la pourpre de Tyr; c'étaient des feuilles entrelacées de bardane et de lierre, avec lesquelles, peut-être, elles allaient aussi pompeuses et parées que le sont aujourd'hui nos dames de la cour avec les étranges et galantes inventions que leur a enseignées l'oisive curiosité. Alors les amoureux mouvements de l'âme se montraient avec ingénuité, comme elle les ressentait, et ne cherchaient pas, pour se faire valoir, d'artificieux détours de paroles. Il n'y avait point de fraude, point de mensonge, point de malice qui vinssent se mêler à la franchise, à la bonne foi. La justice seule faisait entendre sa voix, sans qu'osât la troubler celle de la faveur ou de l'intérêt, qui l'étouffent maintenant et l'oppriment. La loi du bon plaisir ne s'était pas encore emparée de l'esprit du juge, car il n'y avait alors ni chose ni personne à juger. Les jeunes filles et l'innocence marchaient de compagnie, comme je l'ai déjà dit, sans guide et sans défense, et sans avoir à craindre qu'une langue effrontée ou de criminels desseins les souillassent de leurs atteintes; leur perdition naissait de leur seule et propre volonté. Et maintenant, en ces siècles détestables, aucune d'elles n'est en sûreté, fût-elle enfermée et cachée dans un nouveau labyrinthe de Crète: car, à travers les moindres fentes, la sollicitude et la galanterie se font jour; avec l'air pénètre la peste amoureuse, et tous les bons principes s'en vont à vau-l'eau. C'est pour remédier à ce mal que, dans la suite des temps, et la corruption croissant avec eux, on institua l'ordre des chevaliers errants, pour défendre les filles, protéger les veuves, favoriser les orphelins et secourir les malheureux[2]. De cet ordre-là, je suis membre, mes frères chevriers, et je vous remercie du bon accueil que vous avez fait à moi et à mon écuyer; car, bien que, par la loi naturelle, tous ceux qui vivent sur la terre soient tenus d'assister les chevaliers errants, toutefois, voyant que, sans connaître cette obligation, vous m'avez bien accueilli et bien traité, il est juste que ma bonne volonté réponde autant que possible à la vôtre. »

Toute cette longue harangue, dont il pouvait fort bien faire l'économie, notre chevalier l'avait débitée parce que les glands qu'on lui servit lui remirent l'âge d'or en mémoire, et lui donnèrent la fantaisie d'adresser ce beau discours aux chevriers, lesquels, sans lui répondre un mot, s'étaient tenus tout ébahis à l'écouter. Sancho se taisait aussi; mais il avalait des glands doux, et faisait de fréquentes visites à la seconde outre, qu'on avait suspendue à un liége pour que le vin se tînt frais.

Don Quichotte avait été plus long à parler que le souper à finir, et dès qu'il eut cessé, un des chevriers lui dit :

« Pour que Votre Grâce, seigneur chevalier errant, puisse dire avec plus de raison que nous l'avons régalée de notre mieux, nous voulons lui donner encore plaisir et divertissement, en faisant chanter un de nos compagnons, qui ne peut tarder à revenir. C'est un garçon très-entendu et très-amoureux, qui sait lire et écrire par-dessus le marché, et de plus est musicien, jouant d'une viole à ravir les gens. »

A peine le chevrier achevait ces mots, qu'on entendit le son de la viole[3], et bientôt on vit paraître celui qui en jouait, lequel était un jeune homme d'environ vingt-deux ans, et de fort bonne mine.

Ses compagnons lui demandèrent s'il avait soupé; il répondit que oui. Alors celui qui l'avait annoncé lui dit :

« De cette manière, Antonio, tu pourras bien nous faire le plaisir de chanter un peu, afin que ce seigneur, notre hôte, voie que, dans les montagnes et les forêts, on trouve aussi des gens qui savent la musique. Nous lui avons raconté tes talents, et nous désirons que tu les montres, afin de ne point passer pour menteurs. Ainsi, assieds-toi, je t'en prie, et chante-nous la chanson de tes amours, celle qu'a versifiée ton oncle le bénéficier, et que le village a trouvée si jolie.

— Très-volontiers, » répondit Antonio.

Et, sans se faire prier davantage, il s'assit sur une souche de chêne, accorda sa viole, et, un moment après, chanta de fort bonne grâce les couplets suivants :

« Je sais, Olalla, que tu m'adores, bien que tu ne m'en aies rien dit, même avec les yeux, ces langues muettes des amours.

« Parce que je sais que tu m'as compris, je me persuade que tu m'aimes, car jamais l'amour qui fut connu n'est resté malheureux.

« Il est vrai que maintes fois, Olalla, tu m'as fait croire que tu as l'âme de bronze, et que ton sein blanc couvre un cœur de rocher.

« Mais, à travers l'honnêteté de tes refus et de tes reproches, l'espérance laisse peut-être voir le pan de sa robe.

« Ma foi se jette sur l'amorce, n'ayant jamais eu de motif, ni de diminuer parce que j'étais refusé, ni de grandir parce que j'étais choisi.

« Si l'amour est courtoisie, de celle que tu montres je conclus que la fin de mes espérances sera telle que je l'imagine.

« Et si de bons offices sont capables d'adoucir un cœur, ceux que j'ai pu te rendre fortifient mon espoir.

« Car, pour peu que tu aies pris garde, tu auras vu plus d'une fois que je me suis vêtu le lundi de ce qui me faisait honneur le dimanche.

« Comme l'amour et la parure suivent toujours le même chemin, en tout temps à tes yeux j'ai voulu me montrer galant.

« Je laisse la danse à cause de toi, et je n'ai pas besoin de te rappeler les musiques que tu as entendues, à la nuit close ou au premier chant du coq.

« Je ne compte pas toutes les louanges que j'ai faites de ta beauté, lesquelles, si vraies qu'elles soient, m'ont mis très-mal avec quelques-unes de tes compagnes.

« Teresa del Berrocal me dit un jour que je te vantais : « Tel pense adorer
« un ange qui n'adore qu'un singe,
« Grâce à de nombreux joyaux, à des cheveux postiches, et à d'hypocrites
« beautés qui trompent l'amour même. »

« Je lui donnai un démenti; elle se fâcha; son cousin prit sa défense, il me défia, et tu sais bien ce qu'il a fait et ce que j'ai fait.

« Je ne t'aime pas à l'étourdie, et ne te fais pas une cour assidue pour que tu deviennes ma maîtresse; mon intention est plus honnête.

« L'Église a de saints nœuds qui sont des liens de soie; mets ta tête sous le joug, tu verras comme j'y mettrai la mienne.

« Si tu refuses, je jure ici, par le saint le plus révéré, de ne plus sortir de ces montagnes, sinon pour me faire capucin. »

En cet endroit, le chevrier cessa de chanter; et, quoique don Quichotte le priât de chanter encore quelque chose, Sancho Panza ne voulut pas y consentir, lui qui avait plus d'envie de dormir que d'entendre des chansons.

« Votre Grâce, dit-il à son maître, peut bien s'arranger dès à présent un gîte pour la nuit; car le travail que se donnent ces bonnes gens toute la journée ne permet pas qu'ils passent la nuit à chanter.

— Je te comprends, Sancho, lui répondit don Quichotte, et je m'aperçois bien que tes visites à l'outre exigent en retour plus de sommeil que de musique.

— Dieu soit loué! répondit Sancho, personne n'en a fait le dégoûté.

— J'en conviens, reprit don Quichotte, permis à toi de t'arranger à ta fantaisie; mais aux gens de ma profession, il sied mieux de veiller que de dormir. Cependant, il sera bien, Sancho, que tu me panses encore une fois cette oreille, qui me fait vraiment plus de mal qu'il n'est besoin. »

Sancho se mit en devoir d'obéir; mais un des chevriers, voyant la blessure, dit à don Quichotte de ne pas s'inquiéter, et qu'il allait employer un remède qui l'aurait bientôt guéri. Cueillant aussitôt quelques feuilles de romarin, qui était très-abondant en cet endroit, il les mâcha, les mêla d'un peu de sel, et lui appliquant cet emplâtre sur l'oreille, qu'il banda fortement, il l'assura qu'il n'était pas besoin d'un second médecin ; ce qui fut vrai.

CHAPITRE XII.

DE CE QUE RACONTA UN CHEVRIER À CEUX QUI ÉTAIENT AVEC DON QUICHOTTE.

Sur ces entrefaites, arriva un autre garçon, de ceux qui apportaient les provisions du village.

« Compagnons, leur dit-il, savez-vous ce qui se passe au pays?

— Et comment pourrions-nous le savoir? répondit l'un d'eux.

— Eh bien! sachez, reprit le nouveau venu, que, ce matin, est mort ce fameux Chrysostome, l'étudiant berger, et l'on murmure qu'il est mort d'amour pour cette endiablée de Marcelle, la fille de Guillaume le riche, celle qui se promène en habits de bergère à travers ces landes.

— Pour Marcelle, dis-tu? interrompit un chevrier.

— Pour elle-même, te dis-je; et ce qu'il y a de bon, c'est qu'il a ordonné par son testament qu'on l'enterrât au milieu des champs, comme s'il était More, et précisément au pied de la roche d'où coule la fontaine du Liége; car, à ce qu'on rapporte qu'il a dit, ce fut en cet endroit qu'il la vit pour la première fois. Et il a aussi ordonné d'autres choses telles que les marguilliers du pays disent qu'il ne faut pas les exécuter et que ce serait très-mal fait, parce qu'elles sentent le païen. A tout cela son grand ami Ambroise l'étudiant, qui s'est aussi déguisé en berger comme lui, répond qu'il faut tout accomplir, sans que rien y manque, de ce qu'a ordonné Chrysostome, et c'est là-dessus que le village s'est mis en émoi. Mais enfin, dit-on, il faudra faire ce que veulent Ambroise et tous les autres bergers ses amis. Demain on vient l'enterrer en grande pompe où je viens de vous dire; et m'est avis que ce sera une belle chose à voir; du moins je ne manquerais pas d'aller m'en régaler, si je savais n'avoir pas besoin de retourner au pays.

— Nous ferons tous de même, répondirent les chevriers, et nous tirerons au sort à qui gardera les chèvres des autres.

— Tu as raison, Pédro, reprit l'un d'eux; mais il ne sera pas besoin de se donner cette peine, car je resterai pour tous; et ne crois pas que ce soit vertu de ma part, ou manque de curiosité : c'est que l'épine qui me traversa le pied l'autre jour ne me laisse pas faire un pas.

— Nous ne t'en sommes pas moins obligés, » répondit Pédro.

Alors, don Quichotte pria celui-ci de lui dire quel était ce mort et quelle était cette bergère. A quoi Pédro répondit que tout ce qu'il savait, c'est que ce mort était un fils d'hidalgo, fort riche, qui habitait un bourg de ces montagnes; qu'il avait passé plusieurs années étudiant à Salamanque, au bout desquelles il était revenu dans son pays, avec la réputation d'être très-savant et grand liseur de livres.

« On dit, ajouta Pédro, qu'il savait principalement la science des étoiles, et tout ce que font là-haut dans le ciel le soleil et la lune : car il nous annonçait ponctuellement les *éclisses* de la lune et du soleil.

— C'est éclipses, mon ami, et non éclisses, interrompit don Quichotte, que s'appelle l'obscurcissement momentané de ces deux grandes lumières célestes. »

Mais Pédro, qui ne regardait pas à ces bagatelles, poursuivit son conte en disant :

« Il devinait tout de même quand l'année devait être abondante ou *strile*.

— Stérile, vous voulez dire, mon ami, interrompit de nouveau don Quichotte.

— Stérile ou strile, reprit Pédro, c'est tout un, et je dis donc que de ce qu'il leur disait, ses parents et ses amis s'enrichirent, ceux du moins qui avaient confiance en lui, et qui suivaient ses conseils. Cette année, leur disait-il, semez de l'orge et non du froment; celle-ci, vous pouvez semer des pois, mais pas d'orge; celle qui vient sera d'une grande abondance en huile, et les trois suivantes on n'en récoltera pas une goutte.

— Cette science s'appelle *astrologie*, dit don Quichotte.

— Je ne sais comment elle s'appelle, répliqua Pédro, mais je sais qu'il savait tout cela, et bien d'autres choses. Finalement, il ne s'était pas encore passé bien des mois depuis son retour de Salamanque, quand, un beau matin, il s'éveilla vêtu en berger avec sa houlette et sa veste de peau, ayant jeté aux orties le long manteau d'étudiant. Et en même temps, son grand ami Ambroise, qui avait été son camarade d'étude, s'habilla aussi en berger. J'oubliais de dire que Chrysostome le défunt fut un fameux homme pour composer des chansons, tellement qu'il faisait les noëls qui se chantent pour la naissance du Seigneur, et les comédies de la Fête-Dieu, que représentaient les garçons de notre village, et tout le monde disait que c'était d'un beau achevé. Quand ceux du village virent tout à coup en bergers les deux étudiants, ils restèrent bien étonnés, et personne ne pouvait deviner pour quelle raison ils avaient fait une si drôle de transformation. Dans ce temps-là, le père de notre Chrysostome venait de mourir ; de manière qu'il resta héritier d'une bien jolie fortune, tant en meubles qu'en biens-fonds, sans compter bon nombre de têtes de bétail gros et menu, et une grande quantité d'argent comptant. De tout cela, le jeune homme resta maître absolu et dissolu ; et il le méritait bien, en vérité ; car c'était un bon compagnon, charitable, ami des braves gens, et il avait une figure de bénédiction. Ensuite, on vint à reconnaître que ce changement d'habit ne s'était fait que pour courir dans les déserts de ces montagnes après cette bergère Marcelle que notre camarade a nommée tout à l'heure, et de qui s'était amouraché le pauvre défunt Chrysostome.

« Et je veux vous dire à présent, parce qu'il faut que vous le sachiez, quelle est cette créature ; peut-être, et même sans peut-être, vous n'aurez rien entendu de pareil dans tous les jours de votre vie, dussiez-vous vivre plus d'années que Mathieu Salé.

— Dites Mathusalem, interrompit don Quichotte, qui ne pouvait souffrir les équivoques du chevrier.

— Salem ou Salé, la distance n'est pas grande, répliqua Pédro, et si vous vous mettez, seigneur, à éplucher toutes mes paroles, nous n'aurons pas fini au bout de l'année.

— Pardon, mon ami, reprit don Quichotte, la distance est plus grande que vous ne pensez ; mais continuez votre histoire, et je ne vous reprendrai plus sur rien.

— Je disais donc, seigneur de mon âme, reprit le chevrier, qu'il y eut dans notre village un laboureur encore plus riche que le père de Chrysostome, qui s'appelait Guillaume, et auquel Dieu donna, par-dessus toutes ses grandes richesses, une fille dont la mère mourut en la mettant au monde. Cette mère était bien la plus respectable femme qu'il y eût dans tous les environs. Il me semble que je la vois encore, avec cette figure qui était la moitié du soleil et la moitié de la lune ; et surtout elle était bonne ménagère et bonne amie des pauvres, si bien que je crois qu'au jour d'aujourd'hui son âme est dans la gloire de Dieu. Du chagrin de la mort d'une si brave femme, son mari Guillaume en mourut, laissant sa fille Marcelle toute petite, mais grandement riche, au pouvoir d'un sien oncle, prêtre et bénéficier dans le pays. L'enfant grandit en âge, et grandit en beauté, tellement qu'elle nous rappelait sa mère, qui en avait eu beaucoup, et l'on jugeait même que la fille passerait un jour la mère. Et il en fut ainsi, car dès qu'elle eut atteint quatorze à quinze ans, personne ne pouvait la voir sans bénir Dieu de l'avoir créée si belle, et la plupart s'en retournaient fous d'amour. Son oncle la gardait dans la retraite et le recueillement; mais néanmoins la renommée de sa grande beauté s'étendit de telle façon qu'à cause d'elle et de sa richesse, non-seulement les jeunes gens du pays, mais ceux de plusieurs lieues à la ronde, et les plus huppés, sollicitaient et importunaient l'oncle afin qu'il la leur donnât pour femme. Mais lui, qui va droit son chemin comme un bon chrétien, quoiqu'il eût voulu la marier dès qu'il la vit en âge de l'être, il ne voulut pas pourtant forcer son consentement, et cela, sans prendre garde au bénéfice qu'il trouvait à garder la fortune de la petite tant qu'il différait son mariage. Et, par ma foi, c'est ce qu'on a dit à plus d'une veillée du village à la louange du bon prêtre. Et je veux que vous sachiez, seigneur errant, que, dans ces petits pays, on parle de tout et on mord sur tout; et vous pouvez bien vous mettre dans la tête, comme je me le suis mis, qu'un curé doit être bon hors de toute mesure pour obliger ses paroissiens à dire du bien de lui, surtout dans les villages.

— C'est bien la vérité, s'écria don Quichotte; mais continuez, je vous prie, car l'histoire est bonne, et vous la contez, bon Pédro, avec fort bonne grâce.

— Que celle du Seigneur ne me manque pas, reprit Pédro, c'est celle qui importe le plus.

« Et vous saurez, du reste, que l'oncle proposait bien exactement à la nièce chacun des partis qui se présentaient, en lui vantant leurs qualités et en la pressant de choisir un mari de son goût; elle, jamais ne lui répondit autre chose, sinon qu'alors elle ne voulait pas se marier, et qu'étant si jeune, elle se sentait trop faible pour porter le fardeau d'un ménage. Avec ces excuses, qui lui semblaient raisonnables, l'oncle cessait de l'importuner, et attendait qu'elle eût pris un peu d'âge, et qu'elle sût choisir une compagnie de son goût :

« Car, disait-il, et il disait fort bien, il ne faut pas que les parents engagent les enfants contre leur gré. »

« Mais ne voilà-t-il pas qu'un beau matin, sans que personne s'y fût attendu, la dédaigneuse Marcelle se fait et se montre bergère; et, sans que son oncle et tous les gens du pays pussent l'en dissuader, la voilà qui s'en va aux champs avec les autres filles du village, et garde elle-même son troupeau; et, par ma foi, dès qu'elle se fit voir en public et que sa beauté parut au grand jour, je ne saurais plus vous dire combien de riches jeunes gens, hidalgos ou laboureurs, ont pris le costume de Chrysostome, et s'en vont lui faire la cour à travers les champs.

« Un d'eux, comme vous le savez déjà, était notre défunt, duquel on disait qu'il ne l'aimait pas, mais qu'il l'adorait. Et qu'on ne pense pas que, pour s'être mise en cette vie si libre et si relâchée, Marcelle ait rien fait, même en apparence, qui fût au détriment de sa chasteté; au contraire, elle garde son honneur avec tant de vigilance, que, de tous ceux qui la servent et la sollicitent, aucun n'a pu ni ne pourra se flatter qu'elle lui ait laissé la plus petite espérance d'agréer ses désirs, et, bien qu'elle ne fuie ni la compagnie ni la conversation des bergers, et qu'elle les traite fort amicalement, dès que l'un d'eux s'avise de lui découvrir son intention, quoique juste et sainte autant que l'est celle du mariage, elle le chasse bien loin d'elle comme avec un mousquet. De manière qu'avec cette humeur et cette façon d'être, elle fait plus de mal dans ce pays que si une contagion de peste s'y était déclarée, car sa douceur et sa beauté attirent les cœurs de tous ceux qui la voient : ils s'empressent de la servir, de l'aimer, et bientôt son indifférence et sa rigueur les mènent au désespoir. Aussi ne savent-ils faire autre chose que de l'appeler à grands cris ingrate et cruelle, et de lui donner d'autres noms semblables qui peignent bien son genre de caractère, et si vous deviez rester ici quelques jours, vous entendriez, seigneur, résonner ces montagnes et ces vallées des plaintes de ces amants rebutés qui la suivent.

« Près de ces huttes est un endroit où sont réunis presque deux douzaines de grands hêtres, et il n'y en a pas un qui n'ait sur sa lisse écorce le nom de Marcelle écrit et gravé ; quelquefois une couronne est gravée au-dessus du nom, comme si son amant avait voulu dire qu'elle mérite et porte la couronne de la beauté. Ici soupire un berger, là se plaint un autre ; par ici on entend des chants d'amour ; par là, des stances de tristesse et de désespoir. Tel passe toutes les heures de la nuit assis au pied d'un chêne ou d'un rocher, et le soleil le trouve, au matin, absorbé dans ses pensées, sans qu'il ait fermé ses paupières humides ; tel autre, pendant la plus insupportable ardeur de l'été, reste étendu sur la poussière brûlante pour envoyer ses plaintes au ciel compatissant. De l'un, de l'autre et de tous ensemble se moque et triomphe la belle Marcelle. Nous tous qui la connaissons, nous sommes curieux de voir où aboutira sa fierté, et quel sera l'heureux prétendant qui doit venir à bout de dompter une humeur si farouche, de posséder une beauté si parfaite. Et, comme tout ce que j'ai dit est la vérité la plus avérée, je me figure qu'il en est de même de ce qu'a conté notre compagnon sur la mort de Chrysostome. Je vous conseille donc, seigneur, de ne pas manquer de vous trouver à son enterrement : c'est une chose à voir, car Chrysostome a bien des amis, et d'ici à l'endroit où il a ordonné qu'on l'enterrât, il n'y a pas une demi-lieue.

— J'en fais mon affaire, répondit don Quichotte, et je vous remercie du plaisir que vous m'avez fait en me contant une si intéressante histoire.

— Oh! ma foi, répliqua le chevrier, je ne sais pas la moitié des aventures arrivées aux amants de Marcelle ; mais il se pourrait que, chemin faisant, nous rencontrassions demain quelque berger qui nous contât le reste. Quant à présent, vous ferez bien d'aller dormir sous l'abri d'un toit ; car le serein pourrait faire mal à votre blessure, bien que le remède qu'on y a mis soit tel qu'il n'y ait plus d'accident à craindre. »

Sancho Panza, qui donnait au diable le chevrier et ses bavardages, pressa son maître d'aller se coucher dans la cabane de Pédro. Don Quichotte à la fin céda; mais ce fut pour donner le reste de la nuit au souvenir de sa dame Dulcinée, à l'imitation des amants de Marcelle. Quant à Sancho, il s'arrangea sur la paille, entre Rossinante et son âne, et dormit, non comme un amant rebuté, mais comme un homme qui a l'estomac plein et le dos roué de coups.

CHAPITRE XIII.

OÙ SE TERMINE L'HISTOIRE DE LA BERGÈRE MARCELLE, AVEC D'AUTRES ÉVÉNEMENTS.

Mais à peine l'aurore commençait à se montrer, comme disent les poëtes, sur les balcons de l'Orient, que cinq des six chevriers se levèrent, furent appeler don Quichotte, et lui dirent, s'il avait toujours l'intention d'aller voir l'enterrement de Chrysostome, qu'ils étaient prêts à lui tenir compagnie. Don Quichotte, qui ne désirait pas autre chose, se leva, et ordonna à Sancho de mettre à leurs bêtes la selle et le bât. Sancho obéit en diligence, et, sans plus de retard, toute la troupe se mit en chemin.

Ils n'eurent pas fait un quart de lieue, qu'à la croisière du sentier ils virent venir de leur côté six à sept bergers vêtus de vestes de peaux noires, la tête couronnée de guirlandes de cyprès et de laurier-rose, et tenant chacun à la main un fort bâton de houx. Après eux venaient deux gentilshommes à cheval, en bel équipage de route, avec trois valets de pied qui les accompagnaient. En s'abordant, les deux troupes se saluèrent avec courtoisie, et s'étant demandé les uns aux autres où ils allaient, ils surent que tous se rendaient au lieu de l'enterrement ; ils se mirent donc à cheminer tous de compagnie. Un des cavaliers, s'adressant à son compagnon :

« Il me semble, seigneur Vivaldo, lui dit-il, que nous n'aurons point à regretter le retard que nous coûtera le spectacle de cette fameuse cérémonie, qui ne pourra manquer d'être fameuse, d'après les choses étranges que nous ont contées ces bonnes gens, aussi bien du berger défunt que de la bergère homicide.

— C'est ce que je pense aussi, répondit Vivaldo, et j'aurais retardé mon voyage, non d'un jour, mais de quatre, pour en être témoin. »

Don Quichotte alors leur demanda ce qu'ils avaient ouï dire de Marcelle et de Chrysostome. Le voyageur répondit que, ce matin même, ils avaient rencontré ces bergers, et que, les voyant en ce triste équipage, ils leur avaient demandé pour quelle cause ils allaient ainsi costumés ; que l'un d'eux la leur conta, ainsi que la beauté et l'étrange humeur d'une bergère appelée Marcelle, la multitude d'amoureux qui la recherchaient, et la mort de ce Chrysostome à l'enterrement duquel ils allaient assister. Finalement, il répéta tout ce qu'avait déjà conté Pédro à don Quichotte.

Cet entretien fini, un autre commença, le cavalier qui se nommait Vivaldo ayant demandé à don Quichotte quel était le motif qui le faisait voyager armé de la sorte, en pleine paix et dans un pays si tranquille. A cela, don Quichotte répondit :

« La profession que j'exerce et les vœux que j'ai faits ne me permettent point d'aller d'une autre manière. Le repos, la bonne chère, les divertissements furent inventés pour d'efféminés gens de cour ; mais les fatigues, les veilles et les armes ne furent inventées que pour ceux que le monde appelle chevaliers errants, desquels, quoique indigne et le moindre de tous, j'ai l'honneur de faire partie. »

Dès qu'on entendit sa réponse, tout le monde le tint pour fou ; mais, afin de s'en assurer davantage, et de voir jusqu'au bout de quelle espèce était sa folie, Vivaldo, revenant à la charge, lui demanda ce qu'on entendait par chevaliers errants.

« Vos Grâces n'ont-elles jamais lu, répondit don Quichotte, les chroniques et les annales d'Angleterre, où il est question des fameux exploits du roi Arthur, que dans notre idiome castillan nous appelons le roi Artus, et duquel une antique tradition, reçue dans tout le royaume de la Grande-Bretagne, raconte qu'il ne mourut pas, mais qu'il fut, par art d'enchantement, changé en corbeau, et que, dans la suite des temps, il doit venir reprendre sa couronne et son sceptre ; ce qui fait que, depuis cette époque jusqu'à nos jours, on ne saurait prouver qu'aucun Anglais ait tué un corbeau [1]. Eh bien ! c'est dans le temps de ce bon roi que fut institué ce fameux ordre de chevalerie appelé la *Table-Ronde* [2], et que se passèrent de point en point, comme on les conte, les amours de don Lancelot du Lac et de la reine Genièvre, amours dont la confidente et la médiatrice était cette respectable duègne Quintagnonne, pour laquelle fut fait ce romance si connu et si répété dans notre Espagne :

« Onc chevalier ne fut sur terre
Des dames si bien accueilli,
Qu'à son retour de l'Angleterre
Don Lancelot n'en fût servi[2] ;

ainsi que cette progression si douce et si charmante de ses hauts faits amoureux et guerriers. Depuis lors, et de main en main, cet ordre de chevalerie alla toujours croissant et s'étendant aux diverses parties du monde. Ce fut en son sein que se rendirent fameux et célèbres par leurs actions le vaillant Amadis de Gaule, avec tous ses fils et petits-fils, jusqu'à la cinquième génération, et le valeureux Félix-Mars d'Hyrcanie, et cet autre qu'on ne peut jamais louer assez, Tirant le Blanc ; et qu'enfin, presque de nos jours, nous avons vu, entendu et connu l'invincible chevalier don Bélianis de Grèce. Voilà, seigneur, ce que c'est que d'être chevalier errant ; voilà de quel ordre de chevalerie je vous ai parlé, ordre dans lequel, quoique pécheur, j'ai fait profession, professant tout ce qu'ont professé les chevaliers dont je viens de faire mention. Voilà pourquoi je vais par ces solitudes et ces déserts, cherchant les aventures, bien déterminé à risquer mon bras et ma vie dans la plus périlleuse que puisse m'envoyer le sort, si c'est au secours des faibles et des affligés. »

Il n'en fallut pas davantage pour achever de convaincre les voyageurs que don Quichotte avait le jugement à l'envers, et pour leur apprendre de quelle espèce de folie il était possédé ; ce qui leur causa le même étonnement qu'à tous ceux qui, pour la première fois, en prenaient connaissance. Vivaldo, qui avait l'esprit vif et l'humeur enjouée, désirant passer sans ennui le peu de chemin qui leur restait à faire pour arriver à la colline de l'enterrement, voulut lui offrir l'occasion de poursuivre ses extravagants propos :

« Il me semble, seigneur chevalier errant, lui dit-il, que Votre Grâce a fait profession dans un des ordres les plus rigoureux qu'il y ait sur la terre ; et, si je ne m'abuse, la règle même des frères chartreux n'est pas si étroite.

— Aussi étroite, c'est possible, répondit notre don Quichotte ; mais aussi nécessaire au monde, c'est une chose que je suis à deux doigts de mettre en doute ; car, s'il faut parler vrai, le soldat qui exécute ce que lui ordonne son capitaine ne fait pas moins que le capitaine qui a commandé. Je veux dire que les religieux, en tout repos et en toute paix, demandent au ciel le bien de la terre ; mais nous, soldats et chevaliers, nous mettons en pratique ce qu'ils mettent en prière, faisant ce bien par la valeur de nos bras et le tranchant de nos épées, non point à l'abri des injures du temps, mais à ciel découvert, en butte aux insupportables rayons du soleil d'été, et aux glaces hérissées de l'hiver. Ainsi, nous sommes les ministres de Dieu sur la terre, et les bras par qui s'y exerce sa justice. Et, comme les choses de la guerre et toutes celles qui s'y rattachent ne peuvent être mises à exécution que par le travail excessif, la sueur et le sang, il suit de là que ceux qui en font profession accomplissent, sans aucun doute, une œuvre plus grande que ceux qui, dans le calme et la sécurité, se contentent d'invoquer Dieu pour qu'il prête son aide à ceux qui en ont besoin. Je ne veux pas dire pour cela (rien n'est plus loin de ma pensée) que l'état de chevalier errant soit aussi saint que celui de moine cloîtré; je veux seulement inférer des fatigues et des privations que j'endure, qu'il est plus pénible, plus laborieux, plus misérable, plus sujet à la faim, à la soif, à la nudité, à la vermine. Il n'est pas douteux, en effet, que les chevaliers errants des siècles passés n'aient éprouvé bien des souffrances dans le cours de leur vie; et si quelques-uns s'élevèrent par la valeur de leur bras jusqu'à devenir empereurs[4], il leur en a coûté, par ma foi, un bon prix payé en sueur et en sang; encore, si ceux qui montèrent jusqu'à ce haut degré eussent manqué d'enchanteurs et de sages qui les protégeassent, ils seraient restés bien déçus dans leurs espérances et bien frustrés dans leurs vœux.

— C'est assurément mon avis, répliqua le voyageur; mais une chose qui, parmi beaucoup d'autres, me choque de la part des chevaliers errants, c'est que, lorsqu'ils se trouvent en occasion d'affronter quelque grande et périlleuse aventure, où ils courent manifestement risque de la vie, jamais, en ce moment critique, ils ne se souviennent de recommander leur âme à Dieu, comme tout bon chrétien est tenu de le faire en semblable danger; au contraire, ils se recommandent à leurs dames avec autant d'ardeur et de dévotion que s'ils en eussent fait leur Dieu; et cela, si je ne me trompe, sent quelque peu le païen[5].

— Seigneur, répondit don Quichotte, il n'y a pas moyen de faire autrement; et le chevalier qui ferait autre chose se mettrait dans un mauvais cas. Il est reçu en usage et passé en coutume dans la chevalerie errante, que le chevalier errant qui est en présence de sa dame au moment d'entreprendre quelque grand fait d'armes tourne vers elle amoureusement les yeux, comme pour lui demander par son regard qu'elle le secoure et le favorise dans le péril qui le presse; et même lorsque personne ne peut l'entendre, il est tenu de murmurer quelques mots entre les dents pour se recommander à elle de tout son cœur; et de cela nous avons dans les histoires d'innombrables exemples. Mais il ne faut pas croire cependant que les chevaliers s'abstiennent de recommander leur âme à Dieu; ils trouveront temps et lieu pour le faire pendant la besogne[6].

— Avec tout cela, répliqua le voyageur, il me reste un scrupule. J'ai lu bien des fois que deux chevaliers errants en viennent aux gros mots, et, de parole en parole, voilà que leur colère s'enflamme, qu'ils font tourner leurs chevaux pour prendre du champ, et que tout aussitôt, sans autre forme de procès, ils reviennent se heurter à bride abattue, se recommandant à leurs dames au milieu de la carrière. Et ce qui arrive le plus ordinairement de ces rencontres, c'est que l'un des chevaliers tombe à bas de son cheval, percé d'outre en outre par la lance de son ennemi, et que l'autre, à moins de s'empoigner aux crins, descendrait aussi par terre. Or comment le mort a-t-il eu le temps de recommander son âme à Dieu, dans le cours d'une besogne si vite expédiée? Ne vaudrait-il pas mieux que les paroles qu'il emploie pendant la course à se recommander à sa dame fussent employées à ce qu'il est tenu de faire comme bon chrétien? d'autant plus que j'imagine, à part moi, que les chevaliers errants n'ont pas tous des dames à qui se recommander, car enfin ils ne sont pas tous amoureux.

— Cela ne peut être, s'écria don Quichotte; je dis que cela ne peut être, et qu'il est impossible qu'il y ait un chevalier errant sans dame : pour eux tous, il est aussi bien de nature et d'essence d'être amoureux, que pour le ciel d'avoir des étoiles. A coup sûr vous n'avez jamais vu d'histoires où se rencontre un chevalier errant sans amours, car, par la raison même qu'il n'en aurait point, il ne serait pas tenu pour légitime chevalier, mais pour bâtard, et l'on dirait qu'il est entré dans la forteresse de l'ordre, non par la grande porte, mais par-dessus les murs, comme un larron et un brigand[1].

— Néanmoins, reprit le voyageur, il me semble, si j'ai bonne mémoire, avoir lu que don Galaor, frère du valeureux Amadis de Gaule, n'eut jamais de dame attitrée, de laquelle il pût se réclamer dans les périls; et pourtant il n'en fut pas moins tenu pour un vaillant et fameux chevalier. »

A cela notre don Quichotte répondit :

« Seigneur, une seule hirondelle ne fait pas le printemps; d'ailleurs, je sais de bonne source qu'en secret ce chevalier était réellement amoureux. En outre, cette manie d'en conter à toutes celles qu'il trouvait à son gré, c'était une complexion naturelle et particulière qu'il ne pouvait tenir en bride. Mais néanmoins, il est parfaitement avéré qu'il n'avait qu'une seule dame maîtresse de sa volonté et de ses pensées, à laquelle il se recommandait mainte et mainte fois, mais très-secrètement, car il se piquait d'être amant discret[2].

— Puisqu'il est de l'essence de tout chevalier errant d'être amoureux, reprit le voyageur, on peut bien croire que Votre Grâce n'a point dérogé à cette règle de l'état qu'elle professe, et si Votre Grâce ne se pique pas d'être aussi discret que don Galaor, je vous supplie ardemment, au nom de toute cette compagnie et au mien propre, de nous apprendre le nom, la patrie, la qualité et les charmes de votre dame. Elle ne peut manquer de tenir à grand bonheur que tout le monde sache qu'elle est aimée et servie par un chevalier tel que nous paraît Votre Grâce. »

A ces mots don Quichotte poussa un grand soupir :

« Je ne pourrais affirmer, dit-il, si ma douce ennemie désire ou craint que le monde sache que je suis son serviteur; seulement je puis dire, en répondant à la prière qui m'est faite avec tant de civilité, que son nom est Dulcinée; sa patrie, le Toboso, village de la Manche; sa qualité, au moins celle de princesse, puisqu'elle est ma reine et ma dame; et ses charmes, surhumains, car en elle viennent se réaliser et se réunir tous les chimériques attributs de la beauté que les poëtes donnent à leurs maîtresses. Ses cheveux sont des tresses d'or, son front des champs élyséens, ses sourcils des arcs-en-ciel, ses yeux des soleils, ses joues des roses, ses lèvres du corail, ses dents des perles, son cou de l'albâtre, son sein du marbre, ses mains de l'ivoire, sa blancheur celle de la neige, et ce que la pudeur cache aux regards des hommes est tel, je m'imagine, que le plus judicieux examen pourrait seul en reconnaître le prix, mais non pas y trouver des termes de comparaison.

— Maintenant, reprit Vivaldo, nous voudrions savoir son lignage, sa souche et sa généalogie.

— Elle ne descend pas, répondit don Quichotte, des Curtius, Caïus et Scipion de l'ancienne Rome, ni des Colonna et Ursini de la moderne, ni des Moncada et Réquésen de Catalogne, ni des Rébella et Villanova de Valence, ni des Palafox, Nuza, Rocaberti, Corella, Luna, Alagon, Urréa, Foz et Gurréa d'Aragon ; ni des Cerda, Manrique, Mendoza et Guzman de Castille ; ni des Alencastro, Palha et Ménésès de Portugal ; elle est de la famille du Toboso de la Manche, race nouvelle, il est vrai, mais telle qu'elle peut être le généreux berceau des plus illustres races des siècles à venir. Et qu'à cela l'on ne réplique rien, si ce n'est aux conditions que Zerbin écrivit au pied du trophée des armes de Roland :

Que nul de les toucher ne soit si téméraire,
S'il ne veut de Roland affronter la colère[1].

— Quoique ma famille, répondit le voyageur, soit des Cachopin de Larédo, je n'oserais point la mettre en parallèle avec celle du Toboso de la Manche ; et pourtant, à vrai dire, ce nom et ce titre n'étaient pas encore arrivés jusqu'à mes oreilles.

— C'est pour cela qu'ils n'y sont point arrivés[2], » répondit don Quichotte.

Cet entretien des deux interlocuteurs, tous les autres l'écoutaient avec une grande attention, si bien que les chevriers et les bergers eux-mêmes reconnurent le vide qu'il y avait dans la cervelle de notre héros. Le seul Sancho Panza s'imaginait que tout ce que disait son maître était pure vérité, et cela parce qu'il savait de longue main quel homme c'était, l'ayant connu depuis sa première enfance. Si pourtant quelque chose éveillait ses doutes et lui semblait difficile à croire, c'était cette invention de la charmante Dulcinée du Toboso ; car, demeurant si près de ce village, jamais il n'avait eu connaissance de tel nom ni de telle princesse.

Ils cheminaient discourant ainsi, quand ils virent descendre, par un ravin creusé entre deux hautes montagnes, une vingtaine de bergers, tous vêtus de longues vestes de laine noire, et couronnés de guirlandes, qu'ensuite on reconnut être, les unes d'if, les autres de cyprès. Six d'entre eux portaient un brancard couvert d'une infinité de fleurs et de branches vertes. En les apercevant, un des chevriers s'écria :

« Voici venir ceux qui apportent le corps de Chrysostome, et c'est au pied de cette montagne qu'il a ordonné qu'on l'enterrât. »

Cela fit hâter la marche, et toute la troupe arriva au moment où les autres avaient déjà déposé leur brancard à terre, et où quatre d'entre eux s'occupaient, avec des pieux aigus, à creuser la sépulture au pied d'une roche vive. Ils s'abordèrent courtoisement les uns les autres ; puis, les saluts échangés, don Quichotte et ceux qui l'accompagnaient se mirent à considérer le brancard, sur lequel était étendu, tout couvert de fleurs, un cadavre vêtu en berger¹¹ auquel on pouvait donner trente ans d'âge. Quoique mort, il montrait avoir été, pendant la vie, de belle tournure et de beau visage. Autour de lui, et sur le brancard même, on avait placé quelques livres et plusieurs papiers ouverts ou pliés.

Ceux qui l'examinaient, comme ceux qui creusaient la fosse, et tous les autres assistants, gardaient un merveilleux silence ; enfin un de ceux qui l'avaient apporté dit à l'un de ses compagnons :

« Regarde, Ambroise, si c'est bien là l'endroit qu'a désigné Chrysostome, puisque tu veux si ponctuellement accomplir ce qu'il a ordonné dans son testament.

— C'est bien là, répondit Ambroise ; car mon malheureux ami cent fois m'y a conté sa déplorable histoire. C'est là, m'a-t-il dit, qu'il vit pour la première fois cette mortelle ennemie du genre humain ; là que, pour la première fois, il lui déclara son amour, aussi pur que passionné ; là, enfin, que Marcelle acheva de le désespérer par son indifférence et ses dédains, et l'obligea de mettre une fin tragique au misérable drame de sa vie ; c'est là qu'en souvenir de tant d'infortunes, il a voulu qu'on le déposât dans le sein d'un éternel oubli. »

Se tournant alors vers don Quichotte et les voyageurs, il continua de la sorte :

« Ce corps, seigneurs, que vous regardez avec des yeux attendris, fut le dépositaire d'une âme en qui le ciel avait mis une grande partie de ses plus riches dons. C'est le corps de Chrysostome, qui fut unique pour l'esprit et pour la courtoisie, extrême pour la grâce et la noblesse, phénix en amitié, généreux et magnifique sans calcul, grave sans présomption, joyeux sans bassesse ; finalement, le premier en tout ce qui s'appelle être bon, et sans second en tout ce qui s'appelle être malheureux. Il aima, et fut haï ; il adora, et fut dédaigné ; il voulut adoucir une bête féroce, attendrir un marbre, poursuivre le vent, se faire entendre du désert ; il servit enfin l'ingratitude, et le prix qu'il en reçut, ce fut d'être la proie de la mort au milieu du cours de sa vie, à laquelle mit fin une bergère qu'il voulait faire vivre éternellement dans la mémoire des hommes. C'est ce que prouveraient au besoin ces papiers sur lesquels vous portez les regards, s'il ne m'avait enjoint de les livrer au feu dès que j'aurai livré son corps à la terre.

— Mais, seigneur, reprit Vivaldo, ce serait les traiter avec plus de rigueur et de cruauté que leur auteur lui-même. Il n'est ni juste ni raisonnable d'exécuter à la lettre la volonté de celui qui commande des choses hors de toute raison. Qu'aurait fait Auguste s'il eût consenti qu'on exécutât ce qu'ordonnait par son testament le divin chantre de Mantoue ? Ainsi donc, seigneur Ambroise, c'est assez de donner le corps de votre ami à la terre ; ne donnez pas encore ses œuvres à l'oubli. Ce qu'il ordonna en homme outragé, ne l'accomplissez pas en instrument aveugle. Au contraire, en rendant la vie à ses écrits, rendez-la de même pour toujours à la cruauté de Marcelle, afin que, dans les temps à venir, elle serve d'exemple aux hommes, pour qu'ils évitent de tomber dans de semblables abîmes. Nous savons, en effet, nous tous qui vous entourons, l'histoire des amours et du désespoir de votre ami; nous savons l'affection que vous lui portiez, la raison de sa mort, et ce qu'il ordonna en mettant fin à sa vie; et de cette lamentable histoire nous pouvons inférer combien furent grands l'amour de Chrysostome, la cruauté de Marcelle, la foi de votre amitié, et quel terme fatal attend ceux qui, séduits par l'amour, se précipitent sans frein dans le sentier de perdition où il les entraîne. Hier au soir, en apprenant la mort de Chrysostome, nous avons su que son enterrement devait se faire en cet endroit; et non moins remplis de compassion que de curiosité, nous avons résolu de quitter notre droit chemin pour venir voir de nos propres yeux ce dont le seul récit nous avait si vivement touchés. Pour prix de cette compassion, et du désir que nous avons formé de remédier, si nous avions pu, à cette infortune, nous vous prions, ô discret Ambroise, et moi, du moins, je vous supplie que renonçant à brûler ses écrits, vous m'en laissiez enlever quelques-uns. »

Sans attendre la réponse du berger, Vivaldo étendit la main et saisit quelques papiers, de ceux qui se trouvaient le plus à sa portée. Voyant cela, Ambroise lui dit :

« Par courtoisie, je consentirai, seigneur, à ce que vous gardiez ceux que vous avez pris; mais espérer que je renonce à jeter le reste au feu, c'est une espérance vaine. »

Vivaldo, qui brûlait de savoir ce que contenaient ces papiers, en ouvrit un précipitamment, et il vit qu'il avait pour titre *Chant de désespoir*. Quand Ambroise l'entendit citer :

« Voilà, s'écria-t-il, les derniers vers qu'écrivit l'infortuné; et, pour que vous voyiez, seigneur, en quelle situation l'avait réduit sa disgrâce, lisez-les de manière à ce que vous soyez entendu : vous en aurez bien le temps pendant qu'on achèvera de creuser la tombe.

— C'est ce que je ferai de bon cœur, » répondit Vivaldo; et comme tous les assistants partageaient son envie, ils se mirent en cercle autour de lui, et voici ce qu'il leur lut d'une voix haute et sonore :

CHAPITRE XIV.

OÙ SONT RAPPORTÉS LES VERS DÉSESPÉRÉS DU BERGER DÉFUNT,
AVEC D'AUTRES ÉVÉNEMENTS INESPÉRÉS.

CHANT DE CHRYSOSTOME.

« Puisque tu veux, cruelle, que l'on publie de bouche en bouche et de pays en pays l'âpre violence de ta rigueur, je ferai en sorte que l'enfer lui-même communique à ma triste poitrine un accent lamentable qui change l'ordinaire accent de ma voix. Et, au gré de mon désir, qui s'efforce de raconter ma douleur et tes prouesses, il en sortira un effroyable cri, auquel seront mêlés, pour plus de tourment, des morceaux de mes misérables entrailles. Écoute donc, et prête une oreille attentive, non pas au son harmonieux, mais au bruit confus qui, pour ma satisfaction et pour ton dépit, s'exhale du fond de ma poitrine amère :

« Que le rugissement du lion, le féroce hurlement du loup, le sifflement horrible du serpent écailleux, l'effroyable cri de quelque monstre, le croassement augural de la corneille, le vacarme du vent qui agite la mer, l'implacable mugissement du taureau vaincu, le plaintif roucoulement de la tourterelle veuve, le chant sinistre du hibou, et les gémissements de toute la noire troupe de l'enfer accompagnent la plainte de mon âme, et se mêlent en un son qui trouble tous les sens; car la peine qui me déchire a besoin, pour être contée, de moyens nouveaux.

« Ce ne sont point les sables dorés du Tage, ni les oliviers du fameux Bétis, qui entendront les échos de cette étrange confusion : c'est sur le sommet des rochers et dans la profondeur des abîmes que, d'une langue morte, mais de paroles toujours vivantes, se répandront mes déchirantes peines; ou dans d'obscurs vallons, ou sur des plages arides, ou dans des lieux que le soleil n'éclaira jamais de sa lumière, ou parmi la multitude de bêtes venimeuses que nourrit le limon du Nil. Et, tandis que, dans les déserts sauvages, les échos sourds et incertains résonneront de mon mal et de ta rigueur sans pareille, par privilége de mon misérable destin, ils seront portés dans l'immensité du monde.

« Un dédain donne la mort; un soupçon faux ou vrai met à bout la patience; la jalousie tue d'une pointe cruelle; une longue absence trouble la vie, et à la crainte de l'oubli ne résiste nulle espérance d'un sort heureux; en tout se montre la mort inévitable. Mais moi, prodige inouï! je vis jaloux, absent, dédaigné, et certain des soupçons qui me tuent. Dans l'oubli où mon feu s'avive, et parmi tant de tourments, ma vue ne peut atteindre l'ombre de l'espérance, et, dans mon désespoir, je ne la désire pas; au contraire, pour me plonger et m'opiniâtrer dans ma plainte, je jure de la fuir éternellement.

« Peut-on, par hasard, dans le même instant, espérer et craindre? ou est-ce bien de le faire, quand les raisons de craindre sont les plus certaines? Dois-je, si la cruelle jalousie se présente à moi, dois-je fermer les yeux, quand je ne peux manquer de la voir à travers les mille blessures dont mon âme est percée? Qui n'ouvrirait toutes grandes les portes à la méfiance et à la crainte, quand il voit l'indifférence à découvert, ses soupçons devenus, par une amère conviction, des vérités palpables, et la vérité nue déguisée en mensonge? O Jalousie, tyran du royaume d'Amour, mets-moi des fers à ces deux mains! Donne-moi, Dédain, la corde du supplice! Mais, hélas! par une cruelle victoire, la Souffrance étouffe votre souvenir!

« Je meurs enfin, et pour n'espérer jamais aucun bon succès, ni dans la vie, ni dans la mort, je m'obstinerai et resterai ferme en ma pensée; je dirai qu'on a toujours raison de bien aimer, et que l'âme la plus libre est celle qui est le plus esclave de la tyrannie de l'amour; je dirai que celle qui fut toujours mon ennemie a l'âme aussi belle que le corps, que son indifférence naît de ma faute, et que c'est par les maux qu'il nous fait qu'Amour maintient en paix son empire. Cette opinion et un lacet misérable, accélérant le terme fatal où m'ont conduit tes dédains, j'offrirai aux vents le corps et l'âme sans laurier, sans palme de gloire à venir.

« Toi qui fais voir, par tant de traitements cruels, la raison qui m'oblige à traiter de même la vie qui me lasse et que j'abhorre; puisque cette profonde blessure de mon cœur te donne d'éclatantes preuves de la joie qu'il sent à s'offrir aux coups de ta rigueur, si, par bonheur, tu me reconnais digne que le pur ciel de tes beaux yeux soit troublé par ma mort, n'en fais rien : je ne veux pas que tu me donnes un regret en échange des dépouilles de mon âme. Au contraire, que ton rire, dans le moment funeste, prouve que ma fin est une fête pour toi. Mais c'est une grande simplicité de te donner cet avis, sachant que tu mets ta gloire à ce que ma vie arrive si promptement à son terme.

« Viennent donc, puisque l'heure a sonné, viennent du profond de l'abîme, Tantale avec sa soif, Sisyphe avec le poids de son rocher; que Prométhée amène son vautour, qu'Ixion n'arrête point sa roue, ni les cinquante Sœurs leur interminable travail; que tous ensemble transportent dans mon cœur leur mortel supplice, et qu'à voix basse (si l'on en doit à celui qui meurt de sa main) ils chantent de tristes obsèques à ce corps auquel on refusera un saint linceul; que le portier de l'enfer, aux trois têtes, que mille autres chimères et mille autres monstres fassent à ce concert un douloureux contre-point : il me semble que nulle autre pompe ne peut mieux convenir aux funérailles d'un homme mort d'amour.

« Chant de désespoir, n'éclate pas en plaintes quand tu abandonneras ma triste compagnie; au contraire, puisque la cause qui t'a fait naître augmente de mon malheur son bonheur, garde-toi, même en la sépulture, de montrer ta tristesse. »

Bons furent trouvés les vers de Chrysostome par ceux qui en avaient entendu la lecture. Toutefois Vivaldo fit remarquer qu'ils ne paraissaient pas d'accord avec ce qu'on lui avait raconté de la modestie et de la vertu de Marcelle; Chrysostome, en effet, s'y plaignait de jalousie, de soupçons, d'absences, toutes choses fort au détriment de la bonne et pure renommée de son amante. Mais Ambroise, comme un homme qui avait su les plus secrètes pensées de son ami, répondit aussitôt :

« Il faut que vous sachiez, seigneur, pour éclaircir votre doute, qu'au moment où cet infortuné écrivit les vers que vous venez de lire, il était loin de Marcelle, qu'il avait volontairement quittée pour essayer si l'absence userait avec lui de son ordinaire pouvoir, et comme, pour l'amant absent, il n'est soupçon qui ne le poursuive ni crainte qui ne l'assiège, de même Chrysostome souffrait les tourments trop réels d'une jalousie imaginaire. Ainsi demeure hors de toute atteinte la vérité que publie la renommée sur la vertu de Marcelle, à laquelle, au défaut près d'être cruelle, un peu arrogante et très-dédaigneuse, l'envie même ne pourrait reprocher ni découvrir la moindre tache. »

Vivaldo lui répondit qu'il avait raison; et, comme il voulait lire un autre papier de ceux qu'il avait sauvés du feu, il en fut empêché par une merveilleuse vision (tel en paraissait du moins l'objet) qui tout à coup s'offrit à leurs yeux. Sur la roche au pied de laquelle se creusait la sépulture apparut la bergère Marcelle, si belle, que sa beauté passait sa renommée. Ceux qui ne l'avaient point encore vue la regardaient dans le silence de l'admiration, et ceux qui avaient l'habitude de la voir ne restèrent pas moins étonnés que les autres. Mais dès qu'Ambroise l'eut aperçue, il s'écria avec l'accent d'une âme indignée :

« Viens-tu par hasard, sauvage basilic de ces montagnes, dont le seul regard empoisonne, viens-tu voir si ta présence fera couler le sang des blessures de ce malheureux que ta cruauté a privé de la vie? Viens-tu t'applaudir et te glorifier des cruelles prouesses de ta bizarre humeur? ou bien voir, du haut de cette colline, comme un autre impitoyable Néron, l'incendie de sa Rome en flammes, ou fouler aux pieds ce misérable cadavre, comme la fille dénaturée de Tarquin foula celui de son père³? Dis-nous vite ce qui t'amène, et ce que tu souhaites de nous; car, sachant que jamais la volonté de Chrysostome ne cessa de t'obéir durant sa vie, je ferai en sorte, après sa mort, que tu sois également obéie par les volontés de tous ceux qui s'appelèrent ses amis.

— Je ne viens, ô Ambroise, répondit Marcelle, pour aucune des choses que tu as dites; je viens prendre moi-même ma défense, et prouver combien ont tort ceux qui m'accusent de leurs peines et de la mort de Chrysostome. Je vous prie donc, vous tous qui êtes ici présents, de m'écouter avec attention; il ne faut dépenser ni beaucoup de temps ni beaucoup de paroles pour démontrer une vérité aux esprits intelligents.

« Le ciel, à ce que vous dites, m'a faite belle, de telle sorte que, sans pouvoir vous en défendre, ma beauté vous force de m'aimer; et, en retour de l'amour que vous avez pour moi, vous dites et vous prétendez que je suis tenue de vous aimer. Je reconnais bien, par l'intelligence naturelle que Dieu m'a donnée, que tout ce qui est beau est aimable; mais je ne puis comprendre que, par la raison qu'il est aimable, ce qui est aimé comme beau soit tenu d'aimer ce qui l'aime, d'autant mieux qu'il pourrait arriver que ce qui aime le beau fût laid : or le laid étant digne de haine, il vient mal à propos de dire : Je t'aime parce que tu es belle; tu dois m'aimer quoique je sois laid. Mais supposons que les beautés soient égales : ce n'est pas une raison pour que les désirs soient égaux, car de toutes les beautés ne naît pas l'amour : il y en a qui réjouissent la vue sans soumettre la volonté. Si toutes les beautés touchaient et forçaient les cœurs, le monde serait une confusion où les volontés se croiseraient et s'entre-choqueraient sans savoir où se prendre et se fixer; car, rencontrant des beautés en nombre infini, les désirs seraient également infinis; et l'amour véritable, à ce que j'ai ouï dire, ne se divise point : il doit être volontaire et non forcé. S'il en est ainsi, comme je le crois, pourquoi voulez-vous que mon cœur cède à la contrainte, et seulement parce que vous dites que vous m'aimez bien? Mais, dites-moi, si le ciel, au lieu de me faire belle, m'eût faite laide, serait-il juste que je me plaignisse de vous parce que vous ne m'aimeriez pas? D'ailleurs, vous devez considérer que la beauté que j'ai, je ne l'ai pas choisie; telle qu'elle est, le ciel me l'a donnée par pure grâce, sans prière, sans choix de ma part; et, de même que la vipère ne mérite pas d'être accusée du venin qu'elle porte dans sa bouche, bien que ce venin cause la mort, parce que la nature le lui a donné, de même je ne mérite pas de reproches pour être née belle. La beauté, dans la femme honnête, est comme le feu éloigné, comme l'épée immobile; ni l'un ne brûle, ni l'autre ne blesse ceux qui ne s'en approchent point. L'honneur et la vertu sont des ornements de l'âme, sans lesquels le corps peut, mais ne doit point paraître beau. Eh bien, si l'honnêteté est un des mérites qui ornent et embellissent le plus le corps et l'âme, pourquoi la femme qu'on aime pour ses charmes devrait-elle la perdre, afin de correspondre aux désirs de l'homme qui, pour son plaisir seul, essaye, par tous les moyens, de la lui enlever? Libre je suis née, et, pour pouvoir mener une vie libre, j'ai choisi la solitude des champs. Les arbres de ces montagnes sont ma compagnie, les eaux claires de ces ruisseaux, mes miroirs; c'est aux arbres et aux ruisseaux que je communique mes pensées et mes charmes. Je suis un feu éloigné, une épée mise hors de tout contact. Ceux que j'ai rendus amoureux par ma vue, je les ai détrompés par mes paroles; et si les désirs ne s'alimentent que d'espérance, n'en ayant jamais donné la moindre ni à Chrysostome ni à nul autre, on peut dire que c'est plutôt son obstination que ma cruauté qui lui a donné la mort. Si l'on m'objecte que ses désirs étaient honnêtes, et que, pour cela, j'étais obligée de m'y rendre, je répondrai que quand, dans ce même endroit où l'on creuse à présent sa fosse, il me découvrit l'honnêteté de son intention, je lui dis que la mienne était de vivre en perpétuelle solitude, et que la terre seule possédât les dépouilles intactes de ma beauté; que si, malgré cet avis qui devait lui dessiller les yeux, il voulut s'obstiner contre l'espérance et naviguer contre le vent, est-il étonnant qu'il ait fait naufrage au milieu du golfe de son imprudence? Si je l'avais abusé, j'aurais été fausse; si je l'avais satisfait, j'aurais manqué à ma sainte résolution. Il s'opiniâtra, quoique détrompé; il se désespéra, sans être haï. Voyez maintenant s'il est juste qu'on m'accuse de ses tourments. Ai-je trompé quelqu'un, qu'il se plaigne; ai-je manqué à mes promesses, qu'il se désespère; l'ai-je appelé, qu'il prenne confiance; l'ai-je admis à mes faveurs, qu'il se glorifie. Mais doit-il me nommer cruelle et homicide, celui que je n'ai point trompé, point appelé, point choisi? Le ciel, jusqu'à présent, n'a pas voulu que j'aimasse par fatalité; croire que j'aimerai par choix, c'est une erreur. Que cet avertissement général serve à tous ceux qui me sollicitent pour leur goût particulier, et que l'on sache dorénavant que, si quelqu'un meurt pour moi, ce ne sera ni de jalousie ni de dédain; car celle qui n'aime personne ne peut donner de jalousie à personne, et détromper les gens n'est pas les dédaigner. Celui qui m'appelle basilic et bête féroce, qu'il me fuie comme une chose haïssable et dangereuse; celui qui m'appelle ingrate, qu'il ne me serve pas; étrange et impénétrable, qu'il ne cherche point à me connaître; cruelle, qu'il cesse de me poursuivre. Cette bête, ce basilic, cette ingrate, cette cruelle, cette impénétrable, ne veut les chercher, les suivre, les servir et les connaître en aucune façon. Si ses impatiences et ses ardents désirs ont fait périr Chrysostome, la faute en est-elle à ma conduite honnête et à ma circonspection? Si je conserve ma vertu parmi les arbres de ces solitudes, pourquoi veut-il me la faire perdre, celui qui veut que je la garde parmi les hommes? J'ai, comme vous le savez, des biens à moi; je ne convoite pas ceux des autres; ma situation me rend libre, et il ne me plaît pas de me faire esclave. Je n'aime ni ne hais personne. On ne peut dire que je trompe celui-ci, que je flatte celui-là, que je me raille de l'un et m'adoucis avec l'autre. L'honnête compagnie des bergères de ces villages et le soin de mes chèvres suffisent à mes plaisirs. Ces montagnes forment tout le domaine de mes désirs, et si parfois ils en franchissent les limites, c'est pour contempler la beauté du ciel, où l'âme doit diriger ses pas, comme à son premier et dernier séjour. »

En achevant ces mots, et sans attendre aucune réponse, la bergère se retourna, et disparut dans le plus épais d'un bois qui couvrait la montagne, laissant dans l'admiration, aussi bien de son esprit que de sa beauté, tous ceux qui l'avaient entendue. Quelques-uns de ceux qu'avait blessés la puissante flèche des rayons de ses beaux yeux firent mine de vouloir la suivre, sans mettre à profit l'avertissement qu'elle venait de leur donner. Mais aussitôt que don Quichotte s'aperçut de leur intention, il lui sembla que l'occasion était belle d'exercer sa chevalerie, en portant secours aux demoiselles qui en avaient besoin. Mettant la main à la garde de son épée, d'une voix haute et intelligible, il s'écria :

« Que personne, de quelque état et condition que ce soit, ne s'avise de suivre la belle Marcelle, sous peine d'éveiller mon indignation et d'encourir ma colère. Elle a prouvé, par d'éclatantes raisons, qu'elle est à peu près, ou plutôt tout à fait innocente de la mort de Chrysostome ; elle a prouvé combien elle est éloignée de condescendre aux vœux d'aucun de ses amants. Au lieu donc d'être suivie et poursuivie, il est juste qu'elle soit estimée et honorée de toutes les âmes honnêtes qui peuplent le monde ; car elle y est sans doute la seule femme qui passe sa vie en de si pures intentions. »

Soit que les menaces de don Quichotte leur imposassent, soit qu'Ambroise les priât de remplir jusqu'au bout leur devoir envers son ami, aucun des bergers ne fit un pas pour s'éloigner jusqu'à ce que, la fosse creusée, et les papiers de Chrysostome brûlés, ils eussent déposé son corps dans la tombe ; ce qui ne s'acheva point sans arracher des larmes à tous les assistants. On couvrit la fosse d'un large éclat de rocher, en attendant qu'on eût achevé une pierre tumulaire, sur laquelle, à ce que dit Ambroise, il pensait faire graver ces vers pour épitaphe :

« Ci-gît le corps glacé d'un amant malheureux, qui fut un berger de troupeaux, et que perdit un refus d'amour[3].

« Il mourut sous les coups de la rigueur d'une ingrate beauté par qui l'Amour étend la tyrannie de son empire. »

On répandit ensuite sur la sépulture une infinité de fleurs et de branchages, et tous les bergers, ayant témoigné à leur ami Ambroise la part qu'ils prenaient à sa douleur, lui dirent successivement adieu. Vivaldo et son compagnon en firent autant, et, de son côté, don Quichotte prit congé de ses hôtes et des voyageurs, lesquels le conviaient à les accompagner à Séville, lieu si fécond en aventures, lui disaient-ils, qu'on en trouve plus au coin de chaque rue qu'en nulle autre ville du monde. Don Quichotte les remercia de leur conseil et de la bonne grâce qu'ils montraient à lui rendre service ; mais il ajouta qu'il ne voulait ni ne devait aller à Séville avant qu'il eût purgé toutes ces montagnes des bandits dont elles passaient pour être infestées.

Les voyageurs, le voyant en cette bonne résolution, ne voulurent pas l'importuner davantage. Au contraire, après lui avoir dit une autre fois adieu, ils poursuivirent leur chemin, pendant lequel les sujets d'entretien ne leur manquèrent pas, ayant à converser sur l'histoire de Marcelle et de Chrysostome, et sur les folies de don Quichotte. Celui-ci résolut d'aller à la recherche de la bergère Marcelle, et de s'offrir à son service. Mais les choses n'arrivèrent point comme il l'imaginait, ainsi qu'on le verra dans la suite de cette véridique histoire, dont la seconde partie se termine en cet endroit.

LIVRE TROISIÈME.

CHAPITRE XV.

OÙ L'ON RACONTE LA DISGRACIEUSE AVENTURE QUE RENCONTRA DON QUICHOTTE EN RENCONTRANT QUELQUES YANGOIS[1] DÉNATURÉS.

Le sage Cid Hamet Ben-Engeli raconte qu'aussitôt que don Quichotte eut pris congé de ses hôtes et de tous ceux qui s'étaient trouvés à l'enterrement de Chrysostome, il entra, suivi de son écuyer, dans le bois où ils avaient vu disparaître la bergère Marcelle; mais, après avoir erré çà et là pendant deux heures, la cherchant de toutes parts, sans avoir pu la rencontrer, ils arrivèrent à une prairie couverte d'herbe fraîche, au milieu de laquelle coulait un doux et limpide ruisseau. Conviés par la beauté du lieu, ils résolurent d'y passer les heures de la sieste; car l'ardeur de midi commençait à se faire rudement sentir.

Don Quichotte et Sancho mirent pied à terre, et, laissant l'âne et Rossinante paître tout à leur aise l'herbe abondante que le pré leur offrait, ils donnèrent l'assaut au bissac, et, sans cérémonie, en paix et en bonne société, maître et valet se mirent à manger ensemble ce qu'ils y trouvèrent.

Sancho n'avait pas songé à mettre des entraves à Rossinante; car il le connaissait pour si bonne personne et si peu enclin au péché de la chair, que toutes les juments des herbages de Cordoue ne lui auraient pas donné la moindre tentation. Mais le sort ordonna, et le diable aussi, qui ne dort pas toujours, que justement dans ce vallon se trouvassent à paître un troupeau de juments galiciennes que menaient des muletiers yangois, lesquels ont coutume de faire la sieste avec leurs bêtes dans les endroits où se trouvent l'herbe et l'eau. Celui où s'était arrêté don Quichotte était donc fort à leur convenance. Or, il arriva que Rossinante sentit tout à coup le désir d'aller folâtrer avec mesdames les juments, et sortant, dès qu'il les eut flairées, de ses habitudes et de ses allures naturelles, sans demander permission à son maître, il prit un petit trot coquet, et s'en alla leur communiquer son amoureuse envie. Mais les juments, qui avaient sans doute plus besoin de paître que d'autre chose, le reçurent à coups de pieds et à coups de dents, si bien qu'en un moment elles rompirent les sangles de la selle, et le laissèrent tout nu sur le pré. Mais une autre disgrâce l'attendait, plus cuisante encore : les muletiers, voyant qu'il voulait faire violence à leurs juments, recoururent aux pieux qui servaient à les attacher, et lui assenèrent une telle bastonnade, qu'ils l'eurent bientôt jeté les quatre fers en l'air.

Cependant don Quichotte et Sancho, qui voyaient la déconfiture de Rossinante, accouraient tout haletants, et don Quichotte dit à son écuyer :

« A ce que je vois, ami Sancho, ces gens-là ne sont pas des chevaliers, mais de la vile et basse canaille. Ainsi, tu peux, en toute sûreté de conscience, m'aider à tirer une vengeance légitime de l'outrage qu'ils ont fait devant nos yeux à Rossinante.

— Quelle diable de vengeance avons-nous à tirer, répondit Sancho, s'ils sont plus de vingt, et nous seulement deux, ou plutôt même un et demi?

— Moi, j'en vaux cent, » répliqua don Quichotte; et, sans plus de discours, il mit l'épée à la main et fondit sur les Yangois. Sancho fit de même, excité par l'exemple de son maître.

A la première attaque, don Quichotte porta à l'un des muletiers un si grand coup d'épée, qu'il lui fendit un pourpoint de cuir, dont il était vêtu, et, de compagnie, un bon morceau de l'épaule. Les Yangois, qui se virent malmener par deux hommes seuls, étant si nombreux, accoururent avec leurs gourdins, et, enfermant au milieu de la troupe les deux téméraires, se mirent à jouer du bâton sur leurs reins avec une merveilleuse diligence. Il est vrai qu'à la seconde décharge ils avaient jeté Sancho sur le carreau, et que don Quichotte, en dépit de son adresse et de son courage, n'avait pas été quitte à meilleur marché. Son étoile voulut même qu'il allât tomber aux pieds de Rossinante, qui ne s'était pas encore relevé : tableau qui démontre bien avec quelle fureur officie le bâton entre des mains grossières et courroucées. Les Yangois, voyant donc la méchante besogne qu'ils avaient faite, se dépêchèrent de charger leurs bêtes, et s'éloignèrent en toute hâte, laissant les deux aventuriers en mauvaise mine et en pire état.

Le premier qui reprit ses sens fut Sancho Panza, lequel, se trouvant tout auprès de son maître, lui dit d'une voix plaintive et dolente :

« Seigneur don Quichotte, aïe! aïe! seigneur don Quichotte!

— Que veux-tu, mon frère Sancho? répondit le chevalier d'un accent aussi lamentable.

CONVIÉS PAR LA BEAUTÉ DU LIEU, ILS RÉSOLURENT D'Y PASSER LES HEURES DE LA SIESTE. — T. I. CH. XV.

— Je voudrais bien, si c'était possible, répondit Sancho, que Votre Grâce me donnât deux gorgées de ce breuvage du *Fier-Blas*, si elle en a par hasard sous la main ; peut-être sera-t-il aussi bon pour les os rompus que pour la chair ouverte.

— Ah ! si j'en avais, malheureux que je suis, répondit don Quichotte, que nous manquerait-il ? Mais je te jure, Sancho Panza, foi de chevalier errant, que deux jours ne se passeront pas, si la fortune n'ordonne autre chose, sans que j'aie ce baume en mon pouvoir, ou j'aurai perdu l'usage des mains.

— Deux jours ! répliqua Sancho ; mais en combien donc Votre Grâce croit-elle que nous aurons recouvré l'usage des pieds ?

— Pour mon compte, reprit le moulu chevalier, je ne pourrais trop en dire le nombre. Mais je crois que de ce malheur toute la faute est à moi : je ne devais pas tirer l'épée contre des hommes qui ne fussent pas armés chevaliers ; et c'est pour avoir violé les lois de la chevalerie que le Dieu des batailles a permis que je reçusse ce châtiment. C'est pourquoi, mon frère Sancho, il est bon que je t'avertisse d'une chose qui importe beaucoup au salut de tous deux ; à savoir, que, dès que tu verras qu'une semblable canaille nous fait insulte, tu n'attendes pas que je tire l'épée pour les châtier, ce que je ne ferai plus d'aucune façon ; mais toi, mets l'épée à la main, et châtie-les tout à ton aise ; et si des chevaliers accourent à leur aide et défense, alors je saurai bien te défendre et les repousser de la bonne manière, car tu as vu déjà, par mille preuves et expériences, jusqu'où s'étendent la force et la valeur de ce bras invincible. »

Tant le pauvre gentilhomme avait conservé d'arrogance depuis sa victoire sur le vaillant Biscayen !

Mais Sancho ne trouva pas tellement bon l'avis de son maître, qu'il ne crût devoir y répondre :

« Seigneur, dit-il, je suis un homme doux, calme et pacifique, et je sais dissimuler toute espèce d'injures, parce que j'ai une femme à nourrir et des enfants à élever. Ainsi, que Votre Grâce reçoive également cet avis, puisque je ne peux dire cet ordre, que je ne mettrai d'aucune manière l'épée à la main, ni contre vilain, ni contre chevalier, et que, dès à présent jusqu'au jugement dernier, je pardonne toutes les offenses qu'on m'a faites ou qu'on pourra me faire, qu'elles soient venues, viennent ou doivent venir de personne haute ou basse, de riche ou de pauvre, d'hidalgo ou de manant, sans excepter aucun état ni condition. »

Quand il entendit cela, son maître répondit :

« Je voudrais avoir assez d'haleine pour parler posément, et que la douleur dont je souffre à cette côte brisée se calmât un peu, pour te faire comprendre, ô Panza ! dans quelle erreur tu es. Or çà, pécheur impénitent, si le vent de la fortune, jusqu'à présent si contraire, tourne en notre faveur et remplit les voiles de notre désir, pour nous faire, sans plus de tempêtes, prendre port en quelqu'une des îles que je t'ai promises, qu'arrivera-t-il de toi, si, quand j'aurai conquis cette île, je veux t'en faire seigneur? Tu vas m'en empêcher, parce que tu ne seras pas chevalier, et que tu ne veux pas l'être, et que tu n'as ni courage ni point d'honneur pour venger tes injures et défendre ta seigneurie : car il faut que tu saches que, dans les provinces ou royaumes nouvellement conquis, les esprits des naturels ne sont pas tellement tranquilles, ni tellement dans le parti de leur nouveau maître, qu'on ne doive craindre qu'ils ne veuillent encore brouiller les affaires, et, comme on dit, tenter fortune. Il faut donc que le nouveau possesseur ait assez d'entendement pour savoir se gouverner, et assez de valeur pour prendre, en tout événement, l'offensive et la défensive.

— Dans celui qui vient de nous arriver, répondit Sancho, j'aurais bien voulu avoir cet entendement et cette valeur que vous dites. Mais je vous jure, foi de pauvre homme, qu'à cette heure j'ai plus besoin d'emplâtres que de sermons. Voyons, que Votre Grâce essaye de se lever, et nous aiderons ensuite Rossinante, bien qu'il ne le mérite guère, car c'est lui qui est la cause principale de toute cette pluie de coups. Jamais je n'aurais cru cela de Rossinante, que je tenais pour une personne chaste et pacifique autant que moi. Enfin, on a bien raison de dire qu'il faut bien du temps pour connaître les gens, et que rien n'est sûr en cette vie. Qui aurait dit qu'après les grands coups d'épée que Votre Grâce a donnés à ce malheureux errant, viendrait si vite à leur suite cette grande tempête de coups de bâton qui est venue fondre sur nos épaules?

— Encore les tiennes, Sancho, répliqua don Quichotte, sont-elles faites à de semblables averses; mais pour les miennes, élevées dans la fine toile de Hollande, il est clair qu'elles sentiront bien plus longtemps la douleur de cette triste aventure; et si je n'imaginais, que dis-je, imaginer! si je n'étais certain que toutes ces incommodités sont attachées forcément à la profession des armes, je me laisserais mourir à cette place de honte et de dépit. »

A cela l'écuyer répondit :

« Seigneur, puisque ces disgrâces sont dans les revenus de la chevalerie, pourriez-vous me dire si elles arrivent tout le long de l'année, ou si elles ont des époques fixes, comme les moissons? car il me semble que si nous faisons deux récoltes comme celle-ci, nous ne serons guère en état d'en faire une troisième, à moins que Dieu ne nous prête le secours de son infinie miséricorde.

— Sache donc, ami Sancho, répondit don Quichotte, que la vie des chevaliers errants est sujette à mille dangers et à mille infortunes; mais aussi qu'ils sont incessamment en passe de devenir rois et empereurs, comme l'a prouvé l'expérience en divers chevaliers, dont je sais parfaitement les histoires; et je pourrais maintenant, si la douleur me le permettait, te conter celles de quelques-uns d'entre eux qui, par la seule valeur de leur bras, sont montés jusqu'au trône. Eh bien! ces mêmes chevaliers s'étaient vus avant et se virent depuis plongés dans les malheurs et les misères. Ainsi le valeureux Amadis de Gaule se vit au pouvoir de son mortel ennemi, l'enchanteur Archalaüs, et l'on tient pour avéré que celui-ci,

LES YANGOIS RECOURURENT A LEURS GOURDINS. — T. I, CH. XV.

le tenant prisonnier, lui donna plus de deux cents coups de fouet avec les rênes de son cheval, après l'avoir attaché à une colonne de la cour de son château². Il y a même un auteur secret et fort accrédité qui raconte que le chevalier de Phébus, ayant été pris dans une certaine trappe qui s'enfonça sous ses pieds dans un certain château, se trouva en tombant dans un profond souterrain, les pieds et les mains attachés; que là, on lui administra un remède d'eau de neige et de sable, qui le mit à deux doigts de la mort; et que s'il n'eût été secouru dans cette transe par un sage, son grand ami, c'en était fait du pauvre chevalier. Ainsi je puis bien passer par les mêmes épreuves que de si nobles personnages; car ils eurent à souffrir de plus grands affronts que celui que nous essuyons à cette heure. Et je veux en effet t'apprendre, Sancho, que les blessures faites avec les instruments qui se trouvent sous la main ne causent point d'affront, et cela se trouve écrit en termes exprès dans la loi du duel. « Si le cordonnier, y est-il dit, « en frappe un autre avec la forme qu'il tient à la main, bien que véritablement « cette forme soit de bois, on ne dira pas que celui qui a reçu le coup soit « bâtonné. » Je te dis cela pour que tu ne t'avises pas de penser qu'ayant été moulus dans cette rencontre, nous ayons aussi été outragés; car les armes que portaient ces hommes, et avec lesquelles ils nous ont assommés, n'étaient autre chose que leurs pieux, et nul d'entre eux, si j'ai bonne mémoire, ne portait épée, poignard ou coutelas.

— Ma foi, répondit Sancho, ils ne m'ont pas donné le temps d'y regarder de si près; car à peine eus-je mis ma tisonne³ au vent, qu'ils me chatouillèrent les épaules avec leurs rondins, tellement qu'ils m'ôtèrent la vue des yeux et la force des pieds, et qu'ils me jetèrent juste à l'endroit où je suis encore gisant; et ce qui m'y donne de la peine, ce n'est pas de penser si les coups de pieux m'ont ou non causé d'outrage, mais bien la douleur que m'ont laissée ces coups, qui resteront aussi longtemps gravés dans ma mémoire que sur mes épaules.

— Avec tout cela, répondit don Quichotte, je dois te rappeler, mon frère Panza, qu'il n'y a point de ressentiment que le temps n'efface, ni de douleur que la mort ne guérisse.

— Oui-da, répliqua Sancho; mais quel plus grand mal peut-il y avoir que celui qui doit attendre le temps pour s'effacer et la mort pour se guérir? Si du moins notre mal d'aujourd'hui était de ceux que guérit une paire d'emplâtres, patience; mais je commence à croire que tous les cataplasmes d'un hôpital ne suffiraient pas seulement pour nous remettre sur pied.

— Allons, Sancho, reprit don Quichotte, cesse de te plaindre, et fais contre fortune bon cœur; je te donnerai l'exemple. Et voyons un peu comment se porte Rossinante; car il me semble que le pauvre animal a reçu sa bonne part de l'orage.

— Il n'y a pas de quoi s'en étonner, répondit Sancho, puisqu'il est aussi chevalier errant. Mais ce qui m'étonne, c'est que mon âne en soit sorti sain et sauf, et qu'il n'ait pas perdu un poil où nous avons, comme on dit, laissé la toison.

— Dans le malheur, reprit don Quichotte, la fortune laisse toujours une porte ouverte pour en sortir. Je dis cela, parce que cette bonne bête pourra suppléer au défaut de Rossinante, et me porter d'ici à quelque château où je sois pansé de mes blessures. D'autant plus que je ne tiendrai pas une telle monture à déshonneur; car je me rappelle avoir lu que ce bon vieux Silène, le père nourricier du dieu de la joie, se prélassait à cheval sur un bel âne quand il fit son entrée dans la ville aux cent portes.

— Il devait être à cheval, en effet, comme dit Votre Grâce, répondit Sancho; mais il y a bien de la différence entre aller de cette manière, jambe de çà, jambe de là, ou bien être étendu de travers comme un sac de farine.

— Les blessures qui se reçoivent dans les batailles, repartit gravement don Quichotte, donnent de l'honneur loin de l'ôter. Ainsi donc, ami Panza, ne réplique pas davantage; mais, au contraire, comme je te l'ai dit, lève-toi du mieux qu'il te sera possible, mets-moi sur ton âne de la manière qu'il te conviendra le plus, et partons d'ici, avant que la nuit nous surprenne dans cette solitude.

— Mais j'ai souvent ouï dire à Votre Grâce, répondit Sancho, qu'il est très-habituel aux chevaliers errants de coucher dans les déserts à la belle étoile, et qu'ils s'en font un vrai plaisir.

— Cela arrive, reprit don Quichotte, quand ils ne peuvent faire autrement, ou quand ils sont amoureux. Et tu as si bien dit vrai, qu'il y a eu tel chevalier qui est resté sur une roche, exposé au soleil, à l'ombre et à toutes les inclémences du ciel, pendant deux années entières, sans que sa dame le sût. Et l'un de ceux-là fut Amadis, lorsque, s'étant appelé Beau-Ténébreux [1], il se gîta sur la Roche-Pauvre, et y passa je ne sais pas trop si ce fut huit ans ou huit mois, car le compte m'en est échappé; il suffit de savoir qu'il y resta en pénitence pour je ne sais quelle rebuffade qu'il avait essuyée de sa dame Oriane. Mais laissons tout cela, Sancho, et finissons-en, avant qu'une autre disgrâce arrive à l'âne comme à Rossinante.

— Ce serait bien le diable, » répliqua Sancho; puis, poussant trente soupirs, soixante aïe! aïe! et cent vingt jurons ou malédictions contre qui l'avait amené là, il finit par se mettre sur pied; mais, s'arrêtant à mi-chemin de la besogne, il resta ployé comme un arc, sans pouvoir achever de se redresser.

Dans cette douloureuse posture, il lui fallut rattraper et harnacher l'âne, qui avait pris aussi quelque distraction, à la faveur des libertés de cette journée. Ensuite il releva Rossinante, lequel, s'il eût eu une langue pour se plaindre, aurait bien tenu tête au maître et au valet. Finalement, Sancho accommoda don Quichotte sur la bourrique, attacha Rossinante en arrière-garde, et, tirant sa bête par le licou, il s'achemina du côté où il lui semblait que pouvait se trouver le grand chemin. En effet, au bout d'une petite heure de marche, la fortune, qui menait de mieux en mieux ses affaires, lui présenta tout à coup la grande route,

TIRANT SA BÊTE PAR LE LICOU, IL S'ACHEMINA DU CÔTÉ OÙ IL LUI SEMBLAIT QUE POUVAIT SE TROUVER LE GRAND CHEMIN.
T. I. CH. XV.

sur laquelle il découvrit une hôtellerie, qui, malgré lui, mais au gré de don Quichotte, devait être un château. Sancho soutenait que c'était une hôtellerie, et don Quichotte, un château; et la querelle dura si longtemps, qu'avant de l'avoir terminée ils étaient à la porte de la maison, où Sancho entra, sans autre vérification, avec toute sa caravane.

CHAPITRE XVI.

DE CE QUI ARRIVA À L'INGÉNIEUX HIDALGO DANS L'HÔTELLERIE
QU'IL PRENAIT POUR UN CHÂTEAU.

L'hôtelier, qui vit don Quichotte mis en travers sur un âne, demanda à Sancho quel mal s'était fait cet homme. Sancho répondit que ce n'était rien; qu'il avait roulé du haut d'une roche en bas, et qu'il venait avec les reins tant soit peu meurtris. Cet hôtelier avait une femme qui, bien au rebours de celles d'un semblable métier, était naturellement charitable et s'apitoyait sur les afflictions du prochain. Aussi elle accourut bien vite pour panser don Quichotte, et se fit aider par une fille qu'elle avait, jeune personne avenante et de fort bonne mine.

Il y avait encore, dans la même hôtellerie, une servante asturienne, large de face, plate du chignon, camuse du nez, borgne d'un œil et peu saine de l'autre. A la vérité, l'élégance du corps suppléait aux défauts du visage. Elle n'avait pas sept palmes des pieds à la tête, et ses épaules, qui chargeaient et voûtaient quelque peu son dos, lui faisaient baisser les yeux à terre plus souvent qu'elle n'aurait voulu. Cette gentille personne vint aider la fille de la maison, et toutes deux dressèrent un méchant lit à don Quichotte dans un galetas qui, selon toutes les apparences, avait servi longues années de grenier à paille. Dans la même pièce logeait aussi un muletier, qui avait son lit un peu plus loin que celui de notre don Quichotte; et, quoique le lit du manant fût fait des bâts et des couvertures de ses mules, il valait cent fois mieux que celui du chevalier : car c'étaient tout bonnement quatre planches mal rabotées posées sur deux bancs inégaux; un matelas, si mince qu'il avait l'air d'une courtepointe, tout couvert d'aspérités qu'on aurait prises au toucher pour des cailloux, si l'on n'eût vu, par quelques trouées, que c'étaient des tapons de laine; deux draps en cuir de buffle, et une couverture dont on aurait compté les fils, sans en échapper un seul. Ce fut dans ce méchant grabat que s'étendit don Quichotte; et tout aussitôt l'hôtesse et sa fille vinrent l'oindre d'onguent des pieds à la tête, à la lueur d'une lampe que tenait Maritornes, car c'est ainsi que s'appelait l'Asturienne.

Pendant l'opération, l'hôtesse, voyant don Quichotte noir et meurtri en tant d'endroits :

« Ceci, dit-elle, ressemble plus à des coups qu'à une chute.

— Ce ne sont pourtant pas des coups, répondit Sancho; mais la roche où il est tombé avait beaucoup de pointes, et chacune a marqué sa place. »

Puis il ajouta :

« Faites en sorte, madame, s'il plait à Votre Grâce, qu'il reste quelques étoupes; je sais quelqu'un qui saura bien en tirer parti, car les reins me cuisent aussi quelque peu.

— Vous êtes donc aussi tombé? demanda l'hôtesse.

— Non vraiment, répliqua Sancho; mais de la frayeur et de la secousse que j'ai eues en voyant tomber mon maître, le corps me fait si mal qu'on dirait que j'ai reçu cent coups de bâton.

— Cela pourrait bien être, interrompit la jeune fille; car il m'est arrivé souvent de rêver que je tombais du haut d'une tour en bas, et que je ne finissais jamais d'arriver jusqu'à terre; et, quand je me réveillais, j'étais aussi lasse et aussi brisée que si je fusse tombée réellement.

— Voilà justement l'affaire, mademoiselle, s'écria Sancho; et moi, sans rien rêver du tout, et plus éveillé que je ne le suis à présent, je me trouve presque autant de marques noires et bleues sur le corps que mon seigneur don Quichotte.

— Comment appelez-vous ce cavalier? demanda l'Asturienne Maritornes.

— Don Quichotte de la Manche, répondit Sancho Panza; c'est un chevalier errant, l'un des plus braves et des plus dignes qu'on ait vus de longtemps sur la terre.

— Qu'est-ce qu'un chevalier errant? répliqua la gracieuse servante.

— Quoi! reprit Sancho, vous êtes si neuve en ce monde que vous ne le sachiez pas? Eh bien! sachez, ma sœur, qu'un chevalier errant est quelque chose qui, en un tour de main, est bâtonné ou empereur; aujourd'hui, c'est la plus malheureuse créature du monde, et la plus affamée; demain, il aura trois ou quatre couronnes de royaumes à donner à son écuyer.

— Comment alors, interrompit l'hôtesse, puisque vous êtes celui de ce bon seigneur, n'avez-vous pas au moins quelque comté?

— Il est de bonne heure encore, répondit Sancho; car il n'y a pas plus d'un mois que nous sommes à chercher les aventures, et, jusqu'à présent, nous n'en avons pas encore rencontré qui valût la peine de s'appeler ainsi. Il arrive quelquefois de chercher une chose et d'en trouver une autre. Mais que mon seigneur don Quichotte guérisse de cette blessure, ou de cette chute, et que je n'en reste pas moi-même estropié, et je ne troquerais pas mes espérances pour la meilleure seigneurie d'Espagne. »

Tout cet entretien, don Quichotte l'écoutait de son lit avec grande attention; se mettant comme il put sur son séant, il prit tendrement la main de l'hôtesse, et lui dit :

« Croyez-moi, belle et noble dame, vous pouvez vous appeler heureuse pour avoir recueilli dans votre château ma personne, qui est telle que, si je ne la loue pas, c'est parce qu'on a coutume de dire que la louange propre avilit; mais mon écuyer vous dira qui je suis. Je veux seulement vous dire que j'aurai éternellement gravé dans la mémoire le service que vous m'avez rendu, pour vous en garder reconnaissance autant que durera ma vie. Et plût au ciel que l'amour ne me tînt pas assujetti à ses lois, et ne m'eût pas fait l'esclave des yeux de cette belle ingrate que je nomme entre mes dents; car ceux de cette aimable damoiselle seraient maintenant les maîtres de ma liberté. »

L'hôtesse, sa fille et la bonne Maritornes restaient toutes confuses aux propos du chevalier errant, qu'elles n'entendaient pas plus que s'il eût parlé grec. Elles devinaient bien pourtant que tout cela tirait à des remercîments et à des galanteries; mais, peu faites à semblable langage, elles le regardaient et se regardaient, et don Quichotte leur semblait un tout autre homme que les autres. Après l'avoir remercié de ses politesses en propos d'hôtellerie, elles le quittèrent, et Maritornes alla panser Sancho, qui n'en avait pas moindre besoin que son maître.

Or, il faut savoir que le muletier et l'Asturienne avaient comploté de prendre ensemble cette nuit leurs ébats. Celle-ci lui avait donné sa parole qu'aussitôt que les hôtes seraient retirés et ses maîtres endormis, elle irait le trouver pour lui faire plaisir en tout ce qu'il lui commanderait. Et l'on raconte de cette bonne fille que jamais elle ne donna semblable parole sans la tenir, l'eût-elle donnée au fond d'un bois, et sans aucun témoin; car elle se piquait d'avoir du sang d'hidalgo dans les veines, et ne se tenait pas pour avilie d'être servante d'auberge, disant que des malheurs et des revers de fortune l'avaient jetée dans cet état.

Le lit dur, étroit, chétif et traître sur lequel reposait don Quichotte, se trouvait le premier au milieu de cet appartement d'où l'on voyait les étoiles. Auprès de lui, Sancho fit le sien, tout bonnement avec une natte de jonc et une couverture qui semblait plutôt de crin que de laine. A ces deux lits succédait celui du muletier, fabriqué, comme on l'a dit, avec les bâts et tout l'attirail de ses deux meilleurs mulets; et il en menait douze, tous gras, brillants et vigoureux, car c'était un des riches muletiers d'Arevalo, à ce que dit l'auteur de cette histoire, lequel fait dudit muletier mention particulière, parce qu'il le connaissait très-intimement, et l'on assure même qu'il était tant soit peu son parent[1]. Cid Hamet Ben-Engeli fut, en effet, un historien très-curieux et très-ponctuel en toutes choses, ce que prouvent assez celles qu'il a rapportées jusqu'à présent, puisque, si communes et chétives qu'elles soient, il n'a pas voulu les passer sous silence. De lui pourront prendre exemple les historiens sérieux et graves, qui nous racontent les actions de leurs personnages d'une façon si courte et si succincte, qu'à peine le goût nous en touche les lèvres, et qui laissent dans l'encrier, par négligence, ignorance ou malice, le plus substantiel de l'ouvrage. Loué soit mille fois l'auteur de *Tablante de Ricamonte*, et celui du livre qui rapporte les faits et gestes du *Comte Tomillas!* Avec quelle exactitude tout est décrit par eux!

Je dis donc, pour en revenir à notre histoire, que le muletier, après avoir visité ses bêtes et leur avoir donné la seconde ration d'orge, s'étendit sur ses harnais, et se mit à attendre sa ponctuelle Maritornes. Sancho Panza était bien graissé et couché; mais, quoiqu'il fît tout ce qu'il pût pour dormir, la douleur de ses côtes l'en tenait empêché, et quant à don Quichotte, avec la douleur des siennes, il avait les yeux ouverts comme un lièvre. Toute l'hôtellerie était ensevelie dans le silence, et il n'y avait pas, dans la maison entière, d'autre lumière que celle d'une lampe qui brûlait suspendue sous le portail. Cette merveilleuse tranquillité, et les pensées qu'entretenait toujours en l'esprit de notre chevalier le souvenir des événements qui se lisent à chaque page dans les livres auteurs de sa disgrâce, lui firent naître en l'imagination l'une des plus étranges folies que de sang-froid l'on pût imaginer. Il se persuada qu'il était arrivé à un fameux château, puisque toutes les hôtelleries où il logeait étaient autant de châteaux à ses yeux, et que la fille de l'hôtelier était la fille du châtelain, laquelle, vaincue par sa bonne grâce, s'était éprise d'amour pour lui, et résolue à venir cette nuit même, en cachette de ses parents, le visiter dans son alcôve. Prenant toute cette chimère, qu'il avait fabriquée, pour réelle et véritable, il commença à se troubler et à s'affliger, en pensant à l'imminent péril que sa chasteté courait; mais il résolut au fond de son cœur de ne commettre aucune déloyauté contre sa dame Dulcinée du Toboso, quand la reine Genièvre elle-même, assistée de sa duègne Quintagnonne, viendrait l'en solliciter.

En continuant de rêver à ces extravagances, le temps passa, et l'heure arriva, pour lui fatale, où devait venir l'Asturienne, laquelle, en chemise et pieds nus, les cheveux retenus dans une coiffe de futaine, se glissa à pas de loup dans l'appartement où logeaient les trois hôtes, à la quête de son muletier. Mais à peine eut-elle passé la porte, que don Quichotte l'entendit, et, s'asseyant sur son lit, en dépit de ses emplâtres et de son mal de reins, il étendit les bras pour recevoir sa charmante damoiselle l'Asturienne, qui, toute ramassée et retenant son haleine, allait les mains en avant, cherchant à tâtons son cher ami. Elle vint donner dans les bras de don Quichotte, qui la saisit fortement par un poignet, et, la tirant vers lui sans qu'elle osât souffler mot, la fit asseoir sur son lit. Il tâta sa chemise, qui lui sembla, bien qu'elle fût de toile à faire des sacs, de la plus fine percale de lin. Elle portait aux bras des espèces de bracelets en boules de verre qui lui parurent avoir le reflet des perles orientales; ses cheveux, qui tiraient un peu sur la nature et la couleur du crin, il les prit pour des tresses d'or fin d'Arabie, dont l'éclat obscurcissait celui du soleil, et son haleine, qui sentait assurément la salade à l'ail marinée de la veille, lui parut répandre une odeur suave et parfumée. Finalement, il se la peignit dans son imagination avec les mêmes charmes et les mêmes atours que cette autre princesse qu'il avait lu dans ses livres être venue visiter de nuit le chevalier blessé, vaincue par l'amour dont elle s'était éprise. Tel était l'aveuglement du pauvre hidalgo, que rien ne pouvait le détromper, ni le toucher, ni l'haleine, ni certaines autres choses qui distinguaient la pauvre fille, lesquelles auraient pourtant fait vomir les entrailles à tout autre qu'un muletier; au contraire, il croyait serrer dans ses bras la déesse des amours, et, la tenant amoureusement embrassée, il lui dit d'une voix douce et tendre :

« Je voudrais bien, haute et charmante dame, me trouver en passe de payer une faveur infinie comme celle que, par la vue de votre extrême beauté, vous m'avez octroyée; mais la fortune, qui ne se lasse pas de persécuter les bons, a voulu me jeter dans ce lit, où je gis moulu et brisé, tellement que si ma volonté voulait correspondre à la vôtre, elle n'en aurait pas le pouvoir. Mais à cette impossibilité s'en ajoute une plus grande : c'est la foi que j'ai promise et donnée à la sans pareille Dulcinée du Toboso, unique dame de mes plus secrètes pensées. Certes, si ces obstacles ne venaient pas à la traverse, je ne serais pas un assez niais chevalier pour laisser passer en fumée l'heureuse occasion que m'offre votre infinie bonté. »

Maritornes était dans une mortelle angoisse de se voir retenue si fortement par don Quichotte, et, ne prêtant nulle attention aux propos qu'il lui tenait, elle faisait, sans dire mot, tous les efforts possibles pour se dégager.

Le bon muletier, que tenaient éveillé ses méchants désirs, avait aussi entendu sa nymphe dès qu'elle eut passé le seuil de la porte. Il écouta très-attentivement tout ce que disait don Quichotte, et, jaloux de ce que l'Asturienne lui eût manqué de parole pour un autre, il se leva, s'approcha davantage du lit de don Quichotte, et se tint coi pour voir où aboutiraient ces propos qu'il ne pouvait entendre. Mais quand il vit que la pauvre fille travaillait à se dépêtrer, tandis que don Quichotte s'efforçait de la retenir, le jeu lui déplut; il éleva le bras tout de son long, et déchargea un si terrible coup de poing sur les étroites mâchoires de l'amoureux chevalier, qu'il lui mit la bouche tout en sang; et, non content de cette vengeance, il lui monta sur la poitrine, et, d'un pas un peu plus vite que le trot, il lui parcourut toutes les côtes du haut en bas. Le lit, qui était de faible complexion et de fondements peu solides, ne pouvant supporter la surcharge du muletier, s'enfonça et tomba par terre. Au bruit de ses craquements, l'hôtelier s'éveilla, et bientôt il s'imagina que ce devait être quelque démêlé de Maritornes, car, quoiqu'il l'appelât à tue-tête, elle ne répondait pas. Dans ce soupçon, il se leva, alluma sa lampe à bec, et s'avança du côté d'où venait le tapage. La servante, entendant venir son maître, dont elle connaissait l'humeur terrible, toute troublée et tremblante, alla se réfugier dans le lit de Sancho Panza, qui

LE LIT, QUI ÉTAIT DE FAIBLE COMPLEXION, S'ENFONÇA ET TOMBA PAR TERRE. — T. I, CH. XVI.

dormait encore, et s'y tapit, recoquillée comme un peloton. L'hôtelier entra en disant :

« Où es-tu, carogne? car, à coup sûr, ce sont ici de tes équipées. »

En ce moment, Sancho entr'ouvrit les yeux, et, sentant cette masse sur son estomac, il crut qu'il avait le cauchemar; il se mit donc à allonger des coups de poing de droite et de gauche dont la meilleure partie attrapèrent Maritornes, laquelle, excitée par la douleur, et perdant avec la patience toute retenue, rendit à Sancho la monnaie de sa pièce, et si dru, qu'elle eut bientôt achevé de l'éveiller. Sancho, se voyant traiter ainsi, sans savoir par qui ni pourquoi, se releva du mieux qu'il put, et, prenant Maritornes à bras-le-corps, ils commencèrent entre eux la plus acharnée et la plus gracieuse escarmouche qu'on ait jamais vue. Cependant le muletier, voyant à la lueur de la lampe la transe où se trouvait sa dame, laissant enfin don Quichotte, accourut lui porter le secours dont elle avait tant besoin. L'hôtelier fit de même, mais dans une intention différente, car il voulait châtier l'Asturienne, croyant bien qu'elle était l'unique cause de cette diabolique harmonie. Et de même qu'on a coutume de dire le chien au chat, et le chat au rat, le muletier tapait sur Sancho, Sancho sur la fille, la fille sur Sancho et l'hôte sur la fille; et tous les quatre y allaient de si bon cœur et de si bon jeu, qu'ils ne se donnaient pas un instant de répit. Le meilleur de l'affaire, c'est que la lampe de l'hôtelier s'éteignit, et, comme ils se trouvèrent tout à coup dans les ténèbres, les coups donnés à tâtons roulaient si impitoyablement à tort et à travers, que, partout où portaient leurs mains, ils ne laissaient ni chair saine ni morceau de chemise.

Par hasard logeait cette nuit dans l'hôtellerie un archer de ceux qu'on appelle de la Sainte-Hermandad vieille de Tolède[2]. Quand il entendit l'étrange vacarme de la bataille, il empoigna sa verge noire et la boîte de fer-blanc qui contenait ses titres; puis, entrant à tâtons dans la pièce où se livrait le combat :

« Holà! s'écria-t-il, arrêtez au nom de la justice, au nom de la Sainte-Hermandad! »

Le premier qu'il rencontra sous sa main fut le déplorable don Quichotte, qui était encore sur les débris de sa couche, étendu la bouche en l'air, et sans aucune connaissance. L'archer, l'empoignant par la barbe, ne cessait de crier :

« Main-forte à la justice! »

Mais, voyant que celui qu'il tenait à poignée ne bougeait ni ne remuait le moins du monde, il s'imagina qu'il était mort et que les autres étaient ses meurtriers. Dans cette croyance, il haussa encore la voix, et s'écria :

« Qu'on ferme la porte de la maison, et qu'on ait soin que personne ne s'échappe. On vient de tuer un homme ici. »

Ce cri effraya tous les combattants; chacun d'eux laissa la bataille indécise, et justement au point où l'avait trouvée la voix de l'archer. L'hôtelier se retira dans sa chambre, la servante dans son taudis, le muletier sur ses harnais entassés; les deux malheureux don Quichotte et Sancho furent les seuls qui ne purent bouger de la place. L'archer, lâchant enfin la barbe de don Quichotte, sortit pour aller chercher de la lumière et revenir arrêter les coupables; mais il n'en trouva pas une étincelle, l'hôtelier ayant exprès éteint la lampe du portail en se retirant. L'archer fut donc obligé de recourir à la cheminée, où ce ne fut qu'à force de patience et de temps perdu qu'il trouva moyen de rallumer une autre mèche.

CHAPITRE XVII.

OÙ SE POURSUIT L'HISTOIRE DES INNOMBRABLES TRAVAUX QU'EUT A SUPPORTER LE BRAVE DON QUICHOTTE AVEC SON BON ÉCUYER SANCHO PANZA, DANS L'HÔTELLERIE QU'IL AVAIT CRUE, POUR SON MALHEUR, ETRE UN CHÂTEAU.

Dans cet intervalle, don Quichotte était enfin revenu de son évanouissement; et, de ce même accent plaintif avec lequel il avait appelé la veille son écuyer, quand il était étendu dans la vallée des Gourdins, il se mit à l'appeler de nouveau:

« Sancho, mon ami, dors-tu? Dors-tu, mon ami Sancho?

— Que diable voulez-vous que je dorme, répondit Sancho, plein de désespoir et de dépit, si tous les démons de l'enfer se sont déchaînés cette nuit contre moi?

— Ah! tu peux bien le croire en effet, reprit don Quichotte; car, ou je ne sais pas grand'chose, ou ce château est enchanté. Il faut que tu saches.... Mais, avant de parler, je veux que tu me jures que tu tiendras secret ce que je vais te dire, jusqu'après ma mort.

— Oui, je le jure, répondit Sancho.

— Je te demande ce serment, reprit don Quichotte, parce que je hais de faire tort à l'honneur de personne.

— Puisque je vous dis que je le jure, répéta Sancho, et que je tairai la chose jusqu'à la fin de vos jours! Mais plût à Dieu que je pusse la découvrir dès demain!

— Est-ce que je me conduis si mal envers toi, Sancho, répondit don Quichotte, que tu veuilles me voir sitôt trépassé?

— Ce n'est pas pour cela, répliqua Sancho, c'est que je n'aime pas garder beaucoup les secrets : je craindrais qu'ils ne se pourrissent dans mon estomac d'être trop gardés.

— Que ce soit pour une raison ou pour une autre, reprit don Quichotte, je me confierai plus encore à ton affection et à ta courtoisie. Eh bien! sache donc qu'il m'est arrivé cette nuit une des plus étranges aventures dont je puisse tirer gloire; et, pour te la conter le plus brièvement possible, tu sauras qu'il y a peu d'instants je vis venir près de moi la fille du seigneur de ce château, qui est bien la plus accorte et la plus ravissante damoiselle qu'on puisse trouver sur une grande partie de la terre. Que pourrais-je te dire des charmes de sa personne, des grâces de son esprit, et d'autres attraits cachés que, pour garder la foi que je dois à ma dame Dulcinée du Toboso, je laisserai passer sans y toucher, et sans en rien dire! Je veux te dire seulement que, le ciel se trouvant envieux du bonheur extrême que m'envoyait la fortune, ou peut-être, ce qui est plus certain, ce château, comme je viens de dire, étant enchanté, au moment où j'étais avec elle dans le plus doux, le plus tendre et le plus amoureux entretien, voilà que, sans que je la visse, ou sans que je susse d'où elle venait, une main qui pendait au bras de quelque géant démesuré m'assena un si grand coup de poing sur les mâchoires, qu'elles sont encore toutes baignées de sang; puis ensuite le géant me battit et me moulut de telle sorte, que je suis en pire état qu'hier, lorsque les muletiers, à propos de l'incontinence de Rossinante, nous firent l'affront que tu sais bien. D'où je conjecture que le trésor de la beauté de cette damoiselle doit être confié à la garde de quelque More enchanté, et qu'il n'est pas réservé pour moi.

— Ni pour moi non plus, s'écria Sancho; car plus de quatre cents Mores m'ont tanné la peau de telle manière que la mouture d'hier sous les gourdins n'était que pain bénit en comparaison. Mais dites-moi, seigneur, comment appelez-vous belle et rare cette aventure qui nous laisse dans l'état où nous sommes? Encore, pour Votre Grâce, le mal n'a pas été si grand, puisqu'elle a tenu dans ses bras cette incomparable beauté. Mais moi, qu'ai-je attrapé, bon Dieu, sinon les plus effroyables gourmades que je pense recevoir en toute ma vie? Malheur à moi et à la mère qui m'a mis au monde! Je ne suis pas chevalier errant, et je n'espère jamais le devenir; et de toutes les mauvaises rencontres j'attrape la meilleure part!

— Comment, on t'a donc aussi gourmé? demanda don Quichotte.

— Qu'il en cuise à ma race! s'écria Sancho; qu'est-ce que je viens donc de vous dire?

— Ne te mets pas en peine, ami, reprit don Quichotte; je vais préparer tout à l'heure le baume précieux avec lequel nous guérirons en un clin d'œil. »

En ce moment, l'archer de la Sainte-Hermandad, qui venait d'allumer sa lampe, rentra pour visiter celui qu'il pensait avoir été tué. Quand Sancho le vit

EN CE MOMENT LE BREUVAGE FIT ENFIN SON OPÉRATION. — T. I, CH. XVII.

entrer, en chemise, un mouchoir roulé sur la tête, sa lampe à la main, et, par-dessus le marché, ayant une figure d'hérétique, il demanda à son maître :

« Seigneur, ne serait-ce pas là, par hasard, le More enchanté qui revient achever la danse, si les mains et les pieds lui démangent encore?

— Non, répondit don Quichotte, ce ne peut être le More, car les enchantés ne se font voir de personne.

— Ma foi, reprit Sancho, s'ils ne se font pas voir, ils se font bien sentir; sinon, qu'on en demande des nouvelles à mes épaules.

— Les miennes pourraient en donner aussi, répondit don Quichotte; mais ce n'est pas un indice suffisant pour croire que celui que nous voyons soit le More enchanté. »

L'archer s'approcha, et, les trouvant en si tranquille conversation, s'arrêta tout surpris. Il est vrai que don Quichotte était encore la bouche en l'air, sans pouvoir bouger, de ses coups et de ses emplâtres. L'archer vint à lui.

« Eh bien, dit-il, comment vous va, bonhomme?

— Je parlerais plus courtoisement, reprit don Quichotte, si j'étais à votre place. Est-il d'usage, dans ce pays, de parler ainsi aux chevaliers errants, malotru? »

L'archer, qui s'entendit traiter de la sorte par un homme de si pauvre mine, ne put souffrir son arrogance; et, levant la lampe qu'il tenait à la main, il l'envoya avec toute son huile sur la tête de don Quichotte, qui en fut à demi trépané; puis, laissant tout dans les ténèbres, il s'enfuit aussitôt.

« Sans aucun doute, seigneur, dit Sancho Panza, c'est bien là le More enchanté : il doit garder le trésor pour d'autres; mais pour nous, il ne garde que les coups de poing et les coups de lampe.

— Ce doit être ainsi, répondit don Quichotte; mais il ne faut faire aucun cas de tous ces enchantements, ni prendre contre eux dépit ou colère : comme ce sont des êtres invisibles et fantastiques, nous chercherions vainement de qui nous venger. Lève-toi, Sancho, si tu peux; appelle le commandant de cette forteresse, et fais en sorte qu'il me donne un peu d'huile, de vin, de sel et de romarin, pour en composer le baume salutaire. En vérité, je crois que j'en ai grand besoin maintenant, car je perds beaucoup de sang par la blessure que m'a faite ce fantôme. »

Sancho se leva, non sans douleur de la moelle de ses os, et s'en fut à tâtons chercher l'hôte; et, rencontrant sur son chemin l'archer, qui s'était arrêté près de la porte, inquiet de savoir ce que devenait son ennemi blessé :

« Seigneur, lui dit-il, qui que vous soyez, faites-nous la grâce et la charité de nous donner un peu de romarin, d'huile, de vin et de sel, dont nous avons besoin pour panser un des meilleurs chevaliers errants qu'il y ait sur toute la surface de la terre, lequel gît à présent dans ce lit, grièvement blessé par les mains du More enchanté qui habite cette hôtellerie. »

Quand l'archer entendit de semblables propos, il prit Sancho pour un cerveau timbré; mais, le jour commençant à poindre, il alla ouvrir la porte de l'hôtellerie, et appela l'hôte pour lui dire ce que ce bonhomme voulait. L'hôte pourvut Sancho de toutes les provisions qu'il était venu chercher, et celui-ci les porta bien vite à don Quichotte, qu'il trouva la tête dans ses deux mains, se plaignant du mal que lui avait causé le coup de lampe, qui ne lui en avait causé d'autre pourtant que de lui faire pousser au front deux bosses assez renflées; car ce qu'il prenait pour du sang n'était que l'huile de la lampe mêlée à la sueur qu'avaient fait couler de son front les angoisses de la tempête passée. Finalement, il prit ses drogues, les mêla dans une marmite et les fit bouillir sur le feu jusqu'à ce qu'il lui semblât qu'elles fussent à leur point de cuisson. Il demanda ensuite quelque fiole pour y verser cette liqueur; mais, comme on n'en trouva point dans toute l'hôtellerie, il se décida à la mettre dans une burette d'huile en fer-blanc, dont l'hôte lui fit libéralement donation. Puis il récita sur la burette plus de quatre-vingts *Pater noster*, autant d'*Ave Maria*, de *Salve* et de *Credo*, accompagnant chaque parole d'un signe de croix en manière de bénédiction. A cette cérémonie se trouvaient présents Sancho, l'hôte et l'archer, car le muletier avait repris paisiblement le soin et le gouvernement de ses mulets.

Cela fait, don Quichotte voulut aussitôt expérimenter par lui-même la vertu de ce baume, qu'il s'imaginait si précieux. Il en but donc, de ce qui n'avait pu tenir dans la burette et qui restait encore dans la marmite où il avait bouilli, plus d'une bonne demi-pinte. Mais à peine eut-il fini de boire qu'il commença de vomir, de telle manière qu'il ne lui resta rien au fond de l'estomac; et les angoisses du vomissement lui causant, en outre, une sueur abondante, il demanda qu'on le couvrît bien dans son lit et qu'on le laissât seul. On lui obéit, et il dormit paisiblement plus de trois grandes heures, au bout desquelles il se sentit, en s'éveillant, le corps tellement soulagé et les reins si bien remis de leur foulure, qu'il se crut entièrement guéri; ce qui, pour le coup, lui fit penser qu'il avait vraiment trouvé la recette du baume de Fierabras, et qu'avec un tel remède il pouvait désormais affronter sans crainte toute espèce de rencontres, de querelles et de batailles, quelque périlleuses qu'elles fussent. Sancho Panza, tenant aussi à miracle le soulagement de son maître, le pria de lui laisser prendre ce qui restait dans la marmite, et qui n'était pas une faible dose. Don Quichotte le lui abandonna, et Sancho, prenant le pot à deux anses de la meilleure foi du monde, comme de la meilleure grâce, s'en versa dans le gosier presque autant que son maître.

Or, il arriva que l'estomac du pauvre Sancho n'avait pas sans doute toute la délicatesse de celui de son seigneur; car, avant de vomir, il fut tellement pris de sueurs froides, de nausées, d'angoisses et de haut-le-cœur, qu'il pensa bien véritablement que sa dernière heure était venue; et, dans son affliction, il maudissait, non-seulement le baume, mais le gredin qui le lui avait fait prendre. Don Quichotte, le voyant en cet état, lui dit gravement :

« Je crois, Sancho, que tout ce mal te vient de ce que tu n'es pas armé chevalier, car j'ai l'opinion que cette liqueur ne doit pas servir à ceux qui ne le sont pas.

J'AI SEULEMENT BESOIN QUE VOTRE GRACE ME PAYE LA DÉPENSE QU'ELLE A FAITE. — T. I, CH. XVII.

— Malédiction sur moi et sur toute ma race! s'écria Sancho; si Votre Grâce savait cela d'avance, pourquoi donc me l'a-t-elle seulement laissé goûter? »

En ce moment, le breuvage fit enfin son opération, et le pauvre écuyer commença à se vider par les deux bouts, avec tant de hâte et si peu de relâche, que la natte de jonc sur laquelle il s'était recouché, et la couverture de toile à sac qui le couvrait furent à tout jamais mises hors de service. Il faisait, cependant, de tels efforts et souffrait de telles convulsions, que non-seulement lui, mais tous les assistants, crurent qu'il y laisserait la vie. Cette bourrasque et ce danger durèrent presque deux heures, au bout desquelles il ne se trouva pas soulagé comme son maître, mais, au contraire, si fatigué et si rompu, qu'il ne pouvait plus se soutenir.

Mais don Quichotte, qui se sentait, comme on l'a dit, guéri radicalement, voulut aussitôt se remettre en route à la recherche des aventures; car il lui semblait que tout le temps qu'il perdait en cet endroit, c'était le faire perdre au monde et aux malheureux qui attendaient son secours, surtout joignant à cette habituelle pensée la confiance qu'il mettait désormais en son baume. Aussi, dans son impatient désir, il mit lui-même la selle à Rossinante, le bât à l'âne de Sancho; puis aida Sancho à se hisser sur l'âne, après l'avoir aidé à se vêtir. Ayant ensuite enfourché son cheval, il s'avança dans un coin de la cour de l'hôtellerie, et prit une pique de messier qui était là pour qu'elle lui servît de lance. Tous les gens qui se trouvaient dans l'hôtellerie, et leur nombre passait vingt personnes, s'étaient mis à le regarder. La fille de l'hôte le regardait aussi, et lui ne cessait de tenir les yeux sur elle, jetant de temps à autre un soupir qu'il tirait du fond de ses entrailles; mais tout le monde croyait que c'était la douleur qui le lui arrachait, ceux du moins qui l'avaient vu graisser et emplâtrer la veille.

Dès qu'ils furent tous deux à cheval, don Quichotte, s'arrêtant à la porte de la maison, appela l'hôtelier, et lui dit d'une voix grave et posée :

« Grandes et nombreuses, seigneur châtelain, sont les grâces que j'ai reçues dans votre château, et je suis étroitement obligé à vous en être reconnaissant tous les jours de ma vie. Si je puis les reconnaître et les payer en tirant pour vous vengeance de quelque orgueilleux qui vous ait fait quelque outrage, sachez que ma profession n'est pas autre que de secourir ceux qui sont faibles, de venger ceux qui reçoivent des offenses, et de châtier les félonies. Consultez donc votre mémoire, et, si vous trouvez quelque chose de cette espèce à me recommander, vous n'avez qu'à le dire, et je vous promets, par l'ordre de chevalerie que j'ai reçu, que vous serez pleinement quitte et satisfait. »

L'hôte lui répondit avec le même calme et la même gravité :

« Je n'ai nul besoin, seigneur chevalier, que Votre Grâce me venge d'aucun affront; car, lorsque j'en reçois, je sais bien moi-même en tirer vengeance. J'ai seulement besoin que Votre Grâce me paye la dépense qu'elle a faite cette nuit dans l'hôtellerie, aussi bien de la paille et de l'orge données à ses deux bêtes que des lits et du souper.

— Comment! c'est donc une hôtellerie? s'écria don Quichotte.
— Et de très-bon renom, répondit l'hôtelier.
— En ce cas, reprit don Quichotte, j'ai vécu jusqu'ici dans l'erreur; car, en vérité, j'ai pensé que c'était un château, et non des plus mauvais. Mais, puisque c'est une hôtellerie et non point un château, ce qu'il y a de mieux à faire pour le moment, c'est que vous renonciez au payement de l'écot; car je ne puis contrevenir à la règle des chevaliers errants, desquels je sais de science certaine, sans avoir jusqu'à ce jour lu chose contraire, que jamais aucun d'eux ne paya logement, nourriture, ni dépense d'auberge. En effet, on leur doit, par droit et privilége spécial, bon accueil partout où ils se présentent, en récompense des peines insupportables qu'ils se donnent pour chercher les aventures de nuit et de jour, en hiver et en été, à pied et à cheval, avec la soif et la faim, sous le chaud et le froid, sujets enfin à toutes les inclémences du ciel et à toutes les incommodités de la terre.

— Je n'ai rien à voir là dedans, répondit l'hôtelier : qu'on me paye ce qu'on me doit, et trêve de chansons : tout ce qui m'importe, c'est de faire mon métier et de recouvrer mon bien.

— Vous êtes un sot et un méchant gargotier, » repartit don Quichotte; puis, piquant des deux à Rossinante, et croisant sa pique, il sortit de l'hôtellerie sans que personne le suivît; et, sans voir davantage si son écuyer le suivait, il gagna champ à quelque distance.

L'hôtelier, voyant qu'il s'en allait et ne le payait point, vint réclamer son dû à Sancho Panza, lequel répondit que, puisque son maître n'avait pas voulu payer, il ne le voulait pas davantage; et qu'étant écuyer de chevalier errant, il devait jouir du même bénéfice que son maître pour ne payer aucune dépense dans les auberges et hôtelleries. L'hôte eut beau se fâcher, éclater, et menacer, s'il ne le payait pas, de lui faire rendre gorge d'une façon qui lui en cuirait, Sancho jura, par la loi de chevalerie qu'avait reçue son maître, qu'il ne payerait pas un maravédi, dût-il lui en coûter la vie.

« Car, disait-il, ce n'est point par mon fait que doit se perdre cette antique et excellente coutume des chevaliers errants, et je ne veux pas que les écuyers de ceux qui sont à venir au monde aient à se plaindre de moi pour me reprocher la violation d'un si juste privilége. »

La mauvaise étoile de l'infortuné Sancho voulut que, parmi les gens qui avaient couché dans l'hôtellerie, se trouvassent quatre drapiers de Ségovie, trois merciers de Cordoue et deux marchands forains de Séville, tous bons diables et bons vivants, aimant les niches et la plaisanterie. Ces neuf gaillards, comme poussés d'un même esprit, s'approchèrent de Sancho, le firent descendre de son âne, et, l'un d'eux ayant couru chercher la couverture du lit de l'hôtesse, on jeta dedans le pauvre écuyer. Mais, en levant les yeux, ils s'aperçurent que le plancher du portail était trop bas pour leur besogne. Ils résolurent donc de sortir dans la basse-cour, qui n'avait d'autre toit que le ciel; et là, ayant bien étendu Sancho sur la couverture,

LES BERNEURS NE CESSAIENT NI LEUR BESOGNE, NI LEURS ÉCLATS DE RIRE. — T. I, CH. XVII.

ils commencèrent à l'envoyer voltiger dans les airs, se jouant de lui comme on fait d'un chien dans le temps du carnaval¹.

Les cris que poussait le malheureux berné étaient si perçants, qu'ils arrivèrent jusqu'aux oreilles de son maître, lequel, s'arrêtant pour écouter avec attention, crut d'abord qu'il lui arrivait quelque nouvelle aventure; mais il reconnut bientôt que c'était son écuyer qui jetait ces cris affreux. Tournant bride aussitôt, il revint de tout le pesant galop de son cheval à l'hôtellerie, et, la trouvant fermée, il en fit le tour pour voir s'il ne rencontrerait pas quelque passage. Mais il ne fut pas plutôt arrivé devant les murs de la cour, qui n'étaient pas fort élevés, qu'il aperçut le mauvais jeu qu'on faisait jouer à son écuyer. Il le vit monter et descendre à travers les airs, avec tant de grâce et d'agilité, que, si la colère ne l'eût suffoqué, je suis sûr qu'il aurait éclaté de rire. Il essaya de grimper de son cheval sur le mur; mais il était si moulu et si harassé, qu'il ne put pas seulement mettre pied à terre. Ainsi, du haut de son cheval, il commença à proférer tant d'injures et de défis à ceux qui bernaient Sancho, qu'il n'est pas possible de parvenir à les rapporter. Mais, en dépit de ses malédictions, les berneurs ne cessaient ni leur besogne ni leurs éclats de rire, et le voltigeur Sancho ne cessait pas non plus ses lamentations, qu'il entremêlait tantôt de menaces et tantôt de prières; rien n'y faisait, et rien n'y fit, jusqu'à ce qu'ils l'eussent laissé de pure lassitude.

On lui ramena son âne, et l'ayant remis dessus, on le couvrit bien de son petit manteau. Le voyant si harassé, la compatissante Maritornes crut lui devoir le secours d'une cruche d'eau, et l'alla tirer du puits pour qu'elle fût plus fraîche. Sancho prit la cruche, et l'approcha de ses lèvres; mais il s'arrêta aux cris de son maître, qui lui disait :

« Sancho, mon fils, ne bois pas de cette eau; n'en bois pas, mon enfant, elle te tuera. Vois-tu, j'ai ici le très-saint baume (et il lui montrait sa burette); avec deux gouttes que tu boiras, tu seras guéri sans faute. »

A ces cris, Sancho tourna les yeux tant soit peu de travers, et répondit en criant plus fort :

« Est-ce que, par hasard, Votre Grâce oublie déjà que je ne suis pas chevalier, et veut-elle que j'achève de vomir le peu d'entrailles qui me restent d'hier soir? Gardez votre liqueur, de par tous les diables! et laissez-moi tranquille. »

Achever de dire ces mots et commencer de boire, ce fut tout un; mais voyant, à la première gorgée, que c'était de l'eau, il ne voulut pas continuer, et pria Maritornes de lui apporter du vin, ce qu'elle fit aussitôt de très-bonne grâce, et même elle le paya de sa poche; car on dit d'elle, en effet, que, quoiqu'elle fût réduite à cet état, elle avait encore quelque ombre éloignée de vertu chrétienne.

Dès que Sancho eut achevé de boire, il donna du talon à son âne, et, lui faisant ouvrir toute grande la porte de l'hôtellerie, il sortit, enchanté de n'avoir rien payé du tout, et d'être venu à bout de sa résolution, bien que c'eût été aux dépens de ses cautions ordinaires, c'est-à-dire de ses épaules. Il est vrai que l'hôtelier garda son bissac en payement de ce qui lui était dû; mais Sancho s'était enfui si troublé qu'il ne s'aperçut pas de cette perte. Dès qu'il le vit dehors, l'hôtelier voulut barricader la porte, mais les berneurs l'en empêchèrent; car c'étaient de telles gens que, si don Quichotte eût été réellement un des chevaliers de la Table-Ronde, ils n'en auraient pas fait cas pour deux liards de plus.

CHAPITRE XVIII.

OÙ L'ON RACONTE L'ENTRETIEN QU'EURENT SANCHO PANZA ET SON SEIGNEUR DON QUICHOTTE,
AVEC D'AUTRES AVENTURES BIEN DIGNES D'ÊTRE RAPPORTÉES

Sancho rejoignit son maître, si abattu, si affaissé, qu'il ne pouvait plus seulement talonner son âne. Quand don Quichotte le vit en cet état :
« Pour le coup, bon Sancho, lui dit-il, j'achève de croire que ce château, ou hôtellerie si tu veux, est enchanté sans aucun doute. Car enfin ceux qui se sont si atrocement joués de toi, que pouvaient-ils être, sinon des fantômes et des gens de l'autre monde? Ce qui me confirme dans cette pensée, c'est que, tandis que je regardais les actes de ta déplorable tragédie par-dessus l'enceinte de la cour, il ne me fut possible ni de monter sur les murs, ni de les franchir, ni même de descendre de cheval. Sans doute ils me tenaient moi-même enchanté; car je te jure, par la foi d'un homme tel que je suis, que si j'avais pu monter au mur ou mettre pied à terre, je t'aurais si bien vengé de ces félons et mauvais garnements, qu'ils auraient à tout jamais gardé le souvenir de leur méchant tour, quand bien même j'eusse dû, pour les châtier, contrevenir aux lois de la chevalerie, qui ne permettent pas, comme je te l'ai déjà dit maintes fois, qu'un chevalier porte la main sur celui qui ne l'est pas, sinon pour la défense de sa propre vie et en cas d'urgente nécessité.

— Chevalier ou non, répondit Sancho, je me serais, pardieu! bien vengé moi-même, si j'avais pu, mais le mal est que je ne pouvais pas. Et pourtant je jurerais bien que ces gens-là qui se sont divertis à mes dépens n'étaient ni fantômes ni hommes enchantés, comme dit Votre Grâce, mais bien de vrais hommes de chair et d'os tout comme nous; et je le sais bien, puisque je les entendais s'appeler l'un l'autre pendant qu'ils me faisaient voltiger, et que chacun d'eux avait son nom. L'un s'appelait Pedro Martinez; l'autre, Tenorio Fernandez, et l'hôtelier, Jean Palomèque le gaucher. Ainsi donc, seigneur, si vous n'avez pu sauter la muraille, ni seulement mettre pied à terre, cela venait d'autre chose que d'un enchantement. Quant à moi, ce que je tire au clair de tout ceci, c'est que ces aventures que nous allons cherchant nous mèneront à la fin des fins à de telles mésaventures, que nous ne saurons plus reconnaître quel est notre pied droit. Ce qu'il y a de mieux à faire et de plus raisonnable, selon mon faible entendement, ce serait de nous en retourner au pays, maintenant que c'est le temps de la moisson, et de nous occuper de nos affaires, au lieu de nous en aller, comme on dit, de fièvre en chaud mal, et de l'alguazil au corrégidor.

— Que tu sais peu de chose, Sancho, répondit don Quichotte, en fait de chevalerie errante! Tais-toi, et prends patience : un jour viendra où tu verras par la vue de tes yeux quelle grande et noble chose est l'exercice de cette profession. Sinon, dis-moi, quelle plus grande joie, quel plus doux ravissement peut-il y avoir dans ce monde, que celui de remporter une victoire et de triompher de son ennemi? Aucun, sans doute.

— Cela peut bien être, repartit Sancho, encore que je n'en sache rien; mais tout ce que je sais, c'est que, depuis que nous sommes chevaliers errants, ou Votre Grâce du moins, car je ne mérite pas de me compter en si honorable confrérie, nous n'avons jamais remporté de victoire, si ce n'est pourtant contre le Biscayen : encore Votre Grâce en est-elle sortie en y laissant une moitié d'oreille et une moitié de salade. Depuis lors, tout a été pour nous coups de poing sur coups de bâton, et coups de bâton sur coups de poing; mais j'ai reçu, par-dessus le marché, les honneurs du bernement, et encore de gens enchantés, dont je ne pourrais tirer vengeance pour savoir jusqu'où s'étend, comme dit Votre Grâce, le plaisir de vaincre son ennemi.

— C'est bien la peine que je ressens, répondit don Quichotte, et celle que tu dois ressentir aussi. Mais sois tranquille; je vais dorénavant faire en sorte d'avoir aux mains une épée forgée avec tant d'art, que celui qui la porte soit à l'abri de toute espèce d'enchantement. Il se pourrait même bien que la fortune me fît présent de celle que portait Amadis quand il s'appelait le *chevalier de l'Ardente-Épée*, laquelle fut une des meilleures lames que chevalier posséda jamais au monde; car, outre qu'elle avait la vertu dont je viens de parler, elle coupait comme un rasoir, et nulle armure, quelque forte ou enchantée qu'elle fût, ne résistait à son tranchant.

— Je suis si chanceux, moi, reprit l'écuyer, que, quand même ce bonheur vous arriverait, et qu'une semblable épée tomberait en vos mains, elle ne pourrait servir et profiter qu'aux chevaliers dûment armés tels, tout de même que le baume; et quant aux écuyers, bernique.

— N'aie pas cette crainte, Sancho, reprit don Quichotte; le ciel en agira mieux avec toi. »

Les deux aventuriers s'entretenaient ainsi, quand, sur le chemin qu'ils suivaient, don Quichotte aperçut un épais nuage de poussière qui se dirigeait de leur côté. Dès qu'il le vit, il se tourna vers Sancho, et lui dit :

« Voici le jour, ô Sancho, où l'on va voir enfin la haute destinée que me réserve la fortune; voici le jour, dis-je encore, où doit se montrer, autant qu'en nul autre, la valeur de mon bras; où je dois faire des prouesses qui demeureront écrites dans le livre de la Renommée pour l'admiration de tous les siècles à venir. Tu vois bien, Sancho, ce tourbillon de poussière? eh bien! il est soulevé par une immense armée qui s'avance de ce côté, formée d'innombrables et diverses nations.

— En ce cas, reprit Sancho, il doit y en avoir deux; car voilà que, du côté opposé, s'élève un autre tourbillon. »

Don Quichotte se retourna tout empressé, et, voyant que Sancho disait vrai, il sentit une joie extrême, car il s'imagina sur-le-champ que c'étaient deux armées qui venaient se rencontrer et se livrer bataille au milieu de cette plaine étendue. Il avait, en effet, à toute heure et à tout moment, la fantaisie pleine de batailles, d'enchantements, d'aventures, d'amours, de défis, et de toutes les impertinences que débitent les livres de chevalerie errante, et rien de ce qu'il faisait, disait ou pensait, ne manquait de tendre à de semblables rêveries.

Ces tourbillons de poussière qu'il avait vus étaient soulevés par deux grands troupeaux de moutons qui venaient sur le même chemin de deux endroits différents, mais si bien cachés par la poussière, qu'on ne put les distinguer que lorsqu'ils furent arrivés tout près. Don Quichotte affirmait avec tant d'insistance que c'étaient des armées, que Sancho finit par le croire.

« Eh bien! seigneur, lui dit-il, qu'allons-nous faire, nous autres?

— Qu'allons-nous faire? reprit don Quichotte; porter notre aide et notre secours aux faibles et aux abandonnés. Or, il faut que tu saches, Sancho, que cette armée que nous avons en face est conduite et commandée par le grand empereur Alifanfaron, seigneur de la grande île Taprobana[2], et que cette autre armée qui vient par derrière nous est celle de son ennemi le roi des Garamantes[3], Pentapolin au bras retroussé, qu'on appelle ainsi parce qu'il entre toujours dans les batailles avec le bras droit nu jusqu'à l'épaule.

— Et pourquoi, demanda Sancho, ces deux seigneurs-là s'en veulent-ils ainsi?

— Ils s'en veulent, répondit don Quichotte, parce que cet Alifanfaron est un furieux païen qui est tombé amoureux de la fille de Pentapolin, très-belle et très-accorte dame, laquelle est chrétienne, et son père ne la veut pas donner au roi païen, à moins que celui-ci ne renonce d'abord à la loi de son faux prophète Mahomet pour embrasser celle de sa fiancée.

— Par ma barbe! s'écria Sancho, je jure que Pentapolin a bien raison, et que je l'aiderai de bon cœur du mieux que je pourrai.

— Tu ne feras en cela que ce que tu dois, Sancho, reprit don Quichotte; car pour prendre part à de semblables batailles, il n'est pas requis et nécessaire d'être armé chevalier.

— J'entends bien cela, répondit Sancho; mais où mettrons-nous cet âne, pour être sûrs de le retrouver après la fin de la mêlée? car s'y fourrer sur une telle monture, je ne crois pas que cela se soit vu jusqu'à présent.

— C'est vrai, reprit don Quichotte; mais ce que tu peux faire de lui, c'est de le laisser aller à la bonne aventure, qu'il se perde ou se retrouve; car, après la victoire, nous aurons tant et tant de chevaux à choisir, que Rossinante lui-même court grand risque d'être troqué pour un autre. Mais fais silence, regarde, et prête-moi toute ton attention. Je veux te désigner et te dépeindre les principaux chevaliers qui viennent dans les deux armées; et pour que tu les voies et distingues plus facilement, retirons-nous sur cette éminence, d'où l'on doit aisément découvrir l'une et l'autre. »

Ils quittèrent le chemin, et gravirent une petite hauteur, de laquelle on aurait, en effet, parfaitement distingué les deux troupeaux que don Quichotte prenait pour des armées, si les nuages de poussière qui se levaient sous leurs pieds n'en eussent absolument caché la vue. Mais enfin, voyant dans son imagination ce qu'il ne pouvait voir de ses yeux et ce qui n'existait pas, don Quichotte commença d'une voix élevée :

« Ce chevalier que tu vois là-bas, avec des armes dorées, qui porte sur son écu un lion couronné, rendu aux pieds d'une jeune damoiselle, c'est le valeureux Laurcalco, seigneur du Pont-d'Argent. Cet autre, aux armes à fleurs d'or, qui porte sur son écu trois couronnes d'argent en champ d'azur, c'est le redoutable Micocolembo, grand-duc de Quirocie. Cet autre, aux membres gigantesques, qui se trouve à sa main droite, c'est le toujours intrépide Brandabarbaran de Boliche, seigneur des trois Arabies; il a pour cuirasse une peau de serpent, et pour écu une porte, qu'on dit être une de celles du temple que renversa Samson de fond en comble, quand, au prix de sa vie, il se vengea des Philistins ses ennemis[1]. Mais tourne maintenant les yeux de ce côté, et tu verras, à la tête de cette autre armée, le toujours vainqueur et jamais vaincu Timonel de Carcaxona, prince de la Nouvelle-Biscaye; il est couvert d'armes écartelées d'azur, de sinople, d'argent et d'or, et porte sur son écu un chat d'or, en champ lionné, avec ces quatre lettres : *Miou*, qui forment le commencement du nom de sa dame, laquelle est, à ce qu'on assure, l'incomparable Mioulina, fille du duc Alféguiquen des Algarves. Cet autre, qui charge et fait plier les reins de cette puissante cavale, dont les armes sont blanches comme la neige et l'écu sans aucune devise, c'est un chevalier novice, Français de nation, qu'on appelle Pierre Papin, seigneur des baronnies d'Utrique. Cet autre, qui de ses larges étriers bat les flancs mouchetés de ce zèbre rapide, et porte des armes parsemées de coupes d'azur, c'est le puissant duc de Nerbie, Espartafilardo du Boccage, dont l'emblème, peint sur son écu, est un champ d'asperges, avec cette devise espagnole : *Rastrea mi suerte*[b]. »

Don Quichotte continua de la même manière à nommer une foule de chevaliers qu'il s'imaginait voir dans l'une et l'autre armée, leur donnant à chacun, sans hésiter, les armes, les couleurs et les devises que lui fournissait son intarissable folie; puis, sans s'arrêter un instant, il poursuivit de la sorte :

« Ces escadrons que tu vois en face de nous sont formés d'une infinité de nations diverses. Voici ceux qui boivent les douces eaux du fleuve appelé Xante par les dieux, et par les hommes Scamandre; ici sont les montagnards qui foulent les champs massyliens; là, ceux qui criblent la fine poudre d'or de l'heureuse Arabie; là, ceux qui jouissent des fraîches rives du limpide Thermodon; là, ceux qui épuisent, par mille saignées, le Pactole au sable doré; là, les Numides, de foi douteuse et inconstante; les Perses, fameux par leur adresse à tirer de l'arc; les Parthes et les Mèdes, qui combattent en fuyant; les Arabes, aux tentes nomades; les Scythes, aussi cruels de cœur que blancs de peau; les Éthiopiens, qui s'attachent des anneaux aux lèvres; et enfin cent autres nations dont je vois bien et reconnais les visages, mais dont les noms m'ont échappé. Dans cette autre armée, voici venir ceux qui s'abreuvent au liquide cristal du Bétis, père des oliviers; ceux qui lavent et polissent leurs visages dans les ondes dorées que le Tage roule toujours à pleins bords; ceux qui jouissent des eaux fertilisantes du divin Génil[6]; ceux qui foulent les champs tartésiens[7] aux gras pâturages; ceux qui folâtrent dans les prés élyséens de Xérès; les riches Manchois couronnés de blonds épis; ceux qui se couvrent de fer, antiques restes du sang des Gots[8]; ceux qui se baignent dans la Pisuerga, fameuse par la douceur de ses courants; ceux qui paissent d'innombrables troupeaux dans les vastes pâturages qu'enserre en ses détours le tortueux Guadiana, célèbre par son cours souterrain; ceux qui tremblent de froid sous les vents qui sifflent dans les vallons des Pyrénées, ou sous les flocons de neige qui blanchissent le sommet de l'Apennin; finalement, toutes les nations diverses que l'Europe renferme en son sein populeux. »

Qui pourrait redire toutes les provinces que cita don Quichotte et tous les peuples qu'il nomma, en donnant à chacun d'eux, avec une merveilleuse célérité, ses attributs les plus caractéristiques, tout absorbé qu'il était par le souvenir de ses livres mensongers? Sancho Panza restait, comme on dit, pendu à ses paroles, sans trouver moyen d'en placer une seule; seulement, de temps à autre, il tournait la tête pour voir s'il apercevait les géants et les chevaliers que désignait son maître; et comme il ne pouvait en découvrir aucun :

« Par ma foi! seigneur, s'écria-t-il enfin, je me donne au diable, si homme, géant ou chevalier paraît de tous ceux que vous avez nommés là; du moins, je n'en vois pas la queue d'un, et tout cela doit être des enchantements comme les fantômes d'hier soir.

— Comment peux-tu parler ainsi? répondit don Quichotte; n'entends-tu pas les hennissements des chevaux, le son des trompettes, le bruit des tambours?

— Je n'entends rien autre chose, répliqua Sancho, sinon des bêlements d'agneaux et de brebis. »

Ce qui était parfaitement vrai, car les deux troupeaux s'étaient approchés assez près pour être entendus.

« C'est la peur que tu as, reprit don Quichotte, qui te fait, Sancho, voir et entendre tout de travers; car l'un des effets de cette triste passion est de troubler les sens, et de faire paraître les choses autrement qu'elles ne sont. Mais, si ta frayeur est si grande, retire-toi à l'écart, et laisse-moi seul; seul, je donnerai la victoire au parti où je porterai le secours de mon bras. »

En disant ces mots, il enfonce les éperons à Rossinante, et, la lance en arrêt, descend comme un foudre du haut de la colline. Sancho lui criait de toutes ses forces :

« Arrêtez! seigneur don Quichotte, arrêtez! Je jure Dieu que ce sont des moutons et des brebis que vous allez attaquer. Revenez donc, par la vie du père qui m'a engendré. Quelle folie est-ce là? Mais regardez qu'il n'y a ni géant, ni chevalier, ni chat, ni asperges, ni champ, ni écu d'azur, ni quartier d'écu, ni diable, ni rien. Par les péchés que je dois à Dieu, qu'est-ce que vous allez faire? »

Ces cris n'arrêtaient point don Quichotte, lequel, au contraire, criait encore plus haut :

« Courage! chevaliers qui combattez sous la bannière du valeureux empereur Pentapolin au bras retroussé; courage! suivez-moi tous, et vous verrez avec quelle facilité je tirerai pour lui vengeance de son ennemi, Alifanfaron de Taprobana. »

En disant cela, il se jette à travers l'escadron des brebis, et commence à les larder à coups de lance, avec autant d'ardeur et de rage que s'il eût réellement frappé ses plus mortels ennemis. Les pâtres qui menaient le troupeau lui crièrent d'abord de laisser ces pauvres bêtes; mais, voyant que leurs avis ne servaient de rien, ils délièrent leurs frondes, et se mirent à lui saluer les oreilles avec des cailloux gros comme le poing. Don Quichotte, sans se soucier des pierres qui pleuvaient sur lui, courait çà et là, et disait :

« Où donc es-tu, superbe Alifanfaron? Viens à moi, c'est un seul chevalier qui veut éprouver tes forces corps à corps, et t'ôter la vie en peine de la peine que tu causes au valeureux Garamante Pentapolin. »

En cet instant arrive une amande de rivière qui, lui donnant droit dans le côté, lui ensevelit deux côtes au fond de l'estomac. A ce coup, il se crut mort ou grièvement blessé; et, se rappelant aussitôt son baume, il tire la burette, la porte à ses lèvres, et commence à se verser dans le corps la précieuse liqueur. Mais, avant qu'il eût fini d'avaler ce qui lui en semblait nécessaire, voilà qu'une seconde dragée lui arrive, qui frappe si en plein sur sa main et sur sa burette, qu'elle fait voler celle-ci en éclats, lui écrase deux doigts horriblement, et lui emporte, chemin faisant, trois ou quatre dents de la bouche. Telle fut la roideur du premier coup, et telle celle du second, que force fut au pauvre chevalier de se laisser tomber de son cheval en bas. Les pâtres s'approchèrent de lui, et, croyant qu'ils l'avaient tué, ils se dépêchèrent de rassembler leurs troupeaux, chargèrent sur leurs épaules les brebis mortes, dont le nombre passait six à huit, et, sans autre enquête, s'éloignèrent précipitamment.

Sancho était resté tout ce temps sur la hauteur, d'où il contemplait les folies que faisait son maître, s'arrachant la barbe à pleines mains et maudissant l'heure où la fortune avait permis qu'il en fît la connaissance. Quand il le vit par terre et les bergers loin, il descendit de la colline, s'approcha de lui, et le trouva dans un piteux état, quoiqu'il n'eût pas perdu le sentiment.

« Eh bien, seigneur don Quichotte, lui dit-il, ne vous disais-je pas bien de

IL SE JETTE A TRAVERS L'ESCADRON DES BREBIS. — T. I, CH. XVIII.

revenir, et que vous alliez attaquer, non pas des armées, mais des troupeaux de moutons ?

— C'est ainsi, répondit don Quichotte, qu'a fait disparaître et changer les choses ce larron de sage enchanteur, mon ennemi. Car apprends, ô Sancho, qu'il est très-facile à ces gens-là de nous faire apparaître ce qu'ils veulent; et ce malin nécromant qui me persécute, envieux de la gloire qu'il a bien vu que j'allais recueillir dans cette bataille, a changé les escadrons de soldats en troupeaux de brebis. Sinon, Sancho, fais une chose, par ma vie! Pour que tu te détrompes et que tu voies la vérité de ce que je dis, monte sur ton âne, et suis-les, sans faire semblant de rien; dès qu'ils se seront éloignés quelque peu, ils reprendront leur forme naturelle, et, cessant d'être moutons, redeviendront hommes faits et parfaits, tout comme je te les ai dépeints d'abord. Mais non, n'y va pas à présent; j'ai trop besoin de ton secours et de tes services. Approche et regarde combien il me manque de dents; car je crois, en vérité, qu'il ne m'en reste pas une seule dans la bouche. »

Sancho s'approcha de son maître, et si près, qu'il lui mettait presque les yeux dans le gosier. C'était alors que le baume venait d'opérer dans l'estomac de don Quichotte; au moment où Sancho se mettait à regarder l'état de ses mâchoires, l'autre leva le cœur, et, plus violemment que n'aurait fait une arquebuse, lança tout ce qu'il avait dans le corps à la barbe du compatissant écuyer.

« Sainte Vierge! s'écria Sancho, qu'est-ce qui vient de m'arriver là? Sans doute que ce pécheur est blessé à mort, puisqu'il vomit le sang par la bouche. »

Mais dès qu'il eut regardé de plus près, il reconnut, à la couleur, odeur et saveur, que ce n'était pas du sang, mais bien le baume de la burette qu'il lui avait vu boire. Alors il fut pris d'une si horrible nausée, que, le cœur aussi lui tournant, il vomit ses tripes au nez de son seigneur, et qu'ils restèrent tous deux galamment accoutrés.

Sancho courut à son âne pour prendre de quoi s'essuyer et panser son maître; mais, ne trouvant plus le bissac, il fut sur le point d'en perdre l'esprit. Il se donna de nouveau mille malédictions, et résolut, dans le fond de son cœur, d'abandonner son maître pour regagner le pays, dût-il perdre ses gages et les espérances du gouvernement de l'île tant promise. Don Quichotte se leva cependant, et, tenant ses mâchoires de la main droite pour empêcher de tomber le reste de ses dents, il prit la bride de Rossinante, lequel n'avait pas bougé des côtés de son maître, tant il était fidèle et loyal serviteur; puis il s'en alla trouver son écuyer qui, la poitrine appuyée sur son âne et la joue sur sa main, se tenait comme un homme accablé de tristesse.

En voyant sa posture et ses marques de profond chagrin, don Quichotte lui dit :

« Apprends, ô Sancho, qu'un homme n'est pas plus qu'un autre, s'il ne fait plus qu'un autre. Tous ces orages dont nous sommes assaillis sont autant de signes que le temps va enfin reprendre sa sérénité, et nos affaires un meilleur cours; car il est impossible que le bien ou le mal soient durables : d'où il suit que le mal ayant beaucoup duré, le bien doit être proche. Ainsi tu ne dois pas t'affliger outre mesure des disgrâces qui m'arrivent, puisque tu n'en prends aucune part.

— Comment non? répondit Sancho; est-ce que par hasard celui qu'on faisait danser hier sur la couverture était un autre que le fils de mon père? Et le bissac qui me manque aujourd'hui, avec tout mon bagage, était-il à d'autres qu'au même?

— Quoi! tu n'as plus le bissac? s'écria douloureusement don Quichotte.

— Non, je ne l'ai plus, répliqua Sancho.

— En ce cas nous n'avons rien à manger aujourd'hui, reprit don Quichotte.

— Cé serait vrai, répondit Sancho, si ces prés manquaient des plantes que Votre Grâce dit connaître si bien, et avec lesquelles ont coutume de suppléer à de telles privations d'aussi malencontreux chevaliers errants que vous l'êtes.

— Avec tout cela, reprit don Quichotte, j'aimerais mieux, à l'heure qu'il est, un quartier de pain bis avec deux têtes de harengs, que toutes les plantes que décrit Dioscorides, fût-il commenté par le docteur Laguna⁹. Mais allons, bon Sancho, monte sur ton âne, et viens-t'en derrière moi; Dieu, qui pourvoit à toutes choses, ne nous manquera pas, surtout travaillant, comme nous le faisons, si fort à son service : car il ne manque ni aux moucherons de l'air, ni aux vermisseaux de la terre, ni aux insectes de l'eau; il est si miséricordieux, qu'il fait luire son soleil sur les bons et les méchants, et tomber sa pluie sur le juste et l'injuste.

— En vérité, répondit Sancho, vous étiez plus fait pour devenir prédicateur que chevalier errant.

— Les chevaliers errants, Sancho, reprit don Quichotte, savaient et doivent savoir de tout; et tel d'entre eux, dans les siècles passés, s'arrêtait à faire un sermon au milieu du grand chemin, comme s'il eût pris ses licences à l'université de Paris. Tant il est vrai que jamais l'épée n'émoussa la plume, ni la plume l'épée.

— A la bonne heure, répondit Sancho, qu'il en soit comme veut Votre Grâce. Allons-nous-en de là, et tâchons de trouver un gîte pour la nuit; mais que Dieu veuille que ce soit en tel lieu qu'il n'y ait ni berne, ni berneur, ni fantômes, ni Mores enchantés : car, si j'en retrouve, j'envoie à tous les diables le manche après la cognée.

— Demandes-en la grâce à Dieu, mon fils, répliqua don Quichotte, et mènenous où tu voudras; je veux, cette fois-ci, laisser à ton choix le soin de notre logement. Mais, avant tout, donne voir ta main, et tâte avec le doigt pour savoir combien de dents me manquent de ce côté droit de la mâchoire supérieure; car c'est là que je sens le plus de mal. »

Sancho lui mit la main dans la bouche, et tâtant de haut en bas :

« Combien de dents, lui demanda-t-il, aviez-vous l'habitude d'avoir de ce côté?

— Quatre, répondit don Quichotte, sans compter l'œillère, toutes bien entières et bien saines.

— Faites attention à ce que vous dites, seigneur, reprit Sancho.

— Je dis que j'en avais quatre, si ce n'est même cinq, répondit don Quichotte;

car en toute ma vie, on ne m'a pas tiré une dent de la bouche, et je n'en ai perdu ni de carie ni de pituite.

— Eh bien ! à ce côté d'en bas, dit Sancho, Votre Grâce n'a plus que deux dents et demie, et, à celui d'en haut, ni demie ni entière : tout est ras et plat comme la paume de la main.

— Oh ! malheureux que je suis ! s'écria don Quichotte aux tristes nouvelles que lui donnait son écuyer; j'aimerais mieux qu'ils m'eussent enlevé un bras, pourvu que ce ne fût pas celui de l'épée : car il faut que tu saches, Sancho, qu'une bouche sans dents est comme un moulin sans meule, et qu'on doit mille fois plus estimer une dent qu'un diamant. Mais enfin, ce sont des disgrâces auxquelles nous sommes sujets, nous tous qui avons fait profession dans l'ordre austère de la chevalerie errante. Allons, monte sur ton âne, ami, et conduis-nous; je te suivrai au train que tu voudras. »

Sancho fit ce qu'ordonnait son maître, et s'achemina du côté où il lui parut plus sûr de trouver un gîte, sans s'écarter toutefois du grand chemin, qui, là, se dirigeait en ligne droite. Comme ils s'en allaient ainsi l'un devant l'autre et pas à pas, parce que la douleur des mâchoires ne laissait à don Quichotte ni repos ni envie de se hâter beaucoup, Sancho, voulant endormir son mal et le divertir en lui contant quelque chose, lui dit ce qu'on verra dans le chapitre suivant.

CHAPITRE XIX.

DES INGÉNIEUX PROPOS QUE SANCHO TINT A SON MAÎTRE, ET DE L'AVENTURE ARRIVÉE
A CELUI-CI AVEC UN CORPS MORT, AINSI QUE D'AUTRES ÉVÉNEMENTS FAMEUX.

« Il me semble, seigneur, que toutes ces mésaventures qui nous sont arrivées depuis quelques jours doivent être la peine du péché que Votre Grâce a commis contre l'ordre de sa chevalerie, en manquant d'accomplir le serment que vous aviez fait de ne pas manger pain sur nappe, ni badiner avec la reine, ni tout ce qui s'ensuit, et que vous aviez juré d'accomplir jusqu'à ce que vous ayez enlevé cet armet de Malandrin, ou comme s'appelle le More, car je ne me souviens pas très-bien de son nom.

— Tu as vraiment raison, Sancho, répondit don Quichotte; mais, à vrai dire, cela m'était tout à fait sorti de la mémoire. Et tu peux bien être assuré de même que c'est pour la faute que tu as commise en manquant de m'en faire ressouvenir à temps, que tu as attrapé l'aventure de la berne. Mais je vais réparer la mienne; car il y a aussi, dans l'ordre de la chevalerie, des compositions sur toutes sortes de péchés.

— Est-ce que, par hasard, j'ai juré quelque chose, moi? reprit Sancho.

— Peu importe que tu n'aies pas juré, répliqua don Quichotte : il suffit que tu ne sois pas très à l'abri du reproche de complicité. Ainsi, pour oui ou pour non, il vaut mieux nous pourvoir de dispenses.

— Ma foi, s'il en est ainsi, reprit Sancho, que Votre Grâce prenne garde à ne pas oublier ce nouveau serment comme l'autre; car les fantômes pourraient bien reprendre l'envie de se divertir encore avec moi, et même avec Votre Grâce, s'ils la voient en rechute. »

Durant ces entretiens et d'autres semblables, la nuit les surprit au milieu du chemin, sans qu'ils sussent comment avoir ni comment découvrir où se mettre à l'abri ; et le pis de l'affaire, c'est qu'ils mouraient de faim, car avec le bissac s'était envolée toute la provision.

Pour achever pleinement leur disgrâce, il leur arriva une aventure qui cette fois, et sans artifice, pouvait bien s'appeler ainsi. La nuit était venue, et fort obscure ; cependant ils cheminaient toujours, Sancho croyant que, de bon compte, on ne pouvait faire plus d'une à deux lieues sur la grande route sans rencontrer quelque hôtellerie.

Or donc, pendant qu'ils marchaient ainsi par la nuit noire, l'écuyer mourant de faim, et le chevalier avec grand appétit, voilà qu'ils aperçurent venir, sur le chemin qu'ils suivaient, une grande multitude de lumières qui semblaient autant d'étoiles mouvantes. A cette vue, Sancho perdit la carte, et son maître sentit un peu la chair de poule. L'un tira son âne par le licou, l'autre son bidet par la bride, et tous deux se tinrent cois, regardant avec grande attention ce que ce pouvait être. Ils virent que les lumières venaient droit de leur côté, et que plus elles s'approchaient, plus elles semblaient grandes.

Pour le coup, Sancho se mit à trembler de tous ses membres, comme un épileptique, et les cheveux se dressèrent sur la tête de don Quichotte, lequel, s'animant néanmoins un peu :

« Voici sans doute, dit-il, une grande et périlleuse aventure, où il va falloir, Sancho, que je montre toute ma force et tout mon courage.

— Malheureux que je suis ! répondit Sancho, si c'est encore une aventure de fantômes, comme elle m'en a tout l'air, où trouver des côtes pour y suffire ?

— Tout fantômes qu'ils puissent être, s'écria don Quichotte, je ne permettrai pas qu'ils te touchent seulement au poil du pourpoint. S'ils t'ont fait un mauvais tour l'autre fois, c'est que je n'ai pu sauter les murs de la basse-cour ; mais nous sommes maintenant en rase campagne, où je pourrai jouer de l'épée tout à mon aise.

— Mais s'ils vous enchantent et vous engourdissent comme la fois passée, répliqua Sancho, que vous servira-t-il d'avoir ou non la clef des champs ?

— En tout cas, reprit don Quichotte, je te supplie, Sancho, de reprendre courage ; l'expérience te fera voir quel est le mien.

— Eh bien ! oui, j'en aurai, s'il plaît à Dieu, » répondit Sancho. Et tous deux, se détournant un peu du chemin, se remirent à considérer attentivement ce que pouvaient être ces lumières qui marchaient.

Ils aperçurent bientôt un grand nombre d'hommes enchemisés dans des robes blanches[1], et cette effrayante vision acheva si bien d'abattre le courage de Sancho Panza, qu'il commença à claquer des dents comme dans un accès de fièvre tierce ; mais la peur et le claquement augmentèrent encore quand ils virent enfin distinctement ce que c'était. Ils découvrirent au moins une vingtaine de ces gens en chemise, tous à cheval, tenant à la main des torches allumées, derrière lesquels venait une litière tendue en deuil, que suivaient six autres cavaliers habillés de noir jusqu'aux pieds de leurs mules, car on voyait bien, au calme de l'allure de ces bêtes, que ce n'étaient pas des chevaux. Ces fantômes blancs cheminaient en murmurant d'inintelligibles paroles d'une voix basse et plaintive.

Cette étrange apparition, à une telle heure et dans un tel lieu désert, suffisait bien pour faire pénétrer l'effroi jusqu'au cœur de Sancho, et même jusqu'à celui de son maître. Néanmoins, tandis que toute la résolution de Sancho faisait naufrage, le contraire arriva pour don Quichotte, auquel sa folle imagination représenta sur-le-champ que c'était une des aventures de ses livres. Il se figura que la litière était un brancard où l'on portait quelque chevalier mort ou grièvement blessé, dont la vengeance était réservée à lui seul. Sans plus de réflexion, il s'affermit bien sur la selle, met en arrêt sa pique de messier, et, d'une contenance assurée, va se planter au beau milieu du chemin où devaient forcément passer les gens aux blancs manteaux. Dès qu'il les vit s'approcher, il leur cria d'une voix terrible :

« Halte-là, chevaliers! qui que vous soyez, halte-là! Dites-moi qui vous êtes, d'où vous venez, où vous allez, et ce que vous menez sur ce brancard. Selon toutes les apparences, ou vous avez fait, ou l'on vous a fait quelque tort et grief; il convient donc et il est nécessaire que j'en sois instruit, soit pour vous châtier du mal que vous avez fait, soit pour vous venger de celui qu'on vous a fait.

— Nous sommes pressés, et l'hôtellerie est loin, répondit un des hommes en chemise; nous n'avons pas le temps de vous rendre tous les comptes que vous demandez; » et, piquant sa mule, il voulut passer outre.

Mais don Quichotte s'était grandement irrité de cette réponse; saisissant la mule par le mors :

« Halte-là! vous dis-je, et soyez plus poli. Qu'on réponde à ce que j'ai demandé, ou sinon je vous déclare la guerre à tous, et vous livre bataille. »

La mule était ombrageuse : se sentant prise au mors, elle se cabra et se renversa par terre sur son cavalier. Un valet, qui marchait à pied, voyant tomber son maître, se mit à injurier don Quichotte, lequel, déjà enflammé de colère, baisse sa lance sans attendre davantage, et fondant sur un des habillés de noir, l'envoie rouler sur la poussière atteint d'un mauvais coup; puis, se ruant à travers la troupe, c'était merveille de voir avec quelle promptitude il les attaquait et les culbutait l'un après l'autre; l'on eût dit qu'il avait en cet instant poussé des ailes à Rossinante, tant il se montrait fier et léger.

Tous ces manteaux blancs étaient des gens timides et sans armes; dès les premiers coups, ils lâchèrent pied, et se mirent à courir à travers champs avec leurs torches allumées, si bien qu'on les aurait pris pour une des mascarades qui courent les nuits de carnaval. Quant aux manteaux noirs, ils étaient si empêtrés dans leurs longues jupes qu'ils ne pouvaient remuer. Don Quichotte put donc les bâtonner et les chasser tous devant lui, restant à bon marché maître du champ de bataille; car ils imaginaient tous que ce n'était pas un homme, mais bien le diable en personne qui était venu de l'enfer les attendre au passage, pour leur enlever le corps mort qu'ils menaient dans la litière. Sancho, cependant, regardait tout cela, admirant l'intrépidité de son seigneur, et il disait dans sa barbe :

« Sans aucun doute, ce mien maitre-là est aussi brave et vaillant qu'il le dit. »

Une torche était restée, brûlant par terre, auprès du premier qu'avait renversé la mule. Don Quichotte, l'apercevant à cette lueur, s'approcha de lui, et, lui posant la pointe de sa lance sur la gorge, il lui cria de se rendre, ou, sinon, qu'il le tuerait.

« Je ne suis que trop rendu, répondit l'homme à terre, puisque je ne puis bouger, et que j'ai, je crois, la jambe cassée. Mais, si vous êtes gentilhomme et chrétien, je supplie Votre Grâce de ne pas me tuer; elle commettrait un sacrilége, car je suis licencié et j'ai reçu les premiers ordres.

— Et qui diable, étant homme d'Église, vous a conduit ici? s'écria don Quichotte.

— Qui, seigneur? répondit l'autre; mon malheur.

— Eh bien! répliqua don Quichotte, un autre plus grand vous menace, si vous ne répondez sur-le-champ à toutes les questions que je vous ai faites.

— Vous allez être aisément satisfait, reprit le licencié; et d'abord Votre Grâce saura que, bien que j'aie dit tout à l'heure que j'avais les licences, je ne suis encore que bachelier. Je m'appelle Alonzo Lopez, et suis natif d'Alcovendas. Je viens de la ville de Baéza, en compagnie d'onze autres prêtres, ceux qui fuyaient avec des torches. Nous allons à Ségovie, accompagnant un corps mort qui est dans cette litière : ce corps mort est celui d'un gentilhomme qui mourut à Baéza, où il a été quelque temps déposé au cimetière; mais, comme je vous ai dit, nous portons ses os à Ségovie, où est la sépulture de sa famille.

— Et qui l'a tué? demanda don Quichotte.

— Dieu, par le moyen d'une fièvre maligne qu'il lui a envoyée, répondit le bachelier.

— En ce cas, reprit don Quichotte, le Seigneur m'a dispensé de la peine que j'aurais prise de venger sa mort, si tout autre l'eût tué. Mais, étant frappé de telle main, je n'ai plus qu'à me taire et à plier les épaules, ce que je ferais s'il m'eût frappé moi-même. Mais je veux apprendre à Votre Révérence que je suis un chevalier de la Manche, appelé don Quichotte, et que ma profession est d'aller par le monde redressant les torts et réparant les injustices.

— Je ne sais trop, répondit le bachelier, comment vous entendez le redressement des torts, car de droit que j'étais, vous m'avez fait tordu, me laissant avec une jambe cassée, qui ne se verra plus droite en tous les jours de sa vie; et l'injustice que vous avez réparée en moi, ç'a été de m'en faire une irréparable, et nulle plus grande mésaventure ne pouvait m'arriver que de vous rencontrer cherchant des aventures.

— Toutes les choses ne se passent point de la même façon, répliqua don Quichotte; le mal est venu, seigneur bachelier Alonzo Lopez, de ce que vous cheminiez la nuit, vêtus de surplis blancs, des torches à la main, marmottant entre vos lèvres et couverts de deuil, tels enfin que vous ressembliez à des fantômes et à des gens de l'autre monde. Aussi je n'ai pu me dispenser de remplir mon devoir en vous attaquant, et je n'aurais pas manqué de le faire, quand bien même vous auriez été réellement, comme je n'ai cessé de le croire, une troupe de démons échappés de l'enfer.

— Puisque ainsi l'a voulu ma mauvaise fortune, reprit le bachelier, je vous supplie, seigneur chevalier errant, qui m'empêcherez pour longtemps d'errer, de m'aider à me dégager de cette mule, sous laquelle ma jambe est prise entre la selle et l'étrier.

— Vous parliez donc pour demain, à ce qu'il paraît? répondit don Quichotte. Et que diable attendiez-vous pour me conter votre souci? »

Il cria aussitôt à Sancho de venir; mais celui-ci n'avait garde de se presser, parce qu'il s'occupait à dévaliser un mulet de bât que ces bons prêtres menaient chargé d'excellentes provisions de bouche. Sancho fit de son manteau une manière de havre-sac, et l'ayant farci de tout ce qu'il put y faire entrer, il en chargea son âne, puis il accourut aux cris de son maître, auquel il prêta la main pour tirer le seigneur bachelier de dessous sa mule. Ils parvinrent à le remettre en selle, lui rendirent sa torche, et don Quichotte lui dit de suivre le chemin qu'avaient pris ses compagnons, en le chargeant de leur demander de sa part pardon de l'offense qu'il n'avait pu s'empêcher de leur faire. Sancho lui dit encore :

« Si par hasard ces messieurs veulent savoir quel est le brave qui les a mis en déroute, vous n'avez qu'à leur dire que c'est le fameux don Quichotte de la Manche, autrement appelé *le chevalier de la Triste Figure.* »

Le bachelier s'éloigna sans demander son reste, et don Quichotte alors s'informa de Sancho pour quel motif il l'avait appelé *le chevalier de la Triste Figure*, plutôt à cette heure qu'à toute autre.

« Je vais vous le dire, répondit Sancho : c'est que je vous ai un moment considéré à la lueur de cette torche que porte ce pauvre boiteux; et véritablement Votre Grâce a bien la plus mauvaise mine que j'aie vue depuis longues années; ce qui doit venir sans doute, ou des fatigues de ce combat, ou de la perte de vos dents.

— Ce n'est pas cela, répondit don Quichotte; mais le sage auquel est confié le soin d'écrire un jour l'histoire de mes prouesses aura trouvé bon que je prenne quelque surnom significatif, comme en prenaient tous les chevaliers du temps passé. L'un s'appelait *le chevalier de l'Ardente-Épée;* l'autre, *de la Licorne;* celui-ci, *des Demoiselles;* celui-là, *du Phénix;* cet autre, *du Griffon;* et cet autre, *de la Mort;* et c'est par ces surnoms et ces insignes qu'ils étaient connus sur toute la surface de la terre. Ainsi donc, dis-je, le sage dont je viens de parler t'aura mis dans la pensée et sur la langue ce nom de *chevalier de la Triste Figure*[2], que je pense bien porter désormais; et pour que ce nom m'aille mieux encore, je veux faire peindre sur mon écu, dès que j'en trouverai l'occasion, une triste et horrible figure.

— Par ma foi, seigneur, reprit Sancho, il est bien inutile de dépenser du temps et de l'argent à faire peindre cette figure-là. Votre Grâce n'a qu'à montrer la sienne, et à regarder en face ceux qui la regarderont, et je vous réponds que, sans autre image et sans nul écu, ils vous appelleront tout de suite *le chevalier de la Triste Figure*. Et croyez bien que je vous dis vrai; car je vous assure, soit dit en badinage, que la faim et le manque de dents vous donnent une si piteuse mine qu'on peut, comme je l'ai dit, très-aisément épargner la peinture. »

Don Quichotte se mit à rire de la saillie de son écuyer, mais pourtant n'en résolut pas moins de prendre ce surnom, en faisant peindre son bouclier comme il l'entendait.

« Sais-tu bien, Sancho, lui dit-il ensuite, que me voilà excommunié pour avoir violemment porté les mains sur une chose sainte, suivant le texte : *Si quis, suadente diabolo*[3], etc.? Et cependant, à vrai dire, je n'ai pas porté les mains, mais cette pique; et d'ailleurs je ne pensais guère offenser des prêtres et des choses de l'Église, que je respecte et que j'adore comme fidèle chrétien catholique que je suis, mais au contraire des fantômes et des spectres de l'autre monde. Et quand il en serait ainsi, je n'ai pas oublié ce qui arriva au Cid Ruy-Diaz quand il brisa la chaise de l'ambassadeur d'un certain roi devant Sa Sainteté le pape, qui l'excommunia pour ce fait; ce qui n'empêcha pas que le bon Rodrigo de Vivar n'eût agi ce jour-là en loyal et vaillant chevalier[4]. »

Le bachelier s'étant éloigné sur ces entrefaites, don Quichotte avait envie de voir si le corps qui venait dans la litière était de chair ou d'os; mais Sancho ne voulut jamais y consentir.

« Seigneur, lui dit-il, Votre Grâce a mis fin à cette aventure à moins de frais que toutes celles que j'ai vues jusqu'à présent. Il ne faut pas tenter le diable. Ces gens, quoique vaincus et mis en déroute, pourraient bien cependant s'apercevoir qu'une seule personne les a battus; la honte et le dépit pourraient bien les ramener sur nous prendre leur revanche, et ils nous donneraient du fil à retordre. Croyez-moi, l'âne est pourvu, la montagne est près, la faim nous talonne : il n'y a rien de mieux à faire que de nous en aller bravement les pieds l'un devant l'autre : et, comme on dit, que le mort aille à la sépulture et le vivant à la pâture. »

Là-dessus, prenant son âne par le licou, il pria son maître de le suivre, lequel obéit, voyant que Sancho avait la raison de son côté.

Après avoir cheminé quelque temps entre deux coteaux, ils arrivèrent dans un large et frais vallon, où ils mirent pied à terre. Sancho soulagea bien vite son âne; puis, maître et valet, étendus sur l'herbe verte, ayant toute la sauce de leur appétit, déjeunèrent, dînèrent, goûtèrent et soupèrent tout à la fois, pêchant dans plus d'un panier de viandes froides que messieurs les prêtres du défunt, gens qui rarement oublient les soins d'ici-bas, avaient eu l'attention de charger sur les épaules du mulet. Mais il leur arriva une autre disgrâce, que Sancho trouva la pire de toutes : c'est qu'ils n'avaient pas de vin à boire, pas même une goutte d'eau pour se rafraîchir la bouche. La soif à son tour les tourmentait, et Sancho, voyant que le pré sur lequel ils étaient assis avait beaucoup d'herbe fraîche et menue, dit à son maître ce qui se dira dans le chapitre suivant.

CHAPITRE XX.

DE L'AVENTURE INOUÏE QUE MIT À FIN LE VALEUREUX DON QUICHOTTE, AVEC MOINS
DE PÉRIL QUE N'EN COURUT EN NULLE AUTRE NUL FAMEUX CHEVALIER.

« Il est impossible, mon seigneur, que ce gazon vert ne rende pas témoignage qu'ici près coule quelque fontaine ou ruisseau qui le mouille et le rafraîchit. Nous ferons donc bien d'avancer un peu, car nous trouverons sans doute de quoi calmer cette terrible soif qui nous obsède, et dont le tourment est pire encore que celui de la faim. »

Don Quichotte approuva cet avis : il prit Rossinante par la bride, et Sancho son âne par le licou, après lui avoir mis sur le dos les débris du souper; puis ils commencèrent à cheminer en remontant la prairie à tâtons, car l'obscurité de la nuit ne laissait pas apercevoir le moindre objet. Ils n'eurent pas fait deux cents pas que leurs oreilles furent frappées par un grand bruit d'eau, comme serait celui d'une cascade qui tomberait du haut d'un rocher. Ils sentirent à ce bruit une joie infinie, et s'étant arrêtés pour écouter attentivement d'où il partait, ils entendirent tout à coup un autre vacarme qui calma tout à la fois leur joie et leur soif, surtout pour Sancho, naturellement poltron. Ils entendirent de grands coups sourds, frappés en cadence, et accompagnés d'un certain cliquetis de fer et de chaînes, qui, joint au bruit du torrent, aurait jeté l'effroi dans tout autre cœur que celui de don Quichotte. La nuit, comme je viens de le dire, était très-obscure, et le hasard les avait amenés sous un bouquet de grands arbres, dont les feuilles, agitées par la brise, faisaient un autre bruit à la fois doux et effrayant; si bien que la solitude, le site, l'obscurité, le bruit de l'eau et le murmure des feuilles, tout répandait l'horreur et l'épouvante. Ce fut pis encore quand ils virent que les coups ne cessaient de frapper, ni le vent de souffler, et que le jour tardait à poindre pour leur apprendre du moins où ils se trouvaient.

Mais don Quichotte, soutenu par son cœur intrépide, sauta sur Rossinante, embrassa son écu, et, croisant sa lance :

« Ami Sancho, s'écria-t-il, apprends que je suis né, par la volonté du ciel, dans notre âge de fer, pour y ressusciter l'âge d'or. C'est à moi que sont réservés les périls redoutables, les prouesses éclatantes et les vaillants exploits. C'est moi, dis-je encore une fois, qui dois ressusciter les vingt-cinq de la Table-Ronde, les douze de France et les neuf de la Renommée; qui dois mettre en oubli les Platir, les Phébus, les Bélianis, les Tablant, Olivant et Tirant, et la foule innombrable des fameux chevaliers errants des siècles passés, faisant en ce siècle où je me trouve de si grands et de si merveilleux faits d'armes, qu'ils obscurcissent les plus brillants dont les autres aient à se vanter. Remarque bien, écuyer loyal et fidèle, les ténèbres de cette nuit et son profond silence, le bruit sourd et confus de ces arbres, l'effroyable tapage de cette eau que nous étions venus chercher, et qui semble se précipiter du haut des montagnes de la Lune¹; enfin le vacarme incessant de ces coups redoublés qui nous déchirent les oreilles; toutes choses qui, non-seulement ensemble, mais chacune en particulier, sont capables de jeter la surprise, la peur et l'effroi dans l'âme même du dieu Mars, à plus forte raison de celui qui n'est pas fait à de tels événements. Eh bien! toutes ces choses que je viens de te peindre sont autant d'aiguillons qui réveillent mon courage, et déjà le cœur me bondit dans la poitrine du désir que j'éprouve d'affronter cette aventure, toute périlleuse qu'elle s'annonce. Ainsi donc, Sancho, serre un peu les sangles de Rossinante, et reste à la garde de Dieu. Tu m'attendras ici l'espace de trois jours, au bout desquels, si je ne reviens pas, tu pourras t'en retourner à notre village, et de là, pour faire une bonne œuvre et me rendre service, tu iras au Toboso, où tu diras à Dulcinée, mon incomparable dame, que son captif chevalier est mort pour accomplir des choses mémorables qui le rendissent digne de se nommer ainsi. »

Lorsque Sancho entendit son maître parler de la sorte, il se prit à pleurer avec le plus profond attendrissement.

« Seigneur, lui dit-il, je ne sais pourquoi Votre Grâce veut absolument s'engager dans une si périlleuse aventure. Il est nuit à cette heure, personne ne nous voit; nous pouvons bien changer de route et échapper au danger, dussions-nous ne pas boire de trois jours; et puisqu'il n'y a personne pour nous voir, il n'y en aura pas davantage pour nous traiter de poltrons. Et d'ailleurs, j'ai souvent entendu prêcher au curé de notre endroit, ce curé que Votre Grâce connaît bien, que quiconque cherche le péril y succombe. Ainsi donc il ne serait pas bien de tenter Dieu, en se jetant dans une si effroyable affaire qu'on ne pût s'en tirer que par miracle. C'est bien assez de ceux qu'a faits le ciel en votre faveur, lorsqu'il vous a préservé d'être berné comme moi, et qu'il vous a donné pleine victoire sans

MAIS DON QUICHOTTE, SOUTENU PAR SON CŒUR INTRÉPIDE, SAUTA SUR ROSSINANTE. — T. I, CH. XX.

qu'il vous en coûtât la moindre égratignure, sur tous ces ennemis qui accompagnaient le corps du défunt. Mais si tout cela ne peut toucher ni attendrir ce cœur de rocher, qu'il s'attendrisse du moins en pensant qu'à peine Votre Grâce aura fait un pas pour s'éloigner d'ici, je rendrai de frayeur mon âme à qui voudra la prendre. J'ai quitté mon pays, j'ai laissé ma femme et mes enfants pour suivre et servir Votre Grâce, croyant valoir plutôt plus que moins. Mais, comme on dit, l'envie d'y trop mettre rompt le sac : elle a détruit mes espérances ; car, au moment où je comptais le plus attraper enfin cette île malencontreuse que Votre Grâce m'a tant de fois promise, voilà qu'en échange et en payement de mes services, vous voulez maintenant me laisser tout seul dans un lieu si éloigné du commerce des hommes. Ah! par un seul Dieu, mon seigneur, n'ayez pas à mon égard tant de cruauté. Et si Votre Grâce ne veut pas absolument renoncer à courir cette aventure, attendez au moins jusqu'au matin ; car, à ce que m'apprend la science que j'ai apprise quand j'étais berger, il ne doit pas y avoir trois heures d'ici à l'aube du jour : en effet, la bouche de la petite Ourse est par-dessus la tête de la Croix, tandis que minuit se marque à la ligne du bras gauche[2].

— Mais, Sancho, répondit don Quichotte, comment peux-tu voir cette ligne, ni où sont la bouche et la tête, puisque la nuit est si obscure qu'on ne distingue pas une seule étoile ?

— C'est bien vrai, répliqua Sancho ; mais la peur a de bons yeux, et puisqu'elle voit, à ce qu'on dit, sous la terre, elle peut bien voir en haut dans le ciel ; d'ailleurs il est aisé de conjecturer qu'il n'y a pas loin d'ici au jour.

— Qu'il vienne tôt ou qu'il vienne tard, reprit don Quichotte, il ne sera pas dit, à cette heure ni dans aucun temps, que des larmes ou des prières m'aient empêché de faire ce que je dois en qualité de chevalier. Je te prie donc, Sancho, de te taire. Dieu, qui m'a mis dans le cœur l'envie d'affronter cette aventure inouïe et formidable, aura soin de veiller à mon salut et de consoler ton affliction. Ce que tu as à faire, c'est de bien serrer les sangles de Rossinante, et de te tenir ici ; je te promets d'être bientôt de retour, mort ou vif. »

Sancho, voyant l'inébranlable résolution de son maître et le peu d'influence qu'avaient sur lui ses conseils, ses prières et ses larmes, résolut de recourir à son adresse, et de lui faire, s'il était possible, attendre le jour bon gré mal gré. Pour cela, tandis qu'il serrait les sangles du cheval, sans faire semblant de rien et sans être aperçu, il attacha avec le licou de l'âne les deux pieds de Rossinante, de façon que, lorsque don Quichotte voulut partir, il n'en put venir à bout, car le cheval ne pouvait bouger, si ce n'est par sauts et par bonds. Voyant le succès de sa ruse, Sancho Panza lui dit aussitôt :

« Eh bien ! seigneur, vous le voyez : le ciel, touché de mes pleurs et de mes supplications, ordonne que Rossinante ne puisse bouger de là, et si vous vous opiniâtrez, si vous tourmentez cette pauvre bête, ce sera vouloir fâcher la fortune, et donner, comme on dit, du poing contre l'aiguillon. »

Cependant don Quichotte se désespérait ; mais, plus il frappait son cheval de l'éperon, moins il le faisait avancer. Enfin, sans se douter de la ligature, il trouva bon de se calmer et d'attendre, ou que le jour vînt, ou que Rossinante remuât. Toutefois, attribuant son refus de marcher à toute autre cause que l'industrie de Sancho :

« Puisqu'il en est ainsi, lui dit-il, et que Rossinante ne veut pas avancer, il faut bien me résigner à attendre que l'aube nous rie, quoique j'aie à pleurer tout le temps qu'elle va tarder à poindre.

— Il n'y a pas de quoi pleurer, répondit Sancho; j'amuserai Votre Grâce en lui contant des contes jusqu'au jour; à moins pourtant que vous n'aimiez mieux descendre de cheval, et dormir un peu sur le gazon, à la mode des chevaliers errants, pour vous trouver demain mieux reposé, et plus en état d'entreprendre cette furieuse aventure qui vous attend.

— Qu'appelles-tu descendre, qu'appelles-tu dormir? s'écria don Quichotte. Suis-je par hasard de ces chevaliers musqués qui prennent du repos dans les périls? Dors, toi qui es né pour dormir, et fais tout ce que tu voudras; mais je ferai, moi, ce qui convient le plus à mes desseins.

— Que Votre Grâce ne se fâche pas, mon cher seigneur, répondit Sancho; j'ai dit cela pour rire. »

Et, s'approchant de lui, il mit une main sur l'arçon de devant, passa l'autre sur l'arçon de derrière, de sorte qu'il se tint embrassé à la cuisse gauche de son maître, sans oser s'en éloigner d'une seule ligne, tant sa frayeur était grande au bruit des coups qui continuaient à frapper alternativement.

Don Quichotte dit alors à Sancho de lui conter un conte, comme il le lui avait promis.

« Je le ferais de bon cœur, répondit l'écuyer, si la peur me laissait la parole; et cependant je vais m'efforcer de vous dire une histoire telle, que, si je parviens à la conter et si je n'en oublie rien, ce sera la meilleure de toutes les histoires. Que Votre Grâce soit donc attentive, je vais commencer.

« Il y avait un jour ce qu'il y avait.... que le bien qui vient soit pour tout le monde, et le mal pour celui qui l'est allé chercher[2].... Et je vous prie de remarquer, mon seigneur, le commencement que les anciens donnaient à leurs contes de la veillée; ce n'était pas le premier venu, mais bien une sentence de Caton, l'encenseur romain, qui dit : « Et le mal pour celui qui l'est allé chercher. » Laquelle sentence vient ici comme une bague au doigt, pour que Votre Grâce reste tranquille, et pour qu'elle n'aille chercher le mal d'aucun côté; mais bien plutôt pour que nous prenions un autre chemin, puisque personne ne nous force à continuer celui où nous assaillent tant de frayeurs.

— Continue ton conte, Sancho, dit don Quichotte; et du chemin que nous devons prendre, laisse-m'en le souci.

— Je dis donc, continua Sancho, que, dans un endroit de l'Estrémadure, il y avait un pâtre chevrier, c'est-à-dire qui gardait les chèvres, lequel pâtre ou chevrier, comme dit mon histoire, s'appelait Lope Ruiz, et ce Lope Ruiz était amoureux d'une bergère qui s'appelait Torralva, laquelle bergère appelée Torralva était fille d'un riche propriétaire de troupeaux, et ce riche propriétaire de troupeaux....

— Mais si c'est ainsi que tu contes ton histoire, Sancho, interrompit don Quichotte, répétant deux fois ce que tu as à dire, tu ne finiras pas en deux jours. Conte-la tout uniment, de suite, et comme un homme d'intelligence; sinon, tais-toi, et n'en dis pas davantage.

— De la manière que je la conte, répondit Sancho, se content dans mon pays toutes les histoires de veillées; je ne sais pas la conter autrement, et il n'est pas juste que Votre Grâce exige que je fasse des modes nouvelles.

— Conte donc comme tu voudras, s'écria don Quichotte, et, puisque le sort m'a réduit à t'écouter, continue.

— Vous saurez donc, seigneur de mon âme, poursuivit Sancho, que, comme je l'ai déjà dit, ce berger était amoureux de Torralva la bergère, laquelle était une fille joufflue et rebondie, assez farouche et même un peu hommasse, car elle avait quelques poils de moustache, si bien que je crois la voir d'ici.

— Tu l'as donc connue quelque part? demanda don Quichotte.

— Non, je ne l'ai pas connue, reprit Sancho; mais celui qui m'a conté l'histoire m'a dit qu'elle était si véritable et si certaine, que, quand je la raconterais à un autre, je pourrais bien jurer et affirmer que j'avais vu tout ce qui s'y passe. Or donc, les jours allant et venant, comme on dit, le diable, qui ne s'endort pas et qui se fourre partout pour tout embrouiller, fit si bien, que l'amour qu'avait le berger pour la bergère se changea en haine et en mauvais vouloir; et la cause en fut, selon les mauvaises langues, une certaine quantité de petites jalousies qu'elle lui donna les unes sur les autres, et telles, ma foi, qu'elles passaient la plaisanterie. Depuis ce temps, la haine du berger devint si forte, que, pour ne plus voir la bergère, il résolut de quitter son pays, et d'aller jusqu'où ses yeux ne pussent jamais la revoir. La Torralva, tout aussitôt qu'elle se vit dédaignée de Lope, l'aima bien plus fort que lui ne l'avait jamais aimée.

— C'est la condition naturelle des femmes, interrompit don Quichotte, de dédaigner qui les aime, et d'aimer qui les dédaigne. Continue, Sancho.

— Il arriva donc, reprit Sancho, que le berger mit en œuvre son projet, et, poussant ses chèvres devant lui, il s'achemina dans les champs de l'Estrémadure, pour passer au royaume de Portugal. La Torralva, qui eut vent de sa fuite, se mit aussitôt à ses trousses; elle le suivait de loin, à pied, ses souliers dans une main, un bourdon dans l'autre, et portant à son cou un petit bissac qui contenait, à ce qu'on prétend, un morceau de miroir, la moitié d'un peigne, et je ne sais quelle petite boîte de fard à farder pour le visage. Mais, qu'elle portât ces choses ou d'autres, ce que je n'ai pas envie de vérifier à présent, toujours est-il que le berger arriva avec son troupeau pour passer le Guadiana, dans le temps où les eaux avaient tellement crû, que la rivière sortait presque de son lit; et du côté où il arriva, il n'y avait ni barque, ni bateau, ni batelier, pour le passer lui et ses chèvres, ce qui le fit bien enrager, parce qu'il voyait déjà la Torralva sur ses talons, et qu'elle allait lui faire passer un mauvais quart d'heure avec ses pleurs et ses criailleries. Mais il regarda tant de côté et d'autre, qu'à la fin il aperçut un pêcheur qui avait auprès de lui un petit bateau, mais si petit qu'il ne pouvait y tenir qu'une chèvre et une personne. Et pourtant il l'appela, et fit marché pour qu'il le passât à l'autre bord, lui et trois cents chèvres qu'il conduisait. Le pêcheur se met dans la barque, vient prendre une chèvre et la passe; puis revient et en passe une autre, puis revient encore et en passe encore une autre.... Ah çà! que Votre Grâce fasse bien attention de compter les chèvres que passe le pêcheur; car si vous en échappez une seule, le conte finira sans qu'on puisse en dire un mot de plus. Je continue donc, et je dis que la rive de l'autre côté était escarpée, argileuse et glissante, de sorte que le pêcheur tardait beaucoup pour aller et venir. Il revint pourtant chercher une autre chèvre, puis une autre, puis une autre encore.

— Eh, pardieu! suppose qu'il les a toutes passées! s'écria don Quichotte, et ne te mets pas à aller et venir de cette manière, car tu ne finirais pas de les passer en un an.

— Combien y en a-t-il de passées jusqu'à cette heure? demanda Sancho.

— Et qui diable le sait? répondit don Quichotte.

— Je vous le disais bien, pourtant, d'en tenir bon compte, reprit Sancho. Eh bien! voilà que l'histoire est finie, et qu'il n'y a plus moyen de la continuer.

— Comment cela peut-il être? s'écria don Quichotte; est-il donc si essentiel à ton histoire de savoir par le menu le nombre de chèvres qui ont passé, que, si l'on se trompe d'une seule, tu ne puisses en dire un mot de plus?

— Non, seigneur, en aucune façon, répondit Sancho; car, au moment où je demandais à Votre Grâce combien de chèvres avaient passé, et que vous m'avez répondu que vous n'en saviez rien, tout aussitôt ce qui me restait à dire s'en est allé de ma mémoire, et c'était, par ma foi, le meilleur et le plus divertissant.

— De façon, reprit don Quichotte, que l'histoire est finie?

— Comme la vie de ma mère, répondit Sancho.

— Je t'assure, en vérité, répliqua don Quichotte, que tu viens de conter là l'un des plus merveilleux contes, histoires ou historiettes, qu'on puisse inventer dans ce monde[1], et qu'une telle manière de le conter et de le finir ne s'est vue et ne se verra jamais. Je ne devais pas, au surplus, attendre autre chose de ta haute raison. Mais pourquoi m'étonner? Peut-être que ces coups, dont le bruit ne cesse pas, t'ont quelque peu troublé la cervelle?

— Tout est possible, répondit Sancho; mais, à propos de mon histoire, je sais qu'il n'y a plus rien à dire, et qu'elle finit juste où commence l'erreur du compte des chèvres qui passent.

— A la bonne heure, répondit don Quichotte, qu'elle finisse où tu voudras. Mais voyons si maintenant Rossinante peut remuer. »

En disant cela, il se remit à lui donner de l'éperon, et le cheval se remit à faire un saut de mouton, sans bouger de place, tant il était bien attaché.

En ce moment il arriva, soit à cause de la fraîcheur du matin qui commençait à se faire sentir, soit parce que Sancho avait mangé la veille au soir quelque chose de laxatif, soit enfin, ce qui est le plus probable, que la nature opérât en lui, il arriva qu'il se sentit envie de déposer une charge dont personne ne pouvait le soulager. Mais telle était la peur qui s'était emparée de son âme, qu'il n'osait pas s'éloigner de son maître de l'épaisseur d'un ongle. D'une autre part, essayer de remettre ce qu'il avait à faire était impossible. Dans cette perplexité, il imagina de lâcher la main droite avec laquelle il se tenait accroché à l'arçon de derrière; puis, sans faire ni bruit ni mouvement, il détacha l'aiguillette qui soutenait ses chausses, lesquelles lui tombèrent aussitôt sur les talons, et lui restèrent aux pieds comme des entraves; ensuite il releva doucement le pan de sa chemise, et mit à l'air les deux moitiés d'un postérieur qui n'était pas de mince encolure. Cela fait, et lorsqu'il croyait avoir achevé le plus difficile pour sortir de cette horrible angoisse, un autre embarras lui survint, plus cruel encore : il lui sembla qu'il ne pouvait commencer sa besogne sans laisser échapper quelque bruit, et le voilà, serrant les dents et pliant les épaules, qui retient son souffle de toute la force de ses poumons. Mais en dépit de tant de précautions, il fut si peu chanceux, qu'à la fin il fit un léger bruit, fort différent de celui qui causait sa frayeur. Don Quichotte l'entendit.

« Quel est ce bruit? demanda-t-il aussitôt.

— Je ne sais, seigneur, répondit l'autre; mais ce doit être quelque chose de nouveau, car les aventures et mésaventures ne commencent jamais pour un peu. »

Puis il se remit à tenter la fortune, et cette fois avec tant de succès, que, sans plus de scandale ni d'alarme, il se trouva délivré du fardeau qui l'avait si fort mis à la gêne.

Mais, comme don Quichotte avait le sens de l'odorat tout aussi fin que celui de l'ouïe, et comme Sancho était si près et si bien cousu à ses côtés que les vapeurs lui montaient à la tête presque en ligne droite, il ne put éviter que quelques-unes n'arrivassent jusqu'à ses narines. Dès qu'il les eut senties, il appela ses doigts au secours de son nez, qu'il serra étroitement entre le pouce et l'index.

« Il me semble, Sancho, dit-il alors d'un ton nasillard, que tu as grand'peur en ce moment.

— C'est vrai, répondit Sancho; mais à quoi Votre Grâce s'aperçoit-elle que ma peur est plus grande à présent que tout à l'heure?

— C'est qu'à présent tu sens plus fort que tout à l'heure, reprit don Quichotte, et ce n'est pas l'ambre, en vérité.

— C'est encore possible, répliqua Sancho; mais la faute n'en est pas à moi : elle est à Votre Grâce, qui m'amène à ces heures indues dans ces parages abandonnés.

— Retire-toi deux ou trois pas, mon ami, reprit don Quichotte sans lâcher les doigts qui lui tenaient le nez; et désormais prends un peu plus garde à ta personne et à ce que tu dois à la mienne; c'est sans doute de la grande liberté que je te laisse prendre avec moi, qu'est née cette irrévérence.

— Je gagerais, répliqua Sancho, que Votre Grâce s'imagine que j'ai fait de ma personne quelque chose que je ne devais point faire.

— Laisse, laisse, ami Sancho, s'écria don Quichotte : ce sont matières qu'il vaut mieux ne pas agiter. »

Ce fut en ces entretiens et d'autres semblables que le maître et le valet passèrent le reste de la nuit. Dès que Sancho vit que l'aube allait poindre, il détacha tout doucement les liens de Rossinante et releva ses chausses. Se voyant libre, Rossinante se sentit, à ce qu'il parut, un peu de cœur au ventre. Quoiqu'il ne fût nullement fougueux de sa nature, il se mit à piétiner du devant, car, quant à faire des courbettes, je lui en demande bien pardon, mais il n'en était pas capable. Don Quichotte, voyant qu'enfin Rossinante remuait, en tira bon augure, et vit là le signal d'entreprendre cette aventure redoutable.

Pendant ce temps, le jour achevait de venir, et les objets se montraient distinctement. Don Quichotte vit qu'il était sous un groupe de hauts châtaigniers, arbres qui donnent une ombre très-épaisse; mais, quant au bruit des coups, qui ne cessaient pas un instant, il ne put en découvrir la cause. Ainsi donc, sans attendre davantage, il fit sentir l'éperon à Rossinante, et, prenant encore une fois congé de son écuyer, il lui ordonna de l'attendre en cet endroit trois jours au plus, comme il lui avait dit précédemment, au bout desquels, si Sancho ne le voyait pas revenir, il pourrait tenir pour certain qu'il avait plu à Dieu de lui faire laisser la vie dans cette périlleuse aventure. Il lui rappela ensuite l'ambassade qu'il devait présenter de sa part à sa dame Dulcinée; enfin il ajouta que Sancho ne prît aucun souci du payement de ses gages, parce que lui don Quichotte, avant de quitter le pays, avait laissé son testament, où se trouvait l'ordre de lui payer gages et gratifications au prorata du temps qu'il l'avait servi.

« Mais, continua-t-il, s'il plaît à Dieu de me tirer de ce péril sain et sauf et sans encombre, tu peux regarder comme bien plus que certaine la possession de l'île que je t'ai promise. »

Quand Sancho entendit les touchants propos de son bon seigneur, il se remit à pleurer, et résolut de ne plus le quitter jusqu'à l'entière et complète solution de l'affaire. De ces pleurs et de cette honorable détermination, l'auteur de notre histoire tire la conséquence que Sancho Panza devait être bien né, et tout au moins vieux chrétien[5]. Son affliction attendrit quelque peu son maître, mais pas assez pour qu'il montrât la moindre faiblesse. Au contraire, dissimulant du mieux qu'il put, il s'achemina sans retard du côté d'où semblait venir le bruit continuel de l'eau et des coups frappés.

Sancho le suivit à pied, selon sa coutume, menant par le licou son âne, éternel compagnon de sa bonne et de sa mauvaise fortune. Quand ils eurent marché quelque temps sous le feuillage de ces sombres châtaigniers, ils arrivèrent dans une petite prairie, au pied de quelques roches élevées, d'où tombait avec grand bruit une belle chute d'eau. Au bas de ces roches étaient quelques mauvaises baraques, plus semblables à des ruines qu'à des maisons, du milieu desquelles ils s'aperçurent que partait le bruit de ces coups redoublés qui continuaient toujours. Rossinante s'effraya du bruit que faisaient les coups et la chute de l'eau. Mais don Quichotte,

ROSSINANTE S'EFFRAYA DU BRUIT QUE FAISAIENT LES COUPS ET LA CHUTE DE L'EAU. — T. I, CH. XX.

après l'avoir calmé de la voix et de la main, s'approcha peu à peu des masures, se recommandant du profond de son cœur à sa dame, qu'il suppliait de lui accorder faveur en cette formidable entreprise, et, chemin faisant, invoquant aussi l'aide de Dieu. Pour Sancho, qui ne s'éloignait pas des côtés de son maître, il étendait tant qu'il pouvait le cou et la vue par-dessous le ventre de Rossinante, pour voir s'il apercevrait ce qui le tenait depuis si longtemps en doute et en émoi. Ils avaient fait encore une centaine de pas dans cette posture, lorsqu'enfin, au détour d'un rocher, se découvrit manifestement à leurs yeux la cause de cet infernal tapage qui, pendant la nuit tout entière, leur avait causé de si mortelles alarmes. Et c'était tout bonnement, si cette découverte, ô lecteur, ne te donne ni regret ni dépit, six marteaux de moulin à foulon, qui, de leurs coups alternatifs, faisaient tout ce vacarme.

A cette vue, don Quichotte devint muet; il pâlit et défaillit du haut en bas. Sancho le regarda, et vit qu'il avait la tête baissée sur sa poitrine, comme un homme confus et consterné. Don Quichotte aussi regarda Sancho : il le vit les deux joues enflées, et la bouche tellement pleine d'envie de rire qu'il semblait vouloir en étouffer; et toute sa mélancolie ne pouvant tenir contre la comique grimace de Sancho, il se laissa lui-même aller à sourire. Dès que Sancho vit que son maître commençait, il lâcha la bonde, et s'en donna de si bon cœur, qu'il fut obligé de se serrer les rognons avec les poings pour ne pas crever de rire. Quatre fois il se calma, et quatre fois il se reprit avec la même impétuosité que la première. Don Quichotte s'en donnait au diable, surtout quand il l'entendit s'écrier, par manière de figue, et contrefaisant sa voix et ses gestes :

« Apprends, ami Sancho, que je suis né, par la volonté du ciel, dans notre âge de fer pour y ressusciter l'âge d'or : c'est à moi que sont réservés les périls redoutables, les prouesses éclatantes et les vaillants exploits; » continuant de répéter ainsi les propos que lui avait tenus son maître lorsqu'il entendit pour la première fois le bruit des coups de marteau. Voyant donc que Sancho se moquait de lui décidément, don Quichotte fut saisi d'une telle colère, qu'il leva le manche de sa pique, et lui en assena deux coups si violents, que, s'ils eussent frappé sur la tête aussi bien que sur les épaules, son maître était quitte de lui payer ses gages, à moins que ce ne fût à ses héritiers. Quand Sancho vit que ses plaisanteries étaient payées de cette monnaie, craignant que son maître ne doublât la récompense, il prit une contenance humble et un ton contrit :

« Que Votre Grâce s'apaise! lui dit-il; ne voyez-vous pas que je plaisante?

— Et c'est justement parce que vous plaisantez que je ne plaisante pas, répondit don Quichotte. Venez ici, monsieur le rieur, et répondez. Vous semble-t-il, par hasard, que si ces marteaux à foulon eussent été aussi bien une périlleuse aventure, je n'avais pas montré assez de courage pour l'entreprendre et la mettre à fin? et suis-je obligé, par hasard, chevalier que je suis, à distinguer les sons, et à reconnaître si le bruit que j'entends vient de marteaux à foulon ou d'autre chose? et ne pourrait-il pas arriver, comme c'est la vérité toute pure, que je n'en aie jamais entendu de ma vie, comme vous les avez vus et entendus, vous, rustre et vilain que vous êtes, né et élevé dans leur voisinage? Sinon, faites voir un peu que ces six marteaux se changent en six géants, et jetez-les-moi à la barbe l'un après l'autre, ou tous ensemble; et si je ne les mets pas tous les six les quatre fers en l'air, alors je vous permets de vous moquer de moi tout à votre aise.

— En voilà bien assez, mon cher seigneur, répliqua Sancho; je confesse que j'ai trop lâché la bride à ma bonne humeur. Mais, dites-moi, maintenant que nous sommes quittes et que la paix est faite (que Dieu vous tire de toutes les aventures aussi sain et aussi sauf que de celle-ci!), dites-moi, n'y a-t-il pas de quoi rire, et aussi de quoi conter, dans cette grande frayeur que nous avons eue? dans la mienne, je veux dire, car je sais bien que Votre Grâce n'a jamais connu le nom même de la peur.

— Je ne nie pas, répondit don Quichotte, que dans ce qui nous est arrivé, il n'y ait réellement matière à rire; mais je ne pense pas qu'il y ait matière à conter, car tous les gens qui vous écoutent n'ont pas assez de sens et d'esprit pour mettre les choses à leur vrai point.

— Tout au moins, reprit Sancho, vous avez su mettre à son vrai point le manche de la lance; car, en me visant sur la tête, vous m'avez donné sur les épaules, grâce à Dieu et au soin que j'ai pris de gauchir à droite. Mais passe: tout s'en va, comme on dit, dans la lessive, et j'ai souvent ouï dire encore: Celui-là t'aime bien qui te fait pleurer; et d'autant plus que les grands seigneurs, après une mauvaise parole dite à leurs valets, ont coutume de leur donner une nippe. Je ne sais trop ce qu'ils leur donnent quand ils leur ont donné des coups de bâton; mais j'imagine que les chevaliers errants donnent après le bâton des îles ou des royaumes en terre ferme.

— La chance pourrait tourner de telle sorte, répondit don Quichotte, que tout ce que tu dis vînt à se vérifier. Et d'abord, pardonne le passé: tu es raisonnable, et tu sais que les premiers mouvements ne sont pas dans la main de l'homme. Mais je veux aussi que tu sois désormais informé d'une chose, afin que tu te contiennes et t'abstiennes de trop parler avec moi: c'est que, dans tous les livres de chevalerie que j'ai lus, et le nombre en est infini, jamais je n'ai vu qu'aucun écuyer bavardât avec son seigneur aussi hardiment que tu bavardes avec le tien. Et, à vrai dire, nous avons aussi grand tort l'un que l'autre: toi, parce que tu ne me respectes pas assez; moi, parce que je ne me fais pas assez respecter. Voilà Gandalin, l'écuyer d'Amadis, qui devint comte de l'Ile-Ferme; eh bien! on dit de lui que jamais il ne parlait à son seigneur, sinon le bonnet à la main, la tête penchée et le corps incliné, *more turquesco*. Mais que dirons-nous de Gasabal, l'écuyer de don Galaor, lequel fut si discret, que, pour nous instruire de son merveilleux talent à garder le silence, son nom n'est cité qu'une fois dans tout le cours de cette grande et véridique histoire? De tout ce que je viens de dire tu dois inférer, Sancho, qu'il est nécessaire de faire la différence du maître au valet, du seigneur au vassal, du chevalier à l'écuyer. Ainsi donc désormais nous devrons nous traiter avec plus de respect, sans prendre trop de corde et nous permettre trop de badinage. Car enfin, de quelque manière que je vienne à me fâcher contre vous, ce sera toujours tant pis pour la cruche[6]. Les récompenses et les bienfaits que je vous ai promis viendront à leur temps, et s'ils ne viennent pas, du moins, comme je vous l'ai dit, votre salaire ne se perdra point.

— Tout ce que dit Votre Grâce est parfaitement bien, répondit Sancho; mais je voudrais savoir, si le temps des récompenses ne devait jamais venir, et qu'il fallût s'en tenir aux gages, combien gagnait dans ce temps-là un écuyer de chevalier errant, et s'il faisait marché au mois ou à la journée, comme les goujats des maçons.

— A ce que je crois, répliqua don Quichotte, les écuyers de ce temps-là n'étaient pas à gages, mais à merci; et si je t'ai assigné des gages dans le testament clos que j'ai laissé chez moi, c'est en vue de ce qui pourrait arriver. Car, en vérité, je ne sais pas encore comment prendra la chevalerie dans les siècles calamiteux où nous sommes, et je ne voudrais pas que, pour si peu de chose, mon âme fût en peine dans l'autre monde. Il faut en effet que tu saches, ami Sancho, qu'en celui-ci, il n'est pas d'état plus scabreux et plus périlleux que celui des coureurs d'aventures.

— Je le crois bien, reprit Sancho, puisque le seul bruit des marteaux à foulon a pu troubler et désarçonner le cœur d'un errant aussi valeureux que Votre Grâce. Au reste, vous pouvez être bien certain que désormais je ne desserrerai plus les dents pour badiner sur vos affaires, mais seulement pour vous honorer comme mon maître et seigneur naturel.

— En ce cas, répliqua don Quichotte, tu vivras, comme on dit, sur la face de la terre; car, après les parents, ce sont les maîtres qu'on doit respecter le plus, et comme s'ils avaient les mêmes droits et la même qualité. »

CHAPITRE XXI.

QUI TRAITE DE LA HAUTE AVENTURE ET DE LA RICHE CONQUÊTE DE L'ARMET DE MAMBRIN'
AINSI QUE D'AUTRES CHOSES ARRIVÉES À NOTRE INVINCIBLE CHEVALIER.

En ce moment, il commença de tomber un peu de pluie, et Sancho aurait bien voulu se mettre à l'abri en entrant dans les moulins à foulon. Mais don Quichotte les avait pris en telle aversion pour le mauvais tour qu'ils venaient de lui jouer, qu'il ne voulut en aucune façon consentir à y mettre le pied. Il tourna bride brusquement à main droite, et tous deux arrivèrent à un chemin pareil à celui qu'ils avaient suivi la veille.

A peu de distance, don Quichotte découvrit de loin un homme à cheval, portant sur sa tête quelque chose qui luisait et brillait comme si c'eût été de l'or. A peine l'avait-il aperçu, qu'il se tourna vers Sancho, et lui dit :

« Il me semble, Sancho, qu'il n'y a point de proverbe qui n'ait un sens véritable ; car que sont-ils, sinon des sentences tirées de l'expérience même, qui est la commune mère de toutes les sciences? Cela est vrai spécialement du proverbe qui dit : Quand une porte se ferme, une autre s'ouvre. En effet, si la fortune hier soir nous a fermé la porte de l'aventure que nous cherchions, en nous abusant sur le bruit des marteaux à foulon, voilà maintenant qu'elle nous ouvre à deux battants la porte d'une autre aventure meilleure et plus certaine; et cette fois, si je ne réussis pas à en trouver l'entrée, ce sera ma faute, sans que je puisse m'excuser sur mon ignorance des moulins à foulon, ni sur l'obscurité de la nuit. Je dis tout cela, parce que, si je ne me trompe, voilà quelqu'un qui vient de notre côté portant coiffé sur sa tête cet armet de Mambrin à propos duquel j'ai fait le serment que tu n'as pas oublié.

— Pour Dieu! seigneur, répondit Sancho, prenez bien garde à ce que vous dites, et plus encore à ce que vous faites; je ne voudrais pas que ce fussent d'autres marteaux à foulon qui achevassent de nous fouler et de nous marteler le bon sens.

— Que le diable soit de l'homme! s'écria don Quichotte. Qu'a de commun l'armet avec les marteaux?

— Je n'en sais rien, répondit Sancho; mais, par ma foi, si je pouvais parler comme j'en avais l'habitude, je vous donnerais de telles raisons, que Votre Grâce verrait bien qu'elle se trompe en ce qu'elle dit.

— Comment puis-je me tromper en ce que je dis, traître méticuleux? reprit don Quichotte. Dis-moi, ne vois-tu pas ce chevalier qui vient à nous, monté sur un cheval gris pommelé, et qui porte sur la tête un armet d'or?

— Ce que j'avise et ce que je vois, répondit Sancho, ce n'est rien autre qu'un homme monté sur un âne gris comme le mien, et portant sur la tête quelque chose qui reluit.

— Eh bien! ce quelque chose, c'est l'armet de Mambrin, reprit don Quichotte. Range-toi de côté, et laisse-moi seul avec lui. Tu vas voir comment, sans dire un mot, pour ménager le temps, j'achève cette aventure, et m'empare de cet armet que j'ai tant souhaité.

— De me ranger à l'écart, c'est mon affaire, répondit Sancho; mais Dieu veuille, dis-je encore, que ce soit de la fougère et non des foulons.

— Je vous ai déjà dit, frère, s'écria don Quichotte, que vous cessiez de me rebattre les oreilles de ces foulons; car je jure de par tous les..., vous m'entendez bien, que je vous foulerai l'âme au fond du corps. »

Sancho se tut aussitôt, craignant que son maître n'accomplît son serment, car il l'avait assaisonné à se déchirer la bouche.

Or, voici ce qu'étaient cet armet, ce cheval et ce chevalier que voyait don Quichotte. Il y avait dans ces environs deux villages voisins : l'un si petit qu'il n'avait ni pharmacie ni barbier; et l'autre plus grand, ayant l'une et l'autre. Le barbier du grand village desservait le petit, dans lequel un malade avait besoin d'une saignée, et un autre habitant de se faire la barbe. Le barbier s'y rendait pour ces deux offices, portant un plat à barbe en cuivre rouge; le sort ayant voulu que la pluie le prît en chemin, pour ne pas tacher son chapeau, qui était neuf sans doute, il mit par-dessus son plat à barbe, lequel, étant bien écuré, reluisait d'une demi-lieue. Il montait un âne gris, comme avait dit Sancho; et voilà pourquoi don Quichotte crut voir un cheval pommelé, un chevalier et un armet d'or : car toutes les choses qui frappaient sa vue, il les arrangeait aisément à son délire chevaleresque et à ses mal-errantes pensées.

Dès qu'il vit que le pauvre chevalier s'approchait, sans entrer en pourparlers, il fondit sur lui, la lance basse, de tout le galop de Rossinante, bien résolu à le traverser d'outre en outre; mais, au moment de l'atteindre, et sans ralentir l'impétuosité de sa course, il lui cria :

« Défends-toi, chétive créature, ou livre-moi de bonne grâce ce qui m'est dû si justement. »

Le barbier, qui, sans y penser ni le prévoir, vit tout à coup fondre sur lui ce fantôme, ne trouva d'autre moyen de se garer du coup de lance que de se laisser choir en bas de son âne; puis, dès qu'il eut touché la terre, il se releva plus agile qu'un daim, et se mit à courir si légèrement à travers la plaine, que le vent même n'eût pu l'attraper. Il laissa son bassin par terre, et c'est tout ce que demandait don Quichotte, lequel s'écria que le païen n'était pas bête, et qu'il avait imité le castor, qui, se voyant pressé par les chasseurs, coupe de ses propres dents ce que son instinct naturel lui apprend être l'objet de leurs poursuites.

Il ordonna ensuite à Sancho de ramasser l'armet, et celui-ci, le pesant dans la main :

« Pardieu! dit-il, ce plat à barbe est bon, et vaut une piastre comme un maravédi. »

Puis il le donna à son maître, qui le mit aussitôt sur sa tête, le tournant et le retournant de tous côtés pour en trouver l'enchâssure; et comme il ne pouvait en venir à bout :

« Il faut, s'écria-t-il, que ce païen, à la mesure duquel on a forgé pour la première fois cette fameuse salade, ait eu la tête bien grosse; et le pis, c'est qu'il en manque la moitié. »

Quand Sancho entendit appeler salade un plat à barbe, il ne put retenir un grand éclat de rire; mais la colère de son maître lui revenant en mémoire, il fit halte à mi-chemin.

« De quoi ris-tu, Sancho? lui demanda don Quichotte.

— Je ris, répondit-il, en considérant quelle grosse tête devait avoir le païen, premier maître de cet armet, qui ressemble à un bassin de barbier comme une mouche à l'autre.

— Sais-tu ce que j'imagine, Sancho? reprit don Quichotte : que cette pièce fameuse, cet armet enchanté, a dû, par quelque étrange accident, tomber aux mains de quelqu'un qui ne sut ni connaître ni estimer sa valeur, et que ce nouveau maître, sans savoir ce qu'il faisait, et le voyant de l'or le plus pur, s'imagina d'en fondre la moitié pour en faire argent; de sorte que l'autre moitié est restée sous cette forme, qui ne ressemble pas mal, comme tu dis, à un plat de barbier. Mais qu'il en soit ce qu'il en est; pour moi qui le connais, sa métamorphose m'importe peu; je le remettrai en état au premier village où je rencontrerai un forgeron, et de telle façon qu'il n'ait rien à envier au casque même que fourbit le dieu des fournaises pour le dieu des batailles. En attendant, je le porterai comme je pourrai, car mieux vaut quelque chose que rien du tout, et d'ailleurs il sera bien suffisant pour me défendre d'un coup de pierre.

— Oui, répondit Sancho, pourvu qu'on ne les lance pas avec une fronde, comme dans la bataille des deux armées, quand on vous rabota si bien les mâchoires, et qu'on mit en morceaux la burette où vous portiez ce bienheureux breuvage qui m'a fait vomir la fressure.

— Je n'ai pas grand regret de l'avoir perdu, reprit don Quichotte; car tu sais bien, Sancho, que j'en ai la recette dans la mémoire.

— Moi aussi, je la sais par cœur, répondit Sancho; mais si je le fais ou si je le goûte une autre fois en ma vie, que ma dernière heure soit venue. Et d'ailleurs, je ne pense pas me mettre davantage en occasion d'en avoir besoin; au contraire, je pense me garer, avec toute la force de mes cinq sens, d'être blessé et de blesser personne. Quant à être une autre fois berné, je n'en dis rien : ce sont de ces malheurs qu'on ne peut guère prévenir; et quand ils arrivent, il n'y a rien de mieux à faire que de plier les épaules, de retenir son souffle, de fermer les yeux, et de se laisser aller où le sort et la couverture vous envoient.

— Tu es un mauvais chrétien, Sancho, dit don Quichotte lorsqu'il entendit ces dernières paroles; car jamais tu n'oublies l'injure qu'on t'a faite. Apprends donc qu'il est d'un cœur noble et généreux de ne faire aucun cas de tels enfantillages. Dis-moi, de quel pied boites-tu? Quelle côte enfoncée, ou quelle tête rompue as-tu tirée de la bagarre, pour ne pouvoir oublier cette plaisanterie? Car enfin, en examinant la chose, il est clair que ce ne fut qu'une plaisanterie et un passe-temps. Si je ne l'entendais pas ainsi, je serais déjà retourné là-bas, et j'aurais fait pour te venger plus de ravage que n'en firent les Grecs pour venger l'enlèvement d'Hélène; laquelle, si elle fût venue dans cette époque, ou ma Dulcinée dans la sienne, pourrait bien être sûre de n'avoir pas une si grande réputation de beauté. »

En disant cela, il poussa un profond soupir, qu'il envoya jusqu'aux nuages.

« Eh bien! reprit Sancho, que ce soit donc pour rire, puisqu'il n'y a pas moyen de les en faire pleurer; mais je sais bien, quant à moi, ce qu'il y avait pour rire et pour pleurer, et ça ne s'en ira pas plus de ma mémoire que de la peau de mes épaules. Mais laissons cela de côté, et dites-moi, s'il vous plaît, seigneur, ce que nous ferons de ce cheval gris pommelé, qui semble un âne gris, et qu'a laissé à l'abandon ce Martin que Votre Grâce a si joliment flanqué par terre. Au train dont il a pendu ses jambes à son cou, pour prendre la poudre d'escampette, il n'a pas la mine de revenir jamais le chercher; et, par ma barbe, le grison n'a pas l'air mauvais.

— Je n'ai jamais coutume, répondit don Quichotte, de dépouiller ceux que j'ai vaincus; et ce n'est pas non plus l'usage de la chevalerie de leur enlever les chevaux et de les laisser à pied, à moins pourtant que le vainqueur n'ait perdu le sien dans la bataille; car alors il lui est permis de prendre celui du vaincu, comme gagné de bonne guerre. Ainsi donc, Sancho, laisse ce cheval, ou âne, ou ce que tu voudras qu'il soit, car dès que son maître nous verra loin d'ici, il viendra le reprendre.

— Dieu sait pourtant si je voudrais l'emmener, répliqua Sancho, ou tout au moins le troquer contre le mien, qui ne me semble pas si bon. Et véritablement les lois de votre chevalerie sont bien étroites, puisqu'elles ne s'étendent pas seulement à laisser troquer un âne contre un autre. Mais je voudrais savoir si je pourrais tout au moins troquer les harnais.

— C'est un cas dont je ne suis pas très-sûr, répondit don Quichotte; de façon que, dans le doute, et jusqu'à plus ample information, je permets que tu les échanges, si tu en as un extrême besoin.

— Si extrême, répliqua Sancho, que si ces harnais étaient pour ma propre personne, je n'en aurais pas un besoin plus grand. »

Aussitôt, profitant de la licence, il fit *mutatio capparum*, comme disent les étudiants, et para si galamment son âne, qu'il lui en parut avantagé du quart et du tiers.

Cela fait, ils déjeunèrent avec les restes des dépouilles prises sur le mulet des bons pères, et burent de l'eau du ruisseau des moulins à foulon, mais sans tourner la tête pour les regarder, tant ils les avaient pris en aversion pour la peur qu'ils en avaient eue. Enfin, la colère étant passée avec l'appétit, et même la mauvaise humeur, ils montèrent à cheval, et, sans prendre aucun chemin déterminé, pour se mieux mettre à l'unisson des chevaliers errants, ils commencèrent à marcher par où les menait la volonté de Rossinante; car celle du maître se laissait entraîner, et même celle de l'âne, qui le suivait toujours en bon camarade quelque part que l'autre voulût le conduire. De cette manière, ils revinrent sur le grand chemin, qu'ils suivirent à l'aventure, et sans aucun parti pris.

Tandis qu'ils cheminaient ainsi tout droit devant eux, Sancho dit à son maître :

« Seigneur, Votre Grâce veut-elle me donner permission de deviser un peu avec elle? Depuis que vous m'avez imposé ce rude commandement du silence, plus de quatre bonnes choses m'ont pourri dans l'estomac, et j'en ai maintenant une sur le bout de la langue, une seule, que je ne voudrais pas voir perdre ainsi.

— Dis-la, répondit don Quichotte; et sois bref dans tes propos; aucun n'est agréable s'il est long.

— Je dis donc, seigneur, reprit Sancho, que, depuis quelques jours, j'ai considéré combien peu l'on gagne et l'on amasse à chercher ces aventures que Votre Grâce cherche par ces déserts et ces croisières de grands chemins, où, quels que soient les dangers qu'on affronte et les victoires qu'on remporte, comme il n'y a personne pour les voir et les savoir, vos exploits restent enfouis dans un oubli perpétuel, au grand détriment des bonnes intentions de Votre Grâce et de leur propre mérite. Il me semble donc qu'il vaudrait mieux, sauf le meilleur avis de Votre Grâce, que nous allassions servir un empereur, ou quelque autre grand prince, qui eût quelque guerre à soutenir, au service duquel Votre Grâce pût montrer la valeur de son bras, ses grandes forces et son intelligence plus grande encore. Cela vu du seigneur que nous servirons, force sera qu'il nous récompense, chacun selon ses mérites. Et là se trouveront aussi des clercs pour coucher par écrit les prouesses de Votre Grâce, et pour en garder mémoire. Des miennes je ne dis rien, parce qu'elles ne doivent pas sortir des limites de la gloire écuyère; et pourtant j'ose dire que, s'il était d'usage dans la chevalerie d'écrire les prouesses des écuyers, je crois bien que les miennes ne resteraient pas entre les lignes.

— Tu n'as pas mal parlé, Sancho, répondit don Quichotte; mais avant que d'en arriver là, il faut d'abord aller par le monde, comme en épreuves, cherchant les aventures, afin de gagner par ces hauts faits nom et renom, tellement que, dès qu'il se présente à la cour d'un grand monarque, le chevalier soit déjà connu par ses œuvres, et qu'à peine il ait franchi les portes de la ville, tous les petits garçons le suivent et l'entourent, criant après lui :

« Voici le chevalier du Soleil[2], ou bien du Serpent[3], ou de quelque autre marque distinctive sous laquelle il sera connu pour avoir fait de grandes prouesses; voici, diront-ils, celui qui a vaincu en combat singulier l'effroyable géant Brocabruno de la grande force, celui qui a désenchanté le grand Mameluk de Perse d'un long enchantement où il était retenu depuis bientôt neuf cents années. »

Ainsi, de proche en proche, ils iront publiant ses hauts faits; et bientôt, au tapage que feront les enfants et le peuple tout entier, le roi de ce royaume se mettra aux balcons de son royal palais; et, dès qu'il aura vu le chevalier, qu'il reconnaîtra par la couleur des armes et la devise de l'écu, il devra forcément s'écrier :

« Or sus, que tous les chevaliers qui se trouvent à ma cour sortent pour recevoir la fleur de la chevalerie qui s'avance! »

A cet ordre, ils sortiront tous, et lui-même descendra jusqu'à la moitié de l'escalier, puis il embrassera étroitement son hôte, et lui donnera le baiser de paix au milieu du visage[4]; aussitôt il le conduira par la main dans l'appartement de la reine, où le chevalier la trouvera avec l'infante sa fille, qui ne peut manquer d'être une des plus belles et des plus parfaites jeunes personnes qu'à grand'peine on pourrait trouver sur une bonne partie de la face de la terre. Après cela, il arrivera tout aussitôt que l'infante jettera les yeux sur le chevalier, et le chevalier sur l'infante, et chacun d'eux paraîtra à l'autre plutôt une chose divine qu'humaine; et, sans savoir pourquoi ni comment, ils resteront enlacés et pris dans les lacs inextricables de l'amour, et le cœur percé d'affliction de ne savoir comment se parler pour se découvrir leurs sentiments, leurs désirs et leurs peines. De là, sans doute, on conduira le chevalier dans quelque salle du palais richement meublée, où, après lui avoir ôté ses armes, on lui présentera une riche tunique d'écarlate pour se vêtir; et s'il avait bonne mine sous ses armes, il l'aura meilleure encore sous un habit de cour. La nuit venue, il soupera avec le roi, la reine et l'infante, et n'ôtera pas les yeux de celle-ci, la regardant en cachette des assistants, ce qu'elle fera de même et avec autant de sagacité; car c'est, comme je l'ai dit, une très-discrète personne. Le repas desservi, on verra tout à coup entrer par la porte de la salle un petit vilain nain, et, derrière lui, une belle dame entre deux géants, laquelle vient proposer une certaine aventure préparée par un ancien sage, et telle que celui qui en viendra à bout sera tenu pour le meilleur chevalier du monde[5]. Aussitôt le roi ordonnera que tous les chevaliers de sa cour en fassent l'épreuve; mais personne ne pourra la mettre à fin, si ce n'est le chevalier étranger, au grand accroissement de sa gloire, et au grand contentement de l'infante, qui se tiendra satisfaite et même récompensée d'avoir placé en si haut lieu les pensées de son âme. Le bon de l'affaire, c'est que ce roi, ou prince, ou ce qu'il est enfin, soutient une guerre acharnée contre un autre prince aussi puissant que lui, et le chevalier, son hôte, après avoir passé quelques jours dans son palais, lui demandera permission d'aller le servir dans cette guerre. Le roi la lui donnera de très-bonne grâce, et le chevalier lui baisera courtoisement les mains pour la faveur qui lui est octroyée. Et cette nuit même, il ira prendre congé de l'infante sa maîtresse, à travers le grillage d'un jardin sur lequel donne sa chambre à coucher. Il l'a déjà entretenue plusieurs fois en cet endroit, par l'entremise d'une damoiselle, leur confidente, à qui l'infante confie tous ses secrets[6]. Il soupire, elle s'évanouit; la damoiselle apporte de l'eau, et s'afflige de voir venir le jour, ne voulant pas, pour l'honneur de sa maîtresse, qu'ils soient découverts. Finalement, l'infante reprend connaissance, et tend à travers la grille ses blanches mains au chevalier, qui les couvre de mille baisers et les baigne de ses larmes; ils se concertent sur la manière de se faire savoir leurs bonnes ou mauvaises fortunes, et la princesse le supplie d'être absent le moins longtemps possible; il lui en fait la promesse avec mille serments, et, après lui avoir encore une fois baisé les mains, il s'arrache d'auprès d'elle avec de si amers regrets, qu'il est près de laisser là sa vie; il regagne son appartement, se jette sur son lit, mais ne peut dormir du chagrin que lui cause son départ; il se lève de grand matin, va prendre congé du roi, de la reine et de l'infante; mais les deux premiers, en recevant ses adieux, lui disent que l'infante est indisposée et ne peut recevoir de visite. Le chevalier pense alors que c'est de la peine de son éloignement; son cœur est navré, et peut s'en faut qu'il ne laisse éclater ouvertement son affliction. La confidente est témoin de la scène, elle remarque tout, et va le conter à sa maîtresse, qui l'écoute en pleurant, et lui dit qu'un des plus grands chagrins qu'elle éprouve, c'est de ne savoir qui est son chevalier, s'il est ou non de sang royal. La damoiselle affirme que tant de grâce, de courtoisie et de vaillance, ne peuvent se trouver ailleurs que dans une personne royale et de qualité. La princesse affligée accepte cette consolation; elle essaye de cacher sa tristesse pour ne pas donner une mauvaise opinion d'elle à ses parents, et au bout de deux jours elle reparaît en public. Cependant le chevalier est parti; il prend part à la guerre, combat et défait l'ennemi du roi, emporte plusieurs villes, gagne plusieurs victoires. Il revient à la cour, voit sa maîtresse à leur rendez-vous d'habitude, et convient avec elle qu'il la demandera pour femme à son père, en récompense de ses services; le roi ne le veut pas accepter pour gendre, ne sachant qui il est; et, pourtant, soit par enlèvement, soit d'autre manière, l'infante devient l'épouse du chevalier, et son père finit par tenir cette union à grand honneur, parce qu'on vient à découvrir que ce chevalier est fils d'un vaillant roi de je ne sais quel royaume, car il ne doit pas se trouver sur la carte. Le père meurt, l'infante hérite, et voilà le chevalier roi[7]. C'est alors le moment de faire largesse à son écuyer et à tous ceux qui l'ont aidé à s'élever si haut. Il marie son écuyer avec une damoiselle de l'infante, qui sera sans doute la confidente de ses amours, laquelle est fille d'un duc de première qualité.

— C'est cela! s'écria Sancho; voilà ce que je demande, et vogue la galère! Oui, je m'en tiens à cela, et tout va nous arriver au pied de la lettre, pourvu que Votre Grâce s'appelle le *chevalier de la Triste Figure*.

— N'en doute pas, Sancho, répondit don Quichotte, car c'est par les mêmes degrés et de la même manière que je viens de te conter que montaient et que montent encore les chevaliers errants jusqu'au rang de rois ou d'empereurs[8]. Il ne manque plus maintenant que d'examiner quel roi des chrétiens ou des païens a sur les bras une bonne guerre et une belle fille. Mais nous avons le temps de penser à cela; car, ainsi que je te l'ai dit, il faut d'abord acquérir ailleurs de la renommée avant de se présenter à la cour. Pourtant, il y a bien encore une chose qui me manque : en supposant que nous trouvions un roi avec une guerre et une fille, et que j'aie gagné une incroyable renommée dans l'univers entier, je ne sais trop comment il pourrait se faire que je me trouvasse issu de roi, ou pour le moins cousin issu de germain d'un empereur. Car enfin, avant d'en être bien assuré, le roi ne voudra pas me donner sa fille pour femme, quelque prix que méritent mes éclatants exploits; et voilà que, par ce manque de parenté royale, je vais perdre ce que mon bras a bien mérité. Il est vrai que je suis fils d'hidalgo, de souche connue, ayant possession et propriété, et bon pour exiger cinq cents sous de réparation[9]. Il pourrait même se faire que le sage qui écrira mon histoire débrouillât et arrangeât si bien ma généalogie, que je me trouvasse arrière-petit-fils de roi, à la cinquième ou sixième génération. Car il est bon, Sancho, que je t'apprenne une chose : il y a deux espèces de descendances et de noblesses. Les uns tirent leur origine de princes et de monarques ; mais le temps, peu à peu, les a fait déchoir, et ils finissent en pointe comme les pyramides; les autres ont pris naissance en basse extraction, et vont montant de degré en degré jusqu'à devenir de grands seigneurs. De manière qu'entre eux il y a cette différence, que les uns ont été ce qu'ils ne sont plus, et que les autres sont ce qu'ils n'avaient pas été; et, comme je pourrais être de ceux-là, quand il serait bien avéré que mon origine est grande et glorieuse, il faudrait à toute force que cela satisfît le roi mon futur beau-père : sinon, l'infante m'aimerait si éperdument, qu'en dépit de son père, et sût-il à n'en pouvoir douter que je suis fils d'un porteur d'eau, elle me prendrait encore pour son époux et seigneur. Sinon, enfin, ce serait le cas de l'enlever et de l'emmener où bon me semblerait, jusqu'à ce que le temps ou la mort eût apaisé le courroux de ses parents.

— C'est aussi le cas de le dire, reprit Sancho, ce que disent certains vauriens : Ne demande pas de bon gré ce que tu peux prendre de force. Quoique cependant cet autre dicton vienne plus à propos : Mieux vaut le saut de la haie que la prière des braves gens. Je dis cela parce que si le seigneur roi, beau-père de Votre Grâce, ne veut pas se laisser fléchir jusqu'à vous donner Madame l'infante, il n'y a pas autre chose à faire, comme dit Votre Grâce, que de l'enlever et de la mettre en lieu sûr. Mais le mal est qu'en attendant que la paix soit faite, et que vous jouissiez paisiblement du royaume, le pauvre écuyer pourra bien rester avec ses dents au crochet dans l'attente des faveurs promises; à moins pourtant que la damoiselle confidente, qui doit devenir sa femme, ne soit partie à la suite de l'infante, et qu'il ne passe avec elle sa pauvre vie, jusqu'à ce que le ciel en ordonne autrement; car, à ce que je crois, son seigneur peut bien la lui donner tout de suite pour légitime épouse.

— Et qui l'en empêcherait? répondit don Quichotte.

— En ce cas, reprit Sancho, nous n'avons qu'à nous recommander à Dieu, et laisser courir le sort comme soufflera le vent.

— Oui, répliqua don Quichotte, que Dieu fasse ce qui convient à mon désir et à ton besoin, Sancho, et que celui-là ne soit rien qui ne s'estime pour rien.

— A la main de Dieu! s'écria Sancho; je suis vieux chrétien, et pour être comte, c'est tout assez.

— Et c'est même trop, reprit don Quichotte; tu ne le serais pas que cela ne ferait rien à l'affaire. Une fois que je serai roi, je puis bien te donner la noblesse, sans que tu l'achètes ou que tu la gagnes par tes services; car, si je te fais comte, te voilà du coup gentilhomme, et, quoi que disent les mauvaises langues, par ma foi, ils seront bien obligés, malgré tout leur dépit, de te donner de la seigneurie.

— Et quand même! s'écria Sancho, croit-on que je ne saurais pas faire valoir mon litre?

— Titre il faut dire, et non litre, reprit son maitre.

— Volontiers, dit Sancho; et je dis que je saurais bien m'en affubler, car j'ai été, dans un temps, bedeau d'une confrérie, et, par ma vie, la robe de bedeau m'allait si bien, que tout le monde disait que j'avais assez bonne mine pour être marguillier. Que sera-ce, bon Dieu, quand je me mettrai un manteau ducal sur le dos, et que je serai tout habillé d'or et de perles, à la mode d'un comte étranger! J'ai dans l'idée qu'on me viendra voir de cent lieues.

— Assurément tu auras bonne mine, répondit don Quichotte, mais il sera bon que tu te râpes souvent la barbe; car tu l'as si épaisse, si emmêlée et si crasseuse, que, si tu n'y mets pas le rasoir au moins tous les deux jours, on reconnaîtra qui tu es à une portée d'arquebuse.

— Eh bien! répliqua Sancho, il n'y a qu'à prendre un barbier et l'avoir à gages à la maison; et même, si c'est nécessaire, je le ferai marcher derrière moi comme l'écuyer d'un grand seigneur.

— Et comment sais-tu, demanda don Quichotte, que les grands seigneurs mènent derrière eux leurs écuyers?

— Je vais vous le dire, répondit Sancho. Il y a des années que j'ai été passer un mois à la cour; et là, je vis à la promenade un seigneur qui était très-petit, et tout le monde disait qu'il était très-grand[10]. Un homme le suivait à cheval à tous les tours qu'il faisait, si bien qu'on aurait dit que c'était sa queue. Je demandai pourquoi cet homme ne rejoignait pas l'autre et restait toujours derrière lui. On me répondit que c'était son écuyer, et que les grands avaient coutume de se faire suivre ainsi de ces gens[11]. Voilà comment je le sais depuis ce temps-là, car je n'ai jamais oublié l'aventure.

— Je dis que tu as pardieu raison, reprit don Quichotte, et que tu peux fort bien mener ton barbier à ta suite. Les modes ne sont pas venues toutes à la fois ; elles s'inventent l'une après l'autre, et tu peux bien être le premier comte qui se fasse suivre de son barbier. D'ailleurs c'est plutôt un office de confiance, celui de faire la barbe, que celui de seller le cheval.

— Pour ce qui est du barbier, dit Sancho, laissez-m'en le souci ; et gardez celui de faire en sorte d'arriver à être roi et à me faire comte.

— C'est ce qui sera, avec l'aide de Dieu, » répondit don Quichotte ; et, levant les yeux, il aperçut ce qu'on dira dans le chapitre suivant.

CHAPITRE XXII.

DE LA LIBERTÉ QUE RENDIT DON QUICHOTTE A QUANTITÉ DE MALHEUREUX QUE L'ON CONDUISAIT,
CONTRE LEUR GRÉ, OÙ ILS EUSSENT ÉTÉ BIEN AISES DE NE PAS ALLER.

Cid Hamet Ben-Engéli, auteur arabe et manchois, raconte, dans cette grave, douce, pompeuse, humble et ingénieuse histoire, qu'après que le fameux don Quichotte de la Manche et Sancho Panza, son écuyer, eurent échangé les propos qui sont rapportés à la fin du chapitre XXI, don Quichotte leva les yeux, et vit venir, sur le chemin qu'il suivait, une douzaine d'hommes à pied, enfilés par le cou à une longue chaîne de fer, comme les grains d'un chapelet, et portant tous des menottes aux bras. Ils étaient accompagnés de deux hommes à cheval et de deux hommes à pied, ceux à cheval portant des arquebuses à rouet, ceux à pied, des piques et des épées. Dès que Sancho les aperçut, il s'écria :

« Voilà la chaîne des galériens, forçats du roi, qu'on mène ramer aux galères.

— Comment! forçats? répondit don Quichotte. Est-il possible que le roi fasse violence à personne?

— Je ne dis pas cela, reprit Sancho; je dis que ce sont des gens condamnés, pour leurs délits, à servir par force le roi dans les galères.

— Finalement, répliqua don Quichotte, et quoi qu'il en soit, ces gens que l'on conduit vont par force et non de leur plein gré?

— Rien de plus sûr, répondit Sancho.

— Eh bien! alors, reprit son maître, c'est ici que se présente l'exécution de mon office, qui est d'empêcher les violences et de secourir les malheureux.

— Faites attention, dit Sancho, que la justice, qui est la même chose que le roi, ne fait ni violence ni outrage à de semblables gens, mais qu'elle les punit en peine de leurs crimes. »

Sur ces entrefaites, la chaîne des galériens arriva près d'eux, et don Quichotte, du ton le plus honnête, pria les gardiens de l'informer de la cause ou des causes pour lesquelles ils menaient de la sorte ces pauvres gens.

« Ce sont des forçats, répondit un des gardiens à cheval, qui vont servir Sa Majesté sur les galères. Je n'ai rien de plus à vous dire, et vous rien de plus à demander.

— Cependant, répliqua don Quichotte, je voudrais bien savoir sur chacun d'eux en particulier la cause de leur disgrâce. »

A cela il ajouta d'autres propos si polis pour les engager à l'informer de ce qu'il désirait tant savoir, que l'autre gardien lui dit enfin :

« Nous avons bien ici le registre où sont consignées les condamnations de chacun de ces misérables; mais ce n'est pas le moment de nous arrêter pour l'ouvrir et en faire lecture. Approchez-vous, et questionnez-les eux-mêmes; ils vous répondront s'ils en ont envie, et bien certainement ils l'auront, car ce sont des gens qui prennent également plaisir à faire et à raconter des tours de coquins. »

Avec cette permission, que don Quichotte aurait bien prise si on ne la lui eût accordée, il s'approcha de la chaîne, et demanda au premier venu pour quels péchés il allait en si triste équipage.

« Pour avoir été amoureux, répondit l'autre.

— Quoi! pas davantage? s'écria don Quichotte. Par ma foi! si l'on condamne les gens aux galères pour être amoureux, il y a longtemps que je devrais y ramer.

— Oh! mes amours ne sont pas de ceux qu'imagine Votre Grâce, répondit le galérien. Quant à moi, j'aimai si éperdument une corbeille de lessive remplie de linge blanc, et je la serrai si étroitement dans mes bras, que, si la justice ne me l'eût arrachée par force, je n'aurais pas encore, à l'heure qu'il est, cessé mes caresses. Je fus pris en flagrant; il n'était pas besoin de question; la cause fut bâclée : on me chatouilla les épaules de cent coups de fouet, et quand j'aurai, de surcroît, fauché le grand pré pendant trois ans, l'affaire sera faite.

— Qu'est-ce que cela, faucher le grand pré? demanda don Quichotte.

— C'est ramer aux galères, » répondit le forçat, qui était un jeune homme d'environ vingt-quatre ans, natif, à ce qu'il dit, de Piédraïta.

Don Quichotte fit la même demande au second, qui ne voulut pas répondre un mot, tant il marchait triste et mélancolique. Mais le premier répondit pour lui :

« Celui-là, seigneur, va aux galères en qualité de serin de Canarie, je veux dire de musicien et de chanteur.

— Comment donc! s'écria don Quichotte, envoie-t-on aussi les musiciens et les chanteurs aux galères?

— Oui, seigneur, répondit le forçat; il n'y a rien de pire au monde que de chanter dans le tourment.

— Mais, au contraire, reprit don Quichotte; j'avais toujours entendu dire, avec le proverbe : Qui chante, ses maux enchante.

— Eh bien! c'est tout au rebours ici, repartit le galérien; qui chante une fois pleure toute sa vie.

— Je n'y comprends rien, » dit don Quichotte.

Mais un des gardiens lui dit :

« Seigneur cavalier, parmi ces gens de bien, chanter dans le tourment veut dire confesser à la torture. Ce drôle a été mis à la question, et a fait l'aveu de son crime, qui est d'avoir été voleur de bestiaux; et, sur son aveu, on l'a condamné à six ans de galères, sans compter deux cents coups de fouet qu'il porte déjà sur les épaules. Il marche toujours triste et honteux, à cause que les autres voleurs, aussi bien ceux qu'il laisse là-bas que ceux qui l'accompagnent ici, le méprisent, le bafouent et le maltraitent, parce qu'il a confessé le délit, et n'a pas eu le courage de tenir bon pour le nier; car ils disent qu'il n'y a pas plus de lettres dans un *non* que dans un *oui*, et que c'est trop de bonheur pour un accusé d'avoir sur sa langue sa vie ou sa mort, et non pas sur la langue des témoins et des preuves; et, quant à cela, je trouve que tout le tort n'est pas de leur côté.

— C'est bien aussi ce que je pense, » répondit don Quichotte, lequel, passant au troisième, lui fit la même question qu'aux autres; et celui-ci, sans se faire tirer l'oreille, répondit d'un ton dégagé :

« Moi, je vais faire une visite de cinq ans à mesdames les galères faute de dix ducats.

— J'en donnerais bien vingt de bon cœur pour vous préserver de cette peine, s'écria don Quichotte.

— Cela ressemble, reprit le galérien, à celui qui a sa bourse pleine au milieu de la mer, et qui meurt de faim, ne pouvant acheter ce qui lui manque. Je dis cela, parce que, si j'avais eu en temps opportun les vingt ducats que m'offre à présent Votre Grâce, j'aurais graissé la patte du greffier, avivé l'esprit et la langue de mon avocat, de manière que je me verrais aujourd'hui au beau milieu de la place de Zocodover à Tolède, et non le long de ce chemin, accouplé comme un chien de chasse. Mais Dieu est grand, la patience est bonne, et tout est dit. »

Don Quichotte passa au quatrième. C'était un homme de vénérable aspect, avec une longue barbe blanche qui lui couvrait toute la poitrine; lequel, s'entendant demander pour quel motif il se trouvait à la chaîne, se mit à pleurer sans répondre un mot; mais le cinquième condamné lui servit de truchement.

« Cet honnête barbon, dit-il, va pour quatre ans aux galères, après avoir été promené en triomphe dans les rues, à cheval et magnifiquement vêtu.

— Cela veut dire, si je ne me trompe, interrompit Sancho, qu'il a fait amende honorable, et qu'il est monté au pilori.

— Tout justement, reprit le galérien; et le délit qui lui a valu cette peine, c'est d'avoir été courtier d'oreille, et même du corps tout entier; je veux dire que ce gentilhomme est ici en qualité de Mercure galant, et parce qu'il avait aussi quelques pointes et quelques grains de sorcellerie.

— De ces pointes et de ces grains, je n'ai rien à dire, répondit don Quichotte; mais, quant à la qualité de Mercure galant tout court, je dis que cet homme ne mérite pas d'aller aux galères, si ce n'est pour y commander et pour en être le général. Car l'office d'entremetteur d'amour n'est pas comme le premier venu; c'est un office de gens habiles et discrets, très-nécessaire dans une république bien organisée, et qui ne devrait être exercé que par des gens de bonne naissance et de bonne éducation. On devrait même créer des inspecteurs et examinateurs pour cette charge comme pour les autres, et fixer le nombre des membres en exercice, ainsi que pour les courtiers de commerce. De cette manière on éviterait bien des maux, dont la seule cause est que trop de gens se mêlent du métier; gens sans tenue et sans intelligence, femmelettes, petits pages, drôles de peu d'années et de nulle expérience, qui, dans l'occasion la plus pressante, et quand il faut prendre un parti, ne savent plus reconnaître leur main droite de la gauche, et laissent geler leur soupe de l'assiette à la bouche. Je voudrais pouvoir continuer ce propos, et démontrer pourquoi il conviendrait de faire choix des personnes qui exerceraient dans l'État cet office si nécessaire; mais ce n'est ici ni le lieu ni le temps. Quelque jour j'en parlerai à quelqu'un qui puisse y pourvoir. Je dis seulement aujourd'hui que la peine que m'a causée la vue de ces cheveux blancs et de ce vénérable visage, mis à si rude épreuve pour quelques messages d'amour, s'est calmée à cette autre accusation de sorcellerie. Je sais bien pourtant qu'il n'y a dans le monde ni charmes ni sortiléges qui puissent contraindre ou détourner la volonté, comme le pensent quelques simples. Nous avons parfaitement notre libre arbitre : ni plantes ni enchantements ne peuvent lui faire violence. Ce que font quelques femmelettes par simplicité, ou quelques fripons par fourberie, ce sont des breuvages, des mixtures, de vrais poisons, avec lesquels ils rendent les hommes fous, faisant accroire qu'ils ont le pouvoir de les rendre amoureux, tandis qu'il est, comme je le dis, impossible de contraindre la volonté [1].

— Cela est bien vrai, s'écria le bon vieillard. Et en vérité, seigneur, quant à la sorcellerie, je n'ai point de faute à me reprocher : je ne puis nier quant aux entremises d'amour; mais jamais je n'ai cru mal faire en cela. Ma seule intention était que tout le monde se divertît, et vécût en paix et en repos, sans querelles comme sans chagrins. Mais ce désir charitable ne m'a pas empêché d'aller là d'où je pense bien ne plus revenir, tant je suis chargé d'années, et tant je souffre d'une rétention d'urine qui ne me laisse pas un instant de répit. »

A ces mots, le bonhomme se remit à pleurer de plus belle, et Sancho en prit tant de pitié, qu'il tira de sa poche une pièce de quatre réaux, et lui en fit l'aumône.

Don Quichotte, continuant son interrogatoire, demanda au suivant quel était son crime; celui-ci, d'un ton non moins vif et dégagé que le précédent, répondit :

« Je suis ici pour avoir trop folâtré avec deux de mes cousines germaines, et avec deux autres cousines qui n'étaient pas les miennes. Finalement, nous avons si bien joué tous ensemble aux petits jeux innocents, qu'il en est arrivé un accroissement de famille tel et tellement embrouillé, qu'un faiseur d'arbres généalogiques n'aurait pu s'y reconnaître. Je fus convaincu par preuves et témoignages; la faveur me manqua, l'argent aussi, et je fus mis en danger de périr par la gorge. On m'a condamné à six ans de galères; je n'ai point appelé : c'est la peine de ma faute. Mais je suis jeune, la vie est longue, et tant qu'elle dure, il y a remède à tout. Si Votre Grâce, seigneur chevalier, a de quoi secourir ces pauvres gens, Dieu vous le payera dans le ciel, et nous aurons grand soin sur la terre de prier Dieu dans nos oraisons pour la santé et la vie de Votre Grâce, afin qu'il vous les donne aussi bonne et longue que le mérite votre respectable personne. »

Celui-ci portait l'habit d'étudiant, et l'un des gardiens dit qu'il était très-élégant discoureur, et fort avancé dans le latin.

Derrière tous ceux-là venait un homme d'environ trente ans, bien fait et de bonne mine, si ce n'est cependant que lorsqu'il regardait il mettait l'un de ses yeux dans l'autre. Il était attaché bien différemment de ses compagnons; car il portait au pied une chaîne si longue, qu'elle lui faisait, en remontant, le tour du corps, puis deux forts anneaux à la gorge, l'un rivé à la chaîne, l'autre comme une espèce de carcan duquel partaient deux barres de fer qui descendaient jusqu'à la ceinture et aboutissaient à deux menottes où il avait les mains attachées par de gros cadenas; de manière qu'il ne pouvait ni lever ses mains à sa tête, ni baisser sa tête à ses mains. Don Quichotte demanda pourquoi cet homme portait ainsi bien plus de fers que les autres. Le gardien répondit que c'était parce qu'il avait commis plus de crimes à lui seul que tous les autres ensemble, et que c'était un si hardi et si rusé coquin, que, même en le gardant de cette manière, ils n'étaient pas très-sûrs de le tenir, et qu'ils avaient toujours peur qu'il ne vînt à leur échapper.

« Mais quels grands crimes a-t-il donc faits, demanda don Quichotte, s'ils ne méritent pas plus que les galères?

— Il y est pour dix ans, répondit le gardien, ce qui emporte la mort civile. Mais il n'y a rien de plus à dire, sinon que c'est le fameux Ginès de Passamont, autrement dit Ginésille de Parapilla.

— Holà! seigneur commissaire, dit alors le galérien, tout doucement, s'il vous plaît, et ne nous amusons pas à épiloguer sur les noms et surnoms. Je m'appelle Ginès et non Ginésille; et Passamont est mon nom de famille, non point Parapilla,

DON QUICHOTTE, CONTINUANT SON INTERROGATOIRE, DEMANDA AU SUIVANT QUEL ÉTAIT SON CRIME. — T. I, CH. XXII.

comme vous dites. Et que chacun à la ronde se tourne et s'examine, et ce ne sera pas mal fait.

— Parlez un peu moins haut, seigneur larron de la grande espèce, répliqua le commissaire, si vous n'avez envie que je vous fasse taire par les épaules.

— On voit bien, reprit le galérien, que l'homme va comme il plaît à Dieu; mais, quelque jour, quelqu'un saura si je m'appelle ou non Ginésille de Parapilla.

— N'est-ce pas ainsi qu'on t'appelle, imposteur? s'écria le gardien.

— Oui, je le sais bien, reprit le forçat; mais je ferai en sorte qu'on ne me donne plus ce nom, ou bien je m'arracherai la barbe, comme je le dis entre mes dents. Seigneur chevalier, si vous avez quelque chose à nous donner, donnez-nous-le vite, et allez à la garde de Dieu, car tant de questions sur la vie du prochain commencent à nous ennuyer; et si vous voulez connaître la mienne, sachez que je suis Ginès de Passamont, dont l'histoire est écrite par les cinq doigts de cette main.

— Il dit vrai, reprit le commissaire; lui-même a écrit sa vie, et si bien, qu'on ne peut rien désirer de mieux. Mais il a laissé le livre en gage dans la prison pour deux cents réaux.

— Et je pense bien le retirer, s'écria Ginès, fût-il engagé pour deux cents ducats.

— Est-il donc si bon? demanda don Quichotte.

— Si bon, reprit le galérien, qu'il fera la barbe à *Lazarille de Tormès*[2], et à tous ceux du même genre écrits ou à écrire. Ce que je puis dire à Votre Grâce, c'est qu'il rapporte des vérités, mais des vérités si gracieuses et si divertissantes, qu'aucun mensonge ne peut en approcher.

— Et quel est le titre du livre? demanda don Quichotte.

— *La vie de Ginès de Passamont*, répondit l'autre.

— Est-il fini? reprit don Quichotte.

— Comment peut-il être fini, répliqua Ginès, puisque ma vie ne l'est pas? Ce qui est écrit comprend depuis le jour de ma naissance jusqu'au moment où l'on m'a condamné cette dernière fois aux galères.

— Vous y aviez donc été déjà? reprit don Quichotte.

— Pour servir Dieu et le roi, répondit Ginès, j'y ai déjà fait quatre ans une autre fois, et je connais le goût du biscuit et du nerf de bœuf, et je n'ai pas grand regret d'y retourner encore, car j'aurai le temps d'y finir mon livre; il me reste une foule de bonnes choses à dire, et, dans les galères d'Espagne, on a plus de loisir que je n'en ai besoin, d'autant plus qu'il ne m'en faut pas beaucoup pour ce qui me reste à écrire, car je le sais déjà par cœur[3].

— Tu as de l'esprit, lui dit don Quichotte.

— Et du malheur, répondit Ginès, car le malheur poursuit toujours l'esprit.

— Poursuit toujours la scélératesse! s'écria le gardien.

— Je vous ai déjà dit, seigneur commissaire, répliqua Passamont, de parler plus doux. Ces messieurs de la chancellerie ne vous ont pas mis cette verge noire en main pour maltraiter les pauvres gens qui sont ici, mais pour nous conduire où l'ordonne Sa Majesté. Sinon, et par la vie de.... Mais suffit. Quelque jour les taches faites dans l'hôtellerie pourraient bien s'en aller à la lessive; que chacun se taise, et vive bien, et parle mieux encore; et suivons notre chemin, car c'est bien assez de fadaises comme cela. »

Le commissaire leva sa baguette pour donner à Passamont la réponse à ses menaces; mais don Quichotte, se jetant au-devant du coup, le pria de ne point le frapper :

« Ce n'est pas étonnant, lui dit-il, que celui qui a les mains si bien attachées ait du moins la langue un peu libre. »

Puis, s'adressant à tous les forçats de la chaîne, il ajouta :

« De tout ce que vous venez de me dire, mes très-chers frères, je découvre clairement que, bien qu'on vous ait punis pour vos fautes, les châtiments que vous allez subir ne sont pas fort à votre goût, et qu'enfin vous allez aux galères tout à fait contre votre gré. Je découvre aussi que le peu de courage qu'a montré l'un dans la question, le manque d'argent pour celui-ci, pour celui-là le manque de faveur, et, finalement, l'erreur ou la passion du juge, ont été les causes de votre perdition, et vous ont privés de la justice qui vous était due. Tout cela maintenant s'offre à ma mémoire pour me dire, me persuader et me certifier que je dois montrer à votre égard pourquoi le ciel m'a mis au monde, pourquoi il a voulu que je fisse profession dans l'ordre de chevalerie dont je suis membre, et pourquoi j'ai fait vœu de porter secours aux malheureux et aux faibles qu'oppriment les forts. Mais, comme je sais qu'une des qualités de la prudence est de ne pas faire par la violence ce qui peut se faire par la douceur, je veux prier messieurs les gardiens et monsieur le commissaire de vouloir bien vous détacher et vous laisser aller en paix; d'autres ne manqueront pas pour servir le roi en meilleures occasions, et c'est, à vrai dire, une chose monstrueuse de rendre esclaves ceux que Dieu et la nature ont faits libres. Et d'ailleurs, seigneurs gardiens, continua don Quichotte, ces pauvres diables ne vous ont fait nulle offense; eh bien! que chacun d'eux reste avec son péché : Dieu est là-haut dans le ciel, qui n'oublie ni de châtier le méchant ni de récompenser le bon, et il n'est pas bien que des hommes d'honneur se fassent les bourreaux d'autres hommes, quand ils n'ont nul intérêt à cela. Je vous prie avec ce calme et cette douceur, afin d'avoir, si vous accédez à ma demande, à vous remercier de quelque chose. Mais, si vous ne le faites de bonne grâce, cette lance et cette épée, avec la valeur de mon bras, vous feront bien obéir par force.

— Voilà, pardieu, une gracieuse plaisanterie! s'écria le commissaire; c'était bien la peine de tant lanterner pour accoucher de cette belle idée. Tiens! ne veut-il pas que nous laissions aller les forçats du roi, comme si nous avions le pouvoir de les lâcher, ou qu'il eût celui de nous en donner l'ordre! Allons donc, seigneur, passez votre chemin, et redressez un peu le bassin que vous avez sur la tête, sans vous mêler de chercher cinq pattes à notre chat.

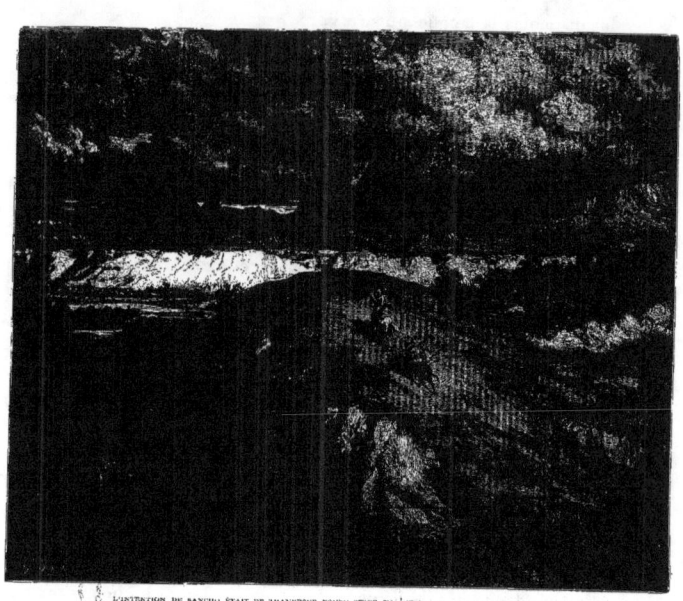

L'INTENTION DE SANCHO ÉTAIT DE TRAVERSER TOUTE CETTE CHAÎNE DE MONTAGNES. — T. I, CH. XXIII.

— C'est vous qui êtes le chat, le rat et le goujat ! » s'écria don Quichotte.

Et sans dire gare, il s'élance sur lui avec tant de furie, qu'avant que l'autre ait eu le temps de se mettre en garde, il le jette sur le carreau grièvement blessé d'un coup de lance. Le bonheur voulut que ce fût justement l'homme à l'arquebuse. Les autres gardes restèrent d'abord étonnés et stupéfaits à cette attaque inattendue ; mais, reprenant bientôt leurs esprits, ils empoignèrent, ceux à cheval leurs épées, ceux à pied leurs piques, et assaillirent tous ensemble don Quichotte, qui les attendait avec un merveilleux sang-froid. Et sans doute il eût passé un mauvais quart d'heure, si les galériens, voyant cette belle occasion de recouvrer la liberté, n'eussent fait tous leurs efforts pour rompre la chaîne où ils étaient attachés côte à côte. La confusion devint alors si grande, que les gardiens, tantôt accourant aux forçats qui se détachaient, tantôt attaquant don Quichotte, dont ils étaient attaqués, ne firent enfin rien qui vaille. Sancho aidait de son côté à délivrer Ginès de Passamont, qui prit le premier la clef des champs; et celui-ci, dès qu'il se vit libre, sauta sur le commissaire abattu, lui prit son épée et son arquebuse, avec laquelle, visant l'un, visant l'autre, sans tirer jamais, il eut bientôt fait vider le champ de bataille à tous les gardes, qui échappèrent, en fuyant, aussi bien à l'arquebuse de Passamont qu'aux pierres que leur lançaient sans relâche les autres galériens délivrés.

Sancho s'affligea beaucoup de ce bel exploit, se doutant bien que ceux qui se sauvaient à toutes jambes allaient rendre compte de l'affaire à la Sainte-Hermandad, laquelle se mettrait, au son des cloches et des tambours, à la poursuite des coupables. Il communiqua cette crainte à son maître, le priant de s'éloigner bien vite du chemin et de s'enfoncer dans la montagne qui était proche.

« C'est fort bien, répondit don Quichotte, mais je sais ce qu'il convient de faire avant tout. »

Appelant alors tous les galériens qui couraient pêle-mêle, et qui avaient dépouillé le commissaire jusqu'à la peau, ces honnêtes gens se mirent en rond autour de lui pour voir ce qu'il leur voulait. Don Quichotte leur tint ce discours :

« Il est d'un homme bien né d'être reconnaissant des bienfaits qu'il reçoit, et l'un des péchés qui offensent Dieu davantage, c'est l'ingratitude. Je dis cela, parce que vous avez vu, seigneurs, par manifeste expérience, le bienfait que vous avez reçu de moi en payement duquel je désire, ou plutôt telle est ma volonté, que, chargés de cette chaîne dont j'ai délivré vos épaules, vous vous mettiez immédiatement en chemin pour vous rendre à la cité du Toboso ; que là vous vous présentiez devant ma dame, Dulcinée du Toboso, à laquelle vous direz que son chevalier, celui de la Triste Figure, lui envoie ses compliments, et vous lui conterez mot pour mot tous les détails de cette fameuse aventure, jusqu'au moment où je vous ai rendu la liberté si désirée. Après quoi vous pourrez vous retirer, et vous en aller chacun à la bonne aventure[1]. »

Ginès de Passamont, se chargeant de répondre pour tous, dit à don Quichotte :

« Ce que Votre Grâce nous ordonne, seigneur chevalier notre libérateur, est impossible à faire, de toute impossibilité; car nous ne pouvons aller tous ensemble le long de ces grands chemins, mais, au contraire, seuls, isolés, chacun tirant à part soi, et s'efforçant de se cacher dans les entrailles de la terre, pour n'être pas rencontrés par la Sainte-Hermandad, qui va sans aucun doute lâcher ses limiers à nos trousses. Ce que Votre Grâce peut faire, et ce qu'il est juste qu'elle fasse, c'est de commuer ce service et cette obligation de passage devant cette dame Dulcinée du Toboso en quelques douzaines de *Credo* et d'*Ave Maria*, que nous dirons en votre intention. C'est du moins une pénitence qu'on peut faire, de nuit et de jour, pendant la fuite comme pendant le repos, en paix comme en guerre. Mais penser que nous allons maintenant retourner en terre d'Égypte, je veux dire que nous allons reprendre notre chaîne et suivre le chemin du Toboso, c'est penser qu'il fait nuit à présent, quoiqu'il ne soit pas dix heures du matin; et nous demander une telle folie, c'est demander des poires à l'ormeau.

— Eh bien! je jure Dieu, s'écria don Quichotte, s'enflammant de colère, don fils de mauvaise maison, don Ginésille de Paropillo, ou comme on vous appelle, que vous irez tout seul, l'oreille basse et la queue entre les jambes, avec toute la chaîne sur le dos. »

Passamont, qui n'était pas fort endurant de sa nature, et qui n'était plus à s'apercevoir que la cervelle de don Quichotte avait un faux pli, puisqu'il avait commis une aussi grande extravagance que celle de leur rendre la liberté, se voyant traiter si cavalièrement, cligna de l'œil à ses compagnons, lesquels, s'éloignant tout d'une volée, firent pleuvoir sur don Quichotte une telle grêle de pierres, qu'il n'avait pas assez de mains pour se couvrir de sa rondache; et quant au pauvre Rossinante, il ne faisait pas plus de cas de l'éperon que s'il eût été coulé en bronze.

Sancho se jeta derrière son âne, et se défendit avec cet écu du nuage de pierres qui crevait sur tous les deux. Mais don Quichotte ne put pas si bien s'abriter, que je ne sais combien de cailloux ne l'atteignissent dans le milieu du corps, et si violemment, qu'ils l'emmenèrent avec eux par terre. Dès qu'il fut tombé, l'étudiant lui sauta dessus, et lui ôta de la tête son plat à barbe, dont il lui donna trois ou quatre coups sur les épaules, qu'il frappa ensuite autant de fois sur la terre, et qu'il mit presque en morceaux. Ces vauriens prirent ensuite au pauvre chevalier un pourpoint à doubles manches qu'il portait par-dessus ses armes, et lui auraient enlevé jusqu'à ses bas, si l'armure des grèves n'en eût empêché. Ils débarrassèrent aussi Sancho de son manteau court, et le laissèrent en justaucorps; puis, ayant partagé entre eux tout le butin de la bataille, ils s'échappèrent chacun de son côté, ayant plus de soin d'éviter la Sainte-Hermandad, dont ils avaient grand'peur, que de se mettre la chaîne au cou, et de se présenter en cet état devant madame Dulcinée du Toboso. Il ne resta plus sur la place que l'âne, Rossinante, Sancho et don Quichotte: l'âne, pensif et tête basse, secouant de temps en temps les oreilles, comme si l'averse de pierres n'eût pas encore cessé; Rossinante, étendu le long de son maître, car une autre décharge l'avait aussi jeté sur le carreau; Sancho, en manches de chemise, et tremblant à l'idée de la Sainte-Hermandad; enfin don Quichotte, l'âme navrée de se voir ainsi maltraité par ceux-là mêmes qui lui devaient un si grand bienfait.

CHAPITRE XXIII.

DE CE QUI ARRIVA AU FAMEUX DON QUICHOTTE DANS LA SIERRA-MORENA¹, L'UNE DES PLUS RARES AVENTURES QUE RAPPORTE CETTE VÉRIDIQUE HISTOIRE.

Don Quichotte, se voyant en si triste état, dit à son écuyer :
« Toujours, Sancho, j'ai entendu dire que faire du bien à de la canaille, c'est jeter de l'eau dans la mer. Si j'avais cru ce que tu m'as dit, j'aurais évité ce déboire; mais la chose est faite, prenons patience pour le moment, et tirons expérience pour l'avenir.

— Vous tirerez expérience, répondit Sancho, tout comme je suis Turc. Mais, puisque vous dites que, si vous m'aviez cru, vous eussiez évité ce malheur, croyez-moi maintenant, et vous en éviterez un bien plus grand encore. Car je vous déclare qu'avec la Sainte-Hermandad il n'y a pas de chevalerie qui tienne, et qu'elle ne fait pas cas de tous les chevaliers errants du monde pour deux maravédis. Tenez, il me semble déjà que ses flèches me sifflent aux oreilles².

— Tu es naturellement poltron, Sancho, reprit don Quichotte; mais, afin que tu ne dises pas que je suis entêté, et que je ne fais jamais ce que tu me conseilles, pour cette fois, je veux suivre ton avis, et me mettre à l'abri de ce courroux qui te fait si peur. Mais c'est à une condition : que jamais, en la vie ou

TOUJOURS, SANCHO, J'AI ENTENDU DIRE QUE FAIRE DU BIEN A DE LA CANAILLE, C'EST JETER DE L'EAU DANS LA MER. — T. I, CH. XXIII.

LES DEUX VOYAGEURS ARRIVÈRENT CETTE NUIT MÊME AU CŒUR DE LA SIERRA-MORENA. — T. I, CH. XXIII.

en la mort, tu ne diras à personne que je me suis éloigné et retiré de ce péril par frayeur, mais bien pour complaire à tes supplications. Si tu dis autre chose, tu en auras menti, et dès à présent pour alors, comme alors pour dès à présent, je te donne un démenti, et dis que tu mens et mentiras toutes les fois que tu diras ou penseras pareille chose. Et ne me réplique rien; car, de penser seulement que je m'éloigne d'un péril, de celui-ci principalement, où il me semble que je montre je ne sais quelle ombre de peur, il me prend envie de rester là, et d'y attendre seul, non-seulement cette Sainte-Hermandad ou confrérie qui t'épouvante, mais encore les frères des douze tribus d'Israël, et les sept frères Machabées, et les jumeaux Castor et Pollux, et tous les frères, confrères et confréries qu'il y ait au monde.

— Seigneur, répondit Sancho, se retirer n'est pas fuir, et attendre n'est pas sagesse quand le péril surpasse l'espérance et les forces. Il est d'un homme sage de se garder aujourd'hui pour demain, et de ne pas s'aventurer tout entier en un jour. Et sachez que, tout rustre et vilain que je suis, j'ai bien quelque idée pourtant de ce qu'on appelle se bien gouverner. Ainsi, ne vous repentez pas d'avoir suivi mon conseil; montez plutôt sur Rossinante, si vous pouvez, ou sinon je vous aiderai; et suivez-moi, car le cœur me dit que nous avons plus besoin maintenant de nos pieds que de nos mains. »

Don Quichotte monta sur sa bête, sans répliquer un mot; et, Sancho prenant les devants sur son âne, ils entrèrent dans une gorge de la Sierra-Moréna, dont ils étaient proches. L'intention de Sancho était de traverser toute cette chaîne de montagnes, et d'aller déboucher au Viso ou bien à Almodovar del Campo, après s'être cachés quelques jours dans ces solitudes, pour échapper à la Sainte-Hermandad, si elle se mettait à leur piste. Ce qui l'encouragea dans ce dessein, ce fut de voir que le sac aux provisions qu'il portait sur son âne avait échappé au pillage des galériens, chose qu'il tint à miracle, tant ces honnêtes gens avaient bien fureté, et pris tout ce qui leur convenait.

Les deux voyageurs arrivèrent cette nuit même au cœur de la Sierra-Moréna, où Sancho trouva bon de faire halte, et même de passer quelques jours, au moins tant que dureraient les vivres. Ils s'arrangèrent donc pour la nuit entre deux roches et quantité de grands liéges. Mais la destinée, qui, selon l'opinion de ceux que n'éclaire point la vraie foi, ordonne et règle tout à sa fantaisie, voulut que Ginès de Passamont, cet insigne voleur qu'avaient délivré de la chaîne la vertu et la folie de don Quichotte, poussé par la crainte de la Sainte-Hermandad, qu'il redoutait avec juste raison, eût aussi songé à se cacher dans ces montagnes. Elle voulut de plus que sa frayeur et son étoile l'eussent conduit précisément où s'étaient arrêtés don Quichotte et Sancho Panza, qu'il reconnut aussitôt, et qu'il laissa paisiblement s'endormir. Comme les méchants sont toujours ingrats, comme la nécessité est l'occasion qui fait le larron, et que le présent fait oublier l'avenir, Ginès, qui n'avait pas plus de reconnaissance que de bonnes intentions, résolut de voler l'âne de Sancho Panza, se souciant peu de Rossinante, qui lui parut un aussi mauvais meuble à vendre qu'à mettre en gage. Sancho dormait; Ginès lui vola son âne, et, avant que le jour vînt, il était trop loin pour qu'on pût le rattraper.

L'aurore parut, réjouissant la terre, et attristant le bon Sancho Panza; car, ne trouvant plus son âne, et se voyant sans lui, il se mit à faire les plus tristes et les plus douloureuses lamentations, tellement que don Quichotte s'éveilla au bruit de ses plaintes, et l'entendit qui disait en pleurant :

« O fils de mes entrailles, né dans ma propre maison, jouet de mes enfants, délices de ma femme, envie de mes voisins, soulagement de mes charges, et finalement nourricier de la moitié de ma personne, car, avec vingt-six maravédis que tu gagnais par jour, tu fournissais à la moitié de ma dépense! »

Don Quichotte, qui vit les pleurs de Sancho et en apprit la cause, le consola par les meilleurs raisonnements qu'il put trouver, et lui promit de lui donner une lettre de change de trois ânons sur cinq qu'il avait laissés dans son écurie. A cette promesse, Sancho se consola, sécha ses larmes, calma ses sanglots, et remercia son maître de la faveur qu'il lui faisait.

Celui-ci, dès qu'il eut pénétré dans ces montagnes, qui lui semblaient des lieux tout à fait propres aux aventures qu'il cherchait, s'était senti le cœur bondir de joie. Il repassait en sa mémoire ces merveilleux événements qui, dans de semblables lieux, âpres et solitaires, étaient arrivés à des chevaliers errants, et ces pensées l'absorbaient et le transportaient au point qu'il oubliait toute autre chose. Quant à Sancho, il n'avait d'autre souci, depuis qu'il croyait cheminer en lieu sûr, que de restaurer son estomac avec les débris qui restaient du butin fait sur les prêtres du convoi. Il s'en allait donc derrière son maître, chargé de tout ce qu'aurait dû porter le grison ², et tirant du sac pour mettre en son ventre; et il se trouvait si bien de cette manière d'aller, qu'il n'aurait pas donné une obole pour rencontrer toute autre aventure. En ce moment il leva les yeux, et vit que son maître, s'étant arrêté, essayait de soulever avec la pointe de sa lance je ne sais quel paquet qui gisait par terre. Se hâtant alors d'aller lui aider, s'il en était besoin, il arriva au moment où don Quichotte soulevait sur le bout de sa pique un coussin et une valise attachés ensemble, tous deux en lambeaux et à demi pourris. Mais le paquet pesait tant que Sancho fut obligé de l'aller prendre à la main, et son maître lui dit de voir ce qu'il y avait dans la valise. Sancho s'empressa d'obéir, et, quoiqu'elle fût fermée avec une chaîne et son cadenas, il lui fut facile, par les trous qu'avait faits la pourriture, de voir ce qu'elle contenait. C'étaient quatre chemises de fine toile de Hollande, et d'autres hardes aussi élégantes que propres; et de plus, Sancho trouva dans un mouchoir un bon petit tas d'écus d'or. Dès qu'il les vit :

« Béni soit le ciel tout entier, s'écria-t-il, qui nous envoie enfin une aventure à gagner quelque chose. »

Il se remit à chercher, et trouva un petit livre de poche richement relié.

« Donne-moi ce livre, lui dit don Quichotte; quant à l'argent, garde-le, je t'en fais cadeau. »

Sancho lui baisa les mains pour le remercier de cette faveur, et, dévalisant la

SANCHO DORMAIT, GINÈS LUI VOLA SON ANE. — T. I, CH. XXIII.

valise, il mit la lingerie dans le sac aux provisions. A la vue de toutes ces circonstances, don Quichotte dit à son écuyer :

« Il me semble, Sancho, et ce ne peut être autre chose, que quelque voyageur égaré aura voulu traverser ces montagnes, et que des brigands, l'ayant surpris au passage, l'auront assassiné, et seront venus l'enterrer dans cet endroit désert.

— Cela ne peut pas être, répondit Sancho ; car des voleurs n'auraient point laissé l'argent.

— Tu as raison, reprit don Quichotte, et je ne devine vraiment pas ce que ce peut être. Mais attends, nous allons voir s'il n'y a pas dans ces tablettes quelque note d'où nous puissions dépister et découvrir ce que nous désirons savoir. »

Il ouvrit le petit livre, et la première chose qu'il vit écrite, comme en brouillon, quoique d'une belle écriture, fut un sonnet qu'il lut à haute voix pour que Sancho l'entendît. Ce sonnet disait :

« Ou l'amour n'a point assez de discernement, ou il a trop de cruauté, ou bien ma peine n'est point en rapport avec la faute qui me condamne à la plus dure espèce de tourment.

« Mais, si l'amour est un dieu, personne n'ignore, et la raison le veut ainsi, qu'un dieu ne peut être cruel. Qui donc ordonne l'amère douleur que j'endure et que j'adore ?

« Si je dis que c'est vous, Philis, je me trompe ; car tant de mal ne peut sortir de tant de bien, et ce n'est pas du ciel que me vient cet enfer.

« Il faut donc mourir, voilà le plus certain : car au mal dont la cause est inconnue, ce serait miracle de trouver le remède. »

« Cette chanson-là ne nous apprend rien, dit Sancho ; à moins pourtant que, par ce fil dont il y est question, nous ne tirions le peloton de toute l'aventure.

— De quel fil parles-tu ? demanda don Quichotte.

— Il me semble, répondit Sancho, que Votre Grâce a parlé de fil.

— De Philis j'ai parlé, reprit don Quichotte, et c'est sans doute le nom de la dame dont se plaint l'auteur de ce sonnet ; et, par ma foi ! ce doit être un poëte passable, ou je n'entends rien au métier.

— Comment donc ! s'écria Sancho ; est-ce que Votre Grâce s'entend aussi à composer des vers ?

— Et plus que tu ne penses, répondit don Quichotte. C'est ce que tu verras bientôt, quand tu porteras à madame Dulcinée du Toboso une lettre écrite en vers du haut en bas. Il faut que tu saches, Sancho, que tous, ou du moins la plupart des chevaliers errants des temps passés, étaient de grands troubadours, c'est-à-dire de grands poëtes et de grands musiciens : car ces deux talents, ou ces deux grâces, pour les mieux nommer, sont essentielles aux amoureux errants. Il est vrai que les strophes des anciens chevaliers ont plus de vigueur que de délicatesse[1].

— Lisez autre chose, dit Sancho ; peut-être trouverez-vous de quoi nous satisfaire. »

Don Quichotte tourna la page.

« Ceci est de la prose, dit-il, et ressemble à une lettre.

— A une lettre missive [5] ? demanda Sancho.

— Elle ne me semble, au commencement, qu'une lettre d'amour, répondit don Quichotte.

— Eh bien! que Votre Grâce ait la bonté de lire tout haut, reprit Sancho; j'aime infiniment ces histoires d'amour.

— Volontiers, » dit don Quichotte; et, lisant à haute voix, comme Sancho l'en avait prié, il trouva ce qui suit :

« La fausseté de tes promesses et la certitude de mon malheur me conduisent en un lieu d'où arriveront plus tôt à tes oreilles les nouvelles de ma mort que les expressions de mes plaintes. Tu m'as trahi, ingrate, pour un homme qui a plus, mais qui ne vaut pas plus que moi. Si la vertu était estimée une richesse, je n'envierais pas le bonheur d'autrui, je ne pleurerais pas mon propre malheur. Ce qu'avait édifié ta beauté, tes actions l'ont détruit. Par l'une, je te crus un ange; par les autres, j'ai reconnu que tu étais une femme. Reste en paix, toi qui me fais la guerre; et fasse le ciel que les perfidies de ton époux demeurent toujours cachées, afin que tu ne te repentes point de ce que tu as fait, et que je ne tire pas vengeance de ce que je ne désire plus. »

Quand don Quichotte eut achevé de lire cette lettre :

« Elle nous en apprend encore moins que les vers, dit-il, si ce n'est pourtant que celui qui l'a écrite est quelque amant rebuté. »

Feuilletant ensuite le livre en entier, il y trouva d'autres poésies et d'autres lettres, tantôt lisibles, tantôt effacées. Mais elles ne contenaient autre chose que des plaintes, des lamentations, des reproches, des plaisirs et des peines, des faveurs et des mépris, célébrant les unes et déplorant les autres.

Pendant que don Quichotte faisait l'examen des tablettes, Sancho faisait celui de la valise, sans y laisser, non plus que dans le coussin, un coin qu'il ne visitât, un repli qu'il ne furetât, une couture qu'il ne rompît, un flocon de laine qu'il ne triât soigneusement, pour que rien ne se perdît faute de diligence et d'attention : tant lui avaient éveillé l'appétit les écus d'or déjà trouvés, et dont le nombre passait la centaine! Bien qu'il ne rencontrât rien de plus que cette trouvaille, il donna pour bien employés les sauts sur la couverture, les vomissements du baume de Fierabras, les caresses des gourdins, les coups de poing du muletier, l'enlèvement du bissac, le vol du manteau, et toute la faim, la soif et la fatigue qu'il avait souffertes au service de son bon seigneur, trouvant qu'il en était plus que payé et récompensé par l'abandon du trésor découvert.

Le chevalier de la Triste Figure conservait un grand désir de savoir quel était le maître de la valise, conjecturant par le sonnet et la lettre, par la monnaie d'or et par les chemises fines, qu'elle devait avoir appartenu à quelque amoureux de haut étage, que les dédains et les perfidies de sa dame avaient conduit à quelque fin désespérée. Mais, comme en cet endroit âpre et sauvage il ne se trouvait personne dont il pût recueillir des informations, il ne pensa qu'à passer outre, sans prendre

IL OUVRIT LE PETIT LIVRE ET VIT UN SONNET QU'IL LUT A HAUTE VOIX. T. I, CH. XXIII.

d'autre chemin que celui qui convenait à Rossinante, c'est-à-dire où la pauvre bête pouvait mettre un pied devant l'autre, et s'imaginant toujours qu'au travers de ces broussailles devait enfin s'offrir quelque étrange aventure. Tandis qu'il cheminait dans ces pensées, il aperçut tout à coup, à la cime d'un monticule qui se trouvait en face de lui, un homme qui allait sautant de roche en roche et de buisson en buisson avec une étonnante légèreté. Il crut reconnaître qu'il était à demi nu, la barbe noire et touffue, les cheveux longs et en désordre, la tête découverte, les pieds sans chaussures, et les jambes sans aucun vêtement. Des chausses, qui semblaient de velours jaune, lui couvraient les cuisses, mais tellement en lambeaux, qu'elles laissaient voir la chair en plusieurs endroits. Bien qu'il eût passé avec la rapidité de l'éclair, cependant tous ces détails furent remarqués et retenus par le chevalier de la Triste Figure. Celui-ci aurait bien voulu le suivre; mais il n'était pas donné aux faibles jarrets de Rossinante de courir à travers ces pierrailles, ayant d'ailleurs de sa nature le pas court et l'humeur flegmatique. Don Quichotte s'imagina aussitôt que ce devait être le maître de la valise, et il résolut à part soi de se mettre à sa poursuite, dût-il, pour le trouver, courir toute une année par ces montagnes. Il ordonna donc à Sancho de prendre par un côté du monticule, tandis qu'il prendrait par l'autre, espérant, à la faveur d'une telle manœuvre, rencontrer cet homme qui avait disparu si vite à leurs yeux.

« Je ne puis faire ce que vous commandez, répondit Sancho; car, dès que je quitte Votre Grâce, la peur est avec moi, qui m'assaille de mille espèces d'alarmes et de visions. Et ce que je dis là doit vous servir d'avis pour que dorénavant vous ne m'éloigniez pas d'un doigt de votre présence.

— J'y consens, reprit le chevalier de la Triste Figure, et je suis ravi que tu aies ainsi confiance en mon courage, qui ne te manquera pas, quand même l'âme te manquerait au corps. Viens donc derrière moi, pas à pas, ou comme tu pourras, et fais de tes yeux des lanternes. Nous ferons le tour de ces collines, et peut-être tomberons-nous sur cet homme que nous venons d'entrevoir, et qui sans aucun doute n'est autre que le maître de notre trouvaille.

— En ce cas, répondit Sancho, il vaut bien mieux ne pas le chercher; car si nous le trouvons, et s'il est par hasard le maître de l'argent, il est clair que me voilà contraint de le lui restituer. Mieux vaut, dis-je, sans faire ces inutiles démarches, que je reste en possession de bonne foi, jusqu'à ce que, sans tant de curiosité et de diligence, le véritable propriétaire vienne à se découvrir. Ce sera peut-être après que j'aurai dépensé l'argent, et alors le roi m'en fera quitte.

— Tu te trompes en cela, Sancho, répondit don Quichotte. Dès que nous soupçonnons que c'est le maître de cet argent que nous avons eu devant les yeux, nous sommes obligés de le chercher et de lui faire restitution; et si nous ne le cherchions pas, la seule puissante présomption qu'il en est le maître nous mettrait dans la même faute que s'il l'était réellement. Ainsi donc, ami Sancho, n'aie pas de peine de le chercher, car ce sera m'en ôter une grande si je le trouve. »

Cela dit, il donna de l'éperon à Rossinante, et Sancho le suivit à pied, portant la charge de l'âne, grâce à Ginès de Passamont.

Quand ils eurent presque achevé le tour de la montagne, ils trouvèrent, au bord d'un ruisseau, le cadavre d'une mule portant encore la selle et la bride, à demi dévoré par les loups et les corbeaux; ce qui confirma davantage leur soupçon que ce fuyard était le maître de la valise et de la mule. Pendant qu'ils la considéraient, ils entendirent un coup de sifflet, comme ceux des pâtres qui appellent leurs troupeaux; puis tout à coup, à leur main gauche, ils virent paraître une grande quantité de chèvres, et derrière elles parut, sur le haut de la montagne, le chevrier qui les gardait, lequel était un homme d'âge. Don Quichotte l'appela aussitôt à grands cris, et le pria de descendre auprès d'eux. L'autre répondit en criant de même, et leur demanda comment ils étaient venus dans un lieu qui n'était guère foulé que par le pied des chèvres, ou des loups et d'autres bêtes sauvages. Sancho lui répliqua qu'il n'avait qu'à descendre, et qu'on lui rendrait bon compte de toute chose. Le chevrier descendit donc, et en arrivant auprès de don Quichotte, il lui dit :

« Je parie que vous êtes à regarder la mule de louage qui est morte dans ce ravin. Eh bien! de bonne foi, il y a bien six mois qu'elle est à la même place. Mais, dites-moi, avez-vous rencontré par là son maître?

— Nous n'avons rencontré personne, répondit don Quichotte, mais seulement un coussin et une valise que nous avons trouvés près d'ici.

— Je l'ai bien aussi trouvée, moi, cette valise, repartit le chevrier; mais je n'ai voulu ni la relever ni m'en approcher tant seulement, craignant quelque malheur, et qu'on ne m'accusât de l'avoir eue par vol, car le diable est fin, et il jette aux jambes de l'homme de quoi le faire trébucher et tomber, sans savoir pourquoi ni comment.

— C'est justement ce que je disais, répondit Sancho; moi aussi, je l'ai trouvée, mais je n'ai pas voulu m'en approcher d'un jet de pierre. Je l'ai laissée là-bas, où elle est comme elle était, car je n'aime pas attacher des grelots aux chiens.

— Dites-moi, bonhomme, reprit don Quichotte, savez-vous, par hasard, quel est le maître de ces objets?

— Ce que je saurai vous dire, répondit le chevrier, c'est qu'il y a au pied de six mois environ qu'à des huttes de bergers, qui sont comme à trois lieues d'ici, arriva un jeune homme de belle taille et de bonne façon, monté sur cette même mule qui est morte par là, et avec cette même valise que vous dites avoir trouvée et n'avoir pas touchée. Il nous demanda quel était l'endroit de la montagne le plus âpre et le plus désert. Nous lui dîmes que c'était celui où nous sommes à présent; et c'est bien la vérité, car si vous entriez une demi-lieue plus avant, peut-être ne trouveriez-vous plus moyen d'en sortir, et je m'émerveille que vous ayez pu pénétrer jusqu'ici, car il n'y a ni chemin ni sentier qui conduise en cet endroit. Je dis donc qu'en écoutant notre réponse, le jeune homme tourna bride, et s'achemina vers

IL APERÇUT TOUT A COUP UN HOMME QUI SAUTAIT DE ROCHE EN ROCHE AVEC UNE ÉTONNANTE LÉGÈRETÉ. — T. I, CH. XXIII.

le lieu que nous lui avions indiqué, nous laissant tous ravis de sa bonne mine et de la hâte qu'il se donnait à s'enfoncer dans le plus profond de la montagne. Et depuis lors nous ne le vîmes plus jamais, jusqu'à ce que, quelques jours après, il coupa le chemin à l'un de nos pâtres; et, sans lui rien dire, il s'approcha de lui, et lui donna une quantité de coups de pied et de coups de poing. Ensuite, il s'en fut à la bourrique aux provisions, prit tout le pain et le fromage qu'elle portait, et, cela fait, il s'enfuit et rentra dans la montagne plus vite qu'un cerf. Quand nous apprîmes cette aventure, nous nous mîmes, quelques chevriers et moi, à le chercher, presque pendant deux jours, dans le plus épais des bois de la montagne, au bout desquels nous le trouvâmes blotti dans le creux d'un gros liége. Il vint à nous avec beaucoup de douceur, mais les habits déjà en pièces, et le visage si défiguré, si brûlé du soleil, qu'à peine nous le reconnaissions; si bien que ce furent ses habits, tout déchirés qu'ils étaient, qui, par le souvenir que nous en avions gardé, nous firent entendre que c'était bien là celui que nous cherchions. Il nous salua très-poliment; puis, en de courtes mais bonnes raisons, il nous dit de ne pas nous étonner de le voir aller et vivre de la sorte, que c'était pour accomplir certaine pénitence que lui avaient fait imposer ses nombreux péchés. Nous le priâmes de nous dire qui il était; mais nous ne pûmes jamais l'y décider. Nous lui dîmes aussi, quand il aurait besoin de nourriture et de provisions, de nous indiquer où nous le trouverions, parce que nous lui en porterions de bon cœur et très-exactement; et, si cela n'était pas plus de son goût, qu'il vînt les demander, mais non les prendre de force aux bergers. Il nous remercia beaucoup de nos offres, nous demanda pardon des violences passées, et nous promit de demander dorénavant sa nourriture pour l'amour de Dieu, sans faire aucun mal à personne. Quant à son habitation, il nous dit qu'il n'en avait pas d'autre que celle qu'il pouvait rencontrer où la nuit le surprenait; enfin, après ces demandes et ces réponses, il se mit à pleurer si tendrement, que nous aurions été de pierre, nous tous qui étions à l'écouter, si nous n'eussions fondu en larmes. Il suffisait de considérer comment nous l'avions vu la première fois, et comment nous le voyions alors; car, ainsi que je vous l'ai dit, c'était un gentil et gracieux jeune homme, et qui montrait bien, dans la politesse de ses propos, qu'il était de bonne naissance et richement élevé, si bien que nous étions tous des rustres, et que, pourtant, sa gentillesse était si grande, qu'elle se faisait reconnaître même par la rusticité. Et tout à coup, pendant qu'il était au milieu de sa conversation, le voilà qui s'arrête, qui devient muet, qui cloue ses yeux en terre un bon morceau de temps, et nous voilà tous étonnés, inquiets, attendant comment allait finir cette extase, et prenant de lui grande pitié; en effet, comme tantôt il ouvrait de grands yeux, tantôt les fermait, tantôt regardait à terre sans ciller, puis serrait les lèvres et fronçait les sourcils, nous reconnûmes facilement qu'il était pris de quelque accident de folie. Mais il nous fit bien vite voir que nous pensions vrai; car il se releva tout à coup, furieux, de la terre où il s'était couché, et se jeta sur le premier qu'il trouva près de lui, avec tant de vigueur et de rage, que si nous ne le lui eussions arraché des mains, il le tuait à coups de poing

et à coups de dents. Et tout en le frappant il disait : « Ah! traître de Fernand!
« c'est ici, c'est ici que tu me payeras le tour infâme que tu m'as joué; ces mains
« vont t'arracher le cœur où logent et trouvent asile toutes les perversités réunies,
« principalement la fraude et la trahison; » et il ajoutait à cela d'autres propos qui
tendaient tous à mal parler de ce Fernand, et à l'appeler traître et perfide. Enfin,
nous lui ôtâmes, non sans peine, notre pauvre camarade, et alors, sans dire un mot,
il s'éloigna de nous à toutes jambes, et disparut si vite entre les roches et les
broussailles qu'il nous fut impossible de le suivre. Nous avons de là conjecturé que
la folie le prenait par accès, et qu'un particulier nommé Fernand a dû lui faire
quelque méchant tour, aussi cruel que le montre l'état où il l'a réduit. Et tout cela
s'est confirmé depuis par le nombre de fois qu'il est venu à notre rencontre, tantôt
pour demander aux bergers de lui donner une part de leurs provisions, tantôt pour
la leur prendre de force; car, quand il est dans ses accidents de folie, les bergers
ont beau lui offrir de bon cœur ce qu'ils ont, il ne veut rien recevoir, mais il prend
à coups de poing. Au contraire, quand il est dans son bon sens, il demande pour
l'amour de Dieu, avec beaucoup de politesse, et quand il a reçu, il fait tout plein
de remercîments, sans manquer de pleurer aussi. Et je puis vous dire, en toute
vérité, seigneurs, continua le chevrier, qu'hier nous avons résolu, moi et quatre
bergers, dont deux sont mes pâtres et deux mes amis, de le chercher jusqu'à ce que
nous le trouvions, et, quand nous l'aurons trouvé, de le conduire, de gré ou de
force, à la ville d'Almodovar, qui est à huit lieues d'ici; et là nous le ferons guérir
si son mal peut être guéri, ou du moins nous saurons qui il est, quand il aura
son bon sens, et s'il a des parents auxquels nous puissions donner avis de son
malheur. Voilà, seigneurs, tout ce que je puis vous dire touchant ce que vous
m'avez demandé, et comptez bien que le maître des effets que vous avez trouvés est
justement le même homme que vous avez vu passer avec d'autant plus de légèreté
que ses habits ne le gênent guère. »

Don Quichotte, qui avait dit, en effet, au chevrier comment il avait vu courir
cet homme à travers les broussailles, resta tout surpris de ce qu'il venait d'entendre; et, sentant s'accroître son désir de savoir qui était ce malheureux fou, il
résolut de poursuivre sa première pensée, et de le chercher par toute la montagne,
sans y laisser une caverne, une fente, un trou qu'il ne visitât jusqu'à ce qu'il l'eût
trouvé. Mais la fortune arrangea mieux les choses qu'il ne l'espérait; car, en ce
même instant, parut, dans une gorge de la montagne qui débouchait sur eux,
le jeune homme qu'il voulait chercher. Celui-ci s'avançait en marmottant dans ses
lèvres des paroles qu'il n'eût pas même été possible d'entendre de près. Son costume
était tel qu'on l'a dépeint; seulement, lorsqu'il fut proche, don Quichotte s'aperçut
qu'un pourpoint en lambeaux qu'il portait sur les épaules était de peau de daim
parfumée d'ambre[3]; ce qui acheva de le convaincre qu'une personne qui portait
de tels habits ne pouvait être de basse condition. Quand le jeune homme arriva près
d'eux, il les salua d'une voix rauque et brusque, mais avec beaucoup de courtoisie.
Don Quichotte lui rendit ses saluts avec non moins de civilité, et, mettant pied

ILS TROUVÈRENT AU BORD D'UN RUISSEAU LE CADAVRE D'UNE MULE. — T. I, CH. XXIII.

à terre, il alla l'embrasser avec une grâce affectueuse, et le tint quelques minutes étroitement serré sur sa poitrine, comme s'il l'eût connu depuis longues années. L'autre, que nous pouvons bien appeler *le Déguenillé de la mauvaise mine*, comme don Quichotte *le chevalier de la Triste Figure*, après s'être laissé donner l'embrassade, l'écarta un peu de lui, et, posant ses deux mains sur les épaules de don Quichotte, il se mit à le regarder comme s'il eût voulu chercher à le reconnaître, n'étant peut-être pas moins surpris de voir la figure, l'air et les armes de don Quichotte, que don Quichotte ne l'était de le voir lui-même en cet état. Finalement, le premier qui parla, après leur longue accolade, ce fut le Déguenillé, qui dit ce que nous rapporterons plus loin.

CHAPITRE XXIV.

OÙ SE CONTINUE L'HISTOIRE DE LA SIERRA-MORÉNA.

L'histoire rapporte que don Quichotte écoutait avec une extrême attention le misérable chevalier de la Montagne, lequel, poursuivant l'entretien, lui dit :

« Assurément, seigneur, qui que vous soyez, car je ne vous connais pas, je vous rends grâce des marques de courtoisie et d'affection que vous me donnez ; et je voudrais me trouver en position de répondre autrement que par ma bonne volonté à celle que vous me témoignez dans l'aimable accueil que je reçois de vous. Mais ma triste destinée ne me donne rien autre chose, pour correspondre aux bons offices qui me sont rendus, que de bons désirs de les reconnaître.

— Les miens, repartit don Quichotte, sont de vous servir, tellement que j'avais résolu de ne pas sortir de ces montagnes jusqu'à ce que je vous eusse découvert, et que j'eusse appris de votre bouche si la douleur dont l'étrangeté de votre vie montre que vous êtes atteint peut trouver quelque espèce de remède, pour le chercher, dans ce cas, avec toute la diligence possible. Et si votre malheur est de ceux qui tiennent la porte fermée à toute espèce de consolation, je voulais du moins vous aider à le supporter, en mêlant aux vôtres mes gémissements et mes pleurs ; car, enfin, c'est un soulagement dans les peines que de trouver quelqu'un qui s'y montre sensible. Si donc mes bonnes intentions méritent d'être récompensées par quelque preuve de courtoisie, je vous supplie, seigneur, par celle que je vois briller en vous, et je vous conjure aussi par l'objet que vous avez aimé, ou que vous aimez le plus au monde, de me dire qui vous êtes, et quel motif vous a poussé à vivre et à mourir comme une bête brute au milieu de ces solitudes, où vous séjournez si différent de vous-même, ainsi que le prouvent les dehors de votre personne. Je jure, continua don Quichotte, par l'ordre de chevalerie que j'ai reçu, quoique pécheur indigne, et par la profession de chevalier errant, que si vous consentez, seigneur, à me complaire en cela, je vous servirai avec toute l'ardeur et le dévouement auxquels je suis tenu, étant ce que je suis, soit en soulageant votre disgrâce, s'il s'y trouve quelque remède, soit, comme je vous l'ai promis, en vous aidant à la pleurer. »

Le chevalier de la Forêt, qui entendait parler de cette façon celui de la Triste Figure, ne faisait autre chose que le regarder, l'examiner, le considérer du haut en bas, et quand il l'eut contemplé tout à son aise :

« Si l'on a, dit-il, quelque chose à me donner à manger, qu'on me le donne pour l'amour de Dieu ; et quand j'aurai mangé, je ferai et je dirai tout ce qu'on voudra, en reconnaissance des bonnes intentions qui me sont témoignées. »

Aussitôt Sancho tira de son bissac et le chevrier de sa panetière ce qu'il fallait au Déguenillé pour apaiser sa faim. Celui-ci se jeta sur ce qu'on lui offrit, comme un être abruti et stupide, et se mit à manger avec tant de voracité, qu'une bouchée n'attendait pas l'autre, et qu'il semblait plutôt les engloutir que les avaler.

Tant qu'il mangea, ni lui ni ceux qui le regardaient ne soufflèrent mot, mais dès qu'il eut fini son repas, il leur fit signe de le suivre, et les conduisit dans une petite prairie verte et fraîche, qui se trouvait près de là au détour d'un rocher. En arrivant à cet endroit, il s'étendit sur l'herbe, les autres firent de même, et tout cela sans rien dire, jusqu'à ce qu'enfin le chevalier Déguenillé, s'étant bien arrangé dans sa place, leur parla de la sorte :

« Si vous voulez, seigneurs, que je vous conte en peu de mots l'immensité de mes malheurs, il faut que vous me promettiez que, par aucune question, par aucun geste, vous n'interromprez le fil de ma triste histoire ; car, à l'instant où vous le feriez, ce que je raconterais en resterait là. »

Ce préambule du chevalier Déguenillé rappela aussitôt à la mémoire de don Quichotte l'histoire que lui avait contée son écuyer, et qui resta suspendue faute d'avoir trouvé le nombre de chèvres qui avaient passé la rivière. Cependant le Déguenillé poursuivit :

« Si je prends cette précaution, dit-il, c'est parce que je voudrais passer rapidement sur l'histoire de mes infortunes; car les rappeler à ma mémoire ne peut servir à rien qu'à m'en causer de nouvelles; et moins vous m'interrogerez, plutôt j'aurai fait de les dire : mais je n'omettrai rien toutefois de ce qui a quelque importance pour satisfaire pleinement votre curiosité. »

Don Quichotte lui fit, au nom de tous, la promesse qu'il ne serait point interrompu; et lui, sur cette assurance, commença de la sorte :

« Mon nom est Cardénio, mon pays une des principales villes de l'Andalousie, ma famille noble, mes parents riches, et mon malheur si grand, que mes parents l'auront pleuré et que ma famille l'aura ressenti, sans que leur richesse puisse l'adoucir; car pour remédier aux maux que le ciel envoie, les biens de la fortune ont peu de puissance. Dans ce même pays vivait un ange du ciel, en qui l'amour avait placé toutes les perfections, toutes les gloires qu'il me fût possible d'ambitionner. Telle était la beauté de Luscinde, demoiselle aussi noble, aussi riche que moi, mais plus heureuse, et moins constante que ne méritaient mes honnêtes sentiments. Cette Luscinde, je l'aimai, je l'adorai dès mes plus tendres années. Elle aussi, elle m'aima avec cette innocence et cette naïveté que permettait son jeune âge. Nos parents s'étaient aperçus de notre mutuelle affection, mais sans regret, car ils voyaient bien qu'en continuant au delà de l'enfance, elle ne pouvait avoir d'autre fin que le mariage, chose que semblait arranger d'avance l'égalité de notre noblesse et de nos fortunes.

« Pour tous deux, en effet, l'amour grandit avec l'âge, et le père de Luscinde crut devoir, par bienséance, me refuser l'entrée de sa maison, imitant ainsi les parents de cette Thisbé, tant de fois célébrée par les poëtes. Cette défense de nous voir ne fit qu'ajouter un désir au désir, une flamme à la flamme; car, bien qu'elle imposât silence à nos lèvres, elle ne put l'imposer à nos plumes, lesquelles savent, plus librement que la langue, faire entendre à qui l'on veut les sentiments que l'âme renferme, puisque souvent la présence de l'objet aimé trouble la résolution la mieux arrêtée, et rend muette la langue la plus hardie. O ciel! combien de billets je lui écrivis! combien de réponses je reçus, honnêtes et tendres! combien de chansons je composai, et de vers amoureux, où mon âme déclarait ses sentiments secrets, peignait ses désirs brûlants, entretenait ses souvenirs, et se délassait de ses transports!

« A la fin, me voyant réduit au désespoir, et sentant que mon âme se consumait dans l'envie de revoir Luscinde, je résolus de tenter et de mettre en œuvre ce qui me semblait le plus convenable pour atteindre le prix si désiré et si mérité de mon amour, c'est-à-dire de la demander à son père pour légitime épouse. Je le fis en effet; il me répondit qu'il était sensible à l'intention que je montrais de vouloir l'honorer de mon alliance et m'honorer de la sienne; mais que mon père vivant encore, c'était à lui qu'il appartenait à juste droit de faire cette demande; car, si cette union n'était pleinement de son agrément et de son goût, Luscinde n'était point une femme à prendre un mari et à se donner pour épouse à la dérobée. Comme il me parut avoir raison en tout ce qu'il disait, je lui rendis grâce de ses bonnes intentions, et j'espérai que mon père donnerait son consentement dès que je le lui demanderais.

« Dans cet espoir, j'allai à l'instant même dire à mon père quel était mon désir. Mais, au moment où j'entrai dans son appartement, je le trouvai tenant à la main une lettre ouverte, qu'il me remit avant que je lui eusse dit une parole. « Cardé-« nio, me dit-il, tu verras par cette lettre que le duc Ricardo te veut du bien. » Le duc Ricardo, comme vous devez le savoir, seigneurs, est un grand d'Espagne qui a ses terres dans la plus belle contrée de l'Andalousie. Je pris la lettre, je la lus, et je vis qu'elle était conçue en termes tels, qu'à moi-même il me parut impossible que mon père manquât de condescendre à ce qui lui était demandé. Le duc le priait de m'envoyer aussitôt où il résidait, disant qu'il voulait que je fusse, non point attaché à la personne de son fils aîné, mais son compagnon, et qu'il se chargeait de me placer en une situation qui répondît à l'estime qu'il avait pour moi. Je devins muet à la lecture de cette lettre, et surtout quand j'entendis mon père ajouter : « D'ici à deux jours, Cardénio, tu partiras pour obéir à la volonté du « duc, et rends grâces à Dieu, qui t'ouvre un chemin par lequel tu dois atteindre « à ce que tu mérites. » A ces propos, il ajouta les conseils que donne un père en cette occasion.

« Le moment de mon départ arriva. J'avais entretenu Luscinde la nuit précédente, et lui avais conté tout ce qui se passait. J'en avais également rendu compte à son père, en le suppliant de me garder quelque temps sa parole, et de différer de prendre un parti pour sa fille, au moins jusqu'à ce que je susse ce que Ricardo voulait de moi. Il m'en fit la promesse, et Luscinde la confirma par mille serments, par mille défaillances. Je me rendis enfin auprès du duc Ricardo, et je reçus de lui un accueil si bienveillant, qu'aussitôt l'envie s'éveilla parmi les gens de sa maison, car il leur sembla que les marques d'intérêt dont me comblait le duc étaient à leur préjudice. Mais celui de tous qui témoigna le plus de joie de mon arrivée, ce fut son second fils, appelé don Fernand, beau jeune homme, de nobles manières, libéral, et facile à s'éprendre, lequel voulut bientôt que je fusse à tel point son ami, que notre liaison fit gloser tout le monde. L'aîné m'aimait sans doute, et me traitait avec distinction, mais sans avoir pour moi, néanmoins, l'affection et l'intimité de don Fernand. Or il arriva que, comme entre amis rien n'est secret, et que la privauté dont je jouissais auprès de don Fernand avait cessé de s'appeler ainsi pour devenir amitié, il me confiait toutes ses pensées, entre autres un sentiment amoureux qui lui causait quelque souci. Il aimait une jeune paysanne, vassale de son père, dont les parents étaient très-riches, et si belle, si spirituelle, si sage, que ceux qui la connaissaient ne savaient en laquelle de ces qualités elle excellait davantage. Tant d'attraits réunis en la belle paysanne enflammèrent à tel point les désirs de don Fernand, qu'il résolut, pour faire sa conquête, et tout autre moyen demeurant sans succès, de lui donner parole de l'épouser. Pour répondre à l'amitié qu'il me portait, je me crus obligé de chercher, par les plus puissantes raisons et les exemples les plus frappants que je pus trouver, à le détourner d'un tel dessein ; et, voyant que mes remontrances étaient vaines, je résolus de tout découvrir au duc son père. Mais don Fernand, adroit et fin, se douta que je prendrais ce parti; car il vit bien qu'en serviteur loyal je ne pouvais tenir cachée une chose si déshonorante pour le duc mon seigneur. Aussi, voulant me distraire et me tromper, il me dit qu'il ne trouvait pas de meilleur remède pour écarter de son souvenir la beauté qui l'avait soumis que de s'absenter quelques mois, et qu'il voulait en conséquence que nous vinssions tous deux chez mon père, en donnant au duc le prétexte d'aller acheter quelques bons chevaux dans ma ville natale, où s'élèvent les meilleurs de l'univers. Quand je l'entendis ainsi parler, poussé par ma tendresse, j'aurais approuvé sa résolution, fût-elle moins sage, comme la plus judicieuse qui se pût imaginer, en voyant quelle occasion elle m'offrait de revoir ma Luscinde. Dans cette pensée et dans ce désir, j'approuvai son avis, je l'affermis en son dessein, et lui conseillai de le mettre en pratique sans retard, disant que l'absence, en dépit des plus fermes sentiments, a d'infaillibles effets. Mais, comme je l'appris ensuite, don Fernand ne m'avait fait cette proposition qu'après avoir abusé de la jeune paysanne sous le faux titre de son époux, et il cherchait une occasion de se mettre en sûreté avant d'être découvert, craignant le courroux que ferait éclater son père en apprenant sa faute. Comme, chez la plupart des jeunes gens, l'amour ne mérite pas ce nom, que c'est un désir passager qui n'a d'autre but que le plaisir, et qu'une fois celui-ci obtenu l'autre s'éteint, ce qui n'arrive point à l'amour véritable, aussitôt que don Fernand eut possédé la paysanne, ses désirs s'apaisèrent, et sa flamme s'éteignit; tellement que, s'il avait d'abord feint de vouloir s'éloigner pour éviter de prendre un engagement, il voulait s'éloigner alors pour éviter de le tenir. Le duc lui donna la permission de partir, et me chargea de l'accompagner.

« Nous arrivâmes dans ma ville, où mon père le reçut comme l'exigeait la qualité d'un tel hôte. Je revis bientôt Luscinde, et mes feux renaquirent, sans avoir été ni morts ni refroidis. Pour mon malheur, je les fis connaître à don Fernand, car il me semblait que la loi de notre amitié m'obligeait à ne lui garder aucun secret. Je lui vantai les charmes, les grâces et l'esprit de Luscinde, avec une telle passion, que mes louanges lui donnèrent l'envie de voir une personne ornée de tant d'attraits. Mon triste sort voulut que je satisfisse son désir; une nuit, je la lui fis voir à la lumière d'une bougie, par une fenêtre où nous avions coutume de nous entretenir. Il la vit, et toutes les beautés qu'il avait vues jusqu'alors furent mises en oubli. Il resta muet, absorbé, insensible, et, finalement, épris d'amour au point où vous le verrez dans le cours de ma triste histoire. Pour enflammer davantage son désir, qu'il me cachait à moi, et ne découvrait qu'au ciel, la destinée voulut qu'il trouvât un jour un billet qu'elle m'écrivait pour m'engager à demander sa main à son père, billet si plein de grâce, de pudeur et d'amour, qu'après l'avoir lu il me dit qu'en la seule Luscinde se trouvaient réunis tous les charmes de l'esprit et de la beauté répartis dans le reste des femmes. Il est bien vrai, et je veux l'avouer à présent, que, tout en voyant avec quels justes motifs don Fernand faisait l'éloge de Luscinde, j'étais fâché d'entendre de telles louanges dans sa bouche, et je commençai justement à me défier de lui. En effet, à tous moments il voulait que nous parlassions de Luscinde, et sans cesse il ramenait l'entretien sur son compte, dût-il le tirer par les cheveux. Tout cela éveillait en mon âme quelque soupçon de jalousie, non que je craignisse aucun revers de la constance et de la loyauté de Luscinde, et pourtant ma destinée me faisait craindre précisément ce qu'elle me préparait. Don Fernand cherchait toujours à lire les billets que j'envoyais à Luscinde et ceux qu'elle me répondait, sous le motif qu'il prenait un grand plaisir à l'ingénieuse expression de notre tendresse.

« Un jour, il arriva que Luscinde m'ayant demandé à lire un livre de chevalerie pour lequel elle avait beaucoup de goût, l'*Amadis de Gaule*.... »

A peine don Quichotte eut-il entendu prononcer le mot de livre de chevalerie, qu'il s'écria :

« Si Votre Grâce m'eût dit, au commencement de son histoire, que Sa Grâce Mlle Luscinde avait du goût pour les livres de chevalerie, vous n'auriez eu nul besoin d'autre éloge pour me faire apprécier l'élévation de son intelligence, qui ne pouvait être ornée d'autant de mérite que vous, seigneur, nous l'avez dépeinte, si elle eût manqué de goût pour une si exquise et si savoureuse lecture. Aussi, quant à moi, n'est-il plus besoin d'entrer en dépense de paroles pour me vanter ses charmes, son mérite et son esprit; il m'a suffi d'apprendre où se dirigent ses goûts pour la déclarer la plus belle et la plus spirituelle des femmes de ce monde. Seulement j'aurais voulu, seigneur, que Votre Grâce lui eût envoyé, en même temps qu'*Amadis de Gaule*, ce bon *don Rugel de Grèce*, car je suis sûr que Mlle Luscinde se fût beaucoup divertie de Daraïda et Garaya, et des élégants propos du pasteur Darinel, et des admirables vers de ses bucoliques, qu'il chantait et jouait avec tant de grâce, d'esprit et d'enjouement; mais le temps viendra de réparer facilement cette faute; et ce sera dès que Votre Grâce voudra bien s'en venir avec moi dans mon village : car là, je pourrai lui donner plus de trois cents volumes qui font les délices de mon âme et les délassements de ma vie, bien que je croie me rappeler que je n'en ai plus aucun, grâce à la malice et à l'envie des méchants enchanteurs. Et que Votre Grâce me pardonne si j'ai contrevenu à la promesse que nous lui avions faite de ne point interrompre son récit; mais dès que j'entends parler de chevalerie et de chevaliers errants, il n'est pas plus en mon pouvoir de m'empêcher d'y joindre mon mot qu'il n'est possible aux rayons du soleil de cesser de répandre la chaleur, ou à ceux de la lune, l'humidité. Ainsi donc, excusez, et poursuivez, ce qui viendra maintenant le plus à propos. »

Pendant que don Quichotte débitait le discours qui vient d'être rapporté, Cardénio avait laissé tomber sa tête sur sa poitrine, dans l'attitude d'un homme qui rêve profondément. Et, bien que, par deux fois, don Quichotte l'eût prié de continuer son histoire, il ne voulait ni relever la tête ni répondre un mot. Mais enfin, après un long silence, il se redressa et dit :

« Je ne puis m'ôter une chose de la pensée, et personne au monde ne me l'en ôtera, et celui-là serait un grand maraud qui croirait ou ferait croire le contraire : c'est que ce bélître insigne de maître Élisabad² vivait en concubinage avec la reine Madasime.

— Oh! pour cela non, de par tous les diables! s'écria don Quichotte enflammé de colère, et donnant un démenti assaisonné comme de coutume; c'est une grande malignité, ou plutôt une grande coquinerie de parler ainsi. La reine Madasime fut une noble et vertueuse dame, et l'on ne peut supposer qu'une si haute princesse s'avisât de faire l'amour avec un guérisseur de hernies. Et qui dira le contraire en a menti comme un misérable coquin; et c'est ce que je lui ferai voir à pied ou à cheval, armé ou désarmé, de jour ou de nuit, et de telle manière qu'il lui fera plaisir. »

Cependant Cardénio le regardait fixement, car il venait d'être repris d'un accès de folie, et n'était pas plus en état de continuer son histoire que don Quichotte de l'entendre, tant celui-ci s'était piqué de l'injure faite à Madasime. Chose étrange! il avait pris parti pour elle, tout comme si elle eût été réellement sa véritable et légitime souveraine; tellement il s'était entêté de ses excommuniés de livres!

Or donc, Cardénio étant redevenu fou, dès qu'il s'entendit donner un démenti et traiter de coquin, avec d'autres gentillesses semblables, il prit mal la plaisanterie, et, ramassant un gros caillou qui se trouvait à ses pieds, il en donna un tel coup dans la poitrine à don Quichotte, qu'il le culbuta sur le dos. Sancho Panza, qui vit ainsi traiter son seigneur, se jeta sur le fou le poing fermé; mais le fou le reçut de telle sorte que, d'une gourmade, il l'envoya par terre; et, lui montant sur l'estomac, il lui foula les côtes tout à plaisir. Le chevrier, qui voulut défendre Sancho, courut la même chance, et après les avoir tous trois moulus et rendus, le fou les laissa, et s'en fut, avec un merveilleux sang-froid, regagner les bois de la montagne.

Sancho se releva; mais, dans la rage qu'il avait de se voir ainsi rossé sans raison, il s'en prit au chevrier, lui disant que c'était sa faute, puisqu'il ne les avait pas avertis que cet homme avait de temps en temps des accès de folie, et que, s'ils l'eussent su, ils se seraient tenus sur leurs gardes. Le chevrier répondit qu'il avait dit cela précisément, et que, si l'autre ne l'avait pas entendu, ce n'était pas sa faute. Sancho repartit, le chevrier répliqua, et la fin des reparties et des répliques fut de s'empoigner à la barbe, et de se donner de telles gourmades, que si don Quichotte ne les eût séparés, ils se mettaient en pièces. Sancho disait, tenant le chevrier à la poignée :

« Laissez-moi faire, seigneur chevalier de la Triste Figure; celui-ci est vilain comme moi, et n'est pas armé chevalier; et je puis bien tout à mon aise me venger du tort qu'il m'a fait, en combattant avec lui main à main, comme un homme d'honneur.

— C'est vrai, répondit don Quichotte; mais je sais qu'il n'y a nullement de sa faute dans ce qui nous est arrivé. »

En disant cela, il leur fit faire la paix; puis il demanda de nouveau au chevrier s'il serait possible de trouver Cardénio, car il mourait d'envie de savoir la fin de son histoire. Le chevrier lui répéta ce qu'il lui avait déjà dit, qu'il ne savait au juste où Cardénio faisait sa demeure, mais que, s'il parcourait avec soin ces alentours, il ne manquerait pas de le rencontrer, ou raisonnable ou fou.

CHAPITRE XXV.

QUI TRAITE DES CHOSES ÉTRANGES QUI ARRIVÈRENT, DANS LA SIERRA-MORÉNA, AU VAILLANT CHEVALIER DE LA MANCHE, ET DE LA PÉNITENCE QU'IL FIT A L'IMITATION DU BEAU-TÉNÉBREUX.

Don Quichotte, ayant fait ses adieux au chevrier, remonta sur Rossinante, et donna ordre à Sancho de le suivre ; lequel obéit, mais de mauvaise grâce, forcé qu'il était d'aller à pied. Ils pénétraient peu à peu dans le plus âpre de la montagne, et Sancho mourait d'envie de deviser, tout en marchant, avec son maître ; mais il aurait voulu que celui-ci engageât la conversation, pour ne pas contrevenir aux ordres qu'il en avait reçus. A la fin, ne pouvant supporter un aussi long silence, il lui dit :

« Seigneur don Quichotte, que Votre Grâce veuille bien me donner sa bénédiction et mon congé ; je veux m'en aller d'ici, et retourner à ma maison pour y trouver ma femme et mes enfants, avec lesquels je pourrai du moins parler et converser tout à mon aise ; car enfin, prétendre que j'aille avec Votre Grâce à travers ces solitudes, de jour et de nuit, sans que je puisse lui parler quand l'envie m'en prend, c'est m'enterrer tout vif. Encore, si le sort voulait que les animaux parlassent, comme au temps d'Isope, le mal ne serait pas si grand, car je causerais avec mon âne¹ de tout ce qui me passerait par l'esprit, et je prendrais ainsi mon mal en patience. Mais c'est une rude chose, et qu'on ne peut bonnement supporter, que de s'en aller cherchant des aventures toute sa vie, sans trouver autre chose que des coups de poing, des coups de pied, des coups de pierre et des sauts de couverture; et avec tout cela, il faut se coudre la bouche, sans oser lâcher ce qu'on a sur le cœur, comme si l'on était muet.

— Je t'entends, Sancho, répondit don Quichotte : tu meurs d'envie que je lève l'interdit que j'ai jeté sur ta langue. Eh bien! tiens-le pour levé, et dis tout ce que tu voudras, mais à condition que cette suspension de l'interdit ne durera pas au delà du temps que nous passerons dans ces montagnes.

— Soit, dit Sancho; pourvu que je parle maintenant, Dieu sait ce qui viendra plus tard. Et pour commencer à jouir de ce sauf-conduit, je vous demanderai à quel propos Votre Grâce s'avisait de prendre le parti de cette reine Marcassine, ou comme elle s'appelle? Et que diable vous importait que cette Élie l'abbé fût ou non son bon ami? Je crois que si vous aviez laissé passer ce point, dont vous n'étiez pas juge, le fou aurait passé plus avant dans son histoire, et nous aurions évité, vous le caillou dans l'estomac, moi plus de dix soufflets sur la face et autant de coups de pied sur le ventre.

— Par ma foi, Sancho, répondit don Quichotte, si tu savais aussi bien que je le sais quelle noble et respectable dame fut cette reine Madasime, je sais que tu dirais que ma patience a été grande de ne pas briser la bouche d'où étaient sortis de tels blasphèmes, et c'est un grand blasphème de dire ou de penser qu'une reine vive en concubinage avec un chirurgien. La vérité de l'histoire est que ce maître Élisabad dont le fou a parlé était un homme très-prudent et de bon conseil, et qu'il servit autant de gouverneur que de médecin à la reine; mais s'imaginer qu'elle était sa bonne amie, c'est une insolence digne du plus sévère châtiment. Et d'ailleurs, pour que tu conviennes que Cardénio ne savait ce qu'il disait, tu dois observer que, lorsqu'il parlait ainsi, il était déjà retombé dans ses accès.

— C'est justement ce que je dis, reprit Sancho, et qu'il ne fallait faire aucun cas des paroles d'un fou : car enfin, si votre bonne étoile ne vous eût secouru, et si le caillou, au lieu de s'acheminer à l'estomac, eût pris la route de la tête, nous serions frais maintenant pour avoir voulu défendre cette belle dame que Dieu a mise en pourriture.

— Eh bien! Sancho, répliqua don Quichotte, mets-toi dans la tête que sa folie même ne pouvait absoudre Cardénio. Contre les sages et contre les fous, tout chevalier errant est obligé de prendre parti pour l'honneur des femmes, quelles qu'elles puissent être; à plus forte raison des princesses de haut étage, comme le fut la reine Madasime, à laquelle je porte une affection toute particulière pour ses rares qualités; car, outre qu'elle était prodigieusement belle, elle se montra prudente, patiente et courageuse dans les nombreux malheurs qui l'accablèrent. C'est alors que les conseils et la société de maître Élisabad lui furent d'un grand secours pour l'aider à supporter ses peines avec prudence et fermeté. De là le vulgaire ignorant et malintentionné prit occasion de dire et de croire qu'elle était sa maîtresse. Mais ils en ont menti, dis-je encore, et ils en auront encore menti deux cents autres fois, tous ceux qui oseront dire ou penser telle chose.

— Je ne le dis ni ne le pense, moi, répondit Sancho; et que ceux qui mordent à ce conte le mangent avec leur pain. S'ils ont ou non couché ensemble, c'est à Dieu qu'ils en auront rendu compte. Moi, je viens de nos vignes, je ne sais rien de rien; et je n'aime pas à m'enquérir de la vie d'autrui; et celui qui achète et ment, dans sa bourse le sent. D'ailleurs, nu je suis né, nu je me trouve; je ne perds ni ne gagne. Mais, eussent-ils été bons amis, que m'importe à moi? Bien des gens croient qu'il y a des quartiers de lard où il n'y a pas seulement de crochets pour les pendre. Mais qui peut mettre des portes aux champs? n'a-t-on pas glosé de Dieu lui-même?

— Ah! sainte Vierge, s'écria don Quichotte, combien de niaiseries enfiles-tu, Sancho, les unes au bout des autres! Eh! quel rapport y a-t-il entre l'objet qui nous occupe et les proverbes que tu fais ainsi défiler? Par ta vie, Sancho, tais-toi une fois pour toutes, et ne t'occupe désormais que de talonner ton âne, sans te mêler de ce qui ne te regarde pas, et mets-toi bien dans la tête, avec l'aide de chacun de tes cinq sens, que tout ce que je fis, fais et ferai, est d'accord avec la droite raison, et parfaitement conforme aux lois de la chevalerie, que je connais mieux que tous les chevaliers qui en ont fait profession dans le monde.

— Mais, seigneur, répondit Sancho, est-ce une bonne règle de chevalerie, que nous allions ainsi par ces montagnes comme des enfants perdus, sans chemin ni sentier, et cherchant un fou, auquel, dès que nous l'aurons trouvé, il pourrait bien prendre envie de finir ce qu'il a commencé, non de son histoire, mais de la tête de Votre Grâce et de mes côtes à moi, je veux dire d'achever de nous les rompre?

— Tais-toi, Sancho, je te le répète, reprit don Quichotte; car il faut que tu saches que ce qui m'amène dans ces lieux déserts, ce n'est pas seulement le désir de rencontrer le fou, mais bien aussi celui que j'ai d'y faire une prouesse capable d'éterniser mon nom et de répandre ma renommée sur toute la surface de la terre, telle enfin qu'elle doit mettre le sceau à tous les mérites qui rendent parfait et fameux un chevalier errant.

— Et cette prouesse est-elle bien périlleuse? demanda Sancho.

— Non, répondit le chevalier de la Triste Figure, bien que le dé puisse tourner de manière que nous ayons, au lieu de chance, du guignon. Mais tout dépendra de ta diligence.

— Comment, de ma diligence? reprit Sancho.

— Oui, reprit don Quichotte : car, si tu reviens vite d'où je vais t'envoyer, vite finira ma peine et vite commencera ma gloire. Mais comme il n'est pas juste que je te tienne davantage en suspens et dans l'attente du sujet de mes propos, je veux que tu saches, ô Sancho, que le fameux Amadis de Gaule fut un des plus parfaits chevaliers errants : que dis-je? un des plus parfaits! le seul, l'unique, le premier, le seigneur de tous les chevaliers qui étaient au monde de

MAIS, SEIGNEUR, EST-CE BONNE RÈGLE DE CHEVALERIE QUE NOUS ALLIONS AINSI PAR CES MONTAGNES COMME DES ENFANTS PERDUS? — T. 1. CH. XXV.

son temps. J'en suis bien fâché pour don Bélianis, et pour tous ceux qui disent qu'il l'égala en quelque chose, car ils se trompent, sur ma foi. Je dis, d'un autre côté, que, lorsqu'un peintre veut devenir célèbre dans son art, il essaye d'imiter les originaux des meilleurs peintres qu'il connaisse; et la même règle doit courir pour tous les métiers, pour toutes les professions qui servent à la splendeur des républiques. C'est encore ce que doit faire et ce que fait celui qui veut gagner une réputation de prudence et de patience : il imite Ulysse, dans la personne et les travaux duquel Homère nous a tracé un portrait vivant de l'homme prudent et ferme dans le malheur, de même que Virgile nous a montré, dans la personne d'Énée, la valeur d'un fils pieux et la sagacité d'un vaillant capitaine; les peignant tous deux, non tels qu'ils furent, mais tels qu'ils devaient être, afin de laisser aux hommes à venir un modèle achevé de leurs vertus. De la même manière, Amadis fut le nord, l'étoile et le soleil des chevaliers vaillants et amoureux, et c'est lui que nous devons imiter, nous tous qui sommes engagés sous les bannières de l'amour et de la chevalerie. Cela donc étant ainsi, il me paraît, Sancho, que le chevalier errant qui l'imitera le mieux sera le plus près d'atteindre à la perfection de la chevalerie. Or, l'une des choses où ce chevalier fit le plus éclater sa prudence, sa valeur, sa fermeté, sa patience et son amour, ce fut quand il se retira, dédaigné par sa dame Oriane, pour faire pénitence sur la Roche-Pauvre, après avoir changé son nom en celui du Beau-Ténébreux, nom significatif, à coup sûr, et bien propre à la vie qu'il s'était volontairement imposée[2]. Ainsi, comme il m'est plus facile de l'imiter en cela qu'à pourfendre des géants, à décapiter des andriaques[3], à défaire des armées, à disperser des flottes et à détruire des enchantements; comme, d'ailleurs, ces lieux sauvages sont admirablement propres à de tels desseins, je n'ai pas envie de laisser passer sans la saisir l'occasion qui m'offre si commodément les mèches de ses cheveux.

— En fin de compte, demanda Sancho, qu'est-ce que Votre Grâce prétend faire dans cet endroit si écarté?

— Ne t'ai-je pas dit, répondit don Quichotte, que je veux imiter Amadis, faisant le désespéré, l'insensé, le furieux, afin d'imiter en même temps le valeureux don Roland, quand il trouva sur les arbres d'une fontaine les indices qu'Angélique la belle s'était avilie dans les bras de Médor, ce qui lui donna tant de chagrin qu'il en devint fou, et qu'il arracha des arbres, troubla l'eau des claires fontaines, tua des bergers, détruisit des troupeaux, incendia des chaumières, renversa des maisons, traîna sa jument, et fit cent mille autres extravagances dignes d'éternelle renommée[4]? Il est vrai que je ne pense pas imiter Roland, ou Orland, ou Rotoland (car il avait ces trois noms à la fois) de point en point, dans toutes les folies qu'il fit, dit ou pensa. Mais j'ébaucherai du moins de mon mieux celles qui me sembleront les plus essentielles. Peut-être même viendrai-je à me contenter tout simplement de l'imitation d'Amadis, qui, sans faire de folies d'éclat et de mal, mais seulement de pleurs et de désespoir, obtint autant de gloire que personne.

— Quant à moi, dit Sancho, il me semble que les chevaliers qui en agirent de la sorte y furent provoqués, et qu'ils avaient des raisons pour faire ces sottises et ces pénitences. Mais vous, mon seigneur, quelle raison avez-vous de devenir fou? quelle dame vous a rebuté? ou quels indices avez-vous trouvés qui fissent entendre que ma dame Dulcinée du Toboso ait fait quelque enfantillage avec More ou chrétien?

— Eh! par Dieu, voilà le point, répondit don Quichotte; et c'est là justement qu'est le fin de mon affaire. Qu'un chevalier errant devienne fou quand il en a le motif, il n'y a là ni gré ni grâce; le mérite est de perdre le jugement sans sujet, et de faire dire à ma dame : « S'il fait de telles choses à froid, que ferait-il donc à chaud? » D'ailleurs, n'ai-je pas un motif bien suffisant dans la longue absence qui me sépare de ma dame et toujours maîtresse Dulcinée du Toboso? car, ainsi que tu l'as entendu dire à ce berger de l'autre jour, Ambroise : Qui est absent, tous les maux craint ou ressent. Ainsi donc, ami Sancho, ne perds pas en vain le temps à me conseiller que j'abandonne une imitation si rare, si heureuse, si inouïe. Fou je suis, et fou je dois être jusqu'à ce que tu reviennes avec la réponse d'une lettre que je pense te faire porter à ma dame Dulcinée. Si cette réponse est telle que la mérite ma foi, aussitôt cesseront ma folie et ma pénitence; si le contraire arrive, alors je deviendrai fou tout de bon, et, l'étant, je n'aurai plus nul sentiment. Ainsi, de quelque manière qu'elle réponde, je sortirai de la confusion et du tourment où tu m'auras laissé, jouissant du bien que tu m'apporteras, à la faveur de ma raison, ou cessant de sentir le mal, à la faveur de ma folie. Mais, dis-moi, Sancho, as-tu bien précieusement gardé l'armet de Mambrin? J'ai vu que tu l'as relevé de terre quand cet ingrat voulut le mettre en pièces, et ne put en venir à bout; ce qui démontre bien clairement toute la finesse de sa trempe. »

A cela Sancho répondit :

« Vive Dieu! seigneur chevalier de la Triste Figure, je ne puis souffrir ni porter en patience certaines choses que dit Votre Grâce. Elles me font imaginer à la fin que tout ce que vous me dites d'aventures de chevalerie, de gagner des royaumes et des empires, de donner des îles et de faire d'autres faveurs et générosités à la mode des chevaliers errants, que tout cela, dis-je, n'est que vent et mensonge, et autant de contes à dormir debout. Car, enfin, quiconque entendrait dire à Votre Grâce qu'un plat à barbe de barbier est l'armet de Mambrin, et ne vous verrait pas sortir de cette erreur en plus de quatre jours, qu'est-ce qu'il devrait penser, sinon que celui qui dit et affirme une telle chose doit avoir le cerveau timbré? Le plat à barbe, je l'ai dans mon bissac, tout aplati et tout bossué, et je l'emporte pour le redresser à la maison, et m'y faire la barbe, si Dieu me fait assez de grâce pour que je me retrouve un jour avec ma femme et mes enfants.

— Vois-tu, Sancho, reprit don Quichotte, par le même Dieu au nom duquel tu viens de jurer, je te jure que tu as le plus étroit entendement qu'écuyer eut jamais au monde. Est-il possible que, depuis le temps que tu marches à ma suite, tu ne te sois pas encore aperçu que toutes les choses des chevaliers errants semblent autant de chimères, de billevesées et d'extravagances, et qu'elles vont sans cesse au rebours des autres? Ce n'est point parce qu'il en est ainsi, mais parce qu'au milieu de nous s'agite incessamment une tourbe d'enchanteurs qui changent nos affaires, les troquent, les dénaturent et les bouleversent à leur gré, selon qu'ils ont envie de nous nuire ou de nous prêter faveur. Voilà pourquoi cet objet, qui te paraît à toi un plat à barbe de barbier, me paraît à moi l'armet de Mambrin, et à un autre paraîtra tout autre chose. Et ce fut vraiment une rare précaution du sage qui est de mon parti, de faire que tout le monde prit pour un plat à barbe ce qui est bien réellement l'armet de Mambrin, car cet objet étant de si grande valeur, tout le monde me poursuivrait pour me l'enlever. Mais, comme on voit que ce n'est rien autre chose qu'un bassin de barbier, personne ne s'en met en souci. C'est ce qu'a bien prouvé celui qui voulait le rompre, et qui l'a laissé par terre sans l'emporter; car, ma foi, s'il eût connu ce que c'était, il ne serait pas parti les mains vides. Garde-le, ami; à présent je n'en ai nul besoin, car je dois au contraire me dépouiller de toutes ces armes, et rester nu comme lorsque je sortis du ventre de ma mère, s'il me prend fantaisie d'imiter dans ma pénitence plutôt Roland qu'Amadis. »

Ils arrivèrent, tout en causant ainsi, au pied d'une haute montagne qui s'élevait seule, comme une roche taillée à pic, au milieu de plusieurs autres dont elle était entourée. Sur son flanc courait un ruisseau limpide, et tout alentour s'étendait une prairie si verte et si molle qu'elle faisait plaisir aux yeux qui la regardaient. Beaucoup d'arbres dispersés çà et là et quelques fleurs des champs embellissaient encore cette douce retraite. Ce fut le lieu que choisit le chevalier de la Triste Figure pour faire sa pénitence. Dès qu'il l'eut aperçu, il se mit à s'écrier à haute voix comme s'il eût déjà perdu la raison :

« Voici l'endroit, ô ciel! que j'adopte et choisis pour pleurer l'infortune où vous-même m'avez fait descendre; voici l'endroit où les pleurs de mes yeux augmenteront les eaux de ce petit ruisselet, où mes profonds et continuels soupirs agiteront incessamment les feuilles de ces arbres sauvages, en signe et en témoignage de l'affliction qui déchire mon cœur outragé. O vous, qui que vous soyez, dieux rustiques, qui faites votre séjour dans ces lieux inhabités, écoutez les plaintes de ce misérable amant qu'une longue absence et d'imaginaires motifs de jalousie ont réduit à venir se lamenter dans ces déserts, et à se plaindre des rigueurs de cette belle ingrate, modèle et dernier terme de l'humaine beauté. O vous! napées et dryades, qui habitez d'ordinaire dans les profondeurs des montagnes, puissent les légers et lascifs satyres dont vous êtes vainement adorées ne troubler jamais votre doux repos, pourvu que vous m'aidiez à déplorer mes infortunes, ou du moins que vous ne vous lassiez pas d'entendre mes plaintes! O Dulcinée du Toboso, jour de mes nuits, gloire de mes peines, nord de mes voyages, étoile de ma bonne fortune, puisse le ciel te la donner toujours heureuse en tout ce qu'il te plaira de lui demander, si tu daignes considérer en quels lieux et en quel état m'a conduit ton absence, et répondre par un heureux dénoûment à la constance de ma foi! O vous, arbres solitaires, qui allez désormais tenir compagnie à ma solitude, faites connaître par le doux bruissement de votre feuillage que ma présence ne vous déplaît pas⁵. Et toi, ô mon écuyer, agréable et fidèle compagnon de ma bonne et mauvaise fortune, retiens bien dans ta mémoire ce qu'ici tu me verras faire, pour que tu le transmettes et le racontes à celle qui en est la cause unique. »

En disant ces derniers mots, il mit pied à terre, se hâta d'ôter le mors et la selle à Rossinante, et, le frappant doucement sur la croupe avec la paume de la main :

« Reçois la liberté, lui dit-il, de celui qui l'a perdue, ô coursier aussi excellent par tes œuvres que malheureux par ton sort; va-t'en, prends le chemin que tu voudras, car tu portes écrit sur le front que nul ne t'a égalé en légèreté et en vigueur, ni l'hippogriffe d'Astolphe, ni le renommé Frontin, qui coûta si cher à Bradamante⁶. »

Sancho, voyant cela :

« Pardieu! s'écria-t-il, bien en a pris vraiment à celui qui nous a ôté la peine de débâter le grison; on ne manquerait, par ma foi, ni de caresses à lui faire, ni de belles choses à dire à sa louange. Mais s'il était ici, je ne permettrais point que personne le débâtât; car, à quoi bon? Il n'avait que voir aux noms d'amoureux et de désespéré, puisque son maître n'était ni l'un ni l'autre, lequel maître était moi, quand il plaisait à Dieu. En vérité, seigneur chevalier de la Triste Figure, si mon départ et votre folie ne sont pas pour rire, mais tout de bon, il sera fort à propos de resseller Rossinante, pour qu'il supplée au défaut du grison; ce sera gagner du temps sur l'allée et le retour; car si je fais à pied le chemin, je ne sais ni quand j'arriverai ni quand je reviendrai, tant je suis pauvre marcheur.

— Je dis, Sancho, répondit don Quichotte, que tu fasses comme tu voudras, et que ton idée ne me semble pas mauvaise. Et j'ajoute que tu partiras dans trois jours, afin que tu voies d'ici là tout ce que je fais et dis pour elle, et que tu puisses le lui répéter.

— Et qu'est-ce que j'ai à voir, reprit Sancho, de plus que je n'ai vu?

— Tu n'es pas au bout du compte, répondit don Quichotte. A présent ne faut-il pas que je déchire mes vêtements, que je disperse les pièces de mon armure, et que je fasse des culbutes la tête en bas sur ces rochers, ainsi que d'autres choses de même espèce qui vont exciter ton admiration?

— Pour l'amour de Dieu, reprit Sancho, que Votre Grâce prenne bien garde à la manière de faire ces culbutes; vous pourriez tomber sur telle roche et en telle posture, qu'au premier saut se terminerait toute la machine de cette pénitence. Moi, je suis d'avis que, puisque Votre Grâce trouve ces culbutes tout à fait nécessaires, et que l'œuvre ne peut s'en passer, vous vous contentiez, tout cela n'étant qu'une chose feinte et pour rire, vous vous contentiez, dis-je, de les faire dans l'eau, ou sur quelque chose de doux, comme du coton; et laissez-moi me charger du reste : je saurai bien dire à ma dame Dulcinée que Votre Grâce faisait ces culbutes sur une pointe de rocher plus dure que celle d'un diamant.

— Je suis reconnaissant de ta bonne intention, ami Sancho, répondit don Quichotte; mais je veux te faire savoir que toutes ces choses que je fais ici, loin d'être pour rire, sont très-réelles et très-sérieuses : car, d'une autre manière, ce serait contrevenir aux règlements de la chevalerie, qui nous défendent de dire aucun mensonge, sous la peine des relaps; et faire une chose pour une autre, c'est la même chose que mentir. Ainsi donc mes culbutes doivent être franches, sincères et véritables, sans mélange de sophistique ou de fantastique. Il sera même nécessaire que tu me laisses quelques brins de charpie pour me panser, puisque le sort a voulu que nous perdissions le baume.

— Ç'a été bien pis de perdre l'âne, reprit Sancho, car avec lui s'en est allée la charpie et toute la boutique. Et je supplie Votre Grâce de ne plus se rappeler ce maudit breuvage; il suffit que j'en entende le nom pour me mettre toute l'âme à l'envers, et l'estomac sens dessus dessous. Je vous supplie, en outre, de tenir pour passés les trois jours de délai que vous m'avez accordés afin de voir quelles folies vous faites; je les donne pour dûment vues et pour passées en force de chose jugée. J'en dirai des merveilles à ma dame; mais écrivez la lettre, et dépêchez-moi vite, car j'ai la meilleure envie de revenir tirer Votre Grâce de ce purgatoire où je la laisse.

— Purgatoire, dis-tu, Sancho? reprit don Quichotte. Tu ferais mieux de l'appeler enfer, et pire encore s'il y a quelque chose de pire.

— Qui est en enfer, répliqua Sancho, *nulla est retentio*, à ce que j'ai ouï dire.

— Je n'entends pas ce que veut dire *retentio*, reprit don Quichotte.

— *Retentio* veut dire, repartit Sancho, que qui est en enfer n'en sort plus jamais, et n'en peut plus sortir; ce qui sera tout au rebours pour Votre Grâce, ou, ma foi, je ne saurais plus jouer des talons, au cas que je porte des éperons pour éveiller Rossinante. Et plantez-moi une bonne fois pour toutes dans le Toboso, et en présence de ma dame Dulcinée; je lui ferai un tel récit des bêtises et des folies (c'est tout un) que Votre Grâce a faites et qui lui restent encore à faire, que je finirai par la rendre plus souple qu'un gant, dussé-je la trouver plus dure qu'un tronc de liége. Avec cette réponse douce et mielleuse, je reviendrai à travers les airs, comme un sorcier, et je tirerai Votre Grâce de ce purgatoire, qui paraît un enfer, bien qu'il ne le soit pas, puisqu'il y a grande espérance d'en sortir, ce que n'ont pas, comme je l'ai dit, ceux qui sont en enfer; et je ne crois pas que Votre Grâce dise autre chose.

— Oui, c'est la vérité, répondit le chevalier de la Triste Figure; mais comment ferons-nous pour écrire la lettre?

— Et puis aussi la lettre de change des ânons, ajouta Sancho.

— Tout y sera compris, répondit don Quichotte. Et, puisque le papier manque, il serait bon que nous l'écrivissions, comme faisaient les anciens, sur des feuilles d'arbre, ou sur des tablettes de cire, quoiqu'à vrai dire il ne serait pas plus facile de trouver de la cire que du papier. Mais voilà qu'il me vient à l'esprit où il sera bien et plus que bien de l'écrire : c'est sur le livre de poche qu'a perdu Cardénio. Tu auras soin de la faire transcrire sur une feuille de papier en bonne écriture, dans le premier village où tu trouveras un maître d'école, ou sinon, le premier sacristain venu te la transcrira; mais ne t'avise pas de la faire transcrire par un notaire : ces gens-là ont une écriture de chicane que Satan lui-même ne déchiffrerait pas.

— Et que faut-il faire de la signature? demanda Sancho.

— Jamais Amadis n'a signé ses lettres, répondit don Quichotte.

— C'est très-bien, répliqua Sancho, mais la lettre de change doit être signée forcément. Si je la fais transcrire, on dira que la signature est fausse, et je resterai sans ânons.

— La lettre de change, reprit don Quichotte, sera faite et signée sur le livre de poche lui-même, et quand ma nièce la verra, elle ne fera nulle difficulté d'y faire honneur. Quant à la lettre d'amour, tu mettras pour signature : *A vous jusqu'à la mort, le chevalier de la Triste Figure*. Il importera peu qu'elle soit écrite d'une main étrangère; car, si je m'en souviens bien, Dulcinée ne sait ni lire ni écrire, et de toute sa vie n'a vu lettre de ma main. En effet, mes amours et les siens ont toujours été platoniques, sans s'étendre plus loin qu'à une honnête œillade, et encore tellement de loin en loin, que j'oserais jurer d'une chose en toute sûreté de conscience : c'est que, depuis douze ans au moins que je l'aime plus que la prunelle de ces yeux que doivent manger un jour les vers de la terre, je ne l'ai pas vue quatre fois; encore, sur ces quatre fois, n'y en a-t-il peut-être pas une où elle ait remarqué que je la regardais, tant sont grandes la réserve et la retraite où l'ont élevée son père Lorenzo Corchuelo et sa mère Aldonza Nogalès.

— Comment, comment! s'écria Sancho, c'est la fille de Lorenzo Corchuelo qui est à cette heure ma dame Dulcinée du Toboso, celle qu'on appelle, par autre nom, Aldonza Lorenzo?

— C'est elle-même, répondit don Quichotte, celle qui mérite de régner sur tout l'univers.

— Oh! je la connais bien, reprit Sancho, et je puis dire qu'elle jette aussi bien la barre que le plus vigoureux gars de tout le village. Tudieu! c'est une fille de tête, faite et parfaite, et de poil à l'estomac, propre à faire la barbe et le toupet à tout chevalier errant qui la prendra pour dame. Peste! quelle voix elle a, et quel creux de poitrine! Je puis dire qu'un jour elle monta au clocher du village pour appeler des valets de ferme qui travaillaient dans un champ de son père; et quoiqu'il y eût de là plus d'une demi-lieue, ils l'entendirent aussi bien que s'ils eussent été au pied de la tour. Et ce qu'elle a de mieux, c'est qu'elle n'est pas du tout bégueule; elle a des façons de grande dame; elle badine avec tout le monde, et fait la nique à tout propos. A présent, seigneur chevalier de la Triste Figure, je dis que non-seulement Votre Grâce peut et doit faire des folies pour elle, mais que vous pouvez à juste titre vous désespérer et vous pendre, et que de ceux qui l'apprendront, il n'y a personne qui ne dise que vous avez bien fait, dût le diable vous emporter. Oh! je voudrais déjà me trouver en chemin, seulement pour le plaisir de la revoir, car il y a longtemps que je ne l'ai vue; et vraiment elle doit être bien changée. Rien ne gâte plus vite le teint des femmes que d'être toujours à travers les champs, à l'air et au soleil. Il faut pourtant que je confesse à Votre Grâce une vérité, seigneur don

Quichotte ; car jusqu'à présent j'étais resté dans une grande ignorance. Je pensais bien innocemment que ma dame Dulcinée devait être quelque princesse dont Votre Grâce s'était éprise, ou quelque personne de haut rang, et telle qu'elle méritât les riches présents que vous lui avez envoyés, à savoir : celui du Biscayen vaincu, ou celui des galériens délivrés, et beaucoup d'autres encore, aussi nombreux que les victoires que doit avoir remportées Votre Grâce dans le temps que je n'étais pas encore son écuyer. Mais, tout bien considéré, que diable peut gagner ma dame Aldonza Lorenzo, je veux dire ma dame Dulcinée du Toboso, à voir venir s'agenouiller devant elle les vaincus que Votre Grâce lui envoie, ou lui doit envoyer ? Car il pourrait bien arriver qu'au moment où ils paraîtraient, elle fût à peigner du chanvre ou à battre du blé dans la grange, et qu'en la voyant, ces gens-là se missent en colère, tandis qu'elle se moquerait ou se fâcherait aussi du cadeau.

— Je t'ai déjà dit bien des fois, Sancho, répondit don Quichotte, que tu es un grand bavard, et qu'avec un esprit obtus et lourd tu te mêles souvent de badiner et de faire des pointes. Mais pour que tu reconnaisses combien tu es sot et combien je suis sage, je veux que tu écoutes une petite histoire. Apprends donc qu'une jeune veuve, belle, libre et riche, et surtout fort amie de la joie, s'amouracha d'un frère lai, gros garçon, frais, réjoui et de large encolure. Son aîné vint à le savoir, et dit un jour à la bonne veuve, en manière de semonce fraternelle : « Je suis étonné, madame, et non sans raison, qu'une femme aussi noble, aussi « belle, aussi riche que Votre Grâce, aille s'amouracher d'un homme d'aussi bas « étage et d'aussi pauvre esprit qu'un tel, tandis qu'il y a dans la même maison « tant de docteurs, de maîtres et de théologiens, parmi lesquels vous pourriez « choisir comme au milieu d'un cent de poires, et dire : « Celui-ci me convient, « celui-là me déplaît. » Mais la dame lui répondit avec beaucoup d'aisance et d'a- bandon : « Vous êtes bien dans l'erreur, mon très-cher seigneur et frère, et vous « pensez à la vieille mode, si vous imaginez que j'ai fait un mauvais choix en pre- « nant un tel, quelque idiot qu'il vous paraisse ; car, pour ce que j'ai à faire de lui, « il sait autant et plus de philosophie qu'Aristote. » De la même manière, Sancho, pour ce que j'ai à faire de Dulcinée, elle vaut autant que la plus haute princesse de la terre. Il ne faut pas croire que tous les poëtes qui chantent des dames sous des noms qu'ils leur donnent à leur fantaisie les aient réellement pour maîtresses. Penses-tu que les Amaryllis, les Philis, les Sylvies, les Dianes, les Galathées et d'autres semblables, dont sont remplis les livres, les romances, les boutiques de barbiers et les théâtres de comédie, fussent de vraies créatures en chair et en os, et les dames de ceux qui les ont célébrées ? Non, vraiment ; la plupart des poëtes les imaginent pour donner un sujet à leurs vers[a], et pour qu'on les croie amoureux, ou du moins capables de l'être. Ainsi donc, il me suffit de penser et de croire que la bonne Aldonza Lorenzo est belle et sage. Quant à la naissance, elle importe peu ; nous n'en sommes pas à faire une enquête pour lui conférer l'habit de chanoinesse, et je me persuade, moi, qu'elle est la plus haute princesse du monde. Car il faut que tu saches, Sancho, si tu ne le sais pas encore, que deux choses par-dessus tout excitent à l'amour : ce sont la beauté et la bonne renommée. Or, ces deux choses se trouvent dans Dulcinée au degré le plus éminent, car en beauté personne ne l'égale, et en bonne renommée bien peu lui sont comparables. Et pour tout dire en un mot, j'imagine qu'il en est ainsi, sans qu'il faille rien ôter ni rien ajouter, et je la peins dans mon imagination telle que je la désire, aussi bien pour la noblesse que pour les attraits ; à ce point, que nulle femme n'approche d'elle, ni les Hélènes, ni les Lucrèces, ni toutes les héroïnes des siècles passés, grecques, romaines ou barbares. Que chacun en dise ce qu'il voudra; si je suis blâmé par les ignorants, je ne serai pas du moins puni par les gens austères.

— Et moi je dis, reprit Sancho, qu'en toutes choses Votre Grâce a raison, et que je ne suis qu'un âne. Et je ne sais pourquoi ce nom me vient à la bouche, car il ne faut point parler de corde dans la maison d'un pendu. Mais donnez-moi la lettre, et que je déménage. »

Don Quichotte prit les tablettes de Cardénio, et, se mettant à l'écart, il commença d'un grand sang-froid à écrire la lettre. Quand il l'eut finie, il appela Sancho, et lui dit qu'il voulait la lui lire pour qu'il l'apprît par cœur dans le cas où elle se perdrait en route, car il fallait tout craindre de sa mauvaise étoile.

« Votre Grâce ferait mieux, répondit Sancho, de l'écrire deux ou trois fois, là, dans le livre, et de me le donner après : je saurai bien le garder; mais penser que j'apprenne la lettre par cœur, c'est une sottise. J'ai la mémoire si mauvaise, que j'oublie souvent comment je m'appelle. Toutefois, lisez-la-moi, je serai bien aise de l'entendre, car elle doit être faite comme en lettres moulées.

— Écoute donc, reprit don Quichotte; voici comment elle est conçue :

LETTRE DE DON QUICHOTTE A DULCINÉE DU TOBOSO.

« Haute et souveraine dame,

« Le piqué au vif des pointes de l'absence, le blessé dans l'intime région du cœur, dulcissime Dulcinée du Toboso, te souhaite la bonne santé dont il ne jouit plus. Si ta beauté me dédaigne, si tes mérites cessent d'être portés en ma faveur, et si tes rigueurs entretiennent mes angoisses, bien que je sois passablement rompu à la souffrance, mal pourrai-je me maintenir en une transe semblable, qui n'est pas seulement forte, mais durable à l'avenant. Mon bon écuyer Sancho te fera une relation complète, ô belle ingrate, ô ennemie adorée, de l'état où je me trouve en ton intention. S'il te plaît de me secourir, je suis à toi; sinon, fais à ta fantaisie, car, en terminant mes jours, j'aurai satisfait à mon désir et à ta cruauté.

« A toi jusqu'à la mort,

« Le chevalier de la Triste Figure. »

— Par la vie de mon père! s'écria Sancho, quand il eut entendu lire cette lettre, voilà bien la plus haute et la plus merveilleuse pièce que j'aie jamais entendue! Peste! comme Votre Grâce lui dit bien là tout ce qu'elle veut lui dire! et comme vous avez joliment enchâssé dans le parafe *le chevalier de la Triste Figure!* Je le dis en vérité, vous êtes le diable lui-même, il n'y a rien que vous ne sachiez.

— Tout est nécessaire, reprit don Quichotte, pour la profession que j'exerce.

— Or çà, reprit Sancho, mettez maintenant au revers de la page la cédule pour les trois ânons, et signez-la très-clairement, pour qu'en la voyant on reconnaisse votre écriture.

— Volontiers, » dit don Quichotte. Et, l'ayant écrite, il lui en lut ensuite le contenu :

« Veuillez, madame ma nièce, payer sur cette première d'ânons⁹, à Sancho Panza, mon écuyer, trois des cinq que j'ai laissés à la maison, et qui sont confiés aux soins de Votre Grâce ; lesquels trois ânons je lui fais payer et délivrer pour un égal nombre reçus ici comptant, et qui, sur cette lettre et sur sa quittance, seront dûment acquittés. Fait dans les entrailles de la Sierra-Moréna, le 27 août de la présente année. »

« C'est très-bien ! s'écria Sancho, Votre Grâce n'a plus qu'à signer.

— Il n'est pas besoin de signature, répondit don Quichotte ; je vais mettre seulement mon parafe, ce qui vaudra tout autant que la signature, non pour trois ânes, mais pour trois cents.

— Je me fie en Votre Grâce, reprit Sancho. Laissez maintenant que j'aille seller Rossinante, et préparez-vous à me donner votre bénédiction ; car je veux me mettre en route tout à l'heure, sans voir les extravagances que vous avez à faire, et je saurai bien dire que je vous en ai vu faire à bouche que veux-tu.

— Pour le moins, je veux, Sancho, repartit don Quichotte, et c'est tout à fait nécessaire, je veux, dis-je, que tu me voies tout nu, sans autre habit que la peau, faire une ou deux douzaines de folies. Ce sera fini en moins d'une demi-heure ; mais quand tu auras vu celles-là de tes propres yeux, tu pourras jurer en conscience pour toutes celles qu'il te plaira d'ajouter, et je t'assure bien que tu n'en diras pas autant que je pense en faire.

— Par l'amour de Dieu, mon bon seigneur, s'écria Sancho, que je ne voie pas la peau de Votre Grâce ! j'en aurais trop de compassion, et ne pourrais m'empêcher de pleurer ; et pour avoir pleuré hier soir le pauvre grison, j'ai la tête si malade que je ne suis pas en état de me remettre à de nouveaux pleurs. Si Votre Grâce veut à toute force que je voie quelques-unes de ses folies, faites-les tout habillé, courtes et les premières venues. D'ailleurs, quant à moi, rien de cela n'est nécessaire, et, comme je vous l'ai dit, ce serait abréger le voyage et hâter mon retour, qui doit vous rapporter d'aussi bonnes nouvelles que Votre Grâce les désire et les mérite. Sinon, par ma foi, que ma dame Dulcinée se tienne bon ! Si elle ne répond pas comme la raison l'exige, je fais vœu solennel à qui m'entend de lui arracher la bonne réponse de l'estomac à coups de pied et à coups de poing. Car enfin qui peut souffrir qu'un chevalier errant aussi fameux que Votre Grâce aille devenir fou sans rime ni raison pour une.... Que la bonne dame ne me le fasse pas dire, car, au nom de Dieu, je lâche ma langue et lui crache son fait à la figure. Ah! je suis bon, vraiment, pour ces gentillesses! Elle ne me connaît guère, et, si elle me connaissait, elle me jeûnerait comme la veille d'un saint[10].

— Par ma foi, Sancho, interrompit don Quichotte, à ce qu'il paraît, tu n'es guère plus sage que moi.

— Je ne suis pas si fou, reprit Sancho, mais je suis plus colère. Maintenant, laissant cela de côté, qu'est-ce que Votre Grâce va manger en attendant que je revienne? Allez-vous, comme Cardénio, vous mettre en embuscade et prendre de force votre nourriture aux bergers?

— Que cela ne te donne pas de souci, répondit don Quichotte; quand même j'aurais des vivres en abondance, je ne mangerais pas autre chose que les herbes et les fruits que me fourniront cette prairie et ces arbres. Le fin de mon affaire est de ne pas manger du tout, et de souffrir bien d'autres austérités.

— A propos, dit Sancho, savez-vous ce que je crains? c'est de ne plus retrouver mon chemin pour revenir en cet endroit où je vous laisse, tant il est désert et caché.

— Prends-en bien toutes les enseignes, répondit don Quichotte; je ferai en sorte de ne pas m'éloigner de ces alentours, et même j'aurai soin de monter sur les plus hautes de ces roches, pour voir si je te découvre quand tu reviendras. Mais, au reste, dans la crainte que tu ne me manques et ne te perdes, ce qu'il y a de mieux à faire, c'est que tu coupes des branches de ces genêts, dont nous sommes entourés, et que tu les déposes de distance en distance jusqu'à ce que tu arrives à la plaine. Ces branches te serviront d'indices et de guides pour que tu me retrouves à ton retour, à l'imitation du fil qu'employa Persée dans le labyrinthe[11].

— C'est ce que je vais faire, » répondit Sancho.

Et dès qu'il eut coupé quelques broussailles, il vint demander à son seigneur sa bénédiction, et, non sans avoir beaucoup pleuré tous deux, il prit congé de lui. Après être monté sur Rossinante, que don Quichotte lui recommanda tendrement, l'engageant d'en prendre soin comme de sa propre personne, Sancho se mit en route pour la plaine, semant de loin en loin des branches de genêt, comme son maître le lui avait conseillé, et bientôt s'éloigna, au grand déplaisir de don Quichotte, qui aurait voulu lui faire voir au moins une couple de folies.

Mais Sancho n'avait pas encore fait cent pas qu'il revint, et dit à son maître :

« Je dis, seigneur, que Votre Grâce avait raison; pour que je puisse jurer en repos de conscience que je lui ai vu faire des folies, il sera bon que j'en voie pour le moins une, bien que, Dieu merci, j'en aie vu une assez grosse dans votre envie de rester là.

— Ne te l'avais-je pas dit? s'écria don Quichotte. Attends, Sancho; en moins d'un *credo*, ce sera fait. »

Aussitôt, tirant ses chausses en toute hâte, il resta nu en pan de chemise;

SANCHO TOURNA BRIDE ET SE TINT POUR SATISFAIT. — T. I, CH. XXV.

puis, sans autre façon, il se donna du talon dans le derrière, fit deux cabrioles en l'air et deux culbutes, la tête en bas et les pieds en haut, découvrant de telles choses que, pour ne les pas voir davantage, Sancho tourna bride, et se tint pour satisfait de pouvoir jurer que son maître demeurait fou. Maintenant nous le laisserons suivre son chemin jusqu'au retour, qui ne fut pas long.

CHAPITRE XXVI.

OÙ SE CONTINUE LES FINES PROUESSES D'AMOUR QUE FIT DON QUICHOTTE DANS LA SIERRA-MORÉNA.

Et revenant à conter ce que fit le chevalier de la Triste Figure quand il se vit seul, l'histoire dit qu'à peine don Quichotte eut achevé ses sauts et ses culbutes, nu de la ceinture en bas, et vêtu de la ceinture en haut, voyant que Sancho s'en était allé sans vouloir attendre d'autres extravagances, il gravit jusqu'à la cime d'une roche élevée, et là se remit à réfléchir sur une chose qui avait déjà maintes fois occupé sa pensée, sans qu'il eût encore pu prendre une résolution : c'était de savoir lequel serait le meilleur et lui conviendrait le mieux, d'imiter Roland dans ses folies dévastatrices, ou bien Amadis dans ses folies mélancoliques; et, se parlant à lui-même, il disait :

« Que Roland ait été aussi brave et vaillant chevalier que tout le monde le dit, qu'y a-t-il à cela de merveilleux? car enfin, il était enchanté, et personne ne pouvait lui ôter la vie, si ce n'est en lui enfonçant une épingle noire sous la plante du pied. Or, il portait toujours à ses souliers six semelles de fer[1]. Et pourtant toute sa magie ne servit de rien contre Bernard del Carpio, qui découvrit la feinte, et l'étouffa entre ses bras dans la gorge de Roncevaux. Mais, laissant à part la question de sa vaillance, venons à celle de sa folie, car il est certain qu'il perdit le jugement sur les indices qu'il trouva aux arbres de la fontaine, et sur la nouvelle que lui donna le pasteur qu'Angélique avait dormi plus de deux siestes avec Médor, ce petit More aux cheveux bouclés, page d'Agramont². Et certes, s'il s'imagina que cette nouvelle était vraie, et que la dame lui avait joué ce tour, il n'eut pas grand mérite à devenir fou. Mais moi, comment puis-je l'imiter dans les folies, ne l'ayant point imité dans le sujet qui les fit naître? car, pour ma Dulcinée du Toboso, j'oserais bien jurer qu'en tous les jours de sa vie elle n'a pas vu l'ombre d'un More, en chair et en costume, et qu'elle est encore aujourd'hui comme la mère qui l'a mise au monde. Je lui ferais donc une manifeste injure, si, croyant d'elle autre chose, j'allais devenir fou du genre de folie qu'eut Roland le Furieux. D'un autre côté, je vois qu'Amadis de Gaule, sans perdre l'esprit et sans faire d'extravagances, acquit en amour autant et plus de renommée que personne. Et pourtant, d'après son histoire, il ne fit rien de plus, en se voyant dédaigné de sa dame Oriane, qui lui avait ordonné de ne plus paraître en sa présence contre sa volonté, que de se retirer sur la Roche-Pauvre, en compagnie d'un ermite; et là, il se rassasia de pleurer, jusqu'à ce que le ciel le secourût dans l'excès de son affliction et de ses angoisses. Si telle est la vérité, et ce l'est à coup sûr, pourquoi me donnerais-je à présent la peine de me déshabiller tout à fait, et de faire du mal à ces pauvres arbres qui ne m'en ont fait aucun? Et qu'ai-je besoin de troubler l'eau claire de ces ruisseaux, qui doivent me donner à boire quand l'envie m'en prendra? Vive, vive la mémoire d'Amadis, et qu'il soit imité en tout ce qui est possible par don Quichotte de la Manche, duquel on dira ce qu'on a dit d'un autre, que, s'il ne fit pas de grandes choses, il périt pour les avoir entreprises³! Et si je ne suis ni outragé ni dédaigné par ma Dulcinée, ne me suffit-il pas, comme je l'ai déjà dit, d'être séparé d'elle par l'absence? Courage donc, les mains à la besogne! venez à mon souvenir, belles actions d'Amadis, enseignez-moi par où je dois commencer à vous imiter. Mais je sais ce que qu'il fit la plupart du temps, ce fut de réciter ses prières, et c'est ce que je vais faire aussi. »

Alors, pour lui servir de chapelet, don Quichotte prit de grosses pommes de liége, qu'il enfila, et dont il fit un rosaire à dix grains. Mais ce qui le contrariait beaucoup, c'était de ne pas avoir sous la main un ermite qui le confessât et lui donnât des consolations. Aussi passait-il le temps, soit à se promener dans la prairie, soit à écrire et à tracer sur l'écorce des arbres ou sur le sable menu une foule de vers, tous accommodés à sa tristesse, et quelques-uns à la louange de Dulcinée. Mais les seuls qu'on put retrouver entiers, et qui fussent encore lisibles quand on vint à sa recherche, furent les strophes suivantes⁴ :

« Arbres, plantes et fleurs, qui vous montrez en cet endroit si hauts, si verts et si brillants, écoutez, si vous ne prenez plaisir à mon malheur, écoutez mes plaintes respectables. Que ma douleur ne vous trouble point, quelque terrible qu'elle éclate; car, pour vous payer sa bienvenue, ici pleura don Quichotte l'absence de Dulcinée du Toboso.

« Voici le lieu où l'amant le plus loyal se cache loin de sa dame, arrivé à tant

d'infortune sans savoir ni comment ni pourquoi. Un amour de mauvaise engeance le ballotte et se joue de lui : aussi, jusqu'à remplir un baril, ici pleura don Quichotte l'absence de Dulcinée
du Toboso.

« Cherchant les aventures à travers de durs rochers, et maudissant de plus dures entrailles, sans trouver parmi les broussailles et les rocs autre chose que des mésaventures, l'Amour le frappa de son fouet acéré, non de sa douce bandelette, et, blessé sur le chignon, ici pleura don Quichotte l'absence de Dulcinée
du Toboso. »

Ce ne fut pas un petit sujet de rire, pour ceux qui firent la trouvaille des vers qu'on vient de citer, que cette addition *du Toboso* faite hors ligne au nom de Dulcinée ; car ils pensèrent que don Quichotte s'était imaginé que si, en nommant Dulcinée, il n'ajoutait aussi *du Toboso*, la strophe ne pourrait être comprise ; et c'est, en effet, ce qu'il avoua depuis lui-même. Il écrivit bien d'autres poésies ; mais, comme on l'a dit, ces trois strophes furent les seules qu'on put déchiffrer. Tantôt l'amoureux chevalier occupait ainsi ses loisirs, tantôt il soupirait, appelait les faunes et les sylvains de ces bois, les nymphes de ces fontaines, la plaintive et vaporeuse Écho, les conjurant de l'entendre, de lui répondre et de le consoler ; tantôt il cherchait quelques herbes nourrissantes pour soutenir sa vie en attendant le retour de Sancho. Et si, au lieu de tarder trois jours à revenir, celui-ci eût tardé trois semaines, le chevalier de la Triste Figure serait resté si défiguré, qu'il n'eût pas été reconnu même de la mère qui l'avait mis au monde. Mais il convient de le laisser absorbé dans ses soupirs et ses poésies, pour conter ce que devint Sancho, et ce qui lui arriva dans son ambassade.

Dès qu'il eut gagné la grand'route, il se mit en quête du Toboso, et atteignit le lendemain l'hôtellerie où lui était arrivée la disgrâce des sauts sur la couverture. A peine l'eut-il aperçue, qu'il s'imagina voltiger une seconde fois par les airs, et il résolut bien de ne pas y entrer, quoiqu'il fût justement l'heure de le faire, c'est-à-dire l'heure du dîner, et qu'il eût grande envie de goûter à quelque chose de chaud, n'ayant depuis bien des jours rien mangé que des provisions froides. Son estomac le força donc à s'approcher de l'hôtellerie, encore incertain s'il entrerait ou brûlerait l'étape. Tandis qu'il était en suspens, deux hommes sortirent de la maison, et, dès qu'ils l'eurent aperçu, l'un d'eux dit à l'autre :

« Dites-moi, seigneur licencié, cet homme à cheval, n'est-ce pas Sancho Panza, celui que la gouvernante de notre aventurier prétend avoir suivi son maître en guise d'écuyer?

— C'est lui-même, répondit le licencié, et voilà le cheval de notre don Quichotte. »

Ils avaient, en effet, reconnu facilement l'homme et sa monture ; car c'étaient le curé et le barbier du village, ceux qui avaient fait le procès et l'*auto-da-fé* des livres de chevalerie. Aussitôt qu'ils eurent achevé de reconnaître Sancho et Rossinante, désirant savoir des nouvelles de don Quichotte, ils s'approchèrent du cavalier, et le curé, l'appelant par son nom :

« Ami Sancho Panza, lui dit-il, qu'est-ce que fait votre maître? »

Sancho les reconnut aussitôt, mais il résolut de leur cacher le lieu et l'état où il avait laissé son seigneur; il leur répondit donc que celui-ci était occupé en un certain endroit, à une certaine chose qui lui était d'une extrême importance, mais qu'il ne pouvait découvrir, au prix des yeux qu'il avait dans sa tête.

« Non, non, Sancho Panza, s'écria le barbier, si vous ne nous dites point où il est et ce qu'il fait, nous croirons, comme nous avons déjà droit de le croire, que vous l'avez assassiné et volé, car enfin vous voilà monté sur son cheval. Et, par Dieu! vous nous rendrez compte du maître de la bête, ou gare à votre gosier.

— Oh! répondit Sancho, il n'y a pas de menace à me faire, et je ne suis pas homme à tuer ni voler personne. Que chacun meure de sa belle mort, à la volonté de Dieu qui l'a créé. Mon maître est au beau milieu de ces montagnes, à faire pénitence tout à son aise. »

Et sur-le-champ il leur conta, d'un seul trait et sans prendre haleine, en quel état il l'avait laissé, les aventures qui leur étaient arrivées, et comment il portait une lettre à Mme Dulcinée du Toboso, qui était la fille de Lorenzo Corchuelo, dont son maître avait le cœur épris jusqu'au foie.

Les deux questionneurs restèrent tout ébahis de ce que leur contait Sancho; et, bien qu'ils connussent déjà la folie de don Quichotte et l'étrange nature de cette folie, leur étonnement redoublait toutes les fois qu'ils en apprenaient des nouvelles. Ils prièrent Sancho Panza de leur montrer la lettre qu'il portait à Mme Dulcinée du Toboso. Celui-ci répondit qu'elle était écrite sur un livre de poche, et qu'il avait ordre de son seigneur de la faire transcrire sur du papier dans le premier village qu'il rencontrerait; à quoi le curé répliqua que Sancho n'avait qu'à la lui faire voir, et qu'il la transcrirait lui-même en belle écriture. Sancho Panza mit aussitôt la main dans son sein pour y chercher le livre de poche; mais il ne le trouva point, et n'avait garde de le trouver, l'eût-il cherché jusqu'à cette heure, car don Quichotte l'avait gardé sans songer à le lui remettre, et sans que Sancho songeât davantage à le lui demander. Quand le bon écuyer vit que le livre ne se trouvait point, il fut pris d'une sueur froide et devint pâle comme un mort; puis il se mit en grande hâte à se tâter tout le corps de haut en bas, et, voyant qu'il ne trouvait toujours rien, il s'empoigna, sans plus de façon, la barbe à deux mains, s'en arracha la moitié, et tout d'une haleine s'appliqua cinq à six coups de poing sur les mâchoires et sur le nez, si bien qu'il se mit tout le visage en sang. Voyant cela, le curé et le barbier lui demandèrent à la fois ce qui lui était arrivé pour se traiter d'une si rude façon.

« Ce qui m'est arrivé! s'écria Sancho, que j'ai perdu de la main à la main trois ânons dont le moindre était comme un château.

— Comment cela? répliqua le barbier.

— C'est que j'ai perdu le livre de poche, reprit Sancho, où se trouvait la lettre à Dulcinée, et de plus une cédule signée de mon seigneur, par laquelle il ordonnait à sa nièce de me donner trois ânons sur quatre ou cinq qui sont à l'écurie. »

Et là-dessus Sancho leur conta la perte du grison. Le curé le consola, en lui disant que, dès qu'il trouverait son maître, il lui ferait renouveler la donation, et que cette fois le mandat serait écrit sur du papier, selon la loi et la coutume, attendu que les mandats écrits sur des livres de poche ne peuvent jamais être acceptés ni payés. Sancho, sur ce propos, se sentit consolé, et dit qu'en ce cas il se souciait fort peu d'avoir perdu la lettre à Dulcinée, puisqu'il la savait presque par cœur, et qu'on pourrait la transcrire de sa mémoire, où et quand on en prendrait l'envie.

« Eh bien! dites-la donc, Sancho, s'écria le barbier, et nous vous la transcrirons. »

Sancho s'arrêta tout court, et se gratta la tête pour rappeler la lettre à son souvenir; tantôt il se tenait sur un pied, tantôt sur l'autre; tantôt il regardait le ciel, tantôt la terre; enfin, après s'être rongé plus qu'à moitié l'ongle d'un doigt, tenant en suspens ceux qui attendaient sa réponse, il s'écria, au bout d'une longue pause :

« Par le saint nom de Dieu, seigneur licencié, je veux bien que le diable emporte ce que je me rappelle de la lettre! Pourtant, elle disait pour commencer :

« *Haute et souterraine dame.* »

— Oh! non, interrompit le barbier, il n'y avait pas souterraine, mais surhumaine ou souveraine dame.

— C'est cela même, s'écria Sancho; ensuite, si je m'en souviens bien, elle continuait en disant.... si je ne m'en souviens pas mal.... *Le blessé et manquant de sommeil.... et le piqué baise à Votre Grâce les mains, ingrate et très-méconnaissable beauté.* Puis je ne sais trop ce qu'il disait de bonne santé et de maladie qu'il lui envoyait; puis il s'en allait discourant jusqu'à ce qu'il vint à finir par : *A vous jusqu'à la mort, le chevalier de la Triste Figure.* »

Les deux auditeurs s'amusèrent beaucoup à voir quelle bonne mémoire avait Sancho Panza; ils lui en firent compliment, et le prièrent de répéter la lettre encore deux fois, pour qu'ils pussent eux-mêmes l'apprendre par cœur, et la transcrire à l'occasion. Sancho la répéta donc trois autres fois, et trois fois répéta trois autres mille impertinences. Après cela, il se mit à conter les aventures de son maître; mais il ne souffla mot de la berne qu'il avait essuyée dans cette hôtellerie où il refusait toujours d'entrer. Il ajouta que son seigneur, dès qu'il aurait reçu de favorables dépêches de sa dame Dulcinée du Toboso, allait se mettre en campagne pour tâcher de devenir empereur, ou monarque pour le moins, ainsi qu'ils en étaient convenus entre eux; et que c'était une chose toute simple et très-facile, tant étaient grandes la valeur de sa personne et la force de son bras; puis, qu'aussitôt qu'il serait monté sur le trône, il le marierait, lui Sancho, qui serait alors veuf, parce qu'il ne pouvait en être autrement, et qu'il lui donnerait pour femme une suivante de l'impératrice, héritière d'un riche et grand État en terre ferme, n'ayant pas plus d'îles que d'îlots, desquels il ne se souciait plus.

Sancho débitait tout cela d'un air si grave, en s'essuyant de temps en temps le nez et la barbe, et d'un ton si dénué de bon sens, que les deux autres tombaient de leur haut, considérant quelle violence devait avoir eue la folie de don Quichotte, puisqu'elle avait emporté après elle le jugement de ce pauvre homme. Ils ne voulurent pas se fatiguer à le tirer de l'erreur où il était, car il leur parut que, sa conscience n'étant point en péril, le mieux était de l'y laisser, et qu'il serait bien plus divertissant pour eux d'entendre ses extravagances. Aussi lui dirent-ils de prier Dieu pour la santé de son seigneur, et qu'il était dans les futurs contingents et les choses hypothétiques qu'avec le cours du temps, il devînt empereur ou pour le moins archevêque, ou dignitaire d'un ordre équivalent.

« En ce cas, seigneur, répondit Sancho, si la fortune embrouillait les affaires de façon qu'il prît fantaisie à mon maître de ne plus être empereur, mais archevêque, je voudrais bien savoir dès à présent ce qu'ont l'habitude de donner à leurs écuyers les archevêques errants[3].

— Ils ont l'habitude, répondit le curé, de leur donner, soit un bénéfice simple, soit un bénéfice à charge d'âmes, soit quelque sacristie qui leur rapporte un bon revenu de rente fixe, sans compter le casuel, qu'il faut estimer autant.

— Mais pour cela, répondit Sancho, il sera nécessaire que l'écuyer ne soit pas marié, et qu'il sache tout au moins servir la messe. S'il en est ainsi, malheur à moi qui suis marié pour mes péchés, et qui ne sais pas la première lettre de l'A B C! Que sera-ce de moi, bon Dieu! si mon maître se fourre dans la tête d'être archevêque et non pas empereur, comme c'est la mode et la coutume des chevaliers errants?

— Ne vous mettez pas en peine, ami Sancho, reprit le barbier; nous aurons soin de prier votre maître, et nous lui en donnerons le conseil, et nous lui en ferons au besoin un cas de conscience, de devenir empereur, et non archevêque, ce qui lui sera plus facile, car il est plus brave que savant.

— C'est bien aussi ce que j'ai toujours cru, répondit Sancho, quoique je puisse dire qu'il est propre à tout. Mais ce que je pense faire de mon côté, c'est de prier Notre-Seigneur qu'il l'envoie justement là où il trouvera le mieux son affaire, et le moyen de m'accorder les plus grandes faveurs.

— Vous parlez en homme sage, reprit le curé, et vous agirez en bon chrétien. Mais ce qui importe à présent, c'est de chercher à tirer votre maître de cette utile pénitence qu'il s'amuse à faire là-bas, à ce que vous dites. Et pour réfléchir au moyen qu'il faut prendre, aussi bien que pour dîner, car il en est l'heure, nous ferons bien d'entrer dans cette hôtellerie. »

Sancho répondit qu'ils y entrassent, que lui resterait dehors, et qu'il leur dirait ensuite quelle raison l'empêchait d'entrer; mais qu'il les suppliait de lui faire apporter quelque chose à manger, de chaud bien entendu, ainsi que de l'orge pour Rossinante. Les deux amis entrèrent, le laissant là, et, peu de moments après, le barbier lui apporta de quoi dîner.

Ensuite, ils se mirent à disserter ensemble sur les moyens qu'il fallait employer pour réussir dans leur projet, et le curé vint à s'arrêter à une idée parfaitement conforme au goût de don Quichotte, ainsi qu'à leur intention.

« Ce que j'ai pensé, dit-il au barbier, c'est de prendre le costume d'une damoiselle errante, tandis que vous vous arrangerez le mieux possible en écuyer. Nous irons ensuite trouver don Quichotte; et puis, feignant d'être une damoiselle affligée et quêtant du secours, je lui demanderai un don, qu'il ne pourra manquer de m'octroyer, en qualité de valeureux chevalier errant, et ce don que je pense réclamer, c'est qu'il m'accompagne où il me plaira de le conduire, pour défaire un tort que m'a fait un chevalier félon. Je le supplierai aussi de ne point me faire lever mon voile, ni de m'interroger sur mes affaires, jusqu'à ce qu'il m'ait rendu raison de ce discourtois chevalier. Je ne doute point que don Quichotte ne consente à tout ce qui lui sera demandé sous cette forme, et nous pourrons ainsi le tirer de là, pour le ramener au pays, où nous essayerons de trouver quelque remède à son étrange folie. »

CHAPITRE XXVII.

COMMENT LE CURÉ ET LE BARBIER VINRENT À BOUT DE LEUR DESSEIN, AVEC D'AUTRES CHOSES DIGNES D'ÊTRE RAPPORTÉES DANS CETTE GRANDE HISTOIRE.

Le barbier ne trouva rien à redire à l'invention du curé; elle lui parut si bonne, qu'ils la mirent en œuvre sur-le-champ. Ils demandèrent à l'hôtesse de leur prêter une jupe et des coiffes, en lui laissant pour gages une soutane neuve du curé. Le barbier se fit une grande barbe avec une queue de vache, toute rousse, aux poils de laquelle l'hôte accrochait son peigne. L'hôtesse les pria de lui dire pour quoi faire ils demandaient ces nippes. Le curé lui conta en peu de mots la folie de don Quichotte, et comment ils avaient besoin de ce déguisement pour le tirer de la montagne où il était encore abandonné. L'hôtelier et sa femme devinèrent aussitôt que ce fou était leur hôte, le faiseur de baume et le maître de l'écuyer berné; aussi contèrent-ils au curé tout ce qui s'était passé chez eux, sans taire ce que taisait si bien Sancho. Finalement, l'hôtesse accoutra le curé de la plus divertissante manière. Elle lui mit une jupe de drap chamarrée de bandes de velours noir d'un palme de large, et toute taillade, avec un corsage de velours vert, garni d'une bordure de satin blanc, corsage et jupe qui devaient avoir été faits du temps du bon roi Wamba[1]. Le curé ne voulut pas permettre qu'on lui mît des coiffes ; mais il se couvrit la tête d'un petit bonnet de toile piquée, qu'il portait la nuit pour dormir ; puis il se serra le front avec une large jarretière de taffetas noir, et fit de l'autre une espèce de voile qui lui cachait fort bien la barbe et tout le visage. Par-dessus le tout, il enfonça son chapeau clérical, qui était assez grand pour lui servir de parasol, et, se couvrant les épaules de son manteau, il monta sur sa mule à la manière des femmes, tandis que le barbier enfourchait la sienne, avec une barbe qui lui tombait sur la ceinture, moitié rousse et moitié blanche, car elle était faite de la queue d'une vache rouane. Ils prirent congé de tout le monde, même de la bonne Maritornes, qui promit de réciter un chapelet, bien que pécheresse, pour que Dieu leur donnât bonne chance dans une entreprise si difficile et si chrétienne. Mais le curé n'eut pas plutôt passé le seuil de l'hôtellerie, qu'il lui vint un scrupule à la pensée. Il trouva que c'était mal à lui de s'être accoutré de la sorte, et chose indécente pour un prêtre, bien que ce fût à bonne intention.

« Mon compère, dit-il au barbier, en lui faisant part de sa réflexion, changeons de costume, je vous prie ; il est plus convenable que vous fassiez la damoiselle quêteuse ; moi je ferai l'écuyer, et je profanerai moins ainsi mon caractère ; si vous refusez, je suis résolu à ne point passer outre, dût le diable emporter don Quichotte. »

Sancho arriva dans ce moment, et ne put s'empêcher de rire en les voyant tous deux en cet équipage. Le barbier consentit à tout ce que voulut le curé, et celui-ci, changeant de rôle, se mit à instruire son compère sur la manière dont il fallait s'y prendre, et sur les paroles qu'il fallait dire à don Quichotte, pour l'engager et le contraindre à ce qu'il s'en vînt avec eux et laissât le gîte qu'il avait choisi pour sa vaine pénitence. Le barbier répondit que, sans recevoir de leçon, il saurait bien s'acquitter de son rôle. Il ne voulut pas se déguiser pour le moment, préférant attendre qu'ils fussent arrivés près de don Quichotte ; il plia donc ses habits, tandis que le curé ajustait sa barbe, et ils se mirent en route, guidés par Sancho Panza. Celui-ci leur conta, chemin faisant, ce qui était arrivé à son maître et à lui avec le fou qu'ils avaient rencontré dans la montagne, mais en cachant toutefois la trouvaille de la valise et de ce qu'elle renfermait ; car, si benêt qu'il fût, le jeune homme n'était pas mal intéressé.

Le jour suivant, ils arrivèrent à l'endroit où Sancho avait semé les branches de genêt pour retrouver en quelle place son maître était resté. Dès qu'il l'eut reconnu, il leur dit qu'ils étaient à l'entrée de la montagne, et qu'ils n'avaient qu'à s'habiller, si leur déguisement devait servir à quelque chose pour la délivrance de son seigneur. Ceux-ci, en effet, lui avaient dit auparavant, que d'aller ainsi en compagnie et de se déguiser de la sorte, était de la plus haute importance pour tirer son maître de la méchante vie à laquelle il s'était réduit. Ils lui avaient en outre recommandé de ne point dire à son maître qui ils étaient, ni qu'il les connût, et que, si don Quichotte lui demandait, comme c'était inévitable, s'il avait remis la lettre à Dulcinée, il répondît que oui, mais que la dame, ne sachant pas lire, s'était contentée de répondre de vive voix qu'elle lui ordonnait, sous peine d'encourir sa disgrâce, de venir, à l'instant même, se présenter devant elle, chose qui lui importait essentiellement. Enfin, ils avaient ajouté qu'avec cette réponse et ce qu'ils pensaient lui dire de leur côté, ils avaient la certitude de le ramener à meilleure vie, et de l'obliger à se mettre incontinent en route pour devenir empereur ou monarque; car il n'y avait plus à craindre qu'il voulût se faire archevêque.

Sancho écouta très-attentivement leurs propos, se les mit bien dans la mémoire, et les remercia beaucoup de l'intention qu'ils témoignaient de conseiller à son maître qu'il se fît empereur et non pas archevêque, car il tenait, quant à lui, pour certain, qu'en fait de récompenses à leurs écuyers, les empereurs pouvaient plus que les archevêques errants.

« Il sera bon, ajouta-t-il, que j'aille en avant retrouver mon seigneur, et lui donner la réponse de sa dame : peut-être suffira-t-elle pour le tirer de là, sans que vous vous donniez tant de peine. »

L'avis de Sancho leur parut bon, et ils résolurent de l'attendre jusqu'à ce qu'il rapportât la nouvelle de la découverte de son maître. Sancho s'enfonça dans les gorges de la montagne, laissant ses deux compagnons au milieu d'une étroite vallée, où courait en murmurant un petit ruisseau, et que couvraient d'une ombre rafraîchissante de hautes roches et quelques arbres qui croissaient sur leurs flancs. On était alors au mois d'août, temps où, dans ces parages, la chaleur est grande, et il pouvait être trois heures de l'après-midi. Tout cela rendait le site plus agréable, et conviait nos voyageurs à attendre le retour de Sancho. Ce fut aussi le parti qu'ils prirent. Mais tandis qu'ils étaient tous deux assis paisiblement à l'ombre, tout à coup une voix parvint à leurs oreilles, qui, sans s'accompagner d'aucun instrument, faisait entendre un chant doux, pur et délicat. Ils ne furent pas peu surpris, n'ayant pu s'attendre à trouver dans ce lieu quelqu'un qui chantât de la sorte. En effet, bien qu'on ait coutume de dire qu'on rencontre au milieu des champs et des forêts, et parmi les bergers, de délicieuses voix, ce sont plutôt des fictions de poëtes que des vérités. Leur étonnement redoubla quand ils s'aperçurent que ce qu'ils entendaient chanter étaient des vers, non de grossiers gardeurs de troupeaux, mais bien d'ingénieux citadins. Voici, du reste, les vers tels qu'ils les recueillirent[2] :

« Qui cause le tourment de ma vie? le dédain. Et qui augmente mon affliction? la jalousie. Et qui met ma patience à l'épreuve? l'absence. De cette manière, aucun remède ne peut être apporté au mal qui me consume, puisque toute espérance est tuée par le dédain, la jalousie et l'absence.

« Qui m'impose cette douleur? l'amour. Et qui s'oppose à ma félicité? la fortune. Et qui permet mon affliction? le ciel. De cette manière, je dois appréhender de mourir de ce mal étrange, puisqu'à mon détriment s'unissent l'amour, la fortune et le ciel.

« Qui peut améliorer mon sort? la mort. Et le bonheur d'amour, qui l'obtient? l'inconstance. Et ses maux, qui les guérit? la folie. De cette manière, il n'est pas sage de vouloir guérir une passion, quand les remèdes sont la mort, l'inconstance et la folie. »

L'heure, le temps, la solitude, la belle voix et l'habileté du chanteur, tout causait à la fois à ses auditeurs de l'étonnement et du plaisir. Ceux-ci se tinrent immobiles dans l'espoir qu'ils entendraient encore autre chose. Enfin, voyant que le silence du musicien durait assez longtemps, ils résolurent de se mettre à sa recherche, et de savoir qui chantait si bien. Mais, comme ils se levaient, la même voix les retint à leur place en se faisant entendre de nouveau. Elle chantait le sonnet suivant :

« Sainte amitié, qui, laissant ton apparence sur la terre, t'es envolée d'une aile légère vers les âmes bienheureuses du ciel, et résides, joyeuse, dans les demeures de l'empyrée ;

« De là, quand il te plaît, tu nous montres ton aimable visage couvert d'un voile à travers lequel brille parfois l'ardeur des bonnes œuvres, qui deviennent mauvaises à la fin.

« Quitte le ciel, ô amitié, et ne permets pas que l'imposture revête ta livrée, pour détruire l'intention sincère ;

« Si tu ne lui arraches tes apparences, bientôt le monde se verra dans la mêlée de la discorde et du chaos. »

Ce chant fut terminé par un profond soupir, et les deux auditeurs écoutaient toujours avec la même attention si d'autres chants le suivraient encore. Mais, voyant que la musique s'était changée en plaintes et en sanglots, ils s'empressèrent de savoir quel était le triste chanteur dont les gémissements étaient aussi douloureux que sa voix était délicieuse. Ils n'eurent pas à chercher longtemps : au détour d'une pointe de rocher, ils aperçurent un homme de la taille et de la figure que Sancho leur avait dépeintes quand il leur conta l'histoire de Cardénio. Cet homme, en les voyant, ne montra ni trouble ni surprise ; il s'arrêta, et laissa tomber sa tête sur sa poitrine, dans la posture d'une personne qui rêve profondément, sans avoir levé les yeux pour les regarder, si ce n'est la première fois, lorsqu'ils parurent à l'improviste devant lui. Le curé, qui était un homme d'élégante et courtoise parole, l'ayant reconnu au signalement qu'en avait donné Sancho, s'approcha de lui, et, comme quelqu'un au fait de sa disgrâce, il le pria, en termes courts mais pressants, de quitter la vie si misérable qu'il menait en ce désert, crainte de l'y perdre enfin, ce qui est, de tous les malheurs, le plus grand. Cardénio se trouvait alors avec tout son bon sens, et libre de ces accès furieux qui le mettaient si souvent hors de lui. Aussi, quand il vit ces deux personnes dans un costume si peu à l'usage de ceux qui fréquentent ces âpres solitudes, il ne laissa pas d'éprouver quelque surprise, surtout lorsqu'il les entendit lui parler de son histoire comme d'une chose à leur connaissance ; car les propos du curé ne lui laissaient pas de doute à cet égard. Il leur répondit en ces termes :

« Je vois bien, seigneurs, qui que vous soyez, que le ciel, dans le soin qu'il prend de secourir les bons, et maintes fois aussi les méchants, m'envoie, sans que je mérite cette faveur, en ces lieux si éloignés du commerce des hommes, des personnes qui, retraçant à mes yeux, sous les plus vives images, quelle est ma démence à mener la vie que je mène, essayent de me tirer de cette triste retraite pour me ramener en un meilleur séjour. Mais, comme elles ne savent point ce que je sais, moi, qu'en sortant du mal présent j'aurais à tomber dans un pire, elles doivent sans doute me tenir pour un homme de faible intelligence, et peut-être même privé de tout jugement. Ce ne serait point une chose surprenante qu'il en fût ainsi, car je m'aperçois bien moi-même que le souvenir de mes malheurs est si continuel et si pesant, et qu'il a tant d'influence pour ma perdition, que, sans pouvoir m'en défendre, je reste quelquefois comme une pierre, privé de tout sentiment et de toute connaissance. Il faut bien que je reconnaisse cette vérité, quand on me dit, en m'en montrant les preuves, ce que j'ai fait pendant que ces terribles accès se sont emparés de moi. Alors je ne sais qu'éclater en plaintes inutiles, que maudire sans profit ma mauvaise étoile, et, pour excuse de ma folie, j'en raconte l'origine à tous ceux qui veulent l'entendre. De cette manière, quand les gens sensés apprennent la cause, ils ne s'étonnent plus des effets; s'ils ne trouvent point de remède à m'offrir, du moins ne trouvent-ils pas de faute à m'imputer, et l'horreur de mes extravagances se change en pitié de mes malheurs. Si vous venez donc, seigneurs, dans la même intention que d'autres sont venus, je vous en supplie, avant de continuer vos sages et charitables conseils, écoutez ma fatale histoire. Peut-être, après l'avoir entendue, vous épargnerez-vous la peine que vous prendriez à consoler une infortune à laquelle est fermée toute consolation. »

Les deux amis, qui ne désiraient autre chose que d'apprendre de sa bouche même la cause de son mal, le prièrent instamment de la leur conter, et lui promirent de ne faire rien de plus qu'il ne voudrait pour le guérir ou le soulager. Le triste chevalier commença donc sa déplorable histoire à peu près dans les mêmes termes et avec les mêmes détails qu'il l'avait déjà contée à don Quichotte et au chevrier, peu de jours auparavant, lorsque, à l'occasion de maître Élisabad, et par la ponctualité de don Quichotte à remplir les devoirs de la chevalerie, le récit, comme on l'a vu, en resta inachevé. Mais à présent un heureux hasard permit que l'accès de furie ne reprit point Cardénio, et lui laissât le temps de continuer jusqu'au bout.

Quand il fut arrivé à l'endroit du billet que don Fernand trouva dans un volume d'*Amadis de Gaule* :

« J'en ai parfaitement conservé le souvenir, ajouta-t-il, et voici comment il était conçu :

« LUSCINDE A CARDÉNIO.

« Chaque jour je découvre en vous des mérites qui m'obligent à vous estimer davantage. Si donc vous voulez que j'acquitte ma dette, sans que ce soit aux dépens de l'honneur, vous pourrez facilement réussir. J'ai un père qui vous connaît et qui m'aime, lequel, sans contraindre ma volonté, satisfera celle qu'il est juste que vous ayez, s'il est vrai que vous m'estimiez comme vous me le dites, et comme je le crois. »

« C'est ce billet qui m'engagea à demander la main de Luscinde, comme je vous l'ai conté; c'est ce billet qui la fit passer, dans l'opinion de don Fernand, pour une des femmes les plus spirituelles et les plus adroites de son temps, et qui fit naître en lui l'envie de me perdre avant que mes désirs fussent comblés. Je confiai à don Fernand que le père de Luscinde exigeait que le mien la lui demandât, et que je n'osais en prier mon père, dans la crainte qu'il ne voulût pas y consentir, non qu'il ne connût parfaitement la qualité, les vertus et les charmes de Luscinde, bien capables d'anoblir toute autre maison d'Espagne, mais parce que je supposais qu'il ne voudrait point me laisser marier avant de savoir ce que le duc Ricardo voulait faire de moi. Finalement, je lui dis que je ne me hasarderais point à m'ouvrir à mon père, tant à cause de cet obstacle que de plusieurs autres que j'entrevoyais avec effroi, sans savoir quels ils fussent, et seulement parce qu'il me semblait que jamais mes désirs ne seraient satisfaits. A tout cela don Fernand me répondit qu'il se chargeait, lui, de parler à mon père, et de le décider à parler pour moi au père de Luscinde³. Traître ami, homme ingrat, perfide et cruel, que t'avait fait cet infortuné qui te découvrait avec tant d'abandon les secrets et les joies de son cœur? Quelle offense as-tu reçue de moi? quelle parole t'ai-je dite, quel conseil t'ai-je donné, qui n'eussent pour but unique ton intérêt et ton illustration? Mais pourquoi me plaindre, hélas! N'est-ce point une chose avérée que, lorsque le malheur nous vient d'une fatale étoile, comme il se précipite de haut en bas avec une irrésistible violence, il n'y a nulle force sur la terre qui puisse l'arrêter, nulle prudence humaine qui puisse le prévenir? Qui aurait pu s'imaginer que don Fernand, cavalier de sang illustre et d'esprit distingué, mon obligé par mes services, assez puissant pour obtenir tout ce qu'un désir amoureux lui faisait souhaiter, quelque part qu'il s'adressât, irait se mettre en tête de me ravir, à moi, ma seule brebis, que même je ne possédais pas encore⁴? Mais laissons de côté ces considérations inutiles, et renouons le fil rompu de ma triste histoire.

« Don Fernand, qui trouvait dans ma présence un obstacle à l'exécution de son infâme dessein, résolut de m'envoyer auprès de son frère aîné : ce fut sous le prétexte de demander quelque argent à celui-ci, pour payer six chevaux qu'à dessein, et dans le seul but de m'éloigner pour laisser le champ libre à sa perfidie, il avait achetés le jour même qu'il s'offrit de parler à mon père. Pouvais-je, hélas! prévenir cette trahison? pouvait-elle seulement tomber dans ma pensée? Non, sans doute : au contraire, je m'offris de bon cœur à partir aussitôt, satisfait de ce marché. Dans la nuit, je parlai à Luscinde; je lui dis ce que nous avions concerté, don Fernand et moi, et j'ajoutai qu'elle eût la ferme espérance de voir combler bientôt nos justes et saints désirs. Elle me répondit, aussi peu défiante que moi de la trahison de don Fernand, que je fisse en sorte de revenir bien vite, parce qu'elle croyait aussi que nos souhaits ne tarderaient à s'accomplir qu'autant que mon père tarderait à parler au sien. Je ne sais ce qui lui prit en ce moment ; mais, comme elle achevait de me dire ce peu de mots, ses yeux se remplirent de larmes, sa voix s'éteignit ; il sembla qu'un nœud qui lui serrait la gorge ne lui laissait plus articuler les paroles qu'elle s'efforçait de me dire encore. Je restai stupéfait de ce nouvel accident, qui jamais ne lui était arrivé. En effet, chaque fois qu'un heureux hasard ou mon adresse nous permettaient de nous entretenir, c'était toujours avec allégresse et contentement, sans que jamais nos entretiens fussent mêlés de pleurs, de soupirs, de jalousies ou de soupçons. Je ne faisais, de mon côté, qu'exalter mon bonheur de ce que le ciel me l'avait donnée pour dame et maîtresse ; je vantais les attraits de sa personne et les charmes de son esprit. Elle, alors, me rendait ingénument la pareille, louant en moi ce que son amour lui faisait paraître digne d'éloge. Au milieu de tout cela, nous nous contions mille enfantillages, et les aventures de nos voisins ou de nos connaissances ; et jamais ma hardiesse n'allait plus loin qu'à prendre, presque de force, une de ses belles mains blanches, que j'approchais de ma bouche autant que le permettaient les étroits barreaux d'une fenêtre basse par lesquels nous étions séparés. Mais la nuit qui précéda le fatal jour de mon départ, elle pleura, elle gémit, et s'en fut, me laissant plein de trouble et d'alarmes, effrayé d'avoir vu chez Luscinde ces nouveaux et tristes témoignages de regret et d'affliction. Toutefois, pour ne pas détruire moi-même mes espérances, j'attribuai tout à la force de l'amour qu'elle me portait et à la douleur que cause toujours l'absence à ceux qui s'aiment avec ardeur. Enfin je partis, triste et pensif, l'âme remplie de soupçons et de frayeur, sans savoir ce qu'il fallait soupçonner et craindre : manifestes indices du coup affreux qui m'attendait.

« J'arrivai au pays où j'étais envoyé ; je remis les lettres au frère de don Fernand ; je fus bien reçu de lui, mais non pas bien promptement dépêché, car il me fit attendre, à mon grand déplaisir, huit jours entiers, et dans un endroit où le duc ne pût me voir, parce que don Fernand écrivait qu'on lui envoyât de l'argent sans que son père en eût connaissance. Tout cela fut une ruse du perfide, puisque, l'argent ne manquant pas à son frère, il pouvait m'expédier sur-le-champ. Cet ordre imprévu m'autorisait à lui désobéir, car il me semblait impossible de supporter la vie tant de jours en l'absence de Luscinde, surtout l'ayant laissée dans la tristesse que je vous ai dépeinte. Cependant je me résignai à obéir, en bon serviteur, bien que je visse que ce serait aux dépens de mon repos et de ma santé. Au bout de quatre jours, un homme arrive, me cherchant pour me remettre une lettre que je reconnus être de Luscinde à l'écriture de l'adresse. Je l'ouvre, tout saisi d'effroi, pensant bien que quelque grand motif l'avait seul décidée à m'écrire pendant l'absence, car, présente, elle le faisait rarement. Mais, avant de lire cette lettre, je demande à l'homme quelle personne la lui avait donnée et quel temps il avait mis à faire le chemin. Il me répond que, passant par hasard dans une rue de la ville vers l'heure de midi, une très-belle dame l'avait appelé d'une fenêtre, les yeux baignés de larmes, et qu'elle lui avait dit en grande hâte : « Mon frère, si vous êtes

« chrétien comme vous le paraissez, je vous supplie, pour l'amour de Dieu, de porter
« vite, vite, cette lettre au pays et à la personne qu'indique l'adresse, et que tout
« le monde connaît ; vous ferez une bonne œuvre devant Notre-Seigneur. Et, pour
« que vous puissiez commodément la faire, prenez ce que contient ce mouchoir. »
« En disant cela, ajouta le messager, elle jeta par la fenêtre un mouchoir où se trou-
« vaient enveloppés cent réaux, cette bague d'or que je porte, et cette lettre que
« vous tenez ; puis aussitôt, sans attendre ma réponse, elle s'éloigna de la fenêtre,
« après avoir vu pourtant que j'avais ramassé le mouchoir et la lettre, et quand je
« lui eus dit par signes que je ferais ce qu'elle m'avait prescrit. Me voyant donc
« si bien payé de la peine que j'allais prendre, et connaissant à l'adresse de la lettre
« qu'on m'envoyait auprès de vous, seigneur, que je connais bien, Dieu merci ;
« touché surtout des larmes de cette belle dame, je résolus de ne me fier à personne,
« et de venir moi-même vous apporter la lettre : aussi, depuis seize heures qu'elle
« me l'a donnée, j'ai fait le chemin, qui est, comme vous savez, de dix-huit
« lieues. »

« Tandis que le reconnaissant messager me donnait ces détails, j'étais, comme
on dit, pendu à ses paroles, et les jambes me tremblaient si fort que je pouvais à
peine me soutenir. Enfin, j'ouvris la lettre, et je vis qu'elle contenait ce peu
de mots :

« La parole que vous avait donnée don Fernand de parler à votre père pour
« qu'il parlât au mien, il l'a remplie plus à son contentement qu'à votre profit.
« Sachez, seigneur, qu'il a demandé ma main ; et mon père, aveuglé par les avan-
« tages qu'il pense qu'a sur vous don Fernand, consent à la lui donner. La
« chose est tellement sérieuse, que, d'ici à deux jours, les fiançailles doivent se faire, mais
« si secrètement, qu'elles n'auront d'autres témoins que le ciel et quelques gens de
« la maison. En quel état je suis, imaginez-le ; s'il vous importe d'accourir, jugez-en ;
« et si je vous aime ou non, l'événement vous le fera connaître. Plaise à Dieu que
« ce billet arrive en vos mains avant que la mienne se voie contrainte de s'unir à
« celle d'un homme qui sait si mal garder la foi qu'il engage ! »

« Telles furent en substance les expressions de la lettre. A peine eus-je achevé de
la lire, que je partis à l'instant même, sans attendre ni argent ni réponse à ma
mission, car je reconnus bien alors que ce n'était pas pour acheter des chevaux, mais
pour laisser le champ libre à ses désirs, que don Fernand m'avait envoyé à son frère.
La juste fureur que je conçus contre cet ami déloyal, et la crainte de perdre un cœur
que j'avais gagné par tant d'années d'amour et de soumission, me donnèrent des
ailes. J'arrivai le lendemain dans ma ville, juste à l'heure convenable pour entretenir
Luscinde. J'y entrai secrètement, et je laissai la mule que j'avais montée chez le brave
homme qui m'avait apporté la lettre. Un heureux hasard permit que je trouvasse
Luscinde à la fenêtre basse si longtemps témoin de nos amours. Elle me reconnut
aussitôt, et moi je la reconnus aussi ; mais non point comme elle devait me revoir,

MON FRÈRE, SI VOUS ÊTES CHRÉTIEN, JE VOUS SUPPLIE DE PORTER CETTE LETTRE AU PAYS ET A LA PERSONNE QU'INDIQUE L'ADRESSE. — T. I, CH. XXVII.

ni moi la retrouver. Y a-t-il, hélas! quelqu'un au monde qui puisse se flatter d'avoir sondé l'abîme des confuses pensées et de la changeante condition d'une femme? personne assurément. Dès que Luscinde me vit : « Cardénio, me dit-elle, je suis
« vêtue de mes habits de noces; déjà m'attendent dans le salon don Fernand le
« traître et mon père l'ambitieux, avec d'autres témoins qui seront plutôt ceux de
« ma mort que de mes fiançailles. Ne te trouble point, ami, mais tâche de te trouver
« présent à ce sacrifice; si mes paroles n'ont pas le pouvoir de l'empêcher, un
« poignard est caché là, qui saura me soustraire à toute violence, qui empêchera
« que mes forces ne succombent, et qui, en mettant fin à ma vie, mettra le sceau à
« l'amour que je t'ai voué. » Je lui répondis, plein de trouble et de précipitation, craignant de n'avoir plus le temps de me faire entendre : « Que tes œuvres, ô
« Luscinde, justifient tes paroles; si tu portes un poignard pour accomplir ta pro-
« messe, j'ai là une épée pour te défendre, ou pour me tuer si le sort nous est
« contraire. » Je ne crois pas qu'elle pût entendre tous mes propos, car on vint l'appeler en grande hâte pour la mener où le fiancé l'attendait. Alors, je puis le dire ainsi, le soleil de ma joie se coucha et la nuit de ma tristesse acheva de se fermer; je demeurai les yeux sans vue et l'intelligence sans raison, ne pouvant ni trouver l'entrée de sa demeure ni me mouvoir d'aucun côté. Mais enfin, considérant combien ma présence importait dans une circonstance si critique et si solennelle, je me ranimai du mieux que je pus, et j'entrai dans la maison. Comme j'en connaissais dès longtemps toutes les issues, j'y pénétrai, sans que personne me vît, à la faveur du trouble et de la confusion qui régnaient; je parvins à me glisser jusque dans un recoin que formait une fenêtre du salon même, et que couvraient de leurs plis deux rideaux en tapisserie, à travers lesquels je pouvais voir, sans être vu, tout ce qui se passait dans l'appartement. Qui pourrait dire à présent quelles alarmes firent battre mon cœur tout le temps que je passai dans cette retraite! quelles pensées m'assaillirent! quelles résolutions je formai! Elles furent telles qu'il est impossible et qu'il serait mal de les redire. Il suffit que vous sachiez que le fiancé entra dans la salle, sans autre parure que ses habits ordinaires. Il avait pour parrain de mariage le cousin germain de Luscinde, et, dans tout l'appartement, il n'y avait personne que les serviteurs de la maison. Un peu après, Luscinde sortit d'un cabinet de toilette, accompagnée de sa mère et de deux suivantes, vêtue et parée comme l'exigeaient sa naissance et sa beauté, et comme l'avait pu faire la perfection de son bon goût. L'égarement où j'étais ne me permit pas de remarquer les détails de son costume; j'en aperçus seulement les couleurs, qui étaient le rouge et le blanc, et les reflets que jetaient les riches bijoux dont sa coiffure et tous ses habits étaient ornés. Mais rien n'égalait la beauté singulière de ses cheveux blonds, qui brillaient aux yeux d'un éclat plus vif que les pierres précieuses, plus vif que les quatre torches qui éclairaient la salle. O souvenir, ennemi mortel de mon repos! à quoi sert-il de me représenter maintenant les incomparables attraits de cette ennemie adorée? Ne vaut-il pas mieux, cruel souvenir, que tu me rappelles et me représentes ce qu'elle fit alors, afin qu'un si manifeste outrage me fasse chercher, sinon la vengeance, au

moins le terme de ma vie? Ne vous lassez point, seigneurs, d'entendre les digressions auxquelles je me laisse aller; mais ma douloureuse histoire n'est pas de celles qui se peuvent conter succinctement, à la hâte; et chacune de ses circonstances me semble, à moi, digne d'un long discours. »

Le curé lui répondit que non-seulement ils ne se lassaient point de l'entendre, mais qu'ils prenaient au contraire grand intérêt à tous ces détails, qui méritaient la même attention que le fond même du récit.

Cardénio continua donc :

« Aussitôt, dit-il, que tout le monde fut réuni dans la salle, on fit entrer le curé de la paroisse, lequel prit les deux fiancés par la main, pour faire ce qu'exige une telle cérémonie. Lorsqu'il prononça ces mots sacramentels : « Voulez-vous, « madame, prendre le seigneur don Fernand, ici présent, pour votre légitime époux, « comme l'ordonne la sainte mère Église? » je passai toute la tête et le cou hors de la tapisserie, et me mis, d'une oreille attentive et d'une âme troublée, à écouter ce que répondrait Luscinde, attendant de sa réponse l'arrêt de ma mort ou la confirmation de ma vie. Oh! pourquoi n'ai-je pas alors quitté ma retraite? pourquoi ne me suis-je pas écrié : « Luscinde! Luscinde! vois ce que tu fais, vois ce que tu me « dois; considère que tu es à moi et ne peux être à un autre; que prononcer le *oui* « et m'ôter la vie, ce sera l'affaire du même instant. Et toi, traître don Fernand, « ravisseur de mon bien, meurtrier de ma vie, que veux-tu? que prétends-tu? ne « vois-tu pas que tu ne peux chrétiennement satisfaire tes désirs, puisque Luscinde « est ma femme, et que je suis son époux? » Malheureux insensé! à présent que je suis loin du péril, je dis bien ce que je devais faire et ce que je ne fis pas; à présent que j'ai laissé ravir mon plus cher trésor, je maudis vainement le ravisseur, dont j'aurais pu me venger, si j'avais eu autant de cœur pour frapper que j'en ai maintenant pour me plaindre! Enfin, puisque je fus alors imbécile et lâche, il est juste que je meure maintenant honteux, repentant et insensé. Le curé attendait toujours la réponse de Luscinde, qui resta fort longtemps à la faire; et, lorsque je pensais qu'elle allait tirer son poignard pour tenir sa promesse, ou délier sa langue pour déclarer la vérité et parler dans mes intérêts, j'entends qu'elle prononce, d'une voix faible et tremblante : *Oui, je le prends*. Don Fernand dit la même parole, lui mit au doigt l'anneau de mariage, et ils furent unis d'un indissoluble nœud. Le marié s'approcha pour embrasser son épouse; mais elle, posant la main sur son cœur, tomba évanouie dans les bras de sa mère.

« Il me reste à dire maintenant en quel état je me trouvai lorsque, dans ce *oui* fatal que j'avais entendu, je vis la perte de mes espérances, la fausseté des promesses et de la parole de Luscinde, et l'impossibilité de recouvrer, en aucun temps, le bien que cet instant venait de me faire perdre. Je restai privé de sens, me croyant abandonné du ciel et devenu pour la terre un objet d'inimitié; car l'air ne fournissait plus d'haleine à mes soupirs, ni l'eau de matière à mes larmes; le feu seul s'était accru, et tout mon cœur brûlait de jalousie et de rage. L'évanouissement de Luscinde avait mis en émoi toute l'assemblée; et sa mère l'ayant délacée pour lui

donner de l'air, on découvrit sur son sein un papier cacheté que don Fernand saisit aussitôt, et qu'il se mit à lire à la lueur d'une des torches. Dès qu'il eut achevé cette lecture, il se jeta sur une chaise, et resta la tête appuyée sur sa main, dans la posture d'un homme rêveur, sans se mêler aux soins qu'on prodiguait à sa femme pour la faire revenir de son évanouissement. Pour moi, quand je vis toute la maison dans cette confusion et ce trouble, je me hasardai à sortir, sans me soucier d'être vu, et bien déterminé, dans ce cas, à faire un si sanglant éclat, que tout le monde connût la juste indignation qui poussait mon cœur au châtiment du traître, et même à celui de l'inconstante, encore évanouie. Mais mon étoile, qui me réservait sans doute pour de plus grands maux, s'il est possible qu'il y en ait, ordonna que j'eusse alors trop de jugement, elle qui, depuis, m'en a complétement privé. Ainsi, sans vouloir tirer vengeance de mes plus grands ennemis, ce qui m'était facile, puisque nul ne pensait à moi, j'imaginai de la tirer de moi-même, et de m'infliger la peine qu'ils avaient méritée; et sans doute avec plus de rigueur que je n'en aurais exercé contre eux, si je leur eusse en ce moment donné la mort, car celle qui frappe à l'improviste a bientôt terminé le supplice, tandis que celle qui se prolonge en tourments interminables tue perpétuellement sans ôter la vie. Enfin, je m'échappai de cette maison, et me rendis chez l'homme où j'avais laissé ma mule. Je la fis aussitôt seller; et, sans prendre congé de lui, je quittai la ville, n'osant pas, comme un autre Loth, tourner la tête pour la regarder. Quand je me vis seul, au milieu de la campagne, couvert par l'obscurité de la nuit, et invité par son silence à donner cours à mes plaintes, sans crainte d'être écouté ou reconnu, je déliai ma langue et j'éclatai en malédictions contre Luscinde et Fernand, comme si j'eusse ainsi vengé l'outrage que j'avais reçu d'eux. Je m'attachais surtout à elle, lui donnant les noms de cruelle, d'ingrate, de fausse et de parjure, mais par-dessus tout d'intéressée et d'avaricieuse, puisque c'était la richesse de mon ennemi qui avait ébloui ses yeux, et lui avait fait préférer celui envers qui la fortune s'était montrée plus libérale de ses dons; puis, au milieu de la fougue de ces emportements et de ces malédictions, je l'excusais en disant : « Peut-on s'étonner qu'une jeune fille, élevée dans la retraite, auprès de ses
« parents, accoutumée à leur obéir toujours, ait voulu condescendre à leur désir,
« lorsqu'ils lui donnaient pour époux un gentilhomme si noble, si riche, si bien
« fait de sa personne, qu'en le refusant elle aurait fait croire ou qu'elle avait perdu
« l'esprit, ou qu'elle avait déjà donné son cœur, ce qui eût porté une grave atteinte
« à sa bonne réputation? » Puis, je revenais au premier sentiment, et me disais :
« Pourquoi n'a-t-elle pas dit que j'étais son époux? on aurait vu qu'elle n'avait pas
« fait un choix si indigne qu'elle ne pût s'en justifier; car, avant que don Fernand
« s'offrît, ses parents eux-mêmes ne pouvaient, s'ils eussent mesuré leur désir sur
« la raison, souhaiter mieux que moi pour époux de leur fille. Ne pouvait-elle donc,
« avant de s'engager dans ce dernier et terrible pas, avant de donner sa main, dire
« qu'elle avait déjà reçu la mienne, puisque je me serais prêté, dans ce cas, à tout
« ce qu'elle eût voulu feindre? » Enfin, je me convainquis que peu d'amour, peu de jugement, beaucoup d'ambition et de désirs de grandeur, lui avaient fait oublier

les promesses dont elle m'avait bercé, trompé et entretenu dans mon honnête et fidèle espoir. Pendant cette agitation et ces entretiens avec moi-même, je cheminai tout le reste de la nuit, et me trouvai, au point du jour, à l'une des entrées de ces montagnes. J'y pénétrai, et continuai de marcher devant moi trois jours entiers, sans suivre aucun chemin; enfin, j'arrivai à une prairie, dont je ne sais trop la situation, et je demandai à des bergers qui s'y trouvaient où était l'endroit le plus désert et le plus âpre de ces montagnes. Ils m'indiquèrent celui-ci; je m'y acheminai aussitôt avec le dessein d'y finir ma vie. En entrant dans cette affreuse solitude, ma mule tomba morte de faim et de fatigue, ou plutôt, à ce que je crois, pour se débarrasser d'une charge aussi inutile que celle qu'elle portait en ma personne. Je restai à pied, accablé de lassitude, exténué de besoin, sans avoir et sans vouloir chercher personne qui me secourût. Après être demeuré de la sorte je ne sais combien de temps, étendu par terre, je me levai, n'ayant plus faim, et je vis auprès de moi quelques chevriers, ceux qui avaient sans doute pourvu à mes extrêmes besoins. Ils me racontèrent, en effet, comment ils m'avaient trouvé, et comment je leur avais dit tant de niaiseries et d'extravagances que j'annonçais clairement avoir perdu l'esprit. Hélas! j'ai bien senti moi-même, depuis ce moment, que je ne l'ai pas toujours libre et sain; mais, au contraire, si affaibli, si troublé, que je fais mille folies, déchirant mes habits, parlant tout haut au milieu de ces solitudes, maudissant ma fatale étoile, et répétant sans cesse le nom chéri de mon ennemie, sans avoir alors d'autre intention que celle de laisser exhaler ma vie avec mes cris. Quand je reviens à moi, je me trouve si fatigué, si rendu, qu'à peine puis-je me soutenir. Ma plus commune habitation est le creux d'un liége, capable de couvrir ce misérable corps. Les pâtres et les chevriers qui parcourent ces montagnes avec leurs troupeaux, émus de pitié, me donnent ma nourriture, en plaçant des vivres sur les chemins et sur les rochers où ils pensent que je pourrai les trouver en passant; car, même dans mes accès de démence, la nécessité parle, et l'instinct naturel me donne le désir de chercher à manger, et la volonté de satisfaire ma faim. D'autres fois, à ce qu'ils me disent quand ils me rencontrent en mon bon sens, je m'embusque sur les chemins, et j'enlève de force, quoiqu'ils me les offrent de bon cœur, les provisions que des bergers apportent du village à leurs cabanes. C'est ainsi que je passe le reste de ma misérable vie, jusqu'à ce qu'il plaise au ciel de la conduire à son dernier terme, ou de m'ôter la mémoire, afin que je perde tout souvenir des charmes et du parjure de Luscinde, et des outrages de don Fernand. S'il me faisait cette grâce sans m'ôter la vie, je ramènerais sans doute mes pensées vers la droite raison; sinon je n'ai plus qu'à le prier de traiter mon âme avec miséricorde, car je ne sens en moi ni le courage ni la force de tirer mon corps des austérités où l'a condamné mon propre choix. Voilà, seigneurs, l'amère histoire de mes infortunes. Dites-moi s'il est possible de la conter avec moins de regret et d'affliction que je ne vous en ai montré; surtout, ne vous fatiguez point à me vouloir persuader, par vos conseils, ce que la raison vous suggérera pour remédier à mes maux; ils ne me seraient pas plus utiles que n'est le breuvage ordonné par un savant médecin au malade qui ne veut pas le prendre. Je ne veux point de guérison sans Luscinde; et, puisqu'il lui a plu d'appartenir à un autre, étant ou devant être à moi, il me plaît d'appartenir à l'infortune, ayant pu être au bonheur. Elle a voulu, par son inconstance, rendre stable ma perdition; eh bien! je voudrai, en me perdant, contenter ses désirs. Et l'on dira désormais qu'à moi seul a manqué ce qu'ont pour dernière ressource tous les malheureux, auxquels sert de consolation l'impossibilité même d'être consolés[2]; c'est au contraire, pour moi, la cause de plus vifs regrets et de plus cruelles douleurs, car j'imagine qu'ils doivent durer même au delà de la mort. »

Ici, Cardénio termina le long récit de sa triste et amoureuse histoire; et, comme le curé se préparait à lui adresser quelques mots de consolation, il fut retenu par une voix qui frappa tout à coup leurs oreilles, et qui disait, en plaintifs accents, ce que dira la quatrième partie de cette narration; car c'est ici que mit fin à la troisième le sage et diligent historien Cid Hamed Ben-Engeli.

LIVRE QUATRIÈME.

CHAPITRE XXVIII.

QUI TRAITE DE LA NOUVELLE ET AGRÉABLE AVENTURE QU'EURENT LE CURÉ
ET LE BARBIER DANS LA SIERRA-MORÉNA.

Heureux, trois fois heureux furent les temps où vint au monde l'audacieux chevalier don Quichotte de la Manche! En effet, parce qu'il prit l'honorable détermination de ressusciter l'ordre éteint et presque mort de la chevalerie errante, nous jouissons maintenant, dans notre âge si nécessiteux de divertissements et de gaieté, non-seulement des douceurs de son histoire véridique, mais encore des contes et des épisodes qu'elle renferme, non moins agréables, pour la plupart, non moins ingénieux et véritables que l'histoire elle-même¹. Celle-ci, poursuivant le fil peigné, retors et dévidé de son récit, raconte qu'au moment où le curé se disposait à consoler de son mieux Cardénio, une voix l'en empêcha, en frappant leurs oreilles de ses tristes accents.

« O mon Dieu, disait cette voix, est-il possible qu'enfin j'aie trouvé un lieu qui puisse servir de sépulture cachée à ce corps dont je porte si fort contre mon gré la charge pesante? Oui, je le crois, à moins que la solitude que promettent ces montagnes ne vienne à mentir aussi. Hélas! combien ces rochers et ces broussailles, qui me laissent confier par mes plaintes mes malheurs au ciel, me tiendront une plus agréable compagnie que celle d'aucun homme de ce monde, car il n'en est aucun sur la terre de qui l'on puisse attendre un conseil dans les perplexités, un soulagement dans la tristesse, un remède dans les maux! »

Ces tristes propos furent entendus par le curé et ceux qui se trouvaient avec lui; et, comme il leur parut qu'on les avait prononcés tout près d'eux, ils se levèrent aussitôt pour chercher qui se plaignait de la sorte. Ils n'eurent pas fait vingt pas, qu'au détour du rocher ils aperçurent, assis au pied d'un frêne, un jeune garçon, vêtu en paysan, dont ils ne purent voir alors le visage, parce qu'il l'inclinait en se baignant les pieds dans un ruisseau qui coulait en cet endroit. Ils étaient arrivés avec tant de silence que le jeune garçon ne les entendit point; celui-ci, d'ailleurs, n'était attentif qu'à se laver les pieds, qu'il avait tels, qu'on aurait dit des morceaux de blanc cristal de roche mêlés parmi les autres pierres du ruisseau. Tant de beauté et tant de blancheur les surprit étrangement, car ces pieds ne leur semblaient pas faits pour fouler les mottes de terre derrière une charrue et des bœufs, comme l'indiquaient les vêtements de l'inconnu. Voyant qu'ils ne s'étaient pas fait entendre, le curé, qui marchait devant, fit signe aux deux autres de se blottir derrière des quartiers de roche qui se trouvaient là. Ils s'y cachèrent tous trois, épiant curieusement le jeune garçon. Celui-ci portait un mantelet à deux pans, serré autour des reins par une épaisse ceinture blanche. Il avait aussi de larges chausses en drap brun, et, sur la tête, une *montera*[2] de même étoffe. Ses chausses étaient retroussées jusqu'à la moitié des jambes, qui semblaient, assurément, faites de blanc albâtre. Quand il eut fini de laver ses beaux pieds, il prit, pour se les essuyer, un mouchoir sous sa *montera*, et, voulant soulever sa coiffure, il releva la tête; alors ceux qui l'observaient eurent occasion de voir une beauté si incomparable, que Cardénio dit à voix basse au curé :

« Puisque ce n'est pas Luscinde, ce n'est pas non plus une créature humaine. »

Le jeune homme ôta sa *montera*, et, secouant la tête d'un et d'autre côté, il fit tomber et déployer des cheveux dont ceux du soleil même devaient être jaloux. Alors nos trois curieux reconnurent que celui qu'ils avaient pris pour un paysan était une femme, jeune et délicate, la plus belle qu'eussent encore vue les yeux des deux amis de don Quichotte, et même ceux de Cardénio, s'il n'eût pas connu Luscinde, car il affirma depuis que la seule beauté de Luscinde pouvait le disputer à celle-là. Ces longs et blonds cheveux, non-seulement lui couvrirent les épaules, mais la cachèrent tout entière sous leurs tresses épaisses, tellement que de tout son corps on n'apercevait plus que ses pieds. Pour les démêler, elle n'employa d'autre peigne que les doigts des deux mains, telles que, si les pieds avaient paru dans l'eau des

ELLE REGARDA D'OÙ PARTAIT LE BRUIT. — T. I, CH. XXVIII.

morceaux de cristal, les mains ressemblaient dans les cheveux à des flocons de
neige. Tout cela redoublant l'admiration des trois spectateurs et leur désir de savoir
qui elle était, ils résolurent enfin de se montrer. Mais, au mouvement qu'ils firent
en se levant, la belle jeune fille tourna la tête, et, séparant avec ses deux mains les
cheveux qui lui couvraient le visage, elle regarda d'où partait le bruit. Dès qu'elle
eut aperçu ces trois hommes, elle se leva précipitamment; puis, sans prendre le
temps de se chausser et de rassembler ses cheveux, elle saisit un petit paquet de
hardes qui se trouvait près d'elle, et se mit à fuir, pleine de trouble et d'effroi. Mais
elle n'eut pas fait quatre pas que, ses pieds délicats ne pouvant souffrir les aspérités
des rocailles, elle se laissa tomber par terre. A cette vue, les trois amis accoururent
auprès d'elle, et le curé, prenant le premier la parole :

« Arrêtez-vous, madame, lui dit-il; qui que vous soyez, sachez que nous
n'avons d'autre intention que de vous servir. Ainsi n'essayez pas vainement de
prendre la fuite; vos pieds ne sauraient vous le permettre, et nous ne pouvons
nous-mêmes y consentir. »

A ces propos elle ne répondait mot, stupéfaite et confuse. Ils s'approchèrent,
et le curé, la prenant par la main, continua de la sorte :

« Ce que nous cachent vos habits, madame, vos cheveux nous l'ont découvert : clairs indices que ce ne sont pas de faibles motifs qui ont travesti votre beauté
sous ce déguisement indigne d'elle, et qui vous ont amenée au fond de cette solitude, où nous sommes heureux de vous trouver, sinon pour donner un remède à
vos maux, au moins pour vous offrir des conseils. Aucun mal, en effet, ne peut,
tant que la vie dure, arriver à cette extrémité que celui qui l'éprouve ne veuille
pas même écouter l'avis qui lui est offert avec bonne intention. Ainsi donc, ma
chère dame, ou mon cher monsieur, ou ce qu'il vous plaira d'être, remettez-vous
de l'effroi que vous a causé notre vue, et contez-nous votre bonne ou mauvaise
fortune, sûre qu'en nous tous ensemble, et en chacun de nous, vous trouverez qui
vous aide à supporter vos malheurs en les partageant. »

Pendant que le curé parlait ainsi, la belle travestie demeurait interdite et
comme frappée d'un charme; elle les regardait tour à tour, sans remuer les lèvres
et sans dire une parole, semblable à un jeune paysan auquel on montre à l'improviste des choses rares et qu'il n'a jamais vues. Enfin, le curé continuant ses propos
affectueux, elle laissa échapper un profond soupir et rompit le silence :

« Puisque la solitude de ces montagnes, dit-elle, n'a pu me cacher aux regards,
et que mes cheveux en s'échappant ne permettent plus à ma langue de mentir,
en vain voudrais-je feindre à présent, et dire ce qu'on ne croirait plus que par
courtoisie. Cela posé, je dis, seigneurs, que je vous suis très-obligée des offres
de service que vous m'avez faites, et qu'elles m'ont mise dans l'obligation de vous
satisfaire en tout ce que vous m'avez demandé. Je crains bien, à vrai dire, que
la relation de mes infortunes, telle que je vous la ferai, ne vous cause autant de
contrariété que de compassion, car vous ne trouverez ni remède pour les guérir, ni
consolation pour en adoucir l'amertume. Mais néanmoins, pour que mon honneur

ne soit pas compromis dans votre pensée, après que vous m'avez reconnue pour femme, que vous m'avez vue jeune, seule et dans cet équipage, toutes choses qui peuvent, ensemble ou séparément, détruire tout crédit d'honnêteté, je me décide à vous dire ce que j'aurais voulu qu'il me fût possible de taire. »

Ce petit discours fut adressé tout d'une haleine par cette charmante fille aux trois amis, avec une voix si douce et tant d'aisance de langage, que la grâce de son esprit ne leur causa pas moins de surprise que sa beauté. Ils répétèrent leurs offres de service, et lui firent de nouvelles instances pour qu'elle remplît ses promesses; elle alors, sans se faire prier davantage, après avoir décemment remis sa chaussure et relevé ses cheveux, prit pour siége une grosse pierre, autour de laquelle s'assirent les trois auditeurs, puis, se faisant violence pour retenir quelques larmes qui lui venaient aux yeux, d'une voix sonore et posée, elle commença ainsi l'histoire de sa vie :

« Dans cette Andalousie qui nous avoisine, est une petite ville dont un duc prend son titre, et qui le met au rang de ceux qu'on appelle grands d'Espagne[3]. Ce duc a deux fils : l'aîné, héritier de ses États, l'est aussi, selon toute apparence, de ses belles qualités; quant au cadet, je ne sais de quoi il est héritier, si ce n'est des ruses de Ganelon ou des trahisons de Vellido[4]. De ce seigneur mes parents sont vassaux, humbles de naissance, mais tellement pourvus de richesses que, si les biens de la nature eussent égalé pour eux ceux de la fortune, ils n'auraient pu rien désirer davantage, et moi, je n'aurais pas eu non plus à craindre de tomber dans la détresse où je me vois réduite, car tout mon malheur naît peut-être de ce qu'ils n'ont pas eu le bonheur de naître illustres. Il est vrai qu'ils ne sont pas d'extraction si basse qu'ils aient à rougir de leur condition; mais elle n'est pas si haute non plus qu'on ne puisse m'ôter de la pensée que de leur humble naissance viennent toutes mes infortunes. Ils sont laboureurs enfin, mais de sang pur, sans aucun mélange de race malsonnante, et, comme on dit, vieux chrétiens de la vieille roche, et si vieux, en effet, que leurs richesses et leur somptueux train de vie leur acquièrent peu à peu le nom d'hidalgos et même de gentilshommes. Cependant la plus grande richesse et la plus grande noblesse dont ils se fissent gloire, c'était de m'avoir pour fille. Aussi, comme ils n'ont pas d'autres enfants pour hériter d'eux, et qu'ils m'ont toujours tendrement chérie, j'étais bien une des filles les plus doucement choyées que jamais choyèrent de bons parents. J'étais le miroir où ils se miraient, le bâton où s'appuyait leur vieillesse, le but unique où tendaient tous leurs désirs, qu'ils mesuraient sur la volonté du ciel, et dont les miens, en retour de leur bonté, ne s'écartaient sur aucun point. Et de la même manière que j'étais maîtresse de leurs cœurs, je l'étais aussi de leurs biens. C'est moi qui admettais ou congédiais les domestiques, et le compte de tout ce qui était semé ou récolté passait par mes mains. Les moulins d'huile, les pressoirs de vin, les troupeaux de grand et de petit bétail, les ruches d'abeilles, finalement tout ce que peut avoir un riche laboureur comme mon père, était remis à mes soins. J'étais le majordome et la dame, et j'en remplissais les fonctions avec tant de sollicitude et tant à leur satisfaction, que je ne saurais parvenir à vous l'exprimer. Les moments de la journée qui me restaient, après avoir donné les ordres aux contre-maîtres, aux valets de ferme et aux journaliers, je les employais aux exercices permis et commandés à mon sexe, l'aiguille, le tambour à broder, et le rouet bien souvent. Si, pour me récréer, je laissais ces travaux, je me donnais le divertissement de lire quelque bon livre, ou de jouer de la harpe, car l'expérience m'a fait voir que la musique repose les esprits fatigués et soulage du travail de l'intelligence. Voilà quelle était la vie que je menais dans la maison paternelle; et si je vous l'ai contée avec tant de détails, ce n'est point par ostentation, pour vous faire entendre que je suis riche, mais pour que vous jugiez combien c'est sans ma faute que je suis tombée de cette heureuse situation au triste état où je me trouve à présent réduite. En vain je passais ma vie au milieu de tant d'occupations, et dans une retraite si sévère qu'elle pourrait se comparer à celle d'un couvent, n'étant vue de personne, à ce que j'imaginais, si ce n'est des gens de la maison, car les jours que j'allais à la messe, c'était de si grand matin, accompagnée de ma mère et de mes femmes, si bien voilée d'ailleurs et si timide, qu'à peine mes yeux voyaient plus de terre que n'en foulaient mes pieds. Et néanmoins les yeux de l'amour, ou de l'oisiveté, pour mieux dire, plus perçants que ceux du lynx, me livrèrent aux poursuites de don Fernand. C'est le nom du second fils de ce duc dont je vous ai parlé. »

A peine ce nom de don Fernand fut-il sorti de la bouche de celle qui racontait son histoire, que Cardénio changea de visage, et se mit à frémir de tout son corps avec une si visible altération, que le curé et le barbier, ayant jeté les yeux sur lui, craignirent qu'il ne fût pris de ces accès de folies dont ils avaient ouï dire qu'il était de temps en temps attaqué. Mais Cardénio, pourtant, ne fit pas autre chose que de suer et de trembler, sans bouger de place, et d'attacher fixement ses regards sur la belle paysanne, imaginant bien qui elle était. Celle-ci, sans prendre garde aux mouvements convulsifs de Cardénio, continua de la sorte son récit :

« Ses yeux ne m'eurent pas plutôt aperçue, qu'il se sentit, comme il le dit ensuite, enflammé de ce violent amour dont il donna bientôt des preuves. Mais, pour arriver plus vite au terme de l'histoire de mes malheurs, je veux passer sous silence les démarches que fit don Fernand pour me déclarer ses désirs. Il suborna tous les gens de ma maison, il fit mille cadeaux et offrit mille faveurs à mes parents; les jours étaient de perpétuelles fêtes dans la rue que j'habitais, et, pendant la nuit, les sérénades ne laissaient dormir personne; les billets en nombre infini qui, sans que je susse comment, parvenaient en mes mains, étaient remplis d'amoureux propos, et contenaient moins de syllabes que de promesses et de serments. Tout cela, cependant, loin de m'attendrir, m'endurcissait, comme s'il eût été mon plus mortel ennemi, et que tous les efforts qu'il faisait pour me séduire, il les eût faits pour m'irriter. Ce n'est pas que je ne reconnusse tout le mérite personnel de don Fernand, et que je tinsse à outrage les soins qu'il me rendait; j'éprouvais, au contraire, je ne sais quel contentement à me voir estimée et chérie par un si noble cavalier, et je n'avais nul déplaisir à lire mes louanges dans ses lettres : car il me semble qu'à nous autres femmes, quelque laides que nous soyons, il est toujours doux de nous entendre appeler jolies. Mais ce qui m'empêchait de fléchir, c'était le soin de mon honneur, c'étaient les continuels conseils que me donnaient mes parents, lesquels avaient bien facilement découvert l'intention de don Fernand, qui ne se mettait d'ailleurs point en peine que tout le monde la connût. Ils me disaient qu'en ma vertu seule reposaient leur honneur et leur considération; que je n'avais qu'à mesurer la distance qui me séparait de don Fernand, pour reconnaître que ses vues, bien qu'il dit le contraire, se dirigeaient plutôt vers son plaisir que vers mon intérêt; ils ajoutaient que si je voulais y mettre un obstacle et l'obliger à cesser ses offensantes poursuites, ils étaient prêts à me marier sur-le-champ avec qui je voudrais choisir, non-seulement dans notre ville, mais dans celles des environs, puisqu'on pouvait tout espérer de leur grande fortune et de ma bonne renommée. Ces promesses et leurs avis, dont je sentais la justesse, fortifiaient si bien ma résolution, que jamais je ne voulus répondre à don Fernand un mot qui pût lui montrer, même au loin, l'espérance de voir ses prétentions satisfaites. Toutes ces précautions de ma vigilance, qu'il prenait sans doute pour des dédains, durent enflammer davantage ses coupables désirs; c'est le seul nom que je puisse donner à l'amour qu'il me témoignait, car, s'il eût été ce qu'il devait être, je n'aurais pas eu l'occasion de vous en parler à cette heure. Finalement, don Fernand apprit que mes parents cherchaient à m'établir, afin de lui ôter l'espoir de me posséder, ou du moins que j'eusse plus de gardiens pour me défendre. Cette nouvelle ou ce soupçon suffit pour lui faire entreprendre ce que je vais vous raconter.

« Une nuit, j'étais seule dans mon appartement, sans autre compagnie que celle d'une femme de chambre, ayant eu soin de bien fermer les portes, dans la crainte que la moindre négligence ne mit mon honneur en péril. Tout à coup, sans pouvoir imaginer comment cela se fit, au milieu de tant de précautions, dans la solitude et le silence de ma retraite, tout à coup il parut devant moi. Cette vue me troubla de manière qu'elle m'ôta la lumière des yeux et la parole de la langue; je ne pus pas même jeter des cris pour appeler au secours, et je crois qu'il ne m'aurait pas laissé le temps de crier, car aussitôt il s'approcha de moi, et me prenant dans ses bras, puisque je n'avais pas la force de me défendre, tant j'étais troublée, il se mit à tenir de tels propos, que je ne sais comment le mensonge peut être assez habile pour les arranger de manière à les faire croire des vérités. Le traître faisait d'ailleurs en sorte que les larmes donnassent crédit à ses paroles, et les soupirs à ses intentions. Moi, pauvre enfant, seule parmi les miens, et sans expérience de semblables rencontres, je commençai, ne sachant comment, à tenir pour vraies toutes ces faussetés, non de façon, cependant, qu'elles me donnassent plus qu'une simple compassion pour ses soupirs et ses pleurs. Aussi, revenant un peu de ma première alarme, je retrouvai mes esprits éperdus, et je lui dis avec

plus de courage que je n'avais cru pouvoir en conserver : « Si, comme je suis
« dans vos bras, seigneur, j'étais entre les griffes d'un lion furieux, et qu'il fallût,
« pour m'en délivrer avec certitude, faire ou dire quelque chose au détriment de ma
« vertu, il ne me serait pas plus possible de le faire ou de le dire qu'il n'est pos-
« sible que ce qui a été ne fût pas. Ainsi donc, si vous tenez mon corps enserré
« dans vos bras, moi, je tiens mon âme retenue par mes bons sentiments, qui sont
« aussi différents des vôtres que vous le verriez, s'il vous convenait d'user de vio-
« lence pour les satisfaire. Je suis votre vassale, mais non votre esclave; la noblesse
« de votre sang ne vous donne pas le droit de mépriser, de déshonorer l'humilité du
« mien; et je m'estime autant, moi paysanne et vilaine, que vous gentilhomme et
« seigneur. Vos forces n'ont aucune prise sur moi, ni vos richesses aucune influence;
« vos paroles ne peuvent me tromper, ni vos soupirs et vos larmes m'attendrir.
« Mais, si je voyais quelqu'une des choses que je viens d'énumérer dans celui que
« mes parents me donneraient pour époux, alors ma volonté se plierait à la sienne,
« et lui serait vouée à jamais. De manière que, même à contre-cœur, pourvu que
« mon honneur fût intact, je vous livrerais volontairement, seigneur, ce que vous
« voulez maintenant m'arracher par la violence. C'est vous dire que jamais per-
« sonne n'obtiendra de moi la moindre faveur qu'il ne soit mon légitime époux.
« — S'il ne faut que cela pour te satisfaire, me répondit le déloyal chevalier,
« vois, charmante Dorothée (c'est le nom de l'infortunée qui vous parle), je t'offre
« ma main, et je jure d'être ton époux, prenant pour témoins de mon serment les
« cieux, auxquels rien n'est caché, et cette sainte image de la mère de Dieu, que
« voilà devant nous. »

Au moment où Cardénio l'entendit se nommer Dorothée, il fut repris de ses
mouvements convulsifs, et acheva de se confirmer dans la première opinion qu'il
avait eue d'elle. Mais, ne voulant pas interrompre l'histoire dont il prévoyait et savait
presque la fin, il lui dit seulement :

« Quoi! madame, Dorothée est votre nom? J'ai ouï parler d'une personne qui
le portait, et dont les malheurs vont de pair avec les vôtres. Mais continuez votre
récit : un temps viendra où je vous dirai des choses qui ne vous causeront pas moins
d'étonnement que de pitié »

A ces propos de Cardénio, Dorothée jeta les yeux sur lui, considéra son étrange
et misérable accoutrement, puis le pria, s'il savait quelque chose qui la concernât,
de le dire aussitôt.

« Tout ce que la fortune m'a laissé, ajouta-t-elle, c'est le courage de souffrir et
de résister à quelque désastre qui m'atteigne, bien assurée qu'il n'en est aucun
dont mon infortune puisse s'accroître.

— Je n'aurais pas perdu un instant, madame, à vous dire ce que je pense,
répondit Cardénio, si j'étais sûr de ne pas me tromper dans mes suppositions; mais
l'occasion de les dire n'est pas venue, et il ne vous importe nullement encore de
les connaître.

— Comme il vous plaira, reprit Dorothée; je reviens à mon histoire.

« Don Fernand, saisissant une image de la Vierge, qui se trouvait dans ma chambre, la plaça devant nous pour témoin de nos fiançailles, et m'engagea, sous les serments les plus solennels et les plus formidables, sa parole d'être mon mari. Cependant, avant qu'il achevât de les prononcer, je lui dis qu'il prît bien garde à ce qu'il allait faire ; qu'il considérât le courroux que son père ne manquerait pas de ressentir en le voyant épouser une paysanne, sa vassale ; qu'il ne se laissât point aveugler par la beauté que je pouvais avoir, puisqu'il n'y trouverait pas une excuse suffisante de sa faute, et que, si son amour le portait à me vouloir quelque bien, il laissât plutôt mon sort se modeler sur ma naissance : car jamais des unions si disproportionnées ne réussissent, et le bonheur qu'elles donnent au commencement n'est pas de longue durée. Je lui exposai toutes ces raisons que vous venez d'entendre, et bien d'autres encore dont je ne me souviens plus ; mais elles ne purent l'empêcher de poursuivre son dessein, de la même manière que celui qui emprunte, pensant ne pas payer, ne regarde guère aux conditions du contrat. Dans ce moment, je fis, à part moi, un rapide discours, et je me dis à moi-même : « Non, je ne serai pas la
« première que le mariage élève d'une humble à une haute condition ; et don Fer-
« nand ne sera pas le premier auquel les charmes de la beauté, ou plutôt une
« aveugle passion, aient fait prendre une compagne disproportionnée à la grandeur
« de sa naissance. Puisque je ne veux ni changer le monde, ni faire de nouveaux
« usages, j'aurai raison de saisir cet honneur que m'offre la fortune : car, dût
« l'affection qu'il me témoigne ne pas durer au delà de l'accomplissement de ses
« désirs, enfin je serai son épouse devant Dieu. Au contraire, si je veux l'éloigner
« par mes dédains et mes rigueurs, je le vois en un tel état, qu'oubliant toute
« espèce de devoir, il usera de violence, et je resterai, non-seulement sans honneur,
« mais sans excuse de la faute que pourra me reprocher quiconque ne saura pas
« combien j'en suis exempte. Quelles raisons auraient, en effet, le pouvoir de
« persuader à mes parents et aux autres que ce gentilhomme est entré dans ma
« chambre sans mon consentement ? » Toutes ces demandes et ces réponses, mon imagination se les fit en un instant ; mais ce qui commença surtout à m'ébranler et à me pousser, sans que je le susse, à ma perdition, ce furent les serments et les imprécations de don Fernand, les témoins qu'il invoquait, les larmes qu'il répandait en abondance, et finalement les charmes de sa bonne mine, qui, soutenus par tant de véritable amour, auraient pu vaincre tout autre cœur aussi libre, aussi sage que le mien. J'appelai la fille qui me servait, pour qu'elle se joignît sur la terre aux témoins invoqués dans le ciel ; don Fernand renouvela et confirma ses premiers serments ; il prit de nouveaux saints à témoin ; il se donna mille malédictions s'il ne remplissait point sa promesse ; ses yeux se mouillèrent encore de larmes, sa bouche s'enflamma de soupirs ; il me serra davantage entre ses bras, dont je n'avais pu me dégager un seul instant ; enfin, quand ma servante eut de nouveau quitté l'appartement, il mit le comble à mon déshonneur et à sa trahison.

« Le jour qui succéda à la nuit de ma perte ne venait point, à ce que je crois, aussi vite que le souhaitait don Fernand : car, après avoir assouvi un désir criminel,

IL PRIT DE NOUVEAUX SAINTS A TÉMOIN. — T. I, CH. XXVIII.

il n'en est pas de plus vif que celui de s'éloigner des lieux où on l'a satisfait. C'est du moins ce que je pensai quand je vis don Fernand mettre tant de hâte à partir. Cette même servante qui l'avait amené jusqu'en ma chambre le conduisit hors de la maison, avant que le jour parût. Quand il me fit ses adieux, il me répéta, quoique avec moins d'empressement et d'ardeur qu'à son arrivée, que je fusse tranquille sur sa foi, que je crusse ses serments aussi valables que sincères; et, pour donner plus de poids à ses paroles, il tira de son doigt un riche anneau qu'il mit au mien. Enfin, il me quitta, et moi, je restai, je ne sais trop si ce fut triste ou gaie. Ce que je puis dire, c'est que je demeurai confuse et rêveuse, et presque hors de moi d'un tel événement, sans avoir le courage ou même la pensée de gronder ma fille de compagnie pour la trahison qu'elle avait commise en cachant don Fernand dans ma propre chambre; car je ne pouvais encore décider si ce qui venait de m'arriver était un bien ou un mal. J'avais dit à don Fernand, au moment de son départ, qu'il pourrait employer la même voie pour me visiter d'autres nuits secrètement, puisque j'étais à lui, jusqu'à ce qu'il lui convînt de publier notre mariage. Mais il ne revint plus, si ce n'est la nuit suivante, et je ne pus plus le voir, ni dans la rue, ni à l'église, pendant tout un mois que je me fatiguai vainement à le chercher, bien que je susse qu'il n'avait pas quitté la ville, et qu'il se livrait la plupart du temps à l'exercice de la chasse, qu'il aimait avec passion. Je sais, hélas! combien ces jours me parurent longs et ces heures amères; je sais que je commençai à douter de sa bonne foi, et même à cesser d'y croire; je sais aussi que ma servante entendit alors les reproches que je ne lui avais pas faits auparavant pour me plaindre de son audace; je sais enfin qu'il me fallut me faire violence pour retenir mes pleurs et composer mon visage, afin de ne pas obliger mes parents à me demander le sujet de mon affliction, et de ne pas être obligée moi-même de recourir avec eux au mensonge. Mais cet état forcé dura peu. Le moment vint bientôt où je perdis toute patience, où je foulai aux pieds toute considération et toute retenue, où je fis enfin éclater mon courroux au grand jour. Ce fut lorsque, au bout de quelque temps, on répandit chez nous la nouvelle que, dans une ville voisine, don Fernand s'était marié avec une jeune personne d'une beauté merveilleuse et de noble famille, mais pas assez riche, néanmoins, pour avoir pu prétendre, avec sa seule dot, à si haute union. On disait qu'elle se nommait Luscinde, et l'on racontait aussi des choses étranges arrivées pendant la cérémonie des fiançailles. »

Quand il entendit le nom de Luscinde, Cardénio ne fit autre chose que de plier les épaules, froncer le sourcil, se mordre les lèvres, et laisser bientôt couler sur ses joues deux ruisseaux de larmes. Dorothée n'interrompit point pour cela le fil de son histoire, et continua de la sorte :

« Cette triste nouvelle arriva promptement jusqu'à moi; mais, au lieu de se glacer en l'apprenant, mon cœur s'enflamma d'une telle rage, qu'il s'en fallut peu que je ne sortisse de la maison, et ne parcourusse à grands cris les rues de la ville pour publier l'infâme trahison dont j'étais victime. Mais cette fureur se calma par la pensée qui me vint d'un projet que je mis en œuvre dès la nuit suivante. Je m'habillai de ces vêtements, que me donna un domestique de mon père, de ceux qu'on appelle *zagals* chez les laboureurs, auquel j'avais découvert toute ma funeste aventure, et que j'avais prié de m'accompagner jusqu'à la ville, où j'espérais rencontrer mon ennemi. Ce zagal, après m'avoir fait des remontrances sur l'audace et l'inconvenance de ma résolution, m'y voyant bien déterminée, s'offrit, comme il le dit, à me tenir compagnie jusqu'au bout du monde. Aussitôt j'enfermai dans un sac de toile un habillement de femme, ainsi que de l'argent et des bijoux pour me servir au besoin, et, dans le silence de la nuit, sans rien dire de mon départ à la perfide servante, je quittai la maison, accompagnée du zagal, et assaillie de mille pensées confuses. Je pris à pied le chemin de la ville; mais le désir d'arriver me donnait des ailes, afin de pouvoir, sinon empêcher ce que je croyais achevé sans retour, au moins demander à don Fernand de quel front il en avait agi de la sorte. J'arrivai en deux jours et demi au but de mon voyage, et, tout en entrant dans la ville, je m'informai de la maison des parents de Luscinde. Le premier auquel j'adressai cette question me répondit plus que je n'aurais voulu en apprendre. Il m'indiqua leur maison, et me raconta tout ce qui s'était passé aux fiançailles de leur fille, chose tellement publique dans la ville, qu'elle faisait la matière de tous les entretiens et de tous les caquets. Il me dit que la nuit où fut célébré le mariage de don Fernand avec Luscinde, celle-ci, après avoir prononcé le *oui* de le prendre pour époux, avait été saisie d'un long évanouissement, et que son époux, l'ayant voulu délacer pour lui donner de l'air, trouva un billet écrit de la main même de Luscinde, où elle déclarait qu'elle ne pouvait être l'épouse de don Fernand, parce qu'elle était celle de Cardénio (un noble cavalier de la même ville, à ce que me dit cet homme), et que, si elle avait donné à don Fernand le *oui* conjugal, c'était pour ne point désobéir à ses parents. Enfin, ce billet faisait entendre, dans le reste de son contenu, qu'elle avait pris la résolution de se tuer à la fin des épousailles, et donnait les raisons qui l'obligeaient à s'ôter la vie. Cette intention était, dit-on, clairement confirmée d'ailleurs par un poignard qu'on trouva caché sous ses habits de noce. A cette vue, don Fernand, se croyant joué et outragé par Luscinde, se jeta sur elle avant qu'elle fût revenue de son évanouissement, et voulut la percer de ce même poignard qu'on avait trouvé dans son sein; ce qu'il aurait fait, si les parents et les assistants ne l'eussent retenu. On ajoute que don Fernand sortit aussitôt, et que Luscinde ne revint à elle que le lendemain; qu'alors elle conta à ses parents comment elle était la véritable épouse de ce Cardénio dont je viens de parler. J'appris encore, d'après les bruits qui couraient, que Cardénio s'était trouvé présent aux fiançailles, et que, voyant sa maîtresse mariée, ce qu'il n'avait jamais cru possible, il avait quitté la ville en désespéré, après avoir écrit une lettre où, se plaignant de l'affront que Luscinde lui faisait, il annonçait qu'on ne le verrait plus. Tout cela était de notoriété publique dans la ville, et l'on n'y parlait pas d'autre chose. Mais on parla bien davantage encore, quand on sut que Luscinde avait disparu de la maison de son père, et même de la ville, car on l'y chercha vainement; et ses malheureux parents en perdaient l'esprit, ne sachant quel moyen prendre pour la retrouver. Toutes ces

JE LE FIS SANS GRAND'PEINE ROULER DANS UN PRÉCIPICE. — T. I, CH. XXVIII.

nouvelles ranimèrent un peu mes espérances, et je me crus plus heureuse de n'avoir pas trouvé don Fernand que de l'avoir trouvé marié. Il me sembla, en effet, que mon malheur n'était pas sans remède, et je m'efforçais de me persuader que peut-être le ciel avait mis cet obstacle imprévu au second mariage pour lui rappeler les engagements pris au premier, pour le faire réfléchir à ce qu'il était chrétien, et plus intéressé au salut de son âme qu'à toutes les considérations humaines. Je roulais toutes ces pensées dans ma tête, me consolant sans sujet de consolation, et rêvant de lointaines espérances, pour soutenir une vie que j'ai prise en haine à présent.

« Tandis que je parcourais la ville sans savoir que résoudre, puisque je n'avais pas rencontré don Fernand, j'entendis le crieur public annoncer dans les rues une grande récompense pour qui me trouverait, donnant le signalement de mon âge, de ma taille, des habits dont j'étais vêtue. J'entendis également rapporter, comme un ouï-dire, que le valet qui m'accompagnait m'avait enlevée de la maison paternelle. Ce nouveau coup m'alla jusqu'à l'âme ; je vis avec désespoir à quel degré de flétrissure était tombée ma réputation, puisqu'il ne suffisait pas que je l'eusse perdue par ma fuite, et qu'on me donnait pour complice un être si vil et si indigne de fixer mes pensées. Aussitôt que j'entendis publier ce ban, je quittai la ville, suivie de mon domestique, qui commençait à montrer quelque hésitation dans la fidélité à toute épreuve qu'il m'avait promise. La même nuit, dans la crainte d'être découverts, nous pénétrâmes jusqu'au plus profond de ces montagnes ; mais, comme on dit, un malheur en appelle un autre, et la fin d'une infortune est d'ordinaire le commencement d'une plus grande. C'est ce qui m'arriva ; car dès que mon bon serviteur, jusque-là si sûr et si fidèle, se vit seul avec moi dans ce désert, poussé de sa perversité plutôt que de mes attraits, il voulut saisir l'occasion que semblait lui offrir notre solitude absolue. Sans respect pour moi et sans crainte de Dieu, il osa me tenir d'insolents discours ; et, voyant avec quel juste mépris je repoussais ses impudentes propositions, il cessa les prières dont il avait d'abord essayé, et se mit en devoir d'employer la violence. Mais le ciel, juste et secourable, qui manque rarement d'accorder son regard et son aide aux bonnes intentions, favorisa si bien les miennes, que, malgré l'insuffisance de mes forces, je le fis, sans grande peine, rouler dans un précipice, où je le laissai, mort ou vif. Aussitôt, et plus rapidement que ma fatigue et mon effroi ne semblaient le permettre, je m'enfonçai dans ces montagnes, sans autre dessein que de m'y cacher, et d'échapper à mes parents ou à ceux qu'ils enverraient à ma poursuite. Il y a de cela je ne sais combien de mois. Je rencontrai presque aussitôt un gardien de troupeaux, qui me prit pour berger, et m'emmena dans un hameau, au cœur de la montagne. Je l'ai servi depuis ce temps, faisant en sorte d'être aux champs tout le jour, pour cacher ces cheveux qui viennent, bien à mon insu, de me découvrir. Mais toute mon adresse et toute ma sollicitude furent vaines à la fin. Mon maître vint à s'apercevoir que je n'étais pas homme, et ressentit les mêmes désirs coupables que mon valet. Comme la fortune ne donne pas toujours la ressource à côté du danger, et que je ne trouvais point de précipice pour y jeter le maître après le serviteur, je crus plus prudent de fuir encore et de me cacher une seconde fois dans ces âpres retraites, que d'essayer avec lui mes forces ou mes remontrances. Je revins donc chercher, parmi ces rochers et ces bois, un endroit où je pusse sans obstacle offrir au ciel mes soupirs et mes larmes, où je pusse le prier de prendre en pitié mes infortunes, et de me faire la grâce, ou d'en trouver le terme, ou de laisser ma vie dans ces solitudes, et d'y ensevelir la mémoire d'une infortunée qui a donné si innocemment sujet à la malignité de la poursuivre et de la déchirer. »

CHAPITRE XXIX.

QUI TRAITE DU GRACIEUX ARTIFICE QU'ON EMPLOYA POUR TIRER NOTRE AMOUREUX CHEVALIER DE LA RUDE PÉNITENCE QU'IL ACCOMPLISSAIT.

« Telle est, seigneurs, la véritable histoire de mes tragiques aventures. Voyez et jugez maintenant si les soupirs que vous avez entendus s'échapper avec mes paroles, si les larmes que vous avez vues couler de mes yeux, n'avaient pas de suffisants motifs pour éclater avec plus d'abondance. En considérant la nature de mes disgrâces, vous reconnaîtrez que toute consolation est superflue, puisque tout remède est impossible. Je ne vous demande qu'une chose, qu'il vous sera facile de m'accorder : apprenez-moi où je pourrai passer ma vie sans être exposée à la perdre à tout instant par la crainte et les alarmes, tant je redoute que ceux qui me cherchent ne me découvrent à la fin. Je sais bien que l'extrême tendresse qu'ont pour moi mes parents me promet d'eux un bon accueil; mais j'éprouve une telle honte, seulement à penser que je paraîtrais en leur présence autrement qu'ils ne devaient l'espérer, que j'aime mieux m'exiler pour jamais de leur vue plutôt que de lire sur leur visage la pensée qu'ils ne trouvent plus sur le mien la pureté et l'innocence qu'ils attendaient de leur fille. »

Elle se tut en achevant ces paroles, et la rougeur qui couvrit alors son visage fit clairement connaître les regrets et la confusion dont son âme était remplie. Ce fut au fond des leurs que ceux qui avaient écouté le récit de ses infortunes ressentirent l'étonnement et la compassion qu'elle inspirait. Le curé voulait aussitôt lui donner des consolations et des avis, mais Cardénio le prévint :

« Quoi, madame! s'écria-t-il, vous êtes la belle Dorothée, la fille unique du riche Clenardo! »

Dorothée resta toute surprise quand elle entendit le nom de son père, et qu'elle vit la chétive apparence de celui qui le nommait, car on sait déjà de quelle manière était vêtu Cardénio.

« Qui êtes-vous, mon ami, lui dit-elle, pour savoir ainsi le nom de mon père? Jusqu'à présent, si j'ai bonne mémoire, je ne l'ai pas nommé une seule fois dans le cours de mon récit.

— Je suis, répondit Cardénio, cet infortuné, que, suivant vous, madame, Luscinde a dit être son époux; je suis le malheureux Cardénio, que la perfidie du même homme qui vous a mise en l'état où vous êtes, a réduit à l'état où vous me voyez, nu, déchiré, privé de toute consolation sur la terre, et, ce qui est pire encore, privé de raison, car je n'en ai plus l'usage que lorsqu'il plaît au ciel de me l'accorder pour quelques instants. Oui, Dorothée, c'est moi qui fus le témoin et la victime des perversités de don Fernand; c'est moi qui attendis jusqu'à ce que Luscinde, le prenant pour époux, eût prononcé le *oui* fatal; mais qui n'eus pas assez de courage pour voir où aboutirait son évanouissement et la découverte du billet caché dans son sein, car mon âme n'eut pas assez de force pour supporter tant de malheurs à la fois. Je quittai la maison quand je perdis patience, et, laissant à mon hôte une lettre que je le priai de remettre aux mains de Luscinde, je m'en vins dans ce désert avec l'intention d'y finir ma vie, que j'ai détestée depuis lors comme mon ennemie mortelle. Mais le ciel n'a pas voulu me l'ôter, se bornant à m'ôter la raison, et me gardant peut-être pour le bonheur qui m'arrive de vous rencontrer aujourd'hui. Car, si tout ce que vous avez raconté est vrai, comme je le crois, il est possible que le ciel ait réservé pour tous deux une meilleure fin que nous ne pensons à nos désastres. S'il est vrai que Luscinde ne peut épouser don Fernand, parce qu'elle est à moi, comme elle l'a hautement déclaré, ni don Fernand l'épouser, parce qu'il est à vous, nous pouvons encore espérer que le ciel nous restitue ce qui nous appartient, puisque ces objets existent, et qu'ils ne sont ni aliénés ni détruits. Maintenant que cette consolation nous reste, non fondée sur de folles rêveries et de chimériques espérances, je vous supplie, madame, de prendre, en vos honnêtes pensées, une résolution nouvelle, telle que je pense la prendre moi-même, et de vous résigner à l'espoir d'un meilleur avenir. Quant à moi, je vous jure, foi de gentilhomme et de chrétien, de ne plus vous abandonner que vous ne soyez rendue à don Fernand. Si je ne pouvais, par le raisonnement, l'amener à reconnaître vos droits, j'userais alors de celui que me donne ma qualité de gentilhomme, pour le provoquer à juste titre au combat, en raison du tort qu'il vous cause, mais sans me rappeler mes propres offenses, dont je laisserai la vengeance au ciel, pour ne m'occuper que de celle des vôtres sur la terre. »

Ce que venait de dire Cardénio accrut tellement la surprise de Dorothée, que, ne sachant quelles grâces rendre à de telles offres de service, elle voulut se jeter à ses genoux et les embrasser, mais Cardénio l'en empêcha. Le bon licencié prit la parole pour tous deux, approuva le sage projet de Cardénio, et leur persuada par ses conseils et ses prières de l'accompagner à son village, où ils pourraient se fournir

SI CELA DURE ENCORE UN PEU, MON MAITRE COURT RISQUE DE NE PAS DEVENIR EMPEREUR. — T. I, CH. XXIX.

des choses qui leur manquaient, et prendre un parti pour chercher don Fernand, ramener Dorothée à la maison paternelle, ou faire enfin ce qui semblerait le plus convenable. Cardénio et Dorothée acceptèrent son offre avec des témoignages de reconnaissance. Le barbier, qui jusqu'alors avait écouté sans rien dire, fit aussi son petit discours, et s'offrit d'aussi bonne grâce que le curé à les servir autant qu'il en était capable. Par la même occasion, il conta brièvement le motif qui les avait amenés en cet endroit, ainsi que l'étrange folie de don Quichotte, dont ils attendaient l'écuyer, qu'ils avaient envoyé à sa recherche. Cardénio se ressouvint alors, mais comme en un songe, du démêlé qu'il avait eu avec don Quichotte, et raconta cette aventure, sans pouvoir toutefois indiquer le motif de la querelle. En ce moment, des cris se firent entendre; le curé et le barbier reconnurent aussitôt la voix de Sancho Panza, qui, ne les trouvant point dans l'endroit où il les avait laissés, les appelait à tue-tête. Ils allèrent tous à sa rencontre, et, comme ils lui demandaient avec empressement des nouvelles de don Quichotte, Sancho leur conta comment il l'avait trouvé, nu, en chemise, sec, maigre, jaune et mort de faim, mais soupirant toujours pour sa dame Dulcinée.

« Je lui ai bien dit, ajouta-t-il, qu'elle lui ordonnait de quitter cet endroit et de s'en aller au Toboso, où elle restait à l'attendre; il m'a répondu qu'il était décidé à ne point paraître en présence de ses charmes, jusqu'à ce qu'il eût fait des prouesses qui le rendissent méritant de ses bonnes grâces. Mais, en vérité, si cela dure encore un peu, mon maître court grand risque de ne pas devenir empereur, comme il s'y est obligé, ni même archevêque, ce qui est bien le moins qu'il puisse faire. Voyez donc, au nom du ciel, comment il faut s'y prendre pour le tirer de là. »

Le licencié répondit à Sancho qu'il ne se mît pas en peine, et qu'on saurait bien l'arracher à sa pénitence, quelque dépit qu'il en eût. Aussitôt il conta à Cardénio et à Dorothée le moyen qu'ils avaient imaginé pour la guérison de don Quichotte, ou du moins pour le ramener à sa maison. Dorothée s'offrit alors de bonne grâce à jouer elle-même le rôle de la damoiselle affligée, qu'elle remplirait, dit-elle, mieux que le barbier, puisqu'elle avait justement des habits de femme qui lui permettraient de le faire au naturel, ajoutant qu'on pouvait se reposer sur elle du soin de représenter ce personnage comme il convenait au succès de leur dessein, parce qu'elle avait lu assez de livres de chevalerie pour savoir en quel style les damoiselles désolées demandaient un don aux chevaliers errants.

« A la bonne heure, donc, s'écria le curé; il n'est plus besoin que de se mettre à l'œuvre. En vérité, la fortune se déclare en notre faveur; car, sans penser à vous le moins du monde, madame et seigneur, voilà qu'elle commence par notre moyen à vous ouvrir une porte à votre espérance, et qu'elle nous fait trouver en vous l'aide et le secours dont nous avions besoin. »

Dorothée tira sur-le-champ de son paquet une jupe entière de fine et riche étoffe, ainsi qu'un mantelet de brocart vert, et, d'un écrin, un collier de perles avec d'autres bijoux. En un instant, elle fut parée de manière à passer pour une riche et grande dame. Tous ces ajustements, elle les avait, dit-elle, emportés de la maison de ses parents pour s'en servir au besoin; mais elle n'avait encore eu nulle occasion d'en faire usage. Ils furent tous enchantés de sa grâce parfaite et de sa beauté singulière, et achevèrent de tenir don Fernand pour un homme de peu de sens, puisqu'il dédaignait tant d'attraits. Mais celui qui éprouvait le plus de surprise et d'admiration, c'était Sancho Panza. Jamais, en tous les jours de sa vie, il n'avait vu une si belle créature. Aussi demanda-t-il avec empressement au curé qui était cette si charmante dame, et qu'est-ce qu'elle cherchait à travers ces montagnes.

« Cette belle dame, mon ami Sancho, répondit le curé, est tout bonnement, sans que cela paraisse, l'héritière en droite ligne, et de mâle en mâle, du grand royaume de Micomicon : elle vient à la recherche de votre maître pour le prier de lui octroyer un don, lequel consiste à défaire un tort que lui a fait un déloyal géant; et c'est au bruit de la renommée de bon chevalier qu'a votre maître sur toute la surface de la terre, que cette princesse s'est mise en quête de lui depuis les côtes de la Guinée.

— Heureuse quête et heureuse trouvaille! s'écria Sancho transporté, surtout si mon maître est assez chanceux pour venger cette offense et redresser ce tort, en tuant ce méchant drôle de géant que Votre Grâce vient de dire. Et oui, pardieu, il le tuera s'il le rencontre, à moins pourtant que ce ne soit un fantôme; car, contre les fantômes, mon seigneur est sans pouvoir. Mais, seigneur licencié, je veux, entre autres choses, vous demander une grâce. Pour qu'il ne prenne pas fantaisie à mon maître de se faire archevêque, car c'est là tout ce que je crains, vous feriez bien de lui conseiller de se marier tout de suite avec cette princesse : il se trouvera ainsi dans l'impossibilité de recevoir les ordres épiscopaux, et se décidera facilement à s'en tenir au titre d'empereur, ce qui sera le comble de mes souhaits. Franchement, j'y ai bien réfléchi, et je trouve, tout compté, qu'il ne me convient pas que mon maître soit archevêque; car enfin, je ne suis bon à rien pour l'Église, puisque je suis marié; et m'en aller maintenant courir après des dispenses pour que je puisse toucher le revenu d'une prébende, ayant, comme je les ai, femme et enfants, ce serait à n'en jamais finir. Ainsi donc, seigneur, tout le joint de l'affaire, c'est que mon maître se marie tout de suite avec cette dame, que je ne peux nommer par son nom, ne sachant pas encore comment elle s'appelle.

— Elle s'appelle, répondit le curé, la princesse Micomicona, car, son royaume s'appelant Micomicon, il est clair qu'elle doit s'appeler ainsi.

— Sans aucun doute, reprit Sancho, et j'ai vu bien des gens prendre pour nom de famille et de terre celui du lieu où ils sont nés, s'appelant Pedro de Alcala, ou Juan de Ubéda, ou Diégo de Valladolid; et ce doit être aussi l'usage, par là en Guinée, que les reines prennent le nom de leur royaume.

— C'est probable, répondit le curé; et, quant au mariage de votre maître, croyez que j'y emploierai toutes les ressources de mon éloquence. »

Sancho demeura aussi satisfait de cette promesse que le curé surpris de sa simplicité, en voyant que les contagieuses extravagances de son maître s'étaient si bien

ELLE PRESSA SON PALEFROI, SUIVIE DU BARBU BARBIER. — T. I, CH. XXIX.

nichées dans sa cervelle, qu'il croyait très-sérieusement le voir devenir empereur quelque beau jour.

Pendant cet entretien, Dorothée s'était mise à cheval sur la mule du curé, et le barbier avait ajusté à son menton la barbe de queue de vache. Ils dirent alors à Sancho de les conduire où se trouvait don Quichotte, mais en l'avertissant bien qu'il ne fît pas semblant de connaître le curé et le barbier, car c'était en cela que consistait tout le prestige pour faire devenir son maître empereur. Pour le curé et Cardénio, ils ne voulurent pas les accompagner, Cardénio dans la crainte que don Quichotte ne se rappelât leur querelle, et le curé parce que sa présence n'était alors d'aucune utilité. Ils les laissèrent prendre les devants, et les suivirent à pied sans presser leur marche. Le curé avait cru prudent d'enseigner à Dorothée comment elle devait s'y prendre; mais celle-ci lui avait répondu d'être sans crainte à cet égard, et que tout se ferait exactement comme l'exigeaient les descriptions et les récits des livres de chevalerie.

Après avoir fait environ trois quarts de lieue, elle et ses deux compagnons découvrirent don Quichotte au milieu d'un groupe de roches amoncelées, habillé déjà, mais non point armé. Dès que Dorothée l'eut aperçu, et qu'elle eut appris de Sancho que c'était don Quichotte, elle pressa son palefroi, suivi du barbu barbier. En arrivant près de lui, l'écuyer sauta de sa mule et prit Dorothée dans ses bras, laquelle ayant mis pied à terre avec beaucoup d'aisance, alla se jeter à genoux aux pieds de don Quichotte, et, bien que celui-ci fît tous ses efforts pour la relever, elle, sans vouloir y consentir, lui parla de la sorte :

« D'ici je ne me lèverai plus, ô valeureux et redoutable chevalier, que votre magnanime courtoisie ne m'ait octroyé un don, lequel tournera à l'honneur et gloire de votre personne et au profit de la plus offensée et plus inconsolable damoiselle que le soleil ait éclairée jusqu'à présent. Et, s'il est vrai que la valeur de votre invincible bras réponde à la voix de votre immortelle renommée, vous êtes obligé de prêter aide et faveur à l'infortunée qui vient de si lointaines régions, à la trace de votre nom célèbre, vous chercher pour remède à ses malheurs.

— Je ne vous répondrai pas un mot, belle et noble dame, répondit don Quichotte, et n'écouterai rien de vos aventures que vous ne soyez relevée de terre.

— Et moi, je ne me relèverai point, seigneur, répliqua la damoiselle affligée, avant que, par votre courtoisie, ne me soit octroyé le don que j'implore.

— Je vous l'octroie et concède, répondit don Quichotte, pourvu qu'il ne doive pas s'accomplir au préjudice et au déshonneur de mon roi, de ma patrie et de celle qui tient la clef de mon cœur et de ma liberté.

— Ce ne sera ni au préjudice ni au déshonneur de ceux que vous venez de nommer, mon bon seigneur, » reprit la dolente damoiselle.

Mais, comme elle allait continuer, Sancho s'approcha de l'oreille de son maître, et lui dit tout bas :

« Par ma foi, seigneur, Votre Grâce peut bien lui accorder le don qu'elle réclame; c'est l'affaire de rien; il ne s'agit que de tuer un gros lourdaud de géant;

et celle qui vous demande ce petit service est la haute princesse Micomicona, reine du grand royaume de Micomicon en Éthiopie.

— Qui qu'elle soit, répondit don Quichotte, je ferai ce que je suis obligé de faire et ce que me dicte ma conscience, d'accord avec les lois de ma profession. »

Puis se tournant vers la damoiselle :

« Que votre extrême beauté se lève, lui dit-il; je lui octroie le don qu'il lui plaira de me demander.

— Eh bien donc, s'écria la damoiselle, celui que je vous demande, c'est que votre magnanime personne s'en vienne sur-le-champ avec moi où je la conduirai, et qu'elle me promette de ne s'engager en aucune aventure, de ne s'engager en aucune querelle jusqu'à ce qu'elle m'ait vengée d'un traître qui, contre tout droit du ciel et des hommes, tient mon royaume usurpé.

— Je répète que je vous l'octroie, reprit don Quichotte; ainsi vous pouvez dès aujourd'hui, madame, chasser la mélancolie qui vous oppresse, et faire reprendre courage à votre espérance évanouie. Avec l'aide de Dieu et celle de mon bras, vous vous verrez bientôt de retour dans votre royaume, et rassise sur le trône des grands États de vos ancêtres, en dépit de tous les félons qui voudraient y trouver à redire. Allons donc, la main à la besogne! car c'est, comme on dit, dans le retard que gît le péril. »

La nécessiteuse damoiselle fit alors mine de vouloir lui baiser les mains; mais don Quichotte, qui était en toute chose un galant et courtois chevalier, ne voulut jamais y consentir. Au contraire, il la fit relever et l'embrassa respectueusement; puis il ordonna à Sancho de bien serrer les sangles à Rossinante, et de l'armer lui-même sans délai. L'écuyer détacha les armes, qui pendaient comme un trophée aux branches d'un chêne, et, après avoir ajusté la selle du bidet, il arma son maître en un tour de main. Celui-ci, se voyant en équipage de guerre, s'écria :

« Allons maintenant, avec l'aide de Dieu, prêter la nôtre à cette grande princesse. »

Le barbier se tenait encore à genoux, prenant grand soin de ne pas éclater de rire ni de laisser tomber sa barbe, dont la chute aurait pu ruiner de fond en comble leur bonne intention. Quand il vit que le don était octroyé, et avec quelle diligence don Quichotte s'apprêtait à l'aller accomplir, il se leva, prit sa maîtresse de la main qui n'était pas occupée, et la mit sur sa mule, avec l'aide du chevalier. Celui-ci enfourcha légèrement Rossinante, et le barbier s'arrangea sur sa monture; mais le pauvre Sancho resta sur ses pieds, ce qui renouvela ses regrets et lui fit de nouveau sentir la perte du grison. Toutefois, il prenait son mal en patience, parce qu'il lui semblait que son maître était en bonne voie de se faire empereur, n'ayant plus aucun doute qu'il ne se mariât avec cette princesse, et qu'il ne devint ainsi pour le moins roi de Micomicon. Une seule chose le chagrinait : c'était de penser que ce royaume était en terre de nègres, et que les gens qu'on lui donnerait pour vassaux seraient tout noirs. Mais son imagination lui fournit bientôt une ressource, et il se dit à lui-même :

ASSEZ, ASSEZ, MADAME, S'ÉCRIA DON QUICHOTTE, FAITES TRÊVE A VOS LOUANGES. — T. I, CH. XXIX.

« Eh! que m'importe, après tout, que mes vassaux soient des nègres? Qu'ai-je à faire, sinon de les emballer et de les charrier en Espagne, où je les pourrai vendre à bon argent comptant? et de cet argent je pourrai m'acheter quelque titre ou quelque office qui me fera vivre sans souci tout le reste de ma vie et de mes jours. C'est cela; croyez-vous donc qu'on dorme des deux yeux, et qu'on n'ait ni talent, ni esprit pour tirer parti des choses, et pour vendre trente ou dix mille vassaux comme on brûle un fagot de paille? Ah! pardieu, petit ou grand, je saurai bien en venir à bout, et les rendre blancs ou jaunes dans ma poche, fussent-ils noirs comme l'âme du diable. Venez, venez, et vous verrez si je suce mon pouce. »

Plein de ces beaux rêves, Sancho marchait si occupé et si content qu'il oubliait le désagrément d'aller à pied.

Toute cette étrange scène, Cardénio et le curé l'avaient regardée à travers les broussailles, et ne savaient quel moyen prendre pour se réunir au reste de la troupe. Mais le curé, qui était grand trameur d'expédients, imagina bientôt ce qu'il fallait faire pour sortir d'embarras. Avec une paire de ciseaux qu'il portait dans un étui, il coupa fort habilement la barbe à Cardénio, puis il lui mit un mantelet brun dont il était vêtu, ainsi qu'un collet noir, ne gardant pour lui que ses hauts-de-chausses et son pourpoint. Cardénio fut si changé par cette toilette qu'il ne se serait pas reconnu lui-même, se fût-il regardé dans un miroir. Cela fait, et bien que les autres eussent pris les devants pendant qu'ils se déguisaient, les deux amis purent atteindre avant eux le grand chemin, car les roches et les broussailles qui embarrassaient le passage ne permettaient pas aux cavaliers d'aller aussi vite que les piétons. Ceux-ci, ayant une fois gagné la plaine, s'arrêtèrent à la sortie de la montagne; et, dès que le curé vit venir don Quichotte suivi de ses compagnons, il se mit à le regarder fixement, montrant par ses gestes qu'il cherchait à le reconnaître; puis, après l'avoir longtemps examiné, il s'en fut à lui, les bras ouverts, et s'écriant de toute la force de ses poumons :

« Qu'il soit le bienvenu et le bien trouvé, le miroir de la chevalerie, mon brave compatriote don Quichotte de la Manche, la fleur et la crème de la galanterie, le rempart et l'appui des affligés, la quintessence des chevaliers errants! »

En disant ces mots, il se tenait embrassé au genou de la jambe gauche de don Quichotte, lequel, stupéfait de ce qu'il voyait faire et entendait dire à cet homme, se mit à le considérer avec attention, et le reconnut à la fin. Étrangement surpris de le rencontrer là, don Quichotte fit aussitôt tous ses efforts pour mettre pied à terre; mais le curé ne voulait pas y consentir.

« Eh! seigneur licencié, s'écria-t-il alors, que Votre Grâce me laisse faire; il n'est pas juste que je reste à cheval, tandis que Votre Révérence est à pied.

— Je ne le souffrirai en aucune manière, répondit le curé; que Votre Grandeur reste à cheval, puisque c'est à cheval qu'elle affronte les plus grandes aventures et fait les plus merveilleuses prouesses dont notre âge ait eu le spectacle. Pour moi, prêtre indigne, il me suffira de monter en croupe d'une des mules de ces gentilshommes qui cheminent en compagnie de Votre Grâce, s'ils le veulent bien permettre, et je croirai tout au moins avoir pour monture le cheval Pégase, ou le zèbre sur lequel chevauchait ce fameux More Musaraque, qui, maintenant encore, gît enchanté dans la grande caverne Zuléma, auprès de la grande ville de Compluto[1].

— Je ne m'en avisais pas, en effet, seigneur licencié, reprit don Quichotte; mais je suis sûr que madame la princesse voudra bien, pour l'amour de moi, ordonner à son écuyer qu'il cède à Votre Grâce la selle de sa mule, et qu'il s'accommode de la croupe, si tant est que la bête souffre un second cavalier.

— Oui, vraiment, à ce que je crois, répondit la princesse; mais je sais bien aussi qu'il ne sera pas nécessaire que je donne des ordres au seigneur mon écuyer, car il est si courtois et si fait aux beaux usages de la cour, qu'il ne souffrira pas qu'un ecclésiastique aille à pied, pouvant aller à cheval.

— Assurément non, » ajouta le barbier; et, mettant aussitôt pied à terre, il offrit la selle au curé, qui l'accepta sans beaucoup de façons. Mais le mal est que c'était une mule de louage, ce qui veut assez dire une méchante bête; et, quand le barbier voulut monter en croupe, elle leva le train de derrière, et lança en l'air deux ruades, telles que, si elle les eût appliquées sur l'estomac ou sur la tête de maître Nicolas, il aurait bien pu donner au diable la venue de don Quichotte en ce monde. Ces ruades toutefois l'ébranlèrent si bien qu'il tomba par terre assez rudement, et avec si peu de souci de sa barbe qu'elle tomba d'un autre côté. S'apercevant alors qu'il l'avait perdue, il ne trouva rien de mieux à faire que de se cacher le visage dans les deux mains et de se plaindre que la maudite bête lui eût cassé les mâchoires. Quand don Quichotte vit ce paquet de poils, n'ayant après eux ni chair ni sang, loin du visage de l'écuyer tombé :

« Vive Dieu, s'écria-t-il, voici bien un grand miracle! elle lui a enlevé et arraché la barbe du menton comme on l'aurait tranchée d'un revers. »

Le curé, qui vit le danger que son invention courait d'être découverte, se hâta de ramasser la barbe, et la porta où gisait encore maître Nicolas, qui continuait à jeter des cris étouffés; puis, lui prenant la tête contre son estomac, il la lui rajusta d'un seul nœud, en marmottant sur lui quelques paroles qu'il dit être un certain charme[2] très-propre à faire reprendre une barbe, comme on allait le voir. En effet, dès qu'il eut attaché la queue, il s'éloigna, et l'écuyer se trouva aussi bien portant et aussi bien barbu qu'auparavant. Don Quichotte fut émerveillé d'une telle guérison, et pria le curé de lui apprendre, dès qu'il en trouverait le temps, les paroles de ce charme, dont la vertu lui semblait devoir s'étendre plus loin qu'à recoller des barbes; car il était clair que, dans les occasions où les barbes sont arrachées, la chair aussi doit être meurtrie, et que, si le charme guérissait le tout à la fois, il devait servir à la chair comme au poil. Le curé en convint, et promit de lui enseigner le charme à la première occasion.

Il fut alors arrêté que le curé monterait sur la mule, et que, de loin en loin, le barbier et Cardénio se relayeraient pour prendre sa place, jusqu'à ce qu'on fût

VOTRE GRACE PRENDRA LE CHEMIN DE CARTHAGÈNE, OÙ ELLE POURRA S'EMBARQUER. — T. I. CH. XXIX.

arrivé à l'hôtellerie, qui pouvait être à deux lieues de là. Trois étant donc à cheval, à savoir, don Quichotte, le curé et la princesse, et trois à pied, Cardénio, le barbier et Sancho Panza, le chevalier dit à la damoiselle :

« Que Votre Grandeur, madame, nous guide maintenant où il lui plaira. »

Mais, avant qu'elle répondit, le licencié prit la parole :

« Vers quel royaume veut nous guider Votre Seigneurie? Est-ce, par hasard, vers celui de Micomicon? C'est bien ce que j'imagine, ou, par ma foi, j'entends peu de chose en fait de royaumes. »

Dorothée, dont l'esprit était prêt à tout, comprit bien ce qu'elle devait répondre :

« Justement, seigneur, lui dit-elle, c'est vers ce royaume que je me dirige.

— En ce cas, reprit le curé, il faut que nous passions au beau milieu de mon village; de là, Votre Grâce prendra le chemin de Carthagène, où elle pourra s'embarquer à la garde de Dieu; si le vent est bon, la mer tranquille et le ciel sans tempêtes, en un peu moins de neuf ans, vous serez en vue du grand lac Méona, je veux dire des Palus-Méotides, qui sont encore à cent journées de route en deçà du royaume de Votre Grandeur.

— Votre Grâce, seigneur, me semble se tromper, répondit-elle, car il n'y a pas deux ans que j'en suis partie, sans avoir eu jamais le temps favorable, et cependant je suis parvenue à rencontrer l'objet de mes désirs, le seigneur don Quichotte de la Manche, dont la renommée a frappé mon oreille dès que j'eus mis le pied sur la terre d'Espagne. C'est le bruit de ses exploits qui m'a décidée à me mettre à sa recherche, pour me recommander à sa courtoisie, et confier la justice de ma cause à la valeur de son bras invincible.

— Assez, assez, madame, s'écria don Quichotte; faites trêve à mes louanges; je suis ennemi de toute espèce de flatterie, et, n'eussiez-vous pas cette intention, de tels discours néanmoins offensent mes chastes oreilles. Ce que je puis vous dire, madame, que j'aie ou non du courage, c'est que celui que j'ai ou que je n'ai pas, je l'emploierai à votre service jusqu'à perdre la vie. Et maintenant, laissant cela pour son temps, je prie le seigneur licencié de vouloir bien me dire quel motif l'a conduit en cet endroit, seul, sans valet, et vêtu tellement à la légère que j'en suis effrayé.

— A cette question, je répondrai brièvement, repartit le curé. Vous saurez donc, seigneur don Quichotte, que moi et maître Nicolas, notre ami et notre barbier, nous allions à Séville toucher certaine somme d'argent que vient de m'envoyer un mien parent, qui est passé aux Indes, il y a bien des années; et vraiment la somme n'est pas à dédaigner, car elle monte à soixante mille piastres de bon aloi; et, comme nous passions hier dans ces lieux écartés, nous avons été surpris par quatre voleurs de grands chemins, qui nous ont enlevé jusqu'à la barbe, et si bien jusqu'à la barbe, que le barbier a trouvé bon de s'en mettre une postiche ; et, quant à ce jeune homme qui nous suit (montrant Cardénio), ils l'ont mis comme s'il venait de naître. Ce qu'il y a de curieux, c'est que le bruit court dans tous les environs, que ces gens qui nous ont dévalisés sont des galériens qu'a mis en liberté, presque au même endroit, un homme si valeureux, qu'en dépit du commissaire et des gardiens, il leur a donné à tous la clef des champs. Sans nul doute cet homme avait perdu l'esprit, ou ce doit être un aussi grand scélérat que ceux qu'il a délivrés, un homme, enfin, sans âme et sans conscience, puisqu'il a voulu lâcher le loup au milieu des brebis, le renard parmi les poules et le frelon sur le miel; il a voulu frustrer la justice, se révolter contre son roi et seigneur naturel, dont il a violé les justes commandements; il a voulu, dis-je, ôter aux galères les bras qui les font mouvoir, et mettre sur pied la Sainte-Hermandad, qui reposait en paix depuis longues années; il a voulu finalement faire un exploit où se perdit son âme sans que son corps eût rien à gagner. »

Sancho avait raconté au curé et au barbier l'aventure des galériens, dont son maître s'était tiré avec tant de gloire, et c'est pour cela que le curé appuyait si fort en la rapportant, afin de voir ce que ferait ou dirait don Quichotte. Le pauvre chevalier changeait de visage à chaque parole, et n'osait avouer qu'il était le libérateur de cette honnête engeance.

« Voilà, continua le curé, quelles gens nous ont détroussés et mis en cet état. Dieu veuille, en son infinie miséricorde, pardonner à celui qui ne les a pas laissé conduire au supplice qu'ils avaient mérité! »

CHAPITRE XXX.

QUI TRAITE DE LA FINESSE D'ESPRIT QUE MONTRA LA BELLE DOROTHÉE,
AINSI QUE D'AUTRES CHOSES SINGULIÈREMENT DIVERTISSANTES.

Le curé n'avait pas fini de parler, que Sancho lui dit :

« Par ma foi, seigneur licencié, savez-vous qui a fait cette belle prouesse ? c'est mon maître. Et pourtant je ne m'étais pas fait faute de lui dire, par avance, qu'il prît garde à ce qu'il allait faire, et que c'était un péché mortel que de leur rendre la liberté, puisqu'on les envoyait tous aux galères, comme de fieffés coquins.

— Imbécile, s'écria don Quichotte, est-ce, par hasard, aux chevaliers errants à vérifier si les affligés, les enchaînés et les opprimés qu'ils trouvent sur les grands chemins, vont en cet état et dans ces tourments pour leurs fautes ou pour leurs mérites ? Ils n'ont rien à faire qu'à les secourir à titre de malheureux, n'ayant égard qu'à leurs misères, et non point à leurs méfaits. J'ai rencontré un chapelet de pauvres diables, tristes et souffrants, et j'ai fait pour eux ce qu'exige le serment de mon ordre : advienne que pourra. Quiconque y trouverait à redire, sauf toutefois le saint caractère du seigneur licencié et sa vénérable personne, je lui dirai qu'il n'entend rien aux affaires de la chevalerie, et qu'il ment comme un rustre mal-appris; je le lui ferai bien voir avec la lance ou l'épée, à pied ou à cheval, ou de telle manière qu'il lui plaira. »

En disant cela, don Quichotte s'affermit sur ses étriers, et enfonça son morion jusqu'aux yeux; car, pour le plat à barbe, qui était à son compte l'armet de Mambrin, il le portait pendu à l'arçon de sa selle, en attendant qu'il le remît des mauvais traitements que lui avaient fait essuyer les galériens.

Dorothée, qui était pleine de discrétion et d'esprit, connaissant déjà l'humeur timbrée de don Quichotte, dont elle savait bien que tout le monde se raillait, hormis Sancho Panza, ne voulut point demeurer en reste; et, le voyant si courroucé :

« Seigneur chevalier, lui dit-elle, que Votre Grâce ne perde pas souvenance du don qu'elle m'a promis sur sa parole, en vertu de laquelle vous ne pouvez vous entremettre en aucune aventure, quelque pressante qu'elle puisse être. Calmez votre cœur irrité; car, assurément, si le seigneur licencié eût su que c'était à ce bras invincible que les galériens devaient leur délivrance, il aurait mis trois fois le doigt sur sa bouche, et se serait même mordu trois fois la langue, plutôt que de lâcher une parole qui pût causer à Votre Grâce le moindre déplaisir.

— Oh! je le jure, sur ma foi, s'écria le curé, et je me serais plutôt arraché la moustache.

— Je me tairai donc, madame, répondit don Quichotte; je réprimerai la juste colère qui s'était allumée dans mon âme, et me tiendrai tranquille et pacifique, jusqu'à ce que j'aie satisfait à la promesse que vous avez reçue de moi. Mais, en échange de ces bonnes intentions, je vous supplie de me dire, si toutefois vous n'y trouvez nul déplaisir, quel est le sujet de votre affliction, quels et combien sont les gens de qui je dois vous donner une légitime, satisfaisante et complète vengeance.

— C'est ce que je ferai de bien bon cœur, répondit Dorothée, s'il ne vous déplait pas d'entendre des malheurs et des plaintes.

— Non, sans doute, répliqua don Quichotte.

— En ce cas, reprit Dorothée, que Vos Grâces me prêtent leur attention. »

A peine eut-elle ainsi parlé, que Cardénio et le barbier se placèrent à côté d'elle, désireux de voir comment la discrète Dorothée conterait sa feinte histoire; et Sancho fit de même, aussi abusé que son maître sur le compte de la princesse. Pour elle, après s'être bien affermie sur sa selle, après avoir toussé et pris les précautions d'un orateur à son début, elle commença de la sorte, avec beaucoup d'aisance et de grâce :

« Avant tout, mes seigneurs, je veux faire savoir à Vos Grâces qu'on m'appelle.... »

Ici, elle hésita un moment, ne se souvenant plus du nom que le curé lui avait donné; mais celui-ci, comprenant d'où partait cette hésitation, vint à son aide et lui dit :

« Il n'est pas étrange, madame, que Votre Grandeur se trouble et s'embarrasse dans le récit de ses infortunes. C'est l'effet ordinaire du malheur d'ôter parfois la mémoire à ceux qu'il a frappés, tellement qu'ils oublient jusqu'à leurs propres noms, comme il vient d'arriver à Votre Seigneurie, qui semble ne plus se souvenir qu'elle s'appelle la princesse Micomicona, légitime héritière du grand royaume de Micomicon. Avec cette simple indication, Votre Grandeur peut maintenant rappeler à sa triste mémoire tout ce qu'il lui plaira de nous raconter.

— Ce que vous dites est bien vrai, répondit la damoiselle; mais je crois qu'il ne sera plus désormais nécessaire de me rien indiquer ni souffler, et que je mènerai à bon port ma véridique histoire. La voici donc :

« Le roi mon père, qui se nommait Tinacrio le Sage, fut très-versé dans la science qu'on appelle magie. Il découvrit, à l'aide de son art, que ma mère, nommée la reine Xaramilla, devait mourir avant lui, et que lui-même, peu de temps après, passerait de cette vie dans l'autre, de sorte que je resterais orpheline de père et de mère. Il disait toutefois que cette pensée ne l'affligeait pas autant que de savoir, de science certaine, qu'un effroyable géant, seigneur d'une grande île qui touche presque à notre royaume, nommé Pantafilando de la Sombre-Vue (car il est avéré que, bien qu'il ait les yeux à leur place, et droits l'un et l'autre, il regarde toujours de travers, comme s'il était louche, ce qu'il fait par malice, pour faire peur à ceux qu'il regarde); mon père, dis-je, sut que ce géant, dès qu'il apprendrait que j'étais orpheline, devait venir fondre avec une grande armée sur mon royaume, et me l'enlever tout entier pièce à pièce, sans me laisser le moindre village où je pusse trouver asile; mais que je pourrais éviter ce malheur et cette ruine si je consentais à me marier avec lui. Du reste, mon père voyait bien que jamais je ne pourrais me résoudre à un mariage si disproportionné; et c'était bien la vérité qu'il annonçait : car jamais il ne m'est venu dans la pensée d'épouser ce géant, ni aucun autre, si grand et si colossal qu'il pût être. Mon père dit aussi qu'après qu'il serait mort, et que je verrais Pantafilando commencer à envahir mon royaume, je ne songeasse aucunement à me mettre en défense, ce qui serait courir à ma perte; mais que je lui abandonnasse librement la possession du royaume, si je voulais éviter la mort et la destruction totale de mes bons et fidèles vassaux, puisqu'il m'était impossible de résister à la force diabolique de ce géant. Il ajouta que je devais sur-le-champ prendre avec quelques-uns des miens le chemin des Espagnes, où je trouverais le remède à mes maux dans la personne d'un chevalier errant, dont la renommée s'étendrait alors dans tout ce royaume, et qui s'appellerait, si j'ai bonne mémoire, don Fricote, ou don Gigote....

— C'est don Quichotte qu'il aura dit, madame, interrompit en ce moment Sancho Panza, autrement dit le chevalier de la Triste Figure.

— Justement, reprit Dorothée; il ajouta qu'il devait être haut de stature, sec de visage, et que, du côté droit, sous l'épaule gauche, ou près de là, il devait avoir une envie de couleur brune, avec quelques poils en manière de soies de sanglier.

— Approche ici, mon fils Sancho, dit aussitôt don Quichotte à son écuyer; viens m'aider à me déshabiller, car je veux voir si je suis le chevalier qu'annonce la prophétie de ce sage roi.

— Et pourquoi Votre Grâce veut-elle se déshabiller ainsi? demanda Dorothée.

— Pour voir si j'ai bien cette envie dont votre père a parlé, répondit don Quichotte.

— Il n'est pas besoin de vous déshabiller pour cela, interrompit Sancho; je sais que Votre Grâce a justement une envie de cette espèce au beau milieu de l'épine du dos, ce qui est un signe de force dans l'homme.

— Cela suffit, reprit Dorothée; entre amis, il ne faut pas y regarder de si près. Qu'elle soit sur l'épaule, qu'elle soit sur l'échine, qu'elle soit où bon lui semble, qu'importe, pourvu que l'envie s'y trouve? après tout, c'est la même chair. Sans aucun doute, mon bon père a rencontré juste; et moi aussi, j'ai bien rencontré en m'adressant au seigneur don Quichotte, qui est celui dont mon père a parlé, car le signalement de son visage concorde avec celui de la grande renommée dont jouit ce chevalier, non-seulement en Espagne, mais dans toute la Manche. En effet, j'étais à peine débarquée à Osuna, que j'entendis raconter de lui tant de prouesses, qu'aussitôt le cœur me dit que c'était bien celui que je venais chercher.

— Mais comment votre Grâce est-elle débarquée à Osuna, interrompit don Quichotte, puisque cette ville n'est pas un port de mer? »

Avant que Dorothée répondît, le curé prit la parole :

« Madame la princesse, dit-il, a sûrement voulu dire qu'après être débarquée à Malaga, le premier endroit où elle entendit raconter de vos nouvelles, ce fut Osuna.

— C'est bien cela que j'ai voulu dire, reprit Dorothée.

— Et maintenant rien n'est plus clair, ajouta le curé. Votre Majesté peut poursuivre son récit.

— Je n'ai plus rien à poursuivre, répondit Dorothée, sinon qu'à la fin ç'a été une si bonne fortune de rencontrer le seigneur don Quichotte, que déjà je me regarde et me tiens pour reine et maîtresse de tout mon royaume; car, dans sa courtoisie et sa munificence, il m'a octroyé le don de me suivre où il me plairait de le mener, ce qui ne sera pas ailleurs qu'en face de Pantafilando de la Sombre-Vue, pour qu'il lui ôte la vie et me fasse restituer ce que ce traître a usurpé contre tout droit et toute raison. Tout cela doit arriver au pied de la lettre, comme l'a prophétisé Tinacrio le Sage, mon bon père, lequel a également laissé par écrit, en lettres grecques ou chaldéennes (je n'y sais pas lire), que si le chevalier de la prophétie, après avoir coupé la tête au géant, voulait se marier avec moi, je devais, sans réplique, me livrer à lui pour sa légitime épouse, et lui donner la possession de mon royaume en même temps que celle de ma personne.

— Eh bien! que t'en semble, ami Sancho? dit à cet instant don Quichotte;

ne vois-tu pas ce qui se passe? ne te l'avais-je pas dit? Regarde si nous n'avons pas maintenant royaume à gouverner et reine à épouser?

— J'en jure par ma barbe, s'écria Sancho, et nargue du bâtard qui ne se marierait pas dès qu'il aurait ouvert le gosier au seigneur Pend-au-fil-en-dos. La reine est peut-être une laideron, hein! Que toutes les puces de mon lit ne sont-elles ainsi faites! »

En disant cela, il fit en l'air deux gambades, se frappant le derrière du talon, avec tous les signes d'une grande joie; puis il s'en fut prendre par la bride la mule de Dorothée, la fit arrêter, et se mettant à genoux devant la princesse, il la supplia de lui donner ses mains à baiser, en signe qu'il la prenait pour sa reine et maîtresse.

Qui des assistants aurait pu s'empêcher de rire, en voyant la folie du maître et la simplicité du valet? Dorothée, en effet, présenta sa main à Sancho, et lui promit de le faire grand seigneur dans son royaume, dès que le ciel lui aurait accordé la grâce d'en recouvrer la paisible possession. Sancho lui offrit ses remercîments en termes tels qu'il fit éclater de nouveaux rires.

« Voilà, seigneur, poursuivit Dorothée, ma fidèle histoire. Je n'ai plus rien à vous dire, si ce n'est que de tous les gens venus de mon royaume à ma suite, il ne me reste que ce bon écuyer barbu : tous les autres se sont noyés dans une grande tempête que nous essuyâmes en vue du port. Lui et moi, nous arrivâmes à terre sur deux planches, et comme par miracle, car tout est miracle et mystère dans le cours de ma vie, ainsi que vous l'aurez observé. Si j'ai dit des choses superflues, si je n'ai pas toujours rencontré aussi juste que je le devais, il faut vous en prendre à ce qu'a dit le seigneur licencié au commencement de mon récit, que les peines extraordinaires et continuelles ôtent la mémoire à ceux qui les endurent.

— Elles ne me l'ôteront point à moi, haute et valeureuse princesse, s'écria don Quichotte, quelque grandes et inouïes que soient celles que je doive endurer à votre service. Ainsi, je confirme de nouveau le don que je vous ai octroyé, et je jure de vous suivre au bout du monde, jusqu'à ce que je me voie en face de votre farouche ennemi, auquel j'espère bien, avec l'aide de Dieu et de mon bras, trancher la tête orgueilleuse sous le fil de cette.... je n'ose dire bonne épée, grâce à Ginès de Passamont, qui m'a emporté la mienne. »

Don Quichotte dit ces derniers mots entre ses dents, et continua de la sorte :

« Après que je lui aurai tranché la tête, et que je vous aurai remise en paisible possession de vos États, vous resterez avec pleine liberté de faire de votre personne tout ce que bon vous semblera; car, tant que j'aurai la mémoire occupée, la volonté captive et l'entendement assujetti par celle.... Je ne dis rien de plus, et ne saurais envisager, même en pensée, le projet de me marier, fût-ce avec l'oiseau phénix. »

Sancho se trouva si choqué des dernières paroles de son maître, et de son refus de mariage, que, plein de courroux, il s'écria en élevant la voix :

« Je jure Dieu, et je jure diable, seigneur don Quichotte, que Votre Grâce n'a pas maintenant le sens commun! Comment est-il possible que vous hésitiez à épouser une aussi haute princesse que celle-là? Pensez-vous que la fortune va vous offrir à chaque bout de champ une bonne aventure comme celle qui se présente? est-ce que par hasard Mme Dulcinée est plus belle? Non, par ma foi, pas même de moitié, et j'ai envie de dire qu'elle n'est pas digne de dénouer les souliers de celle qui est devant nous. J'attraperai, pardieu, bien le comté que j'attends, si Votre Grâce se met à chercher des perles dans les vignes! Mariez-vous, mariez-vous vite, de par tous les diables, et prenez ce royaume qui vous tombe dans la main comme *vobis, vobis;* et quand vous serez roi, faites-moi marquis, ou gouverneur, et qu'ensuite Satan emporte tout le reste. »

Don Quichotte, qui entendit proférer de tels blasphèmes contre sa Dulcinée, ne put se contenir. Il leva sa pique par le manche, et sans adresser une parole à Sancho, sans crier gare, il lui déchargea sur les reins deux coups de bâton tels qu'il le jeta par terre, et que, si Dorothée ne lui eût crié de finir, il l'aurait assurément tué sur la place.

« Pensez-vous, lui dit-il au bout d'un instant, misérable vilain, qu'il soit toujours temps pour vous de me mettre la main dans l'enfourchure, et que nous n'ayons d'autre chose à faire que vous de pécher et moi de pardonner? N'en croyez rien, coquin excommunié; et sans doute tu dois l'être, puisque tu as porté la langue sur la sans pareille Dulcinée. Et ne savez-vous plus, maraud, bélitre, vaurien, que si ce n'était la valeur qu'elle prête à mon bras, je n'aurais pas la force de tuer une puce? Dites-moi, railleur à langue de vipère, qui donc pensez-vous qui ait gagné ce royaume, et coupé la tête au géant, et fait de vous un marquis (car tout cela je le donne pour accompli et passé en force de chose jugée), si ce n'est la valeur de Dulcinée, laquelle a pris mon bras pour instrument de ses prouesses? C'est elle qui combat et qui triomphe en moi; et moi, je vis et je respire en elle, et j'y puise l'être et la vie. O rustre mal né et mal-appris, que vous êtes ingrat! On vous lève de la poussière des champs pour vous faire seigneur titré, et vous répondez à cette bonne œuvre en disant du mal de qui vous fait du bien! »

Sancho n'était pas si maltraité qu'il n'eût fort bien entendu tout ce que son maître lui disait. Il se releva le plus promptement qu'il put, alla se cacher derrière le palefroi de Dorothée, et, de là, répondit à son maître :

« Dites-moi, seigneur : si Votre Grâce est bien décidée à ne pas se marier avec cette grande princesse, il est clair que le royaume ne sera point à vous, et, s'il n'est pas à vous, quelle faveur pouvez-vous me faire? C'est de cela que je me plains. Croyez-moi, mariez-vous une bonne fois pour toutes avec cette reine, que nous avons ici comme tombée du ciel; ensuite vous pourrez retourner à Mme Dulcinée; car il doit s'être trouvé des rois dans le monde qui aient eu, outre leur femme, des maîtresses. Quant à la beauté, je ne m'en mêle pas; et s'il faut dire la vérité, toutes deux me paraissent assez bien, quoique je n'aie jamais vu Mme Dulcinée.

— Comment? tu ne l'as jamais vue, traître blasphémateur! s'écria don Quichotte. Ne viens-tu pas à présent de me rapporter une commission de sa part?

— Je veux dire, répondit Sancho, que je ne l'ai pas vue assez à mon aise pour avoir observé ses attraits en détail et l'un après l'autre; mais comme cela, en masse, elle me semble bien.

— A présent, je te pardonne, reprit don Quichotte, et pardonne-moi aussi le petit déplaisir que je t'ai causé : les premiers mouvements ne sont pas dans la main de l'homme.

— Je le vois bien, répondit Sancho; mais chez moi le premier mouvement est toujours une envie de parler, et je ne peux m'empêcher de dire une bonne fois ce qui me vient sur la langue.

— Avec tout cela, répliqua don Quichotte, prends garde, Sancho, aux paroles que tu dis, car, tant va la cruche à l'eau.... je ne t'en dis pas davantage.

— C'est très-bien, reprit Sancho, Dieu est dans le ciel qui voit les tricheries, et il jugera entre nous qui fait le plus de mal, ou de moi en ne parlant pas bien, ou de Votre Grâce en n'agissant pas mieux.

— Que ce soit fini, interrompit Dorothée; courez, Sancho, allez baiser la main de votre seigneur, et demandez-lui pardon; et désormais soyez plus circonspect dans vos éloges et dans vos critiques, et surtout ne parlez jamais mal de cette dame Tobosa, que je ne connais point, si ce n'est pour la servir; et prenez confiance en Dieu, qui ne vous laissera pas manquer d'une seigneurie où vous puissiez vivre comme un prince. »

Sancho s'en alla, humble et tête basse, demander la main à son seigneur, qui la lui présenta d'un air grave et posé. Quand l'écuyer lui eut baisé la main, don Quichotte lui donna sa bénédiction, et lui dit de le suivre un peu à l'écart, qu'il avait des questions à lui faire et qu'il désirait causer de choses fort importantes. Sancho obéit, et quand ils eurent tous deux pris les devants, don Quichotte lui dit :

« Depuis que tu es de retour, je n'ai eu ni le temps ni l'occasion de t'interroger en détail sur l'ambassade que tu as remplie et sur la réponse que tu m'as apportée. Maintenant que la fortune nous accorde cette occasion et ce loisir, ne me refuse pas la satisfaction que tu peux me donner par de si heureuses nouvelles.

— Votre Grâce peut demander ce qu'il lui plaira, répondit Sancho; tout sortira de ma bouche comme il sera entré par mon oreille. Mais, je vous en supplie, ne soyez pas à l'avenir si vindicatif.

— Pourquoi dis-tu cela, Sancho? répliqua don Quichotte.

— Je dis cela, reprit-il, parce que les coups de bâton de tout à l'heure me viennent bien plutôt de la querelle que le diable alluma l'autre nuit entre nous deux, que de mes propos sur Mme Dulcinée, laquelle j'aime et révère comme une relique, quand même elle ne serait pas bonne à en faire, et seulement parce qu'elle appartient à Votre Grâce.

— Ne reprends pas ce sujet, Sancho, par ta vie, répondit don Quichotte; il me déplaît et me chagrine. Je t'ai pardonné tout à l'heure, et tu sais bien ce qu'on a coutume de dire : à péché nouveau, pénitence nouvelle. »

Tandis qu'ils en étaient là de leur entretien, ils virent venir, le long du chemin qu'ils suivaient, un homme monté sur un âne, lequel, en s'approchant, leur parut être un bohémien. Mais Sancho Panza, qui ne pouvait voir un âne sans que son âme s'y portât tout entière avec ses yeux, n'eut pas plutôt aperçu l'homme, qu'il reconnut Ginès de Passamont, et par le fil du bohémien il tira le peloton de son âne, et c'était bien, en effet, le grison que Passamont avait pour monture. Celui-ci, pour n'être point reconnu, et pour vendre l'âne à son aise, s'était déguisé sous le costume des bohémiens, gens dont le jargon lui était familier, aussi bien que d'autres langues qu'il parlait comme la sienne propre. Sancho le vit et le reconnut ; il se mit à lui crier à plein gosier :

« Ah! voleur de Ginésille, laisse mon bien, lâche ma vie, descends de mon lit de repos, rends-moi mon âne, rends-moi ma joie et mon orgueil ; fuis, garnement ; décampe, larron, et restitue ce qui n'est pas à toi. »

Il ne fallait ni tant de paroles, ni tant d'injures ; car, au premier mot, Ginès sauta par terre, et prenant un trot qui ressemblait fort au galop de course, il fut bientôt loin de la compagnie. Sancho courut à son âne, l'embrassa et lui dit :

« Eh bien ! comment t'es-tu porté, mon enfant, mon compagnon, cher grison de mes yeux et de mes entrailles ? »

Et, tout en disant cela, il le baisait et le caressait comme si c'eût été une personne raisonnable. L'âne se taisait, ne sachant que dire, et se laissait baiser et caresser par Sancho, sans lui répondre une seule parole. Toute la compagnie arriva, et chacun fit compliment à Sancho de ce qu'il avait retrouvé le grison ; don Quichotte, entre autres, qui lui dit qu'il n'annulerait pas pour cela la lettre de change des trois ânons : générosité dont Sancho lui témoigna sa gratitude.

Pendant que le chevalier et l'écuyer s'entretenaient à part, le curé avait complimenté Dorothée sur le tact et l'esprit qu'elle avait montrés, aussi bien dans l'invention de son conte que dans sa brièveté, et dans la ressemblance qu'elle avait su lui donner avec les livres de chevalerie. Elle répondit qu'elle s'était fort souvent amusée à en lire, mais que, ne sachant pas aussi bien où étaient les provinces et les ports de mer, elle avait dit à tout hasard qu'elle avait débarqué à Osuna.

« Je m'en suis aperçu, reprit le curé, et c'est pour cela que je me suis empressé de dire ce que j'ai dit, et qui a tout réparé. Mais n'est-ce pas une chose étrange que de voir avec quelle facilité ce malheureux gentilhomme donne tête baissée dans toutes ces inventions et dans tous ces mensonges, seulement parce qu'ils ont l'air et le style des niaiseries de ses livres ?

— Oui, certes, ajouta Cardénio, c'est une folie tellement bizarre, tellement inouïe, que je ne sais si, voulant l'inventer et la fabriquer à plaisir, on trouverait un esprit assez ingénieux pour l'imaginer.

— Mais il y a, reprit le curé, une autre chose encore plus étrange : c'est que, hors des extravagances que dit ce bon gentilhomme à propos de sa monomanie, on n'a qu'à traiter un autre sujet, il va discourir très-pertinemment, et montrera une intelligence claire et sensée en toutes choses. De sorte que, si l'on ne touche à la corde de la chevalerie errante, il n'y aura personne qui ne le prenne pour un homme de bon sens et de droite raison. »

CHAPITRE XXXI.

DE L'EXQUISE CONVERSATION QU'EUT DON QUICHOTTE AVEC SANCHO PANZA,
SON ÉCUYER, AINSI QUE D'AUTRES AVENTURES.

Tandis que ceux-ci s'entretenaient de la sorte, don Quichotte continuait sa conversation avec Sancho.

« Ami Panza, lui dit-il, oublions nos querelles, faisons la paix, et dis-moi maintenant, sans garder ni dépit ni rancune, où, quand et comment tu as trouvé Dulcinée. Que faisait-elle ? que lui as-tu dit ? que t'a-t-elle répondu ? quelle mine a-t-elle faite à la lecture de ma lettre ? qui te l'avait transcrite ? enfin, tout ce qui te semblera digne, en cette aventure, d'être demandé et d'être su, dis-le-moi, sans faire de mensonges, sans rien allonger pour augmenter mon plaisir, mais aussi sans rien accourcir pour me le diminuer.

— Seigneur, s'il faut dire la vérité, personne ne m'a transcrit la lettre, car je n'en ai pas porté du tout.

— C'est comme tu le dis, reprit don Quichotte ; car, deux jours après ton départ, j'ai trouvé le livre de poche où je l'avais écrite, ce qui me causa une peine extrême, ne sachant ce que tu allais faire quand tu te verrais sans la lettre ; et je croyais toujours que tu reviendrais la chercher dès que tu te serais aperçu qu'elle te manquait.

— C'est bien ce que j'aurais fait, répondit Sancho, si je ne l'avais apprise par cœur quand Votre Grâce m'en fit la lecture, de manière que je la récitai à un sacristain, qui me la transcrivit de mémoire sur le papier, si bien mot pour mot, qu'il me dit qu'en tous les jours de sa vie, et bien qu'il eût vu force billets d'enterrement, il n'avait jamais lu si gentille lettre que celle-là.

— Et la sais-tu encore par cœur, Sancho? demanda don Quichotte.

— Non, seigneur, répondit Sancho; car, dès que je l'eus donnée au sacristain, comme je vis qu'il ne me servait à rien de la retenir, je me mis à l'oublier. Si quelque chose m'en est resté dans la mémoire, c'est le commencement, la *souterraine*, je veux dire la *souveraine dame*, et la fin, *à vous jusqu'à la mort, le chevalier de la Triste Figure*. Et, entre ces deux choses, j'ai mis plus de trois cents âmes, vies et beaux yeux.

— Tout ceci ne me déplaît pas, reprit don Quichotte; continue ton récit. Quand tu es arrivé près d'elle, que faisait cette reine de beauté? A coup sûr, tu l'auras trouvée enfilant un collier de perles, ou brodant avec un fil d'or quelque devise amoureuse, pour ce chevalier son captif.

— Je l'ai trouvée, répondit Sancho, qui vannait deux setiers de blé dans sa basse-cour.

— Eh bien! reprit don Quichotte, tu peux compter que, touchés par ses mains, les grains de ce blé se convertissaient en grains de perles. Mais as-tu fait attention si c'était du pur froment, bien lourd et bien brun?

— Ce n'était que du seigle blond, répliqua Sancho.

— Je t'assure pourtant, reprit don Quichotte, qu'après avoir été vanné par ses mains, ce seigle aura fait du pain de fine fleur de froment. Mais passons outre. Quand tu lui as donné ma lettre, l'a-t-elle baisée? l'a-t-elle élevée sur sa tête? a-t-elle fait quelque cérémonie digne d'une telle épître? Qu'a-t-elle fait enfin?

— Au moment où j'allais la lui remettre, répondit Sancho, elle était dans toute la fougue de son opération, et secouant une bonne poignée de blé qui remplissait son van; alors elle me dit : « Mon garçon, mettez cette lettre sur ce sac; « je ne pense pas la lire que je n'aie fini de vanner tout ce qui est là. »

— O discrète personne! s'écria don Quichotte, c'était pour la lire à son aise, et en savourer toutes les expressions. Continue, Sancho. Pendant qu'elle achevait sa tâche, quel entretien eûtes-vous ensemble? quelles questions te fit-elle à mon sujet? et que lui répondis-tu? achève, enfin, conte-moi tout, sans me faire tort d'une syllabe.

— Elle ne m'a rien demandé, répliqua Sancho; mais moi, je lui ai dit de quelle manière Votre Grâce était restée à faire pénitence pour son service, que vous étiez nu de la ceinture au cou, perdu au fond des montagnes et des rochers, comme un vrai sauvage, couchant sur la terre, sans manger pain sur table, et sans vous peigner la barbe, mais pleurant, soupirant et maudissant votre fortune.

— En disant que je maudissais ma fortune, tu as mal dit, reprit don Quichotte ; car, au contraire, je la bénis et la bénirai tous les jours de ma vie, de ce qu'elle m'a rendu digne de mériter d'aimer une aussi grande dame que Dulcinée du Toboso.

— Elle est si grande, en effet, répondit Sancho, qu'en bonne conscience elle me passe la tête de trois doigts.

— Mais comment le sais-tu, Sancho? reprit don Quichotte; tu t'es donc mesuré avec elle?

— Je me suis mesuré de cette façon, répondit Sancho, qu'en m'approchant pour l'aider à charger un sac de blé sur un âne, nous nous trouvâmes si près l'un de l'autre que je pus bien voir qu'elle avait la tête de plus que moi.

— Mais n'est-il pas vrai, ajouta don Quichotte, qu'elle accompagne et pare cette grandeur du corps par un million de grâces de l'esprit? Il est une chose, du moins, que tu ne me nieras pas, Sancho : quand tu t'es approché tout près d'elle, n'as-tu pas senti une odeur exquise, un parfum d'aromates, je ne sais quoi de doux et d'embaumé, une exhalaison délicieuse, comme si tu eusses été dans la boutique d'un élégant parfumeur?

— Tout ce que je puis dire, répondit Sancho, c'est que j'ai senti une petite odeur un peu homasse, et c'était sans doute parce qu'à force d'exercice elle suait à grosses gouttes.

— Ce n'est pas cela, répliqua don Quichotte : c'est que tu étais enrhumé du cerveau, ou bien tu te sentais toi-même; car je sais, Dieu merci, ce que sent cette rose parmi les épines, ce lis des champs, cet ambre délayé.

— Ça peut bien être, répondit Sancho, car souvent je sens sortir de moi cette même odeur qui me semblait s'échapper de Sa Grâce Mme Dulcinée. Mais il n'y a pas de quoi s'étonner, un diable et un diable se ressemblent.

— Eh bien, continua don Quichotte, maintenant qu'elle a fini de nettoyer son blé et qu'elle l'a envoyé au moulin, que fit-elle quand elle lut ma lettre?

— La lettre, répondit Sancho, elle ne l'a pas lue, parce qu'elle a dit, dit-elle, qu'elle ne savait ni lire ni écrire; mais, au contraire, elle la déchira et la mit en petits morceaux, disant qu'elle ne voulait pas que personne pût la lire, afin qu'on ne sût pas ses secrets dans le pays, et que c'était bien assez de ce que je lui avais dit verbalement touchant l'amour que Votre Grâce a pour elle, et la pénitence exorbitante que vous faites à son intention. Et finalement, elle me dit de dire à Votre Grâce qu'elle lui baise les mains, et qu'elle a plus envie de vous voir que de vous écrire; et qu'ainsi elle vous supplie et vous ordonne qu'au reçu de la présente vous quittiez ces broussailles, et que vous cessiez de faire des sottises, et que vous preniez sur-le-champ le chemin du Toboso, si quelque affaire plus importante ne vous en empêche, car elle meurt d'envie de vous voir. Elle a ri de bon cœur quand je lui ai conté comme quoi Votre Grâce s'appelait *le chevalier de la Triste Figure*. Je lui ai demandé si elle avait reçu la visite du Biscayen de l'autre fois; elle m'a dit que oui et que c'était un fort galant homme. Je lui ai fait aussi la même question à propos des galériens, mais elle m'a dit qu'aucun d'eux n'avait encore paru.

— Tout va bien jusqu'ici, continua don Quichotte; mais dis-moi, quand tu pris congé d'elle, de quel bijou te fit-elle présent pour les nouvelles que tu lui portais de son chevalier? car c'est une ancienne et inviolable coutume parmi les errants et leurs dames de donner aux écuyers, damoiselles ou nains, qui portent des nouvelles aux chevaliers de leurs dames et aux dames de leurs chevaliers, quelque riche bijou en étrennes, pour récompense du message.

— Cela peut bien être, répondit Sancho, et je tiens, quant à moi, la coutume pour bonne; mais sans doute elle ne se pratiquait que dans les temps passés, et l'usage doit être aujourd'hui de donner tout bonnement un morceau de pain et de fromage, car c'est cela que m'a donné Mme Dulcinée, par-dessus le mur de la basse-cour, quand j'ai pris congé d'elle, à telles enseignes que c'était du fromage de brebis.

— Elle est libérale au plus haut degré, dit don Quichotte, et, si tu n'as pas reçu d'elle quelque joyau d'or, c'est qu'elle n'en avait point là sous la main pour t'en faire cadeau. Mais ce qui est différé n'est pas perdu; je la verrai et tout s'arrangera. Sais-tu de quoi je suis émerveillé, Sancho? c'est qu'il me semble que tu as fait par les airs ton voyage d'allée et de venue, car tu n'as mis guère plus de trois jours pour aller et venir de ces montagnes au Toboso, et, d'ici là, il y a trente bonnes lieues au moins. Cela me fait penser que ce sage magicien qui prend soin de mes affaires, et qui est mon ami, car il faut bien qu'à toute force j'en aie un, sous peine de ne point être un bon et vrai chevalier errant, ce magicien, dis-je, a dû t'aider à cheminer sans que tu t'en aperçusses. En effet, il y a de ces sages qui vous prennent un chevalier errant au chaud du lit, et, sans savoir comment la chose s'est faite, celui-ci s'éveille le lendemain à mille lieues de l'endroit où il s'était couché. S'il n'en était pas ainsi, jamais les chevaliers errants ne pourraient se secourir les uns les autres dans leurs périls, comme ils se secourent à tout propos. Il arrivera que l'un d'eux est à combattre dans les montagnes de l'Arménie contre quelque vampire ou quelque andriaque, ou bien contre un autre chevalier, et que dans la bataille il court danger de mort, et voilà que tout à coup, quand il y pense le moins, arrive sur un nuage ou sur un char de feu quelque autre chevalier de ses amis, qui se trouvait peu d'heures auparavant en Angleterre; celui-ci prend sa défense, lui sauve la vie, et, à la nuit venue, se retrouve en son logis, assis à table et soupant tout à son aise; et pourtant, d'un endroit à l'autre, il y a bien deux ou trois mille lieues. Tout cela se fait par la science et l'adresse de ces sages enchanteurs, qui veillent sur ces valeureux chevaliers. Aussi, ami Sancho, ne fais-je aucune difficulté de croire que tu sois réellement allé et venu d'ici au Toboso; ainsi que je te le disais, quelque sage de mes amis t'aura porté à vol d'oiseau sans que tu t'en sois aperçu.

— C'est bien possible, répondit Sancho, car Rossinante allait, par ma foi, d'un tel train qu'on aurait dit un âne de bohémien avec du vif-argent dans les oreilles[1].

— Que dis-tu? du vif-argent! s'écria don Quichotte; c'était bien une légion de diables, gens qui cheminent et font cheminer les autres, sans jamais se lasser, autant qu'ils en ont fantaisie. Mais, laissant cela de côté, dis-moi, qu'est-ce qu'il te semble que je doive faire maintenant touchant l'ordre que m'envoie ma dame d'aller lui rendre visite? Je vois bien que je suis dans l'obligation d'obéir à son commandement; mais alors je me vois aussi dans l'impossibilité d'accomplir le don que j'ai octroyé à la princesse qui nous accompagne, et les lois de la chevalerie m'obligent à satisfaire plutôt à ma parole qu'à mon plaisir. D'une part, me presse et me sollicite le désir de revoir ma dame; d'une autre part, m'excitent et m'appellent la foi promise et la gloire dont cette entreprise doit me combler. Mais voici ce que je pense faire : je vais cheminer en toute hâte et me rendre bien vite où se trouve ce géant; en arrivant, je lui couperai la tête, et je rétablirai paisiblement la princesse dans ses États; cela fait, je pars et viens revoir cet astre, dont la lumière illumine mes sens. Alors, je lui donnerai de telles excuses que, loin de s'irriter, elle s'applaudira de mon retard, voyant qu'il tourne au profit de sa gloire et de sa renommée, car toute celle que j'ai acquise, que j'acquiers et que j'acquerrai par les armes dans le cours de cette vie, vient de la faveur qu'elle m'accorde et de ce que je lui appartiens.

— Sainte Vierge! s'écria Sancho, que Votre Grâce est faible de cervelle! Mais, dites-moi, seigneur, est-ce que vous pensez faire tout ce chemin-là pour prendre l'air? est-ce que vous laisserez passer et perdre l'occasion d'un si haut mariage, où la dot est un royaume qui a plus de vingt mille lieues de tour, à ce que je me suis laissé dire, qui regorge de toutes les choses nécessaires au soutien de la vie humaine, et qui est enfin plus grand que le Portugal et la Castille ensemble? Ah! taisez-vous, pour l'amour de Dieu, et rougissez de ce que vous avez dit, et suivez mon conseil, et pardonnez-moi, et mariez-vous dans le premier village où nous trouverons un curé; et sinon, voici notre licencié qui en fera l'office à merveille; et prenez garde que je suis d'âge à donner des avis, et que celui que je vous donne vous va comme un gant, car mieux vaut le passereau dans la main que la grue qui vole au loin, et quand on te donne l'anneau, tends le doigt.

— Prends garde toi-même, Sancho, répondit don Quichotte : si tu me donnes le conseil de me marier, pour que je sois roi dès que j'aurai tué le géant, et que j'aie alors toutes mes aises pour te faire des grâces et te donner ce que je t'ai promis, je t'avertis que, sans me marier, je puis très-facilement accomplir ton souhait. Avant de commencer la bataille, je ferai la clause et condition que, si j'en sors vainqueur, on devra, que je me marie ou non, me donner une partie du royaume, pour que je puisse la donner à qui me conviendra; et quand on me l'aura donnée, à qui veux-tu que je la donne, si ce n'est à toi?

— Voilà qui est clair, reprit Sancho; mais que Votre Grâce fasse bien attention de choisir ce morceau de royaume du côté de la mer, afin que, si le séjour ne m'en plaît pas, je puisse embarquer mes vassaux nègres, et faire d'eux ce que j'ai déjà dit. Et ne prenez pas souci d'aller faire pour le moment visite à Mme Dulcinée; mais allez vite tuer le géant, et finissons cette affaire, qui me semble, en bonne foi de Dieu, de grand honneur et de grand profit.

— Je te dis, Sancho, répondit don Quichotte, que tu es dans le vrai de la chose, et je suivrai ton conseil quant à ce qui est d'aller plutôt avec la princesse qu'auprès de Dulcinée; mais je t'avertis de ne rien dire à personne, pas même à ceux qui viennent avec nous, de ce dont nous venons de jaser et de convenir : car, puisque Dulcinée a tant de modestie et de réserve qu'elle ne veut pas qu'on sache rien de ses secrets, il serait fort mal qu'on les sût par moi ou par un autre à ma place.

— Mais s'il en est ainsi, répliqua Sancho, comment Votre Grâce s'avise-t-elle d'envoyer tous ceux que son bras a vaincus se présenter devant Mme Dulcinée ? N'est-ce pas signer de votre nom que vous l'aimez bien, et que vous êtes son amoureux ? et puisque vous obligez tous ces gens-là à s'aller jeter à deux genoux devant elle, et à lui dire qu'ils viennent de votre part lui prêter obéissance, comment seront gardés vos secrets à tous deux ?

— Oh ! que tu es simple et benêt ! s'écria don Quichotte; ne vois-tu pas, Sancho, que tout cela tourne à sa gloire, à son élévation ? Sache donc que, dans notre style de chevalerie, c'est un grand honneur pour une dame d'avoir plusieurs chevaliers errants à son service, sans que leurs pensées aillent plus loin que le plaisir de la servir, seulement parce que c'est elle, et sans espérer d'autre récompense de leurs vœux et de leurs bons offices, sinon qu'elle veuille bien les admettre pour ses chevaliers.

— Mais, reprit Sancho, c'est de cette façon d'amour que j'ai entendu prêcher qu'il fallait aimer Notre-Seigneur, pour lui-même, sans que nous y fussions poussés par l'espérance du paradis ou par la crainte de l'enfer, bien que je me contentasse, quant à moi, de l'aimer et de le servir pour quelque raison que ce fût.

— Diable soit du vilain ! s'écria don Quichotte; quelles heureuses saillies il a parfois ! on dirait vraiment que tu as étudié à Salamanque.

— Eh bien ! ma foi, je ne sais pas seulement lire, » répondit Sancho.

En ce moment, maître Nicolas leur cria d'attendre un peu, parce que ses compagnons voulaient se désaltérer à une fontaine qui se trouvait sur le bord du chemin. Don Quichotte s'arrêta, au grand plaisir de Sancho, qui se sentait déjà las de tant mentir, et qui avait grand'peur que son maître ne le prît sur le fait; car, bien qu'il sût que Dulcinée était une paysanne du Toboso, il ne l'avait vue de sa vie. Pendant cet intervalle, Cardénio s'était vêtu des habits que portait Dorothée quand ils la rencontrèrent; lesquels, quoiqu'ils ne fussent pas fort bons, valaient dix fois mieux que ceux qu'il ôtait. Ils mirent tous pied à terre auprès de la fontaine, et des provisions que le curé avait prises à l'hôtellerie ils apaisèrent quelque peu le grand appétit qui les talonnait.

Pendant leur collation, un jeune garçon vint à passer sur le chemin. Il s'arrêta pour regarder attentivement ceux qui étaient assis à la fontaine, puis accourut tout à coup vers don Quichotte, et, lui embrassant les jambes, il se mit à pleurer à chaudes larmes.

« Ah! mon bon seigneur, s'écria-t-il, est-ce que Votre Grâce ne me reconnaît pas? Regardez-moi bien; je suis ce pauvre André que Votre Grâce délia du chêne où il était attaché. »

A ces mots don Quichotte le reconnut, et, le prenant par la main, se tourna gravement vers la compagnie.

« Afin que Vos Grâces, leur dit-il, voient clairement de quelle importance il est qu'il y ait au monde des chevaliers errants, pour redresser les torts et les griefs qu'y commettent les hommes insolents et pervers, il faut que vous sachiez qu'il y a quelques jours, passant auprès d'un bois, j'entendis des cris et des accents plaintifs, comme d'une personne affligée et souffrante. J'accourus aussitôt, poussé par mon devoir, vers l'endroit d'où partaient ces plaintes lamentables, et je trouvai, attaché à un chêne, ce jeune garçon qui est maintenant devant nous; ce dont je me réjouis au fond de l'âme, car c'est un témoin qui ne me laissera pas accuser de mensonge. Je dis donc qu'il était attaché à un chêne, nu de la tête à la ceinture, et qu'un rustre, que je sus, depuis, être son maître, lui déchirait la peau à coups d'étrivières avec les sangles d'une jument. Dès que ce spectacle frappa mes yeux, je demandai au paysan la cause d'un traitement aussi atroce. Le vilain me répondit que c'était son valet, et qu'il le fouettait ainsi parce que certaines négligences qu'il avait à lui reprocher sentaient plus le larron que l'imbécile. A cela cet enfant s'écria : « Seigneur, il ne me fouette que parce que je lui demande mes gages. » Le maître répliqua par je ne sais quelles harangues et quelles excuses, que je voulus bien entendre, mais non pas accepter. A la fin, je fis détacher le pauvre garçon, et jurer par serment au vilain qu'il l'emmènerait chez lui et lui payerait ses gages un réal sur l'autre, même avec intérêts. N'est-ce pas vrai, tout ce que je viens de dire, André, mon enfant? N'as-tu pas remarqué avec quel empire je commandai à ton maître, avec quelle humilité il me promit de faire tout ce que lui imposait et notifiait ma volonté? Réponds sans te troubler, sans hésiter en rien; dis à ces seigneurs comment la chose s'est passée, afin qu'on voie bien s'il n'est pas utile, comme je le dis, qu'il y ait des chevaliers errants sur les grands chemins.

— Tout ce que Votre Grâce a dit est la pure vérité, répondit le jeune garçon; mais la fin de l'affaire a tourné bien au rebours de ce que vous imaginez.

— Comment, au rebours? s'écria don Quichotte; est-ce que ce vilain ne t'a pas payé?

— Non-seulement il ne m'a pas payé, répliqua le jeune homme; mais, dès que Votre Grâce fut sortie du bois et que nous fûmes restés seuls, il me prit, me rattacha au même chêne, et me donna de nouveau tant de coups d'étrivières, qu'il me laissa écorché comme un saint Barthélemi; et chaque coup qu'il m'appliquait, il l'assaisonnait d'un badinage ou d'une raillerie, pour se moquer de Votre Grâce, tellement que, sans la douleur de mes côtes, j'aurais ri de bon cœur de ce qu'il disait. Enfin, il me mit en tel état que, depuis ce temps, je suis resté à l'hôpital pour me guérir du mal que ce méchant homme me fit alors. Et de tout cela, c'est Votre Grâce qui en a la faute; car, si vous aviez suivi votre chemin, sans venir où l'on ne vous appelait pas, et sans vous mêler des affaires d'autrui, mon maître se serait contenté de me donner une ou deux douzaines de coups de fouet, puis il m'aurait lâché et m'aurait payé tout ce qu'il me devait. Mais Votre Grâce vint l'insulter si mal à propos, et lui dire tant d'impertinences, que la colère lui monta au nez, et, comme il ne put se venger sur vous, c'est sur moi que le nuage a crevé, si bien qu'à ce que je crois je ne deviendrai homme en toute ma vie.

— Le mal fut, dit don Quichotte, que je m'éloignai trop tôt, et que je ne restai pas jusqu'à ce que tu fusses payé. J'aurais dû savoir, en effet, par longue expérience, que jamais vilain ne garde sa promesse, à moins qu'il ne trouve son compte à la garder. Mais tu te rappelles bien, André, que j'ai juré, s'il ne te payait pas, de revenir le chercher, et que je le trouverais, se fût-il caché dans le ventre de la baleine.

— Oui, c'est vrai, répondit André, mais ça n'a servi de rien.

— Maintenant tu vas voir si ça sert à quelque chose, » s'écria don Quichotte; et, disant cela, il se leva brusquement, appela Sancho, et lui commanda de seller Rossinante, qui s'était mise à paître pendant que les autres mangeaient.

Dorothée demanda alors à don Quichotte ce qu'il pensait faire. Celui-ci répondit qu'il pensait aller chercher le vilain, le châtier de sa brutalité, et faire payer André jusqu'au dernier maravédi, en dépit de tous les vilains du monde qui voudraient y trouver à redire. Mais elle lui répliqua qu'il prît garde que, d'après le don promis, il ne pouvait s'entremettre en aucune entreprise avant qu'il eût mis la sienne à fin, et que, sachant cela mieux que personne, il devait calmer cette juste indignation jusqu'au retour de son royaume.

« J'en conviens, répondit don Quichotte; il faut bien qu'André prenne patience jusqu'à mon retour, comme vous dites, madame; mais je jure de nouveau et promets par serment de ne plus reposer alors qu'il ne soit dûment vengé et payé.

— Je me soucie peu de ces jurements, reprit André, et j'aimerais mieux tenir maintenant de quoi me rendre à Séville que toutes les vengeances du monde. Donnez-moi, si vous en avez là, quelque chose à manger ou à mettre dans ma poche, et que Dieu vous conserve, ainsi que tous les chevaliers errants, auxquels je souhaite aussi bonne chance pour eux-mêmes qu'ils l'ont eue pour moi. »

Sancho tira de son bissac un quartier de pain et un morceau de fromage, et les présentant au jeune homme :

« Tenez, lui dit-il, mon frère André ; de cette manière chacun de nous attrapera une part de votre disgrâce.

— Et quelle part attrapez-vous? demanda André.

— Cette part de fromage et de pain que je vous donne, répondit Sancho. Dieu sait si elle doit ou non me faire faute, car il faut que vous sachiez, mon ami, que nous autres écuyers de chevaliers errants nous sommes sujets à endurer la faim et la misère, et d'autres choses encore qui se sentent mieux qu'elles ne se disent. »

André prit le pain et le fromage; et, voyant que personne ne se disposait à lui donner autre chose, il baissa la tête, tourna le dos, et, comme on dit, pendit ses jambes à son cou. Toutefois il se retourna en partant, et dit à don Quichotte :

« Pour l'amour de Dieu, seigneur chevalier errant, si vous me rencontrez une autre fois, bien que vous me voyiez mettre en morceaux, ne prenez pas l'envie de me secourir, mais laissez-moi dans ma disgrâce, qui ne pourra jamais être pire que celle qui me viendrait du secours de Votre Seigneurie, que je prie Dieu de confondre et de maudire avec tous les chevaliers errants que le monde ait vus naître. »

Don Quichotte se levait pour châtier ce petit insolent; mais l'autre se mit à courir de façon que personne n'eût l'idée de le suivre. Notre chevalier resta donc sur la place, tout honteux de l'histoire d'André, et les autres eurent besoin de faire grande attention à ne point éclater de rire, pour ne pas achever de le fâcher tout de bon.

CHAPITRE XXXII.

QUI TRAITE DE CE QUI ARRIVA DANS L'HÔTELLERIE À TOUTE LA QUADRILLE
DE DON QUICHOTTE.

Le splendide festin terminé, on remit bien vite les selles aux montures, et, sans qu'il se passât aucun événement digne d'être conté, toute la troupe arriva le lendemain à l'hôtellerie, épouvante de Sancho Panza. Celui-ci aurait bien voulu n'y pas mettre les pieds; mais il ne put éviter ce mauvais pas. L'hôte, l'hôtesse, leur fille et Maritornes, qui virent de loin venir don Quichotte et Sancho, sortirent à leur rencontre, et les accueillirent avec de grands témoignages d'allégresse. Notre chevalier les reçut d'un air grave et solennel, et leur dit de lui préparer un lit meilleur que la première fois. L'hôtesse répondit que, pourvu qu'il payât mieux, il trouverait une couche de prince. Don Quichotte l'ayant promis, on lui dressa un lit passable dans ce même galetas qui lui avait déjà servi d'appartement, et sur-le-champ il alla se coucher, car il avait le corps en aussi mauvais état que l'esprit.

Dès qu'il eut fermé sa porte, l'hôtesse s'approcha du barbier, lui sauta au visage, et prenant sa barbe à deux mains :

« Par ma foi, dit-elle, vous ne ferez pas plus longtemps une barbe de ma queue, et vous allez me la rendre sur l'heure. Depuis qu'elle est partie, les saletés de mon mari traînent par terre que c'est une honte, je veux dire le peigne que j'accrochais à ma bonne queue. »

Mais l'hôtesse avait beau tirer, le barbier ne voulait pas se laisser arracher la barbe ; enfin le curé lui dit qu'il pouvait la rendre, qu'il n'avait plus besoin de continuer la ruse, et qu'il pouvait se montrer sous sa forme ordinaire :

« Vous direz à don Quichotte, ajouta-t-il, qu'après avoir été dépouillé par les galériens, vous êtes venu en fuyant vous réfugier dans cette hôtellerie, et, s'il s'informe de ce qu'est devenu l'écuyer de la princesse, on lui dira qu'elle lui a fait prendre les devants pour annoncer aux gens de son royaume qu'elle s'y rendait accompagnée de leur commun libérateur. »

Sur cela, le barbier rendit de bon cœur la queue à l'hôtesse, et on lui restitua de même toutes les nippes qu'elle avait prêtées pour la délivrance de don Quichotte.

Tous les gens de la maison étaient restés émerveillés de la beauté de Dorothée, et même de la bonne mine du berger Cardénio. Le curé fit préparer à dîner avec ce qui se trouvait à l'hôtellerie, et, dans l'espoir d'être grassement payé, l'hôte leur servit en diligence un passable repas. Cependant don Quichotte continuait de dormir, et l'on fut d'avis de ne point l'éveiller, le lit devant lui faire plus de bien que la table. Au dessert, on s'entretint devant l'hôtelier, sa femme, sa fille, Maritornes et tous les voyageurs, de l'étrange folie du pauvre don Quichotte, et de l'état où on l'avait trouvé dans la montagne. L'hôtesse raconta ce qui lui était arrivé avec le muletier galant, et, voyant que Sancho n'était pas là pour l'entendre, elle conta aussi l'aventure de sa berne, ce qui divertit fort toute la compagnie. Le curé prenant occasion de dire que c'étaient les livres de chevalerie qu'avait lus don Quichotte qui lui avaient tourné la tête :

« Je ne sais comment cela peut se faire, s'écria l'hôtelier ; car, pour mon compte, en vérité, je ne connais pas de meilleure lecture au monde. J'ai là deux ou trois de ces livres qui m'ont souvent rendu la vie, non-seulement à moi, mais à bien d'autres. Dans le temps de la moisson, quantité de moissonneurs viennent se réunir ici les jours de fête, et, parmi eux, il s'en trouve toujours quelqu'un qui sait lire, et celui-là prend un de ces livres à la main, et nous nous mettons plus de trente autour de lui, et nous restons à l'écouter avec tant de plaisir, qu'il nous ôte plus de mille cheveux blancs. Du moins, je puis dire de moi que, quand j'entends raconter ces furieux et terribles coups d'épée que vous détachent les chevaliers, il me prend grande envie d'en faire autant, et je voudrais entendre lire les jours et les nuits.

— Et moi tout de même, ajouta l'hôtesse, puisque je n'ai de bons moments dans ma maison que ceux que vous passez à entendre lire, car vous êtes alors si occupé, si ébahi, que vous ne vous souvenez pas seulement de gronder.

— Oh ! c'est bien vrai, continua Maritornes, et, en bonne foi de Dieu, j'ai grand plaisir aussi à écouter ces choses, qui sont fort jolies ; surtout quand on raconte que l'autre dame est sous des orangers, embrassant son chevalier tout à

UN JOUR, S'ÉTANT PLACÉ A L'ENTRÉE D'UN PONT AVEC UNE ÉPÉE A DEUX MAINS, IL FERMA LE PASSAGE
A TOUTE UNE ARMÉE. — T. I, CH. XXXII.

l'aise, tandis qu'une duègne monte la garde, morte d'envie et pleine d'effroi. Je dis que tout cela est doux comme miel.

— Et à vous, que vous en semble, ma belle demoiselle? dit le curé, s'adressant à la fille de l'hôtesse.

— Sur mon âme, seigneur, je ne sais trop, répondit-elle; mais j'écoute comme les autres, et, bien que je ne comprenne guère, en vérité, je me divertis aussi d'entendre. Mais ce ne sont pas les coups dont mon père s'amuse tant, qui m'amusent, moi; ce sont les lamentations que font les chevaliers quand ils sont loin de leurs dames, et vraiment j'en pleure quelquefois de la pitié qu'ils me donnent.

— Ainsi, mademoiselle, reprit Dorothée, vous ne les laisseriez pas se lamenter longtemps, si c'était pour vous qu'ils fussent à pleurer?

— Je ne sais trop ce que je ferais, répondit la jeune fille; mais je sais bien qu'il y en a parmi ces dames de si cruelles, que leurs chevaliers les appellent tigres, panthères et autres immondices. Ah! Jésus! quelle espèce de gens est-ce donc, sans âme et sans conscience, qui, pour ne pas regarder un honnête homme, le laissent mourir ou devenir fou? Je ne sais pas pourquoi tant de façons; si elles font tout cela par sagesse, que ne se marient-elles avec eux, puisqu'ils ne demandent pas autre chose?

— Taisez-vous, petite fille, s'écria l'hôtesse; on dirait que vous en savez long sur ce sujet, et il ne convient pas à votre âge de tant savoir et de tant babiller.

— Puisque ce seigneur m'interrogeait, répondit-elle, il fallait bien lui répondre.

— Maintenant, dit le curé, apportez-moi ces livres, seigneur hôtelier, je voudrais les voir.

— Très-volontiers, » répliqua celui-ci; et, passant dans sa chambre, il en rapporta une vieille malle fermée d'un cadenas, qu'il ouvrit, et de laquelle il tira trois gros volumes, avec quelques papiers écrits à la main d'une belle écriture. Le curé prit les volumes, et vit en les ouvrant que le premier était *Don Cirongilio de Thrace*[1], l'autre, *Félix-Mars d'Hyrcanie*[2], et le troisième, l'*Histoire du grand capitaine Gonzalve de Cordoue*[3], avec la *Vie de Diégo Garcia de Parédès*. Après avoir lu le titre des deux premiers ouvrages, le curé se tourna vers le barbier :

« Compère, lui dit-il, la gouvernante et la nièce de notre ami nous font faute en ce moment.

— Oh! que non, répondit le barbier; je saurai aussi bien qu'elles les porter à la basse-cour, ou, sans aller plus loin, les jeter dans la cheminée, car il y a vraiment un bon feu.

— Est-ce que Votre Grâce veut brûler mes livres? s'écria l'hôtelier.

— Seulement ces deux-ci, répondit le curé : le *Don Cirongilio* et le *Félix-Mars*.

— Allons donc, reprit l'hôte, est-ce que mes livres sont hérétiques ou *flegmatiques*, que vous voulez les jeter au feu?

— Schismatiques, vous voulez dire, mon ami, interrompit le barbier, et non flegmatiques.

— Comme il vous plaira, répondit l'hôtelier; mais, si vous voulez en brûler quelqu'un, que ce soit du moins celui de ce grand capitaine, et de ce Diégo Garcia ; car je laisserais plutôt brûler ma femme et mes enfants qu'aucun des deux autres.

— Mais, frère, répondit le curé, ces deux livres sont des contes mensongers, tout farcis de sottises et d'extravagances ; l'autre, au contraire, est une histoire véritable. Il rapporte les faits et gestes de Gonzalve de Cordoue, qui, par ses grands et nombreux exploits, mérita d'être appelé dans tout l'univers le *Grand Capitaine*, surnom illustre, clair, et que lui seul a mérité. Quant à ce Diégo Garcia de Parédès, ce fut un noble chevalier, natif de la ville de Truxillo en Estrémadure[4], guerrier de haute valeur, et de si grande force corporelle, qu'avec un doigt il arrêtait une roue de moulin dans sa plus grande furie. Un jour, s'étant placé à l'entrée d'un pont avec une épée à deux mains, il ferma le passage à toute une armée innombrable[5], et fit d'autres exploits tels, que si, au lieu de les écrire et de les raconter lui-même avec la modestie d'un chevalier qui est son propre chroniqueur[6], il les eût laissé écrire plus librement par un autre, ces exploits mettraient en oubli ceux des Hector, des Achille et des Roland.

— Ah ! pardieu ! vous me la donnez belle ! s'écria l'hôtelier. Voilà bien de quoi s'étonner, que d'arrêter une roue de moulin ! Faites-moi donc le plaisir de lire maintenant ce que j'ai ouï dire de Félix-Mars d'Hyrcanie, qui, d'un seul revers, coupait cinq géants par le milieu du corps, tout de même que s'ils eussent été faits de chair de rave, comme les petits moinillons que font les enfants ; et, une autre fois, il attaqua tout seul une très-grande et très-puissante armée, où l'on comptait plus d'un million six cent mille soldats, tous armés de pied en cap, et il vous les tailla en pièces comme si c'eût été des troupeaux de moutons. Et que me direz-vous de ce brave don Cirongilio de Thrace, qui fut si vaillant et si téméraire, comme vous le verrez dans son livre, où l'on raconte qu'un jour, tandis qu'il naviguait sur une rivière, voilà que du milieu de l'eau sort un dragon de feu, et, dès qu'il le voit, don Cirongilio lui saute dessus, et se met à califourchon sur ses épaules écailleuses, et lui serre des deux mains la gorge avec tant de force, que le dragon voyant qu'il allait l'étrangler, n'eut d'autre ressource que de se laisser aller au fond de la rivière, emmenant avec lui le chevalier, qui ne voulut jamais lâcher prise ? et, quand ils furent arrivés là-bas au fond, il se trouva dans un grand palais, et dans des jardins si jolis que c'était un délice ; et le dragon se changea en un beau vieillard, qui lui dit tant et tant de choses qu'il ne faut qu'ouvrir les oreilles. Allez, allez, seigneur, si vous entendiez lire tout cela, vous deviendriez fou de plaisir ; et deux figues, par ma foi, pour ce grand capitaine que vous dites, et pour ce Diégo Garcia. »

Quand Dorothée entendit ce beau discours, elle se pencha vers Cardénio, et lui dit tout bas :

« Il s'en faut peu que notre hôte ne fasse la paire avec don Quichotte.

— C'est ce qu'il me semble, répondit Cardénio : car, à l'entendre, il tient pour article de foi que tout ce que disent ses livres est arrivé au pied de la lettre, comme ils le racontent, et je défie tous les carmes déchaussés de lui faire croire autre chose.

FAITES-MOI DONC LE PLAISIR DE LIRE CE QUE J'AI OUI LIRE DE FÉLIX-MARS D'HYRCANIE. T. I, CH. XXXII.

— Mais prenez garde, frère, répétait cependant le curé, qu'il n'y a jamais eu au monde de Félix-Mars d'Hyrcanie, ni de Cirongilio de Thrace, ni d'autres chevaliers de même trempe, tels que les dépeignent les livres de chevalerie. Tout cela n'est que mensonge et fiction; ce ne sont que des fables inventées par des esprits oisifs, qui les composèrent dans le but que vous dites, celui de faire passer le temps, comme le passent, en les lisant, vos moissonneurs; et je vous jure, en vérité, que jamais il n'y eut de tels chevaliers dans ce monde, et que jamais ils n'y firent de tels exploits ni de telles extravagances.

— A d'autres, s'écria l'hôtelier; trouvez un autre chien pour ronger votre os : est-ce que je ne sais pas où le soulier me blesse, et combien il y a de doigts dans la main? Ne pensez pas me faire avaler de la bouillie, car je ne suis plus au maillot. Vous me la donnez belle, encore une fois, de vouloir me faire accroire que tout ce que disent ces bons livres en lettres moulées n'est qu'extravagance et mensonge, tandis qu'ils sont imprimés avec licence et permission de messieurs du conseil royal! comme si c'étaient des gens capables de laisser imprimer tant de mensonges à la douzaine, tant de batailles et d'enchantements qu'on en perd la tête!

— Mais je vous ai déjà dit, mon ami, répliqua le curé, que tout cela s'écrit pour amuser nos moments perdus; et, de même que, dans les républiques bien organisées, on permet les jeux d'échecs, de paume, de billard, pour occuper ceux qui ne veulent, ne peuvent ou ne doivent point travailler, de même on permet d'imprimer et de vendre de tels livres, parce qu'on suppose qu'il ne se trouvera personne d'assez ignorant et d'assez simple pour croire véritable aucune des histoires qui s'y racontent. Si j'en avais le temps aujourd'hui et un auditoire à propos, je dirais de telles choses sur les romans de chevalerie et ce qui leur manque pour être bons, qu'elles ne seraient peut-être ni sans profit ni même sans plaisir; mais un temps viendra, je l'espère, où je pourrai m'en entendre avec ceux qui peuvent y mettre ordre. En attendant, seigneur hôtelier, croyez à ce que je viens de dire; reprenez vos livres; arrangez-vous de leurs vérités ou de leurs mensonges, et grand bien vous en fasse; Dieu veuille que vous ne clochiez pas du même pied que votre hôte don Quichotte!

— Oh! pour cela, non, répondit l'hôtelier, je ne serai pas assez fou pour me faire chevalier errant; je vois bien que les choses ne se passent point à présent comme elles se passaient alors, quand ces fameux chevaliers couraient, à ce qu'on dit, par le monde. »

Sancho, qui s'était trouvé présent à la dernière partie de cet entretien, demeura tout surpris et tout pensif d'entendre dire que les chevaliers errants n'étaient plus de mode, et que tous les livres de chevalerie n'étaient que sottises et mensonges; aussi se proposa-t-il, au fond de son cœur, d'attendre seulement à quoi aboutirait le voyage actuel de son maître, bien décidé, si l'issue n'en était point aussi heureuse qu'il l'avait imaginé, de retourner à sa femme et à ses enfants, et de reprendre avec eux ses travaux habituels.

Cependant l'hôtelier emportait sa malle et ses livres. Mais le curé lui dit :

« Attendez un peu; je veux voir ce que sont ces papiers écrits d'une si belle main. »

L'hôtelier les tira du coffre, et, les donnant à lire au curé, celui-ci vit qu'ils formaient un cahier de huit feuilles manuscrites, et que, sur la première page, était écrit en grandes lettres le titre suivant : *Nouvelle du curieux malavisé.* Le curé ayant lu tout bas trois ou quatre lignes :

« En vérité, s'écria-t-il, le titre de cette nouvelle me tente, et j'ai envie de la lire tout entière.

— Votre Révérence fera bien, répondit l'hôtelier, car il faut que vous sachiez que quelques-uns de mes hôtes, qui l'ont lue ici, l'ont trouvée très-agréable, et me l'ont instamment demandée; mais je n'ai jamais voulu la céder, pensant la rendre à celui qui a oublié chez moi cette malle avec les livres et les papiers. Il pourrait se faire que leur maître revînt un beau jour par ici, et, bien qu'assurément les livres me fissent faute, par ma foi, je les lui rendrais, car enfin, quoique hôtelier, je suis chrétien.

— Vous avez grandement raison, mon ami, reprit le curé; mais pourtant si la nouvelle me plait, vous me la laisserez bien copier?

— Oh! très-volontiers, » répliqua l'hôte.

Pendant cette conversation, Cardénio avait pris la nouvelle, et, s'étant mis à lire quelques phrases, il en eut la même opinion que le curé, et le pria de la lire à haute voix pour que tout le monde l'entendît.

« Je la lirais de bon cœur, répondit le curé, s'il ne valait pas mieux employer le temps au sommeil qu'à la lecture.

— Pour moi, dit Dorothée, ce sera bien assez de repos que de passer une heure ou deux à écouter quelque histoire, car je n'ai pas encore l'esprit assez calme pour dormir à mon gré.

— S'il en est ainsi, reprit le curé, je veux bien la lire, ne fût-ce que par curiosité; peut-être la nôtre ne sera-t-elle pas trompée. »

Maître Nicolas, et jusqu'à Sancho, vinrent aussi lui adresser la même prière; alors le curé voyant qu'il ferait plaisir à tous les assistants, et pensant d'ailleurs ne point perdre sa peine :

« Eh bien donc! s'écria-t-il, soyez tous attentifs; voici de quelle manière commence la nouvelle : »

CHAPITRE XXXIII.

OÙ L'ON RACONTE L'AVENTURE DU *CURIEUX MALAVISÉ*.

A Florence, riche et fameuse ville d'Italie, dans la province qu'on appelle Toscane, vivaient deux gentilshommes d'illustre famille, Anselme et Lothaire, liés ensemble d'une si étroite amitié, que tous ceux dont ils étaient connus les appelaient, par excellence, *les deux amis*. Tous deux étaient jeunes et garçons; tous deux avaient le même âge et les mêmes goûts, ce qui suffisait pour qu'ils répondissent l'un à l'autre par une mutuelle affection. Il est bien vrai qu'Anselme était plus enclin aux passe-temps amoureux, et Lothaire plus emporté par les plaisirs de la chasse; mais, à l'occasion, Anselme sacrifiait ses goûts pour suivre ceux de Lothaire, et Lothaire, à son tour, renonçait aux siens pour se livrer à ceux d'Anselme : de cette façon, leurs volontés marchaient si parfaitement d'accord, qu'une horloge bien réglée n'offrait pas la même harmonie.

Anselme était éperdument épris d'une noble et belle personne de la même ville, fille de parents si recommandables, et si digne elle-même d'estime, qu'il résolut, avec l'approbation de son ami Lothaire, sans l'avis duquel il ne faisait rien, de la demander en mariage. Ce projet fut aussitôt mis à exécution, et celui qui porta l'ambassade fut Lothaire, lequel conduisit la négociation tellement au gré de son ami, qu'en peu de temps Anselme se vit en possession de l'objet de ses désirs, et Camille si satisfaite de l'avoir obtenu pour époux, qu'elle ne cessait de rendre grâce au ciel, ainsi qu'à Lothaire, par l'entremise duquel lui était venu tant de bonheur.

Dans les premiers jours (ceux des noces sont toujours brillants et joyeux), Lothaire continua, comme d'habitude, à fréquenter la maison de son ami, pour l'honorer et le fêter de son mieux; mais dès qu'on eut achevé les noces, dès que les visites et les félicitations se furent calmées, Lothaire commença à ralentir peu à peu, par réflexion, ses allées et venues dans la maison de son ami. Il lui semblait, et ce doit être l'opinion de tous les hommes sages et prudents, qu'il ne faut plus visiter un ami marié de la même manière qu'un ami garçon : car, bien que la bonne et franche amitié ne puisse et ne doive concevoir aucun soupçon, l'honneur d'un mari est une chose si délicate, qu'il peut être blessé même par les frères, à plus forte raison par les amis.

Anselme s'aperçut bientôt du refroidissement de Lothaire. Il lui en fit les plaintes les plus vives, disant que, s'il eût su que son mariage pouvait rompre leur habitude de se voir chaque jour, jamais il ne l'aurait conclu, et que, si la mutuelle affection qu'ils avaient l'un pour l'autre, tant qu'il était resté garçon, leur avait mérité ce doux surnom des *deux amis*, il ne fallait point permettre, par une circonspection mal entendue et sans objet, qu'un nom si rare et si précieux vînt à se perdre; qu'il le suppliait donc, si ce mot pouvait s'employer entre eux, de redevenir maître de sa maison, d'y entrer et d'en sortir sans gêne comme auparavant, l'assurant que son épouse Camille n'avait d'autre volonté que celle qu'il voulait qu'elle eût, et que, sachant quelle tendre amitié les avait unis, elle était surprise et peinée de voir maintenant régner entre eux tant de froideur. A toutes ces raisons et d'autres encore que fit valoir Anselme pour persuader à Lothaire de reprendre ses anciennes habitudes, Lothaire répondit avec tant de prudence et de discrétion, qu'Anselme demeura satisfait des bonnes intentions de son ami. Ils convinrent que, deux fois par semaine et les jours de fête, Lothaire irait dîner chez lui. Mais, bien qu'il s'y fût engagé, Lothaire se proposa de ne rien faire de plus que ce qu'autorisait l'honneur de son ami, dont la réputation lui était plus chère que la sienne propre. Il disait, et il disait bien, que le mari à qui le ciel a donné une femme belle, doit être aussi prudent sur le choix des amis qu'il reçoit dans sa maison, que sur celui des amies que fréquente sa femme; car ce qui ne peut ni se faire ni se comploter dans les promenades, dans les temples, dans les stations dévotes et les fêtes publiques (chose que les maris ne doivent pas toujours refuser à leurs femmes), se complote et se facilite chez l'amie ou la parente dont on se croit le mieux assuré. Lothaire disait aussi que les maris auraient besoin d'avoir chacun quelque ami qui les avertît des négligences qu'ils pourraient commettre ; car il arrive d'habitude que le grand amour qu'un mari porte à sa femme l'empêche, soit par aveuglement, soit par crainte de l'affliger, de lui recommander qu'elle fasse ou cesse de faire certaines choses qui méritent l'éloge ou le blâme : défaut que corrigeraient aisément les conseils d'un ami. Mais où se trouvera-t-il, cet ami, aussi discret, aussi loyal, aussi dévoué que le demande Lothaire? Pour moi, je n'en sais rien assurément. Lothaire seul pouvait l'être, lui qui veillait avec tous les soins de sa prudence sur l'honneur de son ami, lui qui s'efforçait d'éloigner par toutes sortes de prétextes les jours convenus pour ses visites, afin que les yeux oisifs et les langues malicieuses ne trouvassent point à redire sur la trop fréquente admission d'un jeune et riche gentilhomme, doué de toutes les qualités qu'il savait avoir, dans la maison d'une aussi belle personne que Camille; car, bien que la vertu de celle-ci pût mettre un frein à toute médisance, il ne voulait exposer ni sa bonne renommée ni l'honneur de son mari. En conséquence, la plupart des jours convenus, il les employait à d'autres choses qu'il disait être indispensables; aussi les plaintes de l'un, les excuses de l'autre, prenaient-elles une grande partie de leur temps.

Un jour qu'ils se promenaient tous deux dans une prairie hors de la ville, Anselme prit Lothaire à part, et lui parla de la sorte :

« N'aurais-tu point pensé, ami Lothaire, que je dusse répondre par une gratitude sans bornes aux grâces que Dieu m'a faites en me faisant naître de parents tels que les miens, en me prodiguant d'une main libérale les biens de la nature et ceux de la fortune, surtout à la grâce plus grande encore qu'il a ajoutée en me donnant toi pour ami, et Camille pour femme, deux bonheurs que j'estime, sinon autant qu'ils le méritent, du moins autant que je le puis? Eh bien! avec tous ces avantages dont se forme l'ensemble de satisfactions qui peuvent et doivent rendre les hommes heureux, je passe la vie de l'homme le plus triste, le plus abattu, le plus désespéré qu'il y ait dans l'univers. Depuis je ne sais combien de jours, un désir me presse et me tourmente, si étrange, si bizarre, si hors de l'usage commun, que je m'étonne de moi-même, que je m'accuse et me gronde, que je voudrais le taire et le cacher à mes propres pensées. Mais, ne pouvant plus contenir ce secret, je veux du moins le confier en dépôt à ta discrétion, dans l'espoir que, par les soins que tu mettras à me guérir, en ami véritable, je me verrai bientôt délivré des angoisses qu'il me cause, et que ma joie reviendra par ta sollicitude au point où ma tristesse est arrivée par ma folie. »

Lothaire écoutait avec étonnement les paroles d'Anselme, ne sachant à quoi tendait un si long préambule; et, bien qu'il cherchât et roulât dans son imagination quel désir pouvait être celui qui tourmentait à ce point son ami, les coups portaient toujours loin du blanc de la vérité. Enfin, pour sortir promptement de l'agonie où le tenait cette incertitude, il lui dit que c'était faire outrage à sa vive amitié que de chercher tant de détours pour lui exposer ses plus secrètes pensées, puisqu'il pouvait se promettre de trouver en lui, ou des conseils pour les diriger, ou des ressources pour les accomplir.

« Tu as raison, répondit Anselme, et, dans cette confiance, je veux t'apprendre, ami Lothaire, que le désir qui me poursuit, c'est de savoir si Camille, mon épouse, est aussi vertueuse, aussi parfaite que je me l'imagine. Or, je ne peux m'assurer de la vérité sur ce point qu'en l'éprouvant de manière que l'épreuve démontre la pureté de sa vertu, comme le feu prouve celle de l'or. Je pense en effet, ô mon ami, qu'une femme n'est vertueuse que selon qu'elle est ou n'est pas sollicitée, et que celle-là seulement peut s'appeler forte, qui ne plie ni aux promesses, ni aux dons, ni aux larmes, ni aux continuelles importunités d'un amant empressé. Quel mérite y a-t-il à ce qu'une femme reste sage, si personne ne l'engage à cesser de l'être? est-il étrange qu'elle soit réservée et craintive, celle à qui l'on ne laisse aucune occasion de s'échapper, celle qui connaît assez son mari pour savoir qu'elle payera de sa vie la première faute où il la surprendra? Aussi la femme vertueuse par crainte ou faute d'occasion, je ne veux pas la tenir en même estime que celle qui est sollicitée, poursuivie, et qui sort des tentations avec la couronne de la victoire. Enfin, par toutes ces raisons, et beaucoup d'autres que je pourrais ajouter à l'appui de mon opinion, je désire que mon épouse Camille passe par ces difficultés, et qu'elle soit mise au creuset des poursuites et des adorations d'un homme digne de prétendre à ses faveurs. Si, comme je l'espère, elle sort de cette bataille avec la palme du triomphe, alors je tiendrai mon bonheur pour sans égal, je pourrai dire que le vide de mes désirs est comblé, et que j'ai reçu en partage la femme forte, celle dont le sage a dit : *Qui la trouvera*? Mais, quand même l'événement serait au rebours de ce que j'imagine, le plaisir de voir que je ne m'étais pas trompé dans mon opinion me fera supporter la peine que pourra me causer à bon droit une si coûteuse expérience. Il y a plus : comme rien de ce que tu pourras me dire à l'encontre de cette fantaisie ne saurait me détourner de la mettre en œuvre, je veux, ô mon ami Lothaire, que tu te disposes à être l'instrument qui élèvera l'édifice de ma satisfaction. Je te donnerai les occasions d'agir, et rien ne te manquera de ce qui me semblera nécessaire pour ébranler une femme honnête, modeste, chaste et désintéressée. Ce qui me décide, entre autres choses, à te confier plutôt qu'à tout autre une entreprise si épineuse, c'est de savoir que, si Camille est vaincue par toi, la victoire n'ira pas jusqu'à ses dernières exigences, mais seulement à tenir pour fait ce qu'il était possible de faire. De cette manière, je ne serai offensé que par l'intention, et mon outrage restera enseveli dans le secret de ton silence, qui, je le sais, sera, pour ce qui me regarde, éternel comme celui de la mort. Ainsi donc, si tu veux que je goûte une vie qui se puisse appeler de ce nom, il faut que tu ouvres sans délai cette campagne amoureuse, non point avec lenteur et timidité, mais avec autant d'empressement et de zèle qu'en exige mon désir et qu'en attend ma confiance en ton amitié. »

Tels furent les propos que tint Anselme à Lothaire, et celui-ci les écoutait avec tant d'attention et de surprise, qu'il n'ouvrit pas les lèvres avant que son ami eût cessé de parler. S'apercevant qu'il gardait le silence, il se mit d'abord à le regarder fixement, comme il aurait regardé quelque autre chose inconnue pour lui jusqu'alors, et dont la vue exciterait son étonnement et son effroi. Enfin, au bout d'une longue pause, il lui dit :

« Je ne peux me persuader, ami Anselme, que tout ce que tu viens de dire ne soit pas une plaisanterie ; certes, si j'avais pensé que tu parlais sérieusement, je ne t'aurais pas laissé finir ; en cessant de t'écouter, j'aurais coupé court à ta longue harangue. J'imagine, ou que tu ne me connais point, ou que je ne te connais point. Mais non : je sais bien que tu es Anselme, et tu sais bien que je suis Lothaire. Par malheur, je pense que tu n'es plus le même Anselme, et que tu dois avoir aussi pensé que je ne suis pas non plus le même Lothaire ; car, ni les choses que tu m'as dites ne sont de cet Anselme, mon ami, ni celles que tu me demandes ne s'adressent à ce Lothaire que tu connais. Les bons amis, en effet, doivent mettre leurs amis à l'épreuve *usque ad aras*, comme a dit un poëte, c'est-à-dire qu'ils ne doivent pas exiger de leur amitié des choses qui soient contre les préceptes de Dieu. Mais si un gentil[1] a pensé cela de l'amitié, à combien plus forte raison doit le penser un chrétien, qui sait que, pour nulle affection humaine, on ne doit perdre l'affection divine! et si l'ami pousse les choses au point d'oublier ses devoirs envers le ciel pour ses devoirs envers l'amitié, ce ne doit pas être sur de frivoles motifs, mais uniquement quand il y va de l'honneur ou de la vie de son ami. Or, dis-moi, Anselme, laquelle de ces deux choses est en danger chez toi, pour que je me hasarde à te complaire et à faire une action détestable comme celle que tu me demandes? Aucune, assurément. Tu me demandes, au contraire, à ce que j'aperçois, que j'essaye, que je m'efforce de t'ôter l'honneur et la vie, et de me les ôter en même temps; car enfin, si je t'ôte l'honneur, il est clair que je t'ôte la vie, puisqu'un homme déshonoré est pire qu'un homme mort; et si je suis, comme tu le veux, l'instrument de ton malheur, je deviens également déshonoré, et partant sans vie. Écoute, ami Anselme, prends patience, et ne m'interromps point, jusqu'à ce que j'aie fini de te dire tout ce qui me viendra dans la pensée à l'égard de ta fantaisie. Le temps ne nous manquera point ensuite, à toi pour me répondre, à moi pour t'écouter.

— Très-volontiers, reprit Anselme, dis ce que tu voudras. » Lothaire, alors, poursuivit de la sorte :

« Il me semble, ô Anselme, que tu as à présent l'esprit comme l'ont toujours eu les musulmans, auxquels on ne peut faire entendre la fausseté de leur secte, ni par des citations de la sainte Écriture, ni par des déductions tirées des raisonnements de l'intelligence ou fondées sur des articles de foi; il faut leur apporter des exemples palpables, intelligibles, indubitables; des démonstrations mathématiques qui ne se puissent nier, comme lorsqu'on dit : « Si de deux parties « égales nous ôtons des parties égales, celles qui restent sont encore égales; » et, comme ils n'entendent même pas cela sur de simples paroles, il faut le leur mettre sous les yeux, le leur démontrer avec les mains; et pourtant personne ne peut venir à bout de les convaincre des vérités de notre sainte religion. C'est précisément ce moyen que je suis obligé d'employer avec toi; car le désir qui est né dans ton cœur s'éloigne tellement du chemin de tout ce qui a une ombre de raison, que ce serait assurément du temps perdu, celui que je dépenserais à te faire connaître ta simplicité, à laquelle je veux bien, quant à présent, ne pas donner d'autre nom. Et j'ai même envie de te laisser, pour t'en punir, dans ton extravagance; mais l'amitié que je te porte ne me permet point d'user de tant de rigueur à ton égard : elle m'oblige, au contraire, à te tirer du péril imminent que tu cours. Et pour que tu le voies bien à découvert, réponds-moi, Anselme : ne m'as-tu pas dit qu'il me fallait solliciter une femme vivant dans la retraite? émouvoir une femme honnête? offrir des dons à une femme désintéressée? rendre de bons offices à une femme prudente? Oui, tu m'as dit tout cela. Eh bien, si tu sais que tu as une femme retirée, honnête, désintéressée et prudente, que cherches-tu donc? Si tu penses qu'elle sortira victorieuse de tous les assauts que je lui livrerai, quels noms, quels titres espères-tu lui donner après, plus grands et plus précieux que ceux qu'elle a dès maintenant? Sera-t-elle meilleure, enfin, alors qu'aujourd'hui? Ou tu ne la tiens pas pour ce que tu dis, ou tu ne sais pas ce que tu demandes : dans le premier cas, pourquoi veux-tu l'éprouver? Il vaut mieux la traiter en mauvaise femme, et comme il te plaira. Mais si elle est aussi bonne, aussi sûre que tu le crois, ce serait être malaisé que d'éprouver la vérité même, puisque, l'épreuve faite, elle aurait tout juste la même estime et le même prix qu'auparavant. Il est donc de stricte conclusion que vouloir tenter les choses desquelles il doit résulter plutôt du mal que du profit, c'est d'un esprit étourdi et téméraire, surtout lorsque rien n'y force ou n'y engage, surtout lorsqu'il apparaît clairement que la tentative est une manifeste folie. Les choses difficiles s'entreprennent pour Dieu, pour le monde, ou pour tous deux à la fois. Celles qu'on entreprend pour Dieu sont ce qu'ont fait les saints, qui ont voulu vivre de la vie des anges avec des corps d'hommes; celles qu'on entreprend pour le monde sont ce que font ces gens qui traversent tant de mers immenses, tant de climats divers, tant de pays étrangers, pour acquérir ce qu'on appelle les biens de la fortune; enfin celles qui s'entreprennent pour Dieu et pour le monde à la fois sont les actions de ces vaillants soldats qui, en voyant aux murailles de l'ennemi un espace ouvert, grand comme a pu le faire un boulet d'artillerie, secouant toute crainte, sans raisonner, sans voir le péril évident qui les menace, et emportés sur les ailes du désir de bien mériter de leur foi, de leur nation et de leur roi, s'élancent intrépidement au milieu de mille morts qui les attendent en face. Voilà les choses qu'on a coutume d'entreprendre avec honneur, gloire et profit, bien qu'offrant tant d'inconvénients et de périls. Mais celle que tu veux tenter et mettre en pratique ne saurait te faire acquérir ni mérite aux yeux de Dieu, ni biens de la fortune, ni renommée parmi les hommes. Car enfin, si le succès répond à ton désir, tu n'en seras ni plus glorieux, ni plus riche, ni plus honoré qu'à présent, et, si l'issue était autre, tu te verrais dans la plus profonde affliction qui se puisse imaginer. Rien ne te servirait, en effet, de penser que personne ne connaît ta disgrâce; il suffirait, pour te déchirer le cœur, que tu la connusses toi-même. En preuve de cette vérité, je veux te citer une strophe du fameux poëte Luigi Tansilo, à la fin de la première partie des *Larmes de saint Pierre*[2]. Elle est ainsi conçue :

« La douleur augmente, et avec elle augmente la honte dans l'âme de Pierre, quand le jour a paru. Et, bien qu'il ne soit aperçu de personne, il a honte de lui-même en voyant qu'il a péché : car, pour un cœur magnanime, ce ne sont pas seulement les yeux d'autrui qui excitent la honte; ne serait-il vu que du ciel et de la terre, il a honte de lui dès qu'il est en faute. »

« Ainsi, le secret ne saurait t'épargner la douleur : au contraire, tu auras à pleurer sans cesse, non les larmes qui coulent des yeux, mais les larmes de sang qui coulent du cœur, comme les pleurait ce crédule docteur que notre poëte nous raconte avoir fait l'épreuve du vase qu'avec plus de sagesse le prudent Renaud s'abstint de tenter⁴ ; et, bien que ce soit une fiction poétique, encore renferme-t-elle des secrets moraux dignes d'être compris et imités. Mais d'ailleurs ce que je vais te dire à présent achèvera de te faire connaître la grande faute que tu veux commettre. Dis-moi, Anselme, si le ciel, ou une faveur de la fortune, t'avait fait maître et possesseur légitime d'un diamant le plus fin, d'un diamant dont les qualités satisfissent tous les lapidaires qui l'auraient vu ; si, d'une voix unanime, tous déclaraient que, pour l'éclat et la pureté de l'eau, il est aussi parfait que permet de l'être la nature de cette pierre précieuse, et que tu en eusses toi-même une opinion semblable, sans rien savoir qui pût te l'ôter ; dis-moi, serait-il raisonnable qu'il te prît fantaisie d'apporter ce diamant, de le mettre entre une enclume et un marteau, et là, d'essayer à tour de bras s'il est aussi dur et aussi fin qu'on le dit ? serait-il plus raisonnable que tu misses en œuvre cette fantaisie ? Si la pierre résistait à une si sotte épreuve, elle n'y gagnerait ni valeur, ni célébrité ; et si elle se brisait, chose qui pourrait arriver, n'aurait-on pas tout perdu ? oui, certes, et de plus son maître passerait dans l'esprit de chacun pour un niais imprudent. Eh bien, mon cher Anselme, sache que Camille est ce fin diamant, dans ton estime et dans celle d'autrui, et qu'il n'est pas raisonnable de l'exposer au hasard de se briser, puisque, restât-elle intacte, elle ne peut hausser de prix ; mais si elle ne résistait point, et venait à céder, considère dès à présent ce qu'elle deviendrait après avoir perdu sa pureté, et comme tu pourrais à bon droit te plaindre toi-même, pour avoir été cause de sa perdition et de la tienne. Fais bien attention qu'il n'y a point en ce monde de bijou qui vaille autant qu'une femme chaste et vertueuse, et que tout l'honneur des femmes consiste dans la bonne opinion qu'on a d'elles ; et, puisque ton épouse possède l'extrême degré de sagesse que tu lui connais, pourquoi veux-tu mettre en doute cette vérité ? Prends garde, ami, que la femme est un être imparfait ; que, loin de lui susciter des obstacles qui la fassent trébucher et tomber, il faut, au contraire, les éloigner avec soin, et débarrasser son chemin de tout encombre, pour qu'elle marche d'un pas sûr et facile vers la perfection qui lui manque, et qui consiste dans la vertu. Les naturalistes racontent que l'hermine est un petit animal qui a la peau d'une éclatante blancheur, et que les chasseurs emploient pour la prendre un artifice assuré. Quand ils connaissent les endroits où elle a coutume de passer, ils les ferment avec de la boue ; puis, la poussant devant eux, ils la dirigent sur ces endroits ; dès que l'hermine arrive auprès de la boue, elle s'arrête et se laisse prendre, plutôt que de passer dans la fange, plutôt que de souiller sa blancheur, qu'elle estime plus que la liberté et la vie. La femme honnête et chaste est une hermine, sa vertu est plus blanche que la neige ; celui donc qui veut qu'elle ne la perde pas, mais qu'elle la garde et la conserve précieusement, ne doit point agir avec elle comme les chasseurs avec l'hermine : qu'il se garde bien de mettre sur son passage la fange des cadeaux et des galanteries d'amants empressés, car peut-être, et même sans peut-être, elle n'a point en elle-même assez de force et de vertu naturelle pour renverser tous ces obstacles. On doit les aplanir, et ne placer devant elle que la pureté de la vertu, que la beauté qu'enferme la bonne renommée. La femme vertueuse est comme un miroir de cristal, clair et brillant, mais qui se tache et s'obscurcit au moindre souffle qui l'atteint. Il faut en user avec la femme vertueuse comme avec les reliques, l'adorer sans la toucher ; il faut la garder comme un beau jardin rempli de roses et de toutes sortes de fleurs, où le maître ne permet de porter ni les pas ni la main : c'est assez que les passants puissent, de loin et par une grille de fer, jouir de sa vue et de ses parfums. Finalement, je veux te citer des vers qui me reviennent à la mémoire, et que j'entendis réciter dans une comédie moderne ; ils viennent tout à point pour le sujet qui nous occupe. Un prudent vieillard conseille à un autre, père d'une jeune fille, de la tenir dans la retraite et de la garder soigneusement sous clef ; entre autres propos, il lui dit :

« La femme est fragile comme le verre ; mais il ne faut pas éprouver si elle
« peut se briser ou non, car tout pourrait bien arriver.

« Et comme la brisure est probable, il y aurait folie de s'exposer au péril de
« rompre ce qui ne peut plus se souder.

« Telle est l'opinion commune, et bien fondée en raison ; car s'il y a des Danaé
« dans le monde, il y a aussi des pluies d'or. »

« Tout ce que je t'ai dit jusqu'à présent, ô Anselme ! n'a eu trait qu'à ce qui te touche ; il est bon maintenant de te faire entendre quelque chose de ce qui me regarde ; et, si je suis long, excuse-moi ; c'est ce qu'exige le labyrinthe où tu t'es engagé et d'où tu veux que je te tire. Tu me tiens pour ton ami, et cependant tu veux m'ôter l'honneur, chose contraire à toute amitié ; ce n'est pas tout : tu veux encore que je te l'ôte à toi-même. Que tu veuilles me l'ôter, rien de plus clair : car, dès que Camille verra que je la courtise comme tu me le demandes, elle devra certes me tenir pour un homme sans honneur et sans pudeur, puisque je ferais une chose si éloignée de ce qu'exigent et ce que je suis et ce que tu es pour moi. Que tu veuilles que je te l'ôte, il n'y a pas plus de doute, puisque en voyant que je la sollicite, Camille doit penser que j'ai découvert en elle quelque faiblesse qui m'a donné l'audace de lui révéler mes désirs coupables ; et, si elle se tient pour déshonorée, son déshonneur te touche, toi à qui elle appartient. C'est de là que naît cette commune opinion sur le mari de la femme adultère : il a beau ne point le savoir, ou n'avoir donné nulle occasion, nul prétexte pour que sa femme lui manque, on ne l'appelle pas moins d'un nom bas et injurieux, et ceux qui connaissent la mauvaise conduite de sa femme le regardent avec des yeux de mépris plutôt qu'avec des yeux de pitié, tout en voyant que ce n'est point par sa faute, mais par le caprice de sa coupable compagne, que ce malheur l'a frappé. Mais je veux te dire pourquoi le mari de la femme infidèle est à bon droit déshonoré, bien qu'il n'en sache rien, bien qu'il n'y ait de sa part aucune faute, et qu'il n'ait donné aucune occasion pour qu'elle ait péché. Et ne te lasse pas de m'entendre, car tout cela doit tourner à ton profit. Quand Dieu créa notre premier père dans le paradis terrestre, la divine Écriture dit qu'il le jeta dans un profond sommeil, et que, tandis qu'Adam dormait, il lui enleva une côte du côté gauche, dont il forma notre mère Ève. Dès qu'Adam se réveilla et l'eut aperçue, il s'écria : « Voilà « la chair de ma chair et les os de mes os. » Et Dieu dit : « Pour cette femme, « l'homme quittera son père et sa mère, et ils seront deux dans la même chair. » C'est alors que fut institué le divin sacrement du mariage, dont les liens sont si forts, que la mort seule peut les rompre. Telle est la force et la vertu de ce miraculeux sacrement, que par lui deux personnes distinctes ne font plus qu'une seule et même chair. Il fait plus encore dans les bons ménages, où les époux, bien qu'ils aient deux âmes, n'ont qu'une seule volonté. De là vient que, comme la chair de l'épouse ne fait qu'une même chose avec celle de l'époux, les taches qui la souillent ou les défauts qui la déparent retombent sur la chair du mari, bien qu'il n'ait donné, comme je le disais, aucune occasion, aucun prétexte à ce grief : car, de même que la douleur du pied, ou de tout autre membre du corps humain, est ressentie par le corps tout entier, parce que c'est une seule et même chair; de même que la tête sent le mal de la cheville, quoiqu'elle ne l'ait pas causé; de même le mari participe au déshonneur de la femme, parce qu'il ne fait qu'une même chose avec elle. Or, comme tous les honneurs et les déshonneurs du monde naissent de la chair et du sang, et que ceux de la femme infidèle sont de cette espèce, force est au mari d'en prendre sa part, et, sans même qu'il le sache, d'être tenu pour déshonoré[9]. Vois donc, ô Anselme! vois le péril auquel tu t'exposes en voulant troubler le calme où vit ta vertueuse compagne; vois pour quelle vaine et imprudente curiosité tu veux éveiller les passions endormies dans son chaste cœur. Fais attention que ce que tu hasardes de gagner est bien petit, et ce que tu hasardes de perdre, si grand que je n'en dis rien de plus, car les paroles me manquent pour l'exprimer. Mais, si tout ce que je viens de dire ne suffit pas pour te détourner de ce mauvais dessein, tu peux chercher un autre instrument de ton déshonneur et de ton infortune; car, pour moi, je ne veux point l'être, dussé-je perdre ton affection, ce qui est la plus grande perte que je puisse imaginer. »

Le prudent et vertueux Lothaire se tut après avoir ainsi parlé, et Anselme demeura si troublé, si rêveur, que de longtemps il ne put répondre un mot. Enfin s'étant remis :

« Tu as vu, dit-il, ami Lothaire, avec quelle attention j'ai écouté tout ce qu'il t'a plu de me dire; dans tes raisonnements, tes exemples et tes comparaisons, j'ai reconnu l'esprit judicieux dont le ciel t'a doué, et le comble de la véritable amitié où tu es parvenu. Je reconnais encore et je confesse que, si je m'éloigne de ton avis pour continuer à suivre le mien, je fuis le bien et cours après le mal. Cela convenu, tu dois me regarder comme attaqué d'une de ces maladies qu'éprouvent quelquefois les femmes enceintes, lorsqu'elles prennent fantaisie de manger de la terre, du plâtre, du charbon, et des choses pires encore, répugnantes à la seule vue, à plus forte raison au goût. Il faut donc employer quelque artifice pour me guérir, et cela n'est pas difficile. Que tu commences seulement, même avec mollesse, même avec dissimulation à solliciter Camille, laquelle n'est pas si tendre aux tentations que sa vertu succombe au premier choc : de ce seul essai je serai satisfait, et tu auras ainsi tenu ce que tu dois à notre amitié, non-seulement en me rendant la vie, mais en me convainquant que je ne perdrai point l'honneur. Tu es forcé de te rendre par une seule raison : c'est qu'étant déterminé comme je le suis à mettre en œuvre cette épreuve, tu ne peux pas consentir à ce que je révèle mon extravagant projet à une autre personne, ce qui me ferait risquer cet honneur que tu veux m'empêcher de perdre. Quant à ce que le tien peut être compromis dans l'opinion de Camille pendant que tu la solliciteras, peu importe vraiment, puisque, bientôt après, trouvant chez elle la résistance que nous espérons, tu pourras lui dire notre artifice et la vérité, ce qui te rendra sa première estime. Ainsi donc, puisque tu hasardes si peu, et qu'en le hasardant tu peux me donner tant de satisfaction, ne refuse plus de le faire, quelques obstacles que tu y trouves, certain, comme je te l'ai dit, qu'à peine commenceras-tu, je tiendrai le procès pour gagné. »

Lothaire, voyant le parti pris d'Anselme, et ne sachant plus quels exemples rappeler, ni quels raisonnements faire valoir pour l'en détourner; voyant aussi que son ami le menaçait de confier à un autre sa mauvaise pensée, résolut, pour éviter un plus grand mal, de le contenter et de lui obéir, avec la ferme intention de conduire cette affaire de façon que, sans troubler l'âme de Camille, Anselme restât satisfait. Il lui répondit donc de ne communiquer à nul autre son dessein, qu'il se chargeait, lui, de cette entreprise, et la commencerait dès qu'il le trouverait bon. Anselme le serra tendrement dans ses bras, et le remercia de son offre comme s'il lui eût fait une faveur insigne. Ils convinrent tous deux ensuite de se mettre à l'œuvre dès le lendemain. Anselme promit à Lothaire de lui fournir le temps et l'occasion d'entretenir Camille tête à tête, ainsi que l'argent et les bijoux qu'il emploierait en moyens de séduction; il lui conseilla de donner des sérénades à sa femme, et d'écrire des vers à sa louange, s'offrant, s'il ne voulait prendre cette peine, de les composer lui-même. Lothaire consentit à tout, mais avec une intention bien différente de celle que lui supposait Anselme. Après ces arrangements, ils retournèrent chez ce dernier, où ils trouvèrent Camille attendant avec inquiétude le retour de son époux, qui avait, ce jour-là, plus tardé que de coutume.

Lothaire regagna sa maison, et Anselme demeura dans la sienne, celui-ci aussi satisfait que l'autre s'en allait pensif, ne sachant quel parti prendre pour sortir honorablement de cette impertinente affaire. Dans la nuit, toutefois, il imagina un moyen de tromper Anselme sans offenser Camille. Le lendemain, il alla dîner chez son ami, et fut bien reçu de sa femme, qui l'accueillait toujours affectueusement, en considération de l'amitié que lui portait son mari. Le repas achevé, on desservit, et Anselme pria Lothaire de rester à l'attendre avec Camille tandis qu'il sortirait pour une affaire pressante qui le tiendrait dehors une heure ou deux. Camille voulut retenir son mari, et Lothaire s'offrit à l'accompagner; mais Anselme n'écouta ni l'un ni l'autre : au contraire, il exigea de Lothaire qu'il restât et l'attendit, voulant plus tard traiter avec lui d'une chose de haute importance. Il recommanda également à Camille de ne point laisser Lothaire seul jusqu'à son retour. Enfin, il sut feindre si bien la nécessité de son absence, que personne n'aurait pu croire qu'elle était feinte. Anselme sortit, Camille et Lothaire restèrent seuls à table, car tous les gens de la maison avaient été dîner. Voilà donc Lothaire entré dans le champ clos où son ami désirait le voir aux prises; voilà l'ennemi en présence; un ennemi dont la beauté seule aurait pu vaincre un escadron de chevaliers armés. Qu'on juge si Lothaire le craignait à bon droit! Ce qu'il fit alors, ce fut d'appuyer le coude sur le bras de son fauteuil, puis sa joue sur sa main ouverte, et, demandant pardon à Camille d'une telle impolitesse, il lui dit qu'il voulait reposer un peu en attendant le retour d'Anselme. Camille lui répondit qu'il dormirait plus à son aise sur des coussins que sur une chaise, et l'engagea à passer dans son estrade. Mais Lothaire ne voulut point y consentir, et resta endormi à sa place jusqu'à ce qu'Anselme revint. Quand celui-ci trouva Camille dans sa chambre et Lothaire dormant, croyant qu'il avait assez tardé pour leur laisser à tous deux le temps de parler, et même de dormir, il attendit impatiemment que Lothaire s'éveillât pour sortir avec lui et l'interroger sur la situation des choses. Tout arriva comme il le désirait. Lothaire s'éveilla, et tous deux aussitôt quittèrent la maison. Anselme alors le questionna, et Lothaire répondit qu'il lui avait paru peu convenable de se découvrir entièrement dès la première entrevue; qu'ainsi il n'avait rien fait de plus que de louer Camille sur ses attraits, lui disant que, dans toute la ville, on ne parlait que de son esprit et de sa beauté.

« Cela m'a semblé, ajouta-t-il, un heureux début pour gagner peu à peu ses bonnes grâces et la disposer à m'entendre volontiers; j'ai usé de l'artifice qu'emploie le démon quand il veut tromper une âme qui est sur ses gardes : il se transforme en ange de lumière, lui esprit des ténèbres, et se cache derrière de belles apparences; puis, à la fin, il découvre qui il est, et triomphe, si, dès le principe, sa supercherie n'a point été reconnue. »

Tout cela satisfit pleinement Anselme, qui promit à Lothaire de lui donner chaque jour la même occasion d'entretenir sa femme, quand bien même il ne sortirait pas de la maison, où il saurait s'occuper de façon que Camille ne s'aperçût point de la ruse.

Plusieurs jours se passèrent ainsi, sans que Lothaire adressât une parole à Camille; et cependant il assurait Anselme que, chaque fois, il lui parlait d'une manière plus pressante, mais qu'il n'avait pu obtenir d'elle ni la plus légère faveur, ni la moindre ombre d'espérance, et qu'elle le menaçait, au contraire, s'il ne chassait ces mauvaises pensées, de tout révéler à son mari.

« Cela va bien, dit Anselme; jusqu'ici Camille a résisté aux paroles, il faut voir comment elle résistera aux œuvres. Je te donnerai demain deux mille écus d'or, que tu lui offriras en cadeau, et deux autres mille pour acheter des joyaux et des pierreries dont l'appât puisse l'attirer : car toutes les femmes, surtout quand elles sont belles, et si chastes qu'elles soient, aiment avec passion à se parer et à se montrer dans leurs atours. Si elle résiste à cette nouvelle tentation, je serai satisfait, et ne te causerai plus d'ennui. »

Lothaire répondit que, puisqu'il avait commencé, il mènerait jusqu'au bout son entreprise, bien qu'il fût certain d'en sortir épuisé et vaincu.

Le lendemain, il reçut les quatre mille écus d'or, et avec eux quatre mille confusions, car il ne savait plus quelle invention trouver pour soutenir son mensonge. Toutefois, il résolut de dire à son ami que Camille était aussi inaccessible aux promesses et aux présents qu'aux paroles, et qu'il était inutile de pousser plus loin l'épreuve, puisque c'était perdre son temps. Mais le sort, qui menait les choses d'une autre façon, voulut qu'un jour Anselme, ayant laissé comme d'habitude Lothaire seul avec Camille, s'enfermât dans une chambre voisine, et se mît à regarder par le trou de la serrure ce qui se passait entre eux. Or, il vit qu'en plus d'une demi-heure Lothaire ne dit pas un mot à Camille, et qu'il ne lui en aurait pas dit davantage, fût-il demeuré un siècle auprès d'elle. Il comprit donc que tout ce que lui rapportait son ami des réponses de Camille n'était que fictions et mensonges. Pour s'en assurer, il sortit de la chambre, et, prenant Lothaire à part, il lui demanda quelles nouvelles il avait à lui donner, et de quelle humeur se montrait Camille. Lothaire répondit qu'il ne voulait plus faire un pas dans cette affaire, parce qu'elle venait de le traiter avec tant d'aigreur et de dureté qu'il n'aurait plus le courage de lui adresser désormais la parole.

« Ah! Lothaire, Lothaire, s'écria Anselme, que tu tiens mal ta promesse, et que tu réponds mal à l'extrême confiance que j'ai mise en toi! Je viens de te regarder par le jour que me livrait cette clef, et j'ai vu que tu n'as pas dit une seule parole à Camille, d'où je dois conclure que tu es encore à lui dire le premier mot. S'il en est ainsi, comme je ne puis en douter, pourquoi donc me trompes-tu, ou pourquoi veux-tu m'ôter par ta ruse les moyens que je pourrais trouver de satisfaire mon désir? »

Anselme n'en dit pas davantage; mais ce peu de mots suffirent pour rendre Lothaire honteux et confus. Se faisant comme un point d'honneur d'avoir été surpris en mensonge, il jura à Anselme que, dès cet instant, il prenait à sa charge le soin de le contenter, et sans plus lui mentir.

« Tu pourras t'en assurer, lui dit-il, si tu m'épies avec curiosité; mais, au reste, toute diligence de ta part est inutile, et celle que je vais mettre à te satisfaire aura bientôt dissipé tes soupçons. »

Anselme le crut, et, pour lui laisser le champ libre avec plein repos et pleine commodité, il résolut de faire une absence de huit jours, et d'aller passer ce temps chez un de ses amis qui demeurait à la campagne, non loin de la ville. Il se fit même inviter formellement par cet ami, pour avoir auprès de Camille un motif à son départ. Imprudent et malheureux Anselme! qu'est-ce que tu fais, qu'est-ce que tu trames, qu'est-ce que tu prépares? Prends garde que tu agis contre toi-même en tramant ton déshonneur et en préparant ta perdition. Ton épouse Camille est vertueuse, tu la possèdes en paix; personne ne te cause d'alarmes; ses pensées ne vont point au delà des murs de sa maison ; tu es son ciel sur la terre, le but de ses désirs, l'accomplissement de ses joies, la mesure où se règle sa volonté, qu'elle ajuste en toutes choses sur la tienne et sur celle du ciel : eh bien! si la mine de son honneur, de sa beauté, de sa vertu, te donne, sans aucun travail, toutes les richesses qu'elle renferme et que tu puisses désirer, pourquoi veux-tu creuser encore la terre, et chercher de nouveaux filons d'un trésor inconnu, en courant le risque de la faire écrouler tout entière, puisque enfin elle ne repose que sur les faibles étais de sa fragile nature? Prends garde que celui qui cherche l'impossible se voit à bon droit refuser le possible, comme l'a mieux exprimé un poëte lorsqu'il a dit :

« Je cherche dans la mort la vie, dans la maladie la santé, dans la prison la liberté, dans l'enfermé une issue, dans le traître la loyauté.

« Mais ma destinée, de qui je n'espère jamais aucun bien, a réglé, d'accord avec le ciel, que, puisque je demande l'impossible, le possible même me sera refusé. »

Anselme partit le lendemain pour la campagne, après avoir dit à Camille que, pendant son absence, Lothaire viendrait prendre soin de ses affaires et dîner avec elle, et après lui avoir recommandé de le traiter comme lui-même. Camille, en femme honnête et prudente, s'affligea de l'ordre que lui donnait son mari ; elle le pria de remarquer qu'il n'était pas convenable que, lui absent, personne occupât son fauteuil à table ; que s'il en agissait ainsi par manque de confiance, et dans la crainte qu'elle ne gouvernât pas bien sa maison, il n'avait qu'à la mettre cette fois à l'épreuve, et qu'il verrait par expérience qu'elle pouvait suffire à des soins plus graves. Anselme répliqua que tel était son bon plaisir, et qu'elle n'avait rien de mieux à faire que de courber la tête et d'obéir, ce que Camille promit de faire, bien que contre son gré.

Anselme partit ; Lothaire vint dès le lendemain s'installer dans sa maison, où il reçut de Camille un affectueux et honnête accueil. Mais elle s'arrangea de façon à n'être jamais en tête-à-tête avec Lothaire, car elle marchait toujours accompagnée de ses gens, et surtout d'une camériste appelée Léonella, qu'elle affectionnait beaucoup, parce qu'elles avaient été élevées ensemble depuis l'âge le plus tendre dans la maison paternelle, et qu'elle l'avait amenée avec elle lors de son mariage. Pendant les trois premiers jours, Lothaire ne lui dit rien, bien qu'il eût pu parler lorsqu'on desservait la table, et que les gens allaient manger en toute hâte, comme l'exigeait leur maîtresse. Léonella avait même reçu l'ordre de dîner avant Camille, afin d'être toujours à ses côtés ; mais la camériste, qui avait la tête occupée d'autres choses plus de son goût, et qui avait justement besoin de ces heures-là pour les employer à sa guise, ne remplissait pas toujours le commandement de sa maîtresse. Au contraire, elle la laissait le plus souvent seule avec son hôte, comme si ce fût là ce qu'elle lui avait ordonné. Mais le chaste maintien de Camille, la gravité de son visage, la modestie de toute sa personne, étaient tels, qu'ils mettaient un frein à la langue de Lothaire. Toutefois, cet avantage que donnaient à tous deux les vertus de Camille, en imposant silence à Lothaire, finit par tourner à leur détriment : car, si la langue se taisait, l'imagination avait le champ libre ; elle pouvait contempler à loisir tous les charmes dont Camille était pourvue, capables de toucher une statue de marbre, et non-seulement un cœur de chair. Lothaire la regardait, pendant le temps qu'il aurait pu lui parler, et considérait à quel point elle était digne d'être aimée. Cette réflexion commença peu à peu à donner l'assaut aux égards qu'il devait à son ami; cent fois il voulut s'éloigner de la ville, et fuir si loin qu'Anselme ne le vît plus, et qu'il ne vît plus Camille; mais déjà il se sentait comme arrêté et retenu par le plaisir qu'il trouvait à la regarder. Il combattait contre lui-même, il se faisait violence pour repousser et ne point sentir la joie que lui causait la vue de Camille. Il s'accusait, dans la solitude, de sa folle inclination, il s'appelait mauvais ami et même mauvais chrétien; puis la réflexion le ramenait à faire des comparaisons entre Anselme et lui, qui toutes se terminaient par dire qu'il fallait moins accuser son manque de fidélité que la folie et l'aveugle confiance de son ami, et que, s'il avait auprès de Dieu les mêmes excuses qu'auprès des hommes, il n'aurait à craindre aucun châtiment pour sa faute. Bref, le mérite et les attraits de Camille, en même temps que l'occasion que lui avait fournie l'imprudent mari, triomphèrent enfin de la loyauté de Lothaire. Trois jours après le départ d'Anselme, pendant lesquels il fut en lutte continuelle pour résister à ses désirs, ne voyant plus que l'objet vers qui l'entraînait sa passion, il la découvrit à Camille, et lui fit une déclaration d'amour avec tant de trouble, avec de si vives instances, que Camille resta confondue, et ne sut faire autre chose que se lever de la place qu'elle occupait et rentrer dans sa chambre sans lui répondre un seul mot. Mais ce froid dédain n'ôta pas à Lothaire l'espérance, qui naît en même temps que l'amour; au contraire, il en estima davantage la conquête de Camille. Celle-ci, quand elle vit cette action de Lothaire, à laquelle elle s'attendait si peu, ne savait à quoi se résoudre. Enfin, comme il lui parut qu'il n'était ni sûr ni convenable de laisser à l'infidèle ami le temps et l'occasion de l'entretenir une seconde fois, elle résolut d'envoyer cette nuit même un de ses gens à Anselme, avec un billet ainsi conçu :

CHAPITRE XXXIV.

OÙ SE CONTINUE LA NOUVELLE DU *CURIEUX MALAVISÉ*.

« Comme on a coutume de dire que mal sied l'armée sans son général, et le château sans son châtelain, je dis que plus mal encore sied la femme mariée et jeune sans son mari, quand de justes motifs ne les tiennent pas séparés. Je me trouve si mal loin de vous, et tellement hors d'état de supporter votre absence, que, si vous ne revenez au plus tôt, je serai forcée de me réfugier dans la maison de mes parents, dussé-je laisser la vôtre sans gardien; car celui que vous m'avez laissé, si toutefois il mérite ce nom, vise, à ce que je crois, plus à son plaisir qu'à vos intérêts. Vous êtes intelligent : je ne vous dis rien de plus, et même il ne convient pas que j'en dise davantage¹. »

En recevant cette lettre, Anselme comprit que Lothaire avait enfin commencé l'entreprise, et que Camille devait l'avoir reçu comme il désirait qu'elle le fît. Ravi de semblable nouvelle, il fit répondre verbalement à Camille qu'elle ne quittât sa maison pour aucun motif, et qu'il reviendrait très-promptement. Camille fut fort étonnée de cette réponse d'Anselme, qui la mit dans un plus grand embarras qu'auparavant, car elle n'osait ni rester dans sa maison, ni moins encore s'en aller chez ses parents. A rester, elle voyait sa vertu en péril ; à s'en aller, elle désobéissait aux ordres de son mari. Enfin, dans le doute, elle prit le plus mauvais parti, celui de rester, et de plus la résolution de ne point fuir la présence de Lothaire, afin de ne point donner à ses gens matière à causer. Déjà même elle se repentait d'avoir écrit à son époux, dans la crainte qu'il n'imaginât que Lothaire avait vu chez elle quelque hardiesse qui l'avait poussé à manquer au respect qu'il lui devait. Mais, confiante en la solidité de sa vertu, elle se mit sous la garde de Dieu et de sa ferme intention, espérant bien résister, par le silence, à tout ce qu'il plairait à Lothaire de lui dire, sans rien révéler de plus à son mari, pour ne pas le jeter dans les embarras d'une querelle. Elle chercha même un moyen de disculper Lothaire auprès d'Anselme, quand ce dernier lui demanderait le motif qui lui avait fait écrire son billet. Dans ces pensées, plus honnêtes que sages, elle resta le lendemain à écouter Lothaire, lequel pressa tellement son attaque, que la fermeté de Camille commença à fléchir, et que sa vertu eut assez à faire de veiller sur ses yeux, pour qu'ils ne donnassent pas quelque indice de l'amoureuse compassion qu'avaient éveillée dans son sein les propos et les pleurs de Lothaire. Rien n'échappait à celui-ci, qui s'en enflammait davantage. Finalement, il lui sembla nécessaire, pendant le temps que laissait encore l'absence d'Anselme, de pousser vivement le siège de cette forteresse. Il attaqua le côté de sa présomption par des louanges à sa beauté; car rien ne bat mieux en brèche, et ne renverse plus vite les tours de la vanité d'une belle, que cette même vanité employée par la langue de l'adulation. En effet, il sut si adroitement miner le roc de sa chasteté, et faire jouer de telles machines de guerre, que Camille, fût-elle toute de bronze, ne pouvait manquer de succomber. Lothaire pria, supplia, pleura, adula, pressa, témoigna tant d'ardeur et de sincérité, qu'à la fin il renversa les remparts de la vertu de Camille, et conquit ce qu'il espérait le moins et désirait le plus. Camille se rendit, Camille fut vaincue. Mais qu'y a-t-il d'étrange ? l'amitié de Lothaire avait-elle tenu bon ? exemple frappant qui nous montre que l'unique manière de vaincre l'amour, c'est de le fuir, et que personne ne doit se prendre corps à corps avec un si puissant ennemi ; car, pour résister à ses efforts humains, il faudrait des forces divines.

Léonella connut seule la faute de sa maîtresse, parce que les deux mauvais amis et nouveaux amants ne purent la lui cacher. Lothaire se garda bien de révéler à Camille le projet qu'avait eu Anselme, et de lui dire que c'était de son mari lui-même qu'il avait tenu les moyens de réussir auprès d'elle, de peur qu'elle ne cessât d'estimer autant son amour, et qu'elle ne vînt à penser que c'était par hasard, par occasion et sans dessein, qu'il l'avait sollicitée. Au bout de quelques jours, Anselme revint dans sa maison ; mais il ne vit pas ce qui y manquait, bien que ce fût ce qu'il estimait et ce qu'il devait regretter le plus. Il alla sans délai voir Lothaire, qu'il trouva chez lui. Les deux amis s'embrassèrent, et le nouveau venu demanda aussitôt à l'autre des nouvelles de sa vie ou de sa mort.

« Les nouvelles que j'ai à te donner, ô mon ami! répondit Lothaire, sont que tu as une femme qui peut être, avec justice, l'exemple et la gloire de toutes les femmes vertueuses. Les paroles que je lui ai dites, le vent les a emportées; les offres, elle les a repoussées; les présents, elle ne les a point admis; mes larmes feintes, elle en a fait l'objet de ses railleries. En un mot, de même que Camille est le sommaire de toute beauté, c'est le temple où l'honnêteté a son autel, où résident à la fois la politesse et la pudeur, et toutes les vertus qui peuvent parer une femme de bien. Reprends, ami, reprends ton argent et tes bijoux; ils sont là sans que j'aie eu besoin d'y toucher, car l'intégrité de Camille ne se rend pas à d'aussi vils objets que les cadeaux et les promesses. Sois satisfait, Anselme, et ne pense plus à tenter d'autre épreuve. Puisque tu as passé à pied sec la mer des embarras et des soupçons que les femmes ont coutume de donner, ne t'embarque plus sur l'océan de nouvelles tempêtes; ne fais plus, avec un autre pilote, l'expérience de la solidité du navire que le ciel t'a donné en partage pour faire la traversée de ce monde : mais persuade-toi, tout au contraire, que tu es arrivé à bon port; affermis-toi bien sur les ancres de la bonne considération, et reste en panne jusqu'à ce qu'on vienne te réclamer la dette dont aucune noblesse humaine n'a le privilége d'éviter le payement. »

Anselme fut ravi des paroles de Lothaire, et les crut comme si quelque oracle les eût prononcées. Cependant il le pria de ne pas abandonner complétement l'entreprise, quand même il ne la suivrait que par curiosité et passe-temps, sans faire d'aussi pressantes démarches que par le passé.

« Je veux seulement, lui dit-il, que tu écrives quelques vers à sa louange, sous le nom de Chloris, et je ferai croire à Camille que tu es amoureux d'une dame à laquelle tu as donné ce nom, afin de pouvoir célébrer ses attraits sans manquer aux égards qui lui sont dus. Et si tu ne veux pas te donner la peine d'écrire ces vers, je me charge de les composer.

— Cela est inutile, reprit Lothaire; les Muses ne me sont pas tellement ennemies qu'elles ne me fassent quelques visites dans le cours de l'année. Parle à Camille de mes feintes amours; mais quant aux vers, je les ferai, sinon tels que le mérite leur sujet, au moins du mieux que je pourrai. »

Les deux amis, l'imprudent et le traître, ainsi tombés d'accord, Anselme, de retour à sa maison, fit à Camille la question qu'elle s'étonnait de ne point avoir reçue déjà : à savoir, quel motif lui avait fait écrire ce billet qu'elle lui avait adressé. Camille répondit qu'il lui avait semblé que Lothaire la regardait un peu moins respectueusement que lorsque son mari était à la maison; mais qu'elle était déjà détrompée, et voyait bien que c'était pure imagination de sa part, puisque Lothaire fuyait sa présence et les occasions de se trouver seul avec elle. Anselme lui dit qu'elle pouvait être bien remise de ce soupçon; car il savait que Lothaire était violemment épris d'une noble demoiselle de la ville, qu'il célébrait sous le nom de Chloris; mais que, dans le cas même où son cœur fût libre, il n'y avait rien à craindre de sa loyale amitié. Si Camille n'eût pas été avisée par Lothaire que cet amour pour Chloris était simulé, et qu'il ne l'avait dit à Anselme qu'afin de pouvoir s'occuper quelques instants à célébrer les louanges de Camille elle-même, sans aucun doute elle serait tombée dans les filets cuisants de la jalousie; mais, étant prévenue, elle reçut cette confidence sans alarme.

Le lendemain, comme ils étaient tous trois à table, après le dessert, Anselme pria Lothaire de réciter quelqu'une des poésies qu'il avait composées pour sa bien-aimée Chloris, lui faisant observer que, puisque Camille ne la connaissait pas, il pouvait en dire tout ce qu'il lui plairait.

« Encore qu'elle la connût, reprit Lothaire, je n'aurais rien à cacher; car, lorsqu'un amant loue sa dame de ses attraits et lui reproche sa cruauté, il ne fait nulle injure à sa bonne renommée. Mais, quoi qu'il en soit, voici le sonnet que j'ai fait hier sur l'ingratitude de Chloris. »

SONNET.

« Dans le silence de la nuit, quand le doux sommeil règne sur les mortels, je rends au ciel et à Chloris le pauvre compte de mes riches douleurs;

« Dès que le soleil commence à se montrer aux portes rosées de l'orient, avec des soupirs et des accents entrecoupés, je renouvelle mon ancienne plainte;

« Et quand le soleil, du haut de son trône étoilé, lance sur la terre de perpendiculaires rayons, mes pleurs augmentent et mes gémissements redoublent.

« La nuit revient, et je reviens à ma triste lamentation; mais toujours, dans cette lutte mortelle, je trouve le ciel sourd et Chloris insensible[2]. »

Le sonnet plut à Camille, et plus encore à Anselme, qui le loua, et dit que la dame était trop cruelle, puisqu'elle ne répondait point à de si sincères aveux.

« En ce cas, s'écria Camille, tout ce que disent les poëtes amoureux est donc la vérité?

— Comme poëtes, ils ne la disent pas, répondit Lothaire; mais comme amoureux, ils sont toujours aussi insuffisants que véridiques.

— Cela ne fait pas le moindre doute, » reprit Anselme, qui semblait vouloir expliquer la pensée de Lothaire à Camille, aussi peu soucieuse de l'artifice d'Anselme qu'éperdument éprise de Lothaire.

Camille, sachant bien que les vœux et les vers de son amant s'adressaient à elle, et qu'elle était la véritable Chloris, le pria, s'il savait quelque autre sonnet, de le dire encore.

« Oui, j'en sais bien un, répondit Lothaire; mais je le crois moins bon que le premier, ou, pour mieux dire, plus mauvais. Au reste, vous allez en juger. »

SONNET.

« Je sais bien que je meurs; et, si je ne suis pas écouté, ma mort est aussi certaine qu'il est certain que je me verrais plutôt mort à tes pieds, ó belle ingrate! que repentant de t'adorer.

« Je pourrai me voir dans la région de l'oubli, déserté par la vie, la gloire et la faveur; alors on pourra voir, dans mon cœur ouvert, comment ton beau visage y est gravé.

« C'est une relique que je garde pour la crise terrible dont me menace ma constance, qui se fortifie de ta rigueur même.

« Malheur à qui navigue, par un ciel obscur, sur une mer inconnue et dangereuse, où nulle étoile, nul port ne s'offrent à sa vue! »

Anselme loua ce second sonnet, comme il avait fait du premier, ajoutant, de cette manière, un anneau sur l'autre à la chaîne avec laquelle il enlaçait et serrait son déshonneur. En effet, plus Lothaire le déshonorait, plus il lui disait qu'il était honoré, et chacun des degrés que descendait Camille vers le fond de son avilissement, elle le montait, dans l'opinion de son mari, vers le faîte de la vertu et de la bonne renommée.

Un jour que Camille se trouvait seule avec sa camériste, elle lui dit :

« Je suis confuse, amie Léonella, de voir combien peu j'ai su m'estimer, puisque je n'ai pas même fait acheter par le temps à Lothaire l'entière possession que je lui ai si vite donnée de ma volonté. Je crains qu'il n'accuse ma précipitation ou ma légèreté, sans voir que je n'ai pu résister à sa pressante ardeur.

— Que cela ne vous cause point de peine, ma chère dame, répondit Léonella; la chose que l'on donne n'est pas dépréciée pour être donnée vite, si elle est par elle-même précieuse et digne d'être estimée. On a même coutume de dire que celui qui donne vite donne deux fois.

— Oui, reprit Camille; mais on dit aussi que ce qui coûte peu s'estime encore moins.

— Ce n'est pas à vous que s'adresse ce dicton, repartit Léonella : car l'amour, à ce que j'ai ouï dire, tantôt vole, tantôt marche; il court avec celui-là, se traîne avec celui-ci, refroidit l'un, enflamme l'autre, blesse à gauche, tue à droite. Quelquefois il entreprend la carrière de ses désirs, et au même instant il arrive au bout; le matin, il met le siége à une forteresse, et le soir la fait capituler, car aucune force ne résiste à la sienne. S'il en est ainsi, pourquoi craindre? Lothaire a dû se dire la même chose, puisque l'amour a pris pour instrument de votre défaite l'absence de notre seigneur. Il fallait que, pendant cette absence, l'amour achevât ce qu'il avait résolu, sans donner, comme on dit, le temps au temps, pour qu'Anselme n'eût pas celui de revenir, et de laisser par sa présence l'ouvrage imparfait : car l'amour n'a pas, pour accomplir ses volontés, de meilleur ministre que l'occasion; c'est de l'occasion qu'il se sert pour tous ses exploits, et surtout dans le début. Tout cela, je le sais fort bien, et plus encore par expérience que par ouï-dire, ainsi que je vous le conterai quelque jour, car je suis de chair aussi, et j'ai du sang jeune dans les veines. Et d'ailleurs, madame, vous ne vous êtes pas rendue sitôt, que vous n'ayez d'abord vu toute l'âme de Lothaire dans ses regards, dans ses soupirs, dans ses propos, dans ses présents; que vous n'ayez enfin reconnu combien il était digne d'être aimé. S'il en est ainsi, ne vous laissez pas assaillir l'imagination par ces scrupules et ces pensées de prude; mais soyez assurée que Lothaire vous estime autant que vous l'estimez, et vivez joyeuse et satisfaite de ce qu'étant tombée dans les lacs de l'amour, celui qui vous y retient mérite son triomphe. En effet, il n'a pas seulement les quatre S S S S que doivent avoir, à ce qu'on dit, tous les amants parfaits³, mais même un alphabet tout entier. Écoutez-moi, et vous allez voir comme je le sais par cœur. Il est, à ce que je vois et ce que j'imagine :

AIMANT

BON —— COURAGEUX

DISCRET —— EMPRESSÉ —— FIDÈLE

GÉNÉREUX

HABILE —— ILLUSTRE

JEUNE —— LOYAL —— MODESTE

NOBLE

ONNÊTE⁴ —— PRUDENT —— QUALIFIÉ

RICHE

puis les quatre

S—S—S—S

que nous venons de dire, puis

TENDRE —— et —— VÉRIDIQUE; l'X

ne lui va, c'est une lettre rude;

l'—Y

n'a rien qui lui convienne; enfin

ZÉLÉ

pour votre bonheur. »

Camille rit beaucoup de l'alphabet de sa suivante, et la tint pour plus versée dans les choses d'amour qu'elle ne voulait le paraître. L'autre en fit l'aveu, et découvrit à sa maîtresse qu'elle était engagée dans une intrigue amoureuse avec un jeune homme bien né de la même ville. A cette confidence, Camille se troubla, craignant que ce ne fût une voie ouverte à son déshonneur. Elle pressa de questions Léonella, pour savoir si ces entrevues allaient plus loin que la conversation. Celle-ci, perdant toute retenue, lui répondit effrontément qu'elle ne s'amusait plus aux paroles. Il est, en effet, certain que les fautes des dames ôtent jusqu'à la honte aux suivantes, lesquelles, en voyant leurs maîtresses faire un faux pas, ne s'inquiètent plus de boiter des deux pieds, ni même qu'on s'en aperçoive. Camille ne put faire autre chose que prier Léonella de ne rien révéler de son aventure à celui qu'elle disait être son amant, et de conduire sa propre intrigue dans le plus grand secret, pour qu'il n'en vînt rien à la connaissance d'Anselme ou de Lothaire. Léonella le lui promit bien; mais elle tint parole de manière à confirmer Camille dans la crainte que, par elle, sa réputation ne se perdît.

La coupable et audacieuse Léonella ne vit pas plutôt que sa maîtresse avait succombé, qu'elle eut l'effronterie d'introduire son amant dans la maison, bien assurée que sa maîtresse, le vit-elle, n'oserait pas le découvrir. Tel est, avec beaucoup d'autres, la triste suite qu'ont les faiblesses des dames : elles deviennent esclaves de leurs propres servantes, et se voient forcées de couvrir jusqu'aux méfaits de ces créatures. C'est ce qu'éprouva Camille, qui, bien qu'elle sût maintes fois que sa Léonella s'était enfermée en compagnie dans un appartement de la maison, non-seulement n'osait pas l'en gronder, mais, au contraire, prêtait les mains à l'arrivée du galant, et veillait à ce qu'il ne fût pas découvert par son mari.

Toutefois elle ne sut pas si bien faire la garde, que Lothaire, un jour, ne vît sortir l'amant à l'aube du matin. Ne sachant qui ce pouvait être, il le prit d'abord pour quelque fantôme; mais quand il le vit marcher, s'envelopper dans son manteau et s'échapper avec précaution, il rejeta bien vite cette pensée d'enfant pour s'arrêter à une autre qui devait les perdre tous, si Camille n'eût réparé le mal. Lothaire s'imagina que cet homme qu'il venait de voir sortir à une heure si indue de la maison d'Anselme n'y était pas entré pour Léonella; se rappelait-il même qu'il y eût une Léonella dans le monde? Il crut seulement que, de la même manière qu'elle avait été facile et inconstante pour lui, Camille l'était devenue pour un autre; car c'est encore une des conséquences qu'entraîne la mauvaise conduite de la femme adultère : elle perd le crédit de son honneur aux yeux de celui-là même à qui elle l'a livré, vaincue par ses poursuites; il croit, à son tour, qu'elle le livre à d'autres avec encore plus de facilité, et donne infailliblement croyance à tout soupçon de cette espèce qui vient l'assaillir. Il sembla qu'en ce moment Lothaire eût perdu tout son bon sens, et que toutes ses prudentes résolutions lui fussent sorties de la mémoire. Sans raisonner, sans réfléchir, impatient, fougueux, aveuglé par la rage de jalousie qui lui rongeait les entrailles, et brûlant de se venger de Camille, qui ne l'avait nullement offensé, il courut chez Anselme avant l'heure de son lever.

« Apprends, lui dit-il, apprends, Anselme, que depuis plusieurs jours je lutte avec moi-même, me faisant violence pour ne point t'avouer ce qu'il n'est ni possible ni juste de te cacher davantage; apprends que la forteresse de Camille a capitulé, qu'elle est rendue et prête à faire tout ce qu'il me plaira. Si j'ai tardé à te découvrir cette vérité fatale, c'est que je voulais voir si c'était de sa part un coupable caprice, ou bien si elle ne feignait de se rendre que pour m'éprouver et s'assurer que je menais sérieusement l'attaque amoureuse commencée avec ta permission. J'ai cru également que, si elle eût été ce qu'elle devait être, et ce que nous pensions tous deux, elle t'aurait déjà révélé mes poursuites. Mais, voyant qu'elle tarde à t'en faire l'aveu, je dois tenir pour sincère la promesse qu'elle m'a faite de me recevoir, la première fois que tu t'absenterais de chez toi, dans le cabinet qui te sert de garde-robe (et c'était là, en effet, que se rencontraient Camille et Lothaire). Toutefois, je ne veux pas que tu coures précipitamment tirer quelque vengeance de l'infidèle, puisque le péché n'est encore commis que par pensée, et qu'il pourrait arriver que, d'ici au moment de le commettre par action, cette pensée de Camille vînt à changer et qu'à sa place naquît le repentir; ainsi, comme jusqu'à présent tu as ponctuellement suivi mes conseils, hors en un point, suis encore un avis que je veux te donner maintenant pour que tu lèves tes doutes sans erreur possible, et que tu puisses agir en pleine connaissance de cause. Feins de t'absenter pour deux ou trois jours, comme cela t'est maintes fois arrivé, et fais en sorte de rester enfermé dans ta garde-robe, où les tapisseries et les meubles t'offriront un commode moyen de te cacher. Alors, tu verras par tes propres yeux, ainsi que moi par les miens, ce que veut Camille. Si son intention est coupable, comme c'est à craindre plus que le contraire à espérer, sans bruit, avec discrétion et sagacité, tu pourras être le vengeur de ton outrage. »

Le pauvre Anselme resta stupéfait et comme anéanti à cette confidence de Lothaire. Elle venait, en effet, le surprendre au moment où il s'y attendait le moins, car il croyait pieusement Camille victorieuse des feintes attaques de Lothaire, et commençait lui-même à goûter les joies du triomphe. Il demeura longtemps les yeux fixés à terre, immobile et silencieux; enfin il s'écria :

« Tu as agi, Lothaire, comme je l'attendais de ton amitié; en toutes choses j'ai suivi ton conseil; fais maintenant ce qui te semblera bon, et surtout garde le secret qu'exige un événement si inattendu. »

Lothaire le lui promit, et, dès qu'il se fut éloigné, il se repentit amèrement de tout ce qu'il venait de dire, voyant avec quelle impardonnable étourderie il avait agi, puisqu'il aurait pu se venger lui-même de Camille, sans prendre une voie si cruelle et si déshonorante. Il maudissait son peu de jugement, se reprochait sa précipitation, et ne savait quel moyen prendre pour défaire ce qu'il avait fait, ou trouver au moins à sa sottise une raisonnable issue. A la fin il résolut de tout révéler à Camille, et, comme les occasions ne lui manquaient pas de la voir en secret, il alla ce jour même la trouver. Dès qu'elle l'aperçut, elle lui dit :

« Sachez, ami Lothaire, que j'ai au fond du cœur un chagrin qui me le déchire et le fera quelque jour éclater dans ma poitrine. L'effronterie de Léonella en est venue à ce point que, toutes les nuits, elle fait entrer un galant dans cette maison, et le garde auprès d'elle jusqu'au jour; jugez quel danger court ma réputation, et quel champ libre aurait pour m'accuser celui qui le verrait sortir de chez moi à ces heures indues. Mais ce qui m'afflige le plus, c'est que je ne peux ni la chasser ni la réprimander; car de ce qu'elle est la confidente de notre intrigue, j'ai la bouche fermée sur la sienne, et je crains bien que cela n'amène quelque catastrophe. »

Aux premières paroles de Camille, Lothaire crut que c'était un artifice pour lui persuader que l'homme qu'il avait vu sortir était venu pour Léonella et non pour elle; mais quand il la vit pleurer, se désoler, et lui demander son secours pour la tirer d'embarras, il reconnut enfin la vérité, ce qui accrut encore son repentir et sa confusion. Cependant il répondit à Camille qu'elle cessât de s'affliger, et qu'il trouverait bien moyen de mettre ordre à l'impudence de Léonella. Ensuite il lui confia tout ce que, dans le transport d'une fureur jalouse, il avait révélé à Anselme, et le complot qu'ils avaient tramé pour que celui-ci se cachât dans sa garde-robe et pût voir clairement de quelle déloyauté sa tendresse était payée. Il lui demanda pardon de cette folie, puis conseil pour la réparer et sortir de l'inextricable labyrinthe où les avait jetés sa fatale irréflexion. Camille fut épouvantée à l'aveu que faisait Lothaire, et commença par lui reprocher, avec un tendre dépit, et sa mauvaise pensée, et la résolution plus mauvaise encore qu'elle lui avait fait prendre. Mais, comme naturellement la femme a l'esprit plus tôt prêt que l'homme pour le bien et pour le mal, esprit qui lui échappe lorsqu'elle veut réfléchir mûrement, Camille trouva sur-le-champ le moyen de remédier à une faute si irrémédiable en apparence. Elle dit à Lothaire de faire en sorte qu'Anselme se cachât le lendemain, comme ils en étaient convenus, parce qu'elle espérait tirer de cette épreuve même une facilité pour que leur amour pût désormais se satisfaire sans alarme et sans effroi. Quoiqu'elle refusât de lui révéler entièrement son dessein, elle l'avertit qu'il ne manquât pas, lorsque Anselme serait dans sa cachette, d'entrer dès que Léonella l'appellerait, et qu'il prît garde de répondre à tout ce qu'elle pourrait lui dire, comme il ferait s'il ne savait pas qu'Anselme était caché près d'eux. Lothaire la pressa vainement d'achever de lui expliquer son intention, pour qu'il pût agir avec plus de prudence et de sûreté; Camille se borna seulement à lui répéter qu'il n'avait autre chose à faire qu'à répondre aux questions qui lui seraient adressées. Elle ne voulait pas le mettre plus au courant de ce qu'elle pensait faire, dans la crainte qu'il ne refusât d'exécuter un projet qu'elle trouvait excellent, et qu'il n'en cherchât d'autres beaucoup moins profitables.

Lothaire s'éloigna; et, le lendemain, sous prétexte d'aller à la maison de campagne de son ami, Anselme partit et revint aussitôt se cacher, ce qu'il put faire aisément, Camille et Léonella lui en ayant avec adresse préparé les moyens. Anselme donc, établi dans sa cachette, avec ces angoisses qu'on peut supposer à l'homme qui va voir de ses propres yeux faire la dissection des entrailles de son honneur, se croyait sur le point de perdre le souverain bien, qu'il plaçait en sa chère Camille. Une fois que celle-ci et Léonella furent bien assurées qu'Anselme était caché, elles entrèrent toutes deux dans le cabinet, et, dès qu'elle y eut mis le pied, Camille s'écria, en laissant échapper un grand soupir :

« Hélas! amie Léonella, ne vaudrait-il pas mieux, avant que je me décide à mettre en œuvre ce que je ne veux pas te dire, de peur que tu ne m'empêches de le faire, que tu prisses cette épée d'Anselme que je t'ai demandée, pour percer le cœur infâme qui bat dans ma poitrine? Mais non, il ne serait pas juste que je portasse la peine de la faute d'autrui. Je veux d'abord savoir qu'est-ce qu'ont vu en moi les yeux effrontés de Lothaire pour lui donner l'audace de me découvrir un désir aussi coupable que celui qu'il n'a pas eu honte de me témoigner, au mépris de mon honneur et de son amitié pour Anselme. Ouvre cette fenêtre, Léonella, et donne-lui le signal : sans doute il est dans la rue, espérant bien satisfaire sa perverse intention; mais auparavant, je satisferai la mienne, cruelle autant qu'honorable.

— Ah! ma chère dame! répondit aussitôt l'habile Léonella, qui savait bien son rôle; que pensez-vous faire de cette épée? Voulez-vous, par hasard, vous tuer ou tuer Lothaire? mais l'une ou l'autre de ces extrémités doit également compromettre votre bonne réputation. Il vaut bien mieux dissimuler votre outrage, et ne pas permettre que ce méchant homme entre à présent et nous trouve seules dans la maison. Faites attention que nous sommes de faibles femmes, qu'il est homme et déterminé, et que, venant poussé par son aveugle passion, il pourrait bien, avant que vous missiez votre projet en œuvre, vous faire pis que vous ôter la vie. Maudite soit la confiance de mon seigneur Anselme, qui a laissé prendre pied dans sa maison à ce fat débauché! Mais, madame, si vous le tuez, comme je vois que vous en avez l'envie, qu'est-ce que nous ferons de lui quand il sera mort?

— Ce que nous ferons? reprit Camille; nous le laisserons là pour qu'Anselme l'enterre : car il est juste qu'il tienne à récréation la peine qu'il prendra pour ensevelir sous terre son propre déshonneur. Appelons ce traître, enfin ; tout le temps que je tarde à tirer de mon outrage une légitime vengeance, il me semble que j'offense la loyauté que je dois à mon époux. »

Anselme écoutait toute cette conversation, et chaque parole que disait Camille renversait toutes ses pensées. Mais quand il entendit qu'elle était résolue à tuer Lothaire, il voulut sortir de sa retraite et se montrer, pour l'empêcher de commettre une telle action. Toutefois il fut retenu par le désir de voir où aboutirait une résolution si énergique et si vertueuse, prêt à paraître à temps pour prévenir toute catastrophe. En cet instant, Camille parut atteinte d'un évanouissement profond, et sa camériste, l'ayant jetée sur un lit qui se trouvait là, se mit à pleurer amèrement.

« Ah! malheureuse! s'écriait-elle; est-ce que je suis destinée à voir mourir entre mes bras cette fleur de chasteté, cet exemple de vertu, ce modèle des femmes! » continuant sur le même ton, de manière à faire croire qu'elle était la plus affligée et la plus loyale des suivantes, et que sa maîtresse était une autre Pénélope.

Camille revint bientôt de sa pâmoison, et s'écria tout en ouvrant les yeux :
« Pourquoi, Léonella, ne vas-tu pas appeler le plus déloyal ami d'ami véritable que le soleil ait éclairé et que la nuit ait couvert? Cours, vole, hâte-toi, pour que le retard n'éteigne pas le feu de la colère qui m'enflamme, et que ma juste vengeance ne se passe point en menaces et en malédictions.

— Je vais l'appeler, madame, reprit Léonella; mais auparavant donnez-moi cette épée, pour qu'en mon absence vous ne fassiez pas une chose qui laisserait à pleurer toute la vie à ceux qui vous aiment.

— Sois sans crainte, amie Léonella, répondit Camille; quelque simple et quelque hardie que je te paraisse à prendre ainsi la défense de mon honneur, je ne le serai pas autant que cette Lucrèce qui se tua, dit-on, sans avoir commis aucune faute, et sans avoir tué d'abord celui qui causa son infortune. Je mourrai, si je meurs, bien vengée de celui qui m'a fait venir en ce lieu pleurer sur ses hardiesses, dont je suis si peu coupable. »

Léonella se fit encore prier avant de sortir pour appeler Lothaire; mais enfin elle quitta l'appartement; et, en attendant son retour, Camille, restée seule, disait, comme se parlant à elle-même :

« Dieu me pardonne! n'aurait-il pas été plus prudent de congédier Lothaire, comme j'ai fait tant d'autres fois, plutôt que de lui donner le droit de me tenir pour une femme légère et impudique, ne fût-ce que le temps que je dois mettre à le désabuser? Oui, ç'aurait été mieux, sans doute; mais serais-je vengée, et l'honneur de mon mari satisfait, si le traître sortait ainsi, en s'en lavant les mains, du pas où l'ont engagé ses pensées infâmes? Non; qu'il paye de sa vie l'audace de ses désirs, et que le monde apprenne, s'il doit le savoir, que non-seulement Camille a gardé la foi due à son époux, mais qu'elle l'a vengé de celui qui osait lui faire outrage. Cependant, ne vaudrait-il pas mieux tout révéler à Anselme? Mais, déjà, je lui ai bien assez clairement parlé dans la lettre qu'il a reçue à la campagne, et je crois que, s'il n'a sur-le-champ mis ordre au mal que je lui signalais, c'est que, par excès de confiance et de bonté, il n'a pu croire que le cœur de son indigne ami renfermât la moindre pensée tournée contre son honneur; moi-même je n'ai pu le croire de longtemps après, et jamais je ne l'aurais cru, si son insolence n'en fût venue au point d'éclater par les riches cadeaux, les promesses sans bornes et les larmes continuelles. Mais à quoi bon faire ces réflexions maintenant? Est-ce qu'une énergique résolution a besoin d'être si mûrement pesée? Non, certes. Eh bien donc! hors d'ici, trahison! à moi, vengeance! Vienne le traître; qu'il entre, qu'il meure, puis advienne que pourra. Pure je suis entrée au pouvoir de celui que le ciel m'a donné pour époux, et pure je dois en sortir; dussé-je le faire baigner dans mon chaste sang et dans le sang impur du plus déloyal ami qui ait jamais profané dans le monde le nom de l'amitié. »

Tandis qu'elle parlait ainsi, Camille parcourait l'appartement, l'épée nue à la main, d'un pas si brusque, et faisant des gestes si furieux, qu'elle semblait avoir perdu l'esprit et s'être changée de femme délicate en bravache désespéré.

Anselme, couvert par une tapisserie derrière laquelle il s'était blotti, voyait et entendait tout cela. Surpris, émerveillé, il lui semblait que ce qu'il avait vu et entendu était bien suffisant pour détruire des soupçons plus grands même que les siens; aussi désirait-il déjà que l'épreuve de l'arrivée de Lothaire vînt à manquer, dans la crainte de quelque fâcheux accident. Comme il se disposait à quitter sa retraite pour embrasser et désabuser son épouse, il fut retenu par le retour de Léonella, qu'il vit rentrer amenant Lothaire par la main. Aussitôt que Camille l'aperçut, elle fit avec la pointe de l'épée une grande raie devant elle sur le plancher, et lui parla de la sorte :

« Lothaire, prends bien garde à ce que je vais te dire. Si par malheur tu as l'audace de passer cette raie que tu vois à terre, ou même de t'en approcher, à l'instant je me perce le cœur avec cette épée que je tiens à la main. Avant qu'à cette injonction tu répondes une seule parole, je veux t'en dire quelques-unes, et je veux que tu m'écoutes en silence. Après, tu répondras ce qui te semblera bon. Avant tout, je veux, Lothaire, que tu me dises si tu connais Anselme, mon époux, et quelle opinion tu as de lui; puis ensuite, je veux également savoir si tu me connais, moi qui te parle. Réponds d'abord à cela sans te troubler, sans hésiter, car ce ne sont pas, j'imagine, des difficultés que je te propose à résoudre. »

Lothaire n'était pas si simple que, dès le premier instant où Camille lui avait dit de faire cacher Anselme, il n'eût compris le tour qu'elle pensait jouer. Aussi se trouva-t-il prêt à répondre à son intention avec tant d'adresse et d'à-propos qu'ils auraient pu, entre eux deux, faire passer ce mensonge pour la plus évidente vérité. Voici de quelle manière il répondit :

« Je ne pensais pas, belle Camille, que tu me ferais appeler pour m'adresser des questions si étrangères à l'intention qui m'amène ici. Si tu le fais pour éloigner encore la récompense promise à mes feux, tu aurais bien pu t'y prendre de plus loin; car le désir du bonheur me presse et me tourmente d'autant plus que l'espérance de l'atteindre est plus proche. Mais pour que tu ne dises pas que je refuse de répondre à tes questions, je réponds que je connais ton époux Anselme, que nous nous connaissons tous deux depuis notre tendre enfance; mais je ne veux rien dire de plus de notre amitié, que tu connais aussi bien que nous-mêmes, pour ne pas rendre témoignage de l'offense que l'amour me force à lui faire, l'amour, puissante excuse pour de plus grandes fautes. Je te connais également, et je regarde ta possession comme aussi précieuse qu'il la voit lui-même; s'il n'en était pas ainsi, irais-je, pour de moindres attraits que les tiens, manquer à ce que je me dois à moi-même, étant qui je suis, et trahir les saintes lois de l'amitié, aujourd'hui violées en moi et foulées aux pieds par un aussi redoutable ennemi que l'amour?

— Si c'est là ce que tu confesses, reprit Camille, mortel ennemi de tout ce qui mérite justement d'être aimé, de quel front oses-tu te montrer devant celle que tu sais bien être le miroir où se mire celui sur qui tu aurais dû porter tes regards pour voir avec quelle injustice tu l'outrages ! Mais, hélas ! malheureuse que je suis ! je me rends compte à présent de ce qui t'a fait perdre le respect que tu te dois à toi-même. Ce doit être quelque trop grande liberté de ma part, que je ne veux pas appeler indécence, puisqu'elle ne provient pas de propos délibéré, mais de ces étourderies auxquelles se laissent aller les femmes lorsqu'elles pensent n'avoir à se tenir en garde contre personne : sinon, dis-moi, traître, quand est-ce que j'ai répondu à tes prières par un mot, par un geste, qui pût éveiller en toi la moindre espérance de voir exaucer tes infâmes désirs ? Quand est-ce que tes propos d'amour n'ont pas été repoussés, réprimandés par les miens avec rigueur et dureté ? Quand est-ce que j'ai donné croyance à tes mille promesses, ou accepté tes dons séduisants ? Mais, comme je ne peux croire qu'on s'obstine longtemps dans une poursuite amoureuse sans être soutenu par quelque espoir, il faut bien que je rejette sur moi la faute de ton impertinence; sans doute quelque involontaire négligence de ma part aura soutenu si longtemps ton volontaire projet de séduction. Aussi, je veux me punir et faire tomber sur moi le châtiment que mérite ta faute. Mais, afin que tu voies qu'étant si cruelle avec moi-même, je ne peux manquer de l'être également avec toi, j'ai voulu t'amener ici pour être témoin du sacrifice que je pense faire à l'honneur offensé de mon digne époux, outragé par toi aussi profondément qu'il t'a été possible; et par moi aussi, qui n'ai pas mis assez de soin à fuir toute occasion d'éveiller et d'encourager tes criminelles intentions. C'est ce soupçon, je le répète, que quelque inadvertance de ma part a pu faire naître en toi de si odieuses pensées, qui m'afflige et me tourmente le plus; c'est lui que je veux punir de mes propres mains : car, si je cherchais un autre bourreau que moi-même, peut-être ma faute en serait-elle plus publique. Mais je n'entends pas mourir seule; je veux emmener avec moi celui dont la mort complétera ma vengeance, et qui apprendra, quelque part qu'il aille, que la justice atteint toujours la perversité. »

En achevant ces mots, Camille, avec une force et une légèreté incroyables, se précipita, l'épée nue, sur Lothaire; elle paraissait si résolue à lui percer le cœur, qu'il fut presque à douter si ces démonstrations étaient feintes ou véritables, et qu'il se vit contraint d'employer son adresse et sa force pour éviter les coups qu'elle lui portait. Camille mettait tant d'ardeur dans son étrange artifice, que, pour lui donner encore davantage la couleur de la vérité, elle voulut le teindre de son propre sang. Voyant qu'elle ne pouvait atteindre Lothaire, ou plutôt feignant qu'elle ne le pouvait point :

« Puisque le sort, s'écria-t-elle, ne veut pas que je satisfasse entièrement mon juste désir, il ne sera pas du moins assez puissant pour m'empêcher de le satisfaire à demi. »

Faisant effort pour dégager des mains de Lothaire l'épée qu'il avait saisie, elle la tourna contre elle, et la dirigeant à une place où l'arme ne pouvait entrer profondément, elle en enfonça la pointe au-dessus du sein gauche, près de l'épaule ; puis elle se laissa tomber par terre, comme sans connaissance. Lothaire et Léonella étaient également frappés de surprise et de crainte à la vue d'une telle aventure, et ne savaient qu'en croire, lorsqu'ils virent Camille étendue à terre, baignée dans son sang. Hors de lui, sans haleine, Lothaire se précipita pour arracher l'épée ; mais quand il vit combien la blessure était légère, il perdit tout effroi, et admira de nouveau l'adresse et la sagacité de la belle Camille. Du reste, pour remplir également son rôle, il se mit à faire une longue et triste lamentation sur le corps de Camille, comme si elle fût trépassée, s'accablant de malédictions, et non-seulement lui, mais encore celui qui était la première cause de la catastrophe. Et comme il savait que son ami Anselme était à l'écouter, il disait de telles choses, que quiconque les aurait entendues aurait eu plus pitié de lui que de Camille, même la croyant morte. Léonella, qui la prit dans ses bras, la posa sur le lit, en suppliant Lothaire d'aller chercher quelqu'un pour la panser en secret. Elle lui demandait aussi conseil sur ce qu'il fallait dire à son maître de la blessure de sa maîtresse, s'il était de retour avant qu'elle fût guérie. Lothaire lui répondit de dire tout ce qu'il lui plairait, car il n'était guère en état de donner un conseil profitable ; il ajouta seulement qu'elle essayât d'arrêter le sang qui coulait, et que, pour lui, il allait où personne ne pourrait le voir. Alors, avec de grands témoignages de douleur, il quitta précipitamment la maison. Dès qu'il se vit seul, et que personne ne put l'apercevoir, il se mit à faire des signes de croix par douzaines, émerveillé qu'il était de l'adresse de Camille et du jeu parfait de Léonella. Il considérait combien Anselme devait être persuadé qu'il avait pour femme une seconde Porcia, et brûlait de le trouver pour célébrer avec lui la vérité la mieux dissimulée et le mensonge le mieux ourdi que jamais on pût imaginer.

Léonella, cependant, étanchait le sang de sa maîtresse, qui n'avait coulé que justement assez pour donner crédit à sa ruse. Après avoir lavé la blessure avec un peu de vin, elle la banda le mieux qu'elle put, en répétant de tels propos, tant que dura le pansement, qu'ils auraient suffi, sans que d'autres les eussent précédés, pour faire croire à Anselme qu'il possédait dans Camille l'image vivante de la vertu. Aux paroles de Léonella vinrent se joindre celles de Camille, qui s'accusait de lâcheté, puisqu'elle avait manqué de cœur au moment où il lui était le plus nécessaire d'en avoir pour s'ôter une vie qu'elle avait en horreur. Elle demandait conseil à sa suivante pour savoir s'il fallait ou non révéler toute l'aventure à son cher époux ; mais Léonella lui dit de s'en bien garder, parce qu'elle le mettrait dans l'obligation de se venger de Lothaire, ce qu'il ne pouvait faire qu'au péril de sa vie ; et que la bonne épouse, loin de donner à son mari des occasions de querelle, doit l'en préserver autant qu'elle le peut. Camille répondit que cet avis lui semblait bon, et qu'elle le suivrait ; mais qu'il fallait, en tout cas, chercher que dire à Anselme sur la cause de cette blessure qu'il ne pouvait man-

ELLE SE LAISSA TOMBER PAR TERRE, COMME SANS CONNAISSANCE. — T. I, CH. XXXIV.

quer de voir. A cela Léonella répondit que, même à bonne intention, elle ne savait pas mentir.

« Et moi, s'écria Camille, le sais-je davantage? Je n'oserais pas forger ni soutenir un mensonge, quand il s'agirait de ma vie. Si nous ne savons trouver une issue à ces embarras, il vaut mieux lui dire la vérité toute nue que de nous laisser prendre en délit de mensonge.

— Allons, madame, reprit Léonella, ne vous affligez pas ainsi; d'ici à demain je penserai à ce qu'il convient de lui dire : peut-être, à cause de la place où elle est, pourrons-nous cacher la blessure sans qu'il l'aperçoive, et le ciel daignera favoriser nos honnêtes desseins. Calmez-vous, madame, et tâchez de vous remettre, afin que mon seigneur ne vous retrouve pas dans cette agitation. Pour le reste, laissez-le à mes soins et à la bonté de Dieu, qui vient toujours en aide aux bonnes intentions. »

Anselme, comme on le pense bien, avait mis une attention extrême à entendre et à voir représenter la tragédie de la mort de son honneur, tragédie dont les personnages avaient joué leurs rôles avec tant de naturel et de vérité, qu'on aurait dit qu'ils s'étaient transformés réellement en ce qu'ils feignaient d'être. Il attendait impatiemment la nuit, afin de trouver l'occasion de quitter sa retraite et d'aller visiter Lothaire, son excellent ami, pour qu'ils pussent se féliciter mutuellement de la pierre précieuse qu'il avait trouvée dans l'épreuve de la vertu de sa femme. Les deux comédiennes ne manquèrent pas de lui offrir un moyen commode de s'échapper, et lui, saisissant l'occasion, courut aussitôt à la demeure de Lothaire; il le trouva chez lui, et l'on ne saurait convenablement raconter et les embrassements qu'il lui donna, et les choses qu'il dit sur son bonheur, et les louanges dont il accabla Camille. Lothaire écoutait tout cela sans pouvoir donner aucun signe de joie, car sa conscience lui représentait dans quelle erreur était son ami, et lui reprochait de l'avoir offensé. Anselme voyait bien que Lothaire ne répondait point à son allégresse; mais il attribuait cette froideur à ce que son ami avait laissé Camille grièvement blessée, et qu'il était la cause de son mal. Aussi, parmi tous ces propos, il lui dit de n'avoir aucune inquiétude sur l'accident de Camille, et que sa blessure sans doute était légère, puisqu'elle était convenue avec sa suivante de la lui cacher.

« Ainsi donc, ajouta-t-il, n'aie rien à craindre sur ce point; il ne te reste plus qu'à te réjouir avec moi, puisque c'est par ton entremise et ton adresse que je me vois élevé au comble de la plus haute félicité dont j'aie pu concevoir le désir. Je veux désormais que tous mes passe-temps ne soient plus occupés qu'à faire des vers à la louange de Camille, pour lui donner une éternelle renommée dans la mémoire des siècles à venir. »

Lothaire loua beaucoup l'heureuse détermination de son ami, et lui promit de l'aider, pour sa part, à construire cet illustre édifice à la gloire de sa femme.

Après cette aventure, Anselme resta le mari le plus délicieusement trompé qu'on pût rencontrer dans le monde; lui-même conduisait par la main à sa maison, croyant y mener l'instrument de sa gloire, celui qui était l'instrument de son déshonneur, et Camille recevait celui-ci avec un visage courroucé, mais avec une âme riante et gracieuse. Cette supercherie réussit encore quelque temps ; enfin, au bout de peu de mois, la fortune tourna sa roue ; l'infamie, jusque-là si bien dissimulée, parut au grand jour, et Anselme paya de sa vie son imprudente curiosité.

CHAPITRE XXXV.

QUI TRAITE DE L'EFFROYABLE BATAILLE QUE LIVRA DON QUICHOTTE A DES OUTRES
DE VIN ROUGE, ET OÙ SE TERMINE LA NOUVELLE DU *CURIEUX MALAVISÉ*.

Il ne restait que peu de pages à lire de la nouvelle, lorsque tout à coup, du galetas où couchait don Quichotte, Sancho Panza sortit tout effaré, en criant à pleine gorge :

« Au secours, seigneurs, au secours! venez à l'aide de mon seigneur, qui est engagé dans la plus formidable et la plus sanglante bataille que mes yeux aient jamais vue. Vive Dieu! il a porté un tel revers au géant ennemi de madame la princesse Micomicona, qu'il lui a tranché la tête à rasibus des épaules, comme si c'eût été un navet.

— Que dites-vous là, frère? s'écria le curé, interrompant sa lecture. Avez-vous perdu l'esprit? comment diable serait-ce possible, puisque le géant est à plus de deux mille lieues d'ici? »

En ce moment, un grand bruit se fit entendre dans le taudis de don Quichotte, et sa voix par-dessus le bruit.

« Arrête, larron! s'écriait-il; arrête, félon, bandit, détrousseur de passants; je te tiens ici, et ton cimeterre ne te sera bon à rien. »

Puis on entendait résonner les coups d'épée qui tombaient sur les murailles.

« Il ne s'agit pas, reprit Sancho, de rester là les bras croisés et l'oreille au guet; entrez bien vite séparer les combattants, ou secourir mon maître; encore n'en est-il pas grand besoin, et sans doute le géant est mort à l'heure qu'il est, et rend compte à Dieu de sa mauvaise vie passée : car j'ai vu le sang couler par terre, et la tête coupée qui roulait dans un coin, grosse, par ma foi, comme une grosse outre de vin.

— Que je sois pendu, s'écria aussitôt l'hôtelier, si don Quichotte ou don diable n'a donné quelque coup d'estoc au travers d'une des outres de vin rouge qui sont rangées toutes pleines à la tête de son lit! et c'est le vin qui en coule que ce bonhomme aura pris pour du sang. »

Tout en disant cela, l'hôte courait au galetas, où le suivit toute la compagnie; et ils y trouvèrent don Quichotte dans le plus étrange accoutrement du monde. Il n'avait que sa chemise, dont les pans n'étaient pas assez longs pour lui couvrir les cuisses plus qu'à la moitié par devant, tandis que, par derrière, elle avait six doigts de moins. Ses jambes étaient longues, sèches, velues, et de propreté douteuse; il portait sur la tête un petit bonnet de couleur rouge, qui avait longtemps ramassé la graisse sur celle de l'hôtelier; à son bras gauche était roulée cette couverture de lit à laquelle Sancho gardait rancune, pour des raisons à lui connues, et de la main droite il tenait une épée nue, avec laquelle il s'en allait frappant de tous côtés d'estoc et de taille, tout en prononçant des paroles, comme s'il eût réellement combattu quelque géant ennemi. Le bon de l'affaire, c'est qu'il avait les yeux fermés, car il dormait, et c'était en dormant qu'il livrait bataille au géant. Son imagination avait été tellement frappée de l'aventure qu'il allait entreprendre, qu'elle lui fit rêver qu'il était arrivé au royaume de Micomicon, et qu'il se mesurait avec son ennemi. Aussi avait-il donné tant de coups d'épée dans les outres, croyant frapper le géant, que toute la chambre était pleine de vin.

Quand l'hôtelier vit ce dégât, il entra dans une telle fureur, qu'il se jeta sur don Quichotte, les poings fermés, et commença à son tour à lui donner tant de gourmades que, si Cardénio et le curé ne le lui eussent ôté des mains, il mettait fin à la guerre du géant. Et cependant, malgré cette pluie de coups, le pauvre chevalier ne se réveillait pas. Il fallut que le barbier apportât du puits un grand chaudron d'eau froide, qu'il lui lança d'un seul jet sur le corps. Alors don Quichotte s'éveilla, mais non toutefois si complétement qu'il s'aperçût de l'état où il était. Dorothée, qui le vit si légèrement et si court vêtu, ne voulut point entrer pour assister à la bataille entre son défenseur et son ennemi. Quant à Sancho, il marchait à quatre pattes, cherchant dans tous les coins la tête du géant, et comme il ne la trouvait pas :

« Je savais déjà bien, s'écria-t-il, que dans cette maudite maison tout est enchantement; l'autre fois, au même endroit où je me trouve à présent, on m'a roué de coups de poing et de coups de pied, sans que j'aie su qui me les donnait, et sans que j'aie pu voir personne; et voilà que maintenant cette tête ne paraît pas, moi qui l'ai vu couper de mes propres yeux, si bien que le sang coulait du corps comme d'une fontaine.

— De quel sang et de quelle fontaine parles-tu, ennemi de Dieu et des saints? s'écria l'hôtelier; ne vois-tu pas, larron, que le sang et la fontaine ne sont autre chose que ces outres criblées de trous et le vin rouge qui nage dans la chambre? Puissé-je voir nager dans l'enfer l'âme de celui qui les a crevées!

— Je n'y entends plus rien, répondit Sancho; tout ce que je sais, c'est que, faute de trouver cette tête, mon comté va se fondre comme le sel dans l'eau. »

Sancho était pire, éveillé, que son maître dormant, tant les promesses de don Quichotte lui avaient troublé la cervelle.

L'hôtelier se désespérait en voyant le sang-froid de l'écuyer après les dégâts du seigneur; il jurait bien qu'il n'en serait pas de cette fois-ci comme de l'autre, où ils étaient partis sans payer l'écot, et que maintenant les priviléges de leur chevalerie ne leur serviraient à rien pour se dispenser de payer le tout à la fois, même les coutures et les rapiéçages qu'il faudrait faire aux peaux de bouc. Le curé tenait par la main don Quichotte, lequel, croyant qu'il avait achevé l'aventure et qu'il se trouvait en présence de la princesse Micomicona, se mit à genoux devant le curé, et lui dit :

« De ce jour, Votre Grandeur, haute et charmante dame, peut vivre en sécurité, sans craindre aucun mal de cette créature mal née, et de ce jour aussi je suis quitte de la parole que je vous donnai, puisque, avec l'aide de Dieu et la faveur de celle pour qui je vis et respire, je l'ai si heureusement accomplie.

— Ne l'avais-je pas dit? s'écria Sancho, dès qu'il entendit ces paroles. Hein! j'étais ivre peut-être? Voyez! est-ce que mon maître n'a pas mis le géant dans le sel? Pardieu, l'enfant est au monde, et mon comté dans son moule. »

Qui n'aurait éclaté de rire à toutes les extravagances de cette paire de fous, maître et valet? Aussi tout le monde riait, sauf l'hôtelier, qui se donnait au diable. A la fin, tant firent le barbier, le curé et Cardénio, qu'ils parvinrent, non sans grand travail, à remettre en son lit don Quichotte, qui se rendormit aussitôt, comme un homme accablé de fatigue. Ils le laissèrent dormir, et revinrent sous le portail de l'hôtellerie consoler Sancho Panza de ce qu'il n'avait pas trouvé la tête du géant. Mais ils eurent plus de peine encore à calmer l'hôte, désespéré de la mort subite de ses outres. L'hôtesse disait aussi, criant et gesticulant :

« A la male heure est entré chez moi ce maudit chevalier errant, qui me coûte si cher. L'autre fois, il s'en est allé emportant la dépense d'une nuit, souper, lit, paille et orge, pour lui, son écuyer, un bidet et un âne, disant qu'il était chevalier aventurier (Dieu lui donne mauvaise aventure, à lui et à tous les aventuriers qui soient au monde!), qu'ainsi il n'était tenu à rien payer, parce que c'est écrit dans les tarifs de sa chevalerie errante. Et voilà maintenant qu'à propos de lui, cet autre beau monsieur vient, qui m'emporte ma queue, et me

ɪ — 74

la rend diminuée de moitié, toute pelée qu'elle est, et qui ne peut plus servir à ce qu'en faisait mon mari. Puis, pour couronner l'œuvre, il me crève mes outres et me répand mon vin. Que ne vois-je aussi répandre son sang! Mais, par les os de mon père et l'éternité de ma grand'mère! qu'il ne pense pas s'en aller cette fois sans me payer tout ce qu'il doit, un denier sur l'autre, ou, pardieu, je ne m'appellerais pas comme je m'appelle, et je ne serais pas fille de qui m'a mis au monde. »

A ces propos, que débitait l'hôtesse avec emportement, sa bonne servante Maritornes faisait l'écho; la fille seule ne disait rien, et souriait de temps en temps.

Enfin, le curé calma cette tempête en promettant de rembourser tout le dégât, tant des outres crevées que du vin répandu, et surtout le déchet de la queue, dont l'hôtesse faisait si grand bruit. Dorothée consola Sancho Panza, en lui disant que, puisqu'il paraissait vrai que son maître avait coupé la tête au géant, elle lui promettait de lui donner, dès qu'elle se verrait pacifiquement rétablie dans son royaume, le meilleur comté qui s'y trouvât. Cette promesse consola Sancho, qui supplia la princesse de tenir pour certain qu'il avait vu la tête du géant, à telles enseignes qu'elle avait une barbe qui lui descendait jusqu'à la ceinture, et que, si on ne la retrouvait pas, c'est que tout se faisait dans cette maison par voie d'enchantement, comme il en avait fait l'épreuve à ses dépens la dernière fois qu'il y avait logé. Dorothée répondit qu'elle n'avait pas de peine à le croire : qu'il cessât donc de s'affliger, et que tout s'arrangerait à bouche que veux-tu.

La paix rétablie et tout le monde content, le curé voulut achever le peu qui restait à lire de la nouvelle. C'est ce que lui demandèrent Cardénio, Dorothée et le reste de la compagnie. Voulant donc leur faire plaisir, et satisfaire aussi celui qu'il trouvait à cette lecture, il continua l'histoire en ces termes :

Ce qui arriva de l'aventure, c'est qu'Anselme, rassuré désormais sur la vertu de sa femme, passait une vie heureuse et tranquille. Camille faisait avec intention mauvaise mine à Lothaire, afin qu'Anselme comprît au rebours les sentiments qu'elle lui portait; et, pour accréditer la ruse de sa complice, Lothaire pria son ami de trouver bon qu'il ne revînt plus chez elle, parce qu'il voyait clairement le déplaisir qu'éprouvait Camille à sa vue. Mais, toujours dupe, Anselme ne voulut aucunement y consentir, se faisant ainsi de mille façons l'artisan de son déshonneur, tandis qu'il croyait l'être de sa félicité. Cependant Léonella, dans la joie que lui donnaient ses amours de qualité, s'y livrait chaque jour avec moins de mesure, confiante en sa maîtresse, qui fermait les yeux sur ses déportements, et prêtait même la main à cette intrigue. Une nuit enfin, Anselme entendit marcher dans la chambre de Léonella, et, voulant entrer pour savoir qui faisait ce bruit, il s'aperçut qu'on retenait la porte. Irrité de cette résistance, il fit tant d'efforts qu'il parvint à ouvrir, et il entra justement lorsqu'un homme sautait par la fenêtre dans la rue. Anselme s'élança pour le saisir, ou du moins le reconnaître; mais il en fut empêché par Léonella, qui, se jetant au-devant de lui, le tenait embrassé.

« Calmez-vous, mon seigneur, disait-elle, ne faites pas de bruit, et ne suivez pas celui qui vient de s'échapper. Il me touche de près, et de si près que c'est mon époux. »

Anselme ne voulut pas croire à cette défaite : au contraire, transporté de fureur, il tira sa dague, et fit mine d'en frapper Léonella, en lui disant que, si elle ne déclarait la vérité, il la tuait sur la place. L'autre, épouvantée, et ne sachant ce qu'elle disait :

« Oh! ne me tuez pas, seigneur, s'écria-t-elle; je vous dirai des choses plus importantes que vous ne pouvez l'imaginer.

— Dis-les sur-le-champ, répondit Anselme, ou sinon tu es morte.

— A présent, ce serait impossible, reprit Léonella, tant je suis troublée. Mais laissez-moi jusqu'à demain, et je vous apprendrai des choses qui vous étonneront. Et soyez assuré que celui qui a sauté par la fenêtre est un jeune homme de la ville qui m'a donné parole d'être mon mari. »

Ce peu de mots apaisèrent Anselme, qui voulut bien accorder le délai que demandait Léonella, ne pensant guère entendre des révélations contre Camille, dont il ne pouvait plus suspecter la vertu. Il quitta la chambre, où il laissa Léonella bien enfermée sous clef, après lui avoir dit qu'elle n'en sortirait plus qu'il n'eût reçu les confidences qu'elle avait à lui faire. Puis il se rendit en toute hâte auprès de Camille, pour lui conter tout ce qui venait de lui arriver avec sa camériste, ajoutant qu'elle lui avait donné sa parole de lui révéler des choses de grande importance. Si Camille fut ou non troublée à ce coup inattendu, il est superflu de le dire. L'épouvante qu'elle ressentit fut telle, en s'imaginant, comme c'était à croire, que Léonella découvrirait à Anselme tout ce qu'elle savait de sa trahison, qu'elle ne se sentit pas même assez de courage pour attendre que ce soupçon fût confirmé. Cette même nuit, dès qu'elle crut qu'Anselme dormait, elle rassembla ses bijoux les plus précieux, prit quelque argent, puis, sans être entendue de personne, elle sortit de la maison, et courut chez Lothaire. Arrivée là, elle lui conta ce qui venait de se passer, et lui demanda de la mettre en lieu sûr, ou de partir avec elle pour échapper tous deux au courroux d'Anselme. La confusion où la visite de Camille jeta Lothaire fut si grande qu'il ne savait que lui répondre, ni moins encore quel parti prendre. Enfin il proposa de conduire Camille dans un couvent dont sa sœur était abbesse. Camille y consentit, et Lothaire, avec toute la célérité qu'exigeait la circonstance, conduisit sa complice à ce couvent, où il la laissa. Quant à lui, il s'éloigna sur-le-champ de la ville, sans avertir personne de son départ.

Dès que le jour parut, Anselme, sans s'apercevoir que Camille n'était plus à ses côtés, se leva, pressé par le désir d'apprendre ce qu'avait à lui confier Léonella, et courut à la chambre où il l'avait enfermée. Il ouvrit, entra, mais ne trouva plus la camériste; seulement des draps de lit noués à la fenêtre lui apprirent qu'elle s'était échappée par ce chemin. Il revint tristement raconter à Camille sa mésaventure; mais, ne la trouvant plus, ni dans le lit ni dans toute la maison, il resta stupéfait, anéanti. Vainement il questionna tous les gens de la maison, personne ne put lui donner de ses nouvelles. Tandis qu'il cherchait Camille de chambre en chambre, le hasard fit qu'il s'aperçut que ses coffres étaient ouverts, et que la plupart de ses bijoux ne s'y trouvaient plus. Alors la fatale vérité lui apparut tout entière, et ce ne fut plus Léonella qu'il accusa de son infortune. Sans achever même de se vêtir, il courut, triste et pensif, confier ses chagrins à son ami Lothaire; mais, ne le trouvant pas, et apprenant de ses domestiques qu'il était parti dans la nuit avec tout l'argent qu'il possédait, Anselme pensa perdre l'esprit. Pour achever de le rendre fou, lorsqu'il revint chez lui, il ne trouva plus aucun des valets et des servantes qu'il y avait laissés : la maison était abandonnée et déserte. Pour le coup, il ne sut plus que penser, ni que dire, ni que faire ; et peu à peu il sentait sa tête s'en aller. Il contemplait sa situation, et se voyait, en un instant, sans femme, sans ami, sans domestiques, abandonné du ciel et de la nature entière, et par-dessus tout déshonoré ; car, dans la fuite de Camille, il vit bien sa perdition. Enfin, après une longue incertitude, il résolut d'aller à la maison de campagne de cet ami chez lequel il avait passé le temps que lui-même avait donné pour la machination de son infortune. Il ferma les portes de sa maison, monta à cheval, et se mit en route, pouvant à peine respirer. Mais il n'eut pas fait la moitié du chemin, qu'assailli et vaincu par ses tristes pensées, force lui fut de mettre pied à terre et d'attacher son cheval à un arbre, au pied duquel il se laissa tomber, en poussant de plaintifs et douloureux soupirs. Il resta là jusqu'à la chute du jour. Alors vint à passer un homme à cheval qui venait de la ville, et, après l'avoir salué, Anselme lui demanda quelles nouvelles on disait à Florence.

« Les plus étranges, répondit le passant, qu'on y ait depuis longtemps entendues. On dit publiquement que Lothaire, cet intime ami d'Anselme le riche, qui demeure auprès de Saint-Jean, a enlevé cette nuit Camille, la femme d'Anselme, et que celui-ci a également disparu. C'est ce qu'a raconté une servante de Camille, que le gouverneur a trouvée hier soir se glissant avec des draps de lit d'une fenêtre de la maison d'Anselme. Je ne sais pas exactement comment s'est passée l'affaire ; mais je sais bien que toute la ville est étonnée d'un tel événement, car on ne pouvait guère l'attendre de l'étroite amitié qui unissait Anselme et Lothaire, si grande qu'on les appelait, dit-on, *les deux amis*.

— Savez-vous par hasard, demanda Anselme, quel chemin ont pris Lothaire et Camille ?

— Pas le moins du monde, répondit le Florentin, bien que le gouverneur ait mis toute la diligence possible à découvrir leurs traces.

— Allez avec Dieu, seigneur, reprit Anselme.

— Restez avec lui, » répliqua le passant ; et il piqua des deux.

A de si terribles nouvelles, le pauvre Anselme fut sur le point de perdre, non-seulement l'esprit, mais encore la vie. Il se leva comme il put, et se traîna jusqu'à la maison de son ami, qui ne savait point encore son malheur. Quand celui-ci le vit arriver pâle, effaré, tremblant, il le crut atteint de quelque mal dangereux. Anselme aussitôt pria qu'on le mit au lit, et qu'on lui donnât de quoi écrire. On s'empressa de faire ce qu'il demandait; puis on le laissa couché et seul en sa chambre, dont il avait même exigé qu'on fermât les portes. Dès qu'il se vit seul, la pensée de son infortune l'accabla de telle sorte, qu'il reconnut clairement, aux angoisses mortelles qui brisaient son cœur, que la vie allait lui échapper. Voulant laisser une explication de sa mort prématurée, il se hâta de prendre la plume; mais avant d'avoir écrit tout ce qu'il voulait, le souffle lui manqua, et il expira sous les coups de la douleur que lui avait causée son imprudente curiosité.

Le lendemain, voyant qu'il était tard, et qu'Anselme n'appelait point, le maître de la maison se décida à entrer dans sa chambre, pour savoir si son indisposition continuait. Il le trouva étendu sans mouvement, la moitié du corps dans le lit, et l'autre moitié sur le bureau, ayant devant lui un papier ouvert, et tenant encore à la main la plume avec laquelle il avait écrit. Son hôte s'approcha, l'appela d'abord, et, ne recevant point de réponse, le prit par la main, qu'il trouva froide, et reconnut enfin qu'il était mort. Surpris et désespéré, il appela les gens de sa maison pour qu'ils fussent témoins de la catastrophe. Finalement, il lut le papier, qu'il reconnut bien être écrit de la main d'Anselme, et qui contenait ce peu de mots :

« Un sot et impertinent désir m'ôte la vie. Si la nouvelle de ma mort arrive aux oreilles de Camille, qu'elle sache que je lui pardonne : elle n'était pas tenue de faire un miracle, et je ne devais pas exiger qu'elle le fît. Ainsi, puisque j'ai été moi-même l'artisan de mon déshonneur, il ne serait pas juste.... »

Anselme n'en avait pas écrit davantage, ce qui fit voir qu'en cet endroit, sans pouvoir terminer sa phrase, il avait terminé sa vie. Le lendemain, son ami informa de sa mort les parents d'Anselme, lesquels savaient déjà son infortune; ils connaissaient aussi le monastère où Camille était près de suivre son mari dans l'inévitable voyage, par suite des nouvelles qu'elle avait reçues, non de l'époux mort, mais de l'ami absent. On dit que, bien que veuve, elle ne voulut pas quitter le monastère, mais qu'elle ne voulut pas davantage y faire ses vœux, jusqu'à ce que, peu de temps après, elle eut appris que Lothaire avait été tué dans une bataille que livra M. de Lautrec au grand capitaine Gonzalve de Cordoue[1], dans le royaume de Naples, où s'était rendu l'ami trop tard repentant. A cette nouvelle, Camille se fit religieuse, et termina bientôt sa vie dans les regrets et les larmes. Telle fut la fin déplorable qu'eut pour tous trois un commencement insensé.

« Cette nouvelle, dit le curé, ne me semble pas mal; mais je ne puis me persuader qu'elle ait un fond véritable. Si c'est une invention, l'auteur a mal inventé, car on ne peut croire qu'il se trouve un mari assez sot pour faire une aussi périlleuse expérience que celle d'Anselme. Que l'aventure ait été supposée entre un galant et sa belle, passe encore; mais entre mari et femme, elle a quelque chose d'impossible; quant à la façon de la raconter, je n'en suis pas mécontent. »

CHAPITRE XXXVI.

QUI TRAITE D'AUTRES ÉTRANGES AVENTURES, ARRIVÉES DANS L'HÔTELLERIE.

En ce moment, l'hôtelier, qui était sur e seuil de sa porte, s'écria :
« Vive Dieu! voici venir une belle troupe d'hôtes; s'ils s'arrêtent ici, nous aurons du *gaudeamus*.
— Quels sont ces voyageurs? demanda Cardénio.
— Ce sont, répondit l'hôtelier, quatre hommes montés à cheval à l'écuyère, avec des lances et des boucliers, et portant tous quatre des masques noirs[1]; au milieu d'eux se trouve une dame vêtue de blanc, assise sur une selle en fauteuil, et le visage pareillement masqué; puis deux valets de pied par derrière.
— Et sont-ils bien près? demanda le curé.
— Si près, répondit l'hôtelier, qu'ils arrivent à la porte. »
Quand Dorothée entendit cela, elle se couvrit aussitôt le visage, et Cardénio s'empressa d'entrer dans la chambre où dormait don Quichotte. A peine avaient-ils eu le temps de prendre l'un et l'autre ces précautions, que toute la troupe qu'avait annoncée l'hôtelier entra dans l'hôtellerie. Les quatre cavaliers, gens de bonne mine et de riche apparence, ayant mis pied à terre, allèrent descendre la dame de la selle où elle était assise, et l'un d'eux, la prenant dans ses bras, la porta sur une chaise qui se trouvait à l'entrée de la chambre où Cardénio s'était caché.

Pendant tout ce temps, ni elle ni eux n'avaient quitté leurs masques, ni prononcé le moindre mot; seulement, lorsqu'on la posa sur sa chaise, la dame, poussant un profond soupir, laissa tomber ses bras, comme une personne malade et défaillante. Les valets de pied menèrent les chevaux à l'écurie. A la vue de ce qui se passait, le curé, désireux de savoir quels étaient ces gens qui gardaient si soigneusement le silence et l'incognito, s'en alla trouver les valets de pied, et questionna l'un d'eux sur ce qu'il avait envie de savoir.

« Pardine, seigneur, répondit celui-ci, je serais bien embarrassé de vous dire qui sont ces cavaliers; seulement ça m'a l'air de gens de distinction, principalement celui qui est venu prendre dans ses bras cette dame que vous avez vue, et si je le dis, c'est parce que tous les autres lui portent respect, et ne font rien que ce qu'il ordonne.

— Et la dame, qui est-elle? demanda le curé.

— Je ne vous le dirai pas davantage, répondit le valet; car, en toute la route, je ne lui ai pas vu un coin de la figure. Pour ce qui est de soupirer, oh! ça, je l'ai entendue bien des fois, et pousser des gémissements si tristes, qu'on dirait qu'avec chacun d'eux elle veut rendre l'âme. Mais il n'est pas étonnant que nous n'en sachions, mon camarade et moi, pas plus long que je ne vous en dis, car il n'y a pas plus de deux jours que nous les accompagnons. Ils nous ont rencontrés sur le chemin, et nous ont priés et persuadés de les suivre jusqu'en Andalousie, en nous promettant de nous bien payer.

— Avez-vous entendu nommer quelqu'un d'entre eux? demanda le curé.

— Non, par ma foi, répondit l'autre; ils cheminent tous en si grand silence, qu'on dirait qu'ils en ont fait vœu. On n'entend rien autre chose que les soupirs et les sanglots de cette pauvre dame, que c'est à vous fendre le cœur, et nous croyons sans aucun doute qu'elle va contre son gré et par violence, en quelque part qu'on la mène. Autant qu'on peut en juger par sa robe monastique, elle est religieuse, ou va bientôt le devenir, ce qui est le plus probable, et peut-être est-elle triste parce qu'elle n'a pas de goût pour le couvent.

— Tout cela peut bien être, » reprit le curé; et, quittant l'écurie, il revint trouver Dorothée.

Celle-ci, dès qu'elle eut entendu soupirer la dame voilée, émue de la compassion naturelle à son sexe, s'approcha d'elle et lui dit :

« Qu'avez-vous, madame? quel mal sentez-vous? Si c'était quelqu'un de ceux que les femmes ont l'habitude et l'expérience de soigner, je me mets de bien grand cœur à votre service. »

A tout cela, la plaintive dame se taisait et ne répondait mot, et, bien que Dorothée renouvelât ses offres avec plus d'empressement, elle continuait de garder le silence. Enfin, le cavalier masqué, auquel, d'après le dire du valet de pied, obéissaient tous les autres, revint auprès d'elle, et dit à Dorothée :

« Ne perdez pas votre temps, madame, à faire des offres de service à cette femme : elle est habituée à n'avoir nulle reconnaissance de ce qu'on fait pour elle, et n'essayez pas davantage d'obtenir d'elle une réponse, à moins que vous ne vouliez entendre sortir de sa bouche un mensonge.

— Jamais je n'en ai dit, s'écria vivement celle qui s'était tue jusqu'alors ; au contraire, c'est pour avoir été trop sincère, trop ennemie de tout artifice, que je me vois aujourd'hui si cruellement malheureuse ; et s'il faut en prendre quelqu'un à témoin, je veux vous choisir vous-même, puisque c'est mon pur amour de la vérité qui vous a rendu, vous, faux et menteur. »

Cardénio entendit clairement et distinctement ces propos, car il était si près de celle qui venait de parler, que la seule porte de la chambre de don Quichotte les séparait. Aussitôt jetant un cri perçant :

« O mon Dieu ! s'écria-t-il, que viens-je d'entendre ? quelle est cette voix qui a frappé mon oreille ? »

A ces cris, la dame tourna la tête, pleine de surprise et de trouble ; et, ne voyant personne, elle se leva pour entrer dans la chambre voisine ; mais le cavalier, qui épiait ses mouvements, l'arrêta sans lui laisser faire un pas de plus. Dans son agitation, elle fit tomber le masque de taffetas qui lui cachait la figure, et découvrit une incomparable beauté, un visage céleste, bien que décoloré et presque hagard, car ses yeux se portaient tour à tour et sans relâche sur tous les endroits où sa vue pouvait atteindre. Elle avait le regard si inquiet, si troublé, qu'elle semblait privée de raison, et ces signes de folie, quoiqu'on en ignorât la cause, excitèrent la pitié dans l'âme de Dorothée et de tous ceux qui la regardaient. Le cavalier la tenait fortement des deux mains par les épaules, et, tout occupé de la retenir, il ne put relever son masque, qui se détachait et finit par tomber entièrement. Levant alors les yeux, Dorothée, qui soutenait la dame dans ses bras, vit que celui qui la tenait également embrassée était son époux don Fernand. Dès qu'elle l'eut reconnu, poussant du fond de ses entrailles un long et douloureux soupir, elle se laissa tomber à la renverse, complètement évanouie ; et, si le barbier ne se fût trouvé près d'elle pour la retenir dans ses bras, elle aurait frappé la terre. Le curé, accourant aussitôt, lui ôta son voile pour lui jeter de l'eau sur le visage ; don Fernand la reconnut alors, car c'était bien lui qui tenait l'autre femme embrassée, et il resta comme mort à cette vue. Cependant il ne lâchait point prise, et continuait à retenir Luscinde (c'était elle qui s'efforçait de s'échapper de ses bras), laquelle avait reconnu Cardénio à ses cris, lorsqu'il la reconnaissait lui-même. Cardénio entendit aussi le gémissement que poussa Dorothée en tombant évanouie ; et, croyant que c'était sa Luscinde, il s'élança de la chambre tout hors de lui. La première chose qu'il vit fut don Fernand, qui tenait encore Luscinde embrassée. Don Fernand reconnut aussi sur-le-champ Cardénio, et tous quatre restèrent muets de surprise, ne pouvant comprendre ce qui leur arrivait. Tous se taisaient, et tous se regardaient : Dorothée avait les yeux sur don Fernand, don Fernand sur Cardénio, Cardénio sur Luscinde, et Luscinde sur Cardénio. La première personne qui rompit le silence fut Luscinde, laquelle, s'adressant à don Fernand, lui parla de la sorte :

« Laissez-moi, seigneur don Fernand, au nom de ce que vous devez à ce que vous êtes, si nul autre motif ne vous y décide ; laissez-moi retourner au chêne dont je suis le lierre, à celui duquel n'ont pu me séparer vos importunités, vos menaces, vos promesses et vos dons. Voyez par quels chemins étranges, et pour nous inconnus, le ciel m'a ramenée devant mon véritable époux. Vous savez déjà, par mille épreuves pénibles, que la mort seule aurait la puissance de l'effacer de ma mémoire. Eh bien! que vos illusions si clairement détruites changent votre amour en haine, votre bienveillance en fureur. Otez-moi la vie ; pourvu que je rende le dernier soupir aux yeux de mon époux bien-aimé, je tiendrai ma mort pour heureuse et bien employée. Peut-être y verra-t-il la preuve de la fidélité que je lui ai gardée jusqu'au dernier souffle de ma vie. »

Dorothée, cependant, ayant repris connaissance, avait entendu ces paroles de Luscinde, dont le sens lui avait fait deviner qui elle était. Voyant que don Fernand ne la laissait pas échapper de ses bras et ne répondait rien à de si touchantes prières, elle fit un effort, se leva, alla se jeter à genoux devant les pieds de son séducteur, et, versant de ses beaux yeux deux ruisseaux de larmes, elle lui dit d'une voix entrecoupée :

« Si les rayons de ce soleil, que tu tiens éclipsé dans tes bras, ne t'ôtent plus, ô mon seigneur, la lumière des yeux, tu auras reconnu que celle qui s'agenouille à tes pieds est l'infortunée, tant qu'il te plaira qu'elle le soit, et la triste Dorothée. Oui, c'est moi qui suis cette humble paysanne que, par ta bonté, ou pour ton plaisir, tu as voulu élever assez haut pour qu'elle pût se dire à toi ; je suis cette jeune fille qui passait, dans les limites de l'innocence, une vie heureuse et paisible, jusqu'au moment où, à la voix de tes importunités, de tes propos d'amour, si sincères en apparence, elle ouvrit les portes à toute retenue et te livra les clefs de sa liberté : présent bien mal agréé par toi, puisque tu m'as réduite à me trouver en ce lieu où tu me trouves à présent, et à t'y voir dans l'état où je te vois. Mais avant tout, je ne voudrais pas qu'il te vînt à l'imagination que je suis venue ici sur les pas de mon déshonneur, tandis que je n'y ai été conduite que par ma douleur et le regret de me voir oubliée de toi. Tu as voulu que je fusse à toi, et tu l'as voulu de telle sorte, qu'en dépit du désir que tu peux en avoir à présent, il ne t'est plus possible de cesser d'être à moi. Prends garde, mon seigneur, que l'incomparable affection que je te porte peut bien compenser la beauté et la noblesse pour lesquelles tu m'abandonnes. Tu ne peux être à la belle Luscinde, puisque tu es à moi ; ni elle à toi, puisqu'elle est à Cardénio. Fais-y bien attention : il te sera plus facile de te réduire à aimer celle qui t'adore que de réduire à t'aimer celle qui te déteste. Tu as surpris mon innocence, tu as triomphé de ma vertu ; ma naissance t'était connue, et tu sais bien à quelles conditions je me suis livrée à tes vœux ; il ne te reste donc aucune issue, aucun moyen d'invoquer l'erreur et de te prétendre abusé. S'il en est ainsi, et si tu n'es pas moins chrétien que gentilhomme, pourquoi cherches-tu tant de détours pour éviter de me rendre aussi heureuse à la fin que tu l'avais fait au commencement? Si tu ne veux pas de moi pour ce que je suis, ta véritable et légitime épouse, prends-moi du moins pour ton esclave; pourvu que je sois en ton pouvoir, je me tiendrai pour heureuse et bien récompensée. Ne permets pas, en m'abandonnant, que mon honneur périsse sous d'injurieux propos ; ne donne pas une si triste vieillesse à mes parents, car ce n'est pas ce que méritent les loyaux services qu'en bons vassaux ils ont toujours rendus aux tiens. S'il te semble que tu vas avilir ton sang en le mêlant au mien, considère qu'il y a peu de noblesses au monde qui n'aient passé par ce chemin, et que ce n'est pas celle des femmes qui sert à relever les illustres races. Et d'ailleurs, c'est dans la vertu que consiste la vraie noblesse; si celle-là vient à te manquer, par ton refus de me rendre ce qui m'appartient, je resterai plus noble que toi. Enfin, seigneur, ce qui me reste à te dire, c'est que, bon gré, mal gré, je suis ton épouse. J'en ai pour garant tes paroles, qui ne peuvent être menteuses, si tu te vantes encore de ce pour quoi tu me méprises, la signature que tu m'as donnée, le ciel que tu as pris à témoin de tes promesses; et quand même tout cela me manquerait, ce qui ne me manquera pas, c'est ta propre conscience, qui élèvera ses cris silencieux au milieu de tes coupables joies, qui prendra la défense de cette vérité que je proclame, et troublera désormais toutes tes jouissances. »

Ces paroles, et d'autres encore, la plaintive Dorothée les prononça d'un ton si touchant, et en versant tant de larmes, que tous ceux qui étaient présents à cette scène, même les cavaliers de la suite de Fernand, sentirent aussi se mouiller leurs yeux. Don Fernand l'écouta sans répondre un seul mot, jusqu'à ce qu'elle eut fini de parler, et que sa voix fut étouffée par tant de soupirs et de sanglots, qu'il aurait fallu avoir un cœur de bronze pour n'être point attendri des témoignages d'une si profonde douleur. Luscinde aussi la regardait, non moins touchée de son affliction qu'étonnée de son esprit et de sa beauté. Elle aurait voulu s'approcher d'elle et lui dire quelques paroles de consolation; mais les bras de don Fernand la retenaient encore. Celui-ci, plein de trouble et de confusion, après avoir quelque temps fixé ses regards en silence sur Dorothée, ouvrit enfin les bras, et rendant la liberté à Luscinde :

« Tu as vaincu, s'écria-t-il, belle Dorothée, tu as vaincu! Comment aurait-on le courage de résister à tant de vérités réunies? »

Encore mal remise de son évanouissement, Luscinde ne se fut pas plutôt dégagée, qu'elle défaillit et fut sur le point de tomber à terre; mais près d'elle était Cardénio, qui se tenait derrière don Fernand pour n'être pas reconnu de lui. Oubliant toute crainte, et se hasardant à tout risque, il s'élança pour soutenir Luscinde; et la recevant dans ses bras :

« Si le ciel miséricordieux, lui dit-il, permet que tu retrouves quelque repos, belle, constante et loyale dame, nulle part tu ne l'auras plus sûr et plus tranquille que dans les bras qui te reçoivent aujourd'hui et qui te reçurent dans un autre temps, alors que la fortune me permettait de te croire à moi. »

A ces mots, Luscinde jeta les yeux sur Cardénio; elle avait commencé à le reconnaître par la voix; par la vue elle s'assura que c'était bien lui. Hors d'elle-même, et foulant aux pieds toute convenance, elle jeta ses deux bras au cou de Cardénio; et, collant son visage au sien :

« C'est vous, mon seigneur, s'écria-t-elle; oh! oui, c'est bien vous qui êtes le véritable maître de cette esclave qui vous appartient, en dépit du destin contraire, en dépit des menaces faites à une vie qui dépend de la vôtre. »

Ce fut un spectacle étrange pour don Fernand, et pour tous les assistants, qu'étonnait un événement si nouveau. Dorothée s'aperçut que don Fernand changeait de couleur et qu'il semblait vouloir tirer vengeance de Cardénio, car elle lui vit avancer la main vers la garde de son épée. Aussitôt, rapide comme l'éclair, elle se jeta à ses genoux, les embrassa, les couvrit de baisers et de pleurs, et, le tenant si étroitement serré qu'elle ne le laissait pas mouvoir :

« Que penses-tu faire, lui disait-elle, ô mon unique refuge, dans cette rencontre inattendue? Tu as à tes pieds ton épouse, et celle que tu veux qui le soit est dans les bras de son mari. Vois : te sera-t-il possible de défaire ce que le ciel a fait? Ne vaut-il pas mieux que tu consentes à élever jusqu'à la rendre ton égale celle qui, malgré tant d'obstacles, et soutenue par sa constance, a les yeux sur tes yeux, et baigne de larmes amoureuses le visage de son véritable époux? Je t'en conjure, au nom de ce qu'est Dieu, au nom de ce que tu es toi-même, que cette vue, qui te désabuse, n'excite point ta colère; qu'elle la calme au contraire à tel point, que tu laisses ces deux amants jouir en paix de leur bonheur, tout le temps que leur en accordera le ciel. Tu montreras ainsi la générosité de ton noble cœur, et le monde verra que la raison a sur toi plus d'empire que tes passions. »

Tandis que Dorothée parlait ainsi, Cardénio, sans cesser de tenir Luscinde étroitement embrassée, ne quittait pas Fernand des yeux, bien résolu, s'il lui voyait faire quelque geste menaçant, à se défendre de son mieux contre lui et contre tous ceux qui voudraient l'attaquer, dût-il lui en coûter la vie. Mais, en ce même instant, les amis de don Fernand accoururent d'un côté; de l'autre, le curé et le barbier, qui s'étaient trouvés présents à toute la scène, sans qu'il y manquât le bon Sancho Panza : tous entouraient don Fernand, le suppliant de prendre pitié des larmes de Dorothée, et de ne point permettre, si, comme ils en étaient convaincus, elle avait dit la vérité, que ses justes espérances fussent déçues.

« Considérez, seigneur, ajouta le curé, que ce n'est point le hasard, ainsi que cela paraît être, mais une disposition particulière de la Providence, qui vous a tous réunis dans un endroit où, certes, chacun de vous y pensait le moins; considérez que la mort seule peut enlever Luscinde à Cardénio, et que, dût-on les séparer avec le tranchant d'une épée, la mort leur semblerait douce en mourant ensemble. Dans les cas désespérés, irrémédiables, c'est le comble de la raison de se vaincre soi-même, et de montrer un cœur généreux. Permettez donc, par votre propre volonté, que ces deux époux jouissent d'un bonheur que le ciel leur accorde déjà. D'ailleurs, jetez aussi les yeux sur la beauté de Dorothée; voyez-vous beaucoup de femmes qui puissent, non la surpasser en attraits, mais seulement l'égaler? A sa beauté se joignent encore son humilité touchante et l'extrême amour qu'elle

JE L'ENLEVAI PAR FORCE SANS LUI DONNER LE TEMPS D'APPELER AU SECOURS. — T. I, CH. XXXVI.

vous porte. Enfin, considérez surtout que, si vous vous piquez d'être gentilhomme et chrétien, vous ne pouvez faire autre chose que tenir la parole engagée. C'est ainsi que vous apaiserez Dieu et que vous satisferez les gens éclairés, qui savent très-bien reconnaître que c'est une prérogative de la beauté, lorsque la vertu l'accompagne, de pouvoir s'élever au niveau de toute noblesse, sans faire déroger celui qui l'élève à sa hauteur, et qui savent aussi qu'en cédant à l'empire de la passion, lorsqu'on ne pèche point pour la satisfaire, on demeure à l'abri de tout reproche. »

À ces raisons, chacun ajouta la sienne, si bien que le noble cœur de don Fernand, où battait enfin un sang illustre, se calma, s'attendrit, et se laissa vaincre par la puissance de la vérité. Pour témoigner qu'il s'était rendu et qu'il cédait aux bons avis, il se baissa, prit Dorothée dans ses bras, et lui dit :

« Levez-vous, madame; il n'est pas juste que je laisse agenouiller à mes pieds celle que je porte en mon âme; et si, jusqu'à présent, je ne vous ai pas prouvé ce que je viens de dire, c'est peut-être par un ordre exprès du ciel, qui a voulu qu'en voyant avec quelle constance vous m'aimiez, je susse vous estimer autant que vous en êtes digne. Je vous demande une chose : c'est de ne pas me reprocher l'abandon et l'oubli dont vous avez été victime; car la même force qui me contraignit à faire en sorte que vous fussiez à moi, m'a poussé ensuite à tâcher de n'être plus à vous. Si vous en doutez, tournez les yeux et regardez ceux de Luscinde, maintenant satisfaite; vous y trouverez l'excuse de toutes mes fautes. Puisqu'elle a trouvé ce qu'elle désirait, et moi ce qui m'appartient, qu'elle vive, tranquille et contente, de longues années avec son Cardénio; moi, je prierai le ciel à genoux qu'il m'en laisse vivre autant avec ma Dorothée. »

En disant ces mots, il la serra de nouveau dans ses bras, et joignit son visage au sien avec un si tendre transport, qu'il lui fallut se faire violence pour que les larmes ne vinssent pas aussi donner leur témoignage de son amour et de son repentir. Luscinde et Cardénio ne retinrent point les leurs, non plus que ceux qui se trouvaient présents, et tout le monde se mit si bien à pleurer, les uns de leur propre joie, les autres de la joie d'autrui, qu'on aurait dit que quelque grave et subit accident les avait tous frappés. Sancho lui-même fondait en larmes, mais il avoua depuis qu'il n'avait pleuré que parce que Dorothée n'était pas, comme il l'avait cru, la reine Micomicona, de laquelle il attendait tant de faveurs.

Pendant quelque temps les pleurs durèrent, ainsi que la surprise et l'admiration. Enfin Luscinde et Cardénio allèrent se jeter aux genoux de don Fernand, et lui rendirent grâce de la faveur qu'il leur accordait, en termes si touchants, que don Fernand ne savait que répondre, et que, les ayant fait relever, il les embrassa avec les plus vifs témoignages de courtoisie et d'affection. Ensuite il pria Dorothée de lui dire comment elle était venue en un endroit si éloigné de son pays natal. Dorothée lui conta, en termes succincts et élégants, tout ce qu'elle avait précédemment raconté à Cardénio; et don Fernand, ainsi que les cavaliers qui l'accompagnaient, furent si charmés de son récit, qu'ils auraient voulu qu'il durât davantage, tant la belle paysanne avait de grâce à conter ses infortunes. Dès qu'elle eut fini, don Fernand raconta à son tour ce qui lui était arrivé dans la ville après avoir trouvé sur le sein de Luscinde le papier où elle déclarait qu'elle était l'épouse de Cardénio et ne pouvait être la sienne.

« Je voulus la tuer, dit-il, et je l'aurais fait si ses parents ne m'eussent retenu; alors je quittai sa maison, confus et courroucé, avec le dessein de me venger d'une manière éclatante. Le lendemain, j'appris que Luscinde s'était échappée de chez ses parents, sans que personne pût dire où elle était allée. Enfin, au bout de plusieurs mois, je sus qu'elle s'était retirée dans un couvent, témoignant la volonté d'y rester toute sa vie, si elle ne pouvait la passer avec Cardénio. Dès que je sus cela, je choisis pour m'accompagner ces trois gentilshommes, et je me rendis au monastère où elle s'était réfugiée. Sans vouloir lui parler, dans la crainte que, sachant mon arrivée, on ne fit bonne garde au couvent, j'attendis qu'un jour le parloir fût ouvert; alors, laissant deux de mes compagnons garder la porte, j'entrai avec l'autre pour chercher Luscinde dans la maison. Nous la trouvâmes au cloître, causant avec une religieuse, et, l'enlevant par force, sans lui donner le temps d'appeler au secours, nous la conduisîmes au premier village où nous pûmes nous munir de ce qui était nécessaire pour l'emmener. Tout cela s'était fait aisément, le couvent étant isolé au milieu de la campagne et loin des habitations. Quand Luscinde se vit en mon pouvoir, elle perdit d'abord connaissance; et depuis qu'elle fut revenue de cet évanouissement, elle n'a fait autre chose que verser des larmes et pousser des soupirs, sans vouloir prononcer un mot. C'est ainsi, dans le silence et les larmes, que nous sommes arrivés à cette hôtellerie, qui est pour moi comme si je fusse arrivé au ciel, où se terminent et s'oublient toutes les disgrâces de la terre. »

CHAPITRE XXXVII.

OÙ SE POURSUIT L'HISTOIRE DE LA FAMEUSE INFANTE MICOMICONA,
AVEC D'AUTRES GRACIEUSES AVENTURES.

Sancho écoutait tous ces propos, non sans avoir l'âme navrée, car il voyait s'en aller en fumée les espérances de sa dignité, depuis que la charmante princesse Micomicona s'était changée en Dorothée et le géant Pantafilando en don Fernand; et cela, tandis que son maître dormait comme un bienheureux, sans se douter de tout ce qui se passait. Dorothée ne pouvait se persuader que son bonheur ne fût pas un songe; Cardénio avait la même pensée, que Luscinde partageait aussi. Pour don Fernand, il rendait grâce au ciel de la faveur qu'il lui avait faite, en le tirant de ce labyrinthe inextricable, où il courait si grand risque de son honneur et de son salut. Finalement, tous ceux qui se trouvaient dans l'hôtellerie faisaient éclater leur joie de l'heureux dénoûment qu'avaient eu à la fois tant d'aventures enlacées ensemble, et qui paraissaient désespérées. Le curé, en homme d'esprit, faisait ressortir ce miraculeux enchaînement, et félicitait chacun de la part qu'il avait acquise dans ce bonheur général. Mais c'était encore l'hôtesse qui se réjouissait le plus haut, à cause de la promesse que lui avaient faite le curé et Cardénio de lui payer tous les dommages et intérêts auxquels don Quichotte lui avait donné droit.

Seul, comme on l'a dit, Sancho s'affligeait; seul il était triste et désolé. Aussi, avec un visage long d'une aune, il entra près de son maître, qui venait enfin de s'éveiller, et lui dit :

« Votre Grâce, seigneur Triste Figure, peut bien dormir tant qu'il lui plaira, sans se mettre en peine de tuer le géant, ni de rendre à la princesse son royaume, car tout est fait et conclu.

— Je le crois pardieu bien, répondit don Quichotte, puisque j'ai livré au géant la plus démesurée et la plus épouvantable bataille que je pense jamais avoir à soutenir en tous les jours de ma vie; et d'un revers, crac, je lui ai fait voler la tête, et le sang a jailli en telle abondance, que des ruisseaux en coulaient par terre comme si c'eût été de l'eau.

— Vous feriez mieux de dire comme si c'eût été du vin, repartit Sancho; car il faut que Votre Grâce apprenne, si elle ne le sait pas encore, que le géant mort est une outre crevée, que le sang répandu sont les trente pintes de vin rouge qu'elle avait dans le ventre, et que la tête coupée est la gueuse qui m'a mis au monde; et maintenant, que la machine s'en aille à tous les diables!

— Que dis-tu là, fou! s'écria don Quichotte; as-tu perdu l'esprit?

— Levez-vous, seigneur, répondit Sancho, vous verrez la belle besogne que vous avez faite, et que nous avons à payer. Et vous verrez aussi la reine Micomicona changée en une simple dame qui s'appelle Dorothée, et d'autres aventures encore qui vous étonneront, si vous y comprenez quelque chose.

— Rien de cela ne m'étonnerait, reprit don Quichotte; car, si tu as bonne mémoire, l'autre fois que nous nous sommes arrêtés dans ce logis, ne t'ai-je pas dit que tout ce qui s'y passait était chose de magie et d'enchantement? Il ne serait pas étonnant qu'il en fût de même cette fois.

— Je pourrais croire à tout cela, répondit Sancho, si ma berne avait été de la même espèce; mais elle fut, par ma foi, bien réelle et bien véritable. J'ai vu, de mes deux yeux, que l'hôtelier, le même qui est là au jour d'aujourd'hui, tenait un coin de la couverture, et qu'il me faisait sauter vers le ciel, riant et se gaussant de moi, avec autant de gaieté que de vigueur. Et je m'imagine, tout simple et pécheur que je suis, qu'on l'on reconnaît les gens il n'y a pas plus d'enchantement que sur ma main, mais seulement des coups à recevoir et des marques à garder.

— Allons, mon enfant, dit don Quichotte, Dieu saura bien y remédier; mais donne que je m'habille, et laisse-moi sortir d'ici pour aller voir ces aventures et ces transformations dont tu parles. »

Sancho lui donna ses habits, et pendant qu'il lui aidait à les mettre, le curé conta à don Fernand et à ses compagnons les folies de don Quichotte, ainsi que la ruse qu'on avait employée pour le tirer de la Roche-Pauvre, où il s'imaginait avoir été conduit par les rigueurs de sa dame. Il leur conta aussi presque toutes les aventures qu'il avait apprises de Sancho, ce qui les surprit et les amusa beaucoup, car il leur sembla, comme il semblait à tout le monde, que c'était la plus étrange espèce de folie qui pût entrer dans une cervelle dérangée. Le curé ajouta que l'heureuse métamorphose de la princesse ne permettant plus de mener à bout leur dessein, il fallait chercher et inventer quelque autre artifice pour pouvoir ramener don Quichotte jusque chez lui. Cardénio s'offrit à continuer la pièce commencée, dans laquelle Luscinde pourrait convenablement jouer le personnage de Dorothée.

« Non, non, s'écria don Fernand, il n'en sera point ainsi; je veux que Dorothée continue son rôle, et, si le pays de ce bon gentilhomme n'est pas trop loin, je serai ravi de servir à sa guérison.

— Il n'y a pas d'ici plus de deux journées de marche, dit le curé.

— Quand même il y en aurait davantage, reprit don Fernand, je les ferais volontiers en échange de cette bonne œuvre. »

En cet instant, don Quichotte parut armé de toutes pièces, l'armet de Mambrin sur sa tête, bien que tout bossué, sa rondache au bras, et dans la main sa pique de messier. Cette étrange apparition frappa de surprise don Fernand et tous les nouveaux venus. Ils regardaient avec étonnement ce visage d'une demi-lieue de long, sec et jaune, l'assemblage de ces armes dépareillées, cette contenance calme et fière, et ils attendaient en silence ce qu'il allait leur dire. Don Quichotte, d'un air grave et d'une voix lente, fixant les yeux sur Dorothée, lui parla de la sorte :

« Je viens d'apprendre, belle et noble dame, par mon écuyer ici présent, que Votre Grandeur s'est annihilée, que votre être s'est anéanti, puisque, de reine et grande dame que vous aviez coutume d'être, vous vous êtes changée en une simple damoiselle. Si cela s'est fait par ordre du roi négromant votre père, dans la crainte que je ne vous donnasse pas l'assistance convenable, je dis qu'il n'a jamais su et ne sait pas encore la moitié de la messe, et qu'il fut peu versé dans la connaissance des histoires de chevalerie : car, s'il les avait lues et relues avec autant d'attention et aussi souvent que j'ai eu soin de les lire et de les relire, il aurait vu, à chaque pas, comment les chevaliers d'un renom moindre que le mien avaient mis fin à des entreprises plus difficiles. Ce n'est pas grand'chose, en effet, que de tuer un petit bout de géant, quelque arrogant qu'il soit; il n'y a pas bien des heures que je me suis vu tête à tête avec lui, et…. Je ne veux rien dire de plus, pour qu'on ne dise pas que j'en ai menti; mais le temps, qui découvre toutes choses, le dira pour moi, quand nous y penserons le moins.

— C'est avec deux outres, et non un géant, que vous vous êtes vu tête à tête, » s'écria l'hôtelier, auquel don Fernand ordonna aussitôt de se taire et de ne plus interrompre le discours de don Quichotte.

« Je dis enfin, dit-il, haute dame déshéritée, que si c'est pour une telle raison que votre père a fait cette métamorphose en votre personne, vous ne devez lui prêter aucune croyance, car il n'y a nul péril sur la terre à travers lequel cette épée ne s'ouvre un chemin, cette épée qui, mettant à vos pieds la tête de votre ennemi, vous remettra en même temps votre couronne sur la tête. »

Don Quichotte n'en dit pas davantage, et attendit la réponse de la princesse. Dorothée, qui savait la résolution qu'avait prise don Fernand de continuer la ruse jusqu'à ce qu'on eût ramené don Quichotte dans son pays, lui répondit avec beaucoup d'aisance, et non moins de gravité :

« Qui que ce soit, valeureux chevalier de la Triste Figure, qui vous ait dit que j'avais changé d'être, ne vous a pas dit la vérité; car ce que j'étais hier, je le suis encore aujourd'hui. Il est vrai que quelque changement s'est fait en moi, à la faveur de certains événements d'heureuse conjoncture, qui m'ont donné tout le bonheur que je pouvais souhaiter. Mais, toutefois, je n'ai pas cessé d'être celle que j'étais auparavant, ni d'avoir la pensée que j'ai toujours eue de recourir à la valeur de votre invincible bras. Ainsi donc, mon seigneur, ayez la bonté de faire réparation d'honneur au père qui m'engendra, et tenez-le désormais pour un homme prudent et avisé, puisqu'il a trouvé, par sa science, un moyen si facile et si sûr de remédier à mes malheurs; car je crois, en vérité, seigneur, qu'à moins d'avoir fait votre rencontre, jamais je n'aurais atteint le bonheur où je suis parvenue. Je dis si vrai, que je prends à témoin de mes paroles la plupart des seigneurs que voici présents. Ce qui reste à faire, c'est de nous mettre en route demain matin : aujourd'hui l'étape serait trop courte; et, pour l'heureuse issue de l'entreprise, je l'abandonne à Dieu et à la vaillance de votre noble cœur. »

La gentille Dorothée cessa de parler, et don Quichotte, se tournant vers Sancho avec un visage courroucé :

« Maintenant, mon petit Sancho, lui dit-il, j'affirme que vous êtes le plus grand maraud qu'il y ait dans toute l'Espagne. Dis-moi, larron vagabond, ne viens-tu pas de me dire que cette princesse s'était changée en une damoiselle du nom de Dorothée, et que la tête que j'imagine bien avoir coupée au géant était la gueuse qui t'a mis au monde, avec cent autres extravagances qui m'ont jeté dans la plus horrible confusion où je me sois vu en tous les jours de ma vie? Par le Dieu!... (et il regardait le ciel en grinçant des dents) je ne sais qui me tient de faire sur toi un tel ravage que le souvenir en mette du plomb dans la tête à tout autant d'écuyers menteurs qu'il y en aura désormais par le monde au service des chevaliers errants.

— Que Votre Grâce s'apaise, mon cher seigneur, répondit Sancho; il se pourrait bien que je me fusse trompé quant à ce qui regarde la transformation de madame la princesse Micomicona; mais quant à ce qui regarde la tête du géant, ou plutôt la décollation des outres, et à dire que le sang était du vin rouge, oh! vive Dieu! je ne me trompe pas, car les peaux de bouc sont encore au chevet de votre lit, percées de part en part, et la chambre est un lac de vin. Sinon, vous le verrez quand il faudra faire frire les œufs, je veux dire quand Sa Grâce le seigneur hôtelier viendra vous demander le payement de tout le dégât. Du reste, je me réjouis au fond de l'âme de ce que madame la reine soit restée ce qu'elle était; car j'ai ma part du profit comme chaque enfant de la commune.

— Eh bien! Sancho, reprit don Quichotte, je dis seulement que tu es un imbécile : pardonne-moi et n'en parlons plus.

— C'est cela, s'écria don Fernand; qu'il n'en soit plus question; et, puisque madame la princesse veut qu'on ne se mette en marche que demain, parce qu'il est trop tard aujourd'hui, faisons ce qu'elle ordonne. Nous pourrons passer la nuit en agréable conversation, jusqu'à l'arrivée du jour. Alors nous accompagnerons tous le seigneur don Quichotte, parce que nous voulons être témoins des exploits inouïs qu'accomplira sa valeur dans le cours de cette grande entreprise dont il a bien voulu prendre le fardeau.

— C'est moi qui dois vous accompagner et vous servir, répondit don Quichotte; et je suis très-sensible à la grâce qui m'est faite, et très-obligé de la bonne opinion qu'on a de moi, laquelle je m'efforcerai de ne pas démentir, dût-il m'en coûter la vie, et plus encore, s'il est possible. »

Don Quichotte et don Fernand continuaient à échanger des politesses et des offres de service, lorsqu'ils furent interrompus par l'arrivée d'un voyageur qui entra tout à coup dans l'hôtellerie, et dont la vue fit taire tout le monde. Son costume annonçait un chrétien nouvellement revenu du pays des Mores. Il portait un justaucorps de drap bleu, avec des pans très-courts et des demi-manches, mais sans collet; les hauts-de-chausse étaient également de drap bleu, et le bonnet de la même étoffe. Il portait aussi des brodequins jaunes, et un cimeterre moresque pendu à un baudrier de cuir qui lui passait sur la poitrine. Derrière lui entra, assise sur un âne, une femme vêtue à la moresque, le visage voilé, et la tête enveloppée d'une large coiffe. Elle portait, par-dessous, une petite toque de brocart, et une longue robe arabe la couvrait des épaules jusqu'aux pieds. L'homme était d'une taille robuste et bien prise; son âge semblait dépasser un peu quarante ans; il avait le visage brun, la moustache longue et la barbe élégamment disposée. En somme, il montrait dans toute sa tenue qu'avec de meilleurs vêtements on l'eût pris pour un homme de qualité. Il demanda, en entrant, une chambre particulière, et parut fort contrarié quand on lui dit qu'il n'en restait aucune dans l'hôtellerie. S'approchant néanmoins de celle qui semblait à son costume une femme arabe, il la prit dans ses bras, et la mit à terre. Aussitôt Luscinde, Dorothée, l'hôtesse, sa fille et Maritornes, attirées par ce nouveau costume qu'elles n'avaient jamais vu, entourèrent la Moresque; et Dorothée, qui était toujours accorte et prévenante, s'apercevant qu'elle semblait partager le déplaisir qu'avait son compagnon de ne point trouver une chambre, lui dit avec bonté :

« Ne vous affligez point, madame, du peu de commodité qu'offre cette maison : c'est le propre des hôtelleries de n'en avoir aucune. Mais, cependant, s'il vous plaisait de partager notre gîte (montrant du doigt Luscinde), peut-être que, dans le cours de votre voyage, vous n'auriez pas souvent trouvé meilleur accueil. »

L'étrangère, toujours voilée, ne répondit rien; mais elle se leva du siége où on l'avait assise, et, croisant ses deux mains sur sa poitrine, elle baissa la tête et plia le corps, en signe de remerciment. Son silence acheva de faire croire qu'elle était Moresque, et qu'elle ne savait pas la langue des chrétiens. En ce moment revint le captif, qui s'était jusqu'alors occupé d'autres choses. Voyant que toutes ces femmes entouraient celle qu'il avait amenée avec lui, et que celle-ci ne répondait mot à tout ce qu'on lui disait :

« Mesdames, leur dit-il, cette jeune fille entend à peine notre langue, et ne sait parler que celle de son pays ; c'est pour cela qu'elle n'a pas pu répondre à ce que vous lui avez demandé.

— Nous ne lui demandons rien autre chose, répondit Luscinde, que de vouloir bien accepter notre compagnie pour cette nuit, et de partager la chambre où nous la passerons. Elle y sera reçue aussi bien que le permet un tel lieu, et avec tous les égards qu'on doit à des étrangers, surtout lorsque c'est une femme qui en est l'objet.

— Pour elle et pour moi, madame, répliqua le captif, je vous baise les mains, et j'estime à son prix la faveur que vous m'offrez ; dans une telle occasion, et de personnes telles que vous, elle ne peut manquer d'être grande.

— Dites-moi, seigneur, interrompit Dorothée, cette dame est-elle chrétienne ou musulmane ? Son costume et son silence nous font penser qu'elle est ce que nous ne voudrions pas qu'elle fût.

— Par le costume et par le corps, répondit le captif, elle est musulmane ; mais dans l'âme elle est grandement chrétienne, car elle a grand désir de l'être.

— Elle n'est donc pas baptisée ? reprit Luscinde.

— Pas encore, répliqua le captif ; elle n'a pas eu l'occasion de l'être depuis notre départ d'Alger, sa patrie ; et jusqu'à présent elle ne s'est pas trouvée en péril de mort si imminent qu'il ait fallu la baptiser avant qu'elle eût appris les cérémonies qu'exige notre sainte mère l'Église. Mais Dieu permettra qu'elle soit bientôt baptisée avec toute la décence que mérite la qualité de sa personne, plus grande que ne l'annoncent son costume et le mien. »

Ces propos donnèrent à tous ceux qui les avaient entendus le désir de savoir qui étaient la Moresque et le captif ; mais personne n'osa le demander pour l'instant, voyant bien qu'il était plus opportun de leur procurer du repos que de les questionner sur leur histoire. Dorothée prit l'étrangère par la main, et, la faisant asseoir auprès d'elle, elle la pria d'ôter son voile. Celle-ci regarda le captif, comme pour lui demander ce qu'on venait de lui dire et ce qu'il fallait faire. Il répondit en langue arabe qu'on la priait d'ôter son voile, et qu'elle ferait bien d'obéir. Aussitôt elle le détacha, et découvrit un visage si ravissant, que Dorothée la trouva plus belle que Luscinde, et Luscinde plus belle que Dorothée ; et tous les assistants convinrent que, si quelque femme pouvait égaler l'une et l'autre par ses attraits, c'était la Moresque ; il y en eut même qui lui donnèrent sur quelques points la préférence. Et, comme la beauté a toujours le privilége de se concilier les esprits et de s'attirer les sympathies, tout le monde s'empressa de servir et de fêter la belle Arabe. Don Fernand demanda au captif comment elle s'appelait, et il répondit : Lella Zoraïda[1]; mais, dès qu'elle entendit son nom, elle comprit ce qu'avait demandé le chrétien, et s'écria sur-le-champ, pleine à la fois de dépit et de grâce : *No, no, Zoraida; Maria, Maria*, voulant faire entendre qu'elle s'appelait Marie, et non Zoraïde. Ces paroles, et l'accent pénétré avec lequel la Moresque les prononça, firent répandre plus d'une larme à quelques-uns de ceux qui l'écoutaient, surtout parmi les femmes, qui sont de leur nature plus tendres et plus compatissantes. Luscinde l'embrassa avec transport, en lui disant : « Oui, oui, Marie, Marie; » et la Moresque répondit : *Si, si, Maria. Zoraïda macangé*[2]; c'est-à-dire *plus de Zoraïde*.

Cependant la nuit approchait, et, sur l'ordre des compagnons de don Fernand, l'hôtelier avait mis tous ses soins et toute sa diligence à préparer le souper de ses hôtes le mieux qu'il lui fut possible. L'heure venue, ils s'assirent tous alentour d'une longue table étroite, faite comme pour un réfectoire, car il n'y en avait ni ronde ni carrée dans toute la maison. On offrit le haut bout à don Quichotte, qui essaya vainement de refuser cet honneur, et voulut qu'on mit à ses côtés la princesse Micomicona, puisqu'il était son chevalier gardien. Ensuite s'assirent Luscinde et Zoraïde, et, en face d'elles, don Fernand et Cardénio; au-dessous d'eux, le captif et les autres gentilshommes; puis, à la suite des dames, le curé et le barbier. Ils soupèrent ainsi avec appétit et gaieté, et leur joie s'accrut quand ils virent que don Quichotte, cessant de manger, et poussé du même esprit qui lui fit autrefois adresser aux chevriers un si long discours, s'apprêtait à parler :

« En vérité, dit-il, mes seigneurs, il faut convenir que ceux qui ont fait profession dans l'ordre de la chevalerie errante voient des choses étranges, merveilleuses, inouïes. Sinon, dites-moi, quel être vivant y a-t-il au monde, qui, entrant à l'heure qu'il est par la porte de ce château, et nous voyant attablés de la sorte, pourrait juger et croire que nous sommes qui nous sommes? Qui dirait que cette dame assise à mes côtés est la grande reine que nous connaissons tous, et que je suis ce chevalier de la Triste Figure, dont la bouche de la Renommée répand le nom sur la terre? A présent, il n'en faut plus douter, cet exercice, ou plutôt cette profession surpasse toutes celles qu'ont jamais inventées les hommes, et il faut lui porter d'autant plus d'estime qu'elle est sujette à plus de dangers. Qu'on ôte de ma présence ceux qui prétendraient que les lettres l'emportent sur les armes; car je leur dirais, quels qu'ils fussent, qu'ils ne savent ce qu'ils disent[3]. En effet, la raison que ces gens ont coutume de donner, et dont ils ne sortent jamais, c'est que les travaux de l'esprit surpassent ceux du corps, et que, dans les armes, le corps seul fonctionne : comme si cet exercice était un vrai métier de portefaix qui n'exigeât que de bonnes épaules; ou comme si, dans ce que nous appelons les armes, nous dont c'est la profession, n'étaient pas comprises les actions de l'art militaire, lesquelles demandent la plus haute intelligence; ou comme si le guerrier qui commande une armée en campagne, et celui qui défend une place assiégée, ne travaillaient point de l'esprit comme du corps. Est-ce, par hasard, avec les forces corporelles qu'on parvient à pénétrer les intentions de l'ennemi, à deviner ses projets, ses stratagèmes, ses embarras, à prévenir le mal qu'on redoute, toutes choses qui sont du ressort de l'entendement, et où le corps n'a, certes, rien à voir? Maintenant, s'il est vrai que les armes exigent, comme les lettres, la coopération de l'esprit, voyons lequel des deux esprits a le plus à faire, celui de l'homme de lettres, ou celui de l'homme de guerre. Cela sera facile à connaître par la fin et le but que se proposent l'un et l'autre, car l'intention qui se doit le plus estimer est celle qui a le plus noble objet. La fin et le but des lettres (je ne parle point à présent des lettres divines, dont la mission est de conduire et d'acheminer les âmes au ciel; car, à une fin sans fin comme celle-là, nulle autre ne peut se comparer; je parle des lettres humaines[4]), c'est, dis-je, de faire triompher la justice distributive, de rendre à chacun ce qui lui appartient, d'appliquer et de faire observer les bonnes lois. Cette fin, assurément, est grande, généreuse et digne d'éloge; mais non pas autant, toutefois, que celle des armes, lesquelles ont pour objet et pour but la paix, c'est-à-dire le plus grand bien que puissent désirer les hommes en cette vie. Ainsi, les premières bonnes nouvelles que reçut le monde furent celles que donnèrent les anges, dans cette nuit qui devint notre jour, lorsqu'ils chantaient au milieu des airs : *Gloire soit à Dieu dans les hauteurs célestes, et paix sur la terre aux hommes de bonne volonté!* De même, le meilleur salut qu'enseigna à ses disciples bien-aimés le plus grand maître de la terre et du ciel, ce fut de dire, lorsqu'ils entreraient chez quelqu'un : *Que la paix soit en cette maison!* Et maintes fois encore il leur a dit : *Je vous donne ma paix, je vous laisse ma paix, que la paix soit avec vous*[5], comme le plus précieux bijou que pût donner et laisser une telle main, bijou sans lequel, ni sur la terre, ni dans le ciel, il ne peut exister aucun bonheur. Or, cette paix est la véritable fin de la guerre, et la guerre est la même chose que les armes. Une fois cette vérité admise, que la fin de la guerre c'est la paix, et qu'en cela elle l'emporte sur la fin des lettres, venons maintenant aux travaux de corps du lettré et à ceux de l'homme qui fait profession des armes, et voyons quels sont les plus rudes. »

Don Quichotte poursuivait son discours avec tant de méthode et en si bons termes, qu'il forçait alors tous ceux qui l'entendaient à ne plus le prendre pour un fou; au contraire, comme ils étaient, pour la plupart, des gentilshommes destinés par leur naissance à l'état des armes, ils l'écoutaient avec beaucoup de plaisir.

« Je dis donc, continua-t-il, que voici les travaux et les peines de l'étudiant[6] : d'abord, et par-dessus tout, la pauvreté, non pas que tous les étudiants soient pauvres, mais pour prendre leur condition dans tout ce qu'elle a de pire. Quand j'ai dit que l'étudiant souffre la pauvreté, il me semble que je n'ai rien de plus à dire de son triste sort : car qui est pauvre n'a rien de bon au monde. Cette pauvreté, il la souffre quelquefois par parties; tantôt c'est la faim, tantôt le froid, tantôt la nudité, quelquefois aussi ces trois choses à la fois. Cependant il n'est jamais si pauvre qu'il ne trouve à la fin quelque chose à manger, bien que ce soit un peu plus tard que l'heure; bien que ce ne soient que les restes des riches; et c'est là la plus grande misère de l'étudiant, ce qu'ils appellent entre eux *aller à la soupe*[1]. D'une autre part, ils ne manquent pas de quelque cheminée de cuisine, de quelque *brasero* dans la chambre d'autrui, où ils puissent, sinon se réchauffer, au moins se dégourdir un peu; et enfin, la nuit venue, ils dorment tous sous des toits de maisons. Je ne veux pas descendre jusqu'à d'autres menus détails, à savoir, le manque de chemises et la non-abondance de souliers, la vétusté et la maigreur de l'habit, et ce goût pour s'empiffrer jusqu'à la gorge quand la bonne fortune leur envoie quelque banquet. C'est par ce chemin que je viens de peindre, âpre et difficile, qu'en bronchant par-ci et tombant par-là, se relevant d'un côté pour retomber de l'autre, ils arrivent aux degrés qu'ils ambitionnent. Une fois ce but atteint, nous en avons vu beaucoup qui, après avoir passé à travers ces écueils, entre ces Charybde et ces Scylla, arrivent, comme emportés par le vol de la fortune favorable, à gouverner le monde du haut d'un fauteuil, ayant changé leur faim en satiété, leur froid en douce fraîcheur, leur nudité en habits de parade, et leur natte de jonc en draps de toile de Hollande et en rideaux de damas : prix justement mérité de leur science et de leur vertu. Mais si l'on compare et si l'on balance leurs travaux avec ceux du guerrier, de combien ils restent en arrière! C'est ce que je vais facilement démontrer. »

CHAPITRE XXXVIII.

OÙ SE CONTINUE LE CURIEUX DISCOURS QUE FIT DON QUICHOTTE
SUR LES ARMES ET LES LETTRES[1].

Don Quichotte prit haleine un moment, et continua de la sorte :
« Puisque nous avons commencé, à propos de l'étudiant, par la pauvreté et ses diverses parties, examinons si le soldat est plus riche, et nous verrons qu'il n'y a personne de plus pauvre que lui dans la pauvreté même. En effet, il est toujours réduit, ou à la misère de sa solde, qui arrive tard ou jamais, ou à ce qu'il pille de ses mains, au notable péril de sa vie et de son âme. Quelquefois son dénûment arrive à ce point qu'un justaucorps de peau taillé lui sert à la fois d'uniforme et de chemise ; et, au beau milieu de l'hiver, étant en rase campagne, qu'a-t-il pour se défendre de l'inclémence du ciel ? Uniquement le souffle de sa bouche, lequel, sortant d'un lieu vide, doit infailliblement en sortir froid, selon toutes les règles de la nature. Maintenant, que la nuit vienne, pour qu'il puisse réparer les souffrances du jour dans le lit qui l'attend. Par ma foi, ce sera bien sa faute si ce lit pèche par défaut de largeur, car il peut mesurer sur la terre autant de pieds qu'il lui en faut, puis s'y tourner et retourner tout à son aise, sans crainte de chiffonner

les draps. Vienne à présent le jour et l'heure de recevoir les degrés de sa profession, c'est-à-dire vienne un jour de bataille; on lui mettra sur la tête, en guise de bonnet de docteur, une compresse de charpie pour lui panser quelques blessures de balle qui lui aura peut-être traversé les deux tempes, ou bien qui le laissera estropié d'une jambe ou d'un bras. Si cela n'arrive point; si le ciel, en sa miséricorde, le conserve vivant et sain de tous ses membres, il pourra bien se faire qu'il reste dans la même pauvreté qu'auparavant; il faudra que d'autres rencontres se présentent, que d'autres batailles se livrent, et qu'il en sorte toujours vainqueur pour arriver à quelque chose : ce sont des miracles qui ne se voient pas souvent. Mais, dites-moi, seigneurs, si vous y avez jamais fait attention, combien sont moins nombreux ceux qu'a récompensés la guerre, que ceux qui ont péri dans ses hasards! Sans doute vous allez me répondre qu'il n'y a point de comparaison à faire, que les morts sont innombrables, et que les vivants récompensés peuvent se compter avec trois chiffres. Tout cela est au rebours chez les lettrés; car, avec le pan de leur robe, je ne veux pas dire avec leurs manches [2], ils trouvent toujours de quoi vivre; ainsi, bien que la peine du soldat soit beaucoup plus grande, la récompense l'est beaucoup moins. A cela, l'on ne manquera pas de répondre qu'il est plus facile de rémunérer convenablement deux mille lettrés que trente mille soldats, car on récompense les premiers en leur conférant des offices qui doivent à toute force appartenir aux gens de leur profession, tandis que les autres ne peuvent être récompensés qu'aux dépens du seigneur qu'ils servent; mais cette impossibilité fortifie d'autant plus la raison que j'ai pour moi. Au reste, laissons cela de côté, car c'est un labyrinthe de fort difficile issue, et revenons à la prééminence des armes sur les lettres. La question est encore à décider, entre les raisons que chacune des parties allègue en sa faveur. Les lettres disent, pour leur part, que, sans elles, les armes ne pourraient subsister, car la guerre aussi a ses lois, auxquelles elle est soumise, et toutes les lois tombent dans le domaine des lettres et des lettrés. A cela les armes répondent que, sans elles, les lois ne pourraient pas subsister davantage, car c'est avec les armes que les républiques se défendent, que les royaumes se conservent, que les villes se gardent, que les chemins deviennent sûrs, que les mers sont purgées de pirates; finalement, sans leur secours, les républiques, les royaumes, les monarchies, les cités, les chemins de terre et de mer seraient perpétuellement en butte aux excès et à la confusion qu'entraîne la guerre, tout le temps qu'elle dure et qu'elle use de ses priviléges et de ses violences. C'est un fait reconnu que, plus une chose coûte, plus elle s'estime et doit s'estimer. Or, pour qu'on devienne éminent dans les lettres, qu'en coûte-t-il? du temps, des veilles, la faim, la nudité, des maux de tête, des indigestions d'estomac, et d'autres choses de même espèce que j'ai déjà rapportées en partie. Mais à celui qui veut devenir au même degré bon soldat, il en coûte autant de souffrances qu'à l'étudiant, sauf qu'elles sont incomparablement plus grandes, puisqu'à chaque pas il court risque de la vie. Quelle crainte du dénûment ou de la pauvreté peut tourmenter un étudiant, qui approche de celle que ressent un soldat, lorsque, se trouvant enfermé dans une place assiégée, et faisant sentinelle à l'angle de quelque ravelin, il entend que l'ennemi creuse une mine dans la direction de son poste, et qu'il ne peut remuer de là pour rien au monde, ni fuir le péril qui le menace de si près? Tout ce qu'il peut faire, c'est d'avertir son capitaine de ce qui se passe, pour qu'on remédie au danger par une contre-mine; et lui reste là, attendant que tout à coup l'explosion le fasse voler aux nues sans ailes, et retomber dans l'abîme sans sa volonté. Si ce péril ne semble pas encore assez formidable, voyons s'il n'est pas surpassé dans l'abordage de deux galères qui s'accrochent par leurs proues au milieu du vaste Océan, ne laissant, dans leur enlacement mutuel, d'autre espace au soldat que les deux pieds de la planche d'éperon. Il voit devant lui autant de ministres de la mort qu'il y a de bouches de canon et d'arquebuses braquées sur le pont ennemi, à la longueur d'une lance; il voit qu'au premier faux pas, il ira visiter les profondeurs de l'empire de Neptune; et cependant, d'un cœur intrépide, emporté par l'honneur qui l'excite, il s'offre pour but à toute cette mousqueterie, et tâche de s'élancer par cet étroit passage sur la galère opposée. Et ce qu'il faut le plus admirer, c'est qu'un soldat n'est pas plutôt tombé là d'où il ne se relèvera plus qu'à la fin du monde, qu'un autre aussitôt le remplace; si celui-là tombe aussi à la mer, qui l'attend comme une proie, un autre lui succède, puis un autre encore, sans leur laisser le temps de mourir : audace et vaillance que rien ne peut surpasser dans les chances de la guerre. Oh! bienheureux les siècles qui ne connaissaient point la furie épouvantable de ces instruments de l'artillerie, dont je tiens l'inventeur pour damné au fond des enfers, où il reçoit le prix de sa diabolique invention! C'est elle qui est cause qu'un bras infâme et lâche ôte la vie au plus valeureux chevalier; que, sans savoir ni d'où, ni comment, au milieu de l'ardeur et du transport qui enflamment un cœur magnanime, arrive une balle égarée, tirée peut-être par tel qui s'est enfui, épouvanté du feu de sa maudite machine : et voilà qu'elle détruit les pensées et tranche la vie de tel autre qui méritait d'en jouir de longues années[1]. Aussi, quand j'y fais réflexion, il me prend envie de dire que je regrette au fond de l'âme d'avoir embrassé cette profession de chevalier errant, dans un âge aussi détestable que celui où nous avons le malheur de vivre. Certes, aucun péril ne me fait sourciller; mais cependant il me chagrine de penser qu'un peu de poudre et de plomb va m'ôter l'occasion de me rendre célèbre sur toute la face de la terre par la valeur de mon bras et le tranchant de mon épée. Mais que le ciel fasse ce qui lui plaira; si j'arrive où je prétends, je serai d'autant plus digne d'estime, que j'aurai affronté de plus grands périls que ceux qu'affrontèrent les chevaliers errants des siècles passés. »

Toute cette longue harangue, don Quichotte la débita pendant que les autres soupaient, oubliant lui-même de porter, comme on dit, bouchée à la bouche, bien que Sancho Panza lui eût rappelé à plusieurs reprises de souper aussi, et qu'ensuite il aurait le temps de prêcher autant qu'il lui plairait. Quant à ceux qui l'avaient écouté, ils éprouvèrent une nouvelle compassion en voyant qu'un homme d'une si saine intelligence, et qui discourait si bien sur tous les sujets, eût perdu l'esprit sans ressource à propos de sa maudite et fatale chevalerie. Le curé lui dit qu'il avait eu parfaitement raison en tout ce qu'il avait avancé à l'avantage des armes, et que lui-même, quoique lettré et gradué, était précisément du même avis. Le souper fini, on leva la nappe, et pendant que l'hôtesse, sa fille et Maritornes arrangeaient le galetas de don Quichotte, où l'on avait décidé que les dames se réfugieraient ensemble pour la nuit, don Fernand pria le captif de raconter l'histoire de sa vie. Elle ne pouvait, disait-il, manquer d'être intéressante et curieuse, à en juger par l'échantillon qu'en donnait la compagne qu'il ramenait avec lui. Le captif répondit qu'il ferait de bon cœur ce qu'on lui demandait; qu'il craignait seulement que son histoire ne leur causât point autant de plaisir qu'il souhaitait; mais qu'après tout, pour ne point leur désobéir, il était prêt à la conter. Le curé et les autres assistants le remercièrent et le prièrent de nouveau. Alors, se voyant sollicité par tant de monde :

« Il n'est pas besoin de prières, dit le captif, à qui peut donner des ordres. Que Vos Grâces me prêtent leur attention; vous entendrez une relation véritable, dont n'approchent pas peut-être les fables que l'on compose avec des efforts étudiés d'imagination. »

A ces mots tous les assistants s'arrangèrent sur leurs siéges, et firent bientôt un grand silence. Quand le captif vit que tout le monde se taisait, attendant qu'il parlât, d'un son de voix agréable et mesuré, il commença de la sorte :

CHAPITRE XXXIX.

OÙ LE CAPTIF RACONTE SA VIE ET SES AVENTURES.

C'est dans une bourgade des montagnes de Léon qu'est la souche de ma famille, pour qui la nature se montra plus libérale que la fortune. Néanmoins, au milieu de ces pays pauvres, mon père avait acquis la réputation d'être riche, et réellement il l'aurait été, s'il eût mis autant de diligence à conserver son patrimoine qu'il en mettait à le dissiper. Cette humeur généreuse et dépensière, il l'avait prise étant soldat, pendant les années de sa jeunesse : car l'état militaire est une école où le chiche devient libéral, et le libéral prodigue; et si quelque soldat se montre avare, c'est comme un de ces phénomènes qui se voient bien rarement. Pour mon père, il passait les limites de la libéralité, et touchait à celles de la profusion, ce qui ne peut que nuire à un homme marié, qui a des enfants pour lui succéder dans son nom et dans son existence. Mon père en avait trois, tous garçons, et tous d'âge à prendre un état. Voyant donc, comme il le disait lui-même, qu'il ne pouvait résister à son penchant, il voulut se priver de la cause qui le rendait si prompt à la dépense et aux largesses; il voulut se dépouiller de son bien, chose sans laquelle Alexandre lui-même ne semblerait qu'un ladre. Un jour donc, nous ayant appelés tous trois et enfermés dans sa chambre, il nous tint à peu près le discours que je vais rapporter :

« Mes chers fils, pour comprendre que je veux votre bien, il suffit de dire et de savoir que vous êtes mes enfants; d'un autre côté, pour croire que je veux votre mal, il suffit de voir que je ne sais pas tenir la main à la conservation de votre patrimoine. Eh bien! pour que vous soyez désormais persuadés que je vous aime comme un père, et ne peux désirer votre ruine, je veux faire à votre égard une chose à laquelle il y a longtemps que je pense, et que j'ai mûrement préparée. Vous voilà tous trois en âge de prendre un état dans le monde, ou du moins de choisir une profession qui vous donne, lorsque vous serez tout à fait hommes, honneur et profit. Ce que j'ai pensé, c'est de faire quatre parts de mon bien. Je vous en donnerai trois, à chacun la sienne parfaitement égale, et je garderai l'autre pour vivre le reste des jours qu'il plaira au ciel de m'accorder. Seulement, je voudrais que chacun de vous, après avoir reçu la part de fortune qui lui reviendra, suivit une des carrières que je vais dire. Il y a dans notre Espagne un vieux proverbe, à mon avis sage et véridique, comme ils le sont tous, puisque ce sont de courtes maximes tirées d'une longue expérience; celui-là dit : *Église, ou mer, ou maison du roi*[1], ce qui signifie plus clairement : qui veut réussir et devenir riche doit entrer dans l'Église, ou naviguer pour faire le commerce, ou se mettre au service des rois dans leurs palais; car on dit encore : *Mieux vaut miette de roi que grâce de seigneur*. Je voudrais donc, et telle est ma volonté, que l'un de vous suivît les lettres, un autre le négoce, et que le troisième servît le roi dans ses armées, puisqu'il est fort difficile de le servir dans sa maison, et que si la guerre ne donne pas beaucoup de richesse, en revanche elle procure beaucoup de lustre et de renommée. D'ici à huit jours, je vous donnerai toutes vos parts en argent comptant, sans vous faire tort d'un maravédi, comme les comptes vous le prouveront; maintenant, dites-moi si vous consentez à suivre mon opinion et mon conseil au sujet de la proposition que je vous ai faite. »

Mon père, alors, m'ordonna de répondre, comme étant l'aîné. Après l'avoir engagé à ne pas se défaire de son bien et à en dépenser tout ce qu'il lui plairait; après lui avoir dit que nous étions assez jeunes pour avoir le temps d'en gagner, j'ajoutai que j'obéirais à son désir, et que le mien était de suivre le métier des armes, pour y servir Dieu et le roi. Mon second frère fit les mêmes offres, et choisit d'aller aux Indes pour y porter en marchandises la somme qui formerait son lot. Le plus jeune, et, je le crois aussi, le mieux avisé, répondit qu'il voulait suivre la carrière de l'Église, ou du moins aller terminer ses études à Salamanque. Dès que nous eûmes fini de nous mettre d'accord et de choisir nos professions, mon père nous embrassa tendrement, et mit en œuvre, avec autant de célérité qu'il l'avait dit, tout ce qu'il venait de nous promettre. Il donna à chacun sa part, qui fut (je ne l'ai pas oublié) de trois mille ducats, et en argent, parce qu'un de nos oncles, ayant acheté tout le patrimoine pour qu'il ne sortît pas de la famille, le paya comptant. Nous prîmes tous trois ensemble congé de notre bon père, et, ce même jour, trouvant qu'il y aurait de l'inhumanité à laisser mon père avec si peu de bien pour ses vieux jours, je lui fis prendre deux mille ducats sur mes trois mille, le reste suffisant pour me munir de tout ce qui est nécessaire à un soldat. Mes deux frères, poussés par mon exemple, lui donnèrent chacun mille ducats, de façon qu'il resta quatre mille ducats en argent à mon père, outre les trois mille que valait la portion de patrimoine qu'il avait voulu conserver en biens-fonds; enfin nous primes congé de lui et de cet oncle dont j'ai parlé, non sans regrets et sans larmes mutuelles. Ils nous engagèrent, surtout, à leur faire connaître, chaque fois que nous en aurions l'occasion, notre bonne ou mauvaise fortune. Nous le promîmes, et, quand ils nous eurent donné le baiser d'adieu et leur bénédiction, l'un de nous prit le chemin de Salamanque, l'autre celui de Séville, et moi celui d'Alicante, où j'avais appris que se trouvait un vaisseau génois faisant un chargement de laine pour retourner en Italie. Il y a, cette année, vingt-deux ans que j'ai quitté la maison de mon père, et pendant tout ce long intervalle, bien que j'aie écrit plusieurs lettres, je n'ai reçu aucune nouvelle de lui ni de mes frères.

Maintenant, je vais brièvement raconter ce qui m'est arrivé depuis cette époque. Je m'embarquai au port d'Alicante; j'arrivai à Gênes, après une heureuse traversée; de là, je me rendis à Milan, où j'achetai des armes et quelques équipements de soldat, et je voulus aller faire mon enrôlement dans les troupes du Piémont; mais, tandis que j'étais en route pour Alexandrie, j'appris que le grand-duc d'Albe passait en Flandre. Aussitôt, changeant d'avis, je partis à sa suite; je le servis dans les batailles qu'il livra, j'assistai à la mort des comtes de Horn et d'Egmont, et parvins à être nommé enseigne d'un fameux capitaine, natif de Guadalaxara, qu'on appelait Diégo de Urbina[2]. Quelque temps après mon arrivée en Flandre, on y apprit la ligue formée par Sa Sainteté le pape Pie V, d'heureuse mémoire, avec Venise et l'Espagne, contre l'ennemi commun de la chrétienté, le Turc, qui venait d'enlever avec sa flotte la fameuse île de Chypre, appartenant aux Vénitiens, perte fatale et lamentable. On eut la certitude que le général de cette ligue serait le sérénissime infant don Juan d'Autriche, frère naturel de notre grand roi Philippe II. La nouvelle se répandit aussi des immenses préparatifs de guerre qui se faisaient. Tout cela me donna une si extrême envie de prendre part à la campagne navale qui allait s'ouvrir, que, bien que j'eusse l'espoir et l'assurance d'être promu au grade de capitaine à la première occasion, j'aimai mieux tout abandonner et m'en aller en Italie; ce que je fis en effet. Ma bonne étoile permit que j'y arrivasse au moment où le seigneur don Juan d'Autriche, ayant débarqué à Gênes, se rendait à Naples pour s'y réunir à la flotte de Venise, jonction qui eut lieu plus tard à Messine. Que dirai-je enfin? Devenu capitaine d'infanterie, honorable emploi que me valut mon bonheur plutôt que mes mérites, je me trouvai à cette grande et mémorable journée de Lépante[3]. Mais en ce jour, si heureux pour la chrétienté, puisque toutes les nations du monde furent désabusées de l'erreur qui leur faisait croire les Turcs invincibles sur mer; en ce jour où fut brisé l'orgueil ottoman, parmi tant d'heureux qu'il fit (car les chrétiens qui y périrent eurent plus de bonheur encore que ceux qui restèrent vivants et vainqueurs), moi seul je fus malheureux. Au lieu de recevoir, comme au siècle de Rome, une couronne navale, je me vis, dans la nuit qui suivit cette fameuse journée, avec des fers aux pieds et des menottes aux mains. Voici comment m'arriva cette cruelle disgrâce : Uchali[4], roi d'Alger, heureux et hardi corsaire, ayant attaqué et pris à l'abordage la galère capitane de Malte, où trois chevaliers restèrent seuls vivants, et tous trois grièvement blessés[5], la capitane de Jean-André Doria vint à son secours. Je montais cette galère avec ma compagnie, et, faisant ce que je devais en semblable occasion, je sautai sur le pont de la galère ennemie; mais elle s'éloigna brusquement de celle qui l'attaquait, et mes soldats ne purent me suivre. Je restai seul, au milieu des ennemis, dans l'impuissance de résister longtemps à leur nombre. Ils me prirent, à la fin, couvert de blessures, et comme vous savez, seigneurs, qu'Uchali parvint à s'échapper avec toute son escadre, je restai son prisonnier. Ainsi, je fus le seul triste parmi tant d'heureux, et le seul captif parmi tant de délivrés, puisqu'en ce jour quinze mille chrétiens qui ramaient sur les bancs des galères turques recouvrèrent leur chère liberté.

On me conduisit à Constantinople, où le Grand Seigneur Sélim fit mon maître général de la mer[6], parce qu'il avait fait son devoir dans la bataille, ayant remporté pour trophée de sa valeur l'étendard de l'ordre de Malte. Je me trouvai l'année suivante, qui était 1572[7], à Navarin, ramant dans la capitane appelée les *Trois-Fanaux*. Là, je fus témoin de l'occasion qu'on perdit de prendre dans le port toute la flotte turque, puisque les Levantins[8] et les janissaires qui se trouvaient là sur les bâtiments, croyant être attaqués dans l'intérieur même du port, préparèrent leurs hardes et leurs babouches pour s'enfuir à terre, sans attendre le combat, tant était grande la peur qu'ils avaient de notre flotte. Mais le ciel en ordonna d'une autre façon, non par la faiblesse ou la négligence du général qui commandait les nôtres, mais à cause des péchés de la chrétienté, et parce que Dieu permet que nous ayons toujours des bourreaux prêts à nous punir. En effet, Uchali se réfugia à Modon, qui est une île près de Navarin; puis, ayant jeté ses troupes à terre, il fit fortifier l'entrée du port, et se tint en repos jusqu'à ce que don Juan se fût éloigné[9]. C'est dans cette campagne que tomba au pouvoir des chrétiens la galère qu'on nommait *la Prise*, dont le capitaine était un fils du fameux corsaire Barberousse. Elle fut emportée par la capitane de Naples appelée *la Louve*, que commandait ce foudre de guerre, ce père des soldats, cet heureux et invincible capitaine don Alvaro de Bazan, marquis de Santa-Cruz[10]. Je ne veux pas manquer de vous dire ce qui se passa à cette prise de *la Prise*. Le fils de Barberousse était si cruel et traitait si mal ses captifs, que ceux qui occupaient les bancs de sa chiourme ne virent pas plutôt la galère *la Louve* se diriger sur eux et prendre de l'avance, qu'ils lâchèrent tous à la fois les rames, et saisirent leur capitaine, qui leur criait du gaillard d'arrière de ramer plus vite; puis se le passant de banc en banc, de la poupe à la proue, ils lui donnèrent tant de coups de dents, qu'avant d'avoir atteint le mât, il avait rendu son âme aux enfers, tant étaient grandes la cruauté de ses traitements et la haine qu'il inspirait[11].

Nous retournâmes à Constantinople, et l'année suivante, 1573, on y apprit que le seigneur don Juan d'Autriche avait emporté Tunis d'assaut, et qu'il avait livré cette ville à Muley-Hamet, ôtant ainsi toute espérance d'y recouvrer le trône à Muley-Hamida, le More le plus cruel et le plus vaillant qu'ait vu le monde[12]. Le Grand Turc sentit vivement cette perte, et avec la sagacité naturelle à tous les gens de sa famille, il demanda la paix aux Vénitiens, qui la désiraient plus que lui. L'année suivante, 1574, il attaqua la Goulette et le fort que don Juan avait élevé auprès de Tunis, le laissant à demi construit[13]. Pendant tous ces événements de la guerre, je restai attaché à la rame sans nul espoir de recouvrer la liberté, du moins par ma rançon, car j'étais bien résolu de ne pas écrire à mon père la nouvelle de mes malheurs. Enfin, la Goulette fut prise, puis le fort. On compta à l'attaque de ces deux places jusqu'à 65 000 soldats turcs payés, et plus de 400 000 Mores et Arabes, venus de toute l'Afrique. Cette foule innombrable de combattants traînaient tant de munitions et de matériel de guerre, ils étaient suivis de tant de maraudeurs, qu'avec leurs seules mains et des poignées de terre ils auraient pu couvrir la Goulette et le fort. Ce fut la Goulette qui tomba la première au pouvoir de l'ennemi, elle qu'on avait crue jusqu'alors imprenable, et non par la faute de sa garnison, qui fit pour la défendre tout ce qu'elle devait et pouvait faire, mais parce que l'expérience montra combien il était facile d'élever des tranchées dans ce désert de sable, où l'on prétendait que l'eau se trouvait à deux pieds du sol, tandis que les Turcs n'en trouvèrent pas à deux aunes. Aussi, avec une immense quantité de sacs de sable, ils élevèrent des tranchées tellement hautes, qu'elles dominaient les murailles de la forteresse, et, comme ils tiraient du terre-plein, personne ne pouvait se montrer ni veiller à sa défense. L'opinion commune fut que les nôtres n'auraient pas dû s'enfermer dans la Goulette, mais attendre l'ennemi en rase campagne et au débarquement. Ceux qui parlent ainsi parlent de loin, et n'ont guère l'expérience de semblables événements, puisque, dans la Goulette et dans le fort, il y avait à peine sept mille soldats. Comment, en si faible nombre, eussent-ils été plus braves encore, pouvaient-ils s'aventurer en plaine, et en venir aux mains avec une foule comme celle de l'ennemi? et comment est-il possible de conserver une forteresse qui n'est point secourue, quand elle est enveloppée de tant d'ennemis acharnés, et dans leur propre pays? Mais il parut à bien d'autres, et à moi tout le premier, que ce fut une grâce particulière que fit le ciel à l'Espagne, en permettant la destruction totale de ce réceptacle de perversités, de ce ver rongeur, de cette insatiable éponge qui dévorait tant d'argent dépensé sans fruit, rien que pour servir à conserver la mémoire de sa prise par l'invincible Charles-Quint, comme s'il était besoin, pour la rendre éternelle, que ces pierres la rappelassent.

On perdit aussi le fort; mais du moins les Turcs ne l'emportèrent que pied à pied. Les soldats qui le défendaient combattirent avec tant de valeur et de

LES ARABES LUI TRANCHÈRENT LA TÊTE ET LA PORTÈRENT AU GÉNÉRAL DE LA FLOTTE TURQUE. — T. I, CH. XXXIX.

constance, qu'ils tuèrent plus de vingt-cinq mille ennemis, en vingt-deux assauts généraux qui leur furent livrés. Aucun ne fut pris sain et sauf des trois cents qui restèrent en vie : preuve claire et manifeste de leur indomptable vaillance, et de la belle défense qu'ils firent pour conserver ces places. Un autre petit fort capitula : c'était une tour bâtie au milieu de l'île de l'Estagno[14], où commandait don Juan Zanoguera, gentilhomme valencien et soldat de grand mérite. Les Turcs firent prisonnier don Pedro Puertocarrero, général de la Goulette, qui fit tout ce qui était possible pour défendre cette place forte, et regretta tellement de l'avoir laissé prendre, qu'il mourut de chagrin dans le trajet de Constantinople, où on le menait captif. Ils prirent aussi le général du fort, appelé Gabrio Cervellon, gentilhomme milanais, célèbre ingénieur et vaillant guerrier[15]. Bien des gens de marque périrent dans ces deux places, entre autres Pagano Doria, chevalier de Saint-Jean, homme de caractère généreux, comme le montra l'extrême libéralité dont il usa envers son frère, le fameux Jean-André Doria. Ce qui rendit sa mort plus douloureuse encore, c'est qu'il périt sous les coups de quelques Arabes, auxquels il s'était confié, voyant le fort perdu sans ressource, et qui s'étaient offerts pour le conduire, sous un habit moresque, à Tabarca, petit port qu'ont les Génois sur ce rivage pour la pêche du corail. Ces Arabes lui tranchèrent la tête et la portèrent au général de la flotte turque. Mais celui-ci accomplit sur eux notre proverbe castillan, *bien que la trahison plaise, le traître déplaît*, car on dit qu'il fit pendre tous ceux qui lui présentèrent ce cadeau, pour les punir de ne lui avoir pas amené le prisonnier vivant.

Parmi les chrétiens qui furent pris dans le fort, il s'en trouva un, nommé don Pedro de Aguilar, natif de je ne sais quelle ville d'Andalousie, qui avait été porte-enseigne du fort : c'était un soldat de grande bravoure et de rare intelligence, doué surtout d'un talent particulier pour ce qu'on appelle la poésie. Je puis le dire, car son mauvais sort l'amena dans ma galère et sur mon banc, esclave du même patron que moi ; et, avant que nous quittassions ce port, il composa deux sonnets en manière d'épitaphes, l'un sur la Goulette et l'autre sur le fort. En vérité, j'ai même envie de vous les dire, car je les sais par cœur, et je crois qu'ils vous donneront plus de plaisir que d'ennui.

Au moment où le captif prononça le nom de don Pedro de Aguilar, don Fernand regarda ses compagnons, qui, tous trois, se mirent à sourire, et quand il vint à parler des sonnets, l'un d'eux lui dit :

« Avant que Votre Grâce continue, je vous supplie de me dire ce qu'est devenu ce don Pedro de Aguilar, dont vous parlez.

— Tout ce que je sais, répondit le captif, c'est qu'après avoir passé deux ans à Constantinople, il s'enfuit en costume d'Arnaute[16], avec un espion grec ; mais j'ignore s'il parvint à recouvrer sa liberté, bien que je le suppose : car, moins d'un an après, je revis ce Grec à Constantinople, mais sans pouvoir lui demander des nouvelles de leur voyage.

— Eh bien! je puis vous en donner, répliqua le gentilhomme, car ce don Pedro est mon frère; il est maintenant dans notre pays, bien portant, riche, marié et père de trois enfants.

— Grâces soient rendues à Dieu, reprit le captif, pour tant de faveurs qu'il lui a faites! car, à mon avis, il n'y a pas sur la terre de contentement égal à celui de recouvrer la liberté perdue.

— Au reste, continua le gentilhomme, je sais également les sonnets qu'a faits mon frère.

— Alors, répondit le captif, je les laisserai dire à Votre Grâce, qui saura les citer mieux que moi.

— Volontiers, répondit le gentilhomme; voici celui de la Goulette :

CHAPITRE XL.

OÙ SE CONTINUE L'HISTOIRE DU CAPTIF.

SONNET.

« Ames heureuses, qui, libres, par vos belles actions, de l'enveloppe mortelle, vous êtes élevées de la bassesse de la terre à la hauteur du ciel ;

« Vous qui, brûlant de zèle et de noble colère, avez exercé la force de vos corps ; qui de votre sang et du sang d'autrui avez rougi les flots de la mer et le sable du sol ;

« La vie a manqué avant la valeur à vos bras fatigués, qui, en mourant, tout vaincus qu'ils sont, remportent la victoire ;

« Et, dans cette triste chute mortelle, vous avez acquis, entre la muraille et le fer, la renommée que donne le monde, et la gloire éternelle des cieux. »

— C'est précisément ainsi que je le sais, dit le captif.

— Quant à celui du fort, reprit le gentilhomme, si j'ai bonne mémoire, voici comment il est conçu :

SONNET.

« Du milieu de cette terre stérile et bouleversée, du milieu de ces bastions renversés à terre, les saintes âmes de trois mille soldats montèrent vivantes à un meilleur séjour ;

« Ils avaient d'abord vainement exercé la force de leurs bras courageux, jusqu'à ce qu'enfin, de lassitude et de petit nombre, ils rendirent la vie au fil de l'épée.

« Voilà le sol qu'ont incessamment rempli mille souvenirs lamentables, dans les siècles passés et dans le temps présent.

« Mais jamais, dans son âpre sein, de plus pures âmes n'auront monté au ciel, et jamais il n'aura porté des corps plus vaillants. »

Les sonnets ne furent pas trouvés mauvais, et le captif, après s'être réjoui des bonnes nouvelles qu'on lui donnait de son compagnon, reprit le fil de son histoire.

Après la reddition de la Goulette et du fort, dit-il, les Turcs ordonnèrent que la Goulette fût démantelée; car pour le fort, il n'en restait plus rien à jeter par terre. Afin d'aller plus vite en besogne, on la mina par trois côtés; mais on ne put en aucun endroit faire sauter ce qui semblait le moins solide, c'est-à-dire les murailles antiques, tandis que toutes les nouvelles fortifications qu'avait élevées le Fratin[1] furent aisément abattues. Finalement, la flotte, victorieuse et triomphante, regagna Constantinople, où, peu de temps après, mourut mon maître Uchali. On l'appelait *Uchali Fartax*, qui veut dire, en langue turque, le *renégat teigneux*[2], parce qu'il l'était effectivement, et c'est l'usage parmi les Turcs de donner aux gens les noms des défauts ou des qualités qu'ils peuvent avoir. Chez eux, en effet, il n'y a que quatre noms de famille, qui viennent également de la maison ottomane; les autres, comme je l'ai dit, prennent leurs noms des vices du corps ou des vertus de l'âme. Ce teigneux, étant esclave, avait ramé quatorze ans sur les galères du Grand Seigneur, et, quand il eut trente-quatre ans passés, il se fit renégat, de dépit de ce qu'un Turc lui avait donné un soufflet pendant qu'il ramait; et, pour s'en pouvoir venger, il renia sa foi. Sa valeur fut si grande que, sans passer par les routes viles et basses que prennent pour s'élever la plupart des favoris du Grand Seigneur, il devint roi d'Alger[3], et ensuite général de la mer, ce qui est la troisième charge de l'empire. Il était Calabrais de nation, et fut moralement homme de bien ; il traitait avec beaucoup d'humanité ses captifs, dont le nombre s'éleva jusqu'à trois mille. Après sa mort, et suivant l'ordre qu'il en donna dans son testament, ceux-ci furent répartis entre ses renégats et le Grand Seigneur (qui est aussi l'héritier de tous ceux qui meurent, et qui prend part comme tous les autres enfants à la succession du défunt). Je tombai en partage à un renégat vénitien, qu'Uchali avait fait prisonnier étant mousse sur un vaisseau chrétien, et qu'il aima tant, qu'il en fit un de ses plus chers mignons. Celui-ci, le plus cruel renégat qu'on vit jamais, s'appelait Hassan-Aga [4] : il devint très-riche, et fut fait roi d'Alger. Je le suivis de Constantinople à cette ville, satisfait d'être si près de l'Espagne; non que je pensasse à écrire à personne ma douloureuse situation, mais pour voir si la fortune ne me serait pas plus favorable à Alger qu'à Constantinople, où j'avais, de mille manières, essayé de m'enfuir, sans qu'aucune eût réussi. Je pensais, dans Alger, chercher d'autres moyens d'arriver à ce que je désirais tant, car jamais l'espoir de recouvrer ma liberté ne m'abandonna; et quand, en ce que j'imaginais ou mettais en œuvre, le succès ne répondait pas à l'intention, aussitôt, sans m'abandonner à la douleur, je me forgeais une autre espérance qui, si faible qu'elle fût, soutint mon courage.

C'est ainsi que j'occupais ma vie, enfermé dans la prison que les Turcs appellent *bagne* [5], où ils gardent tous les captifs chrétiens, aussi bien ceux du roi que ceux des particuliers, et ceux encore qu'on appelle de l'*almacen*, comme on dirait de la municipalité, parce qu'ils appartiennent à la ville, et servent aux travaux publics. Pour ces derniers, il est difficile que la liberté leur soit rendue; car, étant à tout le monde et n'ayant point de maître particulier, ils ne savent avec qui traiter de leur rançon, même quand ils en auraient une. Dans ces bagnes, comme je l'ai dit, beaucoup de particuliers conduisent leurs captifs, surtout lorsque ceux-ci sont pour être rachetés, parce qu'ils les y tiennent en repos et en sûreté jusqu'au rachat. Il en est de même des captifs du roi quand ils traitent de leur rançon; ils ne vont point au travail de la chiourme, à moins que la rançon ne tarde à venir, parce qu'alors, pour les forcer d'écrire d'une manière plus pressante, on les fait travailler, et on les envoie comme les autres chercher du bois, ce qui n'est pas une petite besogne. J'étais donc parmi les captifs du rachat; car, lorsqu'on sut que j'étais capitaine, j'eus beau déclarer que je n'avais ni ressources ni fortune, cela n'empêcha point qu'on ne me rangeât parmi les gentilshommes et les gens à rançon. On me mit une chaîne, plutôt en signe de rachat que pour me tenir en esclavage, et je passais ma vie dans ce bagne, avec une foule d'hommes de qualité désignés aussi pour le rachat. Bien que la faim et le dénûment nous tourmentassent quelquefois, et même à peu près toujours, rien ne nous causait autant de tourment que d'être témoins des cruautés inouïes que mon maître exerçait sur les chrétiens. Chaque jour il en faisait pendre quelqu'un; on empalait celui-là, on coupait les oreilles à celui-ci, et cela pour si peu de chose, ou plutôt tellement sans motif, que les Turcs eux-mêmes reconnaissaient qu'il ne faisait le mal que pour le faire, et parce que son humeur naturelle le portait à être le meurtrier de tout le genre humain [6]. Un seul captif s'en tira bien avec lui : c'était un soldat espagnol, nommé un tel de Saavedra, lequel fit des choses qui resteront de longues années dans la mémoire des gens de ce pays, et toutes pour recouvrer sa liberté. Cependant jamais Hassan-Aga ne lui donna un coup de bâton, ni ne lui en fit donner, ni ne lui adressa une parole injurieuse, tandis qu'à chacune des nombreuses tentatives que faisait ce captif pour s'enfuir, nous craignions tous qu'il ne fût empalé, et lui-même en eut la peur plus d'une fois. Si le temps me le permettait, je vous dirais à présent quelqu'une des choses que fit ce soldat; cela suffirait pour vous intéresser et pour vous surprendre bien plus assurément que le récit de mon histoire⁷. Mais il faut y revenir.

Au-dessus de la cour de notre prison donnaient les fenêtres de la maison d'un More riche et de haute naissance. Selon l'usage du pays, c'étaient plutôt des lucarnes rondes que des fenêtres; encore étaient-elles couvertes par des jalousies épaisses et serrées. Un jour je me trouvais sur une terrasse de notre prison avec trois de mes camarades, essayant, pour passer le temps, de sauter avec nos chaînes, et seuls alors, car tous les autres chrétiens étaient allés au travail. Je levai les yeux par hasard, et je vis sortir, par l'une de ces lucarnes si bien fermées, une canne de jonc au bout de laquelle pendait un petit paquet; et le jonc s'agitait de haut en bas, comme si l'on nous eût fait signe de venir le prendre. Nous regardâmes attentivement, et l'un de ceux qui se trouvaient avec moi alla se mettre sous la canne, pour voir ce que l'on ferait, et si on la laisserait tomber. Mais dès qu'il fut près de la muraille, on releva la canne, et on la remua de droite à gauche, comme si l'on eût dit *non* par un signe de tête. Le chrétien s'en revint près de nous, et l'on recommença à baisser la canne avec les mêmes mouvements que d'abord. Un autre de mes compagnons alla tenter l'épreuve, et il lui arriva comme au premier; le troisième ensuite, qui ne fut pas plus heureux que les deux autres. Quand je vis cela, je voulus à mon tour courir la chance, et je ne fus pas plutôt arrivé sous la canne de jonc, qu'on la laissa tomber à mes pieds dans le bagne. Je courus aussitôt détacher le petit paquet, et j'y trouvai un mouchoir noué qui contenait dix *cianis*, monnaie d'or de bas aloi dont les Mores font usage, et qui valent chacun dix de nos réaux. Combien me réjouit la trouvaille, il est inutile de le dire; car ma joie fut égale à la surprise que j'éprouvai en pensant d'où pouvait nous venir cette bonne fortune, ou plutôt à moi, puisqu'en ne voulant lâcher la canne qu'à mon approche, on avait clairement fait entendre que c'était à moi que s'adressait le bienfait. Je pris mon précieux argent, je brisai le jonc, je retournai sur la terrasse pour regarder de nouveau la fenêtre, et j'en vis sortir une très-blanche main, qui l'ouvrit et la ferma précipitamment. Cela nous fit comprendre, ou du moins imaginer, que c'était de quelque femme habitant cette maison que nous avions reçu cette aumône, et en signe de reconnaissance nous fîmes des révérences⁸ à la manière moresque, en inclinant la tête, pliant le corps, et croisant les bras sur la poitrine. Un moment après, on fit paraître par la même lucarne une petite croix faite de morceaux de jonc, que l'on retira aussitôt. Ce signe nous confirma dans la pensée

ENFIN JE RÉSOLUS DE ME CONFIER A UN RENÉGAT NATIF DE MURCIE. — T. I, CH. XI.

que quelque chrétienne devait être esclave en cette maison, et que c'était elle qui nous faisait ce bien. Mais la blancheur de la main et les bracelets dont elle était ornée détruisirent cette supposition. Alors nous imaginâmes que ce devait être une chrétienne renégate, de celles que leurs maîtres eux-mêmes ont coutume de prendre pour épouses légitimes, chose qu'ils tiennent à grand bonheur, car ils les estiment plus que les femmes de leur nation.

Dans toutes nos conjectures, nous donnions bien loin de la vérité; et, depuis lors, notre unique occupation était de regarder la fenêtre, ce pôle où nous était apparue l'étoile de la canne de roseau. Mais il se passa bien quinze jours sans que nous la revissions, ni la main non plus, ni signal d'aucune espèce. Et bien que, dans cet intervalle, nous eussions mis tous nos soins, toute notre sollicitude à savoir qui habitait cette maison, et s'il s'y trouvait quelque chrétienne renégate, nous ne pûmes rencontrer personne qui nous dît autre chose sinon que là demeurait un More riche et de qualité, appelé Agi-Morato, qui avait été kayd du fort de Bata, emploi de haute importance dans le pays". Mais, quand nous étions le plus loin de croire que d'autres cianis viendraient à pleuvoir par là, nous vîmes tout à coup reparaître la canne de jonc, avec un autre paquet au bout, plus gros que le premier. C'était un jour que le bagne se trouvait, comme la fois précédente, complétement vide. Nous fîmes l'épreuve accoutumée, chacun de mes trois compagnons allant se présenter avant moi; mais le jonc ne se rendit à aucun d'eux, et ce fut seulement quand j'approchai qu'on le laissa tomber à terre. Je trouvai dans le mouchoir quarante écus d'or espagnols, et un billet écrit en arabe, à la fin duquel on avait fait une grande croix. Je baisai la croix, je pris les écus, je revins à la terrasse; nous fîmes tous nos révérences, la main se montra de nouveau, puis je fis signe que je lirais le billet, et l'on ferma la fenêtre. Nous restâmes tous étonnés et ravis de l'événement; mais comme aucun de nous n'entendait l'arabe, si notre désir était grand de savoir ce que contenait le papier, plus grande encore était la difficulté de trouver quelqu'un qui pût le lire. Enfin je résolus de me confier à un renégat, natif de Murcie ", qui s'était donné pour mon grand ami, et duquel j'avais pris des garanties qui l'obligeassent à garder le secret que je lui confierais. Il y a des renégats, en effet, qui ont coutume, lorsqu'ils ont l'intention de retourner en pays de chrétiens, d'emporter avec eux quelques attestations des captifs de qualité, où ceux-ci certifient, dans la forme qu'ils peuvent employer, que ce renégat est homme de bien, qu'il a rendu service aux chrétiens, et qu'il a l'intention de s'enfuir à la première occasion favorable. Il y en a qui recherchent ces certificats avec bonne intention; d'autres, par adresse et pour en tirer parti. Ils viennent voler en pays chrétiens; et, s'ils font naufrage, ou s'ils sont arrêtés, ils tirent leurs certificats, et disent qu'on verra par ces papiers qu'ils avaient le dessein de revenir à la foi chrétienne, et que c'est pour cela qu'ils étaient venus en course avec les autres Turcs. Ils se préservent ainsi du premier mouvement d'horreur, se réconcilient avec l'Église, sans qu'il leur en coûte rien; et, dès qu'ils trouvent leur belle, ils retournent en Berbérie faire le même métier qu'auparavant. D'autres font réellement usage de ces papiers, les recherchent à bonne intention, et restent dans les pays chrétiens. Un de ces renégats était l'ami dont je viens de parler, lequel avait des attestations de tous nos camarades, où nous rendions de lui le meilleur témoignage qu'il fût possible. Si les Mores eussent trouvé sur lui ces papiers, ils l'auraient brûlé tout vif. J'appris qu'il savait assez bien l'arabe, non-seulement pour le parler, mais pour l'écrire. Toutefois, avant de m'ouvrir entièrement à lui, je le priai de me lire ce papier que j'avais par hasard trouvé dans une fente de mon hangar. Il l'ouvrit, le regarda quelque temps avec soin, et se mit à l'épeler entre ses dents; je lui demandai s'il le comprenait. « Très-bien, me dit-il, et, si vous voulez que je vous le traduise mot pour mot, donnez-moi une plume et de l'encre, ce me sera plus facile. » Nous lui donnâmes aussitôt ce qu'il demandait, et il se mit à traduire peu à peu. Quand il eut fini : « Tout ce qui est ici en espagnol, dit-il, c'est ce que contient le papier, sans qu'il y manque une lettre. Il faut seulement prendre garde qu'où il y a *Lella Maryem*, cela veut dire *Notre-Dame la vierge Marie.* » Nous lûmes alors le billet, qui était ainsi conçu :

« Quand j'étais enfant, mon père avait une esclave¹¹ qui m'apprit dans ma langue l'*azala*¹² chrétienne, et qui me dit bien des choses de Lella Maryem; la chrétienne mourut, et je sais qu'elle n'est point allée au feu, mais auprès d'Allah, car depuis je l'ai vue deux fois, et elle m'a dit d'aller en pays de chrétiens pour voir Lella Maryem, qui m'aime beaucoup. Je ne sais comment y aller. J'ai vu bien des chrétiens par cette fenêtre, mais aucun ne m'a paru gentilhomme, si ce n'est toi. Je suis belle et jeune, et j'ai beaucoup d'argent à emporter avec moi. Vois si tu peux faire en sorte que nous nous en allions; là tu seras mon mari, si tu veux l'être; et, si tu ne veux pas, cela me sera égal, car Lella Maryem me donnera bien quelqu'un avec qui me marier. C'est moi qui écris cela, mais prends garde à qui tu le feras lire, et ne te fie à aucun More, car ils sont tous trompeurs. Cela me fait grand'peine, et je voudrais que tu ne te découvrisses à personne; car, si mon père le sait, il me jettera sur-le-champ dans un puits et me couvrira de pierres. Je mettrai un fil au jonc, attaches-y ta réponse, et si tu n'as personne qui te l'écrive en arabe, fais-la-moi par signes : Lella Maryem fera que je t'entendrai. Qu'elle et Allah te conservent, ainsi que cette croix, que je baise souvent, comme me l'a recommandé la captive. »

Maintenant, seigneurs, voyez s'il était juste que le contenu de ce billet nous surprît et nous enchantât. Notre étonnement et notre joie éclatèrent de façon que le renégat s'aperçut bien que ce papier n'avait pas été trouvé par hasard, mais qu'il avait été réellement écrit à l'un de nous. Il nous conjura donc, si ce qu'il soupçonnait était la vérité, de nous fier et de nous ouvrir à lui, nous promettant de hasarder sa vie pour notre délivrance. En parlant ainsi, il tira de son sein un petit crucifix de métal, et, versant d'abondantes larmes, il nous jura, par le Dieu que représentait cette image, et auquel, bien que pécheur et méchant, il avait fidèlement conservé sa croyance, de nous garder le plus loyal secret sur tout ce qu'il nous plairait de lui découvrir. Il lui semblait, à ce qu'il nous dit, ou plutôt il pressentait que, par le moyen de celle qui avait écrit ce billet, nous devions tous obtenir notre liberté, et lui, l'objet de ses ardents désirs, qui était de rentrer dans le giron de la sainte Église sa mère, dont il s'était séparé comme un membre pourri, par son ignorance et son péché. C'était avec tant de larmes et avec de telles marques de repentir que le renégat parlait de la sorte, que tous, d'un commun avis, nous consentîmes à lui révéler la vérité de l'aventure, et nous lui en rendîmes en effet un compte exact, sans lui rien cacher. Nous lui fîmes voir la petite fenêtre par où se montrait le bâton de roseau, et lui, remarquant bien la maison, promit qu'il mettrait tous ses soins à s'informer des gens qui l'habitaient. Nous pensâmes aussi qu'il serait bon de répondre sur-le-champ au billet de la Moresque, et, comme nous avions maintenant quelqu'un qui savait le faire, le renégat écrivit aussitôt la réponse que je lui dictai, et dont je vais vous dire ponctuellement les propres expressions : car, de tous les détails importants de cette aventure, aucun ne m'est sorti de la mémoire, ni ne m'en sortira tant qu'il me restera un souffle de vie. Voici donc ce que je répondis à la Moresque :

« Que le véritable Allah te conserve, madame, ainsi que cette bienheureuse Maryem, qui est la véritable mère de Dieu, et celle qui t'a mis dans le cœur de t'en aller en pays de chrétiens, parce qu'elle t'aime tendrement. Prie-la de vouloir bien te révéler comment tu pourras mettre en œuvre ce qu'elle t'ordonne; elle est si bonne, qu'elle le fera. De ma part, et de celle de tous les chrétiens qui se trouvent avec moi, je t'offre de faire pour toi tout ce que nous pourrons jusqu'à mourir. Ne manque pas de m'écrire pour m'informer de ce que tu penses faire; je te répondrai toujours. Le grand Allah nous a donné un chrétien captif qui sait parler et écrire ta langue aussi bien que tu le verras par ce billet. Ainsi, sans avoir aucune inquiétude, tu peux nous informer de tout ce que tu voudras. Quant à ce que tu dis que, si tu arrives en pays de chrétiens, tu dois être ma femme, je te le promets comme bon chrétien, et tu sais que les chrétiens tiennent mieux que les Mores ce qu'ils promettent. Qu'Allah et Maryem, sa mère, t'aient en leur sainte garde. »

Quand ce billet fut écrit et cacheté, j'attendis deux jours que le bagne fût vide, comme d'habitude, et j'allai aussitôt à la promenade ordinaire de la terrasse, pour voir si la canne de jonc paraîtrait; elle ne tarda pas beaucoup à se montrer. Dès que je la vis, bien que je ne pusse voir qui la tenait, je montrai le papier, comme pour faire entendre qu'on attachât le fil. Mais déjà il pendait au bâton. J'y liai le billet, et peu de moments après nous vîmes paraître de nouveau notre étoile, avec sa blanche bannière de paix, le petit mouchoir. On le laissa tomber; j'allai le ramasser aussitôt, et nous y trouvâmes, en toutes sortes de monnaies d'or et d'argent, plus de cinquante écus, lesquels doublèrent cinquante fois notre allégresse, et nous affermirent dans l'espoir de la délivrance. Cette même nuit, notre renégat revint au bagne. Il nous dit qu'il avait appris que, dans cette maison, vivait en effet le More qu'on nous avait indiqué, nommé Agi-Morato; qu'il était prodigieusement riche; qu'il avait une fille unique, héritière de tous ses biens, qui passait unanimement dans la ville pour la plus belle femme de toute la Berbérie, et que plusieurs des vice-rois qui étaient venus dans la province l'avaient demandée pour femme[13], mais qu'elle n'avait jamais voulu se marier; enfin, qu'elle avait eu longtemps une esclave chrétienne, morte depuis peu. Tout cela se rapportait parfaitement au contenu du billet. Nous tînmes ensuite conseil avec le renégat sur le parti qu'il fallait prendre pour enlever de chez elle la Moresque, et venir tous en pays chrétien. Il fut d'abord résolu qu'on attendrait le second avis de Zoraïde (c'est ainsi que s'appelait celle qui veut à présent s'appeler Marie), car nous reconnûmes bien qu'elle seule, et personne autre, pouvait trouver une issue à ces difficultés. Après nous être arrêtés à cela, le renégat nous dit de prendre courage, et qu'il perdrait la vie ou nous rendrait la liberté.

Pendant quatre jours entiers le bagne resta plein de monde, ce qui fut cause que le bâton de jonc tarda quatre jours à paraître. Au bout de ce temps, et dans la solitude accoutumée, il se montra enfin, avec un paquet si gros, qu'il promettait une heureuse portée. Le jonc s'inclina devant moi, et je trouvai dans le mouchoir un autre billet avec cent écus d'or, sans aucune monnaie. Le renégat se trouvait présent; nous lui donnâmes à lire le papier dans notre chambrée. Voici ce qu'il contenait :

« Je ne sais, mon seigneur, quel parti prendre pour que nous allions en Espagne, et Lella Maryem ne me l'a pas dit, bien que je le lui eusse demandé. Ce qui pourra se faire, c'est que je vous donne par cette fenêtre beaucoup de pièces d'or. Rachetez-vous avec cet argent, toi et tes amis, et qu'un de vous s'en aille en pays de chrétiens, qu'il y achète une barque, et qu'il revienne chercher les autres. On me trouvera, moi, dans le jardin de mon père, qui est à la porte de Bab-Azoun[14], près du bord de la mer, où je passerai tout l'été avec mon père et mes serviteurs. De là, pendant la nuit, vous pourrez m'enlever facilement et me conduire à la barque[15]. Et fais bien attention que tu dois être mon mari; car sinon, je prierai Maryem qu'elle te punisse. Si tu ne te fies à personne assez pour l'envoyer chercher la barque, rachète-toi, et vas-y; je sais que tu reviendras plutôt qu'un autre, puisque tu es gentilhomme et chrétien. Tâche de savoir où est le jardin; quand tu viendras te promener par là, je saurai qu'il n'y a personne au bagne, et je te donnerai beaucoup d'argent. Qu'Allah te conserve, mon seigneur. »

Tel était le contenu du second billet; et, dès que nous en eûmes tous pris connaissance, chacun s'offrit pour être racheté et remplir la mission, promettant d'aller et de revenir avec la plus grande ponctualité. Moi-même je m'offris comme les autres. Mais le renégat s'opposa à toutes ces propositions, disant qu'il ne permettrait pas qu'aucun de nous fût mis en liberté avant que tous les autres le fussent en même temps, parce que l'expérience lui avait appris combien, une fois libre, on tenait mal les paroles données dans l'esclavage. « Très-souvent, disait-il, des captifs de grande naissance avaient employé ce moyen, rachetant quelqu'un de leurs compagnons pour qu'il allât, avec de l'argent, à Valence ou à Mayorque, armer une barque et revenir chercher ceux qui lui avaient fourni sa rançon; mais jamais on ne les avait revus, parce que le bonheur d'avoir recouvré la liberté et la crainte de la perdre encore effaçaient de leur souvenir toutes les obligations du monde. » Pour preuve de cette vérité, il nous raconta brièvement une aventure qui était arrivée depuis peu à des gentilshommes chrétiens, la plus étrange qu'on ait ouï conter dans ces parages, où chaque jour se passent des choses étonnantes [16]. Enfin il finit par nous dire que ce qu'il fallait faire c'était de lui donner, à lui, l'argent destiné à la rançon du chrétien, pour acheter une barque à Alger même, sous prétexte de se faire marchand et de négocier avec Tétouan et les villes de la côte; et que, lorsqu'il serait maître de la barque, il trouverait facilement le moyen de nous tirer du bagne et de nous mettre tous à bord [17]. « D'ailleurs, ajoutait-il, si la Moresque, ainsi qu'elle le promet, donne assez d'argent pour vous racheter tous, rien ne sera plus facile, une fois libres, que de vous embarquer au beau milieu du jour. La plus grande difficulté qui s'offre, c'est que les Mores ne permettent à aucun renégat d'acheter ou d'avoir une barque en sa possession, mais seulement de grands navires pour aller en course, parce qu'ils craignent que celui qui achète une barque, surtout s'il est Espagnol, ne la veuille avoir uniquement pour se sauver en pays chrétien. Mais je lèverai cet obstacle en mettant un More tagarin [18] de moitié dans l'acquisition de la barque et les bénéfices du négoce. Sous l'ombre de son nom, je deviendrai maître de la barque, et je tiens dès lors tout le reste pour accompli. »

Bien qu'il nous eût paru préférable, à mes compagnons et à moi, d'envoyer chercher la barque à Mayorque, ainsi que le disait la Moresque, nous n'osâmes point contredire le renégat, dans la crainte que, si nous ne faisions pas ce qu'il demandait, il ne nous découvrît, et ne mît en danger de mort nous et Zoraïde, pour la vie de qui nous aurions donné toutes les nôtres. Ainsi nous résolûmes de remettre notre sort dans les mains de Dieu et dans celles du renégat. On répondit à l'instant même à Zoraïde, en lui disant que nous ferions tout ce qu'elle nous conseillait, parce que son idée était aussi bonne que si Lella Maryem la lui eût communiquée, et que c'était à elle seule qu'il appartenait d'ajourner ce projet ou de le mettre immédiatement en œuvre. Je renouvelai enfin, à la suite de cette lettre, la promesse d'être son époux; et, un autre jour que le bagne se trouvait solitaire, elle nous descendit, en différentes fois, avec la canne et le mouchoir, jusqu'à deux mille écus d'or. Elle disait, dans un billet, que le prochain *dgiuma*, qui est le vendredi, elle allait au jardin de son père; mais qu'avant de partir elle nous donnerait encore de l'argent; que, si cela ne suffisait pas, nous n'avions qu'à l'en avertir, qu'elle nous en donnerait autant que nous lui en demanderions, parce que son père en avait tant qu'il n'y ferait pas attention, et que d'ailleurs elle tenait les clefs de toutes choses. Nous remîmes aussitôt cinq cents écus au renégat pour l'achat de la barque. Avec huit cents écus je me rachetai. J'avais donné l'argent à un marchand valencien qui se trouvait en ce moment à Alger [19]. Celui-ci me racheta du roi, mais sur parole, et en s'engageant à payer ma rançon à l'arrivée du premier vaisseau qui viendrait de Valence : car, s'il eût aussitôt déboursé l'argent, ç'aurait été donner au roi le soupçon que ma rançon était depuis plusieurs jours à Alger, et que, pour faire un bénéfice, le marchand n'en avait rien dit. Finalement, mon maître était si madré que je n'osai point lui faire compter l'argent tout d'abord.

La veille du vendredi où la belle Zoraïde devait aller au jardin d'été, elle nous donna encore mille écus d'or, et nous informa de son prochain départ, en me priant, dès que je serais racheté, de me faire indiquer le jardin de son père, et de chercher, en tout cas, l'occasion d'y aller et de la voir. Je lui répondis en peu de mots que je ne manquerais pas de faire ainsi, et qu'elle eût bien soin de nous recommander à Lella Maryem, avec toutes les oraisons que l'esclave lui avait enseignées. Cela fait, on prit des mesures pour que nos trois compagnons se rachetassent aussi, afin de faciliter leur sortie du bagne, et que, me voyant racheté et eux non, tandis qu'il y avait de l'argent pour le faire, le diable n'allât pas leur monter la tête, et leur persuader de faire quelque sottise au détriment de Zoraïde. Bien que leur qualité pût me préserver de cette crainte, cependant je ne voulus pas laisser courir une telle chance à l'affaire. Je les fis donc racheter par le même moyen que j'avais pris pour moi, en remettant d'avance l'argent de la rançon au marchand, pour qu'il pût s'engager en toute sécurité ; mais jamais nous ne lui découvrîmes notre secret complot : cette confidence eût été trop dangereuse.

CHAPITRE XLI.

OÙ LE CAPTIF CONTINUE SON HISTOIRE.

Quinze jours ne se passèrent point sans que notre renégat eût acheté une bonne barque, capable de tenir trente personnes. Pour colorer la chose et prévenir tout soupçon, il résolut de faire, et fit en effet le voyage d'un pays appelé Sargel, qui est à vingt lieues d'Alger, du côté d'Oran, où il se fait un grand commerce de figues sèches[1]. Il recommença deux ou trois fois ce voyage, en compagnie du Tagarin dont il nous avait parlé. On appelle *Tagarins*, en Berbérie, les Mores de l'Aragon, et *Mudejarès* ceux de Grenade[2]. Ces derniers se nomment *Elchès* dans le royaume de Fez, et ce sont eux que le roi de ce pays emploie le plus volontiers à la guerre. Chaque fois que le renégat passait avec sa barque, il jetait l'ancre dans une petite cale qui n'était pas à deux portées d'arquebuse du jardin où demeurait Zoraïde. Là, avec les jeunes Mores qui ramaient dans son bâtiment, il se mettait à dessein, tantôt à dire l'*azala*, tantôt à essayer, comme pour rire, ce qu'il pensait faire tout de bon. Ainsi, il allait au jardin de Zoraïde demander des fruits, et le père lui en donnait sans le connaître. Il aurait bien voulu parler à Zoraïde, comme il me le confia depuis, pour lui dire que c'était lui qui devait, par mon ordre, la mener en pays chrétien, et qu'elle attendît patiemment, en toute confiance; mais il ne put jamais y parvenir, parce que les femmes moresques ne se laissent voir d'aucun More, ni Turc, à moins que ce ne soit par ordre de leur père ou de leur mari. Quant aux captifs chrétiens, elles se laissent voir et entretenir par eux peut-être plus qu'il ne serait raisonnable. Pour moi, j'aurais été fâché qu'il lui eût parlé, car elle se serait effrayée sans doute en voyant son sort confié à la langue d'un renégat. Mais Dieu, qui ordonnait les choses d'autre façon, ne donna point au désir du renégat l'occasion de se satisfaire. Celui-ci, voyant qu'il allait et venait en toute sûreté, dans ses voyages à Sargel; qu'il jetait l'ancre où, quand et comme il lui plaisait; que son associé le Tagarin n'avait d'autre volonté que la sienne; qu'enfin j'étais racheté, et qu'il ne manquait plus que de trouver des chrétiens pour le service des rames, me dit de choisir ceux que je voulais emmener avec moi, outre les gentilshommes rachetés, et de les tenir prévenus pour le premier vendredi, jour où il avait décidé qu'aurait lieu notre départ. En conséquence, je parlai à douze Espagnols, tous vigoureux rameurs, et de ceux qui pouvaient le plus librement sortir de la ville. Ce n'était pas facile d'en trouver autant à cette époque, car vingt bâtiments étaient sortis en course, et l'on avait emmené tous les hommes des chiourmes. Ceux-ci ne se rencontrèrent que parce que leur maître ne s'était pas mis en course de toute la saison, ayant à terminer une galiote qui était sur le chantier. Je ne leur dis rien autre chose sinon que, le premier vendredi, dans le tantôt, ils sortissent secrètement un à un, et qu'ils prissent le chemin du jardin d'Agi-Morato, où ils m'attendraient jusqu'à ce que j'arrivasse. Je donnai à chacun cet avis en particulier, en leur recommandant, s'ils voyaient là d'autres chrétiens, de leur dire simplement que je leur avais commandé de m'attendre en cet endroit.

Cette démarche faite, il m'en restait une autre à faire qui me convenait encore davantage: c'était d'informer Zoraïde de l'état où se trouvaient nos affaires, pour qu'elle fût prête et sur le qui-vive, et qu'elle ne s'effrayât point si nous l'enlevions à l'improviste avant le temps que, dans sa pensée, devait mettre à revenir la barque des chrétiens. Je résolus donc d'aller au jardin, et de voir si je pourrais lui parler. Sous prétexte d'aller cueillir quelques herbages, j'y entrai la veille de mon départ, et la première personne que j'y rencontrai fut son père, lequel s'adressa à moi dans cette langue qu'on parle entre captifs et Mores, sur toutes les côtes de Berbérie, et même à Constantinople, qui n'est ni l'arabe, ni le castillan, ni la langue d'aucune nation, mais un mélange de toutes les langues, avec lequel nous parvenions à nous entendre tous[2]. Il me demanda donc, en cette manière de langage, qui j'étais, et ce que je cherchais dans son jardin. Je lui répondis que j'étais esclave d'Arnaute Mami[1] (et cela, parce que je savais que c'était un de ses amis les plus intimes), et que je cherchais des herbes pour faire une salade. Il me demanda ensuite si j'étais ou non un homme de rachat, et combien mon maître exigeait pour ma rançon. Pendant ces questions et ces réponses, la belle Zoraïde sortit de la maison du jardin. Il y avait déjà longtemps qu'elle ne m'avait vu, et, comme les Moresques, ainsi que je l'ai dit, ne font aucune façon de se montrer aux chrétiens, et ne cherchent pas davantage à les éviter, rien ne l'empêcha de s'avancer auprès de nous. Au contraire, voyant qu'elle venait à petits pas, son père l'appela et la fit approcher. Ce serait chose impossible que de vous dire à présent avec quelle extrême beauté, quelle grâce parfaite et quels riches atours parut à mes yeux ma bien-aimée Zoraïde. Je dirai seulement que plus de perles pendaient à son beau cou, à ses oreilles, à ses boucles de cheveux, qu'elle n'avait de cheveux sur la tête. Au-dessus des cous-de-pied, qu'elle avait nus et découverts à la mode de son pays, elle portait deux *carcadj* (c'est ainsi qu'on appelle en arabe les anneaux ou bracelets des pieds), d'or pur, avec tant de diamants incrustés, que son père, à ce qu'elle m'a dit depuis, les estimait dix mille doublons, et les bracelets qu'elle portait aux poignets des mains valaient une somme égale. Les perles étaient très-fines et très-nombreuses, car la plus grande parure des femmes moresques est de se couvrir de perles en grains ou en semence. Aussi y a-t-il plus de perles chez les Mores que chez toutes les autres nations. Le père de Zoraïde avait la réputation d'en posséder un grand nombre, et des plus belles qui fussent à Alger. Il passait aussi pour avoir dans son trésor plus de deux cent mille écus espagnols, et c'est de tout cela qu'était maîtresse celle qui l'est à présent de moi. Si elle se montrait belle avec tous ces ornements, on peut se faire idée, par les restes de beauté que lui ont laissés tant de souffrances et de fatigues, de ce qu'elle devait être en ces temps de prospérité. On sait que la beauté de la plupart des femmes a ses jours et ses époques; que les accidents de leur vie la diminuent ou l'augmentent, et qu'il est naturel que les passions de l'âme l'élèvent ou l'abaissent, bien que d'ordinaire elles la flétrissent. Enfin, elle se montra parée et belle au dernier point; du moins elle me parut la plus riche et la plus ravissante femme qu'eussent encore vue mes yeux. Et, joignant à cela les sentiments de la reconnaissance que m'avaient inspirés ses bienfaits, je crus avoir devant moi une divinité du ciel descendue sur la terre pour mon plaisir et mon salut. Dès qu'elle approcha, son père lui dit dans sa langue que j'étais esclave de son ami Arnaute Mami, et que je venais chercher une salade. Elle prit alors la parole, et, dans cette langue mêlée dont je vous ai parlé, elle me demanda si j'étais gentilhomme, et pourquoi je ne m'étais pas encore racheté; je lui répondis que je venais de l'être et qu'elle pouvait voir, par le prix de ma rançon, combien mon maître m'estimait, puisqu'il avait exigé et touché quinze cents zoltanis[a].

« En vérité, dit-elle, si tu avais appartenu à mon père, j'aurais fait en sorte qu'il ne te donnât pas pour deux fois autant; car vous autres chrétiens, vous mentez en tout ce que vous dites, et vous vous faites pauvres pour tromper les Mores.

— Cela peut bien être, madame, répondis-je; mais je proteste que j'ai dit à mon maître la vérité, que je la dis et la dirai à toutes les personnes que je rencontre en ce monde.

— Et quand t'en vas-tu? demanda Zoraïde.

— Demain, à ce que je crois, lui dis-je. Il y a ici un vaisseau de France qui met demain à la voile, et je pense partir avec lui.

— Ne vaudrait-il pas mieux, répliqua Zoraïde, attendre qu'il arrivât des vaisseaux d'Espagne pour t'en aller avec eux, plutôt qu'avec des Français, qui ne sont pas vos amis?

— Non, répondis-je; si toutefois il y avait des nouvelles certaines qu'un bâtiment arrive d'Espagne, je me déciderais à l'attendre; mais il est plus sûr de m'en aller dès demain : car le désir que j'ai de me voir en mon pays, auprès des personnes que j'aime, est si fort, qu'il ne me laissera pas attendre une autre occasion, pour peu qu'elle tarde, quelque bonne qu'elle puisse être.

— Tu dois sans doute être marié dans ton pays? demanda Zoraïde; et c'est pour cela que tu désires tant aller revoir ta femme.

— Non, répondis-je, je ne suis pas marié : mais j'ai donné ma parole de me marier en arrivant.

— Est-elle belle, la dame à qui tu l'as donnée? demanda Zoraïde.

— Si belle, répliquai-je, que, pour la louer dignement et te dire la vérité, j'affirme qu'elle te ressemble beaucoup. »

A ces mots, le père de Zoraïde se mit à rire de bon cœur, et me dit :

« Par Allah, chrétien, elle doit être bien belle, en effet, si elle ressemble à ma fille, qui est la plus belle personne de tout ce royaume; si tu en doutes, regarde-la bien, et tu verras que je t'ai dit la vérité.

C'était Agi-Morato qui nous servait d'interprète dans le cours de cet entretien, comme plus habile à parler cette langue bâtarde dont on fait usage en ce pays; car Zoraïde, quoiqu'elle l'entendît également, exprimait plutôt ses pensées par signes que par paroles.

Tandis que la conversation continuait ainsi, arrive un More tout essoufflé, disant à grands cris que quatre Turcs ont sauté par-dessus les murs du jardin, et qu'ils cueillent les fruits, bien que tout verts encore. A cette nouvelle, le vieillard tressaillit de crainte, et sa fille aussi, car les Mores ont une peur générale et presque naturelle des Turcs, surtout des soldats de cette nation, qui sont si insolents et exercent un tel empire sur les Mores leurs sujets, qu'ils les traitent plus mal que s'ils étaient leurs esclaves. Agi-Morato dit aussitôt à Zoraïde :

« Fille, retourne vite à la maison, et renferme-toi pendant que je vais parler à ces chiens; toi, chrétien, cherche tes herbes à ton aise, et qu'Allah te ramène heureusement en ton pays. »

Je m'inclinai, et il alla chercher les Turcs, me laissant seul avec Zoraïde, qui fit d'abord mine d'obéir à son père; mais, dès qu'il eut disparu derrière les arbres du jardin, elle revint auprès de moi et me dit, les yeux pleins de larmes :

« *Ataméji*, chrétien, *ataméji?* » ce qui veut dire : « Tu t'en vas, chrétien, tu t'en vas?

— Oui, madame, lui répondis-je; mais jamais sans toi. Attends-moi le premier *dgiuma*, et ne t'effraye pas de nous voir, car, sans aucun doute, nous t'emmènerons en pays de chrétiens. »

Je lui dis ce peu de mots de façon qu'elle me comprit très-bien, ainsi que

SON PÈRE VINT EN COURANT À NOTRE RENCONTRE. — T. I, CH. XLI.

d'autres propos que nous échangeâmes. Alors, jetant un bras autour de mon cou, elle commença d'un pas tremblant à cheminer vers la maison. Le sort voulut, et ce pouvait être pour notre perte, si le ciel n'en eût ordonné autrement, que, tandis que nous marchions ainsi embrassés, son père, qui venait déjà de renvoyer les Turcs, nous vit dans cette posture, et nous vîmes bien aussi qu'il nous avait aperçus. Mais Zoraïde, adroite et prudente, ne voulut pas ôter les bras de mon cou; au contraire, elle s'approcha plus près encore, et posa sa tête sur ma poitrine, en pliant un peu les genoux, et donnant tous les signes d'un évanouissement complet. Moi, de mon côté, je feignis de la soutenir contre mon gré. Son père vint en courant à notre rencontre, et voyant sa fille en cet état, il lui demanda ce qu'elle avait; mais comme elle ne répondait pas :

« Sans doute, s'écria-t-il, que l'effroi que lui a donné l'arrivée de ces chiens l'aura fait évanouir. »

Alors, l'ôtant de dessus ma poitrine, il la pressa contre la sienne. Elle jeta un soupir, et, les yeux encore mouillés de larmes, se tourna de mon côté et me dit :

« *Améji*, chrétien, *améji*, » c'est-à-dire : « Va-t'en, chrétien, va-t'en. »

A quoi son père répondit :

« Peu importe, fille, que le chrétien s'en aille, car il ne t'a point fait de mal; et les Turcs sont partis. Que rien ne t'effraye maintenant, et que rien ne te chagrine, puisque les Turcs, ainsi que je te l'ai dit, se sont, à ma prière, en allés par où ils étaient venus.

— Ce sont eux, seigneur, dis-je à son père, qui l'ont effrayée, comme tu l'as pensé. Mais puisqu'elle dit que je m'en aille, je ne veux pas lui causer de peine. Reste en paix, et, avec ta permission, je reviendrai, au besoin, cueillir des herbes dans le jardin; car, à ce que dit mon maître, on n'en saurait trouver en aucun autre de meilleures pour la salade.

— Tu pourras revenir toutes les fois qu'il te plaira, répondit Agi-Morato; ma fille ne dit pas cela parce que ta vue ou celle des autres chrétiens la fâche; c'était pour dire que les Turcs s'en allassent qu'elle t'a dit de t'en aller, ou bien parce qu'il était temps de chercher tes herbes. »

A ces mots, je pris sur-le-champ congé de tous les deux, et Zoraïde, qui semblait à chaque pas se sentir arracher l'âme, s'éloigna avec son père. Moi, sous prétexte de chercher les herbes de ma salade, je parcourus à mon aise tout le jardin; je remarquai bien les entrées et les sorties, le fort et le faible de la maison, et les facilités qui se pouvaient offrir pour le succès de notre entreprise. Cela fait, je revins, et rendis compte de tout ce qui s'était passé au renégat et à mes compagnons, soupirant après l'heure où je me verrais en paisible jouissance du bonheur que m'offrait le ciel dans la belle et charmante Zoraïde.

Enfin, le temps s'écoula, et amena le jour par nous si désiré. Nous suivîmes ponctuellement tous ensemble l'ordre arrêté dans nos conciliabules après de mûres réflexions, et le succès répondit pleinement à notre espoir. Le vendredi qui suivit le jour où j'avais entretenu Zoraïde dans le jardin, le renégat vint, à l'entrée de la nuit, jeter l'ancre avec sa barque presque en face de la demeure où nous attendait l'aimable fille d'Agi-Morato. Déjà les chrétiens qui devaient occuper les bancs des rameurs étaient avertis et cachés dans divers endroits des environs. Ils étaient tous vigilants et joyeux dans l'attente de mon arrivée, et impatients d'attaquer le navire qu'ils avaient devant les yeux; car, ne sachant point la convention faite avec le renégat, ils croyaient que c'était par la force de leurs bras qu'il fallait gagner la liberté, en ôtant la vie aux Mores qui occupaient la barque. Il arriva donc qu'à peine je me fus montré avec mes compagnons, tous les autres qui étaient cachés, guettant notre arrivée, accoururent auprès de nous. C'était l'heure où les portes de la ville venaient d'être fermées, et personne n'apparaissait dans toute cette campagne. Quand nous fûmes réunis, nous hésitâmes pour savoir s'il valait mieux aller d'abord chercher Zoraïde, ou faire, avant tout, prisonniers les Mores bagarins[5] qui ramaient dans la barque. Pendant que nous étions encore à balancer, arriva notre renégat, qui nous demanda à quoi nous perdions le temps, ajoutant que l'heure était venue d'agir, et que tous ses Mores, la plupart endormis, ne songeaient guère à se tenir sur leurs gardes. Nous lui dîmes ce qui causait notre hésitation; mais il répondit que ce qui importait le plus, c'était d'abord de s'emparer de la barque, chose très-facile et sans nul danger, puis qu'ensuite nous pourrions aller enlever Zoraïde. Son avis fut unanimement approuvé, et, sans tarder davantage, guidés par lui, nous arrivâmes au petit navire. Il sauta le premier à bord, saisit son cimeterre, et s'écria en langue arabe :

« Que personne de vous ne bouge, s'il ne veut qu'il lui en coûte la vie. »

En ce moment, presque tous les chrétiens étaient entrés à sa suite. Les Mores, qui n'étaient pas gens de résolution, furent frappés d'effroi en écoutant ainsi parler leur *arraez*[7], et, sans qu'aucun d'eux étendit la main sur le peu d'armes qu'ils avaient, ils se laissèrent en silence garrotter par les chrétiens. Ceux-ci firent cette besogne avec célérité, menaçant les Mores, si l'un d'eux élevait la voix, de les passer au fil de l'épée. Quand cela fut fait, la moitié de nos gens restèrent pour les garder, et je revins avec les autres, ayant toujours le renégat pour guide, au jardin d'Agi-Morato. Le bonheur voulut qu'en arrivant à la porte nous l'ouvrissions avec autant de facilité que si elle n'eût pas été fermée. Nous approchâmes donc en grand silence jusque auprès de la maison, sans donner l'éveil à personne. La belle Zoraïde nous attendait à une fenêtre, et, dès qu'elle entendit que quelqu'un était là, elle demanda d'une voix basse si nous étions *nazarani*[8], c'est-à-dire chrétiens. Je lui répondis que oui, et qu'elle n'avait qu'à descendre. Quand elle me reconnut, elle n'hésita pas un moment; sans répliquer un mot, elle descendit en toute hâte, ouvrit la porte et se fit voir à tous les yeux, si belle et si richement vêtue, que je ne pourrais l'exprimer. Dès que je la vis, je lui pris une main, et je la baisai; le renégat fit de même, ainsi que mes deux compagnons, et les

ET ZORAÏDE QUI SEMBLAIT À CHAQUE PAS SE SENTIR ARRACHER L'ÂME S'ÉLOIGNA AVEC SON PÈRE. — T. I, CH. XLI.

autres aussi, qui, sans rien savoir de l'aventure, firent ce qu'ils nous virent faire, si bien qu'il semblait que tous nous lui rendissions grâce, et la reconnussions pour maîtresse de notre liberté. Le renégat lui demanda en langue moresque si son père était dans le jardin. Elle répondit que oui et qu'il dormait.

« Alors il faudra l'éveiller, reprit le renégat, et l'emmener avec nous, ainsi que tout ce qu'il y a de précieux dans ce beau jardin.

— Non, s'écria-t-elle, on ne touchera point à un cheveu de mon père; et dans cette maison il n'y a rien de plus que ce que j'emporte, et c'est bien assez pour que vous soyez tous riches et contents. Attendez un peu, et vous allez voir. »

A ces mots, elle rentra chez elle, en disant qu'elle reviendrait aussitôt, et que nous restassions tranquilles, sans faire aucun bruit. Je questionnai le renégat sur ce qui venait de se passer entre eux, et quand il me l'eut conté, je lui dis qu'il fallait ne faire en toute chose que la volonté de Zoraïde. Celle-ci revenait déjà, chargée d'un coffret si plein d'écus d'or, qu'elle pouvait à peine le soutenir. La fatalité voulut que son père s'éveillât en ce moment, et qu'il entendit le bruit qui se faisait dans le jardin. Il s'approcha de la fenêtre, et reconnut sur-le-champ que tous ceux qui entouraient sa maison étaient chrétiens. Aussitôt, jetant des cris perçants, il se mit à dire en arabe :

« Aux chrétiens, aux chrétiens! aux voleurs, aux voleurs! »

Ces cris nous mirent tous dans une affreuse confusion. Mais le renégat, voyant le péril que nous courions, et combien il lui importait de terminer l'entreprise avant que l'éveil fût donné, monta, en courant à toutes jambes, à l'appartement d'Agi-Morato. Quelques-uns des nôtres le suivirent, car je n'osai, quant à moi, abandonner Zoraïde, qui était tombée comme évanouie dans mes bras. Finalement, ceux qui étaient montés mirent si bien le temps à profit, qu'un moment après ils descendirent, amenant Agi-Morato, les mains liées et un mouchoir attaché sur la bouche, et le menaçant de lui faire payer d'un seul mot de la vie. Quand sa fille l'aperçut, elle se couvrit les yeux pour ne point le voir, et lui resta frappé de stupeur, ne sachant pas avec quelle bonne volonté elle s'était remise en nos mains. Mais comme alors les pieds étaient le plus nécessaires, nous regagnâmes en toute hâte notre barque, où ceux qui étaient restés nous attendaient, fort inquiets qu'il ne nous fût arrivé quelque malheur.

A peine deux heures de la nuit s'étaient écoulées que nous étions tous réunis dans la barque. On ôta au père de Zoraïde les liens des mains et le mouchoir de la bouche; mais le renégat lui répéta encore que, s'il disait un mot, c'en était fait de lui. Dès qu'il aperçut là sa fille, Agi-Morato commença à pousser de plaintifs sanglots, surtout quand il vit que je la tenais étroitement embrassée, et qu'elle, sans se plaindre, sans se défendre, sans chercher à s'échapper, demeurait tranquille entre mes bras; mais toutefois il gardait le silence, dans la crainte que le renégat ne mît ses menaces à effet. Au moment où nous allions jeter les rames à l'eau, Zoraïde, voyant dans la barque son père et les autres Mores qui étaient attachés, dit au renégat de me demander que je lui fisse la grâce de relâcher ces Mores, et de rendre à son père la liberté, parce qu'elle se précipiterait plutôt dans la mer, que de voir devant ses yeux, et par rapport à elle, emmener captif un père qui l'avait si tendrement aimée. Le renégat me transmit sa prière, et je répondis que j'étais prêt à la contenter. Mais il répliqua que cela n'était pas possible.

« Si nous les laissons ici, me dit-il, ils vont appeler au secours, mettre la ville en rumeur, et ils seront cause qu'on enverra de légères frégates à notre poursuite, qu'on nous cernera par terre et par mer, et que nous ne pourrons nous échapper. Ce qu'on peut faire, c'est de leur donner la liberté en arrivant au premier pays chrétien. »

Nous nous rendîmes tous à cet avis, et Zoraïde, à laquelle on expliqua les motifs qui nous obligeaient à ne point faire sur-le-champ ce qu'elle désirait, s'en montra satisfaite.

Aussitôt, en grand silence, mais avec une joyeuse célérité, chacun de nos vigoureux rameurs saisit son aviron, et nous commençâmes, en nous recommandant à Dieu du profond de nos cœurs, à voguer dans la direction des îles Baléares, qui sont le pays chrétien le plus voisin. Mais comme le vent d'est soufflait assez fort et que la mer était un peu houleuse, il devint impossible de suivre la route de Mayorque, et nous fûmes obligés de longer le rivage du côté d'Oran, non sans grande inquiétude d'être découverts de la petite ville de Sargel, qui, sur cette côte, n'est pas à plus de soixante milles d'Alger. Nous craignions aussi de rencontrer dans ces parages quelque galiote de celles qui amènent des marchandises de Tétouan, bien que chacun de nous comptât assez sur lui et sur les autres pour espérer, si nous rencontrions une galiote de commerce qui ne fût point armée en course, non-seulement de ne pas être pris, mais, au contraire, de prendre un bâtiment où nous pourrions achever plus sûrement notre voyage. Tandis qu'on naviguait ainsi, Zoraïde restait à mes côtés, la tête cachée dans mes mains pour ne pas voir son père, et j'entendais qu'elle appelait tout bas Lella Maryem, en la priant de nous assister.

Nous avions fait environ trente milles quand le jour commença de poindre; mais nous étions à peine à trois portées d'arquebuse de la terre, que nous vîmes entièrement déserte et sans personne qui pût nous découvrir. Cependant, à force de rames, nous gagnâmes la pleine mer, qui s'était un peu calmée, et, quand nous fûmes à deux lieues environ de la côte, on donna l'ordre de ramer de quart pendant que nous prendrions quelque nourriture, car la barque était abondamment pourvue. Mais les rameurs répondirent qu'il n'était pas encore temps de prendre du repos, qu'on pouvait donner à manger à ceux qui n'avaient point à faire, et qu'ils ne voulaient pour rien au monde déposer les rames. On leur obéit, et, presque au même instant, un grand vent s'éleva, qui nous força d'ouvrir les voiles et de laisser la rame, en mettant le cap sur Oran, car il n'était pas possible de suivre une autre direction. Cette manœuvre se fit avec rapidité, et nous naviguâmes à la voile, faisant plus de huit milles à l'heure, sans autre crainte que celle de rencontrer un bâtiment armé en course. Nous donnâmes à manger aux Mores bagarins, que le

TANDIS QU'ON NAVIGUAIT AINSI, ZORAÏDE RESTAIT A MES CÔTÉS. — T. I, CH. XLI.

renégat consola en leur disant qu'ils n'étaient point captifs, et qu'à la première occasion la liberté leur serait rendue. Il tint le même langage au père de Zoraïde; mais le vieillard répondit :

« Je pourrais, ô chrétiens, attendre toute autre chose de votre générosité et de votre courtoisie; mais ne me croyez pas assez simple pour imaginer que vous allez me donner la liberté. Vous ne vous êtes pas exposés assurément aux périls qu'il y avait à me l'enlever pour me la rendre si libéralement, surtout sachant qui je suis et quels avantages vous pouvez retirer en m'imposant une rançon. S'il vous plaît d'en fixer le prix, je vous offre dès maintenant tout ce que vous voudrez pour moi et pour cette pauvre enfant, qui est la meilleure et la plus chère partie de mon âme. »

En achevant ces mots, il se mit à pleurer si amèrement, qu'il nous fit à tous compassion, et qu'il força Zoraïde à jeter la vue sur lui. Quand elle le vit ainsi pleurer, elle s'attendrit, se leva de mes genoux pour aller embrasser son père, et, collant son visage au sien, ils commencèrent tous deux à fondre en larmes d'une manière si touchante, que la plupart d'entre nous sentaient aussi leurs yeux se mouiller de pleurs. Mais lorsque Agi-Morato la vit en habit de fête et chargée de tant de bijoux, il lui dit dans sa langue :

« Qu'est-ce que cela, ma fille? hier, à l'entrée de la nuit, avant que ce terrible malheur nous arrivât, je t'ai vue avec tes habits ordinaires de la maison; et maintenant, sans que tu aies eu le temps de te vêtir, et sans que je t'aie donné aucune nouvelle joyeuse à célébrer en pompe et en cérémonie, je te vois parée des plus riches atours dont j'aie pu te faire présent pendant notre plus grande prospérité? Réponds à cela, car j'en suis plus surpris et plus inquiet que du malheur même où je me trouve. »

Tout ce que le More disait à sa fille, le renégat nous le transmettait, et Zoraïde ne répondait pas un mot. Mais quand Agi-Morato vit dans un coin de la barque le coffret où elle avait coutume d'enfermer ses bijoux, et qu'il savait bien avoir laissé dans sa maison d'Alger, ne voulant pas l'apporter au jardin, il fut bien plus surpris encore, et lui demanda comment ce coffre était tombé en nos mains, et qu'est-ce qu'il y avait dedans. Alors le renégat, sans attendre la réponse de Zoraïde, répondit au vieillard :

« Ne te fatigue pas, seigneur, à demander tant de choses à ta fille Zoraïde; je vais t'en répondre une seule, qui pourra satisfaire à toutes tes questions. Sache donc qu'elle est chrétienne, que c'est elle qui a été la lime de nos chaînes et la délivrance de notre captivité. Elle est venue ici de son plein gré, aussi contente, à ce que je suppose, de se voir en cette situation, que celui qui passe des ténèbres à la lumière, de la mort à la vie, et de l'enfer au paradis.

— Est-ce vrai, ma fille, ce que dit celui-là? s'écria le More.

— Il en est ainsi, répondit Zoraïde.

— Quoi! répliqua le vieillard, tu es chrétienne, et c'est toi qui as mis ton père au pouvoir de ses ennemis?

— Chrétienne, oui, je le suis, reprit Zoraïde, mais non celle qui t'a mis en cet état, car jamais mon désir n'a été de t'abandonner, ni de te faire du mal, mais seulement de faire mon bien.

— Et quel bien t'es-tu fait, ma fille?

— Pour cela, répondit-elle, demande-le à Lella Maryem; elle saura te le dire mieux que moi. »

A peine le More eut-il entendu cette réponse, qu'avec une incroyable célérité il se jeta dans l'eau la tête la première, et il se serait infailliblement noyé si le long vêtement qu'il portait ne l'eût un peu soutenu sur les flots. Aux cris de Zoraïde nous accourûmes tous, et, le saisissant par son cafetan, nous le retirâmes à demi noyé et sans connaissance; ce qui causa une si vive douleur à Zoraïde qu'elle se mit, comme s'il eût été sans vie, à pousser sur son corps les plus tendres et les plus douloureux sanglots. Nous le pendîmes la tête en bas; il rendit beaucoup d'eau, et revint à lui au bout de deux heures. Pendant ce temps le vent ayant changé, nous fûmes obligés de nous rapprocher de terre, et de faire force de rames pour ne pas être jetés à la côte. Mais notre bonne étoile permit que nous arrivassions à une cale que forme un petit promontoire appelé par les Mores cap de la *Cava rhoumia*, qui veut dire en notre langue de la *Mauvaise femme chrétienne*. C'est une tradition parmi eux qu'en cet endroit est enterrée cette Cava qui causa la perte de l'Espagne, parce qu'en leur langue *cava* veut dire *mauvaise femme*, et *rhoumia*, *chrétienne*. Ils tiennent même à mauvais augure de jeter l'ancre dans cette cale quand la nécessité les y force, car ce n'est jamais sans nécessité qu'ils y abordent. Pour nous, ce ne fut pas un gîte de mauvaise femme, mais bien un heureux port de salut, tant la mer était furieuse. Nous plaçâmes nos sentinelles à terre, et, sans quitter un moment les rames, nous mangeâmes des provisions qu'avait faites le renégat; après quoi nous priâmes, du fond de nos cœurs, Dieu et Notre-Dame de nous prêter leur assistance et leur faveur pour mener à bonne fin un si heureux commencement.

On se prépara, pour céder aux supplications de Zoraïde, à mettre à terre son père et les autres Mores qui étaient encore attachés; car le cœur lui manquait, et ses tendres entrailles étaient déchirées à la vue de son père lié comme un malfaiteur, et de ses compatriotes prisonniers. Nous promîmes de lui obéir au moment du départ, puisqu'il n'y avait nul danger à les laisser en cet endroit, qui était complétement désert. Nos prières ne furent pas si vaines que le ciel ne les entendît; en notre faveur, le vent changea, la mer devint tranquille, et tout nous invita à continuer joyeusement notre voyage. Voyant l'instant favorable, nous déliâmes les Mores, et, à leur grand étonnement, nous les mîmes à terre un à un. Mais quand on descendit le père de Zoraïde, qui avait repris toute sa connaissance, il nous dit :

« Pour quoi pensez-vous, chrétiens, que cette méchante femelle se réjouisse de ce que vous me rendez la liberté? croyez-vous que c'est parce qu'elle a pitié de moi? Non, certes; c'est pour se délivrer de la gêne que lui causerait ma présence quand elle voudra satisfaire ses désirs criminels. N'allez pas imaginer que ce qui

REVIENS, MA FILLE BIEN-AIMÉE, DIRAIT-IL, DESCENDS A TERRE, JE TE PARDONNE TOUT.... — T. I, CH. XLI.

l'a fait changer de religion, c'est d'avoir cru que la vôtre vaut mieux que la nôtre; non, c'est d'avoir appris que chez vous on se livre à l'impudicité plus librement que dans notre pays. »

Puis, se tournant vers Zoraïde, tandis qu'avec un autre chrétien je le retenais par les deux bras, pour qu'il ne fît pas quelque extravagance :

« O jeune fille infâme et pervertie! s'écria-t-il, où vas-tu, aveugle et dénaturée, au pouvoir de ces chiens, nos ennemis naturels? Maudite soit l'heure où je t'ai engendrée, et maudits soient les tendres soins que j'ai pris de ton enfance! »

Quand je vis qu'il prenait le chemin de n'en pas finir de sitôt, je me hâtai de le descendre à terre, et là il continuait à grands cris ses malédictions et ses plaintes, suppliant Mahomet de prier Allah de nous détruire et de nous abîmer. Lorsque, après avoir mis à la voile, nous ne pûmes plus entendre ses paroles, nous vîmes encore ses actions; il s'arrachait les cheveux, se frappait le visage et se roulait par terre. Mais, dans un moment, il éleva si fort la voix, que nous pûmes distinctement l'entendre :

« Reviens, ma fille bien-aimée, disait-il, descends à terre; je te pardonne tout. Donne à ces hommes ton argent, qui est déjà le leur, et reviens consoler ton triste père, qui, si tu le laisses, laissera la vie sur cette plage déserte. »

Zoraïde entendait tout cela, et, le cœur brisé, pleurait amèrement. Elle ne sut rien trouver de mieux à lui répondre que ce peu de paroles :

« Allah veuille, ô mon père, que Lella Maryem, qui m'a rendue chrétienne, te console dans ta tristesse. Allah sait bien que je n'ai pu m'empêcher de faire ce que j'ai fait, et que ces chrétiens ne doivent rien à ma volonté. Quand même j'aurais voulu les laisser partir et rester à la maison, cela ne m'aurait pas été possible, tant mon âme avait hâte de mettre en œuvre cette résolution, qui me semble aussi sainte qu'à toi, mon bon père, elle paraît coupable. »

Zoraïde parlait ainsi quand son père ne pouvait plus l'entendre, et que déjà nous le perdions de vue. Tandis que je la consolais, tout le monde se remit à l'ouvrage, et nous recommençâmes à voguer avec un vent si favorable, que nous étions persuadés de nous voir, au point du jour, sur les côtes d'Espagne. Mais comme rarement, ou plutôt jamais, le bien ne vient pur et complet, sans qu'il soit accompagné ou suivi de quelque mal qui le trouble et l'altère, notre mauvaise étoile, ou peut-être les malédictions que le More avait données à sa fille (car il faut les craindre de quelque père que ce soit), vinrent troubler notre allégresse. Nous étions en pleine mer, à plus de trois heures de la nuit, marchant voile déployée et les rames au crochet, car le vent prospère nous dispensait du travail de la chiourme, quand tout à coup, à la clarté de la lune, nous aperçûmes un vaisseau rond, qui, toutes voiles dehors et penché sur le flanc, traversait devant nous. Il était si proche, que nous fûmes obligés de carguer à la hâte pour ne point le heurter, et lui, de son côté, fit force de timon pour nous laisser le chemin libre. On se mit alors, du tillac de ce vaisseau, à nous demander qui nous étions, où nous allions et d'où nous venions. Mais comme ces questions nous étaient faites en langue française, le renégat s'écria bien vite :

« Que personne ne réponde : ce sont sans doute des corsaires français, qui font prise de tout. »

Sur cet avis, personne ne dit mot, et, prenant un peu d'avance, nous laissâmes le vaisseau sous le vent. Mais aussitôt on nous lâcha deux coups de canon, sans doute à boulets enchaînés, car la première volée coupa par la moitié notre mât, qui tomba dans la mer avec sa voile; et le second coup, tiré presque au même instant, porta dans le corps de notre barque, qu'il perça de part en part, sans atteindre personne. Mais, nous sentant couler à fond, nous nous mîmes tous à demander secours à grands cris, et à prier les gens du vaisseau de nous recueillir, s'ils ne voulaient nous voir sombrer. Ils mirent alors en panne, et jetant la chaloupe en mer, douze Français, armés de leurs arquebuses, s'approchèrent, mèches allumées, de notre bâtiment. Quand ils virent notre petit nombre, et que réellement nous coulions bas, ils nous prirent à leur bord, disant que c'était l'impolitesse que nous leur avions faite en refusant de répondre qui nous valait cette leçon. Notre renégat prit alors le coffre qui contenait les richesses de Zoraïde, et le jeta dans la mer, sans que personne prît garde à ce qu'il faisait. Finalement, tous nous passâmes sur le navire des Français, qui s'informèrent d'abord de tout ce qu'il leur plut de savoir de nous; puis, comme s'ils eussent été nos ennemis mortels, ils nous dépouillèrent de tout ce que nous portions; ils prirent à Zoraïde jusqu'aux anneaux qu'elle avait aux jambes. Mais j'étais bien moins tourmenté des pertes dont s'affligeait Zoraïde que de la crainte de voir ces pirates passer à d'autres violences, et lui enlever, après ces riches et précieux bijoux, celui qui valait plus encore et qu'elle estimait davantage. Mais, par bonheur, les désirs de ces gens ne vont pas plus loin que l'argent et le butin, dont ne peut jamais se rassasier leur avarice, qui se montra, en effet, si insatiable, qu'ils nous auraient enlevé jusqu'à nos habits de captifs, s'ils eussent pu en tirer parti.

Quelques-uns d'entre eux furent d'avis de nous jeter tous à la mer, enveloppés dans une voile, parce qu'ils avaient l'intention de trafiquer dans quelques ports d'Espagne sous pavillon breton, et que, s'ils nous eussent emmenés vivants, on aurait découvert et puni leur vol. Mais le capitaine, qui avait dépouillé ma chère Zoraïde, dit qu'il se contentait de sa prise, et qu'il ne voulait toucher à aucun port d'Espagne, mais continuer sa route au plus vite, passer le détroit de Gibraltar, de nuit et comme il pourrait, et regagner la Rochelle, d'où il était parti. Ils résolurent, en conséquence, de nous donner la chaloupe de leur vaisseau, et tout ce qu'il fallait pour la courte navigation qui nous restait à faire; ce qu'ils exécutèrent le lendemain, en vue de la terre d'Espagne : douce et joyeuse vue, qui nous fit oublier tous nos malheurs, toutes nos misères, comme si d'autres que nous les eussent essuyés : tant est grand le bonheur de recouvrer la liberté perdue!

Il pouvait être à peu près midi quand ils nous mirent dans la chaloupe, en

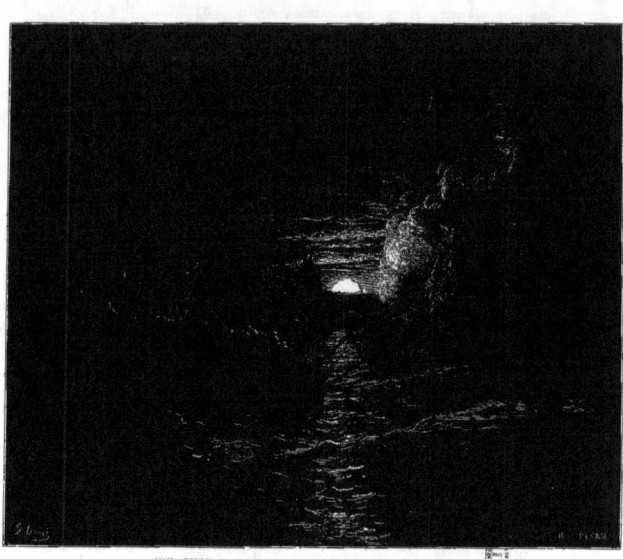

MAIS AUSSITOT ON NOUS LACHA DEUX COUPS DE CANON. — T. I, CH. XLI.

nous donnant deux barils d'eau et quelques biscuits; le capitaine, touché de je ne sais quelle compassion, donna même à la belle Zoraïde, au moment de l'embarquer, quarante écus d'or, et ne permit point que ses soldats lui ôtassent les vêtements qu'elle porte aujourd'hui. Nous descendîmes dans la barque, et nous leur rendîmes grâce du bien qu'ils nous faisaient, montrant plus de reconnaissance que de rancune. Ils prirent aussitôt le large, dans la direction du détroit; et nous, sans regarder d'autre boussole que la terre qui s'offrait à nos yeux, nous nous mîmes à ramer avec tant d'ardeur, qu'au coucher du soleil nous étions assez près, à ce qu'il nous sembla, pour aborder avant que la nuit fût bien avancée. Mais la lune était cachée et le ciel obscur; et, comme nous ignorions en quels parages nous étions arrivés, il ne nous parut pas prudent de prendre terre. Cependant plusieurs d'entre nous étaient de cet avis; ils voulaient que nous abordassions, fût-ce sur des rochers et loin de toute habitation, parce que, disaient-ils, c'était le seul moyen d'être à l'abri de la crainte que nous devions avoir de rencontrer quelques navires des corsaires de Tétouan, lesquels quittent la Berbérie à l'entrée de la nuit, arrivent au point du jour sur les côtes d'Espagne, font quelque prise, et retournent dormir chez eux. Enfin, parmi les avis contraires, on s'arrêta à celui d'approcher peu à peu, et, si le calme de la mer le permettait, de débarquer où nous pourrions. C'est ce que nous fîmes, et il n'était pas encore minuit quand nous arrivâmes au pied d'une haute montagne, non si voisine de la mer qu'il n'y eût un peu d'espace où l'on pût commodément aborder. Nous échouâmes notre barque sur le sable, et, sautant à terre, nous baisâmes à genoux le sol de la patrie; puis, les yeux baignés des douces larmes de la joie, nous rendîmes grâces à Dieu, notre Seigneur, du bien incomparable qu'il nous avait fait pendant notre voyage. Nous ôtâmes ensuite de la barque les provisions qu'elle contenait, et l'ayant tirée sur le rivage, nous gravîmes une grande partie du flanc de la montagne; car, même arrivés là, nous ne pouvions calmer l'agitation de nos cœurs, ni nous persuader que cette terre qui nous portait fût bien une terre de chrétiens.

Le jour parut plus tard que nous ne l'eussions désiré, et nous achevâmes de gagner le sommet de la montagne pour voir si de là on découvrirait un village ou des cabanes de bergers. Mais, quelque loin que nous étendissions la vue, nous n'aperçûmes ni habitation, ni sentier, ni être vivant. Toutefois nous résolûmes de pénétrer plus avant dans le pays, certains de rencontrer bientôt quelqu'un qui nous fît connaître où nous étions. Ce qui me tourmentait le plus, c'était de voir Zoraïde marcher à pied sur cet âpre terrain; je la pris bien un moment sur mes épaules, mais ma fatigue la fatiguait plus que son repos ne la reposait : aussi ne voulut-elle plus me laisser prendre cette peine, et elle cheminait, en me donnant la main, avec patience et gaieté. Nous avions à peine fait un quart de lieue, que le bruit d'une clochette frappa nos oreilles. A ce bruit qui annonçait le voisinage d'un troupeau, nous regardâmes attentivement si quelqu'un se montrait, et nous aperçûmes, au pied d'un liége, un jeune pâtre qui s'amusait paisiblement à tailler un bâton avec son couteau. Nous l'appelâmes, et lui, tournant la tête, se leva d'un bond. Mais, à ce que nous sûmes depuis, les premiers qu'il aperçut furent Zoraïde et le renégat, et, comme il les vit en habit moresque, il crut que tous les Mores de la Berbérie étaient à ses trousses. Se sauvant donc de toute la vitesse de ses jambes à travers le bois, il se mit à crier à tue-tête :

« Aux Mores! aux Mores! Les Mores sont dans le pays! Aux Mores! aux armes! aux armes! »

A ces cris, nous demeurâmes tous fort déconcertés, et nous ne savions que faire ; mais, considérant que le pâtre, en criant de la sorte, allait répandre l'alarme dans le pays, et que la cavalerie garde-côte viendrait bientôt nous reconnaître, nous fîmes ôter au renégat ses vêtements turcs, et il mit une veste ou casaque de captif, qu'un des nôtres lui donna, restant les bras en chemise ; puis, après nous être recommandés à Dieu, nous suivîmes le même chemin qu'avait pris le berger, attendant que la cavalerie de la côte vînt fondre sur nous. Notre pensée ne nous trompa point : deux heures ne s'étaient pas encore écoulées, lorsqu'en débouchant des broussailles dans la plaine, nous découvrîmes une cinquantaine de cavaliers qui venaient au grand trot à notre rencontre. Dès que nous les aperçûmes, nous fîmes halte pour les attendre. Quand ils furent arrivés, et qu'au lieu de Mores qu'ils cherchaient, ils virent tant de pauvres chrétiens, ils s'arrêtèrent tout surpris, et l'un d'eux nous demanda si c'était par hasard à propos de nous qu'un pâtre avait appelé aux armes.

« Oui, » lui répondis-je ; et, comme je voulais commencer à lui raconter mon aventure, à lui dire d'où nous venions et qui nous étions, un chrétien de ceux qui venaient avec nous reconnut le cavalier qui m'avait fait la question ; et, sans me laisser dire un mot de plus, il s'écria :

« Grâces soient rendues à Dieu, qui nous a conduits en si bon port! car, si je ne me trompe, la terre que nous foulons est celle de Velez-Malaga, à moins que les longues années de ma captivité ne m'aient ôté la mémoire au point de ne plus me rappeler que vous, seigneur, qui nous demandez qui nous sommes, vous êtes mon oncle don Pedro de Bustamante. »

A peine le captif chrétien eut-il dit ces mots, que le cavalier sauta de son cheval, et vint serrer le jeune homme dans ses bras.

« Ah! s'écria-t-il, je te reconnais, neveu de mon âme et de ma vie, toi que j'ai pleuré pour mort, ainsi que ma sœur, ta mère, et tous les tiens, qui sont encore vivants. Dieu leur a fait la grâce de leur conserver la vie pour qu'ils jouissent du plaisir de te revoir. Nous venions d'apprendre que tu étais à Alger, et je comprends, à tes habits et à ceux de toute cette compagnie, que vous avez miraculeusement recouvré la liberté.

— Rien de plus vrai, reprit le jeune homme, et le temps ne nous manquera pas pour vous conter toutes nos aventures. »

Quand les cavaliers entendirent que nous étions des captifs chrétiens, ils mirent tous pied à terre, et chacun nous offrit son cheval pour nous mener à la ville de Velez-Malaga, qui était à une lieue et demie. Quelques-uns d'entre eux, auxquels nous dîmes où nous avions laissé notre barque, retournèrent la chercher pour la porter à la ville. Les autres nous firent monter en croupe, et Zoraïde s'assit sur le cheval de l'oncle de notre compagnon. Toute la population de la ville, ayant appris notre arrivée par quelqu'un qui avait pris les devants, sortit à notre rencontre. Ces gens ne s'étonnaient pas de voir des captifs délivrés, ni des Mores captifs, puisque sur tout ce rivage ils sont habitués à voir des uns et des autres; mais ils s'étonnaient de la beauté de Zoraïde, qui était alors dans tout son éclat : car la fatigue de la marche et la joie de se voir enfin, sans crainte de disgrâce, en pays de chrétiens, animaient son visage de si vives couleurs, que, si la tendresse ne m'aveuglait point, j'aurais osé dire qu'il n'y avait pas dans le monde entier une plus belle créature. Nous allâmes tout droit à l'église, rendre grâces à Dieu de la faveur qu'il nous avait faite, et Zoraïde, en entrant dans le temple, s'écria qu'il y avait là des figures qui ressemblaient à celle de Lella Maryem. Nous lui dîmes que c'étaient ses images, et le renégat lui fit comprendre du mieux qu'il put ce que ces images signifiaient, afin qu'elle les adorât, comme si réellement chacune d'elles eût été la même Lella Maryem qui lui était apparue. Zoraïde, qui a l'intelligence vive et un esprit naturel pénétrant, comprit aussitôt tout ce qu'on lui dit à propos des images[19]. De là nous fûmes ramenés dans la ville, et distribués tous en différentes maisons. Mais le chrétien qui était du pays nous conduisit, le renégat, Zoraïde et moi, dans celle de ses parents, qui jouissaient d'une honnête aisance, et qui nous accueillirent avec autant d'amour que leur propre fils.

Nous restâmes six jours à Velez, au bout desquels le renégat, ayant fait dresser une enquête, se rendit à Grenade pour rentrer, par le moyen de la sainte Inquisition, dans le saint giron de l'Église. Les autres chrétiens délivrés s'en allèrent chacun où il leur plut. Nous restâmes seuls, Zoraïde et moi, n'ayant que les écus qu'elle devait à la courtoisie du capitaine français. J'en achetai cet animal qui fait sa monture, et, lui servant jusqu'à cette heure de père et d'écuyer, mais non d'époux, je la mène à mon pays, dans l'intention de savoir si mon père est encore vivant, ou si quelqu'un de mes frères a trouvé plus que moi la fortune favorable, bien que le ciel, en me donnant Zoraïde pour compagne, ait rendu mon sort tel, que nul autre, quelque heureux qu'il pût être, ne me semblerait aussi désirable. La patience avec laquelle Zoraïde supporte toutes les incommodités, toutes les privations qu'entraîne après soi la pauvreté, et le désir qu'elle montre de se voir enfin chrétienne, sont si grands, si admirables, que j'en suis émerveillé et que je me consacre à la servir tout le reste de ma vie. Cependant le bonheur que j'éprouve à penser que je suis à elle et qu'elle est à moi est troublé par une autre pensée : je ne sais si je trouverai dans mon pays quelque humble asile où la recueillir, si le temps et la mort n'auront pas fait tant de ravages dans la fortune et la vie de mon père et de mes frères, que je ne trouve, à leur place, personne qui daigne seulement me reconnaître. Voilà, seigneurs, tout ce que j'avais à vous dire de mon histoire ; si elle est agréable et curieuse, c'est à vos intelligences éclairées qu'il appartient d'en juger. Quant à moi, j'aurais voulu la conter plus brièvement, bien que la crainte de vous fatiguer m'ait fait taire plus d'une circonstance et plus d'un détail".

CHAPITRE XLII.

QUI TRAITE DE CE QUI ARRIVA ENCORE DANS L'HÔTELLERIE, ET DE PLUSIEURS
AUTRES CHOSES DIGNES D'ÊTRE CONNUES.

Après ces dernières paroles, le captif se tut, et don Fernand lui dit :
« En vérité, seigneur capitaine, la manière dont vous avez raconté ces étranges aventures a été telle, qu'elle égale la nouveauté et l'intérêt des aventures mêmes. Tout y est curieux, extraordinaire, plein d'incidents qui surprennent et ravissent ceux qui les entendent ; et nous avons eu tant de plaisir à vous écouter, que, dût le jour de demain nous trouver encore occupés à la même histoire, nous nous réjouirions de l'entendre conter une seconde fois. »

Cela dit, Cardénio et tous les autres convives se mirent au service du capitaine captif avec des propos si affectueux et si sincères, qu'il n'eut qu'à s'applaudir de leur bienveillance. Don Fernand lui offrit, entre autres choses, s'il voulait revenir avec lui, de faire en sorte que son frère le marquis fût parrain de Zoraïde ; il lui offrit également de le mettre en état d'arriver dans son pays avec les commodités et la considération que méritait sa personne. Le captif le remercia courtoisement, mais ne voulut accepter aucune de ses offres libérales.

Cependant le jour baissait, et quand la nuit fut venue, un carrosse s'arrêta devant la porte de l'hôtellerie, entouré de quelques hommes à cheval, qui demandèrent à loger. L'hôtesse répondit qu'il n'y avait pas un pied carré de libre dans toute la maison.

« Parbleu! s'écria l'un des cavaliers qui avait déjà mis pied à terre, quoi qu'il en soit, il y aura bien place pour monsieur l'auditeur¹, qui vient dans cette voiture. »

A ce nom, l'hôtesse se troubla :

« Seigneur, reprit-elle, ce qu'il y a, c'est que je n'ai pas de lits. Si Sa Grâce monsieur l'auditeur en apporte un, comme je le suppose, qu'il soit le bienvenu. Mon mari et moi nous quitterons notre chambre, pour que Sa Grâce s'y établisse.

— A la bonne heure! » dit l'écuyer.

En ce moment descendait du carrosse un homme dont le costume annonçait de quel emploi il était revêtu. Sa longue robe aux manches tailladées faisait assez connaître qu'il était auditeur, comme l'avait dit son valet. Il conduisait par la main une jeune fille d'environ seize ans, en habit de voyage, si élégante, si fraîche et si belle, que sa vue excita l'admiration de tout le monde, au point que, si l'on n'eût pas eu sous les yeux Dorothée, Luscinde et Zoraïde, qui se trouvaient ensemble dans l'hôtellerie, on aurait cru qu'il était difficile de rencontrer une beauté comparable à celle de cette jeune personne. Don Quichotte se trouvait présent à l'arrivée de l'auditeur. Dès qu'il le vit entrer avec la demoiselle, il lui dit :

« C'est en toute assurance que Votre Grâce peut entrer et prendre ses ébats dans ce château. Il est étroit et assez mal fourni; mais il n'y a ni gêne ni incommodité dans ce monde qui ne cèdent aux armes et aux lettres, surtout quand les armes et les lettres ont la beauté pour compagne et pour guide, comme l'ont justement les lettres de Votre Grâce dans cette belle damoiselle, devant qui non-seulement les châteaux doivent ouvrir leurs portes, mais les rochers se fendre et les montagnes s'aplanir pour lui livrer passage. Que Votre Grâce, dis-je, entre dans ce paradis : elle y trouvera des étoiles et des astres dignes de faire compagnie au soleil que Votre Grâce conduit par la main; elle y trouvera les armes à leur poste, et la beauté dans toute son excellence. »

L'auditeur demeura tout interdit de la harangue de don Quichotte, qu'il se mit à considérer des pieds à la tête, aussi étonné de son aspect que de ses paroles; et, sans en trouver une seule à lui répondre, il tomba dans une autre surprise quand il vit paraître Luscinde, Dorothée et Zoraïde, qui, à la nouvelle de l'arrivée de nouveaux hôtes, et au récit que leur avait fait l'hôtesse des attraits de la jeune fille, étaient accourues pour la voir et lui faire accueil. Don Fernand, Cardénio et le curé firent au seigneur auditeur de plus simples politesses et des offres de meilleur ton. Après quoi il entra dans l'hôtellerie, aussi confondu de ce qu'il voyait que de ce qu'il avait entendu, et les beautés de la maison souhaitèrent la bienvenue à la belle voyageuse. Finalement, l'auditeur reconnut aussitôt qu'il n'y avait là que des gens de qualité; mais l'aspect, le visage et le maintien de don Quichotte le déconcertaient. Quand ils eurent tous échangé des courtoisies et des offres de service, quand ils eurent reconnu et mesuré les commodités que présentait l'hôtellerie, on s'arrêta au parti déjà pris précédemment de faire entrer toutes les dames dans le galetas tant de fois mentionné, tandis que les hommes resteraient dehors pour leur faire garde. L'auditeur consentit volontiers à ce que sa fille (car la jeune personne l'était en effet) s'en allât avec ces dames, ce qu'elle fit de très-bon cœur. Avec une partie du chétif lit de l'hôtelier et de celui qu'apportait l'auditeur, elles s'arrangèrent pour la nuit mieux qu'elles ne l'avaient espéré.

Pour le captif, dès le premier regard jeté sur l'auditeur, le cœur lui avait dit, par de secrets mouvements, que c'était son frère. Il alla questionner l'un des écuyers qui l'accompagnaient, et lui demanda comment s'appelait ce magistrat, et s'il savait quel était son pays. L'écuyer répondit que son maître s'appelait le licencié Juan Perez de Viedma, natif, à ce qu'il avait ouï dire, d'un bourg des montagnes de Léon. Ce récit, joint à ce qu'il voyait, acheva de confirmer le captif dans la pensée que l'auditeur était celui de ses frères qui, par le conseil de leur père, avait suivi la carrière des lettres. Ému et ravi de cette rencontre, il prit à part don Fernand, Cardénio et le curé, pour leur conter ce qui lui arrivait, en les assurant que cet auditeur était bien son frère. L'écuyer lui avait dit également qu'il allait à Mexico, revêtu d'une charge d'auditeur des Indes à l'audience de cette capitale. Enfin, il avait appris que la jeune personne qui l'accompagnait était sa fille, dont la mère, morte en la mettant au monde, avait laissé son mari fort riche par la dot restée en héritage à la fille. Le captif leur demanda conseil sur la manière de se découvrir, ou plutôt d'éprouver d'abord si, lorsqu'il se serait découvert, son frère le repousserait, en le voyant pauvre, ou l'accueillerait avec des entrailles fraternelles.

« Laissez-moi, dit le curé, le soin de faire cette expérience. D'ailleurs, il n'y a point à douter, seigneur capitaine, que vous ne soyez bien accueilli, car le mérite et la prudence que montre votre frère dans ses manières et son maintien n'indiquent point qu'il soit arrogant ou ingrat, et qu'il ne sache pas apprécier les coups de la fortune.

— Cependant, reprit le capitaine, je voudrais me faire connaître, non pas brusquement, mais par un détour.

— Je vous répète, répliqua le curé, que j'arrangerai les choses de façon que nous soyons tous satisfaits. »

En ce moment, le souper venait d'être servi. Tous les hôtes s'assirent à la table commune, excepté le captif, et les dames, qui soupèrent seules dans leur appartement. Au milieu du repas, le curé prit la parole :

« Du même nom que Votre Grâce, seigneur auditeur, dit-il, j'ai eu un camarade à Constantinople, où je suis resté captif quelques années. Ce camarade était un des plus vaillants soldats, un des meilleurs capitaines qu'il y eût dans toute l'infanterie espagnole; mais, autant il était brave et plein de cœur, autant il était malheureux.

— Et comment s'appelait ce capitaine, seigneur licencié? demanda l'auditeur.

— Il s'appelait, reprit le curé, Rui[2] Perez de Viedma, et il était natif d'un bourg des montagnes de Léon. Il me raconta une aventure qui lui était arrivée avec son père et ses frères, telle que, si elle m'eût été rapportée par un homme moins sincère et moins digne de foi, je l'aurais prise pour une de ces histoires que les vieilles femmes content l'hiver au coin du feu. Il me dit, en effet, que son père avait divisé sa fortune entre trois fils qu'il avait, en leur donnant certains conseils meilleurs que ceux de Caton. Ce que je puis dire, c'est que le choix qu'avait fait ce gentilhomme de la carrière des armes lui avait si bien réussi, qu'en peu d'années, par sa valeur et sa belle conduite, et sans autre appui que son mérite éclatant, il parvint au grade de capitaine d'infanterie, et se vit en passe d'être promu bientôt à celui de mestre de camp. Mais alors la fortune lui devint contraire; car, justement comme il devait attendre toutes ses faveurs, il éprouva ses rigueurs les plus cruelles. En un mot, il perdit la liberté dans l'heureuse et célèbre journée où tant d'autres la recouvrèrent, à la bataille de Lépante. Moi, je la perdis à la Goulette, et depuis, par une série d'événements divers, nous fûmes camarades à Constantinople. De là il fut conduit à Alger, où je sais qu'il lui arriva une des plus étranges aventures qui se soient jamais passées au monde. »

Le curé, continuant de la sorte, raconta succinctement l'histoire de Zoraïde et du capitaine. A tout ce récit, l'auditeur était si attentif que jamais il n'avait été aussi auditeur qu'en ce moment. Le curé, toutefois, n'alla pas plus loin que le jour où les pirates français dépouillèrent les chrétiens qui montaient la barque; il s'arrêta à la pauvre et triste condition où son camarade et la belle Moresque étaient restés réduits, ajoutant qu'il ignorait ce qu'ils étaient devenus; s'ils avaient pu aborder en Espagne, ou si les Français les avaient emmenés avec eux.

Ce que disait le curé était écouté fort attentivement par le capitaine, qui, d'un lieu à l'écart, examinait tous les mouvements que faisait son frère. Celui-ci, quand il vit que le curé avait achevé son histoire, poussa un profond soupir et s'écria, les yeux mouillés de larmes :

« Oh! seigneur, si vous saviez à qui s'adressent les nouvelles que vous venez de me conter, et comment elles me touchent dans un endroit tellement sensible, qu'en dépit de toute ma réserve et toute ma prudence, elles m'arrachent les pleurs dont vous voyez mes yeux se remplir! Ce capitaine si valeureux, c'est mon frère aîné, lequel, comme doué d'une âme plus forte et de plus hautes pensées que moi et mon autre cadet, choisit le glorieux exercice de la guerre, l'une des trois carrières que notre père nous proposa, ainsi que vous le rapporta votre camarade, dans cette histoire qui vous semblait un conte de bonne femme. Moi j'ai suivi la carrière des lettres, où Dieu et ma diligence m'ont fait arriver à l'emploi dont vous me voyez revêtu. Mon frère cadet est au Pérou, si riche que, de ce qu'il nous a envoyé à mon père et à moi, non-seulement il a bien rendu la part de fortune qu'il avait emportée, mais qu'il a donné aux mains de mon père le moyen de rassasier leur libéralité naturelle; et j'ai pu moi-même suivre mes études avec plus de décence et de considération, et parvenir plus aisément au poste où je me vois. Mon père vit encore, mais mourant du désir de savoir ce qu'est devenu son fils aîné, et suppliant Dieu, dans de continuelles prières, que la mort ne ferme pas ses yeux qu'il n'ait vu vivants ceux de son fils. Ce qui m'étonne, c'est que mon frère, sage et avisé comme il est, n'ait point songé, au milieu de tant de traverses, d'afflictions et d'événements heureux, à donner de ses nouvelles à sa famille. Certes, si mon père ou quelqu'un de nous eût connu son sort, il n'aurait pas eu besoin d'attendre le miracle de la canne de jonc pour obtenir son rachat. Maintenant, ce qui cause ma crainte, c'est de savoir si ces Français lui auront rendu la liberté, ou s'ils l'auront mis à mort pour cacher leur vol. Cela sera cause que je continuerai mon voyage, non plus joyeusement comme je l'ai commencé, mais plein de mélancolie et de tristesse. O mon bon frère, qui pourrait me dire où tu es à présent, pour que j'aille te chercher et te délivrer de tes peines, fût-ce même au prix des miennes? Oh! qui portera à notre vieux père la nouvelle que tu es encore vivant, fusses-tu dans les cachots souterrains les plus profonds de la Berbérie! car ses richesses, celles de mon frère et les miennes, sauront bien t'en tirer. Et toi, belle et généreuse Zoraïde, que ne puis-je te rendre le bien que tu as fait à mon frère! que ne puis-je assister à la renaissance de ton âme, et à ces noces qui nous combleraient tous de bonheur! »

C'était par ces propos et d'autres semblables que l'auditeur exprimait ses sentiments aux nouvelles qu'il recevait de son frère, avec une tendresse si touchante, que ceux qui l'écoutaient montraient aussi la part qu'ils prenaient à son affliction.

Le curé, voyant quelle heureuse issue avaient eue sa ruse et le désir du capitaine, ne voulut pas les tenir plus longtemps dans la tristesse. Il se leva de table, et entra dans l'appartement où se trouvait Zoraïde, qu'il ramena par la main, suivie de Luscinde, de Dorothée et de la fille de l'auditeur. Le capitaine attendait encore ce qu'allait faire le curé. Celui-ci le prit de l'autre main, et, les conduisant tous deux à ses côtés, il revint dans la chambre où étaient l'auditeur et les autres convives.

« Séchez vos larmes, seigneur auditeur, lui dit-il, et que vos désirs soient pleinement comblés. Voici devant vous votre digne frère et votre aimable belle-sœur. Celui-ci, c'est le capitaine Viedma; celle-là, c'est la belle Moresque dont il a reçu tant de bienfaits; et les pirates français les ont mis dans la pauvreté où vous les voyez, pour que vous montriez à leur égard la générosité de votre noble cœur. »

Le capitaine accourut aussitôt embrasser son frère, qui, dans sa surprise, lui mit d'abord les deux mains sur l'estomac pour l'examiner à distance; mais, dès qu'il eut achevé de le reconnaître, il le serra si étroitement dans ses bras, en versant des larmes de joie et de tendresse, que la plupart des assistants ne purent retenir les leurs. Quant aux paroles que se dirent les deux frères et aux sentiments qu'ils se témoignèrent, à peine, je crois, peut-on les imaginer, à plus forte raison les écrire. Tantôt ils se racontaient brièvement leurs aventures, tantôt ils faisaient éclater la bonne amitié de deux frères; l'auditeur embrassait Zoraïde, puis il lui offrait sa fortune, puis il la faisait embrasser par sa fille; puis la jolie chrétienne et la belle Moresque arrachaient de nouveau, par leurs transports, des larmes à tout le monde. D'un côté, don Quichotte considérait avec attention, et sans mot dire, ces événements étranges, qu'il attribuait tous aux chimères de sa chevalerie errante; de l'autre, on décidait que le capitaine et Zoraïde retourneraient avec leur frère à Séville, et qu'ils informeraient leur père de la délivrance et de la rencontre de son fils, pour qu'il accourût, comme il pourrait, aux noces et au baptême de Zoraïde. Il n'était pas possible à l'auditeur de changer de route ou de retarder son voyage, parce qu'il avait appris qu'à un mois de là une flotte partait de Séville pour la Nouvelle-Espagne, et qu'il lui aurait été fort préjudiciable de perdre cette occasion.

Finalement, tout le monde fut ravi et joyeux de l'heureuse aventure du captif; et, comme la nuit avait presque fait les deux tiers de son chemin, chacun résolut d'aller reposer le peu de temps qui restait jusqu'au jour.

Don Quichotte s'offrit à faire la garde du château, afin que quelque géant, ou quelque autre félon malintentionné, attiré par l'appât du trésor de beautés que ce château renfermait, ne vînt les y troubler. Ceux qui le connaissaient lui rendirent grâce de son offre, et apprirent à l'auditeur l'étrange humeur de don Quichotte, ce qui le divertit beaucoup. Le seul Sancho Panza se désespérait de veiller si tard, et seul il s'arrangea pour la nuit mieux que tous les autres, en se couchant sur les harnais de son âne, qui faillirent lui coûter si cher, comme on le verra dans la suite.

Les dames rentrées dans leur appartement, et les hommes s'arrangeant du moins mal qu'il leur fut possible, don Quichotte sortit de l'hôtellerie pour se mettre en sentinelle, et faire, comme il l'avait promis, la garde du château.

Or, il arriva qu'au moment où l'aube du jour allait poindre, les dames entendirent tout à coup une voix si douce et si mélodieuse, qu'elles se mirent toutes à l'écouter attentivement, surtout Dorothée, qui s'était éveillée la première, tandis que doña Clara de Viedma, la fille de l'auditeur, dormait à ses côtés. Aucune d'elles ne pouvait imaginer quelle était la personne qui chantait si bien; c'était une voix seule, que n'accompagnait aucun instrument. Il leur semblait qu'on chantait, tantôt dans la cour, tantôt dans l'écurie. Pendant qu'elles étaient ainsi non moins étonnées qu'attentives, Cardénio s'approcha de la porte de leur appartement :

« Si l'on ne dort pas, dit-il, qu'on écoute, et l'on entendra la voix d'un garçon muletier qui de telle sorte chante, qu'il enchante.

— Nous sommes à l'écouter, seigneur, » répondit Dorothée, et Cardénio s'éloigna.

Alors Dorothée, prêtant de plus en plus toute son attention, entendit qu'on chantait les couplets suivants.

CHAPITRE XLIII.

OÙ L'ON RACONTE L'AGRÉABLE HISTOIRE DU GARÇON MULETIER, AVEC D'AUTRES ÉTRANGES ÉVÉNEMENTS, ARRIVÉS DANS L'HÔTELLERIE.

« Je suis marinier de l'Amour, et, sur son océan profond, je navigue sans espérance de rencontrer aucun port.

« Je vais à la suite d'une étoile que je découvre de loin, plus belle et plus resplendissante qu'aucune de celles qu'aperçut Palinure[1].

« Je ne sais point où elle me conduit; aussi navigué-je incertain, ayant l'âme attentive à la regarder, soucieuse et sans autre souci.

« D'importunes précautions, une honnêteté contre l'usage, sont les nuages qui me la cachent, quand je fais le plus d'efforts pour la voir.

« O claire[2] et brillante étoile, dont je me consume à suivre la lumière, l'instant où je te perdrai de vue sera l'instant de ma mort. »

Le chanteur en était arrivé là, quand Dorothée vint à penser qu'il serait mal que Clara fût privée d'entendre une si belle voix. Elle la secoua légèrement d'un et d'autre côté, et lui dit en l'éveillant :

« Pardonne-moi, jeune fille, si je t'éveille, car je le fais pour que tu aies le plaisir d'entendre la plus charmante voix que tu aies peut-être entendue dans toute ta vie. »

Clara, à demi éveillée, se frotta les yeux, et, n'ayant pas compris la première fois ce que lui disait Dorothée, elle la pria de le lui répéter. Celle-ci lui redit la même chose, ce qui rendit aussitôt Clara fort attentive; mais à peine eut-elle entendu deux ou trois des vers que continuait à chanter le jeune homme, qu'elle fut prise tout à coup d'un tremblement de tous ses membres, comme si elle eût éprouvé un accès de violente fièvre quarte; et, se jetant au cou de Dorothée :

« Ah! dame de mon âme et de ma vie, s'écria-t-elle, pourquoi m'as-tu réveillée? Le plus grand bien que pouvait me faire la fortune en ce moment, c'était de me tenir les yeux et les oreilles fermés pour m'empêcher de voir et d'entendre cet infortuné musicien.

— Que dis-tu là, jeune fille? répondit Dorothée. Pense donc que le chanteur est, à ce qu'on dit, un garçon muletier.

— C'est un seigneur de terres et d'âmes, reprit Clara, et si bien seigneur de la mienne, que, s'il ne veut pas s'en défaire, elle lui restera toute l'éternité. »

Dorothée demeura toute surprise des propos passionnés de la jeune personne, trouvant qu'ils surpassaient de beaucoup la portée d'intelligence qu'on devait attendre de son âge.

« Vous parlez de telle sorte, lui dit-elle, que je ne puis vous comprendre. Expliquez-vous plus clairement : que voulez-vous dire de ces âmes et de ces terres, et de ce musicien dont la voix vous a causé tant d'émotion? Mais non, ne me dites rien à présent; je ne veux pas, pour m'occuper de vos alarmes, perdre le plaisir que j'éprouve à écouter le chanteur, qui commence, à ce qu'il me semble, de nouveaux vers et un nouvel air.

— Comme il vous plaira, » répondit la fille de l'auditeur; et, pour ne point entendre, elle se boucha les oreilles avec les deux mains.

Dorothée s'étonna de nouveau, mais prêtant toute son attention à la voix du chanteur, elle entendit qu'il continuait de la sorte :

« O ma douce espérance, qui, surmontant les obstacles et les impossibilités, suis avec constance la route que tu te traces et t'ouvres toi-même, ne t'évanouis point en te voyant à chaque pas près du pas de ta mort.

« Ce ne sont point des indolents qui remportent d'honorables triomphes, d'éclatantes victoires; et ceux-là ne parviennent point au bonheur, qui, sans faire face à la fortune, livrent nonchalamment tous leurs sens à la molle oisiveté.

« Que l'amour vende cher ses gloires, c'est grande raison et grande justice, car il n'est pas de plus précieux bijou que celui qui se contrôle au titre de son plaisir; et c'est une chose évidente, que ce qui coûte peu ne s'estime pas beaucoup.

« L'opiniâtreté de l'amour parvient quelquefois à des choses impossibles; ainsi, bien que la mienne poursuive les plus difficiles, toutefois je ne perds pas l'espoir de m'élever de la terre au ciel. »

En cet endroit, la voix mit fin à son chant, et Clara recommença ses soupirs. Tout cela enflammait le désir de Dorothée, qui voulait savoir la cause de chants si doux et de pleurs si amers. Aussi s'empressa-t-elle de lui demander une autre fois ce qu'elle avait voulu dire. Alors Clara, dans la crainte que Luscinde ne l'entendît, serrant étroitement Dorothée dans ses bras, mit sa bouche si près de l'oreille de sa compagne, qu'elle pouvait parler avec toute confiance, sans être entendue de nulle autre.

« Celui qui chante, ma chère dame, lui dit-elle, est fils d'un gentilhomme du royaume d'Aragon, seigneur de deux seigneuries. Il demeurait en face de la maison de mon père, à Madrid, et, bien que mon père eût soin de fermer les fenêtres de sa maison avec des rideaux de toile en hiver, et des jalousies en été[3], je ne sais comment cela se fit, mais ce jeune gentilhomme, qui faisait ses études, m'aperçut, à l'église ou autre part. Finalement, il devint amoureux de moi, et me le fit comprendre des fenêtres de sa maison, avec tant de signes et tant de larmes, que je fus bien obligée de le croire, et même de l'aimer, sans savoir ce qu'il me voulait. Parmi les signes qu'il me faisait, l'un des plus fréquents était de joindre une de ses mains avec l'autre, pour me faire entendre qu'il se marierait avec moi. Et moi j'aurais été bien contente qu'il en fût ainsi; mais, seule et sans mère, je ne savais à qui confier mon aventure. Aussi, je le laissais continuer, sans lui accorder aucune faveur, si ce n'est, quand mon père et le sien étaient hors de la maison, de soulever un peu les rideaux ou la jalousie, et de me laisser voir tout entière, ce qui lui faisait tellement fête, qu'il paraissait en devenir fou. Dans ce temps arriva l'ordre du départ de mon père, que ce jeune homme apprit, mais non de moi, car je ne pus jamais le lui dire. Il tomba malade de chagrin, à ce que j'imagine, et, le jour que nous partîmes, je ne pus parvenir à le voir pour lui dire adieu, au moins avec les yeux. Mais, au bout de deux jours que nous faisions route, en entrant dans l'auberge d'un village qui est à une journée d'ici, je le vis sur la porte de cette auberge, en habits de garçon muletier, et si bien déguisé que, si je n'avais eu son portrait gravé dans l'âme, il ne m'eût pas été possible de le reconnaître. Je le reconnus, je m'étonnai et je me réjouis. Lui me regarde en cachette de mon père, dont il évite les regards, chaque fois qu'il passe devant moi dans les chemins ou dans les auberges où nous arrivons. Comme je sais qui il est, et que je considère que c'est pour l'amour de moi qu'il fait la route à pied, avec tant de fatigue, je meurs de chagrin, et, partout où il met les pieds, moi je mets les yeux. Je ne sais pas quelle est son intention en venant de la sorte, ni comment il a pu s'échapper de la maison de son père, qui l'aime passionnément, parce que c'est son unique héritier, et qu'il mérite d'ailleurs d'être aimé, comme Votre Grâce en jugera dès qu'elle pourra le voir. Je puis vous dire encore que toutes ces choses qu'il chante, il les tire de sa tête, car j'ai ouï dire qu'il est grand poëte et étudiant. Et de plus, chaque fois que je le vois ou que je l'entends, je tremble de la tête aux pieds, dans la crainte que mon père ne le reconnaisse et ne vienne à deviner nos désirs. De ma vie je ne lui ai dit une parole, et pourtant je l'aime de telle sorte que je ne peux vivre sans lui. Voilà, ma chère dame, tout ce que je puis vous dire de ce musicien, dont la voix vous a si fort satisfaite, et par laquelle vous reconnaîtrez bien qu'il n'est pas garçon muletier, comme vous dites, mais seigneur d'âmes et de terres, comme je vous ai dit.

— C'est assez, doña Clara, s'écria Dorothée en lui donnant mille baisers, c'est assez, dis-je. Attendez que le nouveau jour paraisse, car j'espère, avec l'aide de Dieu, conduire vos affaires de telle sorte qu'elles aient une aussi heureuse fin que le méritent de si honnêtes commencements.

— Hélas! ma bonne dame, reprit doña Clara, quelle fin se peut-il espérer, quand son père est si noble et si riche qu'il lui semblera que je ne suis pas digne, je ne dis pas d'être femme, mais servante de son fils? et quant à me marier en cachette de mon père, je ne le ferais pas pour tout ce que renferme le monde. Je voudrais seulement que ce jeune homme me laissât et s'en retournât chez lui; peut-être qu'en ne le voyant plus, et lorsque nous serons séparés par la grande distance du chemin qui me reste à faire, la peine que j'éprouve maintenant s'adoucira quelque peu, bien que je puisse dire que ce remède ne me fera pas grand effet. Et pourtant, je ne sais comment le diable s'en est mêlé, ni par où m'est entré cet amour que j'ai pour lui, étant, moi, si jeune fille, et lui, si jeune garçon : car, en vérité, je crois que nous sommes du même âge, et je n'ai pas encore mes seize ans accomplis; du moins, à ce que dit mon père, je ne les aurai que le jour de la Saint-Michel. »

Dorothée ne put s'empêcher de rire en voyant combien doña Clara parlait encore en enfant.

« Reposons, lui dit-elle, pendant le peu qui reste de la nuit; Dieu nous enverra le jour, et nous en profiterons, ou je n'aurais ni mains ni langue à mon service. »

Elles s'endormirent après cet entretien, et dans toute l'hôtellerie régnait le plus profond silence. Il n'y avait d'éveillé que la fille de l'hôtesse et sa servante Maritornes, lesquelles sachant déjà de quel pied clochait don Quichotte, et qu'il était à faire sentinelle autour de la maison, armé de pied en cap et à cheval, résolurent entre elles de lui jouer quelque tour, ou du moins de passer un peu le temps à écouter ses extravagances.

Or, il faut savoir qu'il n'y avait pas, dans toute l'hôtellerie, une seule fenêtre qui donnât sur les champs, mais uniquement une lucarne de grenier par laquelle on jetait la paille dehors. C'est à cette lucarne que vinrent se mettre les deux semi-demoiselles. Elles virent que Quichotte était à cheval, immobile et appuyé sur le bois de sa lance, poussant de temps à autre de si profonds et de si lamentables soupirs, qu'on eût dit qu'à chacun d'eux son âme allait s'arracher. Elles entendirent aussi qu'il disait d'une voix douce, tendre et amoureuse :

« O ma dame Dulcinée du Toboso, extrême de toute beauté, comble de l'esprit, faite de la raison, archives des grâces, dépôt des vertus, et finalement, abrégé de tout ce qu'il y a dans le monde de bon, d'honnête et de délectable, que fait en ce moment Ta Grâce? Aurais-tu, par hasard, souvenance de ton chevalier captif, qui, seulement pour te servir, à tant de périls s'est volontairement exposé? Oh! donne-moi de ses nouvelles, astre aux trois visages[1], qui peut-être, envieux du sien, t'occupes à présent à la regarder, soit qu'elle se promène en quelque galerie de ses palais somptueux, soit qu'appuyée sur quelque balcon, elle considère quel moyen s'offre d'adoucir, sans péril pour sa grandeur et sa chasteté, la tempête qu'éprouve à cause d'elle mon cœur affligé, ou quelle félicité elle doit à mes peines, quel repos à mes fatigues, quelle récompense à mes services, et, finalement, quelle vie à ma mort. Et toi, soleil qui te hâtes sans doute de seller tes coursiers pour te lever de bon matin et venir revoir ma dame, je t'en supplie, dès que tu la verras, salue-la de ma part; mais garde-toi bien, en la saluant, de lui donner un baiser de paix sur le visage; je serais plus jaloux de toi que tu ne le fus de cette légère ingrate qui te fit tant courir et tant suer dans les plaines de Thessalie, ou sur les rives du Pénée[2], car je ne me rappelle pas bien où tu courus alors, amoureux et jaloux. »

Don Quichotte en était là de son touchant monologue, quand la fille de l'hôtesse se mit à l'appeler du bout des lèvres, et lui dit enfin :

« Mon bon seigneur, ayez la bonté, s'il vous plaît, de vous approcher d'ici. »

A ces signes et à ces paroles, don Quichotte tourna la tête, et vit, à la clarté de la lune, qui brillait alors de tout son éclat, qu'on l'appelait à la lucarne, qui lui semblait une fenêtre, et même avec des barreaux dorés, comme devait les avoir un aussi riche château que lui paraissait l'hôtellerie; puis, au même instant, il se persuada, dans sa folle imagination, que la jolie damoiselle, fille de la dame de ce château, vaincue par l'amour dont elle s'était éprise pour lui, venait, comme l'autre fois, le tenter et le solliciter.

Dans cette pensée, pour ne pas se montrer ingrat et discourtois, il tourna la bride à Rossinante, et s'approcha de la lucarne. Dès qu'il eut aperçu les deux jeunes filles :

« Je vous plains sincèrement, dit-il, ô charmante dame, d'avoir placé vos pensées amoureuses en un lieu où l'on ne peut y répondre comme le méritent votre grâce et vos attraits. Mais vous ne devez pas en imputer la faute à ce misérable chevalier errant, que l'amour tient dans l'impossibilité de rendre les armes à nulle autre qu'à celle qu'il a faite, au moment où ses yeux la virent, maîtresse absolue de son âme. Pardonnez-moi donc, aimable damoiselle, et retirez-vous dans vos appartements, sans vouloir, en me témoignant plus clairement vos désirs, que je me montre encore plus ingrat; et, si l'amour que vous me portez vous fait trouver en moi quelque chose en quoi je puisse vous satisfaire, pourvu que ce ne soit pas l'amour lui-même, demandez-la-moi ; et je jure, par cette douce ennemie dont je pleure l'absence, de vous la donner incontinent, dussiez-vous me demander une mèche des cheveux de Méduse, qui n'étaient que des couleuvres, ou même des rayons du soleil enfermés dans une fiole[6].

— Ce n'est pas de tout cela qu'a besoin ma maîtresse, seigneur chevalier, dit alors Maritornes.

— Eh bien, discrète duègne, répondit don Quichotte, de quoi donc votre maîtresse a-t-elle besoin ?

— Seulement d'une de vos belles mains, répondit Maritornes, afin de pouvoir rassasier sur elle l'extrême désir qui l'a conduite à cette lucarne, tellement au péril de son honneur, que si le seigneur son père l'eût entendue, il en aurait fait un tel hachis que la plus grosse tranche de toute sa personne eût été l'oreille.

— Je voudrais bien voir cela, reprit don Quichotte; mais il s'en gardera bien, s'il ne veut faire la fin la plus désastreuse que fit jamais père au monde, pour avoir porté la main sur les membres délicats de son amoureuse fille. »

Maritornes pensa bien que, sans nul doute, don Quichotte donnerait la main qui lui était demandée, et réfléchissant à ce qu'elle devait faire, elle quitta la lucarne et descendit à l'écurie, où elle prit le licou de l'âne de Sancho; puis elle remonta rapidement au grenier, dans l'instant où don Quichotte s'était levé tout debout sur la selle de Rossinante pour atteindre à la fenêtre grillée où il s'imaginait qu'était la demoiselle au cœur blessé. En lui tendant la main :

« Prenez, madame, lui dit-il, prenez cette main, ou plutôt ce bourreau des malfaiteurs du monde; prenez cette main, dis-je, qu'aucune main de femme n'a touchée, pas même celle de la beauté qui a pris de tout mon corps entière possession. Je ne vous la donne pas pour que vous la baisiez, mais pour que vous regardiez la contexture des nerfs, l'entrelacement des muscles, la largeur et l'épaisseur des veines, d'où vous jugerez quelle doit être la force du bras auquel appartient une telle main.

— C'est ce que nous allons voir, » dit Maritornes; et faisant du licou un nœud coulant, elle le lui passa autour du poignet; puis quittant aussitôt la lucarne, elle attacha solidement l'autre bout au verrou de la porte du grenier.

Don Quichotte sentit à son poignet la dureté du cordeau.

« Il me semble, dit-il, que Votre Grâce m'égratigne plutôt qu'elle ne me caresse la main; ne la traitez pas si durement, car elle n'est point coupable du mal que vous fait ma volonté, et il ne serait pas bien non plus que vous vengeassiez sur une si petite partie de ma personne toute la grandeur de votre dépit. Faites attention d'ailleurs que qui aime bien ne se venge pas si méchamment. »

Mais tous ces propos de don Quichotte, personne ne les écoutait plus, car dès que Maritornes l'eut attaché, elle et l'autre fille se sauvèrent mourant de rire, et le laissèrent si bien pris au piége, qu'il lui fut impossible de se dégager.

Il était donc, comme on l'a dit, tout debout sur le dos de Rossinante, le bras passé dans la lucarne, et attaché par le poignet au verrou de la porte; ayant une frayeur extrême que son cheval, en s'écartant d'un côté ou de l'autre, ne le laissât pendu par le bras. Aussi n'osait-il faire aucun mouvement, bien que le calme et la patience de Rossinante lui promissent qu'il serait tout un siècle sans remuer.

Finalement, quand don Quichotte se vit bien attaché, et que les dames étaient parties, il se mit à imaginer que tout cela se faisait par voie d'enchantement, comme la fois passée, lorsque, dans ce même château, ce More enchanté de muletier le roua de coups. Il maudissait donc tout bas son peu de prudence et de réflexion, puisque, après être sorti si mal, la première fois, des épreuves de ce château, il s'était aventuré à y rentrer encore, tandis qu'il est de notoriété parmi les chevaliers errants que, lorsqu'ils ont éprouvé une aventure et qu'ils n'y ont pas réussi, c'est signe qu'elle n'est point gardée pour eux, mais pour d'autres; et dès lors ils ne sont nullement tenus de l'éprouver une seconde fois.

Néanmoins, il tirait son bras pour voir s'il pourrait le dégager; mais le nœud était si bien fait, que toutes ses tentatives furent vaines. Il est vrai qu'il tirait avec ménagement, de peur que Rossinante ne remuât, et, bien qu'il eût voulu se rasseoir en selle, il fallait rester debout ou s'arracher la main. C'est alors qu'il se mit à désirer l'épée d'Amadis, contre laquelle ne prévalait aucun enchantement; c'est alors qu'il maudit son étoile, qu'il mesura dans toute son étendue la faute que ferait au monde son absence tout le temps qu'il demeurerait enchanté, car il croyait l'être bien réellement; c'est alors qu'il se souvint plus que jamais de sa bien-aimée Dulcinée du Toboso; qu'il appela son bon écuyer Sancho Panza, lequel, étendu sur le bât de son âne et enseveli dans le sommeil, ne se rappelait guère en ce moment la mère qui l'avait enfanté; c'est alors qu'il appela à son aide les sages Alquife et Lirgandée; qu'il invoqua sa bonne amie Urgande, pour qu'elle vint le secourir. Finalement, l'aube du jour le surprit, si confondu, si désespéré, qu'il mugissait comme un taureau, n'espérant plus que le jour remédiât à son affliction, car il la tenait pour éternelle, se tenant pour enchanté. Ce qui lui donnait surtout cette pensée, c'était de voir que Rossinante ne remuait ni peu ni beaucoup. Aussi croyait-il que de la sorte, sans manger, sans boire, sans dormir, ils allaient rester, lui et son cheval, jusqu'à ce que cette méchante influence des étoiles se fût passée, ou qu'un autre plus savant enchanteur le désenchantât.

Mais il se trompa grandement dans sa croyance. En effet, à peine le jour commençait-il à poindre, que quatre hommes à cheval arrivèrent à l'hôtellerie,

LES DEUX PIEDS MANQUÈRENT A DON QUICHOTTE. — T. I, CH. XLIII.

bien tenus, bien équipés, et portant leurs escopettes pendues à l'arçon. Ils frappèrent à grands coups à la porte de l'hôtellerie, qui n'était pas encore ouverte. Mais don Quichotte, les apercevant de la place où il ne cessait de faire sentinelle, leur cria d'une voix haute et arrogante :

« Chevaliers, ou écuyers, ou qui que vous soyez, vous avez tort de frapper aux portes de ce château, car il est clair qu'à de telles heures ceux qui l'habitent sont endormis; et d'ailleurs on n'a pas coutume d'ouvrir les forteresses avant que le soleil étende ses rayons sur la terre entière. Éloignez-vous un peu, et attendez que le jour ait paru; nous verrons alors s'il convient ou non de vous ouvrir.

— Quelle diable de forteresse ou de château y a-t-il ici, dit l'un des cavaliers, pour nous obliger à tant de cérémonies? Si vous êtes l'aubergiste, faites-nous ouvrir; nous sommes des voyageurs, et nous ne demandons qu'à donner de l'orge à nos montures pour continuer notre chemin, car nous sommes pressés.

— Vous semble-t-il, chevalier, que j'aie la mine d'un aubergiste? répondit don Quichotte.

— Je ne sais de quoi vous avez la mine, reprit l'autre; mais je sais que vous dites une sottise en appelant château cette hôtellerie.

— C'est un château, répliqua don Quichotte, et même des meilleurs de cette province, et il y a dedans telle personne qui a porté sceptre à la main et couronne sur la tête.

— Ce serait mieux au rebours, reprit le voyageur, le sceptre sur la tête et la couronne à la main. Sans doute, si nous venons au fait, il y aura là dedans quelque troupe de comédiens, parmi lesquels sont communs ces sceptres et ces couronnes que vous dites; car, dans une hôtellerie si chétive et où l'on garde un si grand silence, je ne crois guère qu'il s'y héberge des gens à sceptre et à couronne.

— Vous savez peu des choses de ce monde, répliqua don Quichotte, puisque vous ignorez les événements qui se passent dans la chevalerie errante. »

Mais les compagnons du questionneur, s'ennuyant du dialogue qu'il continuait avec don Quichotte, se remirent à frapper à la porte avec tant de furie, que l'hôtelier s'éveilla, ainsi que tous les gens de sa maison, et qu'il se leva pour demander qui frappait.

En ce moment, il arriva qu'un des chevaux qu'amenaient les quatre cavaliers vint flairer Rossinante, qui, tout triste et les oreilles basses, soutenait sans bouger le corps allongé de son maître; et, comme enfin il était de chair, bien qu'il parût de bois, il ne laissa pas de se ravigoter, et flaira à son tour l'animal qui venait lui faire des caresses. Mais à peine eut-il fait le moindre mouvement que les deux pieds manquèrent à don Quichotte, qui, glissant de la selle, fût tombé à terre s'il n'eût été pendu par le bras. Sa chute lui causa une si vive douleur qu'il crut, ou qu'on lui coupait le poignet, ou que son bras s'arrachait. Il était, en effet, resté si près de terre, qu'avec la pointe des pieds il baisait celle des herbes; et c'était pour son mal, car, en voyant le peu qui lui manquait pour mettre les pieds à plat, il s'allongeait et se tourmentait de toutes ses forces pour atteindre la terre. Ainsi les malheureux qui souffrent la torture de la poulie¹ accroissent eux-mêmes leur supplice en s'efforçant de s'allonger, trompés par l'espérance de toucher enfin le sol.

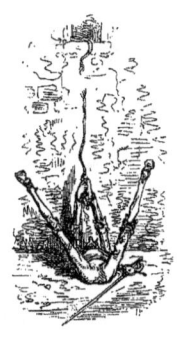

CHAPITRE XLIV.

OÙ SE POURSUIVENT ENCORE LES ÉVÉNEMENTS INOUÏS DE L'HÔTELLERIE.

Enfin, aux cris perçants que jetait don Quichotte, l'hôte, ouvrant à la hâte les portes de l'hôtellerie, sortit tout effaré pour voir qui criait de la sorte, et ceux qui étaient dehors accoururent aussi. Maritornes, que le même bruit avait éveillée, imaginant aussitôt ce que ce pouvait être, monta au grenier, et détacha, sans que personne la vit, le licou qui tenait don Quichotte. Le chevalier tomba par terre à la vue de l'hôte et des voyageurs, qui, s'approchant de lui tous ensemble, lui demandèrent ce qu'il avait pour jeter de semblables cris. Don Quichotte, sans répondre un mot, s'ôta le cordeau du poignet, se releva, monta sur Rossinante, embrassa son écu, mit sa lance en arrêt, et s'étant éloigné pour prendre du champ, revint au petit galop, en disant :

« Quiconque dira que j'ai été à juste titre enchanté, pourvu que madame la princesse Micomicona m'en accorde la permission, je lui donne un démenti, et je le défie en combat singulier. »

Les nouveaux venus restèrent tout ébahis à ces paroles; mais l'hôtelier les tira de cette surprise en leur disant qui était don Quichotte, et qu'il ne fallait faire aucun cas de lui, puisqu'il avait perdu le jugement.

Ils demandèrent à l'hôtelier si par hasard il ne serait pas arrivé dans sa maison un jeune homme de quinze à seize ans, vêtu en garçon muletier, de telle taille et de tel visage, donnant enfin tout le signalement de l'amant de doña Clara. L'hôtelier répondit qu'il y avait tant de monde dans l'hôtellerie, qu'il n'avait pas pris garde au jeune homme qu'on demandait. Mais l'un des cavaliers, ayant aperçu le carrosse de l'auditeur, s'écria :

« Il est ici, sans aucun doute, car voilà le carrosse qu'on dit qu'il accompagne. Qu'un de nous reste à la porte, et que les autres entrent pour le chercher. Encore sera-t-il bon qu'un de nous fasse aussi la ronde autour de l'hôtellerie, afin qu'il ne se sauve point par-dessus les murs de la cour.

— C'est ce qu'on va faire, » répondit un des cavaliers; et, tandis que deux d'entre eux pénétraient dans la maison, un autre resta à la porte, et le dernier alla faire le tour de l'hôtellerie.

L'hôtelier voyait tout cela sans pouvoir deviner à quel propos se prenaient ces mesures, bien qu'il crût que ces gens cherchaient le jeune homme dont ils lui avaient donné le signalement.

Cependant le jour arrivait, et, à sa venue, ainsi qu'au tapage qu'avait fait don Quichotte, tout le monde s'était éveillé, surtout doña Clara et Dorothée, qui, l'une par l'émotion d'avoir son amant si près d'elle, l'autre par le désir de le voir, n'avaient guère pu dormir de toute la nuit. Don Quichotte, voyant qu'aucun des voyageurs ne faisait cas de lui et ne daignait seulement répondre à son défi, se sentait suffoqué de dépit et de rage; et certes, s'il eût trouvé, dans les règlements de sa chevalerie, qu'un chevalier pût dûment entreprendre une autre entreprise, ayant donné sa parole et sa foi de ne se mêler d'aucune autre jusqu'à ce qu'il eût achevé celle qu'il avait promis de mettre à fin, il les aurait attaqués tous, et les aurait bien fait répondre, bon gré mal gré. Mais comme il lui semblait tout à fait inconvenant de se jeter dans une entreprise nouvelle avant d'avoir replacé Micomicona sur son trône, il lui fallut se taire et se tenir tranquille, attendant, les bras croisés, où aboutiraient les démarches de ces voyageurs.

Un de ceux-ci trouva le jeune homme qu'il cherchait, dormant à côté d'un garçon de mules, et ne songeant guère, ni qu'on le cherchât, ni surtout qu'on dût le trouver. L'homme le secoua par le bras, et lui dit :

« Assurément, seigneur don Luis, l'habit que vous portez sied bien à qui vous êtes! et le lit où je vous trouve ne répond pas moins à la façon dont vous a choyé votre mère! »

Le jeune homme frotta ses yeux endormis, et, regardant avec attention celui qui le secouait, il reconnut aussitôt que c'était un serviteur de son père. Cette vue le troubla de telle sorte qu'il ne put de quelque temps parvenir à répondre un mot. Le domestique continua :

« Ce qui vous reste à faire, seigneur don Luis, c'est de vous résigner patiemment, et de reprendre le chemin de la maison, si Votre Grâce ne veut pas que son père, mon seigneur, prenne celui de l'autre monde; car on ne peut attendre autre chose de la peine que lui cause votre absence.

— Mais comment mon père a-t-il su, interrompit don Luis, que j'avais pris ce chemin, et en cet équipage?

— C'est un étudiant, répondit le valet, à qui vous avez confié votre dessein, qui a tout découvert, ému de pitié à la vue du chagrin que montra votre père quand il ne vous trouva plus. Il dépêcha aussitôt quatre de ses domestiques à votre recherche, et nous sommes tous quatre ici à votre service, plus contents qu'on ne peut l'imaginer de la bonne œuvre que nous aurons faite en vous ramenant aux yeux qui vous aiment si tendrement.

— Ce sera, répondit don Luis, comme je voudrai, ou comme en ordonnera le ciel.

— Que pouvez-vous vouloir, répliqua l'autre, ou que peut ordonner le ciel, si ce n'est de consentir à ce que vous reveniez? Toute autre chose est impossible. »

Le garçon muletier auprès duquel était couché don Luis avait entendu tout cet entretien; et, s'étant levé, il alla dire ce qui se passait à don Fernand, à Cardénio et aux autres, qui venaient de s'habiller. Il leur conta comment cet homme appelait ce jeune garçon par le titre de *don*, comment il voulait le ramener à la maison de son père et comment l'autre ne le voulait pas. A cette nouvelle, et sachant déjà du jeune homme ce qu'en annonçait la belle voix que le ciel lui avait donnée, ils eurent tous un grand désir de savoir plus en détail qui il était, et même de l'assister si on voulait lui faire quelque violence. Ils se dirigèrent donc du côté où il était encore parlant et disputant avec son domestique.

En ce moment, Dorothée sortit de sa chambre, et derrière elle doña Clara toute troublée. Prenant à part Cardénio, Dorothée lui conta brièvement l'histoire du musicien et de doña Clara. A son tour, Cardénio lui annonça l'arrivée des gens de son père qui venaient le chercher; mais il ne dit pas cette nouvelle à voix si basse que doña Clara ne pût l'entendre, ce qui la mit tellement hors d'elle-même, que, si Dorothée ne l'eût soutenue, elle se laissait tomber à terre. Cardénio engagea Dorothée à la ramener dans sa chambre, ajoutant qu'il allait faire en sorte d'arranger tout cela, et les deux amies suivirent son conseil.

Au même instant, les quatre cavaliers venus à la recherche de don Luis étaient entrés dans l'hôtellerie, et, le tenant au milieu d'eux, essayaient de lui persuader de revenir sur-le-champ consoler son père. Il répondit qu'il ne pouvait en aucune façon suivre leur avis avant d'avoir terminé une affaire où il y allait de sa vie, de son honneur et de son âme. Les domestiques le pressèrent alors davantage, disant qu'ils ne reviendraient pas sans lui, et qu'ils le ramèneraient, même contre son gré.

« Vous ne me ramènerez que mort, répliqua don Luis; aussi bien, de quelque manière que vous m'emmeniez, ce sera toujours m'emmener sans vie. »

Cependant le bruit de la querelle avait attiré la plupart de ceux qui se trouvaient dans l'hôtellerie, notamment Cardénio, don Fernand, ses compagnons, l'auditeur, le curé, le barbier et don Quichotte, auquel il avait semblé qu'il n'était pas nécessaire de garder plus longtemps le château. Cardénio, qui connaissait déjà l'histoire du garçon muletier, demanda à ceux qui voulaient l'entraîner de force quel motif ils avaient d'emmener ce jeune homme contre sa volonté.

« Notre motif, répondit l'un des quatre, c'est de rendre la vie au père de ce gentilhomme, que son absence met en péril de la perdre.

— Il est inutile, interrompit don Luis, de rendre ici compte de mes affaires. Je suis libre, et je m'en irai s'il me plaît; sinon, aucun de vous ne me fera violence.

— C'est la raison qui vous la fera, répondit l'homme; et si elle ne suffit pas à Votre Grâce, elle nous suffira à nous, pour faire ce pour quoi nous sommes venus, et à quoi nous sommes tenus.

— Sachons la chose à fond, » dit l'auditeur.

Mais l'homme qui le reconnut pour un voisin de sa maison, répondit aussitôt :

« Est-ce que Votre Grâce, seigneur auditeur, ne reconnaît pas ce gentilhomme? c'est le fils de votre voisin, qui s'est échappé de la maison de son père, dans ce costume si peu convenable à sa naissance, comme Votre Grâce peut s'en assurer. »

L'auditeur se mit alors à le considérer plus attentivement, et l'ayant reconnu, il le prit dans ses bras :

« Quel enfantillage est-ce là, seigneur don Luis, lui dit-il, ou quels motifs si puissants vous ont fait partir de la sorte, dans cet équipage qui sied si mal à votre qualité? »

Le jeune homme sentit les larmes lui venir aux yeux; il ne put répondre un seul mot à l'auditeur, qui dit aux quatre domestiques de se calmer, et qu'il arrangerait l'affaire; puis, prenant don Luis par la main, il le conduisit à part pour l'interroger sur son escapade.

Tandis qu'il lui faisait cette question et d'autres encore, on entendit de grands cris à la porte de l'hôtellerie. Voici quelle en était la cause : deux hôtes qui s'étaient hébergés cette nuit dans la maison, voyant que tout le monde était occupé à savoir ce que cherchaient les quatre cavaliers, avaient tenté de déguerpir sans payer ce qu'ils devaient. Mais l'hôtelier, qui était plus attentif à ses affaires qu'à celles d'autrui, les arrêta au seuil de la porte, et leur demanda l'écot, en gourmandant leur malhonnête intention avec de telles paroles qu'il finit par les exciter à lui répondre avec les poings fermés. Ils commencèrent donc à le gourmer de telle sorte que le pauvre hôtelier fut contraint de crier au secours. L'hôtesse et sa fille ne virent personne plus inoccupé et plus à portée de le secourir que don Quichotte, auquel la fille de l'hôtesse accourut dire :

« Secourez vite, seigneur chevalier, par la vertu que Dieu vous a donnée, secourez vite mon pauvre père, que ces deux méchants hommes sont à battre comme plâtre. »

A cela don Quichotte répondit d'une voix lente et du plus grand sang-froid :

« Votre pétition, belle damoiselle, ne peut être accueillie en ce moment : je suis dans l'impossibilité de m'entremettre en aucune autre aventure jusqu'à ce que j'aie mis fin à celle où m'a engagé ma parole. Mais ce que je puis faire pour votre service, le voici : courez, et dites à votre père qu'il se soutienne dans cette bataille le mieux qu'il pourra, et qu'il ne se laisse vaincre en aucune façon, tandis que j'irai demander à la princesse Micomicona la permission de le secourir en son angoisse; si elle me la donne, soyez certaine que je saurai bien l'en tirer.

— Ah! pécheresse que je suis, s'écria Maritornes, qui se trouvait là; avant que Votre Grâce ait obtenu cette permission, mon maître sera dans l'autre monde.

— Eh bien! madame, reprit don Quichotte, faites que j'obtienne cette permission dont j'ai besoin. Dès que je l'aurai, il importera peu qu'il soit dans l'autre monde; car je l'en tirerai, en dépit de ce monde-ci, qui voudrait y trouver à redire, ou du moins je tirerai telle vengeance de ceux qui l'y auront envoyé, que vous en serez plus que médiocrement satisfaite. »

Et, sans parler davantage, il alla se mettre à deux genoux devant Dorothée, pour lui demander, avec des expressions chevaleresques et errantes, que Sa Grandeur daignât lui donner permission de courir et de secourir le châtelain de ce château qui se trouvait en une grave extrémité. La princesse la lui donna de bon cœur, et aussitôt embrassant son écu et mettant l'épée à la main, il accourut à la porte de l'hôtellerie, où les deux hôtes étaient encore à malmener l'hôtelier. Mais, dès qu'il arriva, il s'arrêta tout court et se tint immobile, malgré les reproches de Maritornes et de l'hôtesse, qui lui demandaient qu'est-ce qui le retenait en place, au lieu de secourir leur maître et mari.

« Ce qui me retient? répondit don Quichotte; c'est qu'il ne m'est pas permis de mettre l'épée à la main contre des gens de bas étage; mais appelez mon écuyer Sancho, c'est lui que regarde cette défense et cette vengeance. »

Voilà ce qui se passait à la porte de l'hôtellerie, où roulaient les coups de poing et les gourmades, le tout au préjudice de l'hôtelier et à la rage de Maritornes, de l'hôtesse et de sa fille, qui se désespéraient de la lâcheté de don Quichotte et du mauvais quart d'heure que passait leur maître, père et mari. Mais laissons-le en cet état, car sans doute quelqu'un viendra le secourir; sinon, tant pis pour celui qui se hasarde à plus que ses forces ne permettent : qu'il souffre et ne dise mot. Revenons maintenant, à cinquante pas en arrière, voir ce que don Luis répondit à l'auditeur, que nous avons laissé l'ayant pris à part pour lui demander la cause de son voyage, à pied et dans un si vil équipage. Le jeune homme, lui saisissant les mains avec force, comme si quelque grande affliction lui eût serré le cœur, et versant un torrent de larmes, lui répondit :

« Je ne sais, mon seigneur, vous dire autre chose, si ce n'est que, le jour où le ciel a voulu et où notre voisinage a permis que je visse doña Clara, votre fille et ma dame, dès cet instant je l'ai faite maîtresse de ma volonté; et si la vôtre, mon véritable seigneur et père, n'y met obstacle, aujourd'hui même elle sera mon épouse. C'est pour elle que j'ai abandonné la maison de mon père, pour elle que j'ai pris ce costume, afin de la suivre partout où elle irait, comme la flèche suit le but, et le marinier l'étoile polaire. Elle ne sait de mes désirs rien de plus que n'ont pu lui en faire entendre les pleurs qu'elle a vus de loin couler de mes yeux. Vous connaissez déjà, seigneur, la fortune et la noblesse de mes parents, vous savez que je suis leur unique héritier. Si ces avantages vous semblent suffisants pour que vous vous hasardiez à me rendre complétement heureux, agréez-moi dès maintenant pour votre fils. Que si mon père, occupé d'autres vues personnelles, n'était point satisfait du bien que j'ai su trouver pour moi, le temps n'a pas moins de force pour changer les volontés humaines que les choses de ce monde. »

A ces mots, l'amoureux jeune homme cessa de parler, et l'auditeur demeura non moins surpris de la manière délicate et touchante dont il lui avait découvert ses pensées, qu'indécis sur le parti qu'il devait prendre dans une affaire si soudaine et si grave. Tout ce qu'il put lui répondre, ce fut qu'il se calmât pour le moment, et qu'il obtint que ses domestiques ne l'emmenassent pas ce jour même, afin d'avoir le temps de considérer ce qui conviendrait mieux à chacun. Don Luis voulut par force lui baiser les mains, et même les baigna de ses larmes, chose qui aurait attendri un cœur de pierre, et non pas seulement celui de l'auditeur, qui, en homme habile, avait vu du premier coup d'œil combien ce mariage était avantageux à sa fille. Toutefois, il aurait voulu, si c'eût été possible, l'effectuer avec le consentement du père de don Luis, qu'il savait prétendre à faire de son fils un seigneur titré.

En ce moment, les hôtes querelleurs avaient fait la paix avec l'hôtelier, après avoir consenti, plutôt par la persuasion et les bons propos de don Quichotte que par ses menaces, à lui payer ce qu'il demandait; d'un autre côté, les domestiques de don Luis attendaient patiemment la fin de son entretien avec l'auditeur et la résolution de leur maître, quand le diable, qui ne dort jamais, fit entrer à cette heure même dans l'hôtellerie le barbier auquel don Quichotte avait enlevé l'armet de Mambrin, et Sancho Panza les harnais de son âne, pour les troquer contre ceux du sien. Ce barbier, menant son âne à l'écurie, vit Sancho qui raccommodait je ne sais quoi de son bât. Dès qu'il vit ce bât, il le reconnut, et, prenant bravement Sancho par le collet, il lui dit :

« Ah! don larron, je vous tiens ici; rendez-moi vite mon plat à barbe, et mon bât, et tous les harnais que vous m'avez volés. »

Sancho, qui se vit prendre à la gorge si à l'improviste, et qui entendit les injures qu'on lui disait, saisit le bât d'une main, et de l'autre donna une telle gourmade au barbier, qu'il lui mit les mâchoires en sang. Mais, néanmoins, le barbier ne lâchait pas prise et tenait bon son bât; au contraire, il éleva la voix de telle sorte, que tous les gens de l'hôtellerie accoururent au bruit et à la bataille.

« Au nom du roi et de la justice, criait-il, parce que je reprends mon bien, il veut me tuer, ce larron, voleur de grands chemins.

— Tu en as menti, répondit Sancho, je ne suis pas voleur de grands chemins; et c'est de bonne guerre que mon seigneur don Quichotte a gagné ces dépouilles. »

Celui-ci, qui était promptement accouru, se trouvait déjà présent à la querelle, enchanté de voir avec quelle vigueur son écuyer prenait la défensive et l'offensive. Il le tint même désormais pour homme de cœur, et se proposa, dans le fond de son âme, de l'armer chevalier à la première occasion qui s'offrirait, pensant que l'ordre de chevalerie serait fort bien placé sur sa tête. Parmi toutes les choses que le barbier débitait dans le courant de la dispute, il vint à dire :

« Ce bât est à moi, comme la mort que je dois à Dieu, et je le connais comme si je l'avais mis au monde ; et voilà mon âne qui est dans l'étable, qui ne me laissera pas mentir. Sinon, qu'on lui essaye le bât, et, s'il ne lui va pas comme un gant, je passerai pour infâme. Et il y a plus, c'est que le même jour qu'ils me l'ont pris, ils m'ont enlevé aussi un plat à barbe de rosette, tout neuf, qui n'avait pas encore été étrenné de sa vie, et qui m'avait coûté un bel et bon écu. »

En cet endroit don Quichotte ne put se retenir ; il se mit entre les deux combattants, les sépara, et, déposant le bât par terre pour que tout le monde le vît jusqu'à ce que la vérité fût reconnue, il s'écria :

« Vos Grâces vont voir clairement et manifestement l'erreur où est ce bon écuyer quand il appelle plat à barbe ce qui est, fut et sera l'armet de Mambrin, que je lui ai enlevé de bonne guerre, et dont je me suis rendu maître en tout bien tout honneur. Quant au bât, je ne m'en mêle point ; et tout ce que je peux dire, c'est que mon écuyer Sancho me demanda permission pour ôter les harnachements du cheval de ce poltron vaincu, et pour en parer le sien. Je lui donnai la permission, il prit les harnais, et de ce que la selle s'est changée en bât, je ne puis donner d'autre raison que l'ordinaire, c'est-à-dire que ces métamorphoses se voient dans les événements de la chevalerie. Pour preuve et confirmation de ce que j'avance, cours vite, mon fils Sancho, apporte ici l'armet que ce brave homme dit être un plat à barbe.

— Pardine, seigneur, répliqua Sancho, si nous n'avons pas d'autre preuve à faire valoir pour nous justifier que celle qu'offre Votre Grâce, nous voilà frais. Aussi plat à barbe est l'armet de Mambrin que la selle de ce bon homme est bât.

— Fais ce que je te commande, reprit don Quichotte ; peut-être que toutes les choses qui arrivent en ce château ne doivent pas se passer par voie d'enchantement. »

Sancho alla chercher le plat à barbe, l'apporta, et, dès que don Quichotte le lui eût pris des mains, il s'écria :

« Regardez un peu, seigneurs : de quel front cet écuyer pourra-t-il dire que ceci est un plat à barbe, et non l'armet que j'ai nommé? Et je jure, par l'ordre de chevalerie dont je fais profession, que cet armet est tel que je l'ai pris, sans en avoir ôté, sans y avoir ajouté la moindre chose.

— En cela, interrompit Sancho, il n'y a pas le plus petit doute : car, depuis que mon seigneur l'a gagné jusqu'à cette heure, il n'a livré avec lui qu'une seule bataille, lorsqu'il délivra ces malheureux enchaînés; et, ma foi, sans l'assistance de ce plat-armet, il aurait passé un mauvais moment, car, dans cette mêlée, les pierres pleuvaient à verse. »

CHAPITRE XLV.

OÙ L'ON ACHÈVE D'ÉCLAIRCIR LES DOUTES À PROPOS DU BÂT ET DE L'ARMET DE MAMBRIN, AVEC D'AUTRES AVENTURES ARRIVÉES EN TOUTE VÉRITÉ.

« Que vous semble, seigneurs, s'écria le barbier, de ce qu'affirment ces gentilshommes, puisqu'ils s'opiniâtrent à dire que ceci n'est pas un plat à barbe, mais un armet?

— Et qui dira le contraire, interrompit don Quichotte, je lui ferai savoir qu'il ment, s'il est chevalier, et, s'il est écuyer, qu'il en a menti mille fois. »

Notre barbier, maître Nicolas, qui se trouvait présent à la bagarre, connaissant si bien l'humeur de don Quichotte, voulut exciter encore son extravagance, et pousser plus loin la plaisanterie, pour donner de quoi rire à tout le monde. Il dit donc, parlant à l'autre barbier :

« Seigneur barbier, ou qui que vous soyez, sachez que je suis du même état que vous; que j'ai reçu, il y a plus de vingt ans, mon diplôme d'examen, et que je connais parfaitement tous les instruments et ustensiles du métier de la barbe, sans en excepter un seul; sachez de plus que, dans le temps de ma jeunesse, j'ai été soldat, et que je ne connais pas moins bien ce que c'est qu'un armet, un morion, une salade, et autres choses relatives à la milice, c'est-à-dire aux espèces d'armes que portent les soldats. Et je dis maintenant, sauf meilleur avis, car je m'en remets toujours à celui d'un meilleur entendement, que cette pièce qui est ici devant nous, et que ce bon seigneur tient à la main, non-seulement n'est pas un plat à barbe de barbier, mais qu'elle est aussi loin de l'être que le blanc est loin du noir, et la vérité du mensonge. Et je dis aussi que bien que ce soit un armet, ce n'est pas un armet entier.

— Non certes, s'écria don Quichotte, car il lui manque une moitié, qui est la mentonnière.

— C'est cela justement, » ajouta le curé, qui avait compris l'intention de son ami, maître Nicolas; et leur avis fut aussitôt confirmé par Cardénio, don Fernand et ses compagnons. L'auditeur lui-même, s'il n'eût été si préoccupé de l'aventure de don Luis, aurait aidé, pour sa part, à la plaisanterie; mais les choses sérieuses auxquelles il pensait l'avaient tellement absorbé, qu'il ne faisait guère attention à ces badinages.

« Sainte Vierge! s'écria en ce moment le barbier mystifié, est-il possible que tant d'honnêtes gens disent que ceci n'est pas un plat à barbe, mais un armet! Voilà de quoi jeter dans l'étonnement toute une université, si savante qu'elle soit. A ce train-là, si ce plat à barbe est un armet, ce bât d'âne doit être aussi une selle de cheval, comme ce seigneur l'a prétendu.

— A moi, il me paraît un bât, reprit don Quichotte; mais j'ai déjà dit que je ne me mêlais point de cela.

— Que ce soit un bât ou une selle, dit le curé, c'est au seigneur don Quichotte à le décider; car, en affaire de chevalerie, ces seigneurs et moi nous lui cédons la palme.

— Pardieu, mes seigneurs, s'écria don Quichotte, de si étranges aventures me sont arrivées dans ce château, en deux fois que j'y fus hébergé, que je n'ose plus rien décider affirmativement sur les questions qu'on me ferait à propos de ce qu'il renferme; car je m'imagine que tout ce qui s'y passe se règle par voie d'enchantement. La première fois, je fus fort ennuyé des visites d'un More enchanté qui se promène en ce château, et Sancho n'eut guère plus à se louer des gens de sa suite; puis, hier soir, je suis resté pendu par ce bras presque deux heures entières sans savoir pourquoi ni comment j'étais tombé dans cette disgrâce. Ainsi, me mettre à présent, au milieu d'une telle confusion, à donner mon avis, ce serait m'exposer à un jugement téméraire. En ce qui touche cette singulière prétention de vouloir que ceci soit un plat à barbe et non un armet, j'ai déjà répondu; mais quant à déclarer si cela est un bât ou une selle, je n'ose point rendre une sentence définitive, et j'aime mieux laisser la question au bon sens de Vos Grâces. Peut-être que, n'étant point armés chevaliers comme moi, vous n'aurez rien à démêler avec les enchantements de céans, et qu'ayant les intelligences parfaitement libres, vous pourrez juger des choses de ce château comme elles sont en réalité, et non comme elles me paraissent.

— Il n'y a pas de doute, répondit à cela don Fernand; le seigneur don Quichotte a parlé comme un oracle, et c'est à nous qu'appartient la solution de cette difficulté; et, pour qu'elle soit rendue avec plus de certitude, je vais recueillir en secret les voix de ces seigneurs, et du résultat de ce vote je rendrai un compte exact et fidèle. »

Pour ceux qui connaissaient l'humeur de don Quichotte, toute cette comédie était une intarissable matière à rire; mais ceux qui n'étaient pas au fait n'y voyaient que la plus grande bêtise du monde, surtout les quatre domestiques de don Luis, et don Luis lui-même, ainsi que trois autres voyageurs qui venaient par hasard d'arriver à l'hôtellerie, et qui paraissaient des archers de la Sainte-Hermandad, comme ils l'étaient en effet. Mais celui qui se désespérait le plus, c'était le barbier, dont le plat à barbe s'était changé, devant ses yeux, en armet de Mambrin, et dont le bât, à ce qu'il pensait bien, allait sans aucun doute se changer aussi en un riche harnais de cheval. Tous les autres spectateurs riaient de voir don Fernand qui allait prendre les voix de l'un à l'autre, leur parlant tout bas à l'oreille, pour qu'ils déclarassent en secret si ce beau bijou sur lequel on avait tant disputé était un bât ou une selle.

Après qu'il eut recueilli les votes de tous ceux qui connaissaient don Quichotte, il dit à haute voix :

« Le cas est, brave homme, que je suis vraiment fatigué de prendre tant d'avis, car je ne demande à personne ce que je désire savoir, qu'on ne me réponde aussitôt qu'il y a folie à dire que ce soit un bât d'âne, et que c'est une selle de cheval, et même d'un cheval de race. Ainsi, prenez patience, car en dépit de vous et de votre âne, ceci est une selle, et non un bât, et vous avez fort mal prouvé votre allégation.

— Que je perde ma place en paradis, s'écria le pauvre barbier, si toutes Vos Grâces ne se trompent pas; et que mon âme paraisse aussi bien devant Dieu que ce bât me paraît un bât, et non une selle! Mais, ainsi vont les lois¹.... et je ne dis rien de plus. Et pourtant je ne suis pas ivre, en vérité, car je n'ai pas même rompu le jeûne aujourd'hui, si ce n'est par mes péchés. »

Les naïvetés que débitait le barbier ne faisaient pas moins rire que les extravagances de don Quichotte, lequel dit en ce moment :

« Ce qu'il y a de mieux à faire ici, c'est que chacun reprenne son bien; et, comme on dit : ce que Dieu t'a donné, que saint Pierre le bénisse. »

Alors, un des quatre domestiques s'approchant :

« Si ce n'est pas, dit-il, un tour fait à plaisir, je ne puis me persuader que des hommes d'aussi sage entendement que le sont ou le paraissent tous ceux qui se trouvent ici, osent bien dire et affirmer que cela n'est point un bât, ni ceci un plat à barbe. Mais comme je vois qu'on l'affirme et qu'on le prétend, je m'imagine qu'il y a quelque mystère dans cet entêtement à dire une chose si opposée à ce que nous démontrent la vérité et l'expérience même. Car je jure bien (et son jurement était à pleine bouche) que tous ceux qui vivent dans le monde à l'heure qu'il est ne me feraient pas confesser que cela est autre chose qu'un plat à barbe de barbier, et ceci un bât d'âne.

— Ce pourrait être un bât de bourrique, interrompit le curé.

— Tout de même, reprit le domestique; ce n'est pas là qu'est la question, mais à savoir si c'est un bât, oui ou non, comme Vos Grâces le prétendent. »

A ces propos, un des archers nouveaux venus dans l'hôtellerie, qui avait entendu la fin de la querelle, ne put retenir son dépit et sa mauvaise humeur.

« C'est un bât, s'écria-t-il, comme mon père est un homme, et qui a dit ou dira le contraire doit être aviné comme une grappe de raisin.

— Tu en as menti comme un maraud de vilain, » répondit don Quichotte. Et levant sa lance, qu'il ne quittait jamais, il lui en déchargea un tel coup sur la tête, que, si l'archer ne se fût détourné, il l'étendait tout de son long. La lance se brisa par terre, et les autres archers, voyant maltraiter leur camarade, élevèrent la voix pour demander main-forte à la Sainte-Hermandad. L'hôtelier, qui était de la confrérie, courut chercher sa verge et son épée, et se rangea aux côtés de ses compagnons; les domestiques de don Luis entourèrent leur maître, pour qu'il ne pût s'échapper à la faveur du tumulte; le barbier, voyant la maison sens dessus dessous, alla reprendre son bât, que Sancho ne lâchait pas d'un ongle; don Quichotte mit l'épée à la main, et fondit sur les archers; don Luis criait à ses valets de le laisser, et d'aller secourir don Quichotte, ainsi que don Fernand et Cardénio, qui avaient pris sa défense; le curé haranguait de tous ses poumons, l'hôtesse jetait des cris, sa fille soupirait, Maritornes pleurait, Dorothée était interdite, Luscinde épouvantée, et doña Clara évanouie. Le barbier gourmait Sancho, Sancho rossait le barbier; don Luis, qu'un de ses valets osa saisir par le bras pour qu'il ne se sauvât pas, lui donna un coup de poing qui lui mit les mâchoires en sang; l'auditeur le défendait; don Fernand tenait un des archers sous ses talons, et lui mesurait le corps avec les pieds tout à son aise; l'hôtelier criait de nouveau pour demander main-forte à la Sainte-Hermandad; enfin, l'hôtellerie n'était que pleurs, sanglots, cris, terreurs, alarmes, disgrâces, coups d'épée, coups de poing, coups de pied, coups de bâton, meurtrissures et effusion de sang. Tout à coup, au milieu de cette confusion, de ce labyrinthe, de ce chaos, une idée frappe l'imagination de don Quichotte : il se croit, de but en blanc, transporté au camp d'Agramant[2]; et, d'une voix de tonnerre qui ébranlait l'hôtellerie :

« Que tout le monde s'arrête, s'écrie-t-il, que tout le monde dépose les armes, que tout le monde s'apaise, que tout le monde m'écoute, si tout le monde veut rester en vie. »

A ces cris, en effet, tout le monde s'arrêta, et lui poursuivit de la sorte :

« Ne vous ai-je pas dit, seigneurs, que ce château était enchanté, et qu'une légion de diables l'habitait? En preuve de cela, je veux que vous voyiez par vos propres yeux comment est passée et s'est transportée parmi nous la discorde du camp d'Agramant. Regardez : ici on combat pour l'épée, là pour le cheval, de ce côté pour l'aigle blanche, de celui-ci pour l'armet, et tous nous nous battons, et tous sans nous entendre. Venez ici, seigneur auditeur, et vous aussi, seigneur curé; que l'un serve de roi Agramant, et l'autre de roi Sobrin, et mettez-nous en paix : car, au nom du Dieu tout-puissant, c'est une grande vilenie que tant de gens de qualité, comme nous sommes ici, s'entre-tuent pour de si piètres motifs. »

Les archers, qui n'entendaient rien à la rhétorique de don Quichotte et qui se voyaient fort malmenés par don Fernand, Cardénio et leurs compagnons, ne voulaient pas se calmer. Le barbier, oui, car, dans la bataille, on lui avait mis en pièces aussi bien la barbe que le bât. Sancho, en bon serviteur, obéit au premier mot de son maître; les quatre domestiques de don Luis se tinrent également tranquilles, voyant combien peu ils gagnaient à ne pas l'être; le seul hôtelier s'obstinait à prétendre qu'il fallait châtier les impertinences de ce fou, qui, à chaque pas, troublait et bouleversait la maison. En définitive, le tapage s'apaisa pour le moment, le bât resta selle jusqu'au jour du jugement dernier, le plat à barbe armet, et l'hôtellerie château, dans l'imagination de don Quichotte.

Le calme enfin rétabli, et la paix faite à l'instigation persuasive de l'auditeur et du curé, les domestiques de don Luis revinrent à la charge pour l'emmener à l'instant même; et, tandis qu'il se débattait avec eux, l'auditeur consulta don Fernand, Cardénio et le curé sur le parti qu'il devait prendre en une telle occurrence, après leur avoir conté la confidence que don Luis venait de lui faire. A la fin, on décida que don Fernand se fît connaître aux domestiques de don Luis, et qu'il leur dît que c'était son plaisir d'emmener ce jeune homme en Andalousie, où son frère le marquis le recevrait comme il méritait de l'être, parce qu'il était facile de voir, à l'intention de don Luis, qu'il se laisserait plutôt mettre en morceaux que de retourner cette fois auprès de son père. Quand les quatre domestiques connurent la qualité de don Fernand et la résolution de don Luis, ils résolurent que trois d'entre eux retourneraient conter à son père ce qui s'était passé, tandis que l'autre resterait avec don Luis pour le servir, et qu'il ne le perdrait point de vue que les autres ne fussent revenus le chercher, ou qu'on ne sût ce qu'ordonnerait son père.

C'est ainsi que s'apaisèrent ce monceau de querelles par l'autorité d'Agramant et la prudence du roi Sobrin. Mais quand le démon, ennemi de la concorde et rival de la paix, se vit méprisé et bafoué; quand il reconnut le peu de fruit qu'il avait retiré de les avoir enfermés tous dans ce labyrinthe inextricable, il résolut de tenter encore une fois la fortune en suscitant de nouveaux troubles et de nouvelles disputes.

Or, il arriva que les archers avaient quitté la partie parce qu'ils eurent vent de la qualité de ceux contre lesquels ils combattaient, et qu'ils s'étaient retirés de la mêlée, reconnaissant bien que, quoi qu'il arrivât, ils auraient à porter les coups; mais l'un d'eux, celui-là même que don Fernand avait si bien moulu sous ses talons, vint à se rappeler que, parmi divers mandats dont il était porteur pour arrêter des délinquants, il s'en trouvait un contre don Quichotte, que la Sainte-Hermandad avait ordonné de saisir par corps, à propos de la délivrance des galériens, comme Sancho l'avait craint avec tant de raison. Frappé de cette idée, l'archer voulut vérifier si le signalement donné dans le mandat d'arrêt cadrait bien avec celui de don Quichotte. Il tira de son sein un rouleau de parchemin, trouva le papier qu'il cherchait; et, se mettant à lire très-posément, car il n'était pas fort lecteur, à chaque mot qu'il épelait, il jetait les yeux sur don Quichotte, et comparait le signalement du mandat avec le visage du chevalier. Il reconnut que, sans nul doute, c'était bien lui que désignait le mandat. A peine s'en fut-il assuré que, serrant son rouleau de parchemin, il prit le mandat de la main gauche, et de la droite empoigna don Quichotte au collet³, si fortement qu'il ne lui laissait pas prendre haleine. En même temps il criait à haute voix :

« Main-forte à la Sainte-Hermandad! et, pour qu'on voie que cette fois-ci je la demande sérieusement, on n'a qu'à lire ce mandat, où il est ordonné d'arrêter ce voleur de grands chemins. »

Le curé prit le mandat, et reconnut qu'effectivement l'archer disait vrai, et que le signalement s'appliquait à don Quichotte. Quand celui-ci se vit maltraiter par ce coquin de manant, enflammé de colère au point que les os du corps lui craquaient, il saisit du mieux qu'il put, avec ses deux mains, l'archer à la gorge, lequel, si ses camarades ne l'eussent secouru, aurait plutôt laissé la vie que don Quichotte n'eût lâché prise.

L'hôtelier, qui devait forcément donner assistance à ceux de son office, accourut aussitôt leur prêter main-forte. L'hôtesse, en voyant de nouveau son mari fourré dans les querelles, jeta de nouveau les hauts cris, et ce bruit lui amena Maritornes et sa fille, qui l'aidèrent à demander le secours du ciel et de tous ceux qui se trouvaient là. Sancho s'écria, à la vue de ce qui se passait :

« Vive le Seigneur! rien de plus vrai que ce que dit mon maître des enchantements de ce château, car il est impossible d'y vivre une heure en paix. »

Don Fernand sépara l'archer de don Quichotte, et, fort à la satisfaction de tous deux, il leur fit mutuellement lâcher prise, car ils accrochaient les ongles de toute leur force, l'un dans le collet du pourpoint de l'autre, et l'autre à la gorge du premier. Mais toutefois la quadrille des archers ne cessait de réclamer leur détenu; ils criaient qu'on le leur livrât pieds et poings liés, puisque ainsi l'exigeait le service du roi et de la Sainte-Hermandad, au nom desquels ils demandaient secours et main-forte pour arrêter ce brigand, ce voleur de grands chemins et de petits sentiers. Don Quichotte souriait dédaigneusement à ces propos, et, gardant toute sa gravité, il se contenta de répondre :

« Approchez, venez ici, canaille mal née et mal-apprise. Rendre la liberté à ceux qu'on tient à la chaîne, délivrer les prisonniers, relever ceux qui sont à terre, secourir les misérables et soulager les nécessiteux, c'est là ce que vous appelez voler sur les grands chemins! Ah! race infâme, race indigne, par la bassesse de votre intelligence, que le ciel vous révèle la valeur que renferme en soi la chevalerie errante, et vous laisse seulement comprendre le péché que vous commettez en refusant votre respect à la présence, que dis-je, à l'ombre de tout chevalier errant! Venez ici, larrons en quadrilles plutôt qu'archers de maréchaussée, détrousseurs de passants avec licence de la Sainte-Hermandad; dites-moi, quel est donc l'ignorant qui a signé un mandat d'arrêt contre un chevalier tel que moi? Qui ne sait pas que les chevaliers errants sont hors de toute juridiction criminelle, qu'ils n'ont de loi que leur épée, de règlements que leurs prouesses, de code souverain que leur volonté? Quel est donc l'imbécile, dis-je encore, qui peut ignorer qu'aucunes lettres de noblesse ne confèrent autant d'immunités et de priviléges que n'en acquiert un chevalier errant le jour où il est armé chevalier et s'adonne au dur exercice de la chevalerie? Quel chevalier errant a jamais payé gabelle, corvées, dîmes, octrois, douanes, chaîne de route ou bac de rivière? Quel tailleur lui a demandé la façon d'un habit? Quel châtelain, l'ayant recueilli dans son château, lui a fait payer l'écot de la couchée? Quel roi ne l'a fait asseoir à sa table? Quelle demoiselle ne s'est éprise de lui, et ne lui a livré, avec soumission, le trésor de ses charmes? Enfin, quel chevalier errant vit-on, voit-on et verra-t-on jamais dans le monde, qui n'ait assez de force et de courage pour donner à lui seul quatre cents coups de bâton à quatre cents archers en quadrilles qui oseraient lui tenir tête? »

CHAPITRE XLVI.

DE LA NOTABLE AVENTURE DES ARCHERS DE LA SAINTE-HERMANDAD, ET DE LA GRANDE
FÉROCITÉ DE NOTRE BON AMI DON QUICHOTTE[1].

Tandis que don Quichotte débitait cette harangue, le curé s'occupait à faire entendre aux archers que don Quichotte avait l'esprit à l'envers, comme ils le voyaient bien à ses paroles et à ses œuvres, et qu'ainsi rien ne les obligeait à pousser plus loin l'affaire, puisque, parvinssent-ils à le prendre et à l'emmener, il faudrait bien incontinent le relâcher en qualité de fou. Mais l'homme au mandat répondit que ce n'était point à lui à juger de la folie de don Quichotte; qu'il devait seulement exécuter ce que lui commandaient ses supérieurs, et que, le fou une fois arrêté, on pourrait le relâcher trois cents autres fois.

« Néanmoins, reprit le curé, ce n'est pas cette fois-ci que vous devez l'emmener, et, si je ne me trompe, il n'est pas d'humeur à se laisser faire. »

Finalement, le curé sut leur parler et les persuader si bien, et don Quichotte sut faire tant d'extravagances, que les archers auraient été plus fous que lui s'ils n'eussent reconnu sa folie. Ils prirent donc le parti de s'apaiser, et se firent même médiateurs entre le barbier et Sancho Panza, qui continuaient encore leur querelle avec une implacable rancune. A la fin, comme membres de la justice, ils arrangèrent le procès en amiables compositeurs, de telle façon que les deux parties restèrent satisfaites, sinon complétement, du moins en quelque chose, car il fut décidé que l'échange des bâts aurait lieu, mais non celui des sangles et des licous. Quant à l'affaire de l'armet de Mambrin, le curé, en grande cachette et sans que don Quichotte s'en aperçût, donna huit réaux du plat à barbe, et le barbier lui en fit un récépissé en bonne forme, par lequel il promettait de renoncer à toute réclamation, pour le présent et dans les siècles des siècles, amen.

Une fois ces deux querelles apaisées (c'étaient les plus envenimées et les plus importantes), il ne restait plus qu'à obtenir des valets de don Luis que trois d'entre eux s'en retournassent, et que l'autre demeurât pour accompagner leur maître où don Fernand voudrait l'emmener. Mais le destin moins rigoureux et la fortune plus propice, ayant commencé de prendre parti pour les amants et les braves de l'hôtellerie, voulurent mener la chose à bonne fin. Les valets de don Luis se résignèrent à tout ce qu'il voulut, ce qui donna tant de joie à doña Clara, que personne ne l'aurait alors regardée au visage sans y lire l'allégresse de son âme. Zoraïde, sans comprendre parfaitement tous les événements qui se passaient sous ses yeux, s'attristait ou se réjouissait suivant ce qu'elle observait sur les traits de chacun, et notamment de son capitaine espagnol, sur qui elle avait les yeux fixés et l'âme attachée. Pour l'hôtelier, auquel n'avaient point échappé le cadeau et la récompense qu'avait reçus le barbier, il réclama l'écot de don Quichotte, ainsi que le dommage de ses outres et la perte de son vin, jurant que ni Rossinante ni l'âne de Sancho ne sortiraient de l'hôtellerie qu'on ne lui eût tout payé, jusqu'à la dernière obole. Tout cela fut encore arrangé par le curé, et payé par don Fernand, bien que l'auditeur en eût aussi offert le payement de fort bonne grâce. Enfin, la paix et la tranquillité furent si complétement rétablies, que l'hôtellerie ne ressemblait plus, comme l'avait dit don Quichotte, à la discorde du camp d'Agramant, mais à la paix universelle du règne d'Octavien, et la commune opinion fut qu'il fallait en rendre grâces aux bonnes intentions du curé, secondées par sa haute éloquence, ainsi qu'à l'incomparable libéralité de don Fernand.

Quand don Quichotte se vit ainsi libre et débarrassé de toutes ces querelles, tant de son écuyer que des siennes propres, il lui sembla qu'il était temps de poursuivre son voyage et de mettre fin à cette grande aventure, pour laquelle il fut appelé et élu. Il alla donc, avec une ferme résolution, plier les genoux devant Dorothée, qui ne voulut pas lui laisser dire un mot jusqu'à ce qu'il se fût relevé. Pour lui obéir, il se tint debout, et lui dit :

« C'est un commun adage, ô belle princesse, que la diligence est la mère de la bonne fortune; et l'expérience a montré, en des cas nombreux et graves, que l'empressement du plaideur mène à bonne fin le procès douteux. Mais en aucune chose cette vérité n'éclate mieux que dans celles de la guerre, où la célérité et la promptitude, prévenant les desseins de l'ennemi, remportent la victoire, avant même qu'il se soit mis en défense. Tout ce que je dis là, haute et précieuse dame, c'est parce qu'il me semble que notre séjour dans ce château n'est plus d'aucune utilité, tandis qu'il pourrait nous devenir si nuisible, que nous eussions quelque jour à nous en repentir; car, enfin, qui sait si, par le moyen d'habiles espions, votre ennemi le géant n'aura point appris que je vais l'exterminer, et s'il n'aura pu, favorisé par le temps que nous lui laissons, se fortifier dans quelque citadelle inexpugnable, contre laquelle ne prévaudront ni mes poursuites ni la force de mon infatigable bras? Ainsi donc, princesse, prévenons, comme je l'ai dit, ses desseins par notre diligence, et partons incontinent à la bonne aventure, car Votre Grandeur ne tardera pas plus à l'avoir telle qu'elle la désire, que je ne tarderai à me trouver en face de votre ennemi. »

Don Quichotte se tut à ces mots, et attendit gravement la réponse de la belle infante. Celle-ci, prenant des airs de princesse accommodés au style de don Quichotte, lui répondit en ces termes :

« Je vous rends grâces, seigneur chevalier, du désir que vous montrez de me prêter faveur en ma grande affliction ; c'est agir en chevalier auquel il appartient de protéger les orphelins et de secourir les nécessiteux. Et plaise au ciel que notre commun souhait s'accomplisse, pour que vous confessiez qu'il y a dans le monde des femmes reconnaissantes! Quant à mon départ, qu'il ait lieu sur-le-champ, car je n'ai de volonté que la vôtre. Disposez de moi selon votre bon plaisir; celle qui vous a remis une fois la défense de sa personne, et qui a confié à votre bras la restauration de ses droits royaux, ne peut vouloir aller contre ce qu'ordonne votre prudence.

— A la main de Dieu! s'écria don Quichotte; puisqu'une princesse s'humilie devant moi, je ne veux pas perdre l'occasion de la relever, et de la remettre sur son trône héréditaire. Partons sur-le-champ, car le désir et l'éloignement m'éperonnent, et, comme on dit, le péril est dans le retard. Et puisque le ciel n'a pu créer, ni l'enfer vomir aucun être qui m'épouvante ou m'intimide, selle vite, Sancho, selle Rossinante, ton âne et le palefroi de la reine; prenons congé du châtelain et de ces seigneurs, et quittons ces lieux au plus vite. »

Sancho, qui était présent à toute la scène, s'écria, en hochant la tête de droite et de gauche :

« Ah! seigneur, seigneur, il y a plus de mal au hameau que n'en imagine le bedeau, soit dit sans offenser les honnêtes coiffes.

— Quel mal, interrompit don Quichotte, peut-il y avoir en aucun hameau et dans toutes les villes du monde réunies, qui puisse atteindre ma réputation, manant que tu es ?

— Si Votre Grâce se fâche, dit Sancho, je me tairai et me dispenserai de dire ce que je dois lui révéler en bon écuyer, ce que tout bon serviteur doit dire à son maître.

— Dis ce que tu voudras, répondit don Quichotte, pourvu que tes paroles n'aient point pour objet de m'intimider; si tu as peur, fais comme qui tu es : moi, qui suis sans crainte, je ferai comme qui je suis.

O CHEVALIER DE LA TRISTE FIGURE, N'ÉPROUVE AUCUN DÉCONFORT DE LA PRISON OU L'ON T'EMPORTE.
T. I. CH. XLVII.

— Ce n'est pas cela, par les péchés que j'ai commis devant Dieu! repartit Sancho ; ce qu'il y a, c'est que je tiens pour certain et pour dûment vérifié que cette dame, qui se dit être reine du grand royaume de Micomicon, ne l'est pas plus que ma mère. Car si elle était ce qu'elle dit, elle n'irait pas se becquetant avec quelqu'un de la compagnie dès qu'on tourne la tête, et à chaque coin de mur. »

A ce propos de Sancho, Dorothée rougit jusqu'au blanc des yeux : car il était bien vrai que, maintes fois et en cachette, son époux don Fernand avait touché avec les lèvres un à-compte sur le prix que méritaient ses désirs. Sancho l'avait surprise, et il lui avait paru qu'une telle familiarité était plutôt d'une courtisane que de la reine d'un si grand royaume. Dorothée ne trouva pas un mot à lui répondre, et le laissa continuer :

« Je vous dis cela, seigneur, ajouta-t-il, parce que, à la fin des fins, quand nous aurons fait tant de voyages, quand nous aurons passé de mauvaises nuits et de pires journées, si ce gaillard qui se divertit dans cette hôtellerie vient cueillir le fruit de nos travaux, pour quoi faire, ma foi, me tant dépêcher à seller Rossinante, à bâter le grison et à brider le palefroi ? Il vaut mieux rester tranquilles, et que chaque femelle file sa quenouille, et allons-nous-en dîner. »

Miséricorde ! quelle effroyable colère ressentit don Quichotte quand il entendit les insolentes paroles de son écuyer! elle fut telle que, lançant des flammes par les yeux, il s'écria d'une voix précipitée et d'une langue que faisait bégayer la rage :

« O manant, ô brutal, effronté, impudent, téméraire, calomniateur et blasphémateur! Comment oses-tu prononcer de telles paroles en ma présence et devant ces illustres dames? Comment oses-tu mettre de telles infamies dans ta stupide imagination? Va-t'en loin de moi, monstre de nature, dépositaire de mensonges, réceptacle de fourberies, inventeur de méchancetés, publicateur de sottises, ennemi du respect qu'on doit aux royales personnes; va-t'en, ne parais plus devant moi, sous peine de ma colère. »

En disant cela, il fronça les sourcils, enfla les joues, regarda de travers, frappa la terre du pied droit, signes évidents de la rage qui lui rongeait les entrailles. A ces paroles, à ces gestes furieux, Sancho demeura si atterré, si tremblant, qu'il aurait voulu qu'en cet instant même la terre se fût ouverte sous ses pieds pour l'engloutir. Il ne sut faire autre chose que se retourner bien vite, et s'éloigner de la présence de son courroucé seigneur. Mais la discrète Dorothée, qui connaissait si bien maintenant l'humeur de don Quichotte, dit aussitôt pour calmer sa colère :

« Ne vous fâchez point, seigneur chevalier de la Triste Figure, des impertinences qu'a dites votre bon écuyer; peut-être ne les a-t-il pas dites sans motif, et l'on ne peut soupçonner sa conscience chrétienne d'avoir porté faux témoignage contre personne. Il faut donc croire, sans conserver le moindre doute à ce sujet, que, puisqu'en ce château, comme vous le dites, seigneur chevalier, toutes choses vont et se passent à la façon des enchantements, il peut bien arriver que Sancho ait vu par cette voie diabolique ce qu'il dit avoir vu de si contraire et de si offensant à ma vertu.

— Par le Dieu tout-puissant! s'écria don Quichotte, je jure que Votre Grandeur a touché le but. Oui, c'est quelque mauvaise vision qui est arrivée à ce pécheur de Sancho, pour lui faire voir ce qu'il était impossible qu'il vît autrement que par des sortiléges. Je connais trop bien la bonté et l'innocence de ce malheureux, pour croire qu'il sache porter faux témoignage contre personne.

— Voilà ce qui est et ce qui sera, reprit don Fernand; dès lors, seigneur don Quichotte, vous devez lui pardonner et le rappeler au giron de Votre Grâce, *sicut erat in principio*, avant que ses maudites visions lui eussent tourné l'esprit. »

Don Quichotte ayant répondu qu'il lui pardonnait, le curé alla quérir Sancho, lequel vint humblement se mettre à genoux devant son maître et lui demander sa main. L'autre se la laissa prendre et baiser, puis il lui donna sa bénédiction, et lui dit :

« Maintenant, mon fils Sancho, tu achèveras de reconnaître à quel point était vrai ce que je t'ai dit mainte et mainte fois, que toutes les choses de ce château arrivent par voie d'enchantement.

— Je le crois sans peine, répondit Sancho, excepté toutefois l'histoire de la couverture, qui est réellement arrivée par voie ordinaire.

— N'en crois rien, répliqua don Quichotte; s'il en était ainsi, je t'aurais alors vengé et je te vengerais encore à présent. Mais ni alors, ni à présent, je n'ai pu voir sur qui tirer vengeance de ton outrage. »

Tous les assistants voulurent savoir ce que c'était que cette histoire de la couverture, et l'hôtelier leur conta de point en point les voyages aériens de Sancho Panza, ce qui les fit beaucoup rire, et ce qui n'aurait pas moins fâché Sancho, si son maître ne lui eût affirmé de nouveau que c'était un pur enchantement. Toutefois la simplicité de Sancho n'alla jamais jusqu'au point de douter que ce ne fût une vérité démontrée, sans mélange d'aucune supercherie, qu'il avait été bien et dûment berné par des personnages de chair et d'os, et non par des fantômes de rêve et d'imagination, comme le croyait et l'affirmait son seigneur.

Il y avait déjà deux jours que tous les membres de cette illustre société habitaient l'hôtellerie, et, comme il leur parut qu'il était bien temps de partir, ils cherchèrent un moyen pour que, sans que Dorothée et don Fernand prissent la peine d'accompagner don Quichotte jusqu'à son village en continuant la délivrance de la reine Micomicona, le curé et le barbier pussent l'y conduire, comme ils le désiraient, et tenter la guérison de sa folie. Ce qu'on arrêta d'un commun accord, ce fut de faire prix avec le charretier d'une charrette à bœufs, que le hasard fit passer par là, pour qu'il l'emmenât de la manière suivante : On fit une espèce de cage avec des bâtons entrelacés, où don Quichotte pût tenir à l'aise; puis aussitôt, sur l'avis du curé, don Fernand avec ses compagnons, les valets de don Luis, et les archers réunis à l'hôte, se couvrirent tous le visage, et se déguisèrent, celui-ci d'une façon, celui-là d'une autre, de manière qu'ils parussent à

LORSQUE DON QUICHOTTE SE VIT ENGAGÉ DE CETTE FAÇON. — T. I, CH. XLVII.

don Quichotte d'autres gens que ceux qu'il avait vus dans ce château. Cela fait, ils entrèrent en grand silence dans la chambre où il était couché, se reposant des alertes passées. Ils s'approchèrent du pauvre chevalier, qui dormait paisiblement, sans méfiance d'une telle aventure, et, le saisissant tous ensemble, ils lui lièrent si bien les mains et les pieds, que, lorsqu'il s'éveilla en sursaut, il ne put ni remuer, ni faire autre chose que de s'étonner et de s'extasier en voyant devant lui de si étranges figures. Il tomba sur-le-champ dans la croyance que son extravagante imagination lui rappelait sans cesse : il se persuada que tous ces personnages étaient des fantômes de ce château enchanté, et que, sans nul doute, il était enchanté lui-même, puisqu'il ne pouvait ni bouger ni se défendre. C'était justement ainsi que le curé, inventeur de la ruse et de la machination, avait pensé que la chose arriverait.

De tous les assistants, le seul Sancho avait conservé son même bon sens et sa même figure; et, quoiqu'il s'en fallût de fort peu qu'il ne partageât la maladie de son maître, il ne laissa pourtant pas de reconnaître qui étaient tous ces personnages contrefaits. Mais il n'osa pas découdre les lèvres avant d'avoir vu comment se termineraient cet assaut et cette arrestation de son seigneur, lequel n'avait pas plus envie de dire mot, dans l'attente du résultat qu'aurait sa disgrâce. Ce résultat fut qu'on apporta la cage auprès de son lit, qu'on l'enferma dedans, et qu'on cloua les madriers si solidement qu'il aurait fallu plus de deux tours de reins pour les briser. On le prit ensuite à dos d'homme, et, lorsqu'il sortait de l'appartement, on entendit une voix effroyable, autant du moins que put la faire le barbier, non celui du bât, mais l'autre, qui parlait de la sorte :

« O chevalier de la Triste Figure, n'éprouve aucun déconfort de la prison où l'on t'emporte; il doit en être ainsi pour que tu achèves plus promptement l'aventure que ton grand cœur t'a fait entreprendre, laquelle aventure se terminera quand le terrible lion manchois et la blanche colombe tobosine giteront dans le même nid, après avoir courbé leurs fronts superbes sous le joug léger d'un doux hyménée. De cette union inouïe sortiront, aux regards du monde étonné, les vaillants lionceaux qui hériteront des griffes rapaces d'un père valeureux. Cela doit arriver avant que le dieu qui poursuit la nymphe fugitive ait, dans son cours rapide et naturel, rendu deux fois visite aux brillantes images du Zodiaque. Et toi, ô le plus noble et le plus obéissant écuyer qui eut jamais l'épée à la ceinture, la barbe au menton et l'odorat aux narines, ne te laisse pas troubler et évanouir en voyant enlever sous tes yeux mêmes la fleur de la chevalerie errante. Bientôt, s'il plaît au grand harmonisateur des mondes, tu te verras emporté si haut, que tu ne pourras plus te reconnaître, et qu'ainsi seront accomplies les promesses de ton bon seigneur. Je t'assure même, au nom de la sage Mentironiana, que tes gages te seront payés, comme tu le verras à l'œuvre. Suis donc les traces du vaillant et enchanté chevalier, car il convient que tu ailles jusqu'à l'endroit où vous ferez halte ensemble, et, puisqu'il ne m'est pas permis d'en dire davantage, que la grâce de Dieu reste avec vous; je m'en retourne où seul je le sais. »

A la fin de la prédiction, le prophète éleva la voix en fausset, puis la baissa peu à peu avec une si touchante modulation, que ceux même qui étaient au fait de la plaisanterie furent sur le point de croire à ce qu'ils avaient entendu.

Don Quichotte se sentit consolé en écoutant la prophétie, car il en démêla de point en point le sens et la portée. Il comprit qu'on lui promettait de se voir engagé dans les liens d'un saint et légitime mariage avec sa bien-aimée Dulcinée du Toboso, dont les flancs heureux mettraient bas les lionceaux, ses fils, pour l'éternelle gloire de la Manche. Plein d'une ferme croyance à ce qu'il venait d'entendre, il s'écria en poussant un profond soupir :

« O toi, qui que tu sois, qui m'as prédit tant de bonheur, je t'en supplie, demande de ma part au sage enchanteur qui s'est chargé du soin de mes affaires, qu'il ne me laisse point périr en cette prison où l'on m'emporte à présent, jusqu'à ce que je voie s'accomplir d'aussi joyeuses, d'aussi incomparables promesses. Qu'il en soit ainsi, et je tiendrai pour célestes jouissances les peines de ma prison, pour soulagement les chaînes qui m'enveloppent, et ce lit de planches sur lequel on m'étend, loin de me sembler un dur champ de bataille, sera pour moi la plus douce et la plus heureuse couche nuptiale. Quant à la consolation que doit m'offrir la compagnie de Sancho Panza, mon écuyer, j'ai trop de confiance en sa droiture et en sa bonté pour craindre qu'il ne m'abandonne en la bonne ou en la mauvaise fortune ; car, s'il arrivait, par la faute de son étoile ou de la mienne, que je ne pusse lui donner cette île tant promise, ou autre chose équivalente, ses gages, du moins, ne seront pas perdus, puisque, dans mon testament, qui est déjà fait, j'ai déclaré par écrit ce qu'on doit lui donner, non suivant ses nombreux et loyaux services, mais suivant mes faibles moyens. »

A ces mots, Sancho Panza lui fit une révérence fort courtoise, et lui baisa les deux mains, car lui en baiser une n'était pas possible, puisqu'elles étaient attachées ensemble. Ensuite les fantômes prirent la cage sur leurs épaules, et la chargèrent sur la charrette à bœufs².

CHAPITRE XLVII.

DE L'ÉTRANGE MANIÈRE DONT FUT ENCHANTÉ DON QUICHOTTE DE LA MANCHE,
AVEC D'AUTRES FAMEUX ÉVÉNEMENTS¹.

Lorsque don Quichotte se vit encagé de cette façon et hissé sur la charrette, il se mit à dire :

« J'ai lu bien des histoires de chevaliers errants, de bien graves et de bien authentiques; mais jamais je n'ai lu, ni vu, ni ouï dire qu'on emmenât ainsi les chevaliers enchantés, avec la lenteur que promet le pas de ces paresseux et tardifs animaux. En effet, on a toujours coutume de les emporter par les airs avec une excessive rapidité, enfermés dans quelque nuage obscur, ou portés sur un char de feu, ou montés sur quelque hippogriffe. Mais me voir à présent emmené sur une charrette à bœufs, vive Dieu! j'en suis tout confus. Néanmoins, peut-être que la chevalerie et les enchantements de nos temps modernes suivent une autre voie que ceux des temps anciens; peut-être aussi, comme je suis nouveau chevalier dans le monde, et le premier qui ait ressuscité la profession déjà oubliée de la chevalerie aventurière, a-t-on nouvellement inventé d'autres espèces d'enchantements et d'autres manières de conduire les enchantés. Que t'en semble, mon fils Sancho?

— Je ne sais trop ce qu'il m'en semble, répondit Sancho, car je n'ai pas tant lu que Votre Grâce dans les écritures errantes; mais, cependant, j'oserais affirmer et jurer que toutes ces visions qui vont et viennent ici autour ne sont pas entièrement catholiques.

— Catholiques, bon Dieu! s'écria don Quichotte; comment seraient-elles catholiques, puisque ce sont autant de démons qui ont pris des corps fantastiques pour venir faire cette belle œuvre, et me mettre dans ce bel état? Et si tu veux t'assurer de cette vérité, touche-les, palpe-les, et tu verras qu'ils n'ont d'autres corps que l'air, et qu'ils ne consistent qu'en l'apparence.

— Pardieu, seigneur, repartit Sancho, je les ai déjà touchés; tenez, ce diable-là, qui se trémousse tant, a le teint frais comme une rose, et une autre propriété bien différente de celle qu'ont les démons : car, à ce que j'ai ouï dire, ils sentent tous la pierre de soufre et d'autres mauvaises odeurs; mais celui-ci sent l'ambre à une demi-lieue. »

Sancho disait cela de don Fernand, qui, en qualité de grand seigneur, devait sentir comme il le disait.

« Que cela ne t'étonne point, ami Sancho, répondit don Quichotte, car je t'avertis que les diables en savent long, et, bien qu'ils portent des odeurs avec eux, par eux-mêmes ils ne sentent rien, car ce sont des esprits, et s'ils sentent, ce ne peut être que de puantes exhalaisons. La raison en est simple : comme, quelque part qu'ils aillent, ils portent l'enfer avec eux, et ne peuvent trouver aucun soulagement à leur supplice; comme, d'un autre côté, une bonne odeur délecte et satisfait, il est impossible qu'ils sentent jamais bon. Et s'il semble, à toi, que ce démon dont tu parles sent l'ambre, c'est que tu te trompes, ou qu'il veut te tromper pour que tu ne le croies pas un démon. »

Tout cet entretien se passait entre le maître et le serviteur. Mais don Fernand et Cardénio, craignant que Sancho ne finît par dépister entièrement leur invention, qu'il flairait déjà de fort près, résolurent de hâter le départ. Appelant à part l'hôtelier, ils lui ordonnèrent de seller Rossinante et de bâter le grison, ce qu'il fit avec diligence. En même temps, le curé faisait marché avec les archers de la Sainte-Hermandad pour qu'ils l'accompagnassent jusqu'à son village, en leur donnant tant par jour. Cardénio attacha aux arçons de la selle de Rossinante, d'un côté l'écu de don Quichotte, et de l'autre son plat à barbe; il ordonna par signes à Sancho de monter sur son âne et de prendre Rossinante par la bride, puis il plaça de chaque côté de la charrette les deux archers avec leurs arquebuses. Mais avant que la charrette se mit en mouvement, l'hôtesse sortit du logis, avec sa fille et Maritornes, pour prendre congé de don Quichotte, dont elles feignaient de pleurer amèrement la disgrâce. Don Quichotte leur dit :

« Ne pleurez pas, mes excellentes dames; tous ces malheurs sont attachés à la profession que j'exerce, et si de telles calamités ne m'arrivaient point, je ne me tiendrais pas pour un fameux chevalier errant. En effet, aux chevaliers de faible renom, jamais rien de semblable n'arrive, et il n'y a personne au monde qui se souvienne d'eux ; c'est le lot des plus renommés, dont la vertu et la vaillance excitent l'envie de beaucoup de princes et d'autres chevaliers qui s'efforcent, par de mauvaises voies, de perdre les bons. Et cependant la vertu est si puissante, que, par elle seule, et malgré toute la magie qu'a pu savoir son premier inventeur Zoroastre, elle sortira victorieuse de la lutte, et répandra sa lumière dans le monde, comme le soleil la répand dans les cieux. Pardonnez-moi, tout aimables dames, si, par négligence ou par oubli, je vous ai fait quelque offense ; car, volontairement et en connaissance de cause, jamais je n'offensai personne. Priez Dieu qu'il me tire de cette prison où m'a enfermé quelque enchanteur malintentionné. Si je me vois libre un jour, je ne laisserai pas sortir de ma mémoire les grâces que vous m'avez faites dans ce château, voulant les reconnaître et les payer de retour comme elles le méritent. »

Pendant que cette scène se passait entre don Quichotte et les dames du château, le curé et le barbier prirent congé de don Fernand et de ses compagnons, du capitaine et de son frère l'auditeur, et de toutes ces dames, à présent si contentes, notamment de Dorothée et de Luscinde. Ils s'embrassèrent tous, et promirent de se donner mutuellement de leurs nouvelles. Don Fernand indiqua au curé où il devait lui écrire pour l'informer de ce que deviendrait don Quichotte, affirmant que rien ne lui ferait plus de plaisir que de le savoir. Il s'engagea, de son côté, à le tenir au courant de tout ce qu'il croirait devoir lui être agréable, tant de son mariage que du baptême de Zoraïde, de l'aventure de don Luis et du retour de Luscinde chez ses parents. Le curé s'offrit à faire tout ce qui lui était demandé, avec une ponctuelle exactitude. Ils s'embrassèrent de nouveau, et de nouveau échangèrent des offres et des promesses de service.

L'hôte s'approcha du curé, et lui remit quelques papiers qu'il avait, disait-il, trouvés dans la doublure de la malle où s'était rencontrée la nouvelle du *Curieux malavisé*.

« Leur maître, ajouta-t-il, n'ayant plus reparu, vous pouvez les emporter tous ; puisque je ne sais pas lire, ils ne me servent à rien. »

Le curé le remercia, et les ayant aussitôt déroulés, il vit qu'en tête se trouvait écrit le titre suivant : *Nouvelle de Rinconété et Cortadillo*, d'où il comprit que ce devait être quelque nouvelle ; et, comme celle du *Curieux malavisé* lui avait semblé bonne, il imagina que celle-ci ne le serait pas moins, car il se pouvait qu'elle fût du même auteur[2]. Il la conserva donc dans le dessein de la lire dès qu'il en aurait l'occasion.

Montant à cheval, ainsi que son ami le barbier, tous deux avec leur masque sur la figure, pour n'être point immédiatement reconnus de don Quichotte, ils se mirent en route à la suite du char à bœufs, dans l'ordre suivant : au premier rang marchait la charrette, conduite par le charretier ; de chaque côté, comme on l'a dit, les archers avec leurs arquebuses ; Sancho suivait, monté sur son âne, et tirant Rossinante par la bride ; enfin, derrière le cortége, venaient le curé et le barbier sur leurs puissantes mules, le visage masqué, la démarche lente et grave, ne cheminant pas plus vite que ne le permettait la tardive allure des bœufs. Don Quichotte se laissait aller, assis dans la cage, les pieds étendus, le dos appuyé sur les barreaux, gardant le même silence et la même immobilité que s'il eût été, non point un homme de chair et d'os, mais une statue de pierre.

Ayant fait environ deux lieues de chemin, avec cette lenteur et dans ce silence ininterrompu, ils arrivèrent à un vallon qui parut au bouvier un endroit convenable pour donner à ses bœufs un peu de repos et de pâture. Il en avertit le curé; mais le barbier fut d'avis qu'on allât un peu plus loin, parce qu'il savait qu'au détour d'une colline qui s'offrait à leurs yeux, il y avait un autre vallon plus frais et mieux pourvu d'herbe que celui où l'on voulait faire halte. On suivit le conseil du barbier, et toute la caravane se remit en marche. A ce moment le curé tourna la tête et vit venir, par derrière eux, six à sept hommes à cheval, fort bien équipés. Ceux-ci les eurent bientôt rejoints, car ils cheminaient, non point avec le flegme et la lenteur des bœufs, mais comme gens montés sur des mules de chanoines, et talonnés par le désir d'aller promptement faire la sieste dans une hôtellerie qui se montrait à moins d'une lieue de là.

Les diligents rattrapèrent donc les paresseux, et, en s'abordant, ils se saluèrent avec courtoisie. Mais un des nouveaux venus, qui était finalement chanoine de Tolède, et le maître de ceux qui l'accompagnaient, ne put voir cette régulière procession de la charrette, des archers, de Sancho, de Rossinante, du curé et du barbier, et surtout don Quichotte emprisonné dans sa cage, sans demander ce que cela signifiait, et pourquoi l'on emmenait cet homme d'une telle façon. Cependant il s'était imaginé déjà, en voyant les insignes des archers, que ce devait être quelque brigand de grands chemins, ou quelque autre criminel dont le châtiment appartenait à la Sainte-Hermandad. Un des archers, à qui la question fut faite, répondit de la sorte :

« Seigneur, ce que signifie la manière dont voyage ce gentilhomme, qu'il vous le dise lui-même, car nous ne le savons pas. »

Don Quichotte entendit la conversation :

« Est-ce que par hasard, dit-il, Vos Grâces sont instruites et versées dans ce qu'on appelle la chevalerie errante? En ce cas, je vous confierai mes disgrâces; sinon, il est inutile que je me fatigue à les conter. »

En ce moment, le curé et le barbier étaient accourus, voyant que la conversation s'engageait entre les voyageurs et don Quichotte, pour répondre de façon que leur artifice ne fût pas découvert. Le chanoine avait répondu à don Quichotte :

« En vérité, frère, je sais un peu plus des livres de chevalerie que des éléments de logique du docteur Villalpando[3]. Si donc il ne faut pas autre chose, vous pouvez me confier tout ce qu'il vous plaira.

— A la grâce de Dieu, répliqua don Quichotte. Eh bien! sachez donc, seigneur chevalier, que je suis enchanté dans cette cage par envie et par surprise de méchants enchanteurs; car la vertu est encore plus persécutée des méchants que chérie des bons. Je suis chevalier errant, et non pas de ceux dont jamais la renommée ne s'est rappelé les noms pour les éterniser dans sa mémoire, mais bien de ceux desquels, en dépit de l'envie même, en dépit de tous les mages de la Perse, de tous les brachmanes de l'Inde, de tous les gymnosophistes de l'Éthiopie[1], elle doit graver les noms dans le temple de l'immortalité, afin qu'ils servent d'exemples et de modèles aux siècles futurs, et que les chevaliers errants des âges à venir y voient le chemin qu'ils doivent suivre pour arriver au faîte de la gloire militaire.

— Le seigneur don Quichotte dit parfaitement vrai, interrompit en ce moment le curé. Il marche enchanté sur cette charrette, non par sa faute et ses péchés, mais par la mauvaise intention de ceux qu'offusque la vertu et que fâche la vaillance. C'est en un mot, seigneur, le *chevalier de la Triste Figure*, si déjà vous ne l'avez entendu nommer quelque part, dont les valeureuses prouesses et les grands exploits seront gravés sur le bronze impérissable et sur le marbre d'éternelle durée, quelques efforts que fassent l'envie pour les obscurcir et la malice pour les cacher. »

Quand le chanoine entendit parler en un semblable style l'homme en prison et l'homme en liberté, il fut sur le point de se signer de surprise; il ne pouvait deviner ce qui lui arrivait, et tous ceux dont il était accompagné tombèrent dans le même étonnement. En cet instant, Sancho Panza, qui s'était approché pour entendre la conversation, ajouta, pour tout raccommoder :

« Ma foi, seigneur, qu'on me veuille bien, qu'on me veuille mal pour ce que je vais dire, le cas est que mon seigneur don Quichotte est enchanté comme ma mère. Il a tout son jugement, il boit, il mange, il fait ses nécessités aussi bien que les autres hommes, et comme il les faisait hier avant qu'on le mît en cage. Et puisqu'il en est ainsi, comment veut-on me faire croire à moi, qu'il est enchanté? J'ai ouï dire à bien des personnes que les enchantés ne peuvent ni manger, ni dormir, ni parler, et mon maître, si on ne lui ferme la bouche, parlera plus que trente procureurs. »

Puis, tournant les yeux sur le curé, Sancho ajouta :

« Ah! monsieur le curé, monsieur le curé, est-ce que Votre Grâce s'imagine que je ne la connais pas? Est-ce que vous pensez que je ne démêle et ne devine pas fort bien où tendent ces nouveaux enchantements? Eh bien! sachez que je vous connais, si bien que vous vous cachiez le visage, et sachez que je vous comprends, si bien que vous dissimuliez vos fourberies. Enfin, où règne l'envie, la vertu ne peut vivre, ni la libéralité à côté de l'avarice. En dépit du diable, si Votre Révérence ne s'était mise à la traverse, à cette heure-ci mon maître serait déjà marié avec l'infante Micomicona, et je serais comte pour le moins, puisqu'on ne pouvait attendre autre chose, tant de la bonté de mon seigneur *de la Triste Figure*, que de la grandeur de mes services. Mais je vois bien qu'il n'y a rien de plus vrai que ce qu'on dit dans mon pays, que la roue de la fortune tourne plus vite qu'une roue de moulin, et que ceux qui étaient hier sur le pinacle sont aujourd'hui dans la poussière. Ce qui me fâche, ce sont ma femme et mes enfants : car, lorsqu'ils pouvaient et devaient espérer de voir entrer leur père par les portes de sa maison, devenu gouverneur de quelque île ou vice-roi de quelque royaume, ils le verront revenir palefrenier. Tout ce que je viens de dire, seigneur curé, c'est seulement pour faire entendre à Votre Paternité qu'elle se fasse conscience des mauvais traitements qu'endure mon bon seigneur. Prenez garde qu'un jour, dans l'autre vie, Dieu ne vous demande compte de cet emprisonnement de mon maître, et qu'il ne mette à votre charge tous les secours et tous les bienfaits que mon seigneur don Quichotte manque de donner aux malheureux, tout le temps qu'il est en prison.

— Allons, remettez-moi cette jambe! s'écria en ce moment le barbier. Comment, Sancho, vous êtes aussi de la confrérie de votre maître? Vive Dieu! je vois que vous avez besoin de lui faire compagnie dans la cage, et qu'il faut vous tenir enchanté comme lui, puisque vous tenez aussi de son humeur chevaleresque. A la male heure vous vous êtes laissé engrosser de ses promesses, et fourrer dans la cervelle cette île que vous convoitez, et qui doit avorter.

— Je ne suis gros de personne, répondit Sancho, et ne suis pas homme à me laisser engrosser, même par un roi; et quoique pauvre, je suis vieux chrétien; et je ne dois rien à âme qui vive; et si je convoite des îles, d'autres convoitent de pires choses; et chacun est fils de ses œuvres; et puisque je suis un homme, je peux devenir pape, à plus forte raison gouverneur d'une île, et surtout lorsque mon seigneur en peut gagner tant qu'il ne sache à qui les donner. Prenez garde comment vous parlez, seigneur barbier; il y a quelque différence de pierre à Pierre. Je dis cela parce que nous nous connaissons tous, et ce n'est pas à moi qu'il faut jeter un dé pipé. Quant à l'enchantement de mon maître, Dieu sait ce qui en est; et laissons l'ordure en son coin, car il ne fait pas bon la remuer. »

Le barbier ne voulut plus répondre à Sancho, de peur que celui-ci ne découvrît par ses balourdises ce que le curé et lui faisaient tant d'efforts pour tenir caché.

Dans ce même sentiment de crainte, le curé avait dit au chanoine de marcher un peu en avant, et qu'il lui dirait le mystère de cet homme en cage, avec d'autres choses qui le divertiraient. Le chanoine, en effet, prit les devants avec lui, suivi de ses serviteurs, et écouta fort attentivement tout ce qu'il plut au curé de lui dire sur la qualité, la vie, les mœurs et la folie de don Quichotte. Le curé conta succinctement le principe et la cause de sa démence, et tout le cours de ses aventures jusqu'à sa mise en cage, ainsi que le dessein qu'ils avaient de l'emmener de force dans son pays, pour essayer de trouver là quelque remède à sa folie.

Le chanoine et ses domestiques redoublèrent de surprise en écoutant l'étrange histoire de don Quichotte, et quand il eut achevé d'en entendre le récit :

« Véritablement, seigneur curé, dit le chanoine, je trouve, pour mon compte, que ces livres qu'on appelle de chevalerie sont un vrai fléau dans l'État. Bien que l'oisiveté et leur faux attrait m'aient fait lire le commencement de presque tous ceux qui ont été jusqu'à ce jour imprimés, jamais je n'ai pu me décider à en lire un seul d'un bout à l'autre, parce qu'il me semble que, tantôt plus, tantôt moins, ils sont tous la même chose; que celui-ci n'a rien de plus que celui-là, ni le dernier que le premier. Il me semble encore que cette espèce d'écrit et de composition rentre dans le genre des anciennes fables milésiennes, c'est-à-dire de contes extravagants, qui avaient pour objet d'amuser et non d'instruire, au rebours des fables apologues, qui devaient amuser et instruire tout à la fois. Maintenant, si le but principal de semblables livres est d'amuser, je ne sais, en vérité, comment ils peuvent y parvenir, remplis comme ils le sont de si nombreuses et si énormes extravagances. La satisfaction, le délice que l'âme éprouve, doivent provenir de la beauté et de l'harmonie qu'elle voit, qu'elle admire, dans les choses que lui présente la vue ou l'imagination; et toute autre chose qui réunit en soi laideur et déréglement ne peut causer aucun plaisir. Eh bien! quelle beauté peut-il y avoir, ou quelle proportion de l'ensemble aux parties et des parties à l'ensemble, dans un livre, ou bien dans une fable, si l'on veut, où un damoiseau de seize ans donne un coup d'épée à un géant haut comme une tour, et le coupe en deux comme s'il était fait de pâte à massepains? Et qu'arrive-t-il quand on veut nous décrire une bataille, après avoir dit qu'il y a dans l'armée ennemie un million de combattants? Pourvu que le héros du livre soit contre eux, il faut, bon gré, mal gré, nous résigner à ce que ce chevalier remporte la victoire par la seule valeur et la seule force de son bras. Que dirons-nous de la facilité avec laquelle une reine ou une impératrice héréditaire se laisse aller dans les bras d'un chevalier errant et inconnu? Quel esprit, s'il n'est entièrement inculte et barbare, peut s'amuser en lisant qu'une grande tour pleine de chevaliers glisse et chemine sur la mer comme un navire avec le bon vent; que le soir elle quitte les côtes de Lombardie, et que le matin elle aborde aux terres du Preste-Jean des Indes[5], ou en d'autres pays que n'a jamais décrits Ptolomée, ni vus Marco-Polo[6]? Si l'on me répondait que ceux qui composent de tels livres les écrivent comme des choses d'invention et de mensonge, et que dès lors ils ne sont pas obligés de regarder de si près aux délicatesses de la vérité, je répliquerais, moi, que le mensonge est d'autant meilleur qu'il semble moins mensonger, et qu'il plaît d'autant plus qu'il s'approche davantage du vraisemblable et du possible. Il faut que les fables inventées épousent en quelque sorte l'entendement de ceux qui les lisent; il faut qu'elles soient écrites de telle façon que, rendant l'impossible croyable, et aplanissant les monstruosités, elles tiennent l'esprit en suspens, qu'elles l'étonnent, l'émeuvent, le ravissent, et lui donnent à la fois la surprise et la satisfaction. Or, toutes ces choses ne pourront se trouver sous la plume de celui qui fuit la vraisemblance et l'imitation de la nature, en quoi consiste la perfection d'un écrit. Je n'ai jamais vu de livre de chevalerie qui formât un corps de fable entier, avec tous ses membres, de manière que le milieu répondit au commencement, et la fin au commencement et au milieu. Les auteurs les composent, au contraire, de tant de membres dépareillés, qu'on dirait qu'ils ont eu plutôt l'intention de fabriquer une chimère, un monstre, que de faire une figure proportionnée. Outre cela, ils sont durs et grossiers dans le style, incroyables dans les prouesses, impudiques dans les amours, malséants dans les courtoisies, longs et lourds dans les batailles, niais dans les dialogues, extravagants dans les voyages, finalement dépourvus de tact, d'art et d'intelligente invention, et dignes, par tous ces motifs, d'être exilés de la république chrétienne comme gens désœuvrés et dangereux. »

Notre curé, qui avait écouté fort attentivement le chanoine, le tint pour homme de bon entendement, et trouva qu'il avait raison en tout ce qu'il disait. Aussi lui répondit-il qu'ayant la même opinion, et portant la même haine aux livres de chevalerie, il avait brûlé tous ceux de don Quichotte, dont le nombre était grand. Alors il lui raconta l'enquête qu'il avait faite contre eux, ceux qu'il avait condamnés au feu, ceux auxquels il avait fait grâce de la vie, ce qui divertit singulièrement le chanoine.

Celui-ci, reprenant son propos, ajouta que, malgré tout le mal qu'il avait dit de ces livres, il y trouvait pourtant une bonne chose, à savoir, le canevas qu'ils offraient pour qu'une bonne intelligence pût se montrer et se déployer tout à l'aise.

« En effet, dit-il, il ouvre une longue et spacieuse carrière, où, sans nul obstacle, la plume peut librement courir, peut décrire des naufrages, des tempêtes, des rencontres, des batailles; peut peindre un vaillant capitaine, avec toutes les qualités qu'exige une telle renommée, habile et prudent, déjouant les ruses de l'ennemi, éloquent orateur pour persuader ou dissuader ses soldats, mûr dans le conseil, rapide dans l'exécution, aussi patient dans l'attente que brave dans l'attaque. L'auteur racontera, tantôt une lamentable et tragique aventure, tantôt un événement joyeux et imprévu : là, il peindra une noble dame, belle, honnête, spirituelle; ici, un gentilhomme, chrétien, vaillant et de belles manières; d'un côté, un impertinent et barbare fanfaron; de l'autre, un prince courtois, affable et valeureux; il représentera la loyauté de fidèles vassaux, les largesses de généreux seigneurs; il peut se montrer tantôt astronome, tantôt géographe, tantôt homme d'État, et même, s'il en a l'envie, l'occasion ne lui manquera pas de se montrer nécromant[7]. Il peut successivement offrir les ruses d'Ulysse, la piété d'Énée, la valeur d'Achille, les infortunes d'Hector, les trahisons de Sinon, l'amitié d'Euryale, la libéralité d'Alexandre, la bravoure de César, la clémence de Trajan, la fidélité de Zopire, la prudence de Caton, et finalement toutes les actions qui peuvent faire un héros parfait, soit qu'il les réunisse sur un seul homme, soit qu'il les divise sur plusieurs. Si cela est écrit d'un style pur, facile, agréable, et composé avec un art ingénieux, qui rapproche autant que possible l'invention de la vérité, alors l'auteur aura tissu sa toile de fils variés et précieux, et son ouvrage, une fois achevé, offrira tant de beauté, tant de perfection, qu'il atteindra le dernier terme auquel puissent tendre les écrits, celui d'instruire en amusant. En effet, la libre allure de ces livres permet à l'auteur de s'y montrer tour à tour épique, lyrique, tragique, comique, et d'y réunir toutes les qualités que renferment en soi les douces et agréables sciences de l'éloquence et de la poésie, car l'épopée peut aussi bien s'écrire en prose qu'en vers[8]. »

CHAPITRE XLVIII.

OÙ LE CHANOINE CONTINUE À DISCOURIR SUR LES LIVRES DE CHEVALERIE
AVEC D'AUTRES CHOSES DIGNES DE SON ESPRIT.

« Votre Grâce, seigneur chanoine, reprit le curé, a parfaitement raison, et c'est là ce qui rend plus dignes de blâme ceux qui ont jusqu'à présent composé de semblables livres, sans réflexion, sans jugement, sans s'attacher à l'art et aux règles qui auraient pu, en les guidant, les rendre aussi fameux en prose que l'ont été en vers les deux princes de la poésie grecque et latine.

— Pour moi, du moins, répliqua le chanoine, j'ai eu certaine tentation d'écrire un livre de chevalerie, en y gardant toutes les conditions dont je viens de faire l'analyse. S'il faut même confesser la vérité, je dois dire qu'il y en a bien cent feuilles d'écrites ; et, pour m'assurer par expérience si elles méritaient la bonne opinion que j'en ai, je les ai communiquées à des hommes passionnés pour cette lecture, mais doctes et spirituels, et à d'autres, ignorants, qui ne cherchent que le plaisir d'entendre conter des extravagances. Chez les uns comme chez les autres, j'ai trouvé une agréable approbation. Néanmoins, je n'ai pas poussé plus loin ce travail : d'abord, parce qu'il m'a paru que je faisais une chose étrangère à ma profession ; ensuite, parce que le nombre des gens simples est plus grand que celui des gens éclairés, et que, bien qu'il vaille mieux être loué du petit nombre des sages que moqué du grand nombre des sots, je ne veux pas me soumettre au jugement capricieux de l'impertinent vulgaire, auquel appartient principalement la lecture de semblables livres. Mais ce qui me l'ôta surtout des mains, et m'enleva jusqu'à la pensée de le terminer, ce fut un raisonnement que je fis en moi-même, à propos des comédies qu'on représente aujourd'hui. Si ces comédies à la mode, me dis-je, aussi bien celles d'invention que celles tirées de l'histoire, ne sont, pour

VOTRE GRACE, SEIGNEUR CHANDINE, REPRIT LE CURÉ A PARFAITEMENT RAISON. — T. I, CH. XLVIII.

la plupart, que d'évidentes extravagances, qui n'ont réellement ni pieds ni tête ; si pourtant le vulgaire les écoute avec plaisir, les approuve et les tient pour bonnes, quand elles sont si loin de l'être ; si les auteurs qui les composent et les acteurs qui les jouent disent qu'elles doivent être ainsi, parce qu'ainsi le veut le public ; que celles qui respectent et suivent les règles de l'art ne sont bonnes que pour quatre hommes d'esprit qui les entendent, quand tous les autres ne comprennent rien à leur mérite, et qu'il leur convient mieux de gagner de quoi vivre avec la multitude, que de la réputation avec le petit nombre ; la même chose arrivera à mon livre, quand je me serai brûlé les sourcils pour garder les préceptes, et je deviendrai, comme on dit, le tailleur de Campillo, qui fournissait le fil et la façon. J'ai tâché quelquefois de persuader aux auteurs qu'ils se trompent dans leur opinion, qu'ils attireraient plus de monde et gagneraient plus de renommée en représentant des comédies régulières que des pièces extravagantes ; mais ils sont si obstinés, si profondément ancrés dans leur avis, qu'il n'y a plus ni raisonnement ni évidence qui puisse les en faire revenir. Je me rappelle qu'un jour je dis à l'un de ces entêtés : « Ne vous souvient-il pas qu'il y a peu d'années, l'on représenta « en Espagne trois tragédies composées par un célèbre poëte de ces royaumes, « telles toutes les trois qu'elles étonnèrent et ravirent tous ceux qui les virent « jouer, les simples comme les sages, et qu'elles rapportèrent à elles seules plus « d'argent aux comédiens que trente des meilleures qu'on ait faites depuis ? « — Sans doute, répondit l'auteur dont je parle, que Votre Grâce veut faire « allusion à l'*Isabelle*, à la *Philis* et à l'*Alexandra*[1] ? — Justement, répliquai-je, « c'est d'elles qu'il s'agit. Elles suivaient assurément les préceptes de l'art ; eh « bien ! voyez : pour les avoir suivis, ont-elles manqué de paraître ce qu'elles « étaient, et de plaire à tout le monde ? La faute n'est donc pas au public, qui « demande des sottises, mais à ceux qui ne savent pas lui servir autre chose. On « ne trouve pas plus d'extravagance dans l'*Ingratitude vengée*, dans la *Numancia*, « dans le *Marchand amoureux*, moins encore dans l'*Ennemie favorable*[2], ni dans « quelques autres que composèrent des poëtes habiles au profit de leur renommée « et de la bourse des acteurs qui les jouèrent. » J'ajoutai encore d'autres choses qui la laissèrent un peu confus, un peu ébranlé, mais non pas assez convaincu pour le tirer de son erreur.

« Votre Grâce, seigneur chanoine, reprit alors le curé, vient de toucher un sujet qui a réveillé chez moi l'ancienne rancune que je porte aux comédies à la mode aujourd'hui, et non moins forte que celle qui m'anime contre les livres de chevalerie. Lorsque la comédie, au dire de Cicéron, doit être le miroir de la vie humaine, l'exemple des mœurs et l'image de la vérité, celles qu'on joue à présent ne sont que des miroirs d'extravagance, des exemples de sottise et des images d'impudicité. En effet, quelle plus grande extravagance peut-il y avoir dans la matière qui nous occupe que de faire paraître un enfant au maillot à la première scène du premier acte, et de le ramener, à la seconde, homme fait avec de la barbe au menton[3] ? Quelle plus grande sottise que de nous peindre un vieillard bravache, un jeune homme poltron, un laquais rhétoricien, un page conseiller, un roi crocheteur, et une princesse laveuse de vaisselle? Que dirai-je ensuite de l'observation du temps pendant lequel pouvaient arriver les événements que l'on représente? N'ai-je pas vu telle comédie dont le premier acte commence en Europe, le second se continue en Asie, le troisième finit en Afrique; et, s'il y avait quatre actes, le quatrième se terminerait en Amérique, de façon que la pièce se serait passée dans les quatre parties du monde[4]? Si l'imitation historique est la principale qualité de la comédie, comment la plus médiocre intelligence pourrait-elle être satisfaite lorsque, dans une action qui arrive au temps de Pépin ou de Charlemagne, on attribue au personnage principal d'avoir porté, comme l'empereur Héraclius, la croix à Jérusalem, et d'avoir conquis le saint sépulcre sur les Sarrasins, comme Godefroy de Bouillon, tandis qu'un si grand nombre d'années séparent ces personnages[5]? Si, au contraire, la comédie est toute de fiction, comment lui prêter certaines vérités de l'histoire, comment y mêler des événements arrivés à différentes personnes et à différentes époques, et cela, non point avec l'art d'un arrangement vraisemblable, mais avec des erreurs inexcusables de tous points? Ce qu'il y a de pis, c'est qu'il se trouve des ignorants qui prétendent que cela seul est parfait, et que vouloir toute autre chose, c'est avoir des envies de femme grosse. Que sera-ce, bon Dieu! si nous arrivons aux comédies divines[6]? Que de faux miracles, que de faits apocryphes, que d'actions d'un saint attribuées à un autre! Même dans les comédies humaines, on ose faire des miracles, sans autre excuse, sans autre motif que de dire : En cet endroit viendrait bien un miracle, ou un coup de théâtre, comme ils disent, pour que les imbéciles s'étonnent et accourent voir la comédie. Tout cela, certes, est au préjudice de la vérité, au détriment de l'histoire, et même à la honte des écrivains espagnols; car les étrangers, qui gardent ponctuellement les lois de la comédie, nous appellent des barbares et des ignorants en voyant les absurdités de celles que nous écrivons[7]. Ce ne serait pas une suffisante excuse de dire que le principal objet qu'ont les gouvernements bien organisés, en permettant la représentation des comédies, c'est de divertir le public par quelque honnête récréation, et de le préserver des mauvaises humeurs qu'engendre habituellement l'oisiveté; qu'ainsi, cet objet étant rempli par la première comédie venue, bonne ou mauvaise, il n'y a point de raison pour établir des lois, pour contraindre ceux qui les composent et les jouent à les faire comme elles devraient être faites, puisque toute comédie accomplit ce qu'on attend d'elle. A cela, je répondrais que ce but serait sans comparaison bien mieux atteint par les bonnes comédies que par celles qui ne le sont pas : car, après avoir assisté à une comédie régulière et ingénieuse, le spectateur sortirait amusé par les choses plaisantes, instruit par les choses sérieuses, étonné par les événements, réformé par le bon langage, mieux avisé par les fourberies, plus intelligent par les exemples, courroucé contre le vice et passionné pour la vertu. Tous ces sentiments, la bonne comédie doit les éveiller dans l'âme de l'auditeur, si rustique et si lourdaud qu'il soit. De même, il est impossible qu'une comédie réunissant toutes ces qualités ne plaise, ne réjouisse et ne satisfasse bien plus que celle qui en sera dépourvue, comme le sont la plupart des pièces qu'on représente aujourd'hui. La faute n'en est pas aux poëtes qui les composent, car plusieurs d'entre eux connaissent fort bien en quoi ils pèchent, et ne savent pas moins ce qu'ils devraient faire. Mais, comme les comédies sont devenues une marchandise à vendre, ils disent, et avec raison, que les acteurs ne les achèteraient pas si elles n'étaient taillées à la mode. Ainsi le poëte est contraint de se plier à ce qu'exige le comédien, qui doit lui payer son ouvrage. Veut-on une preuve de cette vérité ? qu'on voie les comédies en nombre infini qu'a composées un heureux génie de ces royaumes, avec tant de fécondité, tant d'esprit et de grâce, un vers si élégant, un dialogue si bien assaisonné de saillies plaisantes et de graves maximes, qu'il remplit le monde de sa renommée°. Eh bien, parce qu'il cède aux exigences des comédiens, elles ne sont pas arrivées toutes, comme quelques-unes d'entre elles, au degré de perfection qu'elles devaient atteindre. D'autres auteurs écrivent leurs pièces tellement à l'étourdie, qu'après les avoir jouées, les comédiens sont obligés de fuir et de s'expatrier, dans la crainte d'être punis, comme cela est arrivé mainte et mainte fois, pour avoir représenté des choses irrévérencieuses pour quelques souverains, ou déshonorantes pour quelques nobles lignages. Tous ces inconvénients cesseraient, et bien d'autres encore que je passe sous silence, s'il y avait à la cour une personne éclairée, habile et discrète, chargée d'examiner toutes les comédies avant leur représentation, non-seulement celles qu'on jouerait dans la capitale, mais toutes celles qu'on aurait envie de jouer dans le reste de l'Espagne. Il faudrait que, sans l'approbation, la signature et le sceau de cet examinateur, aucune autorité locale ne laissât représenter aucune comédie dans son pays. De cette manière, les comédiens auraient soin d'envoyer leurs pièces à la cour, et pourraient ensuite les représenter en toute sûreté. Ceux qui les composent y mettraient aussi plus de soin, de travail et d'étude, dans la crainte de l'examen rigoureux et éclairé que devraient subir leurs ouvrages. Enfin, l'on ferait de bonnes comédies, et l'on atteindrait heureusement le but qu'on s'en propose, aussi bien le divertissement du public que la gloire des écrivains de l'Espagne et l'intérêt bien entendu des comédiens, qu'on serait dispensé de surveiller et de punir. Si, de plus, on chargeait une autre personne, ou la même, d'examiner les livres de chevalerie qui seraient composés désormais, sans doute il en paraîtrait quelques-uns qui auraient toute la perfection dont parle Votre Grâce. Ils enrichiraient notre langue d'un agréable et précieux trésor d'éloquence; ils permettraient enfin que les livres anciens s'obscurcissent à la lumière des livres nouveaux, qui se publieraient pour l'honnête passe-temps, non-seulement des oisifs, mais encore des hommes les plus occupés : car il est impossible que l'arc soit toujours tendu, et l'humaine faiblesse a besoin de se retremper dans des récréations permises. »

Le chanoine et le curé en étaient là de leur entretien, quand le barbier, prenant les devants, s'approcha d'eux, et dit au curé :

« Voici, seigneur licencié, l'endroit où j'ai dit que nous serions bien pour faire la sieste, tandis que les bœufs trouveraient une fraîche et abondante pâture.

— C'est aussi ce qu'il me semble, » répondit le curé.

Et, dès qu'il eut fait part de son projet au chanoine, celui-ci résolut de s'arrêter avec eux, convié par le charme d'un joli vallon qui s'offrait à leur vue.

Pour jouir de ce beau paysage, ainsi que de la conversation du curé, qu'il commençait à prendre en affection, et pour savoir plus en détail les prouesses de don Quichotte, il ordonna à quelques-uns de ses domestiques d'aller à l'hôtellerie, qui n'était pas fort éloignée, et d'en rapporter ce qu'ils y trouveraient pour le dîner de toute la compagnie, parce qu'il se décidait à passer la sieste en cet endroit. L'un des domestiques répondit que le mulet aux provisions, qui devrait être déjà dans l'hôtellerie, était assez bien chargé pour qu'on n'eût rien à y prendre que de l'orge.

« En ce cas, reprit le chanoine, conduisez-y toutes nos montures, et faites revenir le mulet. »

Pendant que cet ordre s'exécutait, Sancho, voyant qu'il pouvait enfin parler à son maître sans la continuelle surveillance du curé et du barbier, qu'il tenait pour suspects, s'approcha de la cage où gisait don Quichotte, et lui dit :

« Seigneur, pour la décharge de ma conscience, je veux vous dire ce qui se passe au sujet de votre enchantement. D'abord ces deux hommes qui vous accompagnent, avec des masques sur la figure, sont le curé et le barbier de notre village ; et j'imagine qu'ils ont ourdi la trame de vous emmener de cette façon, par pure envie, et parce qu'ils sont jaloux de ce que vous les surpassez à faire de fameux exploits. Cette vérité une fois admise, il s'ensuit que vous n'êtes pas enchanté dans cette cage, mais mystifié comme un benêt. En preuve de ce que je vous dis, je veux vous faire une question, et, si vous me répondez comme je crois que vous allez me répondre, vous toucherez du doigt cette fourberie, et vous reconnaîtrez que vous n'êtes pas enchanté, mais que vous avez l'esprit à l'envers.

— Voyons, répondit don Quichotte, demande ce que tu voudras, mon fils Sancho ; je suis prêt à te donner toute satisfaction. Quant à ce que tu dis que ceux qui vont et viennent autour de nous sont le curé et le barbier, nos compatriotes et nos connaissances, il est bien possible qu'il te semble que ce soit eux-mêmes ; mais que ce soit eux réellement et en effet, ne t'avise de le croire en aucune façon. Ce que tu dois croire et comprendre, c'est que, s'ils leur ressemblent, comme tu le dis, ceux qui m'ont enchanté auront pris cette forme et cette ressemblance. En effet, il est facile aux enchanteurs de prendre la figure qui leur convient, et ils auront revêtu celle de nos amis pour te donner occasion de penser ce que tu penses, et pour te jeter dans un labyrinthe de doutes et d'incertitudes dont le fil de Thésée ne parviendrait pas à te faire sortir. Ils auront également pris cette apparence pour que j'hésite dans ma conviction, et que je ne puisse deviner d'où me vient ce grief. Car enfin, si, d'une part, on me dit que ceux qui nous accompagnent sont le barbier et le curé de notre pays; si, d'une autre part, je me vois encagé, sachant fort bien qu'aucune force humaine, à moins d'être surnaturelle, ne serait capable de me mettre en cage, que veux-tu que je dise ou que je pense, si ce n'est que la façon de mon enchantement surpasse toutes celles que j'ai lues dans toutes les histoires qui traitent des chevaliers errants qu'on a jusqu'à présent enchantés? Ainsi, tu peux bien te calmer et te rendre le repos en ce qui est de croire que ces gens sont ce que tu dis, car ils ne le sont pas plus que je ne suis Turc; et quant à me demander quelque chose, parle, je te répondrai, dusses-tu me faire des questions jusqu'à demain matin.

— Par le nom de Notre-Dame, s'écria Sancho en jetant un grand cri, est-il possible que Votre Grâce soit assez dure de cervelle, assez dépourvue de moelle sous le crâne, pour ne pas reconnaître que ce que je dis est la vérité pure, et que, dans cet emprisonnement qu'on vous fait subir, il entre plus de malice que d'enchantement? Mais, puisqu'il en est ainsi, je veux vous prouver avec la dernière évidence que vous n'êtes pas enchanté. Dites-moi voir un peu.... Puisse Dieu vous tirer de ce tourment, et puissiez-vous tomber dans les bras de madame Dulcinée quand vous y penserez le moins!...

— Achève tes exorcismes, s'écria don Quichotte, et demande ce qui te fera plaisir; je t'ai déjà dit que je suis prêt à répondre avec toute ponctualité!

— Voilà justement ce que je veux, répondit Sancho. Or, ce que je désire savoir, c'est que vous me disiez, sans mettre ni omettre la moindre chose, mais en toute vérité, comme on doit l'attendre de la bouche de tous ceux qui font, comme Votre Grâce, profession des armes sous le titre de chevaliers errants....

— Je te répète, reprit don Quichotte, que je ne mentirai en quoi que ce soit. Mais voyons, parle, demande; car, en vérité, Sancho, tu me fatigues avec tant de préambules, d'ambages et de circonlocutions.

— Je dis, répliqua Sancho, que je suis parfaitement sûr de la franchise et de la véracité de mon maître; et dès lors, comme cela vient fort à point pour notre histoire, j'oserai lui faire une question, parlant par respect. Depuis que Votre Grâce est encagée, ou plutôt enchantée dans cette cage, est-ce que, par hasard, il lui serait venu l'envie de faire, comme on dit, le petit ou le gros?

— Je n'entends rien, Sancho, répondit don Quichotte, à ces paroles de petit et de gros. Explique-toi plus clairement, si tu veux que je te réponde avec précision.

— Est-il possible, reprit Sancho, que Votre Grâce n'entende pas ce que c'est que le gros et le petit? Mais c'est avec cela qu'on sèvre les enfants à l'école. Eh bien! sachez donc que je veux dire s'il vous est venu quelque envie de faire ce que personne ne peut faire à votre place.

— J'y suis, j'y suis, Sancho, s'écria don Quichotte. Oh! oui, bien des fois, et maintenant encore. Tire-moi de ce péril, si tu ne veux que je me trouve dans de beaux draps. »

CHAPITRE XLIX.

QUI TRAITE DU GRACIEUX ENTRETIEN QU'EUT SANCHO PANZA AVEC SON SEIGNEUR
DON QUICHOTTE.

« Ah! par ma foi, vous voilà pris, s'écria Sancho; c'est justement là ce que je voulais savoir, aux dépens de mon âme et de ma vie. Dites donc, seigneur, pourrez-vous nier ce qu'on dit communément dans le pays, lorsque quelqu'un est de mauvaise humeur : Je ne sais ce qu'a un tel, il ne mange, ni ne boit, ni ne dort; il répond de travers à ce qu'on lui demande; on dirait qu'il est enchanté. D'où il faut conclure que ceux qui ne mangent, ni ne boivent, ni ne dorment, ni ne font les œuvres naturelles dont je viens de parler, ceux-là sont enchantés véritablement; mais non pas ceux qui ont les envies qu'a Votre Grâce, qui boivent quand on leur donne à boire, qui mangent quand ils ont à manger, et qui répondent à tout ce qu'on leur demande.

— Tu dis vrai, Sancho, répondit don Quichotte; mais je t'ai déjà dit qu'il y avait bien des façons d'enchantement : il se pourrait faire qu'avec le temps la mode eût changé, et qu'il fût maintenant d'usage que les enchantés fissent tout ce que je fais ou veux faire, bien qu'ils ne l'eussent pas fait auparavant. Or, contre la mode des temps, il n'y a pas à argumenter ni à tirer de conséquences. Je sais et je tiens pour certain que je suis enchanté; cela suffit pour mettre ma conscience en repos : car je me ferais, je t'assure, un grand cas de conscience, si je doutais que je fusse enchanté, de rester en cette cage, lâche et fainéant, frustrant du secours de mon bras une foule d'affligés et de malheureux qui doivent, à l'heure qu'il est, avoir le plus pressant besoin de mon aide et de ma faveur.

— Avec tout cela, répliqua Sancho, je répète que, pour plus de satisfaction et de sûreté, il serait bon que Votre Grâce essayât de sortir de cette prison. Moi, je m'oblige à vous seconder de tout mon pouvoir, et même à vous en tirer; vous essayerez ensuite de remonter sur ce bon Rossinante, qui a l'air aussi d'être enchanté tant il marche triste et mélancolique; et puis nous courrons encore une fois la chance de chercher des aventures. Si elles tournent mal, nous aurons toujours le temps de nous en revenir à la cage; alors je promets, foi de bon et loyal écuyer, de m'y enfermer avec Votre Grâce, si vous êtes, par hasard, assez malheureux, ou moi assez imbécile, pour que nous ne parvenions pas à faire ce que je dis.

— Soit, répliqua don Quichotte, j'y consens et j'y donne les mains. Dès que tu saisiras quelque heureuse conjoncture pour mettre en œuvre ma délivrance, je t'obéirai en tout et pour tout. Mais tu verras, Sancho, combien tu te trompes dans l'appréciation de mon infortune. »

Cet entretien conduisit le chevalier errant et son maugréant écuyer jusqu'à l'endroit où les attendaient, ayant déjà mis pied à terre, le curé, le chanoine et le barbier.

Le bouvier détela aussitôt les bœufs de sa charrette, et les laissa prendre leurs ébats dans cette vaste prairie, dont la fraîcheur et le calme invitaient à jouir de ses attraits non-seulement les gens aussi enchantés que don Quichotte, mais aussi fins et avisés que son écuyer. Celui-ci pria le curé de permettre que son seigneur sortît un moment de la cage, parce qu'autrement cette prison courrait grand risque de ne pas rester aussi propre que l'exigeaient la décence et la dignité d'un chevalier tel que lui. Le curé comprit la chose, et répondit à Sancho que de bon cœur il consentirait à ce qui lui était demandé, s'il ne craignait qu'en se voyant libre, son seigneur ne fît des siennes, et ne se sauvât où personne ne le reverrait.

« Je me rends caution de sa fuite, répliqua Sancho.

— Moi de même, ajouta le chanoine, et de tout ce qui en peut résulter, surtout s'il m'engage sa parole de chevalier qu'il ne s'éloignera point de nous sans notre permission.

— Oui, je la donne, s'écria don Quichotte, qui avait écouté tout ce dialogue. Et, d'ailleurs, celui qui est enchanté comme moi n'est pas libre de faire ce qu'il veut de sa personne, car le magicien qui l'a enchanté peut vouloir qu'il ne bouge de la même place trois siècles durant; et si l'enchanté s'enfuyait, l'enchanteur le ferait revenir à tire-d'aile. Puisqu'il en est ainsi, vous pouvez bien me lâcher ; ce sera profit pour tout le monde : car, si vous ne me lâchez pas, je vous proteste qu'à moins de vous tenir à l'écart, je ne saurais m'empêcher de vous chatouiller désagréablement l'odorat. »

Le chanoine lui fit étendre la main, bien qu'il eût les deux poignets attachés, et, sous la foi de sa parole, on lui ouvrit la porte de sa cage, ce qui lui causa le plus vif plaisir.

La première chose qu'il fit dès qu'il se vit hors de la cage, fut d'étirer, l'un après l'autre, tous les membres de son corps ; puis il s'approcha de Rossinante, et, lui donnant sur la croupe deux petits coups du plat de la main, il lui dit tendrement :

« J'espère toujours en Dieu et en sa sainte mère, fleur et miroir des coursiers, que bientôt nous nous reverrons comme nous désirons être, toi, portant ton seigneur, et moi, monté sur tes flancs, exerçant ensemble la profession pour laquelle Dieu m'a jeté dans le monde. »

Après avoir ainsi parlé, don Quichotte gagna, suivi de Sancho, un lieu bien à l'écart, d'où il revint fort soulagé, et plus désireux qu'auparavant de mettre en œuvre le projet de Sancho.

Le chanoine le regardait et s'émerveillait de la grande étrangeté de sa folie. Il était étonné surtout que ce pauvre gentilhomme montrât, en tout ce qu'il disait ou répondait, une intelligence parfaite, et qu'il ne perdît les étriers, comme on l'a dit mainte autre fois, que sur le chapitre de la chevalerie. Ému de compassion, il lui adressa la parole quand tout le monde se fut assis sur l'herbe verte pour attendre les provisions :

« Est-il possible, seigneur hidalgo, lui dit-il, que cette oiseuse et funeste lecture des livres de chevalerie ait eu sur Votre Grâce assez de puissance pour vous tourner l'esprit au point que vous veniez à croire que vous êtes enchanté, ainsi que d'autres choses du même calibre, aussi loin d'être vraies que le mensonge l'est de la vérité même ? Comment peut-il exister un entendement humain capable de se persuader qu'il y ait eu dans le monde cette multitude d'Amadis et cette tourbe infinie de fameux chevaliers ? qu'il y ait eu tant d'empereurs de Trébisonde, tant de Félix-Mars d'Hyrcanie, tant de coursiers et de palefrois, tant de damoiselles errantes, tant de serpents et de dragons, tant d'andriaques, tant de géants, tant d'aventures inouïes, tant d'espèces d'enchantements, tant de batailles, tant d'effroyables rencontres, tant de costumes et de parures, tant de princesses amoureuses, tant d'écuyers devenus comtes, tant de nains beaux parleurs, tant de billets doux, tant de galanteries, tant de femmes guerrières, et finalement tant de choses extravagantes comme en contiennent les livres de chevalerie ? Pour moi, je peux dire que, quand je les lis, tant que mon imagination ne s'arrête pas à la pensée que tout cela n'est que mensonge et dérèglement d'esprit, ils me donnent, je l'avoue, quelque plaisir ; mais, dès que je réfléchis à ce qu'ils sont, j'envoie le meilleur d'entre eux contre la muraille, et je le jetterais au feu si j'avais là des tisons. Oui, car ils méritent tous cette peine, pour être faux et menteurs, et hors des lois de la commune nature; ils la méritent comme fauteurs de nouvelles sectes, et inventeurs de nouvelles façons de vivre, comme donnant occasion au vulgaire ignorant de croire et de tenir pour vraies toutes les rêveries qu'ils renferment. Ils ont même assez d'audace pour oser troubler les esprits d'hidalgos bien nés et bien élevés, comme on le voit par ce qu'ils ont fait sur Votre Grâce, puisqu'ils vous ont conduit à ce point qu'il a fallu vous enfermer dans une cage et vous mener sur une charrette à bœufs, comme on mène de village en village un lion ou un tigre, pour gagner de quoi vivre en le faisant voir. Allons, seigneur don Quichotte, prenez pitié de vous-même, et revenez au giron du bon sens. Faites usage de celui que le ciel a bien voulu vous départir, en employant l'heureuse étendue de votre esprit à d'autres lectures qui tournent au profit de votre conscience et de votre bonne renommée. Si toutefois, poussé par votre inclination naturelle, vous persistez à lire des histoires d'exploits chevaleresques, lisez, dans la sainte Écriture, le livre des Juges : vous y trouverez de pompeuses vérités, et des hauts faits non moins certains qu'éclatants. La Lusitanie eut un Viriatès, Rome un César, Carthage un Annibal, la Grèce un Alexandre, la Castille un comte Fernan-Gonzalez[1], Valence un Cid[2], l'Andalousie un Gonzalve de Cordoue, l'Estrémadure un Diego Garcia de Paredès, Xerès un Garci-Perez de Vargas[3], Tolède un Garcilaso[4], Séville un don Manuel Ponce de Léon[5]; le récit de leurs vaillants exploits suffit pour amuser, pour instruire, pour ravir et pour étonner les plus hauts génies qui en fassent la lecture. Voilà celle qui est digne de votre intelligence, mon bon seigneur don Quichotte; elle vous laissera, quand vous l'aurez faite, érudit dans l'histoire, amoureux de la vertu, instruit aux bonnes choses, fortifié dans les bonnes mœurs, vaillant sans témérité, prudent sans faiblesse; et tout cela pour la gloire de Dieu, pour votre propre intérêt et pour l'honneur de la Manche, d'où je sais que Votre Grâce tire son origine. »

Don Quichotte avait écouté avec la plus scrupuleuse attention les propos du chanoine. Quand il s'aperçut que celui-ci cessait de parler, après l'avoir d'abord regardé fixement et en silence, il lui répondit :

« Si je ne me trompe, seigneur hidalgo, le discours que vient de m'adresser Votre Grâce avait pour objet de vouloir me faire entendre qu'il n'y a jamais eu de chevaliers errants dans le monde; que tous les livres de chevalerie sont faux, menteurs, inutiles et nuisibles à la république; qu'enfin j'ai mal fait de les lire, plus mal de les croire, et plus mal encore de les imiter, en me décidant à suivre la dure profession de chevalier errant qu'ils enseignent, parce que vous niez qu'il ait jamais existé des Amadis de Gaule et de Grèce, ni cette multitude d'autres chevaliers dont les livres sont pleins.

— Tout est au pied de la lettre, comme Votre Grâce l'énumère, » reprit en ce moment le chanoine.

Don Quichotte continua :

« Votre Grâce a, de plus, ajouté que ces livres m'avaient fait un grand tort, puisque, après m'avoir dérangé l'esprit, ils ont fini par me mettre en cage; et que je ferais beaucoup mieux de m'amender, de changer de lecture, et d'en lire d'autres plus véridiques, plus faits pour amuser et pour instruire.

— C'est cela même, répondit le chanoine.

— Eh bien! moi, répliqua don Quichotte, je trouve, à mon compte, que l'insensé et l'enchanté c'est vous-même, puisque vous n'avez pas craint de proférer tant de blasphèmes contre une chose tellement reçue dans le monde, tellement admise pour véritable, que celui qui la nie, comme le fait Votre Grâce, mériterait la même peine que vous infligez aux livres dont la lecture vous ennuie et vous fâche. En effet, vouloir faire accroire à personne qu'Amadis n'a pas été de ce monde, pas plus que tous les autres chevaliers d'aventure dont les histoires sont remplies toutes combles, c'est vouloir persuader que le soleil n'éclaire pas, que la gelée ne refroidit pas, que la terre ne nous porte pas. Quel esprit peut-il y avoir en ce monde capable de persuader à un autre que l'histoire de l'infante Floripe avec Guy de Bourgogne n'est pas vraie[6], non plus que l'aventure de Fiérabras au pont de Mantible, qui arriva du temps de Charlemagne[7]? Je jure Dieu que c'est aussi bien la vérité qu'il est maintenant jour. Si c'est un mensonge, alors il doit être de même d'Hector et d'Achille, et de la guerre de Troie, et des douze pairs de France, et du roi Arthus d'Angleterre, qui est encore à présent transformé en corbeau, et que ses sujets attendent d'heure en heure[8]. Osera-t-on dire aussi que l'histoire de Guarino Mezquino[9] est mensongère, ainsi que celle de la conquête du Saint-Grial[10]; que les amours de Tristan et de la reine Iseult sont apocryphes, aussi bien que ceux de la reine Geneviève et de Lancelot, tandis qu'il y a des gens qui se rappellent presque d'avoir vu la duègne Quintagnone, laquelle fut le meilleur échanson de vin qu'eut la Grande-Bretagne. Cela est si vrai, que je me souviens qu'une de mes grand'mères, celle du côté de mon père, me disait, quand elle rencontrait quelque duègne avec de respectables coiffes : « Celle-ci, mon enfant, ressemble à la duègne Quintagnone; » d'où je conclus qu'elle dut la connaître elle-même, ou du moins en avoir vu quelque portrait. Qui pourra nier que l'histoire de Pierre et de la jolie Magalone[11] ne soit parfaitement exacte, puisqu'on voit encore aujourd'hui, dans la galerie d'armes de nos rois, la cheville qui faisait tourner et mouvoir le cheval de bois sur lequel le vaillant Pierre de Provence traversait les airs, cheville qui est un peu plus grosse qu'un timon de charrette à bœufs? A côté d'elle est la selle de Babiéca, la jument du Cid, et, dans la gorge de Roncevaux, on voit encore la trompe de Roland, aussi longue qu'une grande poutre[12]. D'où l'on doit inférer qu'il y eut douze pairs de France, qu'il y eut un Pierre, qu'il y eut un Cid, et d'autres chevaliers de la même espèce, de ceux dont les gens disent qu'ils vont à leurs aventures. Sinon il faut nier aussi que le vaillant Portugais Juan de Merlo ait été chevalier errant, qu'il soit allé en Bourgogne, qu'il ait combattu dans la ville de Ras contre le fameux seigneur de Charny, appelé Moïse-Pierre[13]; puis, dans la ville de Bâle, contre Moïse-Henri de Remestan[14], et qu'il soit sorti deux fois de la lice vainqueur et couvert de gloire. Il faut nier encore les aventures et les combats que livrèrent également en Bourgogne les braves Espagnols Pedro Barba et Gutierre Quixada (duquel je descends en ligne droite de mâle en mâle), qui vainquirent les fils du comte de Saint-Pol. Que l'on nie donc aussi que don Fernando de Guevara soit allé chercher des aventures en Allemagne, où il combattit messire Georges, chevalier de la maison du duc d'Autriche[15]; qu'on dise enfin que ce sont des contes pour rire, les joutes de Suéro de Quiñones, celui du pas de l'Orbigo[16], les défis de Mosen-Luis de Falcès à don Gonzalo de Guzman, chevalier castillan[17], et tant d'autres exploits faits par des chevaliers chrétiens de ces royaumes et des pays étrangers, si authentiques, si véritables, que celui qui les nie, je le répète, est dépourvu de toute intelligence et de toute raison. »

Le chanoine fut étrangement surpris d'entendre le singulier mélange de vérités et de mensonges que faisait don Quichotte, et de voir quelle connaissance complète il avait de toutes les choses relatives à sa chevalerie errante. Il lui répondit donc :

« Je ne puis nier, seigneur don Quichotte, qu'il n'y ait quelque chose de vrai dans ce qu'a dit Votre Grâce, principalement en ce qui touche les chevaliers errants espagnols. Je veux bien concéder encore qu'il y eut douze pairs de France; mais je me garderai bien de croire qu'ils firent tout ce que raconte d'eux l'archevêque Turpin[18]. Ce qu'il y a de vrai, c'est que ce furent des chevaliers choisis par les rois de France, qu'on appela *pairs*, parce qu'ils étaient tous égaux en valeur et en qualité; du moins, s'ils ne l'étaient pas, il était à désirer qu'ils le fussent. C'était un ordre militaire, à la façon de ceux qui existent à présent, comme les ordres de Saint-Jacques et de Calatrava, où l'on suppose que ceux qui font profession sont tous des chevaliers braves et bien nés; et, comme on dit à cette heure chevalier de Saint-Jean ou d'Alcantara, on disait alors chevalier des Douze Pairs, parce qu'on en choisissait douze, égaux en mérite, pour cet ordre militaire. Qu'il y ait eu un Cid et un Bernard del Carpio[19], nul doute; mais qu'ils aient fait toutes les prouesses qu'on leur prête, c'est autre chose. Quant à la cheville du comte Pierre, dont Votre Grâce a parlé, et qui est auprès de la selle de Babiéca, dans la galerie royale, je confesse mon péché : je suis si gauche, ou j'ai la vue si courte, que, bien que j'aie vu distinctement la selle, je n'ai pu apercevoir la cheville, quoiqu'elle soit aussi grosse que l'a dit Votre Grâce.

— Elle y est pourtant, sans aucun doute, répliqua don Quichotte; à telles enseignes qu'on la tient enfermée dans un fourreau de cuir pour qu'elle ne prenne pas le moisi.

— C'est bien possible, reprit le chanoine; mais, par les ordres sacrés que j'ai reçus, je ne me rappelle pas l'avoir vue. Et, quand je concéderais qu'elle est en cet endroit, serais-je obligé de croire aux histoires de tous ces Amadis, et de cette multitude de chevaliers sur lesquels on nous fait tant de contes?

et serait-ce une raison pour qu'un homme comme Votre Grâce, si plein d'honneur et de qualités, et doué d'un si bon entendement, s'avisât de prendre pour autant de vérités tant de folies étranges qui sont écrites dans ces extravagants livres de chevalerie? »

CHAPITRE L.

DE LA SPIRITUELLE ALTERCATION QU'EURENT DON QUICHOTTE ET LE CHANOINE, AINSI QUE D'AUTRES ÉVÉNEMENTS¹.

« Voilà, parbleu, qui est bon! répondit don Quichotte. Comment! les livres qui sont imprimés avec la licence des rois et l'approbation des examinateurs; ces livres, qui, à la satisfaction générale, sont lus et vantés des grands et des petits, des riches et des pauvres, des lettrés et des ignorants, des vilains et des gentilshommes, enfin de toute espèce de gens, de quelque état et condition que ce soit; ces livres, dis-je, seraient pur mensonge, tandis qu'ils ont si bien le cachet de la vérité, qu'on y désigne le père, la mère, le pays, les parents, l'âge, le lieu et les exploits, point pour point et jour par jour, que firent tels ou tels chevaliers? Allons donc, taisez-vous, seigneur; ne dites pas un si grand blasphème, et croyez-moi, car je vous donne à cet égard le meilleur conseil que puisse suivre un homme d'esprit. Sinon, lisez-les, et vous verrez quel plaisir vous en donnera la lecture. Dites-moi donc un peu : y a-t-il un plus grand ravissement que de voir, comme qui dirait là, devant nous, un grand lac de poix-résine bouillant à gros bouillons, dans lequel nagent et s'agitent une infinité de serpents, de couleuvres, de lézards, et mille autres espèces d'animaux féroces et épouvantables? Tout à coup, du fond

UN GRAND LAC DE POIX-RÉSINE BOUILLANT A GROS BOUILLONS DANS LEQUEL S'AGITENT UNE INFINITÉ D'ANIMAUX.
T. I, CH. L.

de ce lac, sort une lamentable voix qui dit : « Toi, chevalier, qui que tu sois,
« qui es à regarder ce lac effroyable, si tu veux obtenir le trésor qu'il cache
« sous ses noires eaux, montre la valeur de ton cœur invincible, jette-toi au
« milieu de ce liquide enflammé. Si tu ne le fais pas, tu ne seras pas digne de
« voir les hautes et prodigieuses merveilles que renferment les sept châteaux des
« sept fées qui gisent sous cette noire épaisseur. » Le chevalier n'a pas encore
achevé d'entendre la voix redoutable, que déjà, sans entrer en calcul avec lui-
même, sans considérer le péril qu'il affronte, sans même se dépouiller de ses
armes pesantes, mais en se recommandant à Dieu et à sa dame, il se précipite
tête baissée au milieu du lac bouillonnant; et, quand il se doute le moins de ce
qu'il va devenir, le voilà qui se trouve au milieu d'une campagne fleurie, à
laquelle les Champs-Élysées n'ont rien de comparable. Là, il lui semble que l'air
est plus transparent, que le soleil brille d'une clarté nouvelle». Un bois paisible
s'offre à sa vue; il est planté d'arbres si verts et si touffus que leur feuillage
réjouit les yeux, tandis que l'oreille est doucement frappée des chants suaves
et naturels d'une infinité de petits oiselets aux nuances brillantes, qui voltigent
gaiement sous les rameaux entrelacés. Ici se découvre un ruisseau, dont les
eaux fraîches, semblables à un liquide cristal, courent sur une fine arène et
de blancs cailloux, qui paraissent un lit d'or criblé de perles orientales. Là il
aperçoit une élégante fontaine artistement formée de jaspe aux mille couleurs et de
marbre poli; plus loin il en voit une autre, élevée à la façon rustique, où les fins
coquillages de la moule et les tortueuses maisons blanches et jaunes de l'escargot,
ordonnés sans ordre et mêlés de brillants morceaux de cristal, forment un ouvrage
varié, où l'art, imitant la nature, semble la vaincre cette fois. De ce côté paraît tout
à coup un formidable château fort ou un élégant palais, dont les murailles sont
d'or massif, les créneaux de diamants, les portes de hyacinthes, et finalement dont
l'architecture est si admirable que, bien qu'il ne soit formé que d'or, de diamants,
d'escarboucles, de rubis, de perles et d'émeraudes, la façon, toutefois, est plus
précieuse que la matière. Et que peut-on désirer de plus, quand on a vu cela, que
de voir sortir par la porte du château un grand nombre de damoiselles, dont les
riches et galantes parures sont telles, que, si je me mettais à les décrire, comme
font les histoires, je n'aurais jamais fini? Aussitôt, celle qui paraît la principale de
la troupe vient prendre par la main l'audacieux chevalier qui s'est jeté dans les
flots bouillants du lac, et le conduit, sans dire un mot, dans l'intérieur de la forteresse ou du palais. Après l'avoir déshabillé, nu comme sa mère l'a mis au monde,
elle le baigne dans des eaux tièdes, le frotte d'onguents de senteur, et le revêt
d'une chemise de fine percale, toute parfumée d'odeurs exquises; puis une autre
damoiselle survient, qui lui jette sur les épaules une tunique qui vaut au moins,
à ce qu'on dit, une ville tout entière, et même davantage. Quoi de plus charmant,
quand on nous conte ensuite qu'après cela ces dames le mènent dans une autre
salle, où il trouve la table mise avec tant de magnificence qu'il en reste tout ébahi!
quand on lui verse sur les mains une eau toute distillée d'ambre et de fleurs odo-

rantes! quand on lui offre un fauteuil d'ivoire! quand toutes les damoiselles le servent en gardant un merveilleux silence! quand on lui apporte tant de mets variés et succulents que l'appétit ne sait où choisir et tendre la main! quand on entend la musique, qui joue tant qu'il mange, sans qu'on sache ni qui la fait ni d'où elle vient! et quand enfin, lorsque le repas est fini et le couvert enlevé, lorsque le chevalier, nonchalamment penché sur le dos de son fauteuil, est peut-être à se curer les dents, selon l'usage, voilà que tout à coup la porte s'ouvre et laisse entrer une autre damoiselle plus belle que toutes les autres, qui vient s'asseoir auprès du chevalier, et commence à lui raconter quel est ce château, et comment elle y est enchantée; avec une foule d'autres choses qui étonnent le chevalier, et ravissent les lecteurs qui sont à lire son histoire! Je ne veux pas m'étendre davantage sur ce sujet; mais de ce que j'ai dit on peut inférer que, quelque page qu'on ouvre de quelque histoire de chevalier errant que ce soit, elle causera sûrement plaisir et surprise à quiconque la lira. Que Votre Grâce m'en croie : lisez ces livres, ainsi que je vous l'ai dit, et vous verrez comme ils chasseront la mélancolie dont vous pourriez être atteint, et comme ils guériront votre mauvaise humeur, si par hasard vous l'avez mauvaise. Quant à moi, je peux dire que, depuis que je suis chevalier errant, je me trouve valeureux, libéral, poli, bien élevé, généreux, affable, intrépide, doux, patient, souffrant avec résignation les fatigues, les douleurs, les prisons, les enchantements; et, quoiqu'il y ait si peu de temps que je me suis vu enfermé dans une cage comme un fou, je pense bien que, par la valeur de mon bras, si le ciel me favorise et que la fortune ne me soit pas contraire, je me verrai sous peu de jours roi de quelque royaume, où je pourrai montrer la gratitude et la libéralité dont mon cœur est pourvu. Car, par ma foi, seigneur, le pauvre est hors d'état de faire voir sa vertu de libéralité, en quelque degré qu'il la possède; et la reconnaissance qui ne consiste que dans le désir est chose morte, comme la foi sans les œuvres. Voilà pourquoi je voudrais que la fortune m'offrît bientôt quelque occasion de devenir empereur, pour que mon cœur se montrât tel qu'il est par le bien que je ferais à mes amis, surtout à ce pauvre Sancho Panza, mon écuyer, qui est le meilleur homme du monde; oui, je voudrais lui donner un comté, que je lui ai promis il y a plusieurs jours; mais je crains seulement qu'il n'ait pas toute l'habileté nécessaire pour bien gouverner ses États. »

Sancho entendit ces dernières paroles de son maître, et lui répondit sur-le-champ :

« Travaillez, seigneur don Quichotte, à me donner ce comté, autant promis par Votre Grâce qu'attendu par moi, et je vous promets que l'habileté ne me manquera pas pour le gouverner. Si elle me manque, j'ai ouï dire qu'il y a des gens qui prennent en fermage les seigneuries des seigneurs; ils leur donnent tant par an de revenu, et se chargent des soins du gouvernement; et le seigneur reste les bras croisés, touchant et dépensant la rente qu'on lui paye, sans prendre souci d'autre chose. C'est justement ce que je ferai : au lieu de me rompre la cervelle,

LA, IL LUI SEMBLE QUE L'AIR EST PLUS TRANSPARENT, QUE LE SOLEIL BRILLE D'UNE CLARTÉ NOUVELLE. — T. 1, CH. L.

je me désisterai de l'emploi, et je jouirai de mes rentes comme un duc, sans me soucier du qu'en-dira-t-on.

— Ceci, mon frère Sancho, dit le chanoine, s'entend fort bien quant à la jouissance du revenu, mais non quant à l'administration de la justice, qui n'appartient qu'au seigneur de la seigneurie. C'est là que sont nécessaires l'habileté et le droit jugement, et surtout la bonne intention de rencontrer juste; car, si celle-là manque dans le principe, les moyens et la fin iront tout de travers. Aussi Dieu a-t-il coutume de donner son aide au bon désir de l'homme simple, et de la retirer au méchant désir de l'homme habile.

— Je n'entends rien à toutes ces philosophies, reprit Sancho; mais ce que je sais, c'est que je voudrais avoir le comté aussitôt que je serais capable de le gouverner; car enfin j'ai autant d'âme qu'un autre, et autant de corps que celui qui en a le plus; et je serais aussi bien roi de mes États qu'un autre l'est des siens; et l'étant, je ferais tout ce que je voudrais; et faisant ce que je voudrais, je ferais à mon goût; et faisant à mon goût, je serais content; et quand on est content, on n'a plus rien à désirer; et quand on n'a plus rien à désirer, tout est fini. Adieu donc; que le comté vienne, et que Dieu vous bénisse, et au revoir, bonsoir, comme dit un aveugle à son camarade.

— Ce ne sont pas là de mauvaises philosophies, comme vous dites, Sancho, reprit le chanoine; mais cependant il y a bien des choses à dire sur ce chapitre des comtés.

— Je ne sais trop ce qui reste à dire, interrompit don Quichotte; seulement je me guide sur l'exemple que m'a donné le grand Amadis de Gaule, lequel fit son écuyer comte de l'Ile-Ferme; ainsi je puis bien, sans scrupule de conscience, faire comte Sancho Panza, qui est un des meilleurs écuyers qu'ait jamais eus chevalier errant. »

Le chanoine resta confondu des extravagances raisonnables (si l'extravagance admet la raison) qu'avait dites don Quichotte, de la manière dont il avait dépeint l'aventure du chevalier du Lac, de l'impression profonde qu'avaient faite sur son esprit les rêveries mensongères des livres qu'il avait lus, et finalement de la crédulité de Sancho, qui soupirait avec tant d'ardeur après le comté que son maître lui avait promis.

En ce moment, les valets du chanoine, revenant de l'hôtellerie, amenaient le mulet aux provisions. Ils dressèrent la table avec un tapis étendu sur l'herbe de la prairie, et tous les convives, s'étant assis à l'ombre de quelques arbres, dînèrent en cet endroit, pour que le bouvier ne perdît pas, comme on l'a dit, la commodité du pâturage. Tandis qu'ils étaient paisiblement à manger, ils entendirent tout à coup le bruit aigu d'un sifflet qui partait d'un massif de ronces et de broussailles dont ils étaient proches, et presque au même instant ils virent sortir de ces broussailles une jolie chèvre, qui avait la peau toute mouchetée de noir, de blanc et de fauve. Derrière elle venait un chevrier qui l'appelait de loin, en lui disant les mots à leur usage, pour qu'elle s'arrêtât et rejoignît le troupeau. La bête fugitive accourut tout effrayée vers les voyageurs, comme pour leur demander protection, et s'arrêta près d'eux. Le chevrier arriva, la prit par les cornes, et, comme si elle eût été douée d'intelligence et de réflexion, il lui dit :

« Ah! montagnarde! ah! bariolée! et qu'avez-vous donc depuis quelques jours à ne plus marcher qu'à cloche-pied? quelle mouche vous pique, ou quel loup vous fait peur, ma fille? ne me direz-vous pas ce que c'est, mignonne? Mais qu'est-ce que ce peut être, sinon que vous êtes femelle, et que vous ne pouvez rester en repos? Maudite soit votre humeur et l'humeur de toutes celles que vous imitez! Revenez, revenez, ma mie; si vous n'êtes pas aussi joyeuse, au moins vous serez plus en sûreté dans la bergerie et parmi vos compagnes : car si vous, qui devez les guider et les diriger, vous allez ainsi sans guide et sans direction, qu'est-ce qu'il arrivera d'elles? »

Les paroles du chevrier réjouirent fort ceux qui les entendirent, notamment le chanoine, qui lui dit :

« Par votre vie, frère, calmez-vous un peu, et ne vous hâtez pas tant de ramener cette chèvre au troupeau. Puisqu'elle est femelle, comme vous dites, il faut bien qu'elle suive son instinct naturel, quelques efforts que vous fassiez pour l'en empêcher. Tenez, prenez ce morceau, et buvez un coup; vous apaiserez votre colère, et la chèvre s'en reposera d'autant. »

En disant cela, il lui tendait avec la pointe du couteau un râble de lapin froid. Le chevrier prit, remercia, but, s'adoucit, et dit ensuite :

« Je ne voudrais pas vraiment que, pour m'avoir entendu parler avec tant de sérieux à ce petit animal, Vos Grâces me prissent pour un imbécile; car, en vérité, il y a bien quelque mystère sous les paroles que j'ai dites. Je suis un rustre, mais pas tant néanmoins que je ne sache comment il faut s'y prendre avec les gens et avec les bêtes.

— Je le crois bien vraiment, répondit le curé; car je sais déjà, par expérience, que les bois nourrissent des poëtes, et que les cabanes de bergers abritent des philosophes.

— Du moins, seigneur, répliqua le chevrier, elles recueillent des hommes devenus sages à leurs dépens. Pour que vous croyiez à cette vérité, et que vous la touchiez du doigt, je veux, bien qu'il semble que je m'invite sans être prié, si cela toutefois ne vous ennuie pas et que vous consentiez à me prêter un moment d'attention, je veux, dis-je, vous conter une aventure véritable, et qui viendra en preuve de ce qu'a dit ce seigneur (montrant le curé), et de ce que j'ai dit moi-même. »

Don Quichotte répondit sur-le-champ :

« Comme ceci m'a l'air d'avoir je ne sais quelle ombre d'aventure de chevalerie, pour ma part, frère, je vous écouterai de grand cœur, et c'est ce que feront aussi ces messieurs, parce qu'ils sont gens d'esprit et fort amis des nouveautés curieuses qui étonnent, amusent et ravissent les sens, comme je ne doute

ELLE COMMENCE À LUI RACONTER QUEL EST CE CHÂTEAU, ET COMMENT ELLE Y EST ENCHANTÉE. — T. I, CH. L.

pas que va faire votre histoire. Commencez donc, mon ami, nous vous écoutons tous.

— Je retire mon enjeu, s'écria Sancho; pour moi, je vais au ruisseau avec ce pâté, dont je pense me soûler pour trois jours, car j'ai ouï dire à mon seigneur don Quichotte qu'un écuyer de chevalier errant doit manger, quand il en trouve l'occasion, jusqu'à n'en pouvoir plus, parce qu'il pourrait bien lui arriver d'entrer par hasard dans une forêt si inextricable, qu'il ne puisse trouver de six jours à en sortir; et, ma foi, si le pauvre homme ne va pas bien repu, ou le bissac bien rempli, il pourrait fort bien rester là, comme il lui arrive mainte et mainte fois, devenu chair de momie.

— Tu es toujours pour le positif, Sancho, lui dit don Quichotte; va-t'en où tu voudras, et mange ce que tu pourras; moi, j'ai déjà l'estomac satisfait, et il ne me manque plus que de donner à l'âme sa collation, comme je me la donnerai en écoutant l'histoire de ce brave homme.

— Nous la donnerons aussi à toutes nos âmes, » ajouta le chanoine. Et il pria sur-le-champ le chevrier de commencer le récit qu'il venait de leur promettre. Le chevrier donna deux petits coups de la main sur les flancs de la chèvre, qu'il tenait toujours par les cornes, en lui disant :

« Couche-toi près de moi, bariolée, nous avons du temps de reste pour retourner à la bergerie. »

On aurait dit que la chèvre l'eût entendu; car, dès que son maître se fut assis, elle se coucha fort paisiblement à ses côtés, et, le regardant au visage, elle faisait croire qu'elle était attentive à ce que disait le chevrier, lequel commença son histoire de la sorte :

CHAPITRE LI.

QUI TRAITE DE CE QUE RACONTA LE CHEVRIER À TOUS CEUX QUI EMMENAIENT
DON QUICHOTTE.

A trois lieues de ce vallon est un hameau, qui, bien que fort petit, est un des plus riches qu'il y ait dans tous ces environs. Là demeurait un laboureur, homme très-honorable, et tellement que, bien qu'il soit comme inhérent au riche d'être honoré, celui-là l'était plus encore pour sa vertu que pour ses richesses. Mais ce qui le rendait surtout heureux, à ce qu'il disait lui-même, c'était d'avoir une fille de beauté si parfaite, de si rare intelligence, de tant de grâce et de vertu, que tous ceux qui la voyaient s'étonnaient de voir de quelles merveilleuses qualités le ciel et la nature l'avaient enrichie. Toute petite, elle était belle; et, grandissant toujours en attraits, à seize ans c'était un prodige de beauté. La renommée de ses charmes commença à s'étendre dans les villages voisins; que dis-je, dans les villages? elle arriva jusqu'aux villes éloignées; elle pénétra jusque dans le palais des rois, et dans l'oreille de toutes sortes de gens, qui venaient de tous côtés la voir comme une chose surprenante, ou comme une image miraculeuse. Son père la gardait soigneusement, et elle se gardait elle-même, car il n'y a ni serrures, ni cadenas, ni

IL N'Y AVAIT PAS DE PAYS SUR LA TERRE QU'IL N'EUT VU, PAS DE BATAILLE OÙ IL NE SE PUT TROUVER.
T. I, CH. LI.

verrous, qui puissent garder une jeune fille mieux que sa propre sagesse. La richesse du père et la beauté de la fille engagèrent bien des jeunes gens, tant du village que d'autres pays, à la lui demander pour femme. Mais lui, auquel il appartenait de disposer d'un si riche bijou, demeurait irrésolu, sans pouvoir décider à qui des nombreux prétendants qui le sollicitaient il en ferait le cadeau. J'étais du nombre, et vraiment, pour avoir de grandes espérances d'un bon succès, il me suffisait de savoir que le père savait qui j'étais, c'est-à-dire né dans le même pays, de pur sang chrétien, à la fleur de l'âge, riche en patrimoine, et non moins bien partagé du côté de l'esprit.

Un autre jeune homme du même village, et doué des mêmes qualités, fit aussi la demande de sa main, ce qui tint en suspens la volonté du père, auquel il semblait qu'avec l'un ou l'autre de nous deux, sa fille serait également bien établie. Pour sortir de cette incertitude, il résolut de tout confier à Léandra (c'est ainsi que s'appelle la riche beauté qui m'a réduit à la misère), faisant réflexion que, puisque nous étions égaux, il ferait bien de laisser à sa fille chérie le droit de choisir à son goût : chose digne d'être imitée de tous les parents qui ont des enfants à marier. Je ne dis pas qu'ils doivent les laisser choisir entre de mauvais partis, mais leur en proposer de bons et de sortables, et les laisser ensuite prendre à leur gré. Je ne sais quel choix fit Léandra ; je sais seulement que le père nous amusa tous les deux avec la grande jeunesse de sa fille, et d'autres paroles générales qui, sans l'obliger, ne nous désobligeaient pas non plus. Mon rival se nomme Anselme, et moi je m'appelle Eugène, afin que vous preniez connaissance des noms des personnages qui figurent dans cette tragédie, dont le dénoûment n'est pas encore venu, mais qui ne peut manquer d'être sanglant et désastreux.

A cette époque, il arriva dans notre village un certain Vincent de la Roca, fils d'un pauvre paysan de l'endroit, lequel Vincent revenait des Italies et d'autres pays où il avait servi à la guerre. Il n'avait pas plus d'une douzaine d'années quand il fut emmené du village par un capitaine qui vint à passer avec sa compagnie, et, douze ans plus tard, le jeune homme revint au pays, habillé à la militaire, chamarré de mille couleurs, et tout historié de joyaux de verroteries et de chaînettes d'acier. Aujourd'hui il mettait une parure, demain une autre ; mais c'étaient toujours des fanfreluches de faible poids et de moindre valeur. Les gens de la campagne, qui sont naturellement malicieux, et plus que la malice même quand le loisir ne leur manque pas, notèrent et comptèrent point à point ses hardes et ses bijoux : ils trouvèrent que, de compte fait, il avait trois habillements de différentes couleurs, avec les bas et les jarretières ; mais il en faisait tant de mélanges et de combinaisons, que, si on ne les eût pas comptés, on aurait bien juré qu'il avait étalé à la file au moins dix paires d'habits et plus de vingt panaches. Et n'allez pas croire qu'il y ait de l'indiscrétion et du bavardage en ce que je vous conte de ses habits, car ils jouent un grand rôle dans cette histoire. Il s'asseyait sur un banc de pierre qui est sous le grand peuplier de la place, et il nous tenait tous la bouche ouverte, au récit des exploits qu'il se mettait à nous raconter.

Il n'y avait pas de pays sur la terre entière qu'il n'eût vu, pas de bataille où il ne se fût trouvé. Il avait tué plus de Mores, à ce qu'il disait, que n'en contiennent Maroc et Tunis, et livré plus de combats singuliers que Gante y Luna, plus que Diégo Garcia de Parédès, plus que mille autres guerriers qu'il nommait; et de tous ces combats il était sorti victorieux, sans qu'on lui eût tiré une seule goutte de sang. D'un autre côté, il nous montrait des marques de blessures auxquelles personne ne voyait rien, mais qu'il disait être des coups d'arquebuse reçus en diverses rencontres. Finalement, avec une arrogance inouïe, il tutoyait ses égaux et ceux même qui le connaissaient; il disait que son bras était son père, et ses œuvres sa noblesse, et qu'en qualité de soldat il ne devait rien au roi lui-même. Il faut ajouter à ces impertinences qu'il était un peu musicien, et qu'il raclait d'une guitare, de façon qu'aucuns disaient qu'il la faisait parler. Mais ce n'est pas encore la fin de ses mérites : il était poëte par-dessus le marché, et de chaque enfantillage qui se passait au pays, il composait une complainte qui avait une lieue et demie d'écriture. Enfin donc, ce soldat que je viens de vous dépeindre, ce Vincent de la Roca, ce brave, ce galant, ce musicien, ce poëte, fut maintes fois aperçu et regardé par Léandra, d'une fenêtre de sa maison qui donnait sur la place. Voilà que les oripeaux de ses riches uniformes la séduisent, que ses complaintes l'enchantent, et qu'elle donne pleine croyance aux prouesses qu'il rapportait de lui-même. Finalement, puisque le diable, sans doute, l'ordonnait de la sorte, elle s'amouracha de lui avant qu'il eût seulement senti naître la présomptueuse envie de la courtiser. Et comme, dans les affaires d'amour, il n'en est point qui s'arrange plus facilement que celle où provoque le désir de la dame, Léandra et Vincent se mirent bientôt d'accord. Avant qu'aucun des nombreux prétendants de la belle pût avoir vent de son projet, il était déjà réalisé; elle avait quitté la maison de son cher et bien-aimé père (sa mère n'existe plus), et s'était enfuie du village avec le soldat, qui sortit plus triomphant de cette entreprise que de toutes celles dont il s'appliquait la gloire.

 L'événement surprit tout le village, et même tous ceux qui en eurent ailleurs connaissance. Je restai stupéfait, Anselme confondu, le père triste, les parents outragés, la justice éveillée, et les archers en campagne. On battit les chemins, on fouilla les bois; et enfin, au bout de trois jours, on trouva la capricieuse Léandra dans le fond d'une caverne de la montagne, nue en chemise, et dépouillée de la somme d'argent et des précieux bijoux qu'elle avait emportés de chez elle. On la ramena devant son déplorable père, et là elle fut interrogée sur sa disgrâce. Elle avoua sans contrainte que Vincent de la Roca l'avait trompée; que, sous le serment d'être son mari, il lui avait persuadé d'abandonner la maison de son père, lui promettant de la conduire à la plus riche et à la plus délicieuse ville de tout l'univers, qui est Naples; qu'elle alors, imprudente et séduite, crut à ses paroles, et qu'après avoir volé son père, elle se livra au pouvoir du soldat la nuit même où elle avait disparu; que celui-ci la mena au plus âpre de la montagne, et qu'il l'enferma où on l'avait trouvée. Elle conta alors comment le soldat, sans lui ôter

ENFIN, AU BOUT DE TROIS JOURS ON TROUVA LA CAPRICIEUSE LÉANDRA DANS LE FOND D'UNE CAVERNE. — T. I, CH. LI

l'honneur, l'avait dépouillée de tout ce qu'elle possédait, et, la laissant dans la caverne, avait disparu : événement qui redoubla la surprise de tout le monde.

Certes, seigneurs, il n'était pas facile de croire à la continence du jeune homme; mais elle affirma et jura si solennellement qu'il ne s'était livré à nulle violence, que cela suffit pour consoler le désolé père, lequel ne regretta plus les richesses qu'on lui emportait, puisqu'on avait laissé à sa fille le bijou qui, une fois perdu, ne se retrouve jamais. Le même jour que Léandra fut ramenée, son père la fit disparaître à tous les regards; il alla l'enfermer dans un couvent d'une ville qui est près d'ici, espérant que le temps affaiblirait la mauvaise opinion que sa fille avait fait naître sur son compte. La jeunesse de Léandra servit d'excuse à sa faute, du moins aux yeux des gens qui n'ont nul intérêt à la trouver bonne ou mauvaise; pour ceux qui connaissaient son esprit et son intelligence éveillée, ils n'attribuèrent point son péché à l'ignorance, mais à sa légèreté et à l'inclination naturelle des femmes, qui est, la plupart du temps, au rebours de la sagesse et du bon sens.

Léandra une fois enfermée, les yeux d'Anselme devinrent aveugles, ou du moins n'eurent plus rien à voir qui leur causât du plaisir. Les miens restèrent aussi dans les ténèbres, sans aucune lumière qui leur montrât quelque chose d'agréable. En l'absence de Léandra, notre tristesse s'augmentait à mesure que s'épuisait notre patience; nous maudissions les parures du soldat, nous détestions l'imprudence et l'aveuglement du père. Finalement, Anselme et moi nous tombâmes d'accord de quitter le village et de nous en venir à ce vallon. Il y fait paître une grande quantité de moutons qui sont à lui, et moi, un nombreux troupeau de chèvres qui m'appartient également, et nous passons la vie au milieu de ces arbres, tantôt donnant carrière à notre amoureuse passion, tantôt chantant ensemble les louanges ou le blâme de la belle Léandra, tantôt soupirant dans la solitude, et confiant nos plaintes au ciel insensible.

A notre imitation, beaucoup d'autres amants de Léandra sont venus se réfugier en ces âpres montagnes, et s'y adonner au même exercice que nous; ils sont tellement nombreux, qu'on dirait que cet endroit est devenu la pastorale Arcadie¹, tant il est rempli de bergers et d'étables, et nulle part on ne cesse d'y entendre le nom de la belle Léandra. Celui-ci la charge de malédictions, l'appelle capricieuse, légère, évaporée; celui-là lui reproche sa coupable facilité; tel l'absout et lui pardonne; tel la blâme et la condamne; l'un célèbre sa beauté, l'autre maudit son humeur; en un mot, tous la flétrissent de leurs injures et tous l'adorent, et leur folie s'étend si loin, que tel se plaint de ses dédains, sans lui avoir jamais parlé, et tel autre se lamente en éprouvant la poignante rage de la jalousie, sans que jamais elle en eût donné à personne, puisque son péché, comme je l'ai dit, fut connu avant son désir de le commettre. Il n'y a pas une grotte, pas un trou de rocher, pas un bord de ruisseau, pas une ombre d'arbre, où l'on ne trouve quelque berger qui raconte aux vents ses infortunes. L'écho, partout où il se forme, redit le nom de Léandra; Léandra, répètent les montagnes; Léandra, mur-

murent les ruisseaux², et Léandra nous tient tous indécis, tous enchantés, tous espérant sans espérance, et craignant sans savoir ce que nous avons à craindre. Parmi tous ces hommes en démence, celui qui montre à la fois le plus et le moins de jugement, c'est mon rival Anselme : ayant à se plaindre de tant de choses, il ne se plaint que de l'absence ; et, au son d'une viole dont il joue à ravir, en des vers où se déploient les grâces de son esprit, il se plaint en chantant. Moi, je suis un chemin plus commode et plus sage, à mon avis : celui de médire hautement de la légèreté des femmes, de leur inconstance, de leur duplicité, de leurs promesses trompeuses, de leur foi violée, enfin du peu de goût et de tact qu'elles montrent en plaçant leurs pensées et leurs affections. Voilà, seigneurs, à quels propos me sont venues à la bouche les paroles que j'ai dites, en arrivant, à cette chèvre, qu'en sa qualité de femelle j'estime peu, bien que ce soit la meilleure de tout mon troupeau. Voilà l'histoire que j'ai promis de vous raconter. Si j'ai été trop long à la dire, je ne serai pas court à vous offrir mes services. Ici près est ma bergerie ; j'y ai du lait frais, du fromage exquis et des fruits divers non moins agréables à la vue que savoureux au goût³.

tu m'avais donné la meilleure île que la mer entoure de ses flots! ô toi, humble avec les superbes et arrogant avec les humbles, affronteur de périls, endureur d'outrages, amoureux sans objet, imitateur des bons, fléau des méchants, ennemi des pervers, enfin, chevalier errant, ce qui est tout ce qu'on peut dire!... »

Aux cris et aux gémissements de Sancho, don Quichotte rouvrit les yeux, et la première parole qu'il prononça fut celle-ci :

« Celui qui vit loin de vous, dulcissime Dulcinée, est sujet à de plus grandes misères. Aide-moi, ami Sancho, à me remettre sur le char enchanté; je ne suis pas en état d'étreindre la selle de Rossinante, car j'ai cette épaule en morceaux.

— C'est ce que je ferai bien volontiers, mon cher seigneur, répondit Sancho; et retournons à notre village, en compagnie de ces messieurs, qui veulent votre bien; là, nous nous préparerons à faire une troisième sortie qui nous donne plus de profit et de réputation.

— Tu parles d'or, Sancho, répliqua don Quichotte : ce sera grande prudence à nous de laisser passer la méchante influence des étoiles qui court en ce moment. »

Le chanoine, le curé et le barbier lui répétèrent à l'envi qu'il ferait très-sagement d'exécuter ce qu'il disait. Quand ils se furent amusés des simplicités de Sancho, ils placèrent don Quichotte sur la charrette, comme il y était auparavant. La procession se remit en ordre, et poursuivit sa marche à l'ermitage; le chevrier prit congé de tout le monde; les archers ne voulurent pas aller plus loin, et le curé leur paya ce qui leur était dû; le chanoine pria le curé de lui faire savoir ce qui arriverait de don Quichotte, s'il guérissait de sa folie, ou s'il y persistait, et, quand il en eut reçu la promesse, il demanda la permission de continuer son voyage. Enfin, toute la troupe se divisa, et chacun s'en alla de son côté, laissant seuls le curé et le barbier, don Quichotte et Sancho Panza, ainsi que le bon Rossinante, qui gardait, à tout ce qu'il voyait faire, la même patience que son maître. Le bouvier attela ses bœufs, arrangea don Quichotte sur une botte de foin, et suivit avec son flegme accoutumé la route que le curé désigna.

Au bout de six jours, ils arrivèrent au village de don Quichotte. C'était au beau milieu de la journée, qui se trouva justement un dimanche, et tous les habitants étaient réunis sur la place que devait traverser la charrette de don Quichotte. Ils accoururent pour voir ce qu'elle renfermait, et, quand ils reconnurent leur compatriote, ils furent étrangement surpris. Un petit garçon courut à toutes jambes porter cette nouvelle à la gouvernante et à la nièce. Il leur dit que leur oncle et seigneur arrivait, maigre, jaune, exténué, étendu sur un tas de foin, dans une charrette à bœufs. Ce fut une pitié d'entendre les cris que jetèrent les deux bonnes dames, les soufflets qu'elles se donnèrent, et les malédictions qu'elles lancèrent de nouveau sur tous ces maudits livres de chevalerie, désespoir qui redoubla quand elles virent entrer don Quichotte par les portes de sa maison.

A la nouvelle du retour de don Quichotte, la femme de Sancho Panza

Pagination incorrecte — date incorrecte

NF Z 43-120-12

murent les ruisseaux², et Léandra nous tient tous indécis, tous enchantés, tous espérant sans espérance, et craignant sans savoir ce que nous avons à craindre. Parmi tous ces hommes en démence, celui qui montre à la fois le plus et le moins de jugement, c'est mon rival Anselme : ayant à se plaindre de tant de choses, il ne se plaint que de l'absence ; et, au son d'une viole dont il joue à ravir, en des vers où se déploient les grâces de son esprit, il se plaint en chantant. Moi, je suis un chemin plus commode et plus sage, à mon avis : celui de médire hautement de la légèreté des femmes, de leur inconstance, de leur duplicité, de leurs promesses trompeuses, de leur foi violée, enfin du peu de goût et de tact qu'elles montrent en plaçant leurs pensées et leurs affections. Voilà, seigneurs, à quels propos me sont venues à la bouche les paroles que j'ai dites, en arrivant, à cette chèvre, qu'en sa qualité de femelle j'estime peu, bien que ce soit la meilleure de tout mon troupeau. Voilà l'histoire que j'ai promis de vous raconter. Si j'ai été trop long à la dire, je ne serai pas court à vous offrir mes services. Ici près est ma bergerie ; j'y ai du lait frais, du fromage exquis et des fruits divers non moins agréables à la vue que savoureux au goût³.

tu m'avais donné la meilleure île que la mer entoure de ses flots! ô toi, humble avec les superbes et arrogant avec les humbles, affronteur de périls, endureur d'outrages, amoureux sans objet, imitateur des bons, fléau des méchants, ennemi des pervers, enfin, chevalier errant, ce qui est tout ce qu'on peut dire!... »

Aux cris et aux gémissements de Sancho, don Quichotte rouvrit les yeux, et la première parole qu'il prononça fut celle-ci :

« Celui qui vit loin de vous, dulcissime Dulcinée, est sujet à de plus grandes misères. Aide-moi, ami Sancho, à me remettre sur le char enchanté; je ne suis pas en état d'étreindre la selle de Rossinante, car j'ai cette épaule en morceaux.

— C'est ce que je ferai bien volontiers, mon cher seigneur, répondit Sancho; et retournons à notre village, en compagnie de ces messieurs, qui veulent votre bien; là, nous nous préparerons à faire une troisième sortie qui nous donne plus de profit et de réputation.

— Tu parles d'or, Sancho, répliqua don Quichotte : ce sera grande prudence à nous de laisser passer la méchante influence des étoiles qui court en ce moment. »

Le chanoine, le curé et le barbier lui répétèrent à l'envi qu'il ferait très-sagement d'exécuter ce qu'il disait. Quand ils se furent amusés des simplicités de Sancho, ils placèrent don Quichotte sur la charrette, comme il y était auparavant. La procession se remit en ordre, et poursuivit sa marche à l'ermitage; le chevrier prit congé de tout le monde; les archers ne voulurent pas aller plus loin, et le curé leur paya ce qui leur était dû; le chanoine pria le curé de lui faire savoir ce qui arriverait de don Quichotte, s'il guérissait de sa folie, ou s'il y persistait, et, quand il en eut reçu la promesse, il demanda la permission de continuer son voyage. Enfin, toute la troupe se divisa, et chacun s'en alla de son côté, laissant seuls le curé et le barbier, don Quichotte et Sancho Panza, ainsi que le bon Rossinante, qui gardait, à tout ce qu'il voyait faire, la même patience que son maître. Le bouvier attela ses bœufs, arrangea don Quichotte sur une botte de foin, et suivit avec son flegme accoutumé la route que le curé désigna.

Au bout de six jours, ils arrivèrent au village de don Quichotte. C'était au beau milieu de la journée, qui se trouva justement un dimanche, et tous les habitants étaient réunis sur la place que devait traverser la charrette de don Quichotte. Ils accoururent pour voir ce qu'elle renfermait, et, quand ils reconnurent leur compatriote, ils furent étrangement surpris. Un petit garçon courut à toutes jambes porter cette nouvelle à la gouvernante et à la nièce. Il leur dit que leur oncle et seigneur arrivait, maigre, jaune, exténué, étendu sur un tas de foin, dans une charrette à bœufs. Ce fut une pitié d'entendre les cris que jetèrent les deux bonnes dames, les soufflets qu'elles se donnèrent, et les malédictions qu'elles lancèrent de nouveau sur tous ces maudits livres de chevalerie, désespoir qui redoubla quand elles virent entrer don Quichotte par les portes de sa maison.

A la nouvelle du retour de don Quichotte, la femme de Sancho Panza accourut bien vite, car elle savait que son mari était parti pour lui servir d'écuyer. Dès qu'elle vit Sancho, la première question qu'elle lui fit, ce fut si l'âne se portait bien. Sancho répondit que l'âne était mieux portant que le maître.

« Grâces soient rendues à Dieu, s'écria-t-elle, qui m'a fait une si grande faveur ! Mais maintenant, ami, contez-moi quelle bonne fortune vous avez tirée de vos fonctions écuyères ; quelle jupe à la savoyarde m'apportez-vous ? et quels souliers mignons à vos enfants ?

— Je n'apporte rien de tout cela, femme, répondit Sancho ; mais j'apporte d'autres choses de plus de poids et de considération.

— J'en suis toute ravie, répliqua la femme ; montrez-moi vite, cher ami, ces choses de plus de considération et de poids ; je les veux voir pour qu'elles réjouissent ce pauvre cœur, qui est resté si triste et si inconsolable tous les siècles de votre absence.

— Vous les verrez à la maison, femme, reprit Panza, et quant à présent, soyez contente : car, si Dieu permet que nous nous mettions une autre fois en voyage pour chercher des aventures, vous me verrez bientôt revenir comte, ou gouverneur d'une île, et non de la première venue, mais de la meilleure qui se puisse rencontrer.

— Que le ciel y consente, mari, répondit la femme, car nous en avons grand besoin. Mais, dites-moi, qu'est-ce que c'est que ça, des îles ? Je n'y entends rien.

— Le miel n'est pas pour la bouche de l'âne, répliqua Sancho ; au temps venu, tu le verras, femme, et même tu seras bien étonnée de t'entendre appeler *Votre Seigneurie* par tous tes vassaux.

— Que dites-vous là, Sancho, de vassaux, d'îles et de seigneuries ? reprit Juana Panza (ainsi s'appelait la femme de Sancho, non qu'ils fussent parents, mais parce qu'il est d'usage dans la Manche que les femmes prennent le nom de leurs maris[a]).

— Ne te presse pas tant, Juana, de savoir tout cela d'un seul coup. Il suffit que je te dise la vérité, et bouche close. Seulement je veux bien te dire, comme en passant, qu'il n'y a rien pour un homme de plus délectable au monde que d'être l'honnête écuyer d'un chevalier errant chercheur d'aventures. Il est bien vrai que la plupart de celles qu'on trouve ne tournent pas si plaisamment que l'homme voudrait ; car, sur un cent que l'on rencontre en chemin, il y en a régulièrement quatre-vingt-dix-neuf qui tournent tout de travers. Je le sais par expérience, puisque, de quelques-unes, je me suis tiré berné, et d'autres moulu ; mais, avec tout cela, c'est une jolie chose que d'attendre les aventures, en traversant les montagnes, en fouillant les forêts, en grimpant sur les rochers, en visitant les châteaux, en s'hébergeant dans les hôtelleries, à discrétion, sans payer un maravédi d'écot, pas seulement l'aumône du diable. »

Pendant que ces entretiens occupaient Sancho Panza et Juana Panza sa femme, la gouvernante et la nièce de don Quichotte reçurent le chevalier, le déshabillèrent et l'étendirent dans son antique lit à ramages. Il les regardait avec des yeux hagards, et ne pouvait parvenir à se reconnaître. Le curé chargea la nièce d'avoir grand soin de choyer son oncle; et, lui recommandant d'être sur le qui-vive, de peur qu'il ne leur échappât une autre fois, il lui conta tout ce qu'il avait fallu faire pour le ramener à la maison. Ce fut alors une nouvelle scène. Les deux femmes se remirent à jeter les hauts cris, à répéter leurs malédictions contre les livres de chevalerie, à prier le ciel de confondre au fond de l'abîme les auteurs de tant de mensonges et d'impertinences. Finalement, elles demeurèrent fort inquiètes et fort troublées par la crainte de se voir encore privées de leur oncle et seigneur dès que sa santé serait un peu rétablie; et c'est ce qui arriva justement comme elles l'avaient imaginé.

Mais l'auteur de cette histoire, malgré toute la diligence qu'il a mise à rechercher curieusement les exploits que fit don Quichotte à sa troisième sortie, n'a pu en trouver nulle part le moindre vestige, du moins en des écritures authentiques. Seulement la renommée a conservé dans la mémoire des habitants de la Manche une tradition qui rapporte que, la troisième fois qu'il quitta sa maison, don Quichotte se rendit à Saragosse, où il assista aux fêtes d'un célèbre tournoi qui eut lieu dans cette ville[4], et qu'il lui arriva, en cette occasion, des choses dignes de sa haute valeur et de sa parfaite intelligence. Quant à la manière dont il termina sa vie, l'historien n'en put rien découvrir, et jamais il n'en aurait rien su, si le plus heureux hasard ne lui eût fait rencontrer un vieux médecin qui avait en son pouvoir une caisse de plomb, trouvée, à ce qu'il disait, sous les fondations d'un antique ermitage qu'on abattait pour le rebâtir[5]. Dans cette caisse on avait trouvé quelques parchemins écrits en lettres gothiques, mais en vers castillans, qui rapportaient plusieurs des prouesses de notre chevalier, qui rendaient témoignage de la beauté de Dulcinée du Toboso, de la tournure de Rossinante, de la fidélité de Sancho Panza, et qui faisaient connaître la sépulture de don Quichotte lui-même, avec diverses épitaphes et plusieurs éloges de sa vie et de ses mœurs. Les vers qu'on put lire et mettre au net sont ceux que rapporte ici le véridique auteur de cette nouvelle et surprenante histoire. Cet auteur ne demande à ceux qui la liront, en dédommagement de l'immense travail qu'il lui a fallu prendre pour compulser toutes les archives de la Manche avant de la livrer au grand jour de la publicité, rien de plus que de lui accorder autant de crédit que les gens d'esprit en accordent d'habitude aux livres de chevalerie, qui circulent dans ce monde avec tant de faveur. Moyennant ce prix, il se tiendra pour dûment payé et satisfait, tellement qu'il s'enhardira à chercher et à publier d'autres histoires, sinon aussi véritables, au moins d'égale invention et d'aussi gracieux passe-temps[6].

Voici les premières paroles écrites en tête du parchemin qui se trouva dans la caisse de plomb[7] :

LES ACADÉMICIENS D'ARGAMASILLA[8], BOURG DE LA MANCHE,
SUR LA VIE ET LA MORT DU VALEUREUX DON QUICHOTTE DE LA MANCHE,
HOC SCRIPSERUNT.

LE MONICONGO*, ACADÉMICIEN D'ARGAMASILLA, SUR LA SÉPULTURE
DE DON QUICHOTTE.

ÉPITAPHE.

« Le cerveau brûlé qui para la Manche de plus de dépouilles que Jason de Crète ; le jugement qui eut la girouette pointue, quand elle aurait mieux fait d'être plate ;

« Le bras qui étendit sa force tellement au loin, qu'il atteignit du Catay à Gaëte ; la muse la plus effroyable et la plus discrète qui grava jamais des vers sur une table d'airain ;

« Celui qui laissa les Amadis à l'arrière-garde, et se soucia fort peu des Galaors, appuyé sur les étriers de l'amour et de la valeur ;

« Celui qui fit taire tous les Bélianis ; qui, sur Rossinante, erra à l'aventure, celui-là gît sous cette froide pierre. »

LE PANIAGUADO[10] ACADÉMICIEN D'ARGAMASILLA, IN LAUDEM DULCINEÆ DU TOBOSO.

SONNET.

« Celle que vous voyez au visage hommasse, aux fortes épaules, à la posture fière, c'est Dulcinée, reine du Toboso, dont le grand don Quichotte fut épris.

« Pour elle, il foula l'un et l'autre flanc de la grande Montagne Noire, et la fameuse campagne de Montiel, jusqu'à la plaine herbue d'Aranjuez, à pied et fatigué,

« Par la faute de Rossinante. Oh ! quelle étoile influa sur cette dame manchoise et cet invincible chevalier errant ! Dans ses jeunes années,

« Elle cessa en mourant d'être belle, et lui, bien qu'il reste gravé sur le marbre, il ne put échapper à l'amour, aux ressentiments, aux fourberies. »

LE CAPRICHOSO[11], TRÈS-SPIRITUEL ACADÉMICIEN D'ARGAMASILLA,
A LA LOUANGE DE ROSSINANTE, CHEVAL DE DON QUICHOTTE DE LA MANCHE.

SONNET.

« Sur le superbe tronc diamanté que Mars foule de ses pieds sanglants, le frénétique Manchois arbore son étendard avec une vaillance inouïe.

LE SEUL SANCHO PANZA SE DÉSESPÉRAIT. — T. I, CH. LII.

CHAPITRE LII.

DU DÉMÊLÉ QU'EUT DON QUICHOTTE AVEC LE CHEVRIER, ET DE LA SURPRENANTE AVENTURE DES PÉNITENTS BLANCS, QU'IL TERMINA GLORIEUSEMENT À LA SUEUR DE SON FRONT.

L'histoire du chevrier fit grand plaisir à ceux qui l'avaient entendue. Le chanoine surtout en parut ravi. Il avait curieusement remarqué la manière dont s'était exprimé le conteur, beaucoup plus loin de paraître en son récit un rustique chevrier, que près de s'y montrer un élégant homme de cour. Aussi s'écria-t-il que le curé avait dit à bon droit que les bois et les montagnes nourrissent aussi des gens lettrés. Tout le monde fit compliment à Eugène. Mais celui qui se montra le plus libéral en offres de service, ce fut don Quichotte :

« Certes, lui dit-il, frère chevrier, si je me trouvais en position de pouvoir entreprendre quelque aventure, je me mettrais bien vite à l'œuvre pour vous en donner une bonne. J'irais tirer du couvent (où sans doute elle est contre son gré) votre belle Léandra, en dépit de l'abbesse et de tous ceux qui voudraient s'y opposer; puis je la remettrais en vos mains, pour que vous fissiez d'elle tout ce qui vous semblerait bon, en gardant toutefois les lois de la chevalerie, qui ordonnent qu'à aucune damoiselle il ne soit fait aucune violence. Mais j'espère, avec l'aide de Dieu notre Seigneur, que la force d'un enchanteur malicieux ne prévaudra pas toujours contre celle d'un autre enchanteur mieux intentionné. Je vous promets pour lors ma faveur et mon appui, comme l'exige ma profession, qui n'est autre que de prêter secours aux nécessiteux et aux abandonnés. »

Le chevrier regarda don Quichotte, et, comme il le vit de si pauvre pelage et de si triste carrure, il se tourna, tout surpris, vers le barbier, qui était à son côté :

« Seigneur, lui dit-il, quel est cet homme qui a une si étrange mine et qui parle d'une si étrange façon?

— Qui pourrait-ce être, répondit le barbier, sinon le fameux don Quichotte de la Manche, le défaiseur de griefs, le redresseur de torts, le soutien des damoiselles, l'effroi des géants et le vainqueur des batailles?

— Cela ressemble fort, repartit le chevrier, à ce qu'on lit dans les livres des chevaliers errants, qui faisaient, ma foi, tout ce que vous me dites que fait celui-ci;

mais cependant je m'imagine, à part moi, ou que Votre Grâce s'amuse et raille, ou que ce galant homme a des chambres vides dans la tête.

— Vous êtes un grandissime faquin! s'écria don Quichotte : c'est vous qui êtes le vide et le timbré; et j'ai la tête plus pleine que ne le fut jamais le ventre de la carogne qui vous a mis au monde. »

Puis, sans plus de façon, il sauta sur un pain qui se trouvait auprès de lui, et le lança au visage du chevrier avec tant de furie, qu'il lui aplatit le nez sous le coup. Le chevrier, qui n'entendait rien à la plaisanterie, voyant avec quel sérieux on le maltraitait, sans respecter ni le tapis, ni la nappe, ni tous ceux qui dînaient alentour, se jeta sur don Quichotte, et le saisit à la gorge avec les deux mains. Il l'étranglait, sans aucun doute, si Sancho Panza, arrivant sur ces entrefaites, n'eût pris le chevrier par les épaules et ne l'eût jeté à la renverse sur la table, cassant les assiettes, brisant les verres, et bouleversant tout ce qui s'y trouvait. Don Quichotte, se voyant libre, accourut grimper sur l'estomac du chevrier, qui, le visage plein de sang, et moulu de coups par Sancho, cherchait à tâtons un couteau sur la table pour tirer quelque sanglante vengeance. Mais le chanoine et le curé l'en empêchèrent. Pour le barbier, il fit en sorte que le chevrier mit à son tour sous lui don Quichotte, sur lequel il fit pleuvoir un tel déluge de coups de poing, que le visage du pauvre chevalier n'était pas moins baigné de sang que le sien. Le chanoine et le curé riaient à se tenir les côtes, les archers dansaient de joie, et les uns comme les autres criaient *xi*, *xi*, comme on fait aux chiens qui se battent[1]. Le seul Sancho Panza se désespérait, parce qu'il ne pouvait se débarrasser d'un valet du chanoine qui l'empêchait d'aller secourir son maître.

Enfin, pendant qu'ils étaient tous dans ces ravissements de joie, hormis les deux athlètes qui se gourmaient, ils entendirent tout à coup le son d'une trompette, si triste et si lugubre, qu'il leur fit tourner la tête du côté d'où venait le bruit. Mais celui qui s'émut le plus en l'entendant, ce fut don Quichotte, lequel, bien qu'il fût encore gisant sous le chevrier, fort contre son gré et plus qu'à demi moulu, lui dit aussitôt :

« Frère démon, car il n'est pas possible que tu sois autre chose, puisque tu as eu assez de forces pour dompter les miennes, je t'en prie, faisons trêve, seulement pour une heure; il me semble que le son douloureux de cette trompette qui vient de frapper mes oreilles m'appelle à quelque aventure. »

Le chevrier, qui se lassait de battre et d'être battu, le lâcha bien vite, et don Quichotte, se remettant sur pied, tourna les yeux vers l'endroit où le bruit s'entendait. Il vit descendre sur la pente d'une colline un grand nombre d'hommes vêtus de robes blanches à la manière des pénitents[2]. Le cas est que, cette année, les nuages avaient refusé leur rosée à la terre, et dans tous les villages de la banlieue on faisait des processions et des rogations, pour demander à Dieu qu'il ouvrît les mains de sa miséricorde et les trésors de ses pluies. Dans cet objet, les habitants d'un hameau voisin venaient en procession à un saint ermitage qu'il y avait au sommet de l'un des coteaux de ce vallon.

AUX CRIS ET AUX GÉMISSEMENTS DE SANCHO, DON QUICHOTTE OUVRIT LES YEUX. — T. I, CH. LII.

Don Quichotte, qui vit les étranges costumes des pénitents, sans se rappeler les mille et une fois qu'il devait en avoir vu de semblables, s'imagina que c'était matière d'aventure, et qu'à lui seul, comme chevalier errant, il appartenait de l'entreprendre. Ce qui le confirma dans cette rêverie, ce fut de penser qu'une sainte image qu'on portait couverte de deuil était quelque haute et puissante dame qu'emmenaient par force ces félons discourtois. Dès que cette idée lui fut tombée dans l'esprit, il courut à toutes jambes rattraper Rossinante, qui était à paître, et, détachant de l'arçon le mors et la rondache, il le brida en un clin d'œil; puis, ayant demandé son épée à Sancho, il sauta sur Rossinante, embrassa son écu, et dit d'une voix haute à tous ceux qui le regardaient faire :

« A présent, vaillante compagnie, vous allez voir combien il importe qu'il y ait dans le monde des chevaliers professant l'ordre de la chevalerie errante; à présent, dis-je, vous allez voir, par la délivrance de cette bonne dame que l'on emmène captive, si l'on doit faire estime des chevaliers errants. »

En disant ces mots, il serra les genoux aux flancs de Rossinante, puisqu'il n'avait pas d'éperons, et prenant le grand trot (car, pour le galop, on ne voit pas, dans tout le cours de cette véridique histoire, que Rossinante l'ait pris une seule fois), il marcha à la rencontre des pénitents. Le curé, le chanoine, le barbier essayèrent bien de le retenir, mais ce fut en vain. Il ne s'arrêtait pas davantage à la voix de Sancho, qui lui criait de toutes ses forces :

« Où allez-vous, seigneur don Quichotte? Quels diables avez-vous donc dans le corps, qui vous excitent à vous révolter contre notre foi catholique? Prenez garde, malheur à moi! que c'est une procession de pénitents, et que cette dame qu'on porte sur un piédestal est la très-sainte image de la Vierge sans tache. Voyez, seigneur, ce que vous allez faire; car, pour cette fois, on peut bien dire que vous n'en savez rien. »

Sancho se fatiguait vainement; son maître s'était si bien mis dans la tête d'aborder les blancs fantômes et de délivrer la dame en deuil, qu'il n'entendit pas une parole, et, l'eût-il entendue, il n'en serait pas davantage retourné sur ses pas, même à l'ordre du roi. Il atteignit donc la procession, retint Rossinante, qui avait déjà grand désir de se calmer un peu, et, d'une voix rauque et tremblante, il s'écria :

« O vous qui, peut-être à cause de vos méfaits, vous couvrez le visage, faites halte, et écoutez ce que je veux vous dire. »

Les premiers qui s'arrêtèrent furent ceux qui portaient l'image, et l'un des quatre prêtres qui chantaient les litanies, voyant la mine étrange de don Quichotte, la maigreur de Rossinante, et tant d'autres circonstances risibles qu'il découvrit dans le chevalier, lui répondit :

« Seigneur frère, si vous voulez nous dire quelque chose, dites-le vite, car ces pauvres gens ont les épaules rompues, et nous ne pouvons nous arrêter pour rien entendre, à moins que ce ne soit si court qu'on puisse le dire en deux paroles.

— En une seule je le dirai, répliqua don Quichotte, et la voici : rendez à l'instant même la liberté à cette aimable dame, dont les larmes et le triste aspect font clairement connaître que vous l'emmenez contre son gré, et que vous lui avez fait quelque notable outrage. Et moi, qui suis venu au monde pour redresser de semblables torts, je ne souffrirai pas que vous fassiez un pas de plus, avant de lui avoir rendu la liberté qu'elle désire et mérite. »

À ces propos, tous ceux qui les entendirent conçurent l'idée que don Quichotte devait être quelque fou échappé, et commencèrent à rire aux éclats. Mais ces rires mirent le feu à la colère de don Quichotte, lequel, sans dire un mot, tira son épée, et assaillit le brancard de la Vierge. Un de ceux qui le portaient, laissant la charge à ses compagnons, vint à la rencontre de don Quichotte, tenant à deux mains une fourche qui servait à soutenir le brancard dans les temps de repos. Il reçut sur le manche un grand coup de taille que lui porta don Quichotte et qui trancha la fourche en deux; mais avec le tronçon qui lui restait dans la main, il assena un tel coup à don Quichotte sur l'épaule du côté de l'épée, côté que la rondache ne pouvait couvrir contre la force du manant, que le pauvre gentilhomme roula par terre en fort mauvais état.

Sancho Panza, qui, tout haletant, lui courait sur les talons, le voyant tomber, cria à l'assommeur de ne pas relever son gourdin, parce que c'était un pauvre chevalier enchanté qui n'avait fait de mal à personne en tous les jours de sa vie. Mais ce qui retint la main du manant, ce ne furent pas les cris de Sancho; ce fut de voir que don Quichotte ne remuait plus ni pied ni patte. Croyant donc qu'il l'avait tué, il retroussa le pan de sa robe dans sa ceinture, et se mit à fuir à travers champs aussi vite qu'un daim. En cet instant, tous les gens de la compagnie de don Quichotte accouraient auprès de lui. Mais ceux de la procession, qui les virent approcher en courant, et derrière eux les archers avec leurs arbalètes, craignant quelque méchante affaire, formèrent tous le carré autour de la sainte image. Les chaperons bas, et empoignant, ceux-ci les disciplines, ceux-là les chandeliers, ils attendaient l'assaut, bien résolus à se défendre, et même, s'ils le pouvaient, à prendre l'offensive contre les assaillants. Mais la fortune arrangea mieux les affaires qu'on ne le pensait; car Sancho ne fit autre chose que de se jeter sur le corps de son seigneur, et, le croyant mort, de commencer la plus douloureuse et la plus riante lamentation du monde. Le curé fut reconnu par un de ses confrères qui se trouvait dans la procession, et cette reconnaissance apaisa l'effroi réciproque des deux escadrons. Le premier curé fit en deux mots au second l'histoire de don Quichotte, et aussitôt toute la foule des pénitents accourut pour voir si le pauvre gentilhomme était mort. Ils entendirent que Sancho, les larmes aux yeux, lui parlait ainsi :

« O fleur de la chevalerie, qui as vu trancher d'un seul coup de bâton la carrière de tes ans si bien employés! ô honneur de ton lignage, gloire de la Manche et même du monde entier, lequel, toi lui manquant, va rester plein de malfaiteurs qui ne craindront plus le châtiment de leurs méfaits! ô libéral par-dessus tous les Alexandres, puisque, pour huit mois de service et pas davantage,

« Il suspend les armes et le fin acier avec lequel il taille, il tranche, il éventre, il décapite. Nouvelles prouesses! mais l'art invente un nouveau style pour le nouveau paladin.

« Si la Gaule vante son Amadis, dont les braves descendants firent mille fois triompher la Grèce, et étendirent sa gloire,

« Aujourd'hui, la cour où Bellone préside couronne don Quichotte, et la Manche insigne se glorifie plus de lui que la Grèce et la Gaule.

« Jamais l'oubli ne souillera ses gloires, car Rossinante même excède en gaillardise Brillador et Bayard. »

LE BURLADOR, ACADÉMICIEN ARGAMASILLESQUE, A SANCHO PANZA.

SONNET.

« Voilà Sancho Panza, petit de corps, mais grand en valeur. Miracle étrange! ce fut bien l'écuyer le plus simple et sans artifice que vit le monde, je vous le jure et certifie.

« Il fut à deux doigts d'être comte, et il l'aurait été, si, pour sa ruine, ne se fussent conjurées les impertinences du siècle vaurien, qui ne pardonnent pas même à un âne.

« C'est sur un âne (parlant par respect) que marchait ce doux écuyer, derrière le doux cheval Rossinante et derrière son maître.

« O vaines espérances des humains! vous passez en promettant le repos, et vous vous perdez à la fin en ombre, en fumée, en songe. »

LE CACHIDIABLO, ACADÉMICIEN D'ARGAMASILLA, SUR LA SÉPULTURE DE DON QUICHOTTE.

ÉPITAPHE.

« Ci-gît le chevalier bien moulu et mal errant que porta Rossinante par voies et par chemins.

« Gît également près de lui Sancho Panza le nigaud, écuyer le plus fidèle que vit le métier d'écuyer. »

DU TIQUITOC, ACADÉMICIEN D'ARGAMASILLA, SUR LA SÉPULTURE
DE DULCINÉE DU TOBOSO.

ÉPITAPHE.

« Ici repose Dulcinée, que, bien que fraîche et dodue, la laide et épouvantable mort a changée en poussière et en cendre.

« Elle naquit de chaste race et se donna quelques airs de grande dame; elle fut la flamme du grand don Quichotte, et la gloire de son village. »

Ces vers étaient les seuls qu'on pût lire. Les autres, dont l'écriture était rongée des vers, furent remis à un académicien pour qu'il les expliquât par conjectures. On croit savoir qu'il y est parvenu à force de veilles et de travail, et qu'il a l'intention de publier ces vers, dans l'espoir de la troisième sortie de don Quichotte.

Forse altri canterà con miglior plettro ".

NOTES

DU PREMIER VOLUME.

NOTICE SUR LA VIE ET LES OUVRAGES DE CERVANTÈS.

1. Le grand vizir de Sélim disait plaisamment après la bataille de Lepante : « Nous vous avons coupé un membre, qui est l'île de Chypre; mais vous n'avez fait, en détruisant des vaisseaux si vite reconstruits, que nous couper la barbe; elle a poussé dès le lendemain. »

2. Ce sonnet est de l'espèce appelée *estrambote*, qui a un tercet de plus que l'autre, dix-sept vers au lieu de quatorze. Je vais le citer, mais en avertissant que ma version est détestable. Le dernier trait, froid et presque ridicule en français, fait pâmer d'aise les Espagnols, qui savent tous par cœur l'*estrambote* de Cervantès.

« Vive Dieu! cette grandeur m'épouvante, et je donnerais un doublon pour la décrire. Car, qui ne s'étonne et ne s'émerveille devant tant de pompe, devant ce monument insigne?

« Par la vie de Jésus-Christ! chaque pièce vaut plus d'un million, et c'est une honte que cela ne dure un siècle. O grande Séville! Rome triomphante en courage et en richesses!

« Je gagerais que l'âme du défunt, pour jouir de ce séjour, a laissé aujourd'hui le ciel dont elle jouit éternellement.

« Entendant cela un bravache s'écria : « Rien de plus vrai que ce qu'a dit Votre Grâce, seigneur soldat, et qui « dirait le contraire en a menti. »

« Et tout aussitôt il enfonce son chapeau, cherche la garde de son épée, regarde de travers, s'en va, et il n'y eut rien. »

3. On trouvera des détails sur ces chevaliers dans les notes du chapitre XLIX, Ire partie.

4. Voici quelques passages de cette curieuse pétition :

« .... Nous disons, en outre, qu'est très-notoire le dommage qu'a fait et que fait dans ces royaumes, aux jeunes gens et aux jeunes filles, la lecture des livres de mensonges et de vanités, comme sont *Amadis* et tous les livres du même genre composés depuis celui-là.... Car, comme les jeunes gens et les jeunes filles, par leur oisiveté, s'occupent principalement à cela, ils prennent goût à ces rêveries et aux événements qu'ils lisent être arrivés dans ces livres, aussi bien d'amour que de guerre, et autres vanités; et une fois qu'ils en ont pris le goût, si quelque événement vient à s'offrir, ils s'y jettent à bride abattue, bien plus que s'ils ne l'avaient pas lu. Et bien souvent la mère laisse sa fille enfermée dans la maison, croyant la laisser dans la retraite, et celle-ci reste à lire de semblables livres, si bien qu'il vaudrait mieux que la mère l'eût emmenée avec elle. Et cela ne tourne pas seulement au préjudice et à l'irrévérence des personnes, mais au grand détriment des consciences; car, plus on s'affectionne à ces vanités, plus on s'éloigne de la doctrine sainte, véritable et chrétienne.... Et, pour remède au mal susdit, nous supplions Votre Majesté d'ordonner, sous de graves peines, qu'aucun livre de ceux-là ni d'autres semblables ne se lise ni ne s'imprime, et que ceux qui existent aujourd'hui soient recueillis et brûlés.... car, faisant cela, Votre Majesté fera grand service à Dieu, en ôtant aux gens la lecture de ces livres de vanités, et en les réduisant à lire des livres religieux qui édifient les âmes et réforment les corps, et Votre Majesté fera à ces royaumes grand bien et faveur. »

5. Voici le sens du sonnet de Gongora :

« La reine est accouchée; le luthérien est venu avec six cents hérétiques et autant d'hérésies; nous avons dépensé un million en quinze jours pour lui donner des joyaux, des repas et du vin.

« Nous avons fait une parade, ou une extravagance, et donné des fêtes qui furent des confusions, au légat anglais et aux espions de celui qui jura la paix sur Calvin.

« Nous avons baptisé l'enfant du Seigneur, qui est né pour être celui de l'Espagne, et fait un *sarao* d'enchantements.

« Nous sommes restés pauvres, Luther est devenu riche, et l'on a fait écrire ces beaux exploits à don Quichotte, à Sancho et à son âne. »

6.   Puesto ya el pie en el estribo,
     Con las ansias de la muerte,
     Gran señor, esta te escribo.

PROLOGUE.

1. Ces mots expliquent, à ce que je crois, le véritable sens du titre *l'Ingénieux hidalgo*, titre fort obscur, surtout en espagnol, où le mot *ingenioso* a plusieurs significations. Cervantès a probablement voulu faire entendre que don Quichotte était un personnage de son invention, un fils de son esprit (*ingenio*).

2. Il y a, dans l'original, *padrastro*, le masculin de *marâtre*.

3. Cette coutume, alors générale, était très-suivie en Espagne. Chaque livre débutait par une série d'éloges donnés à son auteur, et, presque toujours, le nombre de ces éloges était en proportion inverse du mérite de l'ouvrage. Ainsi, tandis que l'*Araucana* d'Alonzo de Ercilla n'avait que six pièces de poésie pour recommandations, le *Cancionero* de Lopez Maldonado en avait douze, le poëme des *Amantes de Teruel* de Juan Yagüe, seize, le *Viage Entretenido* d'Agustin de Rojas, vingt-quatre, et les *Rimas* de Lope de Vega, vingt-huit. C'est surtout contre ce dernier que sont dirigées les railleries de Cervantès, dans tout le cours de son prologue.

Au reste, la mode de ces ornements étrangers ne régnait pas moins en France : qu'on ouvre *la Henriade* et *la Loyssée* de Sébastien Garnier (Blois, 1594), ces deux chefs-d'œuvre réimprimés à Paris en 1770, sans doute pour jouer pièce à Voltaire, on n'y trouvera pas moins de vingt-huit morceaux de poésie française et latine, par tous les beaux esprits de la Touraine, entre autres un merveilleux sonnet où l'on compare le premier chantre d'Henri IV à un bastion :

    Muni, pour tout fossé, de profonde science....
    Qui pour marc a Maron, pour terrasse Térence.

4. Cervantès avait cinquante-sept ans et demi lorsqu'il publia la première partie du *Don Quichotte*.

5. Personnage proverbial, comme le Juif errant. Dans le moyen âge, on croyait que c'était un prince chrétien, à la fois roi et prêtre, qui régnait dans la partie orientale du Thibet, sur les confins de la Chine. Ce qui a peut-être donné naissance à cette croyance populaire, c'est qu'il y avait dans les Indes, à la fin du douzième siècle, un petit prince nestorien, dont les États furent engloutis dans l'empire de Gengis-Khan.

6. C'est ce qu'avait fait Lope de Vega dans son poëme *El Isidro*.

7. En effet, ce n'est point Horace, mais l'auteur anonyme des fables appelées *Ésopiques*. (*Canis et Lupus*, lib. III, fabula XIV.)

8. Ces vers ne se trouvent point parmi ceux qu'on appelle *Distiques de Caton*; ils sont d'Ovide. (*Tristes*, elegia VI.)

9. Don Antonio de Guevara, qui écrivit, dans une de ses *Lettres*, la *Notable histoire de trois amoureuses*. « Cette Lamia, dit-il, cette Layda et cette Flora furent les trois plus belles et plus fameuses courtisanes qui aient vécu, celles de qui le plus d'écrivains parlèrent, et pour qui le plus de princes se perdirent. »

10. Rabbin portugais, puis médecin à Venise, où il écrivit, à la fin du quinzième siècle, les *Dialoghi d'amore*. Montaigne dit aussi de cet auteur : « Mon page fait l'amour, et l'entend. Lisez-lui Léon Hébreu.... On parle de lui, de ses pensées, de ses actions; et si, n'y entend rien. » (Livre III, chap. v.)

11. Cet ouvrage est justement le *Peregrino* ou l'*Isidro* de Lope de Vega, terminés l'un et l'autre par une table alphabétique des auteurs cités, et qui contient, dans le dernier de ces poëmes, jusqu'à cent cinquante-cinq noms. Un autre Espagnol, don José Pellicer de Salas, fit bien mieux encore dans la suite. Son livre, intitulé *Lecciones solemnes á las obras de Don Luis de Gongora* (1630), est précédé d'un *index* des écrivains cités par lui, qui contient, par ordre alphabétique, et divisés en 74 classes, 2165 articles.

LIVRE PREMIER.

CHAPITRE I.

1. Il y a dans le texte *duelos y quebrantos*, littéralement *des deuils et des brisures*. Les traducteurs, ne comprenant point ces mots, ont tous mis, les uns après les autres, *des œufs au lard à la manière d'Espagne*. En voici l'explication : il était d'usage, dans les bourgs de la Manche, que, chaque semaine, les bergers vinssent rendre compte à leurs maîtres de l'état de leurs troupeaux. Ils apportaient les pièces de bétail qui étaient mortes dans l'intervalle, et dont la chair désossée était employée en salaisons. Des abatis et des os brisés se faisait le pot-au-feu les samedis, car c'était alors la seule viande dont l'usage fût permis ce jour-là, par dispense, dans le royaume de Castille, depuis la bataille de Las Navas (1212). On conçoit comment, de son origine et de sa forme, ce mets avait pris le nom de *duelos y quebrantos*.

2. Voici le titre littéral de ces livres : *La Chronique des très-vaillants chevaliers don Florisel de Niquéa, et le vigoureux Anaxartes..., corrigée du style antique, selon que l'écrivit Zirphéa, reine d'Argines, par le noble chevalier Feliciano de Silva. — Saragosse,* 1584. Par une rencontre singulière, cette *Chronique* était dédiée à un duc de Bejar, bisaïeul de celui à qui Cervantès dédia son *Don Quichotte*.

3. « Que j'achève par des inventions une histoire si estimée, ce serait une offense. Aussi la laisserai-je en cette partie, donnant licence à quiconque au pouvoir duquel l'autre partie tomberait, de la joindre à celle-ci, car j'ai grand désir de la voir. » (*Bélianis*, livre VI, chap. LXXV.)

4. Gradué à Sigüenza est une ironie. Du temps de Cervantès, on se moquait beaucoup des petites universités et de leurs élèves. Cristoval Suarez de Figueroa, dans son livre intitulé *el Pasagero*, fait dire à un maître d'école : « Pour ce qui est des degrés, tu trouveras bien quelque université champêtre, où ils disent d'une voix unanime : *Accipiamus pecuniam, et mittamus asinum in patriam suam* (Prenons l'argent, et renvoyons l'âne dans son pays). »

5. « O bastard! répliqua Renaud à Roland, qui lui reprochait ses vols, ô fils de méchante femelle! tu mens en tout ce que tu as dit; car voler les païens d'Espagne ce n'est pas voler. Et moi seul, en dépit de quarante mille Mores et plus, je leur ai pris un Mahomet d'or, dont j'avais besoin pour payer mes soldats. » (*Miroir de chevalerie*, partie I, chap. XLVI.)

6. Ou Galalon, l'un des douze pairs de Charlemagne, surnommé *le Traître*, pour avoir livré l'armée chrétienne aux Sarrasins, dans la gorge de Roncevaux.

7. Pietro Gonéla était le bouffon du duc Borso de Ferrare, qui vivait au quinzième siècle. Luigi Domenichi a fait un recueil de ses pasquinades. Un jour, ayant gagé que son cheval, vieux et étique, sauterait plus haut que celui de son maître, il le fit jeter du haut d'un balcon, et gagna le pari. — La citation latine est empruntée à Plaute (*Aulularia*, acte III, scène VI).

8. Ce nom est un composé et un augmentatif de *rocin*, petit cheval, bidet, haridelle. Cervantès a voulu faire, en outre, un jeu de mots. Le cheval qui était rosse auparavant (*rocin-antes*) est devenu la première rosse (*ante-rocin*).

9. *Quixote* signifie cuissard, armure de la cuisse; *quixada*, mâchoire, et *quesada*, tarte au fromage. Cervantès a choisi pour le nom de son héros cette pièce de l'armure, parce que la terminaison *ote* désigne ordinairement en espagnol des choses ridicules.

10. Quelquefois, en recevant la confirmation, on change le nom donné au baptême.

CHAPITRE II.

1. Allusion à un passage d'*Amadis*, lorsque Oriane lui ordonne de ne plus se présenter devant elle. (Livre II, chap. XLIV.)

2. En Espagne, on appelle port, *puerto*, un col, un passage dans les montagnes.

3. Je conserve, faute d'autre, le mot consacré d'hôtellerie; mais il traduit bien mal celui de *venta*. On appelle

ainsi ces misérables auberges isolées qui servent de station entre les bourgs trop éloignés, et dans lesquelles on ne trouve guère d'autre gîte qu'une écurie, d'autres provisions que de l'orge pour les mulets.

4. Vers d'un ancien romance :

> Mis arreos son las armas,
> Mi descanso el pelear.
>
> (Canc. de Rom.)

5. Il y a ici un double jeu de mots : *Castellano* signifie également châtelain et Castillan ; mais Cervantès emploie l'expression de *sano de Castilla*, qui, dans l'argot de prison, signifie un voleur déguisé.

6. C'est la continuation du romance cité par don Quichotte :

> Mi cama las duras peñas,
> Mi dormir siempre velar

CHAPITRE III.

1. L'hôtelier trace ici une espèce de carte géographique des quartiers connus pour être exploités de préférence par les vagabonds et les voleurs.

CHAPITRE IV.

1. Il doit paraître étrange qu'un laboureur porte une lance avec lui. Mais c'était alors l'usage, chez toutes les classes d'Espagnols, d'être armés partout de l'épée ou de la lance et du bouclier, comme aujourd'hui de porter une escopette. Dans le *Dialogue des chiens Scipion et Berganza*, Cervantès fait mention d'un bourgeois de campagne qui allait voir ses brebis dans les champs, *monté sur une jument à l'écuyère, avec la lance et le bouclier, si bien qu'il semblait plutôt un cavalier garde-côte qu'un seigneur de troupeaux.*

CHAPITRE V.

1. Ce *romance*, en trois parties, dont l'auteur est inconnu, se trouve dans le *Cancionero*, imprimé à Anvers en 1555. On y rapporte que Charlot (Carloto), fils de Charlemagne, attira Baudouin dans *le bocage de malheur* (*la foresta sin ventura*), avec le dessein de lui ôter la vie et d'épouser sa veuve. Il lui fit, en effet, vingt-deux blessures mortelles, et le laissa sur la place. Le marquis de Mantoue, son oncle, qui chassait dans les environs, entendit les plaintes du blessé, et le reconnut. Il envoya une ambassade à Paris pour demander justice à l'empereur, et Charlemagne fit décapiter son fils.

2. *Les Neuf de la Renommée* (*los Nueve de la Fama*) sont trois Hébreux, Josué, David et Judas Machabée ; trois gentils, Hector, Alexandre et César ; et trois chrétiens, Arthur, Charlemagne et Godefroi de Bouillon.

3. C'est Alquife, mari d'Urgande la Déconnue, qui écrivit la *Chronique d'Amadis de Grèce*. La nièce de don Quichotte estropie son nom.

CHAPITRE VI.

1. On ne sait pas précisément ni quel fut l'auteur primitif d'*Amadis de Gaule*, ni même en quel pays parut originairement ce livre célèbre. A coup sûr, ce n'est point en Espagne. Les uns disent qu'il venait de Flandre ; d'autres, de France ; d'autres, de Portugal. Cette dernière opinion paraît la plus fondée. On peut croire, jusqu'à preuve contraire, que l'auteur original de l'*Amadis* est le Portugais Vasco de Lobeira, qui vivait, selon Nicolas Antonio, sous le roi Denis (Dionis), à la fin du treizième siècle, et, selon Clemencin, sous le roi Jean Ier, à la fin du quatorzième. Des versions espagnoles circulèrent d'abord par fragments ; sur ces fragments manuscrits se firent les éditions partielles du quinzième siècle, et l'arrangeur Garcia Ordoñez de Montalvo forma, en les compilant, son édition complète de 1525. D'Herberay donna, en 1540, une traduction française de l'*Amadis*, fort goûtée en son temps, mais oubliée depuis l'imitation libre du comte de Tressan, que tout le monde connaît.

2. Ce livre est intitulé : *Le Rameau qui sort des quatre livres d'Amadis de Gaule, appelé les Prouesses du très-vaillant chevalier Esplandian, fils de l'excellent roi Amadis de Gaule*. Alcala, 1588. Son auteur est Garcia Ordoñez de Montalvo, l'éditeur de l'*Amadis*. Il annonce, au commencement, que ces *Prouesses* furent écrites en grec par maître Hélisabad, chirurgien d'Amadis, et qu'il les a traduites. C'est pour cela qu'il donne à son livre le titre étrange de *las Sergas*, mot mal forgé du grec ἔργα. Il voulait dire *las Ergas*.

3. L'histoire d'Amadis de Grèce a pour titre : *Chronique du très-vaillant prince et chevalier de l'Ardente-*

NOTES DU PREMIER VOLUME. 439

Épée Amadis de Grèce, etc., Lisbonne, 1596. L'auteur dit aussi qu'elle fut écrite en grec par le sage Alquife, puis traduite en latin, puis en romance. Nicolas Antonio, dans sa *Bibliothèque espagnole*, t. XI, 394, compte jusqu'à vingt livres de chevalerie écrits sur les aventures des descendants d'Amadis.

4. L'auteur de ces deux ouvrages est Antonio de Torquémada.

5. Ou *Félix-Mars d'Hircanie*, publié par Melchior de Ortéga, chevalier d'Ubéda. Valladolid, 1556.

6. Sa mère Marcelina, femme du prince Florasan de Misia, le mit au jour dans un bois, et le confia à une femme sauvage, appelée Bulsagina, qui, des noms réunis de ses parents, le nomma Florismars, puis Félix-Mars.

7. *Chronique du très-vaillant chevalier Platir, fils de l'empereur Primaléon*, Valladolid, 1533. L'auteur de cet ouvrage est inconnu, comme le sont la plupart de ceux qui ont écrit des livres de chevalerie.

8. *Livre de l'invincible chevalier Lepolemo, et des exploits qu'il fit, s'appelant le chevalier de la Croix*, Tolède, 1562 et 1563. Ce livre a deux parties, dont l'une, au dire de l'auteur, fut écrite en arabe, sur l'ordre du sultan Zuléma, par un More nommé Zarton, et traduite par un captif de Tunis; l'autre en grec, par le roi Artidore.

9. Cet ouvrage est formé de quatre parties : la première, composée par Diego Ordoñez de Calahorra, fut imprimée en 1502, et dédiée à Martin Cortez, fils de Fernand Cortez; la seconde, écrite par Pedro de la Sierra, fut imprimée à Saragosse, en 1586; les deux dernières, composées par le licencié Marcos Martinez, parurent aussi à Saragosse, en 1603.

10. Tout le monde sait que Boyardo est auteur de *Roland amoureux*, et l'Arioste de *Roland furieux*.

11. Ce capitaine est don Geronimo Ximenez de Urrea, qui fit imprimer sa traduction à Lyon, en 1556. Don Diego de Mendoza avait dit de lui : « Et don Geronimo de Urrea n'a-t-il pas gagné renom de noble écrivain et beaucoup d'argent, ce qui importe plus, pour avoir traduit le *Roland furieux*, c'est-à-dire pour avoir mis, où l'auteur disait *cavaglieri*, cavalleros; *arme*, armas; *amori*, amores? De cette façon, j'écrirais plus de livres que n'en fit Mathusalem. »

12. Ce poëme, écrit en octaves, est celui d'Agustin Alonzo, de Salamanque. Tolède, 1585. Il ne faut pas le confondre avec celui de l'évêque Balbuéna, qui ne parut qu'après la mort de Cervantès.

13. De Francisco Garrido de Villena. Tolède, 1585.

14. Le premier des *Palmerins* est intitulé : *Livre du fameux chevalier Palmerin d'Olive, qui fit par le monde de grands exploits d'armes, sans savoir de qui il était fils*, Médina del Campo, 1563. Son auteur est une femme portugaise, à ce qu'on suppose, dont le nom est resté inconnu. L'autre *Palmerin (Chronica do famoso é muito esforzado cavaleiro Palmeirin da Ingalaterra*, etc.), est formé de six parties. Les deux premières sont attribuées, par les uns, au roi Jean II, par d'autres, à l'infant don Louis, père du prieur de Ocrato, qui disputa la couronne de Portugal à Philippe II; par d'autres encore, à Francisco de Morues. Les troisième et quatrième parties furent composées par Diego Fernandez. Les cinquième et sixième, par Balthazar Gonzalez Lobato, tous Portugais.

15. Ce roman est intitulé : *Livre du valeureux et invincible prince don Béllianis de Grèce, fils de l'empereur don Béliano et de l'impératrice Cloriuda ; traduit de la langue grecque, dans laquelle l'écrivit le sage Friston, par un fils du vertueux Torribio Fernandez*, Burgos, 1579. Ce fils du vertueux Torribio était le licencié Geronimo Fernandez, avocat à Madrid.

16. C'est-à-dire le délai nécessaire pour assigner en justice ceux qui résident aux colonies, six mois au moins.

17. L'une était suivante et l'autre duègne de la princesse Carmésina, prétendue de Tirant le Blanc.

18. Cet auteur inconnu, qui méritait les galères, au dire du curé, intitula son ouvrage : *Tirant le Blanc, de Roche-Salée, chevalier de la Jarretière, qui, par ses hauts faits de chevalerie, devint prince et césar de l'empire grec*. Le héros se nomme Tirant, parce que son père était seigneur de la marche de Tirania, et Blanco, parce que sa mère s'appelait Blanche; on ajouta de Roche-Salée, parce qu'il était seigneur d'un château fort bâti sur une montagne de sel. Ce livre, l'un des plus anciens du genre, fut probablement écrit en portugais par un Valencien nommé Juannot Martorell. Une traduction en langue limousine, faite par celui-ci et terminée, après sa mort, par Juan de Galba, fut imprimée à Valence, en 1490. Les exemplaires de la traduction espagnole publiée à Valladolid, en 1516, sont devenus d'une extrême rareté. Ce livre manque dans la collection de romans originaux de chevalerie que possède la bibliothèque impériale de Paris. On l'a même vainement cherché dans toute l'Espagne, pour la bibliothèque de Madrid, et les commentateurs sont obligés de le citer en italien ou en français.

19. Portugais : il était poëte, musicien et soldat. Il fut tué dans le Piémont, en 1561.

20. Salmantin veut dire de Salamanque. C'était un médecin de cette ville, nommé Alonzo Perez.

21. Poëte valencien, qui continua l'œuvre de Montemayor, sous le titre de *Diana enamorada*.

22. Voici le titre de l'ouvrage : *Les dix livres de Fortune d'amour, où l'on trouvera les honnêtes et paisibles amours du berger Frexano et de la belle bergère Fortune*, Barcelone, 1573.

23. Par don Bernardo de la Vega, chanoine de Tucuman. Séville, 1591.

24. Par Bernardo Gonzalez de Bobadilla. Alcala, 1587.

25. Par Bartolome Lopez de Enciso. Madrid, 1587.

26. Par Luis Galvez de Montalvo. Madrid, 1582.

27. Par don Pedro Padilla. Madrid, 1575.

28. Imprimé à Madrid en 1586.

29. Cervantès renouvela, dans la dédicace de *Persilès y Sigismunda*, peu de jours avant sa mort, la promesse de donner cette seconde partie de la *Galatée*. Mais elle ne fut point trouvée parmi ses écrits.

30. Le grand poëme épique de l'*Araucana* est le récit de la conquête de l'*Arauco*, province du Chili, par les Espagnols. Alonzo de Ercilla faisait partie de l'expédition. L'*Austriada* est l'histoire héroïque de don Juan d'Autriche, depuis la révolte des Morisques de Grenade jusqu'à la bataille de Lépante. Enfin le *Monserrate* décrit la pénitence de saint Garin et la fondation du monastère de Monserrat, en Catalogne, dans le neuvième siècle.

31. Poëme en douze chants, de Luis Barahona de Soto, 1586.

CHAPITRE VII.

1. Il y avait, à l'époque de Cervantès, deux poëmes de ce nom sur les victoires de Charles-Quint : l'un de Geronimo Sampere, Valence, 1560 ; l'autre de Juan Ochoa de la Salde, Lisbonne, 1585.

2. *El Leon de España*, poëme en octaves, de Pedro de la Vecilla Castellanos, sur les héros et les martyrs de l'ancien royaume de Léon. Salamanque, 1586.

3. *Los hechos del imperador*. C'est un autre poëme (*Carlo famoso*), en cinquante chants et en l'honneur de Charles-Quint, composé, non par don Luis de Avila, mais par don Luis Zapata. Il y a dans le texte une faute de l'auteur ou de l'imprimeur.

4. Allusion au tournoi de Persépolis, dans le roman de *Bélianis de Grèce*.

5. Cervantès aura sans doute écrit Friston, nom de l'enchanteur, auteur supposé de *Bélianis*, qui habitait la *forêt de la Mort*.

6. En Espagne, dans la hiérarchie nobiliaire, le titre de marquis est inférieur à celui de comte. C'est le contraire en Angleterre et en France.

CHAPITRE VIII.

1. Cette aventure de Diego Perez de Vargas, surnommé *Machuca*, arriva à la prise de Xérès, sous saint Ferdinand. Elle est devenue le sujet de plusieurs *romances*.

2. Règle neuvième : « Qu'aucun chevalier ne se plaigne d'aucune blessure qu'il ait reçue. » (Marquez, *Tesoro militar de cavalleria*.)

LIVRE DEUXIÈME.

CHAPITRE IX.

1. Cervantès divisa la première partie du *Don Quichotte* en quatre livres fort inégaux entre eux, car le troisième est plus long que les deux premiers, et le quatrième plus long que les trois autres. Il abandonna cette division dans la seconde partie, pour s'en tenir à celle des chapitres.

2. Ainsi ce fut le sage Alquife qui écrivit la chronique d'Amadis de Grèce ; le sage Friston, l'histoire de don Bélianis ; les sages Artémidore et Lirgaudéo, celle du chevalier de Phœbus ; le sage Galténor, celle de Platir, etc.

3. Ou cette plaisanterie, fort heureusement placée par Cervantès en cet endroit, avait cours de son temps, même hors de l'Espagne, ou Shakspeare et lui l'ont imaginée à la fois. On lit, dans *les Joyeuses bourgeoises de Windsor* (acte II, scène II) :

FALSTAF.

Bonjour, ma bonne femme.

QUICKLY.

Plaise à Votre Seigneurie, ce nom ne m'appartient pas.

FALSTAF.

Ma bonne fille, donc.

QUICKLY.

J'en puis jurer ; comme l'était ma mère quand je suis venue au monde.

4. Cervantès veut parler de l'hébreu, et dire qu'il aurait bien trouvé quelque juif à Tolède.

On a donné le nom de *Morisques* aux descendants des Arabes et des Mores restés en Espagne après la prise de

Grenade, et convertis par force au christianisme. Voyez, à ce sujet, mon *Histoire des Arabes et des Mores d'Espagne*, t. I, chap. vii.

5. Pour accommoder son livre à la mode des romans de chevalerie, Cervantès suppose qu'il fut écrit par un More, et ne se réserve à lui-même que le titre d'éditeur. Avant lui, le licencié Pedro de Lujan avait fait passer son histoire du chevalier de la Croix pour l'œuvre du More Xarton, traduite par un captif de Tunis.

L'orientaliste don José Conde a récemment découvert la signification du nom de ce More, auteur supposé du *Don Quichotte*. Ben-Engéli est un composé arabe dont la racine, *iggel* ou *eggel*, veut dire cerf, comme Cervantès est un composé espagnol dont la racine est *ciervo*. *Engéli* est l'adjectif arabe correspondant aux adjectifs espagnols *cerval* ou *cervanteño*. Cervantès, longtemps captif parmi les Mores d'Alger, dont il avait appris quelque peu la langue, a donc caché son nom sous un homonyme arabe.

6. Au contraire, c'est la seule fois que Sancho soit nommé Zancas. Il est presque superflu de dire que *Panza* signifie panse, et *Zancas*, jambes longues et cagneuses.

7. Cervantès fait sans doute allusion au nom de *chien* que se donnaient réciproquement les chrétiens et les Mores. On disait en Espagne : *Perro moro*.

CHAPITRE X.

1. La *Santa Hermandad*, ou *Sainte Confrérie*, était une juridiction ayant ses tribunaux et sa maréchaussée, spécialement chargée de la poursuite et du châtiment des malfaiteurs. Elle avait pris naissance dès le commencement du treizième siècle, en Navarre, et par des associations volontaires; elle pénétra depuis en Castille et en Aragon, et fut complétement organisée sous les rois catholiques.

2. Ou *Fier-à-Bras*. « C'était, dit l'*Histoire de Charlemagne*, un géant, roi d'Alexandrie, fils de l'amiral Balan, conquérant de Rome et de Jérusalem, et païen ou Sarrasin. Il était grand ennemi d'Olivier, qui lui faisait des blessures mortelles; mais il en guérissait aussitôt en buvant d'un baume qu'il portait dans deux petits barils gagnés à la conquête de Jérusalem. Ce baume était, à ce qu'on croit, une partie de celui de Joseph d'Arimathie (qui servit à embaumer le Sauveur). Mais Olivier, ayant réussi à submerger les deux barils au passage d'une profonde rivière, vainquit Fier-à-Bras, qui reçut ensuite le baptême et mourut converti, comme le rapporte Nicolas de Piamonte. » (*Historia de Carlo Magno*, cap. viii et xii.)

3. *Orlando furioso*, cant. XVIII, clxi, etc.

4. Voici le serment du marquis de Mantoue, tel que le rapportent les anciens *romances* composés sur son aventure : « Je jure de ne jamais peigner mes cheveux blancs ni couper ma barbe, de ne point changer d'habits ni renouveler ma chaussure, de ne point entrer en lieux habités ni ôter mes armes, si ce n'est pour une heure afin de me laver le corps, de ne point manger sur nappe ni m'asseoir à table, jusqu'à ce que j'aie tué Charlot, ou que je sois mort dans le combat.... »

5. Dans le poëme de Boyardo, le roi de Tartarie, Agrican, vient faire le siége d'Albraque avec une armée de deux millions de soldats, qui couvrait quatre lieues d'étendue. Dans le poëme de l'Arioste, le roi Marsilio assiége la même forteresse avec les trente-deux rois ses tributaires et tous leurs gens d'armes.

6. Royaumes imaginaires cités dans l'*Amadis de Gaule*.

CHAPITRE XI.

1. Il peut être curieux de comparer cette description de l'âge d'or avec celles qu'en ont faites Virgile, dans le premier livre des *Géorgiques*, Ovide, dans le premier livre des *Métamorphoses*, et le Tasse, dans le chœur de bergers qui termine le premier acte de l'*Aminta*.

2. Presque tous les instituts de chevalerie adoptèrent la même devise. Dans l'ordre de Malte, on demandait au récipiendaire : « Promettez-vous de donner aide et faveur aux veuves, aux mineurs, aux orphelins et à toutes les personnes affligées ou malheureuses? » Le novice répondait : « Je promets de le faire avec l'aide de Dieu. »

3. *Rabel*, espèce de violon à trois cordes, que l'on connaissait en Espagne dès les premières années du quatorzième siècle, car l'archiprêtre de Hita en fait mention dans ses poésies.

CHAPITRE XII.

1. Il y a dans l'original « .... Plus que *sarna* (la gale) » pour Sara, femme d'Abraham. Don Quichotte répond ensuite : « *Sarna* vit plus que Sara. » Ces jeux de mots ne pouvaient être traduits.

CHAPITRE XIII.

1. Il est dit, au chapitre xcix du roman d'Esplandian, que l'enchanteresse Morgaïna, sœur du roi Artus, le tenait enchanté, mais qu'il reviendrait sans faute reprendre un jour le trône de la Grande-Bretagne. Sur son sépulcre, au dire de don Diégo de Véra (*Epitome de los imperios*), on avait gravé ce vers pour épitaphe :

HIC JACET ARTURUS, REX QUONDAM, REXQUE FUTURUS,

qu'on pourrait traduire ainsi :

CI-GÎT ARTHUR,
ROI PASSÉ, ROI FUTUR.

Julian del Castillo a recueilli dans un ouvrage grave (*Historia de los reyes godos*), un conte populaire qui courait à son époque : Philippe II, disait-on, en épousant la reine Marie, héritière du royaume d'Angleterre, avait juré *que, si le roi Artus revenait de son temps, il lui rendrait le trône.*

Le docteur John Bowle, dans ses annotations sur le *Don Quichotte*, rapporte une loi d'Hoëlius le Bon, roi de Galles, promulguée en 998, qui défend de tuer des corbeaux sur le champ d'autrui. De cette défense, mêlée à la croyance populaire qu'Artus fut changé en corbeau, a pu naître l'autre croyance que les Anglais s'abstenaient de tuer ces oiseaux dans la crainte de frapper leur ancien roi.

2. L'ordre de la *Table-Ronde*, fondé par Artus, se composait de vingt-quatre chevaliers et du roi président. On y admettait les étrangers : Roland en fut membre, ainsi que d'autres *pairs de France*. Le conteur don Diégo de Véra, qui recueillait dans son livre (*Epitome de los imperios*) toutes les fables populaires, rapporte que, lors du mariage de Philippe II avec la reine Marie, on montrait encore, à Hunscrit, la *table ronde* fabriquée par Merlin ; qu'elle se composait de vingt-cinq compartiments, teintés en blanc et en vert, lesquels se terminaient en pointe au milieu, et allaient s'élargissant jusqu'à la circonférence, et que dans chaque division étaient écrits le nom du chevalier et celui du roi. L'un de ces compartiments, appelé *place de Judas*, ou *siége périlleux*, restait toujours vide.

3. Le romance entier est dans le *Cancionero*, p. 242 de l'édition d'Anvers. *Lancelot du Lac* fut originairement écrit par Arnault Daniel, poëte provençal.

4. Renaud de Montauban devint empereur de Trébisonde ; Bernard del Carpio, roi d'Irlande ; Palmerin d'Olive, empereur de Constantinople ; Tirant le Blanc, césar de l'empire de Grèce, etc.

5. « Tirant le Blanc n'invoquait aucun saint, mais seulement le nom de Carmésine ; et, quand on lui demandait pourquoi il n'invoquait pas aussi le nom de quelque saint, il répondait : « Celui qui sert plusieurs ne sert personne. » (Livre III, chap. xxviii.)

6. Ainsi, lorsque Tristan de Léonais se précipite d'une tour dans la mer, *il se recommande à l'amie Iseult et à son doux Rédempteur.*

7. L'article 31 des statuts de l'ordre de l'Écharpe (*la Banda*) était ainsi conçu : « Qu'aucun chevalier de l'Écharpe ne soit sans servir quelque dame, non pour la déshonorer, mais pour lui faire la cour et pour l'épouser. Et quand elle sortira, qu'il l'accompagne à pied ou à cheval, tenant à la main son bonnet, et faisant la révérence avec le genou. »

8. Don Quichotte veut parler sans doute de la princesse Briolange, choisie par Amadis pour son frère Galaor. « Il s'éprit tellement d'elle, et elle lui parut si bien, que, quoiqu'il eût vu et traité beaucoup de femmes, comme cette histoire le raconte, jamais son cœur ne fut octroyé en amour véritable à aucune autre qu'à cette belle reine. » (*Amadis*, lib. IV, cap. cxxi.)

9.
Nessun la muova
Que star non possa con Orlando à prova.
(*Ariosto*, canto XXIV, oct. 57.)

10. On donnait alors dans le peuple le nom de *cachopin* ou *gachupin* à l'Espagnol qui émigrait aux Grandes-Indes par pauvreté ou vagabondage.

11. Chrysostome étant mort *désesperé*, comme disent les Espagnols, c'est-à-dire par un suicide, son enterrement se fait sans aucune cérémonie religieuse. Ainsi il est encore vêtu en berger, et ne porte point la *mortaja*, habit religieux qui sert de linceul à tous les morts.

CHAPITRE XIV.

1. Les stances de ce chant (*cancion*) se composent de seize vers de onze syllabes (*endecasilabos*), dont les rimes sont disposées d'une façon singulière, inusitée jusqu'à Cervantes, et qu'on n'a pas imitée depuis. Dans cet arran-

gement, le pénultième vers, ne trouvant point de consonnance dans les autres, rime avec le premier hémistiche du dernier.

> . . . .
> Mas gran simpleza es avisarte desto,
> Pues se que esta tu gloria con*ocida*
> En que mi *vida* llegue al fin tan presto.

Comme ces singularités, et même les principales beautés de la pièce (où elles sont rares) se trouvent perdues dans la traduction, je l'aurais volontiers supprimée, pour abréger l'épisode un peu long, un peu métaphysique, de Chrysostome et de Marcelle, s'il était permis à un traducteur de *corriger* son modèle, surtout quand ce modèle est Cervantès.

2. L'érudition de l'étudiant Ambroise est ici en défaut. Tarquin était le second mari de Tullia, et c'est le corps de son père Servius Tullius qu'elle foula sous les roues de son char.

3.   Que fué pastor de ganado
                    Perdido por desamor.

Il y a dans cette strophe un insipide jeu de mots entre les paroles voisines *ganado* et *perdido*; celle-ci veut dire *perdu* ; l'autre, qui signifie *troupeau*, veut dire aussi *gagné*.

LIVRE TROISIÈME.

CHAPITRE XV.

1. Habitants du district de Yanguas, dans la Rioja.
2. Amadis tomba deux fois au pouvoir d'Archalaüs. La première, celui-ci le tint enchanté; la seconde, il le jeta dans une espèce de souterrain, par le moyen d'une trappe. Le roman ne dit pas qu'il lui ait donné des coups de fouet; mais il lui fit souffrir la faim et la soif. Amadis fut secouru dans cette extrémité par une nièce d'Archalaüs, la demoiselle muette, qui lui descendit dans un panier un pâté au lard et deux barils de vin et d'eau. (Chap. XIX et XLIX.)
3. *Tizona*, nom de l'une des épées du Cid. L'autre s'appelait *Colada*.
4. *Beltenebros*.

CHAPITRE XVI.

1. Avant leur expulsion de l'Espagne, les Morisques s'y occupaient de l'agriculture, des arts mécaniques et surtout de la conduite des bêtes de somme. La vie errante des muletiers les dispensait de fréquenter les églises, et les dérobait à la surveillance de l'Inquisition.
2. Voyez la note 1, chap. x.

CHAPITRE XVII.

1. Le supplice de Sancho était dès longtemps connu. Suétone rapporte que l'empereur Othon, lorsqu'il rencontrait, pendant ses rondes de nuit, quelques ivrognes dans les rues de Rome, les faisait berner.... *distento sagulo in sublime jactare*. Et Martial, parlant à son livre, lui dit de ne pas trop se fier aux louanges : « Car, par derrière, ajoute-t-il :

> Ibis ab excusso missus in astra sago. »

Les étudiants des universités espagnoles s'amusaient, au temps du carnaval, à faire aux chiens qu'ils trouvaient dans les rues ce que l'empereur Othon faisait aux ivrognes.

CHAPITRE XVIII.

1. C'est Amadis de Grèce qui fut appelé le *chevalier de l'Ardente-Épée*, parce qu'en naissant il en avait une marquée sur le corps, *depuis le genou gauche jusqu'à la pointe droite du cœur, aussi rouge que le feu*. (Partie I, chap. XLVI.)

Comme don Quichotte dit seulement Amadis, ce qui s'entend toujours d'Amadis de Gaule, et qu'il parle d'une épée véritable, il voulait dire, sans doute, le *chevalier de la Verte-Épée*. Amadis reçut ce nom, sous lequel il était connu dans l'Allemagne, parce que, à l'épreuve des amants fidèles, et sous les yeux de sa maîtresse Oriane, il tira cette merveilleuse épée de son fourreau, fait d'une arête de poisson, verte et si transparente qu'on voyait la lame au travers. (Chap. LVI, LXX et LXXIII.)

2. Nom de l'île de Ceylan dans l'antiquité.
3. Peuples de l'intérieur de l'Afrique.
4. Ce ne sont pas les portes du temple où il périt qu'emporta Samson, mais celles de la ville de Gaza. (*Juges*, chap. XVI.)
5. Littéralement : *cherche mon sort à la piste, dépiste mon sort.*
6. On croit que ce nom, donné par les Arabes à la rivière de Grenade, signifie *semblable au Nil*.
7. De Tarifa.
8. Les Biscayens.
9. Andrès de Laguna, né à Ségovie, médecin de Charles-Quint et du pape Jules III, traducteur et commentateur de Dioscorides.

CHAPITRE XIX.

1. Le texte dit simplement *encamisados*, nom qui conviendrait parfaitement aux soldats employés dans une de ces attaques nocturnes où les assaillants mettaient leurs chemises par-dessus leurs armes, pour se reconnaître dans les ténèbres, et que par cette raison on appelait *camisades* (en espagnol *encamisadas*). J'ai cru pouvoir, à la faveur de ce vieux mot, forger celui d'*enchemisé*.

2. Don Bélianis de Grèce s'était appelé le *chevalier de la Riche Figure*. Il faut remarquer que le mot *figura*, en espagnol, ne s'applique pas seulement au visage, mais à la personne entière.

3. Concile de Trente (chap. LV).
4. Cette prétendue aventure du Cid est racontée avec une naïveté charmante dans le vingt et unième romance de son *Romancero*.

CHAPITRE XX.

1. C'est sans doute une allusion au Nil, dont les anciens plaçaient la source au sommet des montagnes de la Lune, dans la haute Éthiopie, du haut desquelles il se précipitait par deux immenses cataractes. (Ptolémée, *Géogr.*, livre V.)

2. Les bergers espagnols appellent la constellation de la *petite Ourse* le *cor de chasse* (*la bocina*). Cette constellation se compose de l'étoile polaire, qui est immobile, et de sept autres étoiles qui tournent autour, et qui forment une grossière image de cor de chasse. Pour connaître l'heure, les bergers figurent une croix ou un homme étendu, ayant la tête, les pieds, le bras droit et le bras gauche. Au centre de cette croix est l'étoile polaire, et c'est le passage de l'étoile formant l'embouchure du cor de chasse (*la boca de la bocina*) par ces quatre points principaux, qui détermine les heures de la nuit. Au mois d'août, époque de cette aventure, la ligne de minuit est en effet au bras gauche de la croix, de sorte qu'au moment où *la boca de la bocina* arrive au-dessus de la tête, il n'y a plus que deux ou trois heures jusqu'au jour. Le calcul de Sancho est à peu près juste.

3. Quelquefois les contes de bonne femme commençaient ainsi : ... « Le bien pour tout le monde, et le mal pour la maîtresse du curé. »

4. L'histoire de la Torralva et des chèvres à passer n'était pas nouvelle. On la trouve, au moins en substance, dans la XXXIe des *Cento Novelle antiche* de Francesco Sansovino, imprimées en 1575. Mais l'auteur italien l'avait empruntée lui-même à un vieux fabliau provençal du treizième siècle (*le Fableor*, collection de Barbazan, 1756), qui n'était qu'une traduction en vers d'un conte latin de Pedro Alfonso, juif converti, médecin d'Alphonse le Batailleur, roi d'Aragon (vers 1100).

5. On appelle *vieux chrétiens*, en Espagne, ceux qui ne comptent parmi leurs ancêtres ni Juifs ni Mores convertis.

6. Allusion au proverbe espagnol : « Si la pierre donne sur la cruche, tant pis pour la cruche ; et si la cruche donne sur la pierre, tant pis pour la cruche. »

NOTES DU PREMIER VOLUME.

CHAPITRE XXI.

1. Armet enchanté appartenant au roi more Mambrin, et qui rendait invulnérable celui qui le portait. (*Boyardo* et l'*Ariosto*.)
2. *Palmérin d'Olive*, chap. XLIII.
3. *Esplandian*, chap. CXLVII et CXLVIII.
4. *Amadis de Gaule*, chap. CXVII.
5. *Amadis de Gaule*, chap. LXVI, part. II, etc.
6. *Amadis de Gaule*, chap. X. *c*; *le Chevalier de la Croix*, chap. CXLIV.
7. *Bernard del Carpio*, canto XXXVIII; *Primaléon*, chap. CLVII.
8. *Tirant le Blanc*, part. I, chap. XL, etc.; *le Chevalier de la Croix*, livre I, chap. LXV et suiv., etc.
9. Suivant les anciennes lois du *Fuero Juzgo* et les *Fueros* de Castille, le noble qui recevait un grief dans sa personne ou ses biens pouvait réclamer une satisfaction de 500 *sueldos*. Le vilain n'en pouvait demander que 300. (*Garibay*, lib. XII, cap. XX.)
10. On croit que Cervantès a voulu désigner don Pedro Giron, duc d'Osuna, vice-roi de Naples et de Sicile. Dans son *Théâtre du gouvernement des vice-rois de Naples*, Domenicho Antonio Parrino dit que ce fut un des grands hommes du siècle, et qu'il n'avait de petit que la taille : *di picciolo non aveu altro que la statura*.
11. « Quand le seigneur sort de sa maison pour aller à la promenade ou faire quelque visite, l'écuyer doit le suivre à cheval. » (Miguel Yelgo, *Estilo de servir à principes*, 1614.)

CHAPITRE XXII.

1. On trouve dans le vieux code du treizième siècle, appelé *Fuero Juzgo*, des peines contre ceux *qui font tomber la grêle sur les vignes et les moissons, ou ceux qui parlent avec les diables, et qui font tourner les volontés aux hommes et aux femmes*. (Lib. VI, tit. II, ley 4.) Les *Partidas* punissent également ceux *qui font des images ou autres sortiléges, et donnent des herbes pour l'amourachement des hommes et des femmes*. (Part. VII, tit. XXIII, ley 2 y 3.)
2. Ce célèbre petit livre, qui parut en 1539, et qu'on croit l'ouvrage de don Diego Hurtado de Mendoza, ministre et ambassadeur de Charles-Quint, mais qui a peut-être pour auteur le moine Fray Juan de Ortega, est le premier de tous les romans qui composent ce que l'on nomme en Espagne la *littérature picaresque*. J'en ai publié l'histoire et la traduction dans l'édition illustrée de *Gil Blas*, comme introduction naturelle au roman de Lesage.
3. L'auteur de *Guzman d'Alfarache*, Mateo Aleman, dit de son héros : « .... Il écrit lui-même son histoire aux galères, où il est forçat à la rame, pour les crimes qu'il a commis.... »
4. Amadis de Gaule, ayant vaincu le géant Madraque, lui accorde la vie, à condition qu'il se fera chrétien, lui et tous ses vassaux, qu'il fondera des églises et des monastères, et qu'enfin il mettra en liberté tous les prisonniers qu'il gardait dans ses cachots, lesquels étaient plus de cent, dont trente chevaliers et quarante duègnes ou damoiselles.
Amadis leur dit, quand ils vinrent lui baiser les mains en signe de reconnaissance : « Allez trouver la reine Brisena, dites-lui comment vous envoie devant elle son chevalier de l'Ile-Ferme, et baisez-lui la main pour moi. » (*Amadis de Gaule*, livre III, chap. LXV.)

CHAPITRE XXIII.

1. On appelle en Espagne *sierra* (scie) une cordillère, une chaîne de montagnes. La *Sierra-Morena* (montagnes brunes), qui s'étend presque depuis l'embouchure de l'Èbre jusqu'au cap Saint-Vincent, en Portugal, sépare la Manche de l'Andalousie. Les Romains l'appelaient *Mons Marianus*.
2. La Sainte-Hermandad faisait tuer à coups de flèches les criminels qu'elle condamnait, et laissait leurs cadavres exposés sur le gibet.
3. Il paraît que Cervantès ajouta après coup, dans ce chapitre, et lorsqu'il avait écrit déjà les deux suivants, le vol de l'âne de Sancho par Ginès de Passamont. Dans la première édition du *Don Quichotte*, il continuait, après le récit du vol, à parler de l'âne comme s'il n'avait pas cessé d'être en la possession de Sancho, et il disait ici : « Sancho s'en allait derrière son maître, assis sur son âne à la manière des femmes.... » Dans la seconde édition, il corrigea cette inadvertance, mais incomplétement, et la laissa subsister en plusieurs endroits. Les Espagnols ont religieusement conservé son texte, et jusqu'aux disparates que formé cette correction partielle. J'ai cru devoir les faire disparaître, en gardant toutefois une seule mention de l'âne, au chapitre XXV. L'on verra, dans la seconde partie du *Don Quichotte*, que Cervantès se moque lui-même fort gaiement de son étourderie, et des contradictions qu'elle amène dans le récit.

4. Témoin celle d'*Amadis de Gaule :*

>Leonoreta sin roseta
>Blanca sobre toda flor,
>Sin roseta no me meta
>En tal culpa vuestro amor, etc.
>(Livre II, chap. LIV.)

5. *Carta* signifie également *lettre* et *charte;* de là la question de Sancho.
6. *Coleto de ambar.* Ce pourpoint parfumé se nommait en France, au seizième siècle, *collet de senteur,* ou *collet de fleurs.* (Voy. Montaigne, livre I, chap. XXII, et les notes.)

CHAPITRE XXIV.

1. Personnages de la *Chronique de don Florisel de Niquea,* par Féliciano de Silva.
2. Chirurgien d'Amadis de Gaule.

CHAPITRE XXV.

1. Voyez la note 3 du chap. XXIII.
2. *Amadis de Gaule,* chap. XXI, XL et suivants.
3. On peut voir, dans l'*Amadis de Gaule* (chap. LXXIII), la description d'un andriaque né des amours incestueux du géant Bandaguido et de sa fille.
4. *Orlando furioso,* chants XXIII et suivants.
5. Imitation burlesque de l'invocation d'Albanio dans la seconde églogue de Garcilaso de la Vega.
6. *Orlando furioso,* chant IV, etc.
7. In inferno nulla est redemptio.
8. Les poëtes, cependant, n'ont pas toujours célébré d'imaginaires beautés, et, sans recourir à la Béatrix du Dante ou à la Laure de Pétrarque, on peut citer, en Espagne, la Diane de Montemayor et la Galathée de Cervantès lui-même.
9. Il est sans doute inutile de faire observer que, pour augmenter le burlesque de cette lettre de change, don Quichotte y emploie la forme commerciale.
10. Expression espagnole pour dire : Elle me porterait respect.
11. C'est Thésée que voulait dire don Quichotte.

CHAPITRE XXVI.

1. C'était Ferragus, qui portait sept lames de fer sur le nombril. (*Orlando furioso,* canto XII.)
2. *Orlando furioso,* canto XXIII.
3. Phaéton.

>. . . . Currus auriga paterni,
>Quem si non tenuit, magnis tamen excidit ausis.
>(Ovid., *Met.,* lib. II.)

4. Ces strophes sont remarquables, dans l'original, par une coupe étrange et par la bizarrerie des expressions qu'il fallait employer pour trouver des rimes au nom de don Quichotte : singularités entièrement perdues dans la traduction.
5. A la manière de l'archevêque Turpin, dans le *Morgante maggiore* de Luigi Pulci.

CHAPITRE XXVII.

1. Roi goth, détrôné en 680, et dont le nom est resté populaire en Espagne.
2. Comme le plus grand charme des trois strophes qui suivent est dans la coupe des vers et dans l'ingénieux arrangement des mots, je vais, pour les faire comprendre, transcrire une de ces strophes en original :

>¿ Quien menoscaba mis bienes ?
>Desdenes.
>¿ Y quien aumenta mis duelos ?
>Los zelos.

¿ Y quien prueba mi paciencia ?
Ausencia.
De ese modo en mi dolencia
Ningun remedio se alcanza,
Pues me matan la esperanza
Desdenes, zelos y ausencia.

3. Malgré mon respect pour le texte de Cervantès, j'ai cru devoir supprimer ici une longue et inutile série d'imprécations, où Cardénio donne à Fernand les noms de Marius, de Sylla, de Catilina, de Julien, de Judas, etc., en les accompagnant de leurs épithètes classiques. Cette érudition de collége aurait fait tache dans un récit habituellement simple et toujours touchant.

4. Parabole du prophète Nathan, pour reprocher à David l'enlèvement de la femme d'Urie. (*Rois*, livre II, chap. xii.)

5. Pellicer croit voir ici une allusion à cette sentence de Virgile :

Una salus victis, nullam sperare salutem.

LIVRE QUATRIÈME.

CHAPITRE XXVIII.

1. Malgré cet éloge des épisodes introduits dans la première partie du *Don Quichotte*, Cervantès en fait lui-même la critique, par la bouche du bachelier Samson Carrasco, dans la seconde partie, beaucoup plus sobre d'incidents étrangers.

2. Espèce de casquette sans visière, dont se coiffent les paysans de la Manche et des Andalousies.

3. Cervantès voulait probablement désigner le duc d'Osuna, et peut-être y avait-il un fond véritable à l'histoire de Dorothée.

4. Pour Ganelon, voyez la note 6 du chap. i. Vellido est un chevalier castillan qui assassina le roi Sanche II au siége de Zamora, en 1073.

CHAPITRE XXIX.

1. Zulema est le nom d'une montagne au sud-ouest d'Alcala de Hénarès, au sommet de laquelle on a trouvé quelques ruines qu'on croit être celles de l'ancien Complutum. Cervantès consacre ici un souvenir à sa ville natale.

2. En Espagne, on appelait *ensalmo* une manière miraculeuse de guérir les maladies, en récitant sur le malade certaines prières. Ce charme s'appelait ainsi (*en salmo*), parce que les paroles sacramentelles étaient ordinairement prises dans les psaumes.

CHAPITRE XXXI.

1. Allusion à l'un des tours de maquignonnage des Bohémiens, qui, pour donner du train au mulet le plus lourd ou à l'âne le plus paresseux, leur versaient un peu de vif-argent dans les oreilles.

CHAPITRE XXXII.

1. Ce roman fut composé par Bernardo de Vargas; il est intitulé : *Les livres de don Cirongilio de Thrace, fils du noble roi Elespharon de Macédoine, tels que les écrivit Novarcus en grec, et Promusis en latin*, Séville, 1545, in-folio.

2. Voyez les notes 5 et 6 du chap. vi.

3. Gonzalo Fernandez de Cordova. Son histoire, sans nom d'auteur, fut imprimée à Saragosse en 1559.

4. En 1469. Il mourut à Bologne en 1533.

5. Voici comment la *Chronique du Grand Capitaine* raconte cette aventure : « Diégo Garcia de Parédès prit une épée à deux mains sur l'épaule.... et se mit sur le pont du Garellano, que les Français avaient jeté peu auparavant, et combattant contre eux, il commença à faire de telles preuves de sa personne, que jamais n'en firent de plus grandes en leur temps Hector, Jules César, Alexandre le Grand, ni d'autres anciens valeureux capitaines, paraissant réellement un autre Horatius Coclès, par sa résolution et son intrépidité. » (Chap. cvi.)

6. A la fin de la *Chronique du Grand Capitaine*, se trouve un *Abrégé de la vie et des actions de Diégo Garcia de Parédès* (Breve suma de la vida y hechos de Diego Garcia de Paredes), écrit par lui-même, et qu'il signa de son nom.

CHAPITRE XXXIII.

1. *Mulierem fortem quis inveniet?* (Prov., cap. xxxi.)
2. Périclès. (Voy. Plutarque, *de la Mauvaise Honte.*)
3. Luigi Tansilo, de Nola, dans le royaume de Naples, écrivit le poëme des *Larmes de saint Pierre* (le Lagrime di San Pietro), pour réparer le scandale qu'avait causé son autre poëme licencieux intitulé : *le Vendangeur* (il Vendemmiatore). Le premier fut traduit en espagnol, d'abord partiellement, par le licencié Gregorio Hernandez de Velasco, célèbre traducteur de Virgile ; puis, complétement, par Fray Damian Alvarez. Toutefois, la version de la stance citée est de Cervantès.
4. Allusion à l'allégorie que rapporte Arioste dans le XLII° chant de son *Orlando furioso*, où Cervantès a pris l'idée de la présente nouvelle. Arioste avait emprunté lui-même l'histoire du vase d'épreuve au livre premier de Tristan de Léonais.
5. Guzman d'Alfarache réduit tout ce raisonnement à peu de paroles : « Ma femme seule pourra m'ôter l'honneur, suivant l'opinion d'Espagne, en se l'ôtant à elle-même : car, puisqu'elle ne fait qu'une chose avec moi, mon honneur et le sien font un et non deux, comme nous ne faisons qu'une même chair. » (Livre II, chap. ii.)

CHAPITRE XXXIV.

1. Ce billet est littéralement conservé dans la comédie composée par don Guillen de Castro, sur le même sujet et sous le même titre que cette nouvelle.
2. Cervantès a répété ce sonnet dans sa comédie intitulée *la Casa de los zelos* (la Maison de jalousie), au commencement de la seconde *jornada* ; ou plutôt c'est de cette comédie qu'il l'a pris pour l'introduire dans sa nouvelle.
3. Voici, d'après un vers de Luis Barahona, dans son poëme des *Larmes d'Angélique* (Lagrimas de Angelica, canto IV), ce que signifient ces quatre S. S. S. S. :

Sabio, Solo, Solicito y Secreto,

qu'on peut traduire ainsi :

Spirituel, Seul, Soigneux et Sûr.

4. Je laisse cette faute d'orthographe, qui se trouve aussi dans l'original (*onesto* pour *honesto*) ; une camériste n'y regarde pas de si près.

CHAPITRE XXXV.

1. Cervantès commet un anachronisme. Le *Grand Capitaine*, après avoir quitté l'Italie en 1507, mourut à Grenade en 1515. Lautrec ne parut à la tête de l'armée française qu'en 1527, lorsque le prince d'Orange commandait celle de Charles-Quint.

CHAPITRE XXXVI.

1. On portait alors, surtout en voyage, des masques (*antifaces*) faits d'étoffe légère, et le plus souvent de taffetas noir.

CHAPITRE XXXVII.

1. Lella, ou plutôt Étella, veut dire en arabe, d'après l'Académie espagnole, l'adorable, la divine, la bienheureuse par excellence. Ce nom ne se donne qu'à Marie, mère de Jésus. Zoraïda est un diminutif de *zorath*, fleur.
2. *Macangé* est un mot turc corrompu (*angé mac*), qui veut dire *nullement*, *en aucune façon*.
3. Ainsi, au dire de don Quichotte, Cicéron, avec son adage *cedant arma togæ*, ne savait ce qu'il disait.

NOTES DU PREMIER VOLUME. 449

4. Le mot *letras*, transporté de l'espagnol au français, produit une équivoque inévitable. Dans la pensée de Cervantès, les *lettres divines* sont la théologie, et les *lettres humaines*, la jurisprudence, ce que l'on apprend dans les universités. Le mot *letrado*, qu'il met toujours en opposition du mot *guerrero*, signifie, non point un homme de lettres, dans le sens actuel de cette expression, mais un homme de robe. En un mot, c'est la magistrature et ses dépendances qu'il oppose à l'armée.

5. Don Quichotte, qui emprunte des textes à saint Luc, à saint Jean, à saint Matthieu, oublie ces paroles de l'*Ecclésiaste* (chap. IX).... *Et dicebam ego meliorem esse sapientiam fortitudine.... Melior est sapientia quam arma bellica.*

6. *Estudiante*. C'est le nom qu'on donne indistinctement aux élèves des universités qui se destinent à l'Église, à la magistrature, au barreau, et à toutes les professions lettrées.

7. *Aller à la soupe* (*andar à la sopa*), se dit des mendiants qui allaient recevoir à heure fixe, aux portes des couvents dotés, du bouillon et des bribes de pain. La condition des étudiants a peu changé en Espagne depuis Cervantès. On en voit un grand nombre, encore aujourd'hui, faire mieux que d'*aller à la soupe* : à la faveur du chapeau à cornes et du long manteau noir, ils mendient dans les maisons, dans les cafés et dans les rues.

CHAPITRE XXXVIII.

1. Don Quichotte n'est pas le premier qui ait traité cette matière. L'Italien Francesco Bocchi avait publié à Florence, en 1580, un discours *Sopra la lite delle armi e delle lettere*; et, précédemment, en 1549, l'Espagnol Juan Angel Gonzalez avait publié à Valence un livre latin sous ce titre : *Pro equite contra litteras declamatio. Alia vice versa pro litteris contra equitem.*

2. On sait ce que veut dire *avoir la manche large*.

3. Cervantès répète ici les imprécations de l'Arioste, dans le onzième chant de l'*Orlando furioso* :

> Come trovasti, o scelerata e brutta
> Invenzion, mai loco in uman core !
> Per te la militar gloria è distrutta;
> Per te il mestier dell' armi è senza honore;
> Per te è il valore e la virtù ridutta,
> Che spesso par del buono il rio migliore....
> Che ben fu il più crudele, e il più di quanti
> Mai furo al mondo ingegni empi e maligni
> Chi immagino si abbominosi ordigni.
> E crederò che Dio, perche vendetta
> Ne sia in eterno, nel profondo chiuda
> Del cieco abisso quella maladetta
> Anima appresso al maladetto Giuda....

CHAPITRE XXXIX.

1. Lope de Vega cite ainsi ce vieil adage, dans une de ses comédies (*Dorotea*, jorn. I, escena CLI) : *Trois choses font prospérer l'homme : science, mer et maison du roi*.

2. Ce Diégo de Urbina était capitaine de la compagnie où Cervantès combattit à la bataille de Lépante.

3. Cervantès parle de cette bataille en témoin oculaire, et l'on conçoit qu'il prenne plaisir à rapporter quelques détails de ses campagnes.

4. Il s'appelait Aluch-Ali, dont les chrétiens ont fait par corruption Uchali. « Aluch, dit le P. Haedo, signifie, en turc, *nouveau musulman*, nouveau converti ou renégat; ainsi ce n'est pas un nom, mais un surnom. Le nom est Ali, et les deux ensemble veulent dire le renégat Ali. » (*Epitome de los reyes de Argel*.)

5. « Uchali, dit Arroyo, attaqua cette capitane avec sept galères, et les nôtres ne purent la secourir, parce qu'elle s'était trop avancée au delà de la ligne de combat. Des trois chevaliers blessés, l'un était F. Piétro Giustiniano, prieur de Messine et général de Malte; un autre, Espagnol, et un autre, Sicilien. On les trouva encore vivants, enterrés parmi la foule des morts. » (*Relacion de la santa Liga*, fol. 67, etc.)

6. Capitan-Pacha.

7. Cervantès fit également cette campagne et celle de l'année 1573.

8. On appelait ainsi les marins de l'Archipel grec.

9. « Don Juan d'Autriche, dit Arroyo, marcha toute la nuit du 16 septembre 1572, pour tomber au point du jour sur le port de Navarin, où se trouvait toute la flotte turque, ainsi que l'en avaient informé les capitaines Luis de

Acosta et Pero Pardo de Villamarin. Mais le chef de la chiourme, ajoute Aguilera, et les pilotes se trompèrent dans le calcul de l'horloge de sable, et donnèrent au matin contre une île appelée Prodano, à trois lieues environ de Navarin. De sorte qu'Uchali eut le temps de faire sortir sa flotte du port, et de la mettre sous le canon de la forteresse de Modon. »

10. Au retour de leur captivité, Cervantès et son frère Rodrigo servirent sous les ordres du marquis de Santa-Cruz, à la prise de l'île de Terceira sur les Portugais.

11. Marco-Antonio Arroyo dit que ce capitan, appelé Hamet-Bey, petit-fils et non fils de Barberousse, « fut tué par un de ses esclaves chrétiens, et que les autres le mirent en pièces à coups de dents. » Geronimo Torrès de Aguilera, qui se trouva, comme Cervantès et comme Arroyo, à la bataille de Lépante, dit que « la galère d'Hamet-Bey fut conduite à Naples, et qu'en mémoire de cet événement, on la nomma *la Prise*. » (*Cronica de varios sucesos*.) Le P. Haedo ajoute que ce More impitoyable fouettait les chrétiens de sa chiourme avec un bras qu'il avait coupé à l'un d'eux. (*Historia de Argel*, fol. 123.)

12. Muley-Hamida et Muley-Hamet étaient fils de Muley-Hassan, roi de Tunis. Hamida dépouilla son père du trône, et le fit aveugler en lui brûlant les yeux avec un bassin de cuivre ardent. Hamet, fuyant la cruauté de son frère, se réfugia à Palerme, en Sicile. Uchali et les Turcs chassèrent de Tunis Hamida, qui se fortifia dans la Goulette. Don Juan d'Autriche, à son tour, chassa les Turcs de Tunis, rappela Hamet de Palerme, le fit gouverneur de ce royaume, et remit le cruel Hamida entre les mains de don Carlos de Aragon, duc de Sesa, vice-roi de Sicile. Hamida fut conduit à Naples, où l'un de ses fils se convertit au christianisme. Il eut pour parrain don Juan d'Autriche lui-même, et pour marraine doña Violante de Moscoso, qui lui donnèrent le nom de don Carlos d'Autriche. Hamida en mourut de chagrin. (*Torrès de Aguilera*, p. 105, y sig. *Bibliot. real.*, cod. 45, f. 534 y 558.)

13. Don Juan d'Autriche fit élever ce fort, capable de contenir huit mille soldats, hors des murs de la ville, et près de l'île de l'Estagno, dont il dominait le canal. Il en donna le commandement à Gabrio Cervellon, célèbre ingénieur, qui l'avait construit. Ce fort fut élevé contre les ordres formels de Philippe II, qui avait ordonné la démolition de Tunis. Mais don Juan d'Autriche, abusé par les flatteries de ses secrétaires, Juan de Soto et Juan de Escovedo, eut l'idée de se faire couronner roi de Tunis, et s'obstina à conserver cette ville. Ce fut sans doute une des causes de la mort d'Escovedo, qu'Antonio Perez, le ministre de Philippe II, fit périr *par ordre supérieur*, comme il le confessa depuis dans la torture, et sans doute aussi de la disgrâce d'Antonio Perez, que ses ennemis accablèrent à la fin. (*Torrès de Aguilera*, f. 107; *don Lorenzo Van-der-Hemmen*, dans son livre intitulé *Don Felipe el Prudente*, f. 98 et 152.)

14. Cette petite île de l'Estagno formait, d'après Ferreras, l'ancien port de Carthage. L'ingénieur Cervellon y trouva une tour antique, dont il fit une forteresse, en y ajoutant des courtines et des boulevards. (*Aguilera*, f. 122.)

15. Gabrio Cervellon fut général de l'artillerie et de la flotte de Philippe II, grand prince de Hongrie, etc. Lorsqu'il fut pris à la Goulette, Sinan-Pacha le traita ignominieusement, lui donna un soufflet, et, malgré ses cheveux blancs, le fit marcher à pied devant son cheval jusqu'au rivage de la mer. Cervellon recouvra la liberté dans l'échange qui eut lieu entre les prisonniers chrétiens de la Goulette et de Tunis et les prisonniers musulmans de Lépante. Il mourut à Milan, en 1580.

16. C'est le nom qu'on donnait alors aux Albanais.

CHAPITRE XL.

1. Le petit moine. — Le véritable nom de cet ingénieur, qui servit Charles-Quint et Philippe II, était Giacomo Paleazzo. Outre les constructions militaires dont parle ici Cervantès, il répara, en 1573, les murailles de Gibraltar, et éleva des ouvrages de défense au pont de Zuaro, en avant de Cadix. Ce fut son frère, Giorgio Paleazzo, qui traça le plan des fortifications de Mayorque, en 1583, et dirigea les travaux de la citadelle de Pampelune, en 1592.

2. Le P. Haedo donne la même étymologie à son nom.

3. Dans sa *Topografia de Argel* (chap. xxi), le P. Haedo lui donne le titre de *Capitan des corsaires*. « C'est, dit-il, une charge que confère le Grand Turc. Il y a un capitan des corsaires à Alger, un autre à Tripoli, et un troisième à Tunis. » Cet Uchali Fartax était natif de Licastelli, en Calabre. Devenu musulman, il se trouva, en 1560, à la déroute de Gelvès, où plus de 10 000 Espagnols restèrent prisonniers. Plus tard, étant roi ou dey d'Alger, il porta secours aux Morisques de Grenade, révoltés contre Philippe II. Nommé général de la flotte turque, en 1571, après la bataille de Lépante, il se trouva l'année suivante à Navarin, et mourut empoisonné en 1580.

4. Les Espagnols le nomment Azanaga.

5. Bagne (*baño*) signifie, d'après la racine arabe dont les Espagnols ont fait *albañil* (maçon), un édifice en plâtre. — La vie que menaient les captifs dans ces bagnes n'était pas aussi pénible qu'on le croit communément. Ils avaient des oratoires où leurs prêtres disaient la messe; on y célébrait les offices divins avec pompe et en musique; on y baptisait les enfants, et tous les sacrements y étaient administrés; on y prêchait, on y faisait des processions, on y instituait des confréries, on y représentait des *autos sacramentales*, la nuit de Noël et les jours de la Passion; enfin, comme le remarque Clémencin, les prisonniers musulmans n'avaient certes pas autant de liberté en Espagne, ni dans le reste de la chrétienté. (Gomez de Losada, *Escuela de trabajos y cautiverio de Argel*, lib. II, cap. XLVI y sig.)

6. Ce maître du captif était Vénitien, et s'appelait Andreta. Il fut pris étant clerc du greffier d'un navire de Raguse. S'étant fait Turc, il prit le nom d'Hassan-Aga, devint élamir, ou trésorier d'Uchali, lui succéda dans le gouvernement d'Alger, puis dans l'emploi de général de la mer, et mourut, comme lui, empoisonné par un rival qui le remplaça. (Haedo, *Historia de Argel*, fol. 89.)

7. Ce *tel* de Saavedra est Cervantès lui-même. Voici comment le P. Haedo s'exprime sur son compte : « Des choses qui se passèrent dans ce souterrain pendant l'espace de sept mois que ces chrétiens y demeurèrent, ainsi que de la captivité et des exploits de Miguel de Cervantès, on pourrait écrire une histoire particulière. » (*Topografia*, fol. 484.) Quant au captif qui raconte ici sa propre histoire, c'est le capitaine Ruy Perez de Viedma, esclave, comme Cervantès, d'Hassan-Aga, et l'un de ses compagnons de captivité.

8. *Zalemas*.

9. Le P. Haedo, dans sa *Topografia* et dans son *Epitome de los reges de Argel*, cite souvent cet Agi-Morato, renégat slave, comme un des plus riches habitants d'Alger.

10. Il se nommait Morato Raez Maltrapillo. Ce fut ce renégat, ami de Cervantès, qui le sauva du châtiment et peut-être de la mort, quand il tenta de s'enfuir, en 1579. Haedo cite à plusieurs reprises ce Maltrapillo.

11. Cette esclave s'appelait Juana de Renteria. Cervantès parle d'elle dans sa comédie *los Baños de Argel*, dont le sujet est aussi l'histoire de Zoraïde. Le captif don Lope demande au renégat Hassem : « Y a-t-il par hasard, dans cette maison, quelque renégate ou esclave chrétienne? » *Hassem*. « Il y en avait une, les années passées, qui s'appelait Juana, et dont le nom de famille était, à ce que je crois bien, de Renteria. » *Lope*. « Qu'est-elle devenue? » *Hassem*. « Elle est morte. C'est elle qui a élevé cette Moresque dont je vous parlais. C'était une rare matrone, archive de foi chrétienne, etc. » (*Jornada I.*)

12. Prière, oraison.

13. Cervantès dit, dans sa comédie de *los Baños de Argel* (jornada III), que cette fille unique d'Agi-Morato épousa Muley-Maluch, qui fut fait roi de Fez en 1576. C'est ce que confirment le P. Haedo, dans son *Epitome*, et Antonio de Herrera, dans son *Historia de Portugal*.

14. *Bab-Azoun* veut dire *porte des troupeaux de brebis*. Le P. Haedo, dans sa *Topografia*, dit au chapitre VI : « En descendant quatre cents pas plus bas, est une autre porte principale, appelée Bab-Azoun, qui regarde entre le midi et le levant. C'est par là que sortent tous les gens qui vont aux champs, aux villages et aux *douars* (*aduares*) des Mores. » Alger, comme on voit, n'avait point changé depuis la captivité de Cervantès.

15. Ce projet de Zoraïde est précisément celui qu'imagina Cervantès, quand son frère Rodrigo se racheta pour lui envoyer ensuite une barque sur laquelle il s'enfuirait avec les autres chrétiens : ce qu'il tenta vainement de faire en 1577.

16. Ceci est une allusion à l'aventure de la barque qui vint chercher, en 1577, Cervantès et les autres gentilshommes chrétiens qui étaient restés cachés dans un souterrain pour s'enfuir en Espagne.

17. Cet arrangement de l'achat d'une barque fut précisément celui que fit Cervantès, en 1579, non pas avec Maltrapillo, mais avec un autre renégat nommé le licencié Giron.

18. *Tagariu* veut dire *de la frontière*. On donnait ce nom aux Mores venus de l'Aragon et de Valence. On appelait, au contraire, *Mudejares*, qui signifie *de l'intérieur*, les Mores venus de l'Andalousie. (Haedo, *Topografia*, etc. Luis del Marmol, *Descripcion de Africa*, etc.)

19. Ce marchand s'appelait Onofre Exarque. Ce fut lui qui procura l'argent pour acheter la barque où Cervantès devait s'enfuir avec les autres chrétiens, en 1579.

CHAPITRE XLI.

1. Sargel, ou Cherchel, est situé sur les ruines d'une cité romaine qui s'appelait, à ce qu'on suppose, Julia Cæsarea. C'était, au commencement du seizième siècle, une petite ville d'environ trois cents feux, qui fut presque dépeuplée lorsque Barberousse se rendit maître d'Alger. Les Morisques, chassés d'Espagne en 1610, s'y réfugièrent en grand nombre, attirés par la fertilité des champs, et y établirent un commerce assez considérable, non-seulement de figues sèches, mais de faïence, d'acier et de bois de construction. Le port de Sargel, qui pouvait contenir alors vingt galères abritées, fut comblé par le sable et les débris d'édifices, dans le tremblement de terre de 1738.

2. Voyez la note 18 du chap. XL.

3. C'est la langue franque. Le P. Haedo s'exprime ainsi dans la *Topografia* (chap. XXIX) : « La troisième langue qu'on parle à Alger est celle que les Mores et les Turcs appellent *franque*. C'est un mélange de diverses langues chrétiennes, et d'expressions qui sont, pour la plupart, italiennes ou espagnoles, et quelquefois portugaises, depuis peu. Comme à cette confusion de toutes sortes d'idiomes se joint la mauvaise prononciation des Mores et des Turcs, qui ne connaissent ni les modes, ni les temps, ni les cas, la langue franque d'Alger n'est plus qu'un jargon semblable au parler d'un nègre novice nouvellement amené en Espagne. »

4. C'est-à-dire de l'Albanais Mami. Il était capitan de la flotte où servait le corsaire qui fit Cervantès prisonnier, et « si cruelle bête, dit Haedo, que sa maison et ses vaisseaux étaient remplis de nez et d'oreilles qu'il coupait, pour le

moindre motif, aux pauvres chrétiens captifs. » Cervantès fait encore mention de lui dans la *Galatée* et d'autres ouvrages.

5. Le *zoltani* valant 40 aspres d'argent, ou presque 2 piastres fortes d'Espagne, c'était environ 15 000 francs.

6. Bagarins, de *bahar*, mer, signifie matelots. « Les Mores des montagnes, dit Haedo, qui vivent dans Alger, gagnent leur vie, les uns en servant les Turcs ou de riches Mores; les autres, en travaillant aux jardins ou aux vignes, et quelques-uns en ramant sur les galères et les galiotes; ceux-ci, qui louent leurs services, sont appelés *bagarinès*. » (*Topografia*, cap. II.)

7. Commandant d'un bâtiment algérien.

8. Nazaréens.

9. *Kava* est le nom que donnent les Arabes à Florinde, fille du comte Julien.

Voici ce que dit, sur ce promontoire, Luis del Marmol, dans sa *Descripcion general de Africa* (lib. IV, cap. XLIII), après avoir parlé des ruines de Césarée : « Là sont encore debout les débris des deux temples antiques..., dans l'un desquels est un dôme très-élevé, que les Mores appellent *Cobor rhoumi*, ce qui veut dire *sépulcre romain;* mais les chrétiens, peu versés dans l'arabe, l'appellent *Cava rhoumia*, et disent fabuleusement que là est enterrée la Cava, fille du comte Julien.... A l'est de cette ville, est une grande montagne boisée, que les chrétiens appellent *de la mauvaise femme*, d'où l'on tire, pour Alger, tout le bois de construction des navires. » Cette montagne est probablement le cap Cajinès.

10. On sait que les musulmans sont iconoclastes, et qu'ils proscrivent, comme une idolâtrie, toute espèce de représentation d'êtres animés.

11. L'aventure du captif est répétée dans la comédie *los Baños de Argel*, et Lope de Vega l'a introduite également dans celle intitulée *los Cautivos de Argel*. Cervantès la donne comme une histoire véritable, et termine ainsi la première de ces pièces : « Ce conte d'amour et de doux souvenir se conserve toujours à Alger, et l'on y montrerait encore aujourd'hui la fenêtre et le jardin.... »

CHAPITRE XLII.

1. La charge d'auditeur aux chancelleries et audiences, en Espagne, répondait à celle de conseiller au parlement parmi nous.

2. *Rui*, abréviation, pour Rodrigo.

CHAPITRE XLIII.

1. Pilote d'Énée.

.... Surgit Palinurus, et omnes
Explorat ventos...,
Sidera cuncta notat tacito labentia cœlo.
(*Æn.*, lib. III.)

2. *Clara y luciente estrella;* jeu de mots sur le nom de Clara.

3. Il n'y avait point encore de vitres en verre à Madrid, même dans la maison d'un auditeur.

4. Tergeminamque Hecaten, tria virginis ora Dianæ.
(VIRGILE.)

5. Le Pénée était précisément un fleuve de Thessalie; il arrosait la vallée de Tempé.

6. Comme le bon sens de Roland, qu'Astolphe rapporta de la lune.

7. *La garrucha*. On suspendait le patient, en le chargeant de fers et de poids considérables, jusqu'à ce qu'il eût avoué son crime.

CHAPITRE XLV.

1. *Allá van leyes do quieren reyes*. « Ainsi vont les lois, comme le veulent les rois. » Cet ancien proverbe espagnol prit naissance, au dire de l'archevêque Rodrigo Ximenès de Rada (lib. VI, cap. XXV), lors de la querelle entre le rituel gothique et le rituel romain, qui fut vidée, sous Alphonse VI, par les diverses épreuves du *jugement de Dieu*, même par le combat en champ clos.

2. *Orlando furioso*, canto XXVII.

3. Les règlements de la Sainte-Hermandad, rendus à Torrelaguna, en 1485, accordaient à ses archers (*cuadrilleros*) une récompense de trois mille maravédis quand ils arrêtaient un malfaiteur dont le crime emportait peine de mort; deux mille, quand celui-ci devait être condamné à des peines afflictives, et mille, quand il ne pouvait encourir que des peines pécuniaires.

NOTES DU PREMIER VOLUME.

CHAPITRE XLVI.

1. L'aventure des archers s'est passée dans le chapitre précédent, et le chapitre suivant porte le titre qui conviendrait à celui-ci : *De l'étrange manière dont fut enchanté don Quichotte*, etc. Cette coupe des chapitres, très-souvent inexacte et fautive, et ces interversions de titres que l'Académie espagnole a corrigées quelquefois, proviennent sans doute de ce que la première édition de la première partie du *Don Quichotte* se fit en l'absence de l'auteur, et sur des manuscrits en désordre.

2. La comédie que composa don Guillen de Castro, l'auteur original du *Cid*, sur les aventures de don Quichotte, et qui parut entre la première et la seconde partie du roman de Cervantès, se termine par cet enchantement et cette prophétie.

Dans sa comédie, Guillen de Castro introduisait les principaux épisodes du roman, mais avec une légère altération. Don Fernand était fils aîné du duc, et Cardénio un simple paysan ; puis, à la fin, on découvrait qu'ils avaient été changés en nourrice, ce qui rendait le dénoûment plus vraisemblable, car don Fernand, devenu paysan, épousait la paysanne Dorothée, et la grande dame Luscinde épousait Cardénio, devenu grand seigneur.

CHAPITRE XLVII.

1. Voir la note mise au titre du chapitre précédent.
2. Elle est, en effet, de Cervantès, et parut, pour la première fois, dans le recueil de ses *Nouvelles exemplaires*, en 1613. On la trouvera parmi les *Nouvelles de Cervantès* dont j'ai publié la traduction.
3. Gaspar Cardillo de Villalpando, qui se distingua au concile de Trente, est l'auteur d'un livre de scolastique, fort estimé dans son temps, qui a pour titre : *Sumas de las súmulas*. Alcala, 1557.
4. Pline, Apulée, toute l'antiquité, ont placé les gymnosophistes dans l'Inde. Mais don Quichotte pouvait se permettre quelque étourderie.
5. Voir la note 5 du chap. I.
6. On sait que ce fameux voyageur vénitien, de retour en Italie, et prisonnier des Génois en 1298, fit écrire la relation de ses voyages par Eustache de Pise, son compagnon de captivité. Cette relation fut traduite en espagnol par le *maestre* Rodrigo de Santaella. *Séville*, 1518.
7. Comme le Tasse, dans la description des enchantements d'Ismène et d'Armide.
8. Cervantès donnait son opinion sur ce dernier point bien avant la querelle que fit naître *Télémaque*.

CHAPITRE XLVIII.

1. Ces trois pièces sont de Lupercio Leonardo de Argensola, qui a mieux réussi, comme son frère Bartolomé, dans la poésie lyrique que sur le théâtre. L'*Isabella* et l'*Alexandra* ont été publiées dans le sixième volume du *Parnaso español* de don Juan Lopez Sedano. La *Filis* est perdue.
2. L'*Ingratitude vengée* (*la Ingratitud vengada*) est de Lope de Vega ; la *Numancia*, de Cervantès lui-même ; le *Marchand amoureux* (*el Mercader amante*), de Gaspard de Aguilar, et l'*Ennemie favorable* (*la Enemiga favorable*), du chanoine Francisco Tarraga.

3.   Enfant au premier acte et barbon au dernier,
(BOILEAU.)

comme cela se voit dans plusieurs pièces de Lope de Vega, *Urson y Valentin*, *los Porceles de Murcia*, *el primer Rey de Castilla*, etc.
4. Peu s'en faut qu'il n'en soit ainsi dans plusieurs comédies du même Lope de Vega, *el nuevo mundo descubierto por Cristoval Colon*, *el rey Bamba*, *las Cuentas del grand Capitan*, *la Doncella Teodor*, etc.
5. Lope de Vega fit mieux encore dans la comédie *la Limpieza no manchada* (*la Pureté sans tache*). On y voit le roi David, le saint homme Job, le prophète Jérémie, saint Jean-Baptiste, sainte Brigitte, et l'université de Salamanque.
6. Ou *Autos sacramentales*. Lope de Vega en a fait environ quatre cents : *San Francisco*, *san Nicolas*, *san Agustin*, *san Roque*, *san Antonio*, etc.
7. Je ne sais trop sur quoi Cervantès fonde son éloge des théâtres étrangers. A son époque, les Italiens n'avaient guère que *la Mandragore* et les pièces du Trissin ; la scène française était encore dans les langes, Corneille n'avait point paru ; la scène allemande était à naître, et Shakspeare, le seul grand auteur dramatique de l'époque, ne se

1. — 114

piquait assurément guère de cette régularité classique qui permettait aux étrangers d'appeler barbares les admirateurs de Lope de Vega.

8. Cet heureux et fécond génie est Lope de Vega, contre lequel Cervantès a principalement dirigé sa critique du théâtre espagnol. A l'époque où parut la première partie du *Don Quichotte*, Lope de Vega n'avait pas encore composé le quart des dix-huit cents comédies *de capa y espada* qu'a écrites sa plume infatigable.

Il faut observer aussi qu'à la même époque le théâtre espagnol ne comptait encore qu'un seul grand écrivain. C'est depuis qu'ont paru Calderon, Moreto, Alarcon, Tirso de Molina, Rojas, Solis, etc., lesquels ont laissé bien loin derrière eux les contemporains de Cervantès.

CHAPITRE XLIX.

1. Premier comte de Castille, dans le dixième siècle.

2. Le Cid n'était pas de Valence, mais des environs de Burgos, en Castille. Cervantès le nomme ainsi parce qu'il prit Valence sur les Almoravides, en 1094.

3. Guerrier qui se distingua à la prise de Séville par saint Ferdinand, en 1248.

4. Ce n'est point du poëte que Cervantès veut parler, quoiqu'il fût également de Tolède, et qu'il eût passé sa vie dans les camps : c'est d'un autre Garcilaso de la Vega, qui se rendit célèbre au siége de Grenade par les rois catholiques, en 1491. On appela celui-ci Garcilaso de l'*Ave Maria*, parce qu'il tua en combat singulier un chevalier more qui portait, par moquerie, le nom de l'*Ave Maria* sur la queue de son cheval.

5. Autre célèbre guerrier de la même époque.

6. L'histoire de Floripe et de sa tour flottante, où l'on donna asile à Guy de Bourgogne et aux autres pairs, est rapportée dans les *Chroniques des douze pairs de France*.

7. Le pont de Mantible, sur la rivière Flagor (sans doute le Tage), était formé de trente arches de marbre blanc, et défendu par deux tours carrées. Le géant Galafre, aidé de cent Turcs, exigeait des chrétiens, pour droit de passage, et sous peine de laisser leurs têtes aux créneaux du pont, *trente couples de chiens de chasse, cent jeunes vierges, cent faucons dressés, et cent chevaux enharnachés ayant à chaque pied un marc d'or fin.* Fiérabras vainquit le géant. (*Histoire de Charlemagne,* chap. xxx et suiv.)

8. Comme les Juifs le Messie, ou les Portugais le roi don Sébastien.

9. L'histoire de ce cavalier fut écrite d'abord en italien, dans le cours du treizième siècle, par le *maestro* Andréa, de Florence ; elle fut traduite en espagnol par Alonzo Fernandez Aleman, Séville, 1548.

10. Le Saint-Grial, ou Saint-Graal, est le plat où Joseph d'Arimathie reçut le sang de Jésus-Christ, quand il le descendit de la croix pour lui donner la sépulture. La conquête du Saint-Grial par le roi Artus et les chevaliers de la Table-Ronde est le sujet d'un livre de chevalerie, écrit en latin, dans le douzième siècle, et traduit depuis en espagnol, Séville, 1500.

11. Les histoires si connues de Tristan de Léonais et de Lancelot du Lac furent également écrites en latin, avant d'être traduites en français par ordre du Normand Henri II, roi d'Angleterre, vers la fin du douzième siècle. Ce fut peu de temps après que le poëte Chrétien de Troyes fit une imitation en vers de ces deux romans.

12. Écrite à la fin du douzième siècle par le troubadour provençal Bernard Treviez, et traduite en espagnol par Félipe Camus, Tolède, 1526.

13. Cette trompe fameuse s'entendait, au rapport de Dante et de Boyardo, à deux lieues de distance.

14. Pierre de Beaufremont, seigneur de Chabot-Charny.

15. Ou plutôt Ravestein.

16. Juan de Merlo, Pedro Barba, Gutierre Quixada, Fernando de Guevara, et plusieurs autres chevaliers de la cour du roi de Castille Jean II, quittèrent en effet l'Espagne, en 1434, 35 et 36, pour aller dans les cours étrangères *rompre des lances en l'honneur des dames.* On peut consulter sur ces pèlerinages chevaleresques la *Cronica del rey don Juan el II*, cap. CCLV à CCLXVII.

17. Suero de Quiñones, chevalier léonais, fils du grand bailli (*merino-mayor*) des Asturies, célébra, en 1434, sur le pont de l'Orbigo, à trois lieues d'Astorga, des joutes fameuses qui durèrent trente jours. Accompagné de neuf autres *mantenedores*, ou champions, il soutint la lice contre soixante-huit *conquistadores*, ou aventuriers, venus pour leur disputer le prix du tournoi. La relation de ces joutes forme la matière d'un livre de chevalerie, écrit par Fray Juan de Pineda, sous le titre de *Paso honroso*, et publié à Salamanque, en 1588.

18. *Cronica del rey don Juan el II*, cap. CIII.

19. La *Historia Caroli Magni*, attribuée à l'archevêque Turpin, et dont on ignore le véritable auteur, fut traduite en espagnol et considérablement augmentée par Nicolas de Piamonte, qui fit imprimer la sienne à Séville, en 1528.

20. Malgré l'affirmation du chanoine, rien n'est moins sûr que l'existence de Bernard del Carpio ; elle est niée, entre autres, par l'exact historien Juan de Ferreras.

CHAPITRE L.

1. L'altercation a commencé dans le chapitre précédent, de même que l'entretien entre don Quichotte et Sancho, qui lui sert de titre, avait commencé dans le chapitre antérieur. Faut-il attribuer ces transpositions à la négligence du premier éditeur, ou bien à un caprice bizarre de Cervantès? A voir la même faute tant de fois répétée, je serais volontiers de ce dernier avis.

2. Virgile avait dit des Champs-Élysées :

> Largior hic campos æther et lumine vestit
> Purpureo.
> (*Æn.*, lib. VI.)

CHAPITRE LI.

1. Allusion au poëme de Giacobo Sannazaro, qui vivait à Naples vers 1500. L'*Arcadia* fut célèbre en Espagne, où l'on en fit plusieurs traductions.

2. On ne s'attendait guère à trouver dans le conte du chevrier une imitation de Virgile :

> Formosam resonare doces Amaryllida silvas.

3. Autre imitation de Virgile, qui termine ainsi sa première églogue :

> Sunt nobis mitia poma,
> Castaneæ molles, et pressi copia lactis.

CHAPITRE LII.

1. Voilà un passage tout à fait indigne de Cervantès, qui se montre toujours si doux et si humain; il y fait jouer au curé et au chanoine un rôle malséant à leur caractère, et il tombe justement dans le défaut qu'il a reproché depuis à son plagiaire Fernandez de Avellaneda. Il n'y a point de semblable tache dans la seconde partie du *Don Quichotte*.

2. Les processions de pénitents (*disciplinantes*), qui donnaient lieu à toutes sortes d'excès, furent défendues, en Espagne, à la fin du règne de Charles III.

3. Dans le reste de l'Espagne, les femmes mariées conservaient et conservent encore leurs noms de filles. Cervantès, dans le cours du *Don Quichotte*, donne plusieurs noms à la femme de Sancho. Il l'appelle, au commencement de la première partie, Mari-Gutierrez; à présent, Juana Panza; dans la seconde partie, il l'appellera Teresa Cascajo ; puis une autre fois, Mari-Gutierrez, puis Teresa Panza. C'est, en définitive, ce dernier nom qu'il lui donne.

4. Il y avait alors à Saragosse une confrérie, sous le patronage de saint Georges, qui célébrait, trois fois par an, des joutes qu'on appelait *justas del arnes*. (Ger. de Urrea, *Dialogo de la verdadera honra militar*.)

5. Garcia Ordoñez de Montalvo, l'auteur de *Las sergas de Esplandian*, dit, en parlant de son livre : « Par grand bonheur il se retrouva dans une tombe de pierre, qu'on trouva sur la terre dans un ermitage près de Constantinople, et fut porté en Espagne par un marchand hongrois, dans une écriture et un parchemin si vieux, que ce fut à grand'peine que purent le lire ceux qui entendaient la langue grecque. » La Chronique d'Amadis de Grèce fut également trouvée « dans une caverne qu'on appelle les *palais d'Hercule*, enfermée dans une caisse d'un bois qui ne se corrompt point, parce que, quand l'Espagne fut prise par les Mores, on l'avait cachée en cet endroit. »

6. Cervantès ne pensait point alors à publier une seconde partie du *Don Quichotte*.

7. Je demande pardon pour la traduction des sonnets et des épitaphes qui suivent. Que pouvait-on faire d'une poésie ridicule à dessein ?

8. Au temps de Cervantès, on commençait à peine à instituer des académies dans les plus grandes villes de l'Espagne, Madrid, Séville, Valence. En placer une à Argamasilla, c'était une autre moquerie contre ce pauvre village dont *il ne voulait pas se rappeler le nom*. Cervantès donne aux académiciens d'Argamasilla des surnoms ou sobriquets, comme c'était l'usage dans les académies italiennes.

9. Issu du Congo.

10. Mot formé de *pan y agua*, pain et eau; c'est de ce nom qu'on appelle les commensaux, les parasites, les gens auxquels on fait l'aumône de la nourriture.

11. Le capricieux.
12. Le moqueur.
13. Nom de guerre d'un fameux renégat, corsaire d'Alger, et l'un des officiers de Barberousse, qui, sous le règne de Charles-Quint, fit plusieurs descentes sur les côtes de Valence.
14. *Orlando furioso*, canto XXX. — Cervantès répète et traduit ce vers à la fin du premier chapitre de la seconde partie :

Y como del Catay recibio el cetro
Quiza otro cantará con mejor plectro.

FIN DES NOTES DU PREMIER VOLUME.

TABLE DES CHAPITRES

DU PREMIER VOLUME.

PREMIÈRE PARTIE.

	Pages.
Notice sur la vie et les ouvrages de Cervantès.	1
Prologue	3

LIVRE PREMIER.

I.	Qui traite de la qualité et des occupations du fameux hidalgo don Quichotte de la Manche.	9
II.	Qui traite de la première sortie que fit de son pays l'ingénieux don Quichotte.	14
III.	Où l'on raconte de quelle gracieuse manière don Quichotte se fit armer chevalier.	20
IV.	De ce qui arriva à notre chevalier quand il quitta l'hôtellerie.	26
V.	Où se continue le récit de la disgrâce de notre chevalier.	32
VI.	De la grande et gracieuse enquête que firent le curé et le barbier dans la bibliothèque de notre ingénieux hidalgo	36
VII.	De la seconde sortie de notre bon chevalier don Quichotte de la Manche.	43
VIII.	Du beau succès qu'eut le valeureux don Quichotte dans l'épouvantable et inimaginable aventure des moulins à vent, avec d'autres événements dignes d'heureuse souvenance.	48

LIVRE DEUXIÈME.

IX.	Où se conclut et termine l'épouvantable bataille que se livrèrent le gaillard Biscayen et le vaillant Manchois.	55
X.	Du gracieux entretien qu'eurent don Quichotte et Sancho Panza, son écuyer.	60
XI.	De ce qui arriva à don Quichotte avec des chevriers.	65
XII.	De ce que raconta un chevrier à ceux qui étaient avec don Quichotte.	74
XIII.	Où se termine l'histoire de la bergère Marcelle, avec d'autres événements.	77
XIV.	Où sont rapportés les vers désespérés du berger défunt, avec d'autres événements inespérés. . . .	85

1 — 115

TABLE DES CHAPITRES

LIVRE TROISIÈME.

		Pages.
XV.	Où l'on raconte la disgracieuse aventure que rencontra don Quichotte en rencontrant quelques Yangois dénaturés.	93
XVI.	De ce qui arriva à l'ingénieux hidalgo dans l'hôtellerie qu'il prenait pour un château.	100
XVII.	Où se poursuit l'histoire des innombrables travaux qu'eut à supporter le brave don Quichotte avec son bon écuyer Sancho Panza, dans l'hôtellerie qu'il avait crue, pour son malheur, être un château.	107
XVIII.	Où l'on raconte l'entretien qu'eurent Sancho Panza et son seigneur don Quichotte, avec d'autres aventures bien dignes d'être rapportées.	115
XIX.	Des ingénieux propos que Sancho tint à son maître, et de l'aventure arrivée à celui-ci avec un corps mort, ainsi que d'autres événements fameux.	124
XX.	De l'aventure inouïe que mit à fin le valeureux don Quichotte, avec moins de péril que n'en courut en nulle autre nul fameux chevalier.	131
XXI.	Qui traite de la haute aventure et de la riche conquête de l'armet de Mambrin, ainsi que d'autres choses arrivées à notre invincible chevalier.	142
XXII.	De la liberté que rendit don Quichotte à quantité de malheureux que l'on conduisait, contre leur gré, où ils eussent été bien aises de ne pas aller.	152
XXIII.	De ce qui arriva au fameux don Quichotte dans la Sierra-Moréna, l'une des plus rares aventures que rapporte cette véridique histoire.	162
XXIV.	Où se continue l'histoire de la Sierra-Moréna.	172
XXV.	Qui traite des choses étranges qui arrivèrent, dans la Sierra-Moréna, au vaillant chevalier de la Manche, et de la pénitence qu'il fit à l'imitation du Beau-Ténébreux.	180
XXVI.	Où se continuent les fines prouesses d'amour que fit don Quichotte dans la Sierra-Moréna.	194
XXVII.	Comment le curé et le barbier vinrent à bout de leur dessein, avec d'autres choses dignes d'être rapportées dans cette grande histoire.	204

LIVRE QUATRIÈME.

XXVIII.	Qui traite de la nouvelle et agréable aventure qu'eurent le curé et le barbier dans la Sierra-Moréna.	215
XXIX.	Qui traite du gracieux artifice qu'on employa pour tirer notre amoureux chevalier de la rude pénitence qu'il accomplissait.	227
XXX.	Qui traite de la finesse d'esprit que montra la belle Dorothée, ainsi que d'autres choses singulièrement divertissantes.	237
XXXI.	De l'exquise conversation qu'eut don Quichotte avec Sancho Panza, son écuyer, ainsi que d'autres aventures.	246
XXXII.	Qui traite de ce qui arriva dans l'hôtellerie à toute la quadrille de don Quichotte.	255
XXXIII.	Où l'on raconte l'aventure du *Curieux malavisé*.	261
XXXIV.	Où se continue la nouvelle du *Curieux malavisé*.	275
XXXV.	Qui traite de l'effroyable bataille que livra don Quichotte à des outres de vin rouge, et où se termine la nouvelle du *Curieux malavisé*.	291
XXXVI.	Qui traite d'autres étranges aventures arrivées dans l'hôtellerie.	299
XXXVII.	Où se poursuit l'histoire de la fameuse infante Micomicona, avec d'autres gracieuses aventures.	307
XXXVIII.	Où se continue le curieux discours que fit don Quichotte sur les armes et les lettres.	316
XXXIX.	Où le captif raconte sa vie et ses aventures.	320
XL.	Où se continue l'histoire du captif.	327
XLI.	Où le captif continue son histoire.	337
XLII.	Qui traite de ce qui arriva encore dans l'hôtellerie, et de plusieurs autres choses dignes d'être connues.	353
XLIII.	Où l'on raconte l'agréable histoire du garçon muletier, avec d'autres étranges événements arrivés dans l'hôtellerie.	360
XLIV.	Où se poursuivent encore les événements inouïs de l'hôtellerie.	369

DU PREMIER VOLUME. 459

		Pages.
XLV.	Où l'on achève d'éclaircir les doutes à propos du bât et de l'armet de Mambrin, avec d'autres aventures arrivées en toute vérité.	377
XLVI.	De la notable aventure des archers de la Sainte-Hermandad, et de la grande férocité de notre bon ami don Quichotte.	384
XLVII.	De l'étrange manière dont fut enchanté don Quichotte de la Manche, avec d'autres fameux événements.	391
XLVIII.	Où le chanoine continue à discourir sur les livres de chevalerie, avec d'autres choses dignes de son esprit.	400
XLIX.	Qui traite du gracieux entretien qu'eut Sancho Panza avec son seigneur don Quichotte.	407
L.	De la spirituelle altercation qu'eurent don Quichotte et le chanoine, ainsi que d'autres événements.	414
LI.	Qui traite de ce que raconta le chevrier à tous ceux qui emmenaient don Quichotte.	420
LII.	Du démêlé qu'eut don Quichotte avec le chevrier, et de la surprenante aventure des pénitents blancs, qu'il termina glorieusement à la sueur de son front.	425
Notes du premier volume		435

FIN DE LA TABLE DES CHAPITRES DU PREMIER VOLUME.

TABLE

DES GRANDES COMPOSITIONS

DU PREMIER VOLUME.

	Pages.
Son imagination se remplit de tout ce qu'il avait lu.	Frontispice.
En cheminant ainsi, notre tout neuf aventurier se parlait a lui-même.	14
Il se promenait d'un pas lent et mesuré.	22
Par le soleil qui nous éclaire, je ne sais ce qui me retient de vous passer ma lance a travers le corps.	26
Le muletier avait pris goût au jeu.	30
O ma dame, où es-tu, que mon mal te touche si peu.	32
Il s'achemina du côté de son village.	34
Finalement il lui conta tant de choses, que le pauvre homme se décida a partir avec lui.	44
Il était fort grand matin et les rayons du soleil ne les gênaient pas encore.	46
L'aile emporte après elle le cheval et le chevalier.	48
Miséricorde! s'écria Sancho.	50
Heureux âge, dit-il, et siècles heureux, ceux auxquels les anciens donnèrent le nom d'âge d'or.	66
Conviés par la beauté du lieu, ils résolurent d'y passer les heures de la sieste.	94
Les Yangois recoururent a leurs gourdins.	96
Il s'achemina du côté où il lui semblait que pouvait se trouver le grand chemin.	98
Le lit, qui était de faible complexion, s'enfonça et tomba par terre.	104
En ce moment le breuvage fit enfin son opération.	108
J'ai seulement besoin que Votre Grâce me paye la dépense qu'elle a faite.	110
Les berneurs ne cessaient ni leur besogne ni leurs éclats de rire.	112
Il se jette a travers l'escadron de brebis.	120
Mais don Quichotte, soutenu par son cœur intrépide, sauta sur Rossinante.	132
Rossinante s'effraya du bruit que faisaient les coups et la chute de l'eau.	138
Don Quichotte, continuant son interrogatoire, demanda au suivant quel était son crime.	156
L'intention de Sancho était de traverser toute cette chaîne de montagnes.	158
Toujours, Sancho, j'ai entendu dire que faire du bien a de la canaille, c'est jeter de l'eau dans la mer.	162

TABLE DES GRANDES COMPOSITIONS.

	Pages.
Les deux voyageurs arrivèrent cette nuit même au cœur de la Sierra-Moréna.	163
Sancho dormait. Ginès lui vola son âne.	164
Il ouvrit le petit livre et vit un sonnet qu'il lut a haute voix.	166
Il aperçut tout a coup un homme qui sautait de roche en roche avec une étonnante légèreté.	168
Ils trouvèrent au bord d'un ruisseau le cadavre d'une mule.	170
Mais, seigneur, est-ce bonne règle de chevalerie que nous allions ainsi comme des enfants perdus.	182
Sancho tourna bride et se tint pour satisfait.	192
Mon frère, si vous êtes chrétien, je vous supplie de porter cette lettre au pays et a la personne qu'indique l'adresse.	208
Elle regarda d'où partait le bruit.	216
Il prit de nouveaux saints a témoin.	222
Je le fis sans grand'peine rouler dans un précipice.	224
Si cela dure encore un peu, mon maître court risque de ne pas devenir empereur.	228
Elle pressa son palefroi, suivie du barbu barbier.	230
Assez, assez, madame, s'écria Don Quichotte, faites trêve a vos louanges.	232
Votre Grâce prendra le chemin de Carthagène où elle pourra s'embarquer.	234
Un jour il ferma le passage a toute une armée.	256
Faites-moi donc le plaisir de lire ce que j'ai ouï dire de Félix-Mars d'Hyrcanie.	258
Elle se laissa tomber par terre comme sans connaissance.	288
Je l'enlevai par force sans lui donner le temps d'appeler au secours.	304
Les Arabes lui tranchèrent la tête et la portèrent au général de la flotte turque.	324
Enfin, je résolus de me confier a un renégat natif de Murcie.	330
Son père vint en courant a notre rencontre.	340
Et Zoraïde, qui semblait a chaque pas se sentir arracher l'âme, s'éloigna avec son père.	342
Tandis qu'on naviguait ainsi, Zoraïde restait a mes côtés.	344
Reviens, ma fille bien-aimée, disait-il; descends a terre, je te pardonne tout.	346
Mais aussitôt on nous lâcha deux coups de canon.	348
Les deux pieds manquèrent a Don Quichotte.	366
O chevalier de la Triste Figure, n'éprouve aucun déconfort de la prison où l'on t'emporte.	386
Lorsque Don Quichotte se vit encagé de cette façon.	388
Votre Grâce, seigneur chanoine, reprit le curé, a parfaitement raison.	400
Un grand lac de poix-résine bouillant a gros bouillons dans lequel s'agitent une infinité d'animaux.	414
La il lui semble que l'air est plus transparent, que le soleil brille d'une clarté nouvelle.	416
Elle commence a lui raconter quel est ce château, et comment elle y est enchantée.	418
Il n'y avait pas de pays sur la terre qu'il n'eût vu, pas de bataille où il ne se fût trouvé.	420
Enfin au bout de trois jours on trouva la capricieuse Léandra au fond d'une caverne.	422
Le seul Sancho Panza se désespérait.	426
Aux cris et aux gémissements de Sancho, Don Quichotte rouvrit les yeux.	428

LIBRAIRIE DE L. HACHETTE ET Cⁱᵉ. BOULEVARD SAINT-GERMAIN, N° 77, A PARIS.

MIGUEL DE CERVANTÈS SAAVEDRA

DON QUICHOTTE

DE LA MANCHE

TRADUIT ET ANNOTÉ PAR L. VIARDOT

ÉDITION DE GRAND LUXE IMPRIMÉE PAR CH. LAHURE

CONTENANT

LES DESSINS DE GUSTAVE DORÉ

Gravés sur bois par **H. Pisan**

120 GRANDES COMPOSITIONS TIRÉES A PART, ET 257 BELLES GRAVURES INSÉRÉES DANS LE TEXTE

Deux magnifiques volumes in-folio de Dante; cartonnés richement : 160 francs

Don Quichotte est le livre de tous les âges. Œuvre de raison profonde et d'aventureuse fantaisie, fruit savoureux d'une amère expérience, mélange exquis de franc comique et de mélancolie souriante, il nous charme et nous touche après nous avoir amusés; les images qu'il laisse dans la mémoire sont ineffaçables et ses héros sont si vivants que leurs figures et leurs paroles nous demeurent présentes comme celles des personnes mêmes que nous avons connues.

Redoutable épreuve pour qui entreprend de traduire un pareil livre à l'aide des procédés d'un autre art! Nous osons dire cependant qu'après avoir parcouru les pages de la nouvelle édition de *Don Quichotte*, illustrée par M. Gustave Doré, on comprendra mieux jusqu'à quel point Cervantes a poussé lui-même l'art de peindre, de donner aux figures les mouvements et les couleurs de la vie, de les grouper dans des scènes d'une inépuisable variété, d'en composer des tableaux d'une réalité saisissante et où abonde la poésie. L'union du texte et de l'illustration est si constante ici et si intime, qu'il est malaisé, en examinant une à une les gravures en regard du texte qu'elles illustrent, de séparer ce qui appartient à deux imaginations qui se répondent si bien.

M. Gustave Doré a vraiment compris, senti, aimé le grand esprit qu'il s'est chargé d'interpréter. Pendant deux années il a pensé et vécu avec lui; il s'est pénétré de son génie. Il a visité l'Espagne pour y chercher les paysages, les types, les aspects qui avaient dû frapper l'illustre Espagnol; et cet effort, loin de coûter à sa liberté aucun sacrifice, semble lui avoir donné plus d'aisance encore, plus de force et d'originalité. Jamais il n'avait obtenu de la gravure sur bois des effets plus hardis; jamais aussi, se possédant mieux dans ses audaces, il n'avait montré autant de sûreté, de puissance et de souplesse que dans les admirables dessins à la plume qu'il a prodigués dans ce livre.

A côté du nom de M. Gustave Doré nous avons placé, sur le titre de l'ouvrage, celui de M. H. Pisan. Ce n'est que justice, et le public ne manquera pas d'associer dans l'éloge, comme ils ont été associés dans une amicale collaboration, le graveur au dessinateur. M. Pisan a suffi à la tâche énorme de graver les 370 bois de ces deux volumes, et seul peut-être il était capable de conserver le sentiment de l'artiste, dans des planches qui ont tour à tour les tons variés et la liberté de l'eau-forte, la précision et la fermeté du burin.

MAIS, SEIGNEUR, EST-CE BONNE RÈGLE DE CHEVALERIE QUE NOUS ALLIONS AINSI PAR LES MONTAGNES COMME DES ENFANTS PERDUS ? — T. I, CH. XXV.

www.ingramcontent.com/pod-product-compliance
Lightning Source LLC
Chambersburg PA
CBHW060406230426
43663CB00008B/1405